Yohanan Aharoni

Das Land der Bibel

Eine historische Geographie

Mit einem Vorwort von
Volkmar Fritz

Übersetzt von Almut Loew

Neukirchener Verlag

Die englische Ausgabe erschien unter dem Titel »The Land of the Bible. A Historical Geography« bei Burns & Oates, London, 1967 in 1. Auflage und 1979 in 2., durchgesehener und erweiterter Auflage.

Umschlaggestaltung: Kurt Wolff, Düsseldorf-Kaiserswerth
Titelfoto: Arnontal (aus: Georg Eichholz, Landschaften der Bibel)
Karten: Ora Paran, Tel Aviv
Gesamtherstellung: Breklumer Druckerei Manfred Siegel
Printed in Germany
ISBN 3-7887-0627-9

Aus dem Englischen übersetzt von Almut Loew

CIP-Kurztitelaufnahme der Deutschen Bibliothek

Aharoni, Yohanan:
Das Land der Bibel: e. histor. Geographie /
Yohanan Aharoni. Mit e. Vorw. von Volkmar Fritz.
Übers. von Almut Loew. – Neukirchen-Vluyn:
Neukirchener Verlag, 1984.
ISBN 3-7887-0627-9

Für Professor Benjamin Mazar,
der mir den Weg ins Land der Bibel erhellte

Vorwort

Bis zu seinem Tode am 10. 2. 1976 hat Yohanan Aharoni an der Neufassung seiner historischen Geographie »The Land of the Bible« gearbeitet. Dabei konnte er die Überarbeitung des Textes noch selbst fertigstellen, während die Anmerkungen vom Übersetzer der englischen Ausgabe, Anson F. Rainey, ergänzt worden sind. Durch Verzögerungen bei der Drucklegung ist die zweite Auflage dann 1979 in London erschienen, nachdem das Buch zunächst 1962 in Hebräisch und 1967 in der ersten englischen Fassung vorgelegen hatte. Die deutsche Ausgabe entspricht einem oftmals vorgetragenen Wunsch des Verfassers, sie wurde durch das großzügige Entgegenkommen des Neukirchener Verlages und den unermüdlichen Einsatz seines Lektors Dr. Christian Bartsch ermöglicht.
Der Text des Buches wurde von Almut Loew ins Deutsche übersetzt. Die Schreibung der Ortsnamen folgt dem »Ökumenischen Verzeichnis der biblischen Eigennamen nach den Loccumer Richtlinien«. Die Umschrift der arabischen Ortsnamen richtet sich nach dem Namenverzeichnis in Band IV des Biblisch-Historischen Handwörterbuches; dieses hat Herr Dr. Ernst Höhne dankenswerterweise bereits in der Fahnenkorrektur zur Verfügung gestellt. Die Register fertigte Ulrich Hübner, die Karten wurden von Ora Paran (Tel Aviv) neu gezeichnet. Es wurde darauf verzichtet, die seit 1976 erschienene Literatur in den Anmerkungen zu verzeichnen, da dies ohne Eingriffe in den Text wenig sinnvoll gewesen wäre.
Das Buch ist das Ergebnis jahrelanger Arbeit an den Problemen der historischen Geographie. Dabei hat Yohanan Aharoni wie kein zweiter seiner Generation intensives Textstudium mit einer außergewöhnlichen Kenntnis des Landes Israel und seiner historischen Hinterlassenschaft verbunden. Er geht dabei insbesondere für die Frühgeschichte Israels gegenüber der deutschen wie der amerikanischen Forschung eigene Wege, die eng mit der Entwicklung der Bibelwissenschaft an der Hebräischen Universität zusammenhängen. Yohanan Aharoni hat dies im Vorwort zur ersten englischen Auflage verdeutlicht: »Es ist mir eine angenehme Pflicht, die herausragenden Forscher zu nennen, von denen ich viel gelernt habe: William Foxwell Albright und Benjamin Mazar, die den Weg zum Verständnis der Geschichte des Landes im Zusammenhang mit der Geschichte des Vorderen Orients geebnet haben; Albrecht Alt und Martin Noth, die durch strenge Analysen und Untersuchungen von Originalquellen die Grundlage für die Territorialgeschichte legten; Samuel Klein, der unsere Aufmerksamkeit auf den Talmud und die Midrasch-Literatur lenkte; Félix-Maria Abel und Mi-

chael Avi-Yonah, die die früheren Perioden durch ihr Studium der klassischen und frühen christlichen Quellen bereicherten.«

»Die Widmung dieses Buches – meinem Lehrer, Professor Benjamin Mazar – ist nur ein kleiner Ausdruck meiner Verpflichtung und meiner großen Dankbarkeit. Er öffnete mir die Tore der Forschung, beeinflußte grundlegend meine Arbeitsmethoden und widmete mir zahlreiche Stunden, um die Probleme zu diskutieren, die dieses Buch behandelt. Viele seiner Auffassungen und Ideen sind in diese Seiten eingegangen – bewußt oder unbewußt –, wenn wir natürlich auch nicht bei jeder Fragestellung übereinstimmen. Aber in meinem Verhältnis zu den historischen Quellen und der Verwendung archäologischer Forschung für das Verständnis historisch-geographischer Prozesse halte ich an den Prinzipien, die er entwickelt hat, fest.«

Die Erschließung neuer Quellen und die sich ständig vermehrenden Ergebnisse archäologischer Feldforschung erweitern fortwährend die Kenntnis der Geschichte Israels wie der historischen Geographie. Die Erarbeitung einer Grundlage in Form eines Handbuches bleibt der Verdienst von Yohanan Aharoni.

Mainz, im Herbst 1983 — Volkmar Fritz

Inhalt

Kapitel 3

Kapitel 4

Kapitel 5

Anhang 1

Anhang 2

Erster Teil
Einführende Übersicht

Kapitel 1
Allgemeine geographische und politische Verhältnisse

Die Geschichte eines jeden Landes und Volkes wird in einem beachtlichen Ausmaß von seiner geographischen Umwelt beeinflußt. Das schließt nicht nur die natürlichen Gegebenheiten wie Klima, Bodenbeschaffenheit, Topographie usw. ein, sondern auch geopolitische Beziehungen mit benachbarten Gebieten. Das gilt speziell für Palästina, ein kleines und relativ armes Land, das seine Bedeutung durch seine einzigartige, zentrale Lage an der Nahtstelle zweier Kontinente gewinnt.

1. Brücke zwischen Kontinenten und Kulturen

Der Verlauf der palästinischen Geschichte wurde wesentlich von der Lage des Landes im geopolitischen und politischen System des alten Nahen Ostens bestimmt[1]. Als eine geographische Einheit von ca. 560 km Längenausdehnung erstreckt sich Syrien-Palästina vom Sinai im Süden bis zum Amanus- und Taurus-Gebirge im Norden, während die Breitenausdehnung von der Mittelmeerküste bis zu den Steppenrändern durchschnittlich nur ca. 100 km beträgt. Dieser lange, schmale Streifen am Ostrand des Mittelmeeres hat in der ganzen Region das außergewöhnlichste Klima; aber auch für die topographische Struktur gibt es im weiten Umkreis keine Parallele. Nur hier findet man ausreichenden Niederschlag, der hauptsächlich während der Wintermonate fällt und hervorgerufen wird durch den hohen Gebirgszug, der das Land in Nord-Süd-Richtung teilt. Im Gegensatz zu der Steppe, die im Osten an das Gebirge grenzt, umfaßt das Gebiet einen wichtigen Teil des besiedelbaren Landes, für den Breasted den treffenden Begriff »Fruchtbarer Halbmond« geprägt hat (s. Karte 1).

Dieser Halbmond ist an allen Seiten von natürlichen Barrieren umschlossen: das Mittelmeer im Westen, aride Gebiete im Zentrum und im Süden, hohe Gebirge im Norden und Osten. Sein nördlicher Ausläufer ist als Mesopotamien bekannt, das Zweistromland, von dem der nördliche Teil Aram-naharaim genannt wurde, nachdem sich dort aramäische Stämme niedergelassen hatten; der Charakter dieser Landschaft ist im wesentlichen von den zwei großen Strömen, Tigris und Euphrat, geprägt. Diese zwei Ströme entspringen im armenischen Hochland und münden in den Persischen Golf. Zu Beginn ihres Laufes fließen sie voneinander weg: der Tigris in südöstlicher, der Euphrat in südwestlicher Richtung; an der Stelle, an der sie ca. 720 km voneinander entfernt sind, bildet der Oberlauf des Euphrat den einen und der Tigris den anderen Bogen des Fruchtbaren Halbmondes.

1 Vgl. *Smith, G. A.*, The Historical Geography of the Holy Land, London 1894; *Abel, F.-M.*, Géographie de la Palestine I, Paris 1933; *Fisher, W. B.*, The Middle East, London 1950.

Karte 1: Der Fruchtbare Halbmond

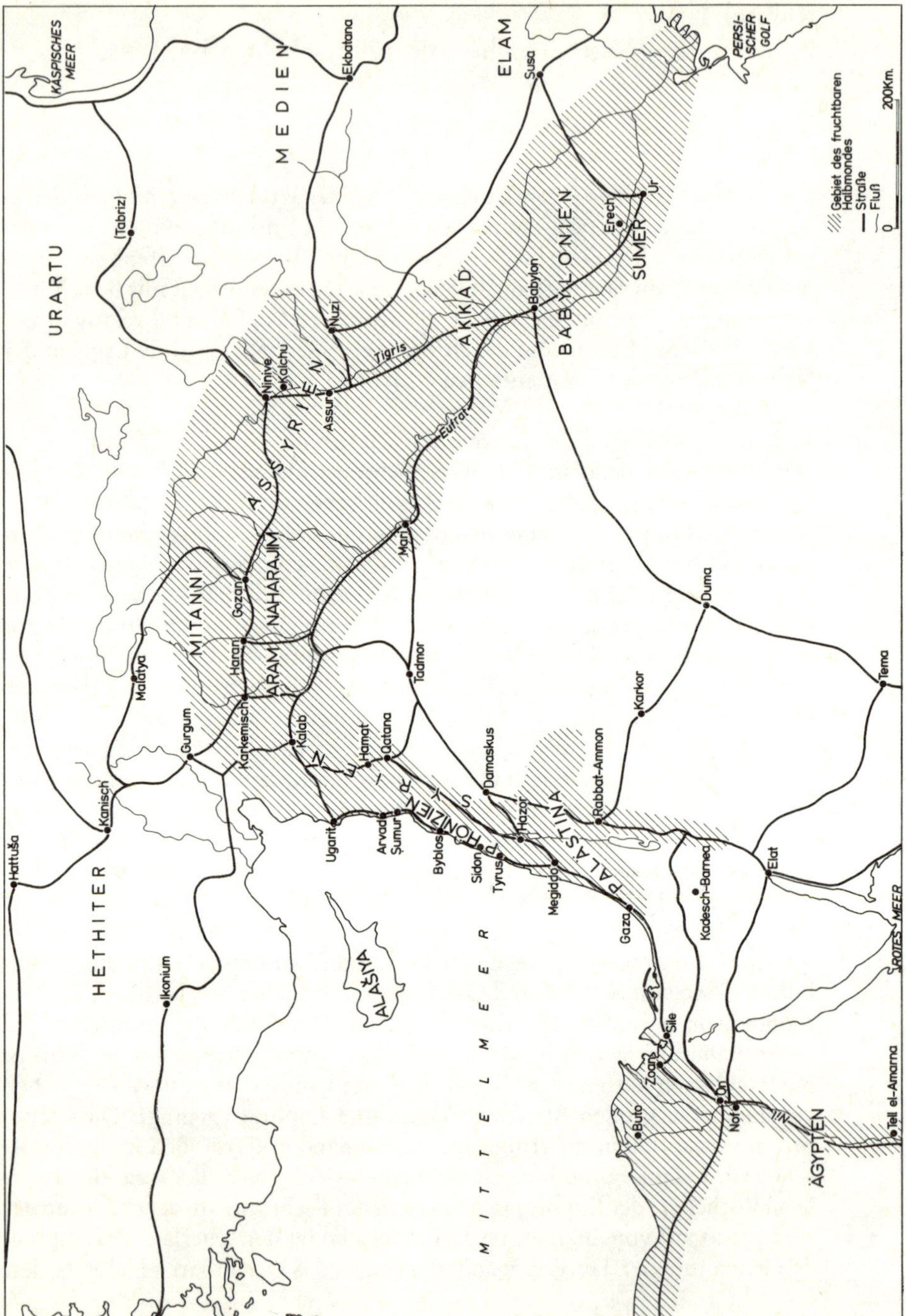

Bei Aleppo in Nordsyrien jedoch wendet der Euphrat seinen Lauf nach Südosten und nähert sich dem Tigris, bis die zwei Ströme nur noch ca. 30 km voneinander entfernt sind, nämlich auf der Höhe von Baghdad, wenig nördlich des alten Babylon. Heute vereinigen sich die beiden Ströme ca. 290 km nördlich des Persischen Golfs, der die südöstliche Spitze des Fruchtbaren Halbmondes markiert. Im Altertum erstreckte sich der Golf weiter nach Norden, und die zwei Ströme mündeten getrennt in ihn. Das Ur der Chaldäer in dieser Region und Nessana in Südpalästina liegen auf demselben Breitengrad (30°50′).

Palästina bildet den südwestlichen Arm des Fruchtbaren Halbmondes und ist das ärmste und kleinste aller seiner Länder. Die große geopolitische Bedeutung liegt in seiner Rolle als Verbindungsweg zu dem zweiten großen Zentrum der alten Hochkulturen, Ägypten, dem Land des Nils. Der Steppenstreifen, der Palästina von Ägypten trennt, mißt ca. 190 km; er dient nicht nur zur Abgrenzung, sondern auch als eine Verbindung zwischen Ägypten und den Ländern des Fruchtbaren Halbmondes und bildet die einzige Landbrücke zwischen den beiden Kontinenten Asien und Afrika.

Gegen Ende des vierten und zu Beginn des dritten Jahrtausends v.Chr. wurden in den beiden großen Stromtälern, Mesopotamien und Ägypten, die Grundlagen für die ersten Hochkulturen gelegt. Diese beiden Gebiete sahen den Aufstieg der ersten mächtigen Königtümer, denen es gelang, eine gegliederte, aber zentralisierte Regierung über ihre jeweilige Bevölkerung zu errichten und in manchen Zeiten sogar ihre Macht weit über ihre Grenzen auszudehnen. Die Geburt dieser beiden Hochkulturen wurde begünstigt durch ähnliche ökonomische und geographische Faktoren in den jeweiligen Regionen. Jede umfaßte ein weites Gebiet, dessen Fruchtbarkeit von den großen Strömen abhing, die es durchflossen. Der Fluß ist die Grundlage für Zusammenarbeit und Zusammenschluß in diesen Ländern; er ist als Verkehrsader für Transporte geeignet. Die Überschwemmungen bzw. deren Ausbleiben regten die lokale Bevölkerung an, von den Segnungen des Flusses Gebrauch zu machen und die künstliche Bewässerung zu entwickeln. Jedoch bedurfte es gutorganisierter menschlicher Arbeitskraft, um ausgedehnte Baumaßnahmen wie Kanal- und Dammbau durchzuführen.

Vergleichbare Faktoren existieren in Palästina und Syrien nicht; hier stellen die geographischen Bedingungen einen Anlaß dar, das Land in kleinere Gebiete zu unterteilen, und dienen eher als Hindernisse einer Einigung. Nicht nur einer, sondern drei Flüsse durchziehen das Land: Der Orontes fließt nach Norden, der Litani und der Jordan fließen nach Süden. Natürlich sind diese Flußtäler der Entwicklung städtischer Siedlungen förderlich, so in der Amuq-Ebene (Antiochia) in Nordsyrien, in der libanesischen *Biqāʿ* zwischen den Gebirgszügen von Libanon und Anti-Libanon, auch in bestimmten Gebieten im Jordantal sowie im Tal des Yarmuk und der Ebene von Bet-Schean. Die Ausgrabungen in Jericho haben zeigen können, daß eine der ältesten städtischen Siedlungen des Nahen Ostens dort gegründet worden ist; sie läßt sich in die neolithische Zeit zurückverfolgen, allem Anschein nach in das achte Jahrtausend v.Chr., an den Beginn der menschlichen Zivilisation in diesem Teil der Welt.

Daran wird man erinnert, wenn man die Beschreibung des Jordantales in den Patriarchen-Erzählungen liest: »Da hob Lot seine Augen auf und sah, daß das Jordantal wasserreich war wie der Garten des Herrn, wie das Land Ägypten« (Gen 13,10). Offensichtlich waren hier die Gegebenheiten für die Ansiedlung von Menschen und für die Errichtung dauerhafter landwirtschaftlicher Siedlungen sehr günstig. Aber die Möglichkeiten zur Bewässerung und damit zur Ausdehnung des bebaubaren Landes waren begrenzt. Im übrigen gab es keine äußeren Faktoren, die eine großflächige politische Einigung begünstigt hätten.

So nahmen Palästina und Syrien eine Mittelstellung zwischen Mesopotamien und Ägypten ein – sowohl ökonomisch als auch politisch. Die mächtigen Königreiche zu beiden Seiten des Fruchtbaren Halbmondes betrachteten diesen Landstrich zwischen ihnen als Durchgangsland; beide taten alles, um ihre jeweilige Vorherrschaft dort zu etablieren und zu sichern – hauptsächlich, um die Handelswege, die durch es verliefen, zu kontrollieren und es als Brückenkopf für Verteidigung oder Angriff zu nutzen. Die Lage Palästinas als Landbrücke zwischen den beiden Großmächten hat seine Geschichte dauerhaft geprägt. Lange Zeiten hindurch war es auswärtigen Herrschern unterworfen. Kulturelle Einflüsse sowohl vom Norden als auch vom Süden trafen sich hier, vermittelt von den vielen Völkern, die es durchquerten. Das machte eine eigenständige ökonomische und politische Entwicklung schwer, verschaffte auf der anderen Seite jedoch auch Zugang zu all den Errungenschaften der alten Hochkulturen. In diesem Schmelztiegel der kulturellen Einflüsse entstanden einige der größten menschlichen Leistungen: Alphabetschrift und Monotheismus.

2. *Völkertafel*

Die geopolitische Lage Palästinas als Brücke zwischen Kontinenten und Kulturen war den Menschen von damals durchaus bewußt und erfuhr ihren klarsten Ausdruck in der biblischen »Völkertafel« (Gen 10; 1Chr 1,1–23)[2]. Diese Aufzählung ist ein kurzer Überblick über Land und Leute nach dem Wissensstand der Israeliten in biblischer Zeit. Sie hat die Form eines Stammbaumes, in dem alle Völker der damaligen Welt in Beziehung gesetzt werden zu einem Ahnen, Noach. Die Ordnung, nach der im allgemeinen vorgegangen wird, ist politisch und territorial; neben Sprache und Volkszugehörigkeit wird das Territorium jeder Gruppe nach seiner geographischen Lage und seiner politischen Abhängigkeit definiert (s. Karte 1).

Die ganze Menschheit ist in drei große Einheiten unterteilt, die um Palästina herum lokalisiert werden: die Söhne *Sems* im Osten, die Söhne *Hams* im Süden und die Söhne *Jafets* im Norden und Westen. Sem schloß die se-

2 *Maisler (Mazar), B.*, Untersuchungen, 74–76; *Hermann, A.*, Die Erdkarte der Bibel, Braunschweig 1931; *Hölscher, G.*, Drei Erdkarten, Heidelberg 1949; *Simons, J.*, The Table of Nations, OTS 10 (1954) 155–184.

mitisch sprechenden Menschen ein, denen sich die Israeliten eng verwandt fühlten; die alten Traditionen betonen die Verbindung zwischen ethnischer und sprachlicher Verwandtschaft. Trotzdem wurde Kanaan mit Ham in Beziehung gesetzt, ungeachtet der semitischen Sprachen, offensichtlich wegen seiner langen politischen Verbindung mit Ägypten. Jafet war am wenigsten mit Palästina verbunden; ihm wurden die nördlichen, meist indoeuropäisch sprechenden Völker zugeordnet, einschließlich der Griechen und der vorgriechischen Bewohner der Halbinseln und Inseln des Mittelmeeres.

Der Überblick beginnt mit den am weitesten entfernt Wohnenden und endet mit den nächsten Nachbarn. Zuerst kommt die Genealogie der Söhne *Jafets:* Meder im Osten, Aschkenas und Gomer im Norden sowie Tiras (die Etrusker?) und Tarschisch im Westen. Das Gebiet der Söhne Jafets umfaßt Anatolien (Togarma, Tubal, Meschech), Jawan (Griechenland) von Kleinasien bis Griechenland selbst und die Inseln im Meer von Elischa (Zypern; Alašia in keilschriftlichen Quellen), Rodanim (gemäß 1Chr 1,7 anstelle von Dodanim; Rhodos), Kittim (Kaftor = Kreta und die anderen Inseln) einschließlich Tarschisch (Sardinien?), die unter dem Begriff »Inseln der Völker« zusammengefaßt werden.

Die zweite Gruppe umfaßt die Söhne *Hams* und enthält Namen, die dem politischen Einflußbereich Ägyptens entstammen, insbesondere Kusch im Süden (Nubien), Ägypten selbst, Put im Westen (Libyen) und Kanaan im Norden. Söhne von Kusch werden in einigen Landstrichen Südarabiens, die enge Verbindung zu Afrika haben, angesiedelt, insbesondere Seba, Hawila, Sabta, Ragma, Scheba und Dedan. Einige dieser Namen tauchen auch in der Völkertafel als Söhne Sems auf. Es ist sehr schwierig, die verschiedenen Völker, die mit Ägypten vereint sind, zu bestimmen, aber der letzte in der Aufzählung der Söhne Ägyptens kann leicht identifiziert werden, wenn man die folgende Korrektur akzeptiert: »und Kaftor, von wo die Philister kamen«. Selbst die Philister, die in der südlichen Küstenregion Palästinas lebten, werden als Söhne Ägyptens angesehen, obwohl sie von Kaftor (Kreta) kommen, einer der »Inseln der Völker«, die Jafet zugeschrieben wird. Kanaan werden außer den gut bekannten Völkern (Hethiter, Jebusiter, Amoriter, Girgaschiter und Hiwiter [Horiter?]) die wichtigsten Städte Phöniziens zugerechnet: Sidon, das auch als Synonym für Phönizien – einschließlich Tyrus und Byblos – gebraucht werden konnte, Arkad (die Arkiter), Sin (die Siniter), Arwaditer und Sumur (die Zemariter). Schließlich wird noch Hamat am Orontes unter den Söhnen Kanaans aufgezählt, obgleich seine Einwohner Hethiter waren[3].

3 Das Fehlen von Byblos ist erstaunlich, weil es schwer vorstellbar ist, daß zur Entstehungszeit dieser Liste diese bedeutende phönizische Stadt, die enge Beziehungen zu Ägypten unterhielt, eine größere Verfallsperiode erlitten haben sollte. Können wir vielleicht in dem folgenden Wort »Grenze« (hebräisch *gebûl,* das die gleichen Konsonanten wie *gebal* hat) eine Entstellung des Namens sehen und somit den Text zu folgender Lesung korrigieren: »Und die Arwaditer, die Zemariter, die Hamatiter und die Gebaliter; und später verbreiteten sich die kanaanitischen Familien von Sidon bis Gerar . . .«? Diesen Vorschlag verdanke ich Prof. Mazar.

Zu den Hamiten wurde auch eine Gruppe größerer mesopotamischer Städte gezählt, obwohl Assur auch den Söhnen Sems zugeschrieben wird. Diese Städte erscheinen hier wegen ihrer engen Verbindung mit Nimrod, der seinerseits mit Kusch in Verbindung gebracht wird. Die Gruppe umfaßt Babel, Erech, Akkad und Kalne im Lande Schinar (Südmesopotamien) und Ninive, Rehobot-Ir, Kelach und Resen in Assyrien (Nordmesopotamien).
Die dritte Abteilung der Völkertafel betrifft die Söhne *Sems*, »den Vater aller Kinder von Eber« (die Hebräer!), denen die Israeliten ebenfalls zugeordnet werden. Wie oben schon erwähnt, enthält diese Gruppe semitisch sprechende Völker, deren Sprachen dem Hebräischen verwandt sind, mit Ausnahme Elams im Osten und Luds in Kleinasien (Lydien?). Die Semiten sind in drei Gruppen unterteilt: Assur in Mesopotamien (hierhin gehören die mesopotamischen Städte, die unter den Hamiten aufgeführt sind); Aram, das sich von Nordmesopotamien bis Mittelsyrien und Nord-Transjordanien erstreckt; und schließlich die verschiedenen Stämme Südarabiens, die mit Joktan, dem Sohn Ebers, verbunden und – aus dieser Sicht – die engsten Verwandten der Israeliten sind. Die bekanntesten dieser Stämme sind Hazarmawet, Scheba und Hawila, die auch schon unter den Söhnen Kuschs erwähnt wurden.
Die Komposition dieser Liste ist in die Zeit des frühen israelitischen Königtums einzuordnen, besonders wegen der Aufzählung der südarabischen Länder[4]. Diese Datierung erscheint nicht nur wegen des Inhalts, sondern auch aus anderen Gründen ratsam. Einerseits können wir uns kaum vorstellen, daß alle diese Völker in den Gesichtskreis dieser Stämme vor deren Vereinigung und Teilnahme am Handel und an der Politik im Nahen Osten kommen konnten. Andererseits gehören die politischen Verbindungen, die sich in der Stellung der Völker innerhalb der Völkertafel widerspiegeln, in die Zeit der Landnahme. Die Verbindung von Kanaan mit Ägypten enthält die Erinnerung an den Status als ägyptische Provinz. Das gleiche gilt für die Philister, die als Söhne Ägyptens betrachtet werden, weil es ihnen ermöglicht worden war, sich im südlichen Küstengebiet anzusiedeln, das ein Zentrum ägyptischen Einflusses war. Die Hethiter jedoch werden nicht mehr als Bewohner Anatoliens betrachtet; die Erwähnung der Hethiter, die sich hier findet, bezieht sich auf späthethitische Elemente in Nordsyrien.
Die Völkertafel spiegelt die ethnische und geographische Welt bis zum entferntesten Punkt, der den Israeliten bekannt war, wider und stellt deshalb eine brauchbare Skizze der Lage Palästinas unter den Völkern und Königreichen des alten Nahen Ostens dar, wo die drei Wirkungsbereiche von Sem, Ham und Jafet sich überschneiden.

3. *Zwischen Meer und Steppe*

Ein nicht zu unterschätzender Faktor in der Geschichte Palästinas ist die Lage des Landes zwischen Mittelmeer und Steppe, die das Klima entschei-

4 *Elliger, K.*, PJ 32 (1936) 63ff; *Albright, W. F.*, SAC 191.

dend bestimmt[5]. Palästina liegt in einer subtropischen Zone und hat eine Regenzeit im Winter und eine Trockenzeit im Sommer. Die Westwinde bringen im Winter Regenwolken und im Sommer erfrischende Brisen vom Mittelmeer, während die Ostwinde den Sand und die Hitze der Steppe heranbringen; sie sind heiß und brennend im Sommer und kühl, aber trocken im Winter. Der Frühling kommt früh und ist kurz. Die Regenzeit beginnt im Oktober oder November (manchmal aber auch erst im Dezember), und wenige Wochen nach ihrem Beginn bedeckt frisches Grün Hügel und Täler, das ausreichende Weidemöglichkeiten für die Herden bietet. Zwischen Februar und März stehen alle Gräser und Blumen in voller Blüte, und es gibt zahlreiche Disteln, die oft über mannshoch werden. Gegen Ende März setzen gewöhnlich die heißen Steppenwinde, genannt »Schirokko« oder »Ḫamsin«, ein. Sie sind in der Regel im April-Mai und im September-Oktober anzutreffen und dauern im allgemeinen von wenigen Tagen bis zu einer Woche. Bei ihrem Einsetzen vertrocknet alles sehr schnell, und die blühende Landschaft wird fast über Nacht gelb und öde.

Nicht nur der jahreszeitliche Wechsel, sondern auch das unterschiedliche Klima in den verschiedenen Regionen ist eine Folge der Lage zwischen Wüste und Mittelmeer. Die Niederschlagsmenge ist in den einzelnen Landesteilen sehr unterschiedlich und hängt stark von der geographischen Lage und der Höhe über dem Meeresspiegel ab.

Nur ein schmaler Streifen entlang der Mittelmeerküste erfreut sich eines nennenswerten Niederschlages, der Übergang zur Steppe ist im Osten und Süden recht kraß. So sind die Gebiete, die den größten Teil der Niederschläge erhalten, der schmale Küstenstreifen und die Gebirge. In dem Maße, in dem ein Landstrich flacher ist, südlicher oder mehr landeinwärts liegt, verringert sich der Niederschlag.

Der Niederschlag ist mit klimatischer Instabilität und fallendem Luftdruck verbunden; der größte Teil des Regens fällt innerhalb weniger Tage im Winter. Auch kann die Niederschlagsmenge von einem Jahr zum nächsten sehr variieren, und Trockenjahre sind recht häufig. Heftige Regengüsse und Trockenheit gleichen sich nicht aus, weil an einem Regentag die Flüsse sehr schnell ansteigen und große Wassermassen sich plötzlich von den Hügeln in die Täler und Ebenen ergießen; darauf können einige warme Tage folgen, in denen der Boden unter den sengenden Sonnenstrahlen aus einem wolkenlosen Himmel sehr schnell austrocknet. Viele Flüsse führen nicht ganzjährig, sondern nur an Regentagen und kurz danach Wasser; diese Trockenflüsse werden nach dem arabischen Wort als Wadi bezeichnet.

Ganzjährig wasserführende Ströme, die zum Jordan fließen, sind der Yarmuk, der Jabbok und einige kleinere Nebenflüsse im Osten und das *Wādi Ǧālūd* im Westen; Arnon und Zered ergießen sich ins Tote Meer. Der Jarkon ist der einzige Fluß, der ins Mittelmeer fließt; er wird für seinen kurzen

5 *Klein, H.*, ZDPV 27 (1914) 217–249.297–327; *Aschbel, D.*, Das Klima Palästinas, Berlin 1930; *Baly, D.*, The Geography of the Bible, London 1957, [2]1973, 41–82.

Lauf von einer reichen, beständigen Quelle am Fuß des alten Afek-Antipatris gespeist. Die anderen Flüsse, einschließlich des Kischon, bringen Wasser nur über kurze Entfernungen und gewöhnlich in nur geringen Mengen.

Der Einfluß des Mittelmeeres auf Bevölkerung und Wirtschaft ist in der Geschichte Palästinas nicht so ausgeprägt, wie man vielleicht aufgrund der langen Küste annehmen könnte. Der Hauptgrund dafür dürfte im Mangel an geeigneten Häfen und natürlichen Ankerplätzen zu suchen sein. Die Küste verläuft fast schnurgerade, und an vielen Stellen steigen aus einem schmalen Küstenstreifen abrupt hohe Hügelketten auf, die den Zugang zur Küste erschweren. Darüber hinaus ist, vor allem im Süden, ein großer Teil der Küste oft mehrere Kilometer breit mit Flugsand bedeckt, der ebenfalls den Zugang zur Küste erschwert und die Hauptdurchgangsstraßen von der Küste ins Inland umlenkt. Deshalb lagen im Altertum die meisten Häfen an Flußmündungen, die kleinen Booten einen gewissen Schutz gewährten; diese Flüsse waren in ihrem Unterlauf, d.h. bis zum Hügelland, schiffbar. Obwohl es immer Häfen entlang der palästinischen Küste gegeben hat, von denen einige, wie z.B. Aschkelon, Jafo, Dor und Akko, eine gewisse Bedeutung erlangt hatten, blieb doch der Seehandel die längste Zeit über recht begrenzt. Deshalb waren die Hafenstädte kaum Zentren wirtschaftlichen und kulturellen Einflusses.

Andererseits hatte die Küste eine besondere Bedeutung in der Entwicklung Syriens. Entlang der syrisch-phönizischen Küste gibt es viele ausgezeichnete natürliche Häfen, einige davon auf Inseln vor der Küste, wie z.B. Tyrus und Arwad, die wichtige Ausgangsbasen maritimen Handels waren. Deshalb war der Seehandel an der syrisch-phönizischen Küste von den ältesten Zeiten an hoch entwickelt. Schiffe aus Byblos waren im dritten und zweiten Jahrtausend berühmt. Die phönizischen Städte Tyrus und Sidon wurden zu Anfang des ersten Jahrtausends v.Chr. die bedeutendsten Seemächte im östlichen Mittelmeer.

Hingegen übte die Steppe, die Palästina im Osten und Süden umgibt, einen viel größeren Einfluß auf das Land und seine Bewohner aus. Es gibt keine natürlichen Barrieren, die das besiedelte Land von dem Gebiet der nomadischen Stämme trennen. Natürlich war die Steppe recht dünn bevölkert, so daß den Nomaden große Gebiete als – wenn auch magere – Weiden für ihre Herden zur Verfügung standen. Jedoch brachen aus den weiten Steppengebieten immer wieder ganze Stämme auf, wodurch ein ständiger Druck auf die besiedelten Gebiete ausgeübt wurde. Zwischen Steppe und Ackerland bestand ein unaufhörlicher Kampf[6]. Zu allen Zeiten lebten die Steppenbewohner am Rande der Not und blickten daher sehnsüchtig auf die Errungenschaften der Seßhaften. Sie nahmen jede Gelegenheit wahr, in das bebaute Land einzufallen, so daß die Grenzsiedler zu ständiger Wachsamkeit gezwungen waren. In verschiedenen Zeiten waren die Plünderer aus der Steppe – Amalekiter, Midianiter, Ismaeliter u.a. – für die israelitischen

6 *Reifenberg, A.*, The Struggle between the Desert and the Sown, Jerusalem 1954.

Bauern der biblischen Zeit gefährliche Feinde; eine der größten Leistungen Sauls, des ersten Königs der Stämme, war es, sein Volk von dem Druck dieser Feinde befreit zu haben (1Sam 14,48). Die ägyptischen Grenzgarnisonen im östlichen Delta, dem biblischen Schur, waren in erster Linie dazu errichtet worden, die Bewegungen solcher Nomadenstämme ständig kontrollieren zu können.

Palästina besitzt eine lange gemeinsame Grenze mit der Steppe, die viele Möglichkeiten für Invasionen oder Infiltrationen bot. Selbstverständlich wurde das stärker in den an die Steppe direkt angrenzenden Gebieten empfunden, wie im Negeb und in Zentral- und Süd-Transjordanien[7]. Diese Bereiche, die feindlichen Einflüssen aus der Steppe offenstanden, befanden sich lange Zeit unter der Oberherrschaft der Nomaden, wodurch jeder Ansatz zur Gründung dauerhafter Siedlungen verhindert wurde.

Aber Feindschaft und Kampf waren nicht die einzigen Beziehungen, die zwischen den Nomaden und der seßhaften Bevölkerung herrschten. Gelegentlich wurde über Handel und über zeitweise Nutzung von Weiden in den Sommermonaten, wenn die Steppenoasen nicht ausreichten, verhandelt. Das Eindringen der Nomaden mit ihren Herden, vor allem in die Gebiete Gileads (das Hügelland Westpalästinas), den Negeb und die Deltaregion Ägyptens, war zu allen Zeiten ein – meist von den Landbesitzern genehmigtes – gewohntes Ereignis. Diese erlaubten den Nomaden, ihre Herden in waldigen oder sumpfigen Regionen und auch nach der Ernte auf den Feldern weiden zu lassen.

Der ständige Druck semitischer Nomaden aus der Steppe beeinflußte daher die Zusammensetzung der Bevölkerung in Palästina dahingehend, daß sie trotz mehrerer Invasionen anderer Völker aus dem Norden hauptsächlich semitisch geprägt blieb. Der größte Teil der geographischen Namen Palästinas ist semitisch. Das kann als Beweis dafür gelten, daß die frühen Siedler, die diese Orte im vierten und dritten Jahrtausend v.Chr. gegründet hatten, Semiten waren – überdauern doch gewöhnlich Ortsnamen die Jahrtausende und selbst den Austausch ganzer Bevölkerungen durch Invasion oder Wanderung. Die historischen Quellen verzeichnen mindestens zwei gewaltige semitische Wanderungen, die Palästina und die anderen Länder des Fruchtbaren Halbmondes in biblischer Zeit überflutet haben: die amoritische Wanderung am Ende des dritten und zu Beginn des zweiten Jahrtausends v.Chr. und die hebräisch-aramäische Wanderung in den letzten Jahrhunderten des zweiten Jahrtausends. Die arabisch-islamische Invasion muß als die letzte dieser großen Wanderbewegungen von der Steppe in das Kulturland des Fruchtbaren Halbmondes angesehen werden.

4. *Die geologischen Grundlagen*

Meer und Steppe sind die Hauptkräfte, die Felsen und Böden Palästinas ge-

7 Vgl. *Glueck, N.,* The Other Side of the Jordan, New Haven 1945.

schaffen haben[8]. Der größte Teil der Felsen besteht aus verschiedenen Kalksteinen, die als Sedimentablagerungen des Meeres während relativ junger geologischer Zeiten entstanden sind: im Cenoman, Turon und Senon, den letzten Phasen der Kreidezeit, und dem Eozän, dem Beginn des Tertiärs. Die Zusammensetzung des heute verkarsteten Kalksteins ermöglicht ein sehr schnelles Versickern des Wassers, das bis in große Tiefen eindringen kann, bevor es auf eine feste, nichtporöse Felsschicht trifft und wo es dann gezwungen ist, horizontal abzulaufen. Nur ein Teil dieses Wassers kommt in Quellen, die besonders in den geologischen Rissen, den Tälern, zu finden sind, wieder an die Oberfläche.

Cenoman, Turon und Eozän sind harte Gesteine, die der Erosion Widerstand bieten. Sie werden gebrochen und sind zugehauen vortrefflich als Baumaterial geeignet. An der Luft verwittern sie in rot-braune, fruchtbare Erde, die bekannte *terra rossa* der Mittelmeerländer. Diese Böden finden sich vor allem im westpalästinischen Bergland und in Zentral-Transjordanien, wo sie die Grundlage für Fruchtbarkeit und Reichtum dieser Gebiete bilden. Der zwischen Turon und Eozän liegende Senon hat gänzlich andere Eigenschaften. Er ist ein weicher Kalkstein, der leicht zu einem hellgrauen, unfruchtbaren Boden erodiert, der schnell austrocknet, weil er sehr porös ist, und der sich folglich für die Landwirtschaft nicht eignet. Die Judäische Wüste am Westrand des Toten Meeres besteht hauptsächlich aus diesem Senonkalk; da die östlichen Steilabhänge wenig Regen bekommen, der dann auch noch schnell im Senonkalk versickert, ist die Bezeichnung Wüste nur zu verständlich. Jedoch sind diese Senontäler für den Verkehr sehr günstig, da der Fels schnell eine glatte Oberfläche bildet, die nicht mit Felsblöcken übersät und gewöhnlich selbst im Winter trocken ist. Die Senonstreifen am Fuße der Hügel wurden deshalb die wichtigsten Verkehrsadern durch das Hügelland, so z.B. die Straßen von der Scharon- zur Jesreel-Ebene, der Megiddo-Paß oder *Darb el-Ḥawārna* in Untergaliläa (s. u. S. 43ff).

Die Täler Westpalästinas sind mit einer tiefen Schicht alluvialer Erde bedeckt, die aus dem Hügelland herausgespült wurde. Die größten und wichtigsten Täler sind die Küstenebene und die Jesreel-Ebene, die die besten Akkerbaugebiete des Landes darstellen. Der westliche Teil der Küstenebene ist hauptsächlich von Sand bedeckt, der vom Mittelmeer angeschwemmt wurde und der sich landeinwärts fünf bis sechs oder mehr Kilometer breit erstreckt. Ferner besteht die Küstenebene stellenweise aus harten Sandsteinschichten (genannt *kurkar*) und stellenweise aus Wanderdünen, die mehr und mehr das kultivierte Land bedrohen. Im westlichen Negeb, wo sie auf keinen Widerstand stoßen, sind sie schon bis zu 50 km weit vorgedrungen. Das Zentrum der Scharon-Ebene ist mit rotem Sand bedeckt, der das Ergebnis des Verwitterungsprozesses späterer geologischer Formationen

8 *Blake, G. S.*, The Stratigraphy of Palestine and its Building Stones, Jerusalem 1935; *Picard, L.*, Structure and Evolution of Palestine, Jerusalem 1943; *Baly, D.*, a.a.O. [s.o. Anm. 5], 14–40.

ist. Obwohl dieser Boden heute der Boden *par excellence* für Zitrusfruchtanbau durch Bewässerung und Düngung ist, war er im Altertum für die Landwirtschaft im Grunde genommen wertlos und blieb daher größtenteils bis in neuere Zeit bewaldet. Der größte Teil des nördlichen Negeb ist von Lößschichten bedeckt, d.h. von sehr feinem gelbbraunen Sand, der von den Steppenwinden herangeweht wurde. Wenn er richtig bewässert und bepflanzt wird, ist er ein sehr ergiebiger, fruchtbarer Boden (vgl. Gen 26,12). Jedoch bildet sich beim ersten Regen eine harte Kruste, die kaum noch wasserdurchlässig ist und über die der Regen abfließt wie von einer Ölhaut. Dieser Faktor steigert erheblich die Gefahr, daß die winterlichen Regenfälle als Sturzfluten schnell abfließen, wodurch die Trockenheit in diesem semi-ariden Gebiet nur noch verschlimmert wird; andererseits wird das Ablenken und Auffangen des ablaufenden Wassers gefördert.
Große Teile Süd-Transjordaniens und die Umgebung des Jabbok in Zentral-Transjordanien sind von einer dicken Schicht roten Sandsteins bedeckt, der während langer Zeiträume dort abgelagert wurde. Seine orange- bis dunkelrote Farbe gab dem gewaltigen, steil ansteigenden Gebirge von Edom (das im Hebräischen *rot* bedeutet) den Namen. Es ist ein harter Sandstein, der der Erosion und auch dem Eindringen des Wassers widersteht. Er bildet die herrlichen Felsen von Edom und Moab mit üppiger Vegetation in Gebieten mit ausreichendem Niederschlag. Dieser sogenannte Nubische Sandstein enthält die Kupfererzvorkommen der Araba. Nur im südlichen Teil der Araba kann man älteren Granit an der Oberfläche finden, der an die großen Granithügel im südlichen Sinai erinnert.
Die späteren Phasen des Tertiärs – Miozän, Pliozän und besonders Pleistozän – haben hauptsächlich in Nordpalästina beträchtliche Spuren vulkanischer Ausbrüche hinterlassen. Besonders in Nord-Transjordanien (Baschan) und in den östlichen Teilen Untergaliläas kann man Vulkangestein finden, das von den Eruptionen jetzt erloschener Vulkane geschaffen wurde. Diese kegelförmigen Berge bestimmen noch heute das Bild der Landschaft von Baschan, und in Untergaliläa sind die Berge More und *Ḥaṭṭīn (Qarn Ḥaṭṭīn)* die bekanntesten Vertreter ihrer Art. Der Basalt verwittert zu grau-schwarzem Boden, dem Baschan seine sprichwörtliche Fruchtbarkeit verdankt (Am 4,1; Ps 22,12). In verschiedenen Gebieten jedoch haben sich unverwitterte Basaltfelsen erhalten, die ein großes Hindernis für Verkehr und Landwirtschaft bilden. Das gilt besonders für die östlichen Steilhänge in Untergaliläa und für die östlichen Ausläufer in Baschan, Hauran und *Ǧebel ed-Drūz*. Der nordwestliche, niedrigere Ausläufer, *el-Leǧǧā*, ist ein wüstenartiges Gebiet von Basaltbrocken.
Zu Zeiten dieser Vulkanausbrüche fanden auch die größten tektonischen Bewegungen statt, die die Topographie Palästinas prägen sollten. Gebirge wurden aufgeworfen, und zwischen ihnen entstanden tiefe Täler. Das längste und tiefste von ihnen ist das Jordantal, das nur ein Teil des großen Grabenbruchs ist, der von der libanesischen *Biqāʿ* zum Roten Meer und weiter nach Afrika verläuft. Die Absenkung setzte sich noch im Pleistozän fort, als

schon die Menschen der Altsteinzeit Teile des Tales durchstreiften[9]. Das Gebiet des großen Grabenbruchs ist bis auf den heutigen Tag tektonisch nicht zur Ruhe gekommen, wie die vielen heißen Quellen und häufigen Erdbeben zeigen.

5. Ackerbau und Viehzucht

Die Wirtschaft Palästinas hängt weitgehend von den folgenden geographischen Voraussetzungen ab: 1. der geringen Ausdehnung, 2. der sehr unterschiedlichen Topographie und 3. der Lage zwischen zwei großen Kulturzentren.

Landwirtschaft bildete im Altertum die wirtschaftliche Grundlage aller Länder einschließlich Palästinas. Nicht nur Dorfbewohner, sondern auch die meisten »Stadtbewohner« bestritten ihren Lebensunterhalt durch Landwirtschaft, und Bauern bildeten die Mehrzahl und das Rückgrat der Bevölkerung.

Die Landwirtschaft in Palästina wurde hauptsächlich als Regenfeldbau, d.h. ohne künstliche Bewässerung, betrieben. Das brachte sowohl Vor- als auch Nachteile. Ägypten und große Teile Mesopotamiens sind in Wirklichkeit Steppengebiete, deren Fruchtbarkeit von der Nutzung des Wassers ihrer Flüsse abhängt. In diesen Ländern ist darum der Bewässerungsfeldbau vorherrschend. Im Gegensatz dazu ist es in Palästina möglich, zu säen und eine gute Ernte wie ein Geschenk des Himmels, das in Form von Regen und Tau herunterkommt, einzubringen. Jedoch sind die Niederschläge meistens auf den Winter beschränkt und nicht immer und in allen Teilen des Landes ausreichend. Überdies sind Trockenzeiten, in denen der Regen in allen Gebieten ungenügend ist, nicht selten. Trockenzeiten und Hungerjahre ziehen sich wie ein roter Faden durch die Geschichte Palästinas. In diesen Zeiten kam es häufig vor, daß Teile der Bevölkerung gezwungen waren, in Ägypten Zuflucht zu suchen, das durch den Nil ständig mit Wasser versorgt war. Nur in Teilen des Jordantales, besonders in der östlichen von Quellen und Nebenflüssen begünstigten Hälfte, gab es im Altertum künstliche Bewässerung. Der fruchtbare Boden und das warme Klima ermöglichten einen einträglichen Bewässerungsfeldbau (Gen 13,10); das aber war nicht ohne Organisation und ständige Anstrengungen möglich. Da das Jordantal nahe an der Grenze zur Steppe lag, war es offen für häufige Plünderungen von Nomaden aus der Steppe, die es verwüsteten und für Jahrhunderte zum Ödland machten.

Der Gegensatz zwischen Regenfeldbau in Palästina und Bewässerungsfeldbau in Ägypten wird schon in der Bibel sehr deutlich beschrieben:

»Denn das Land, in das du kommst, es einzunehmen, ist nicht wie Ägyptenland, von dem ihr ausgezogen seid, wo du deinen Samen säen und selbst tränken mußtest wie einen Garten, sondern es hat Berge und Auen, die der Regen vom Himmel tränkt – ein Land, auf das der Herr,

9 *Stekelis, M.*, IEJ 10 (1960) 118.

dein Gott, achthat und die Augen des Herrn, deines Gottes, immerdar sehen, vom Anfang des Jahres bis an sein Ende« (Dtn 11,10–12).

Hier kommt das Empfinden zum Ausdruck, daß das Land von Gott das ganze Jahr über abhängig ist, wie es ja auch in den Festen, die den landwirtschaftlichen Jahreszeiten zugeordnet sind, Gestalt gewinnt. Das begrenzte Gebiet und die unterschiedliche Topographie werden ebenfalls (»ein Land der Berge und Täler«) im Gegensatz zu den breiten Tälern Ägyptens und Mesopotamiens beschrieben.
Die wichtigsten landwirtschaftlichen Erzeugnisse sind in der Aufzählung der sieben Produkte, für die das Land berühmt war, wiederzufinden:

»Denn der Herr, dein Gott, führt dich in ein gutes Land, ein Land, darin Bäche und Brunnen und Seen sind, die an den Bergen und in den Auen fließen; ein Land, darin Weizen, Gerste, Weinstöcke, Feigenbäume und Granatäpfel wachsen, ein Land, darin es Ölbäume und Honig gibt . . .« (Dtn 8,7–8).

Die wichtigsten Produkte aus Garten- und Feldbau sind hier aufgezählt. Bei dem Honig ist vermutlich kein Bienen-, sondern Dattelhonig gemeint (obgleich er an dieser Stelle nicht so bezeichnet wird), ein typisches Produkt des Jordantales und des Gebietes am Toten Meer während des Altertums. Der geläufigere Ausdruck, mit dem in der Bibel das »Gelobte Land« häufig bezeichnet wird, ist »das Land, in dem Milch und Honig fließen«, womit auf die beiden wichtigsten Produkte landwirtschaftlicher Tätigkeit angespielt wird: Milchwirtschaft durch Halten von Herdentieren, Honiggewinnung durch Pflege von Baumkulturen. Rindviehhaltung wurde auch noch fortgesetzt, nachdem sich die israelitischen Stämme niedergelassen hatten. Sie nahm eine wichtige Rolle in der Wirtschaft verschiedener Gebiete ein, besonders in Transjordanien (Num 32,1; 1Chr 5,9), an den Steppenrändern und im Negeb (1Sam 25,2ff; 1Chr 4,38–41; 2Chr 26,10).
Eine ähnliche Beschreibung wird in einem noch älteren ägyptischen Text gegeben – der Erzählung von Sinuhe aus der Mitte des 2. Jahrtausends v.Chr. Sinuhe floh aus Ägypten und fand Zuflucht im Land des Oberen Retenu, einem Gebiet an der Grenze zwischen seßhafter und nomadisierender Bevölkerung, vielleicht im Yarmuktal an den Ausläufern des Golan[10].

»Es war ein schönes Land mit Namen J'"; es gab dort Feigen und Weintrauben; es hatte mehr Wein als Wasser, besaß viel Honig und reichlich Öl. Allerlei Früchte waren auf seinen Bäumen, es gab Gerste und Emmer und allerlei Vieh ohne Zahl.«

Sinuhe zählte die Reichtümer auf, die er bei seiner Rückkehr nach Ägypten aufgegeben hatte: »Meine Hörigen, alle meine Herden, meine Früchte und alle meine Fruchtbäume.«[11] Das Bild, das vor den Augen dieses Ägypters

10 TGI 4; vgl. *Mazar, B.*, EI 3 (1954) 21 (hebräisch).
11 TGI 9.

steht, unterscheidet sich nicht von dem Bild der Bibel; beide betonen den landwirtschaftlichen Reichtum des Landes, Rinderherden und Obstbäume, kurz gesagt »ein Land, in dem Milch und Honig fließen«.
Die gleiche Situation spiegelt sich in der Liste der Offiziere Davids wider, die die Aufsicht über den königlichen Besitz führten. Diese Liste umfaßt Aufseher

». . . über die Ackerleute, die das Land bebauten . . . über die Weinberge . . . über die Vorräte an Wein in den Weinbergen . . . über die Ölbäume und Maulbeerbäume in der Schefela . . . über die Ölvorräte . . . über die Rinder in der Scharon-Ebene . . . über die Rinder in den Tälern«,

und schließlich

». . . über die Kamele . . . über die Esel . . . [und] . . . über die Schafe . . .« (1Chr 27,25–31).

Kamele und Esel gehören nicht so sehr in den landwirtschaftlichen, sondern mehr in den Handelssektor. Kontrolle über die Haupthandelsstraßen des Vorderen Orients, die durch Palästina liefen, hatte zur Folge, daß der Handel ein wichtiger Wirtschaftszweig vor allem in den Regionen entlang der Handelsstraßen wurde. Dieser Handel lag zum Teil in den Händen der Nomaden und Halbnomaden, zum Teil war er das Monopol der Regenten und Könige. Bis zum Ende der Bronzezeit wurde der Transport hauptsächlich mit Eseln durchgeführt. Es scheint, daß erst gegen Ende des zweiten Jahrtausends v.Chr. das Kamel in solchem Umfang domestiziert war, daß es das typische »Wüstenschiff« werden konnte[12]. Handelskarawanen der Nomaden werden auch in den Patriarchenerzählungen erwähnt (». . . [sie sahen] eine Karawane von Ismaelitern kommen von Gilead mit ihren Kamelen; die trugen kostbares Harz, Balsam und Myrrhe und zogen hinab nach Ägypten«, Gen 37,25). Diese Ortsangaben können wie die meisten anderen der Patriarchenerzählungen nicht aus der Zeit vor der israelitischen Landnahme stammen. Auch unterrichten die Briefe aus *Tell el-ʿAmārna* über Handelskarawanen, die durch Kanaan ziehen (EA 7,73; 8,13; 52,37; 226,15; 225,8). Zu Beginn ihrer Landnahme waren die israelitischen Stämme von den meisten der wichtigsten Handelsrouten abgeschnitten, die von den Kanaanäern und den Philistern kontrolliert wurden; das änderte sich aber, nachdem David die Ebenen erobert hatte. Salomos großer Reichtum gründete sich auf die Kontrolle dieser wichtigen Handelsstraßen (1Kön 4,21–34; 9,15–18) einschließlich der *Via Maris* (Küstenstraße) und der Königsstraße, ja bis zu solch entfernten Zentren wie Tadmor und Tifsach (1Kön 4,24; 9,18; 2Chr 8,4). Der Handel mit Luxusgütern war königliches Monopol,

12 *Albright, W. F.*, SAC 120ff; *ders.*, Archaeology and the Religion of Israel, Baltimore 1942, 132f; *ders.*, BASOR 163 (1961) 38; *Walz, R.*, ZDMG 104 (1954) 45–87; *Lambert, W. G.*, BASOR 160 (1960) 42f.

und die Bibel betont die großen internationalen Handelsbeziehungen der Kaufleute des Königs Salomo, die Lieferanten für Kriegswagen aus Ägypten und Pferde aus Kue in Kilikien waren (1Kön 10,28–29)[13]. Die Kontrolle über Elat war ebenfalls von großer Wichtigkeit – wurden doch dadurch die Handelswege nach Südarabien, Afrika und sogar an den Indischen Ozean geöffnet. Der Besuch der Königin von Saba bei Salomo (1Kön 10,1–13) und das Aussenden von »Schiffen aus Tarschisch« von Ezjon-Geber (1Kön 10,22) hängen mit der Entwicklung des Handelsverkehrs zusammen, wodurch der königlichen Schatzkammer Gold, Silber, Edelsteine, Parfüme und andere teure Luxusgüter zugeführt wurden.
Nach der Teilung des Reiches fuhr Israel fort, einen Teil der *Via Maris* und zeitweise sogar Teile der Königsstraße in Transjordanien zu kontrollieren. Juda versuchte die Kontrolle über die Araba-Senke, Edom und Elat zu behalten – besonders während der Regierung Joschafats und Usijas (1Kön 22,29; 2Kön 14,22). Es ist kein Zufall, daß die spärlichen biblischen Erwähnungen aus den Chroniken der Könige von Juda und Israel einen unverhältnismäßig großen Teil an Informationen über das Schicksal Elats enthalten, diesem für die Wirtschaft Judas so wichtigen Ort. Hinweise auf den Handel mit Südarabien wurden bei den Ausgrabungen in Ezjon-Geber *(Tell el-Ḫulēfi)*[14] gefunden, und vielleicht kann man auch das südarabische Siegel aus Bet-El als einen Hinweis auf solche Handelsverbindungen ansehen[15].
Neben den Handelsgeschäften, in denen Palästina die Rolle des Zwischenhändlers zwischen den angrenzenden Ländern – vor allem im Handel mit Luxusgütern – einnahm, haben wir doch auch Informationen über Import und Export. Im Altertum hat das Land hauptsächlich Überschüsse der Agrarwirtschaft exportiert, wie z.B. Getreide, Öl, Wein und Honig (1Kön 5,11; Ez 27,17), sowie Parfüme und Salben (Gen 37,25; 43,11; Ez 27,17). Die Salbengrundstoffe wurden von bestimmten Bäumen in den Wäldern Gileads gewonnen (Jer 8,22). Importe bestanden hauptsächlich aus Luxusgütern und Kleidung aus Ägypten (Ez 27,7), Holz und Fisch aus Phönizien (Neh 13,16) sowie den oben bereits erwähnten Luxusgütern und Aromata aus Südarabien. Beweise für Importe dieser Art aus Ägypten tauchen schon in den Amarna-Briefen auf. In einer Mitteilung des Pharao an den König von Geser bestätigt er die Absendung von Silber, Gold, Kleidung, Edelsteinen und Stühlen mit Elfenbeinintarsien als Gegenwert für eine Lieferung hübscher Sklavinnen aus Geser[16].
Trotz der langen Küste wurde der Seehandel doch nie zu einem bedeutenden Wirtschaftszweig in Palästina. Der Grund dafür dürfte im Mangel an geeigneten Häfen zu suchen sein und darin, daß die Wanderdünen eine Trassen-

13 *Albright, W. F.*, BASOR 120 (1950) 22–25; *Tadmor, H.*, IEJ 11 (1961) 143–150.
14 *Glueck, N.*, BASOR 71 (1938) 15–17.
15 *Beek, G. W. van* und *A. Jamme*, BASOR 151 (1958) 9–16; BASOR 163 (1961) 15–18; aber vgl. *Yadin, Y.*, BASOR 196 (1969) 37–45; *Beek, G. W.* und *A. Jamme*, BASOR 199 (1970) 59–65; *Kelso, J. L.*, ebd., 65; *Cleveland, R. L.*, BASOR 209 (1973) 33–36.
16 ANET 487.

führung der Hauptverkehrsstraßen an der Küste oft unmöglich machten. An der phönizischen Küste war die Situation ganz anders, gab es doch dort so bedeutende Hafenstädte wie Tyrus, Sidon, Byblos, Arwad u.a. Zweifellos wurde zu fast allen Zeiten Fischfang im Mittelmeer und im See Gennesaret betrieben, da doch die kleinen Fischerboote keine tiefen Ankerplätze erforderten[17]. Jedoch sind die Quellen äußerst spärlich, und sowohl Ausmaß als auch Bedeutung der Fischerei waren wohl ziemlich begrenzt.

Natürlich gab es einige Hafenstädte in Palästina, die an kleinen Buchten oder Felshöhlen gegründet worden waren. Die bedeutendsten von ihnen waren Akko, Dor, Jafo und Aschkelon. Zwischen diesen gab es noch einige Ankerplätze, besonders an den Flußmündungen, die den kleinen Küstenbooten des Altertums einen gewissen Schutz boten. Von diesen kleineren Küstensiedlungen sind durch Ausgrabungen die folgenden drei bekannt geworden: *Tell Abū Ḥuwām* nahe der Mündung des Kischon[18], *Tell Qasīle* an der Jarkon-Mündung[19] und *Tēl Mōr (Tell Ḫēḏar)* an der Mündung des *Wādi Sukrēr*[20].

Über den Seehandel während der Bronzezeit von palästinischen Häfen aus ist wenig bekannt. Tontafeln, die in Ugarit gefunden wurden, belegen Handelsverbindungen mit verschiedenen Städten der levantinischen Küste, wie z.B. Arwad, Byblos, Tyrus, Akko, Aschdod und Aschkelon. Einige der nach Ugarit exportierten Produkte waren Fisch, Milch, Wolle und Textilien[21]. Ein ausführlicherer Beleg findet sich in der Erzählung des Wen-Amon vom Beginn des 11. Jahrhunderts v.Chr. Dort wird eine in Dor stationierte Flotte der Tscheker *(ṯ-k-r)*, die zu den »Seevölkern« gehört haben, erwähnt[22]. Es kann angenommen werden, daß ähnliche Flotten den anderen Philisterstädten der Küste zur Verfügung gestanden haben. Jedoch ist Dor die einzige der oben erwähnten vier größeren Hafenstädte, die in israelitische Hand gefallen war und den israelitischen Königen als Hafenstadt gedient hat. Detaillierte Belege dafür liegen allerdings nicht vor, aber die Bedeutung der Stadt kann man aus der Liste der Distriktverwalter Salomos ersehen, wo Dor ein eigener Distrikt und der Verwalter ein Schwiegersohn des Königs ist (1Kön 4,11). Akko war zu Zeiten Davids unter israelitischer Kontrolle (Jos 19,29; 2Sam 24,7), aber unter Salomo wurde es wieder tyrischer Gerichtsbarkeit unterstellt (1Kön 9,11). Anspielungen auf Sebulons und Aschers Verbindungen zum Mittelmeer belegen, daß diese in die Ebene von Akko eingedrungen waren, zweifellos anfangs unter Billigung der kanaanäischen Städte (s. Ri 1,31–32).

Aschkelon wurde eine der fünf wichtigsten Städte der Philister, und auch

17 *Nun, M.*, Fishing and Fishes in the Bible and the Talmud, Tel Aviv 1964 (hebräisch).
18 *Hamilton, R. W.*, QDAP 4 (1934) 1–69.
19 *Maisler (Mazar), B.*, IEJ 1 (1950/51) 61–76.125–140.194–218.
20 *Dothan, M.*, IEJ 9 (1959) 271–272; *ders.*, IEJ 10 (1960) 123–125.
21 *Schaeffer, C. F. A.*, Ugaritica IV,142; *Nougayrol, J.*, Le Palais Royal d'Ugarit VI, Paris 1970, N. 9.16.79.156; *Rainey, A. F.*, JOS 3 (1973) 60–61.
22 TGI 47.

Jafo gehörte zu ihrem Territorium, wenn auch darüber keine genaueren Informationen vorliegen. Sicher ist, daß Jafo außerhalb der israelitischen Grenzen lag (Jos 19,46); es ist interessant festzustellen, daß es unter Sanherib zum Bezirk Aschkelon gehörte und nicht zu dem viel näher gelegenen Aschdod[23]. Vielleicht lag das darin begründet, daß Aschkelon die größte philistäische Hafenstadt war, so daß diese über Jafo und Umgebung regierte. Es ist auch möglich, daß wir nichts von Konflikten zwischen Aschkelon und Israel hören, weil Israel an der Mittelmeer-Schiffahrt nicht interessiert war[24]. Eine Liste jährlicher Tribute, die Aschkelon an Assyrien zu zahlen hatte, wurde in Nimrud gefunden und enthält u.a. Angaben über eine beachtliche Menge Textilien, gefärbter Stoffe und Fisch[25]. Daraus können wir schließen, daß neben der Fischverarbeitung das Herstellen und Färben von Textilien ein bedeutender Zweig der Wirtschaft Aschkelons war. Das Holz zum Tempelbau wurde zu Zeiten Salomos und Serubbabels über das Mittelmeer transportiert (1Kön 5,9; Esr 3,7). Vielleicht hat Israel die Dienste philistäischer Schiffer in Anspruch genommen. Der Prophet Jona segelte in einem Schiff aus Tarschisch von Jafo ab (Jon 1,3). Unter den Persern wurden die verschiedenen Häfen Palästinas Tyrus und Sidon unterstellt. Aus der Inschrift Eschmunasers, des Königs von Sidon, können wir ersehen, daß er Dor und Jafo vom Perserkönig als Lehen bekommen hatte[26].

König Salomo führte die Schiffahrt auf dem Golf von Aqaba mit der Hilfe phönizischer Schiffer ein und baute zu diesem Zweck Ezjon-Geber nahe bei Elat als Hafen aus (1Kön 9,26; 2Chr 8,17)[27]. Joschafat (und vermutlich auch Usija) folgten seinem Beispiel (1Kön 22,49; 2Kön 14,22; 2Chr 20,36; 26,2). Die einzigen Rivalen der israelitischen Schiffahrt im Roten Meer waren die Ägypter; es ist möglich, daß eines der Ziele Schoschenks bei seinem Feldzug nach Salomos Tod darin bestand, die israelitischen Aktivitäten im Golf von Aqaba zu beenden[28].

Palästina ist arm an Rohstoffen. Trotzdem wurde dem Land im Altertum ein Reichtum an Eisen und Kupfer nachgesagt (»ein Land, in dessen Steinen Eisen ist, wo du Kupfererz aus den Bergen haust«, Dtn 8,9). Einige wenige Eisenerzbergwerke wurden in Transjordanien gefunden[29], und vermutlich werden in jenem Text die Eisenerzvorkommen im Libanon mit eingeschlossen sein; Kupfererzabbau wurde in der Araba betrieben – zwischen dem Toten Meer und dem Golf von Aqaba. Für die Ausbeutung der Salzvorkommen des Toten Meeres gibt es allerdings keinen direkten Beweis. Vielleicht kann man aber den Ortsnamen »Salzstadt« (Jos 15,62) in dieser Richtung

23 ANET 287.
24 *Tadmor, H.*, BIES 24 (1960) 173–174 (hebräisch).
25 *Parker, B.*, Iraq 23 (1961) 42.
26 ANET 505.
27 *Glueck, N.*, BASOR 72 (1938) 2–13.
28 *Yeivin, S.*, JEA 48 (1962) 75–80.
29 *Weippert, M.*, BRL², 1977, 42–44.

deuten (offensichtlich *Ḫirbet Qumrān)*[30]. Auf den Tontafeln vom *Tell el-ʿAmārna* lesen wir über die Verschiffung von Rohmaterial nach Ägypten zur Glasherstellung von Tyrus (EA 148), Lachisch (EA 331), Aschkelon (EA 323) und anderen Orten (EA 327) im südlichen Kanaan. In der Levante scheinen sich die Techniken der Glasherstellung im fünfzehnten Jahrhundert v.Chr. entwickelt zu haben[31].

Einige der Stadtbewohner werden sicherlich im Kunsthandwerk tätig gewesen sein, aber die Informationen darüber sind äußerst spärlich. Es scheint, daß die Fertigkeiten vom Vater auf den Sohn weitergegeben worden sind, so daß die Ausübung des Berufes in der Familie fortlebte. In der Bibel finden wir gelegentlich Hinweise auf Handwerker-Familien, wie z.B. Töpfer (1Chr 4,23; Jer 18,2), Maurer (1Chr 4,14), Weber (1Chr 4,21) und Schreiber (1Chr 2,55). Bei den Ausgrabungen in *Tell Bēt Mirsim* wurden verschiedene Pflanzen gefunden, die zum Färben von Stoffen gebraucht wurden. Färber scheint einer der wichtigsten Berufe dieser Einwohner gewesen zu sein[32]. Entlang der Küste waren viele Städter damit beschäftigt, aus Seeschnecken *(Murex)* Farbe zu gewinnen und damit die berühmten purpurfarbenen Stoffe herzustellen. Dieser Industriezweig war die Hauptquelle für den Reichtum Kanaans[33], und zeitweise scheint auch der Stamm Sebulon sich damit beschäftigt zu haben (Dtn 33,19).

Trotz all dieser aufgezählten Erwerbszweige blieb doch die Wirtschaft des Landes während der biblischen Zeit im wesentlichen von Ackerbau und Viehzucht geprägt: »Wer seinen Acker bebaut, wird Brot die Fülle haben . . .« (Spr 12,11).

30 *Noth, M.*, Josua, 72; *Cross, F. M.* und *Milik, J. T.*, BASOR 142 (1956) 16.
31 *Oppenheim, A. L.*, JAOS 93 (1973) 259–266.
32 *Albright, W. F.*, Tell Beit Mirsim III, AASOR 21–22 (1943) §§ 36–40.
33 *Irvin, D.*, BRL², 1977, 72–74; *Maisler (Mazar), B.*, BASOR 102 (1946) 7ff.

Kapitel 2

Das Land der Gegensätze

Palästina ist, trotz seiner geringen Größe, in viele kleinere Einheiten unterteilt, die sich sehr stark voneinander unterscheiden. Der größte Teil des Jordantales, einschließlich des Sees Gennesaret bis zum Toten Meer und noch ca. 60 bis 70 km südlich davon, liegt unter dem Meeresspiegel. Den Endpunkt nimmt das Tote Meer ein, dessen Oberfläche ca. 400 m unter dem Meeresspiegel liegt und somit der tiefste Punkt der Erde ist. Mit der Entstehung des Großen Grabenbruches haben sich insgesamt vier größere geographische Zonen gebildet, die sich in Nord-Süd-Richtung erstrecken: die Küstenebene, der zentrale Gebirgszug, der Jordan-Grabenbruch und das transjordanische Hochland[1].

Die Höhenunterschiede zwischen diesen aneinander angrenzenden Gebieten sind enorm. Die Gebirgszüge in Westpalästina erheben sich stellenweise zu Höhen von mehr als 900 m, z.B. in Obergaliläa, in der Umgebung Hebrons und im Negeb mit dem Berg Ramon. In den meisten Gebieten unterschreitet die Höhe 500–600 m nicht. Das Gebirgsplateau in Transjordanien ist sogar noch etwas höher. Die durchschnittliche Höhe beträgt 600–700 m, jedoch erreichen mehrere Gipfel Höhen von 900–1 000 m, in Edom sogar 1 500 m und mehr. Die schneebedeckten Berge des Libanon und Antilibanon, die Höhen von 2 500–2 800 m erreichen, sind die höchsten der Levante – aber voneinander getrennt durch die Fortsetzung des Grabenbruchs, die *Biqāᶜ*. Wegen der extremen Höhenunterschiede innerhalb kurzer Distanzen macht Palästina den Eindruck eines tief zerklüfteten Gebirgslandes.

Kleinere Brüche durchschneiden das Land in Ost-West-Richtung, besonders im Norden, und teilen dadurch die vier in Nord-Süd-Richtung sich erstreckenden geographischen Zonen noch einmal in kleinere Einheiten. Der größte dieser Querbrüche ist die Jesreel-Ebene, die Galiläa vom efraimitischen Bergland trennt und dadurch eine gute Ost-West-Verbindung in Palästina herstellt.

Die vier Nord-Süd-Zonen Palästinas sind daher in folgende Einheiten zu unterteilen (s. Karte 2):

I. Die Küstenebene

Der Küstenstreifen ist im Norden sehr schmal, erweitert sich aber nach Süden hin beträchtlich, da die Küste eine leichte Krümmung nach Westen

1 Für eine Beschreibung der verschiedenen Regionen vgl. bes. *Smith, G. A.*, The Historical Geography of the Holy Land, London [25]1931; *Abel, F.-M.*, Géogr. I; *Braver, A. J.*, Eretz Yisrael (1949) (hebräisch); *Baly, D.*, The Geography of the Bible, London [2]1973.

Karte 2: Die geographische Einteilung Palästinas

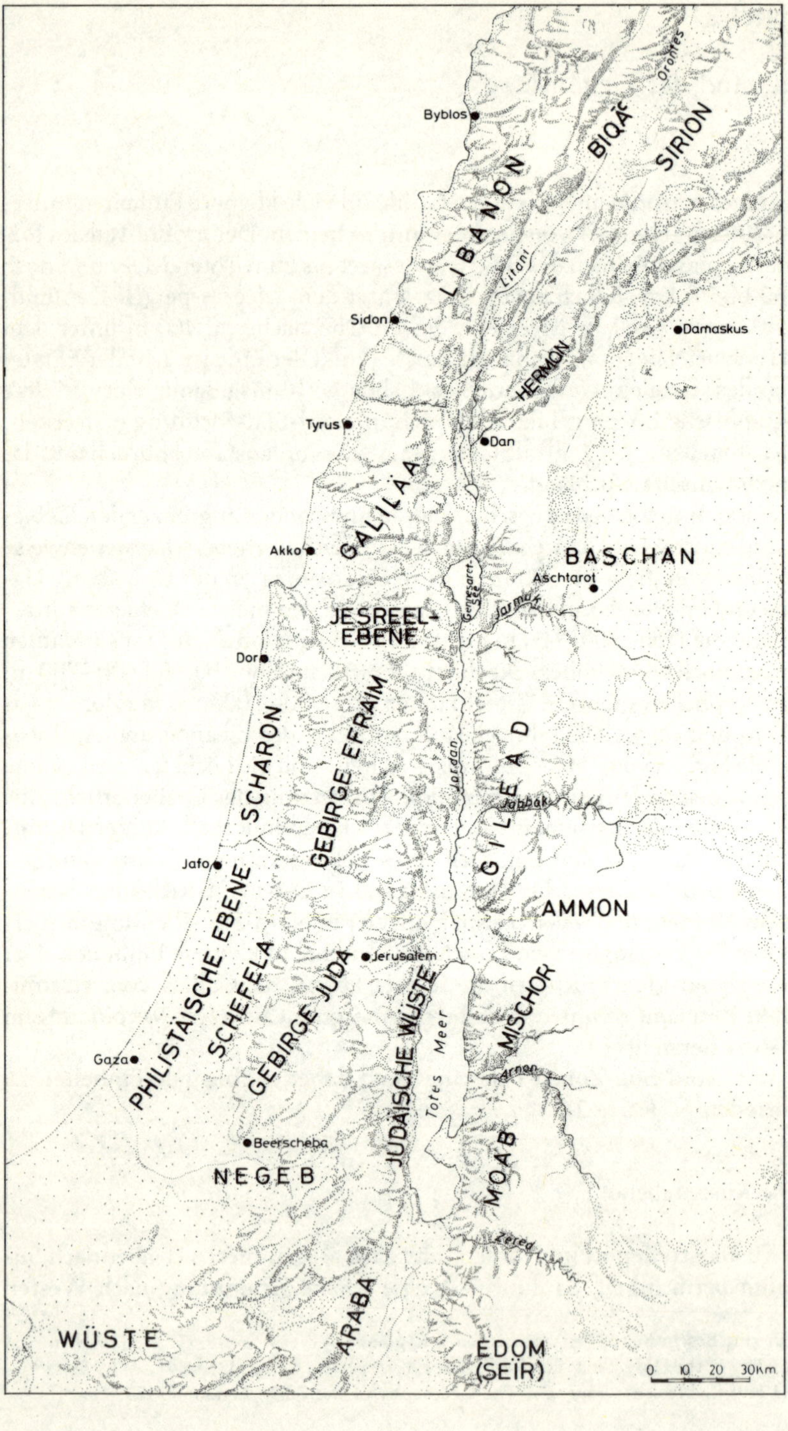

macht. Sie ist auf weite Strecken von Wanderdünen begleitet, die auch der Grund dafür sind, daß die *Via Maris* nicht direkt an der Küste, sondern etwas weiter landeinwärts verläuft. Demzufolge befinden sich die wichtigsten Städte der Küstenregion nicht direkt am Mittelmeer, sondern eben landeinwärts an dieser Straße. Dieser internationale Handelsweg (s. Karte 3 und S. 46ff), der fruchtbare Alluvialboden, die vielen Quellen und der hohe Grundwasserspiegel haben die Küstenebene zu einer der reichsten Regionen Palästinas gemacht, die auch zu fast allen Zeiten die am dichtesten besiedelte war. Das gleiche gilt für die Ebene Jesreel, die man vielleicht als nach Osten gerichtete Fortsetzung der Küstenebene betrachten kann.

1. Die Ebene von Akko

Dieser nördliche Teil der Küstenebene ist von zwei steilen Gebirgshängen begrenzt, die schroff aus dem Mittelmeer aufsteigen: die weiße, wellenumspülte Klippe von *Rōš Ha-Niqrā (Rās en-Nāqūra)*, »Die Treppe von Tyrus«, im Norden und der bewaldete Karmel im Süden. Im Südosten ist sie mit der Jesreel-Ebene durch einen schmalen Streifen zwischen Karmel und den Bergen Untergaliläas verbunden, durch den sich der Kischon seinen Weg gebahnt hat.

Akko, eine der bedeutendsten Hafenstädte Palästinas, liegt am nördlichen Ende der breiten Akko-Haifa-Bucht, etwas geschützt gegen die Nordwestwinde. Die Stadt teilt die Ebene in zwei ungefähr gleich große Gebiete, die beide im Altertum dicht besiedelt waren. Im nördlichen Teil ist die Küste felsig und ohne Sanddünen; daher nähern sich hier sowohl das bebaubare Land als auch die Straße der Küste. In der Bedeutung als Hafenstadt folgt Akko die nördlich gelegene Siedlung Achsib an der Mündung des *Wādi el-Qarn*, die gegen das Mittelmeer hin durch Felsen und kleine Inseln geschützt ist.

Die Bucht von Haifa ist durch starke Sandablagerungen verkleinert worden, die auch den südlichen Teil der Akko-Ebene mehrere Kilometer weit bedekken. Diese Sanddünen blockieren die Flußmündungen; kleinere Marsche entstehen, die den Verlauf der Straßen und die Grenzen des kultivierbaren Landes weiter nach Osten zwingen. Der einzige weitere Hafen ist deshalb am Südende der Bucht *Tell Abū Ḥuwām* an der Mündung des Kischon. Er erlebte seine Blütezeit gegen Ende der kanaanäischen Periode und zu Beginn der Königszeit. Der andere ganzjährig wasserführende Fluß im südlichen Teil der Ebene ist der *Naʿmān*, der im Zentrum der Ebene entspringt und nordwärts fließt, bis er bei Akko ins Mittelmeer mündet. Seine Quelle wird beherrscht vom *Tell el-Kerdāne*, vermutlich dem alten Afek (Jos 19,30; Ri 1,31). Die bedeutendste Stadt in der südlichen Akko-Ebene war in biblischer Zeit Achschaf, das man mit *Ḫirbet el-Harbaǧ*, ca. 10 km südöstlich von Haifa gelegen, zu identifizieren versuchte.

2. Die Jesreel-Ebene

Dieses Tal ist das größte, das die zentrale Bergkette unterteilt, und das ein-

zige, das die Küstenebene mit dem Jordantal verbindet. Wegen seiner topographischen Charakteristika soll es als Teil der Küstenzone beschrieben werden.
Das enge Flußbett des Kischon, der die Jesreel-Ebene mit der Akko-Ebene verbindet, wird an beiden Seiten von den zwar relativ niedrigen, für den Verkehr aber nicht gerade günstigen Bergen abgeschlossen, dem *Tell el-ʿAmr* (Geba-Somen?) im Westen und dem *Tell el-Qassīs* (Helkat?) im Osten. Jesreel, eine Stadt Issachars und die Winterresidenz der Omriden-Dynastie, die in der israelitischen Zeit dem Tal den Namen gab, liegt an seinem östlichen Rand etwas höher als das Talniveau auf einem Ausläufer des Berges Gilboa. Gegenüber, am Fuße des Berges More, liegt Schunem; die zwischen beiden gelegene Ebene bildet die günstigste Verbindung zwischen dem Gebirge Efraim und Untergaliläa. Östlich von Jesreel entspringt der Harod, der nach Osten zur Ebene von Bet-Schean fließt, die schon Teil des Jordan-Grabenbruches ist. Die Jesreel-Ebene bildet ein ungefähr gleichseitiges Dreieck, dessen Schenkel ca. 30 km lang sind. Jibleam bildet den südlichen Endpunkt, Jokneam den westlichen und der Berg Tabor den östlichen.
Die Jesreel-Ebene verdankt ihre Bedeutung zum einen ihrem fruchtbaren alluvialen Schwemmboden und zum anderen dem Umstand, daß die wichtigsten Abzweigungen der *Via Maris* sie durchqueren (s.u. S. 51f). Die größten Städte lagen im Westteil an den verschiedenen Pässen zur Scharon-Ebene: Jokneam, Megiddo, Taanach und Jibleam. Zwischen Megiddo und dem Berg Tabor wurden im Laufe der langen Geschichte Palästinas viele entscheidende Schlachten geschlagen, daher war die Kontrolle dieses Tales immer ein Hauptanliegen der rivalisierenden Mächte.

3. *Die Scharon-Ebene*

Die Küstenebene zwischen dem Karmelgebirge und Jafo wird Scharon-Ebene genannt. Dieser Name, der auch zur Bezeichnung mehrerer Regionen Palästinas diente (z.B. 1Chr 5,16), wird von einigen als »ebenes Land« gedeutet, scheint aber doch eher »bewaldetes Land« zu bedeuten; das würde die Situation im Altertum treffend charakterisieren und paßte auch viel besser zu den biblischen Erzählungen (Jes 33,9; 35,2)[2].
Im Zentrum der Scharon-Ebene erstreckt sich ein 11 bis 12 km breiter Streifen roten Sandes. Hier wuchsen die berühmten Eichen (die Scharon-Ebene entging der Entwaldung, weil im Altertum der rote Boden für die Landwirtschaft nutzlos war). Zwischen der Ebene und der Küste ziehen sich die *kurkar*-Berge hin, die die Entwässerung der Flußtäler erschwerten und die Bildung von Sümpfen förderten.
Diese Bedingungen verhinderten im westlichen Teil der Scharon-Ebene die Gründung von Siedlungen; diese lagen deshalb entlang der wenigen Flüsse, die sich ihren Weg zur Küste gebahnt haben. Der größte Teil dieses Landstriches blieb daher frei für »die Herden, die im Scharon-Tal weiden« (1Chr

2 *Maisler (Mazar), B.*, Jerushalayim 4 (1952) 16f (hebräisch).

27,29). Eine Hauptabzweigung der *Via Maris* wird hier nach Osten abgeleitet. An dieser Stelle, zwischen dem roten Sand und den Hügeln, liegen auch die bedeutenden Städte wie Afek (Antipatris) – an den Quellen des Jarkon südlich von Socho (1Kön 4,10) –, Jaḥam und Gat (-Padalla) etwas weiter nördlich.

Zwei bedeutendere Hafenstädte liegen je am nördlichen bzw. südlichen Ende der Ebene: Dor und Jafo. Dor beherrscht zwei kleine, von Felsen umschlossene Buchten. Es wurde vermutlich während des neuägyptischen Reiches als Flottenstützpunkt gegründet, erlebte eine Blütezeit unter einem Herrscher der »Seevölker« (Tscheker) und wurde schließlich der wichtigste Hafen des nördlichen Israel. In Jafo (2Chr 2,16; Esr 3,7) war der Hafen nur von wenigen Felsblöcken geschützt, aber diese bedeutende Stadt diente zu fast allen Zeiten Jerusalem und Juda als Hafenstadt.

4. Die philistäische Küste

Der südliche Küstenbereich ist nach den Philistern benannt. Diese ließen sich dort im Laufe des zwölften Jahrhunderts nieder und wurden die wichtigste Bevölkerungsgruppe dieses Küstenabschnittes. Schließlich wurde ihr Name in der Antike auf das ganze Land (Palästina) übertragen.

Die Küstenebene erweitert sich gegen Süden hin, der rote Sand läßt allmählich nach, und der schwere alluviale Boden wird mehr und mehr von dem vom Wind herbeigewehten Löß überlagert. Das erleichterte den Verkehr natürlich sehr, die Straßen verlaufen hier ungehindert in alle Richtungen – nur durch Sanddünen von der Küste getrennt. Der Niederschlag nimmt nach Süden hin ab; bis Gaza jedoch reicht er noch immer aus, in den Ebenen gute Getreideernten zu erzielen. In Verbindung mit den wichtigen Handelsstraßen machten diese Gegebenheiten die philistäische Küste zu einer der reichsten Regionen des Landes.

Gaza, die südlichste Küstenstadt, war lange Zeit hindurch die Metropole der Region und diente als Distrikthauptstadt Kanaans während der ägyptischen Oberhoheit. Der Rang wurde ihr von Aschkelon und Aschdod streitig gemacht. Nur Aschkelon lag direkt an der Küste, weil dort die Sanddünen etwas auseinandertraten. Sie wurde dadurch die größte Hafenstadt, obwohl die anderen Städte auch Ankerplätze am Mittelmeer hatten. Etwas landeinwärts lagen Gat *(Tell eṣ-Ṣāfī?)* und Ekron *(Ḫirbet el-Muqannaʿ)*, die die Hauptrivalen der Städte in der judäischen Schefela waren.

5. Die Schefela

Zwischen der südlichen Küstenebene und den judäischen Bergen erstreckt sich eine Hügelzone aus eozänem Kalkstein; sie wurde Schefela (»Niedrigland«) genannt, eine aus der Sicht der israelitischen Bevölkerung der judäischen Berge treffende Bezeichnung. Die Schefela war im Altertum dicht besiedelt und wegen ihrer Ölbäume und Sykomoren berühmt (1Chr 27,28; 1Kön 10,27).

Für das judäische Königtum war die Schefela von größter Bedeutung; deshalb wurde sie mit einer Reihe von Verteidigungsposten gegen die Philister und weiter entfernte Gegner versehen. Die bedeutendsten Festungsstädte lagen an den verschiedenen Tälern, durch die die Straßen von der Schefela ins judäische Gebirge führten: Geser, Ajalon und Bet-Horon im Tal von Ajalon; Bet-Schemesch, Timna und Zora im Sorek-Tal *(Wādi eṣ-Ṣarār)*; Socho und Aseka im Tal von Ela; Lachisch und Marescha an der Straße nach Hebron. Die häufige Erwähnung dieser Städte in der Bibel ist auf die vielen Schlachten, die in deren Umgebung geführt wurden, zurückzuführen.

6. *Der westliche Negeb*

Die 300-mm-Isohyete, die ca. 20 km nördlich von Beerscheba verläuft, bildet die Grenze zum Negeb, dem »Trockenland« im Süden. Beerscheba und das an der Küste gelegene Rafa haben einen durchschnittlichen jährlichen Niederschlag von 200 mm; südlich davon steigt die Aridität sprunghaft an. Als Negeb selbst ist der Landstreifen von ca. 50 km zwischen der 300-mm- und der 100-mm-Isohyete anzusprechen, in dessen Zentrum Beerscheba liegt.

In diesem Gebiet ist Landwirtschaft zwar möglich, aber nur unter ganz bestimmten Voraussetzungen. Es ist ein relativ ebenes Land, das langsam auf ca. 260 m in der Umgebung Beerschebas ansteigt und fast überall von dem feinen und sehr fruchtbaren Löß bedeckt ist. Die Probleme, die eventuellen Siedlungsgründungen hemmend im Wege standen, waren das fehlende Wasser und die Nomaden der Steppe. Der Niederschlag variiert von Jahr zu Jahr, oft sogar recht beträchtlich, so daß Trockenjahre sehr häufig sind. Selbst innerhalb des Negeb gibt es drastische Unterschiede in der Niederschlagsmenge; so finden wir z.B. die Patriarchen im westlichen Negeb, in der Umgebung Gerars, viele Trockenjahre hindurch. Zu diesen klimatisch schwierigen Verhältnissen kommt noch die Gefahr durch die Nomaden; die Plünderungen verschiedener Siedlungen im Negeb durch die Amalekiter während Davids Abwesenheit von Ziklag (1Sam 30) sind ein typisches Beispiel dafür. Daher war Siedlungstätigkeit im Negeb nur möglich unter einer starken Regierung, die fähig war, den Nomaden Widerstand entgegenzusetzen, und die ein Interesse daran hatte, den Siedlern in Trokkenperioden Hilfe zu gewähren. Dies war allerdings nur in wenigen kurzen Zeiträumen der Fall. Selbst in neuerer Zeit gab es im Negeb keine dauerhafte Besiedlung – bis zur mit deutscher Hilfe erfolgten Gründung von Beerscheba durch die Türken zu Beginn dieses Jahrhunderts und der Wiederbesiedlung dieses Gebietes durch den Staat Israel.

Dauernde Siedlungen existierten nur entlang der großen Flußbetten im nördlichen Negeb. In den fast ganzjährig trockenen Wadis sammelte sich nur in der kurzen Regenzeit Wasser – dann allerdings aus sehr weiten Gebieten. Verschärft wird die Situation im Negeb gelegentlich durch Fluten nach Unwettern in den Bergen der Steppe und des südlichen Juda. Für einen oder zwei Tage, oder – was häufiger ist – für nur einige Stunden, verwandeln sich die Wadis in reißende Sturzbäche; »die Wasserläufe des Negeb«

(Ps 126,4) wurden sprichwörtlich für ihr plötzliches Auftreten und Verschwinden. Die meisten dieser Fluten ergossen sich im Altertum ungenutzt ins Mittelmeer; jedoch entlang dieser Flußbetten lagen die Quellen und Brunnen des Negeb, die für eine dauerhafte Besiedelung, besonders in den früheren Zeiten, äußerst wichtig waren.
Die zwei bedeutendsten Wadis des westlichen Negeb sind das *Wādi eš-Šarīʿa* (das biblische Tal von Gerar) und das *Wādi eš-Šellāle* (das biblische Besor?), die den letzten Abschnitt ihres Weges gemeinsam zurücklegen. An ihnen lagen die wichtigsten Städte dieses Gebietes: *Tell eš-Šarīʿa* und *Tell Abū Hurēre* (Gerar) am *Wādi eš-Šarīʿa*, *Tell el-Fārʿa* (Scharuhen) und *Tell Ǧemme* (Jurṣa?) am *Wādi eš-Šellāle*.

II. Der zentrale Gebirgszug

Dieser Gebirgszug erhebt sich steil aus der Küstenebene und der Schefela; seine Hügel sind im Norden weithin von breiteren Tälern durchzogen und daher verkehrsgünstiger als im Süden. Im Altertum waren große Teile dieser Region bewaldet; der Wald wurde jedoch abgeholzt, als man diesen Gebirgszug in größerem Umfange besiedelte. Obstbäume wurden auf Terrassen angepflanzt und steinerne Begrenzungsmauern angelegt, die der Erosion Einhalt gebieten sollten. Mit zunehmender Verwüstung des Landes und mit dem Rückgang der Bevölkerungszahlen wurden die bepflanzten Abhänge vernachlässigt und die Terrassenmauern stürzten ein, so daß der fruchtbare Boden weggeschwemmt wurde. Viele der heute kargen Hügel können nur dort wieder aufgeforstet werden, wo man begonnen hat, in künstlichen Terrassen Humusboden aufzuschichten.
Der Gebirgszug ist von Norden nach Süden in folgende vier Regionen unterteilt: Galiläa, Gebirge Efraim, judäisches Gebirge und die Berge des Negeb.

1. Galiläa

Galiläa als der höchste und am nördlichsten gelegene Teil des Landes hat das kühlste Klima und die üppigste Vegetation; es erinnert damit stark an den bewaldeten Libanon. Mit kleinen Dörfern, die von Öl- und Obstbäumen verborgen werden, überzogen, war es relativ isoliert von den Haupthandelsstraßen und den großen Zentren politischer Macht. Die Bedeutung als »Hinterland« war aber größer, als es nach den historischen Quellen den Anschein haben mag.
Galiläa kann man aufgliedern in einen nördlichen Teil, Obergaliläa, das Höhen von 900 m und mehr erreicht, und in einen südlichen Teil, Untergaliläa, das ca. 600 m kaum übersteigt. Die Grenze bildet ein tiefer Steilabfall, der die Verbindung zwischen beiden Gebieten sehr erschwert.
Obergaliläa ist ein Gebirgsplateau, das im Süden am höchsten ist und nach Norden auf ca. 500 m abfällt. Es reicht bis zu der tiefen Schlucht des Lita-

ni-Qasimiya, die es von den Libanon-Bergen trennt. Die höchsten, südlichen Teile sind schwieriges, gebirgiges Gelände, die einer Besiedlung sehr hinderlich und im Altertum dicht bewaldet waren. Die nördlichen Teile sind Tafelländer, von weiten Tälern zerschnitten, die zahlreiche Quellen aufweisen und somit günstige Gelegenheiten für Siedlungsgründungen boten. Obwohl aus unseren Quellen über Siedlungen in diesem Teil des Landes sehr wenig zu erfahren ist, muß man doch davon ausgehen, daß es hier die meiste Zeit über eine recht große Anzahl von Siedlungen gab. Vielleicht war die größte und bedeutendste von ihnen »Kadesch in Galiläa, im Gebirge von Naftali« (Jos 20,7), die im östlichen Teil liegt und das nördliche Jordantal kontrollieren konnte.
Untergaliläa ist der weitgehend ebene Teil des Gebirgszuges und kann als Zwischenzone bezeichnet werden, zusammengesetzt aus niedrigen Bergketten mit flachen, breiten Tälern. Vier größere Täler durchziehen es von Osten nach Westen; jedoch wird keiner ihrer Namen in der Bibel erwähnt. Es sind von Norden nach Süden: das Tal von Bet-Kerem *(eš-Šaġur)*, in dem das biblische Rama (Jos 19,36) liegt, das Tal von *Saḫnīn*, das Tal von Bet-Netofa *(Sahl el-Baṭṭōf)* mit Hannaton (Jos 19,14) an seinem westlichen Ausläufer, das Tal von *Ṭurʿān* mit dem erloschenen Vulkan, den »Hörnern von *Ḥaṭṭīn«*, am östlichen Ausläufer. Dieser erloschene Vulkan ist, mit Ausnahme des Berges Tabor, der markanteste Geländepunkt Untergaliläas. Auf seiner Spitze erhob sich die größte und bedeutendste Stadt dieses Gebietes, möglicherweise das Schemesch-Adam der ägyptischen Quellen, das Adama vom Naftali der Bibel (Jos 19,36). Südöstlich davon erstreckt sich das Tal von Jabneel *(Arḍ el-Ḥima)* (Jos 19,33), durch das die wichtigste Verkehrsader Untergaliläas, *Darb el-Ḥawārna*, verläuft, die das Jordantal mit Akko verbindet (s.u. S. 62). An dieser Straße lagen die bedeutendsten frühen Siedlungen, während andere Teile Untergaliläas zum größten Teil noch bis in israelitische Zeit bewaldet waren. Zwischen den Tälern von Jabneel und Bet-Schean liegt das Basaltplateau von Issachar, das ungefähr in seinem Zentrum vom *Naḥal Tāvōr (Wādi el-Bīre)* entwässert wird. Die Besiedlung dort war spärlich, was auf die abnehmenden Niederschlagsmengen zurückzuführen ist. Die wichtigste Siedlung ist *Kōkab el-Hawā*, das Belvoir der Kreuzfahrer. Obwohl es weniger als 300 m über dem Meeresspiegel liegt, erhebt es sich doch ca. 450 m über das Jordantal und bietet eine vorzügliche Aussicht auf den nördlichen Teil Gileads. Vermutlich war dieser Ort das Jarmut von Issachar (Jos 21,29) – so wird z.B. die ganze Region auf einer ägyptischen Stele aus Bet-Schean Jarmut-Gebirge genannt (s.u. S. 189).
Wegen der vielen Gebirgszüge und Täler, die Galiläa durchziehen, ist der Verkehr in Nord-Süd-Richtung recht schwierig. Straßen von mehr als lokaler Bedeutung durchqueren Galiläa nur in Ost-West-Richtung.

2. *Das Gebirge Efraim*

Dieses Gebirge bildet den zentralen Teil des ganzen Gebirgszuges und ist von der Besiedlung her gesehen der wichtigste. Der Stamm Efraim, nach dem es benannt ist[3], hatte in Wirklichkeit nur den südlichen Teil davon erobert und besiedelt. Der Nordteil gehörte Manasse; beide Stämme galten als Nachfahren der Söhne Josefs. Südlich von Efraim siedelte Benjamin, dessen Name im Hebräischen »Sohn des Südens« bedeutet. Der namengebende Ahn soll der jüngere Bruder Josefs gewesen sein. Obwohl Manasse der Erstgeborene war, wurde Efraim doch – entsprechend dem Segen Jakobs – der Mächtigere (Gen 48,14ff). Diese genealogischen Verknüpfungen spiegeln offensichtlich die aktuelle Situation der Stämme im zentralen Hochland wider. Später, in der Zeit des Königtums und nach der Gründung Samarias, ersetzte der Name dieser Stadt allmählich den Namen Efraim und wurde zur Bezeichnung des ganzen Gebietes gebraucht.

Zwischen den Stammesgebieten von Efraim und Manasse, also zwischen dem südlichen und dem nördlichen Teil des Gebirges Efraim, bestehen sehr deutliche geographische Unterschiede. Der südliche Teil ist der höhere und umfaßt ein Gebirgsplateau, das mit seinem höchsten Berg, dem Baal Hazor *(Tell ʿAṣur)* nördlich von Bet-El, mehr als 300 m erreicht. Wie das zentrale judäische Gebirge besteht auch der südliche Teil des efraimitischen Gebirges aus Cenoman, einem Kalkstein, der widerstandsfähig gegen Erosion ist und verwittert einen fruchtbaren Boden – *terra rossa* genannt – bildet. Er trug eine üppige Vegetation und ernährte nach der Rodung eine große Bevölkerungszahl. Die Hauptverbindungsstraße läuft in Nord-Süd-Richtung entlang der Wasserscheide, nahe am Ostrand des Plateaus. Die westlichen, aber noch mehr die östlichen Abhänge werden von vielen tiefen Flußbetten zerschnitten, die dem Verkehr ernsthafte Hindernisse entgegensetzen. Es ist – kurz gesagt – ein sehr fruchtbares Gebiet, von einer guten Verkehrsverbindung in Nord-Süd-Richtung durchzogen und an beiden Seiten durch schwierige Zugänge geschützt. Die wichtigsten Städte, wie Mizpa, Bet-El und Schilo, lagen entlang oder nahe der Hauptstraße durch das Gebirge (Ri 21,19).

Der nördliche Teil des efraimitischen Gebirges ist niedriger und besteht aus dem weniger fruchtbaren eozänen Kalkstein, der von recht ausgedehnten Tälern senonischen Kalksteins durchbrochen wird. Wenn es auch kein sehr fruchtbares Gebiet ist, so ist es doch in allen Richtungen von leicht passierbaren Straßen durchzogen. Seine Urbanisierung fand daher früher statt und war von größerem Ausmaß. Die größten Städte entwickelten sich an den Knotenpunkten der Hauptstraßen: Schechem zwischen den Bergen Ebal und Garizim, Tappuach an der Grenze zu Efraim (Jos 17,8), Tirza am östlichen Ausläufer des *Wādi el-Fārʿa,* Dotan im Norden und – später – Samaria im Westen. Schechem, die alte Hauptstadt im Gebirge Efraim, ist die erste palästinische Stadt, die in einem ägyptischen Feldzugsbericht (s.u. S. 150) erwähnt wird, was auf ihre Bedeutung hinweist.

3 Es ist möglich, daß dies der ursprüngliche Name des Gebirges war, s.u.S. 218.

3. Das judäische Bergland

In seinen Hauptzügen ist das judäische Bergland dem südlichen Teil des efraimitischen Gebirges sehr ähnlich: Es ist ein Cenoman-Plateau, das von steilen Abhängen geschützt und am Ostrand von der wichtigen Nord-Süd-Straße durchzogen wird, an der die großen Städte wie z.B. Jerusalem, Betlehem, Bet-Zur und Hebron liegen. Es hat ebenfalls einen sehr fruchtbaren Boden, der sich für Obstbaumplantagen, Weinanbau und andere Pflanzungen sehr gut eignet, wenn er, von Terrassenmauern gehalten, auf den Abhängen bleibt. Gegen Süden nimmt der Niederschlag ab, und das Land wird mehr und mehr nur noch als Weideland nutzbar.

Fast direkt östlich der Wasserscheide beginnt die Wüste Juda. Von höheren Gipfeln hat man einen unbeschreiblich schönen Blick über die gelb-rötlichen Berge zum Blau des Toten Meeres mit den rötlich-violetten Bergen Moabs dahinter.

Die östlichen Abhänge des judäischen Berglandes fallen innerhalb von 20 km um ca. 1000 m ab. Sie bestehen aus dem weichen, porösen Senon, der die Folgen des minimalen Niederschlags noch verschlimmert. Wegen der Steilabfälle fließen die meisten Wadis getrennt und haben sich im Laufe der Jahrtausende tiefe Flußbetten selbst in den härteren Cenoman gegraben. Die letzte »Stufe« vor dem Toten Meer besteht aus fast senkrechten Felswänden, die zu Höhen von 450 m und mehr aufsteigen und von eindrucksvollen Schluchten unterbrochen werden. Dieser steile, von Wadis durchbrochene Plateauabfall war ein ernstes Hindernis für den Ausbau von Verkehrswegen, die nur über schwierige, gefährliche Pässe geführt werden konnten. Mit Ausnahme der Oase von En-Gedi und wenigen kleineren und nicht lange bewohnten Niederlassungen gab es in der judäischen Wüste keine dauernden Siedlungen; die westlichen Teile wurden hauptsächlich im Frühjahr als Weiden genutzt. Die verschiedenen Regionen wurden nach benachbarten Dörfern benannt, wie z.B. die Steppe von Tekoa, von Sif, von Maon usw. Jedoch spielte diese nahegelegene »Wüste« mit den tiefen Schluchten und gut verborgenen Höhlen zu den meisten Zeiten eine wichtige Rolle als Zuflucht für Rebellen, Flüchtlinge und Einsiedler. In den trokkenen Höhlen wurden in den letzten Jahren wahre Schätze an alten Schriftrollen geborgen. Dank der abschreckenden Wildnis blieben die judäischen Berge ein ziemlich isoliertes und in sich geschlossenes Land: Die Wüste erschwerte nicht nur den Zugang von Osten, sondern verhinderte auch eine große Ost-West-Straßenführung durch Juda. Das Tote Meer selbst stellte für den Verkehr kein so großes Hindernis dar – gab es doch eine enge Furt gegenüber der zungenförmigen Halbinsel *el-Lisān*, und auch die Schiffahrt wird nicht unbekannt gewesen sein. Jedoch waren aufgrund der geographischen Schwierigkeiten in der judäischen Wüste die verschiedenen Wege in Ost-West-Richtung nur von lokaler Bedeutung.

Das unterstreicht natürlich die Bedeutung der Lage Jerusalems. Hebron liegt im Zentrum der judäischen Berge an deren höchstem Punkt (fast 1000m hoch) und war die alte Hauptstadt des Distrikts. Jerusalem liegt an der nördlichen Grenze Judas auf dem gleichen Breitengrad wie das Nordende des Toten Meeres und somit an der südlichsten Hauptverbindungsstraße nach Transjordanien. Diese stieg von Geser über Ajalon, Bet-Horon nach Jerusalem an und fiel dann nach Jericho ab; an ihr lagen schon von den frühesten Zeiten an die bedeutendsten Städte. Hier sollten die gibeonitischen Städte nordwestlich von Jerusalem erwähnt werden, die eine wichtige Rolle bei einem der frühen Zusammenstöße zwischen den Israeliten und den kanaanäischen Stadtstaaten Judas spielten (Jos 10). Jerusalem bewahrte seine Unabhängigkeit als jebusitische Stadt bis zur Regierungszeit Davids. Dieses Bollwerk in Feindes Hand bildete eine Grenze zwischen dem efraimitischen und dem judäischen Bergland; das sollte sich noch lange im Gegensatz zwischen Juda und dem Gebirge Efraim widerspiegeln, wobei Jerusalem immer zu Juda gehörte. Diese Grenze zwischen judäischem und efraimitischem Bergland war also eine geschichtlich gewordene Grenze, eine natürliche geographische Grenzlinie zwischen diesen beiden Gebirgen gibt es nicht.

4. Der östliche Negeb

Der östliche Teil des Negeb ist die Fortsetzung des zentralen Gebirgszuges. Wie im Westen sind auch im Osten die Grenzen durch klimatische Gegebenheiten genau zu bestimmen. Ungefähr fünfundzwanzig Kilometer südlich von Hebron fällt das Gebirge relativ steil auf ca. 500 m ab. Hier beginnt das typische semi-aride Klima des Negeb; der Niederschlag nimmt nach Süden hin immer mehr ab. Trotz der relativen Höhe ist das mit Löß bedeckte Gebiet recht eben und vergleichbar den ausgedehnten Ebenen des westlichen Negeb. Jedoch erhöht selbst ein kleiner Anstieg von Temperatur und Feuchtigkeit die Möglichkeiten für Weidewirtschaft und Ackerbau beträchtlich. Das wird wohl auch der Grund dafür sein, daß sich der östliche Negeb stärkerer Kontinuität in der Besiedlung rühmen kann als die niedrigere Region um Beerscheba. Die bedeutenderen Städte im östlichen Negeb waren Arad und Horma. Jedoch erlebte dieser Teil lange Intervalle ohne Besiedlung, während derer die Bevölkerung als Nomaden lebte. Selbst heute gibt es außer den Neugründungen moderner Städte keine festen Siedlungen.

Das alte Aroër, ca. 25 km südöstlich von Beerscheba, lag bereits an der Grenze zum »Siedlungsgebiet« der Nomaden. Etwas südlich davon beginnt die große Steppenregion, die in der Bibel nicht als Teil des Negeb angesehen, sondern als Wüste Zin, Wüste Paran, Wüste Sinai usw. bezeichnet wird. Die Berge steigen allmählich an, bis sie bei *Rās er-Romān* ca. 90 km südlich von Beerscheba wieder Höhen von 900 bis 1000 m erreichen. Die höheren Plateaus dieser Region erfreuen sich eines relativ reichen Niederschlags, der sogar in geringem Maße Ackerbau ermöglicht. In biblischer Zeit hingegen waren es hauptsächlich die Straßen, die durch dieses Territorium nach Ägypten, Sinai und Edom führten, die die Bedeutung dieses Gebietes ausmachten. Diese Straßen wurden durch eine Kette von Verteidigungsanlagen geschützt, und unter diesem Schutz konnten sich hier und dort – relativ weit voneinander entfernt – kurzzeitig Siedlungen entwickeln. In seinem östlichen Teil wird dieser südliche Ausläufer des zentralen Gebirgszuges von drei Senken durchbrochen: *Wādi Ḥazzīre* (der kleine *Maktēš*), *Wādi Ḥaḍīre* (der große *Maktēš*) und das noch größere *Wādi Rāmōn (Maktēš Rāmọn)*. Sie bilden den äußersten Rand der für Siedlung und Ackerbau in Frage kommenden Zone. Östlich von ihnen beginnt die eigentliche Wüste, die von großen Flußbetten und Schluchten aus der Pluvialzeit durchschnitten wird. Das ist die Wüste Zin an der südlichen Grenze des Landes Kanaan.

III. Der Jordan-Grabenbruch

Dieser große Grabenbruch hat die Landschaft Palästinas entscheidend geprägt. Er ist eine lange, tiefe Senke mit einer durchschnittlichen Breite von ca. 15 km, in dessen Mitte der Jordan vom Hermon bis zum Toten Meer fließt. Von ca. 90 m über dem Meeresspiegel im Norden senkt sich der Grabenbruch ab auf fast 400 m unter dem Meeresspiegel am Toten Meer, das den tiefsten Punkt der Erde bildet. Von hier steigt der Grabenbruch wieder allmählich an bis zum höchsten Punkt in der Araba, der ca. 230 m über dem Meeresspiegel liegt, und sinkt dann wieder ab zu der Küste des Roten Meeres. Wichtiger als die absoluten Höhenangaben sind natürlich die relativen Höhen vom Talboden zu den Gebirgsrändern auf seinen beiden Seiten. Diese Ränder fallen im allgemeinen sehr steil ab und bilden tiefe Abgründe. Im Westen erreichen sie Höhen von 900 bis 1000 m über Talbodenniveau und im Osten sogar noch mehr. Dieses Gefälle hat den Grabenbruch zu einer tiefen Trennungslinie zwischen den beiden Gebirgen gemacht und ist auch der Grund für die so völlig verschiedenen Klimata. Selbst im Norden ist das Klima noch relativ warm und trocken, und im Süden kann man von Steppe oder gar Wüste sprechen. Die Temperaturen in diesem Grabenbruch sind die höchsten des ganzen Landes. Wo immer Quellen entspringen oder Flüsse fließen, entwickelt sich eine tropische Vegetation. Der Jordan-Grabenbruch kann in fünf verschiedene Abschnitte untergliedert werden:

1. Das Hule-Tal

Der nördliche Teil beginnt mit dem biblischen Ijon und besteht aus einem Tal (ca. 550 m über dem Meeresspiegel), das mit dem Westen durch den Litani-Fluß verbunden ist und im Osten von dem schneebedeckten Hermon begrenzt wird. Dieses fruchtbare und wasserreiche Tal mit seinem kühlen und erfrischenden Klima gehört zum heutigen Staat Libanon. Es ist vermutlich das biblische Land oder Tal von Mizpe (Jos 11,3.8), das damals die Grenze zwischen Israel, Phönizien und Aram bildete.
Ungefähr 15 km südlich von Ijon, direkt südlich von Metulla, einer Grenzstadt im heutigen Staat Israel, liegt Abel-Bet-Maacha, östlich davon Dan,

das die Grenze des alten Israel bildete. Dies sind die alten israelitisch-aramäischen Grenzfestungen, die mehrmals in der Bibel erwähnt werden (1Kön 15,20; 2Kön 15,29).
Bei Abel fällt das Tal recht abrupt auf eine Höhe von ca. 90 m ab. Einer der kleineren Quellflüsse des Jordan, der in der Nähe von Abel fließt, bildet hier einen Wasserfall. Die Hauptquellflüsse des Jordan entspringen im nordöstlichen Teil des Tales und werden von den Schneeschmelzen des Hermon gespeist. Einer entspringt bei Dan und der andere ca. 5 km östlich davon bei Cäsarea Philippi *(Banyās)* auf zu Syrien gehörendem Gebiet.
Die verschiedenen Quell- und Nebenflüsse des Jordan durchfließen den zentralen Teil des Hule-Tals, wo sie sich teils vereint, teils getrennt zeitweise ihren Weg durch Sümpfe bahnen. An die Sümpfe schließt sich im Süden der kleine Hule-See an, der durch Basaltfelsen an seinem südlichen Ende aufgestaut ist. Heutzutage ist der See zu großen Teilen durch eine künstliche Vertiefung des Jordanausflusses aus diesem See trockengelegt. Südwestlich dieses Sees befindet sich Hazor, das das südliche Ende des Hule-Tales beherrscht. Seine Bedeutung erhielt Hazor dadurch, daß es am Knotenpunkt der großen Nord-Süd-Verbindung und der Straße nach Damaskus liegt, die den Jordan an der einzig möglichen furtartigen Stelle direkt am Südufer des Sees überquert. Diese Furt wird heute von der Brücke »Tochter Jakobs« überspannt.

2. Der See Gennesaret

Südlich des Hule-Sees macht der Grabenbruch einen weiteren steilen Abfall durch Basaltfelsen, in die der Jordan sich ein tiefes Flußbett gegraben hat. Der Wasserspiegel des Hule-Sees liegt 64 m über dem Meeresspiegel, der des Sees von Gennesaret, dem biblischen Kinneret, 192 m darunter, bei einer Entfernung zwischen beiden Seen von nur ca. 15 km. Nach der weitgehenden Trockenlegung des kleinen Hule-Sees ist der See Gennesaret heute der einzige Süßwassersee Palästinas. Seine Länge beträgt rund 20 km und die maximale Breite ca. 11 km. Seine Wasser sind gewöhnlich ruhig und tiefblau; sein Fischreichtum ist wohl schon seit den ältesten Zeiten ausgebeutet worden. Jedoch ist der See Gennesaret auch gefürchtet, weil von den umgebenden Bergen plötzlich herabwehende Stürme seine Wasser aufwirbeln können.
Enge Täler, die nur am Nord- und am Südufer des Sees etwas breiter sind, münden in den See Gennesaret. Obgleich diese Täler recht schmal sind, wurden sie aufgrund des fruchtbaren alluvialen Bodens, des reichlich vorhandenen Wassers und des heißen Klimas zu den am dichtesten und kontinuierlichsten besiedelten Gebieten des Landes. Die Stadt Kinneret am Nordwestufer über den »sieben Quellen« von Heptapegon *(Ṭabġa)*, an der Fernstraße nach Hazor gelegen, gab in biblischer Zeit dem See den Namen. Später wurde er Tiberias-See genannt nach der Stadt, die etwas weiter südlich zwischen den alten Städten Hammat und Rakkat gegründet worden war. Am Südwestufer des Sees blühte einst die riesige Stadt Bet-Jerach, die

den Austritt des Jordan aus dem See Gennesaret kontrollierte. Im dritten Jahrtausend v.Chr. war sie eine der bedeutendsten Städte des Landes. Im zweiten Jahrtausend nahm dann die kleinere Siedlung auf dem Hügel *el-ʿAbēdiye* am Jordan, 3 km südlich des Seeufers, diesen Rang ein. Der Hügel ist vermutlich mit dem alten Jenoam identisch, das die Straßen, die durch dieses Gebiet verliefen, kontrollierte. Wenige Kilometer weiter südlich mündet der Yarmuk, der ungefähr die gleiche Wassermenge wie der Jordan führt, in den Jordan. Das Dreieck zwischen den beiden Flüssen und dem See Gennesaret ist sehr fruchtbar und demzufolge sehr dicht besiedelt gewesen; in der Umgebung Jenoams wurden prähistorische Funde freigelegt, die zu den ältesten der Welt zählen.

Die herrliche Landschaft, das warme Klima, die üppige Vegetation und die vielen heißen Quellen machen die Umgebung des Sees Gennesaret zu einem beliebten Erholungsgebiet.

3. *Das Jordan-Tal*

Das Jordan-Tal selbst umfaßt den ca. 110 km langen Teil des Jordan-Grabenbruches zwischen dem See Gennesaret und dem Toten Meer. Der Fluß hat sich ein tiefes und sehr gewundenes Bett im Zentrum des Tales gegraben. Der Jordan ist nicht schiffbar, und das Bett ist im Verhältnis zur Wassermenge, die es durchfließt, zu tief, als daß das Wasser mit primitiven Methoden hätte genutzt werden können. Nur ein ganz schmaler Streifen am Flußbett von maximal einem Kilometer Breite wird gelegentlich überflutet. Dort kann man dann eine dichte und üppige Vegetation vorfinden. Dieser schmale Streifen wird in Arabisch *Zor* genannt und im biblischen Hebräisch גאון הירדן, d.h. »die prächtige« oder die üppige Zone des Jordan, mit einer reichen Fauna; in biblischen Zeiten gab es dort noch Löwen (Jer 49,19). Vom *Zor* durch zerklüftete Abhänge getrennt, erhebt sich über ihm der größte Teil des Jordantales, das *Ġōr*. Es handelt sich um ein steppenartiges Gebiet, weil es nur geringen Niederschlag erhält, mit Ausnahme der Teile, die von Quellen oder von Nebenflüssen des Jordan Wasser erhalten. So muß das Wasser auf ein höheres Niveau und von dort in Kanälen auf die Felder gebracht werden, wenn man Ackerbau betreiben will. Aus dieser Tatsache lassen sich die so unterschiedlichen Schilderungen des Jordantales in den verschiedenen historischen Epochen erklären, die es einmal als jämmerlich und gelb wie eine Wüste und ein andermal als grün mit reicher tropischer Vegetation beschreiben (Gen 13,10).

Aus dem Westen kommen nur wenige ganzjährig wasserführende Flüsse zum Jordan. Der wichtigste von ihnen ist der *Ǧālūd* im Tal von Bet-Schean, der Fortsetzung der Jesreel-Ebene nach Osten. Dieses Tal war in kanaanitischer und israelitischer Zeit am dichtesten besiedelt, die führende Stadt war Rehob, ca. 8 km südlich von Bet-Schean. Diese Stadt wird in der Bibel nicht erwähnt, erscheint jedoch recht häufig in ägyptischen Quellen. Weiter südlich mündet das *Wādi Fārʿa*, das von Tirza herunter zur Furt bei Adam führt. Dies war die beste Straße, die das efraimitische Bergland mit Transjordanien verband. Die Gegend um Adam war bekannt wegen gelegentlicher Erdrutsche, die die Fluten des Jordan stauten (Jos 3,16). Von hier bis nach Jericho, in der Nähe des Toten Meeres, ist das westliche Jordantal als Steppe oder gar als Wüste zu bezeichnen.

Die östliche Seite des Jordantales erhält von wesentlich mehr Flüssen Wasser, daher finden wir hier auch eine ganze Reihe bedeutender Siedlungen zwischen dem See Gennesaret im Norden und dem Toten Meer im Süden. Neben dem Yarmuk ist der Jabbok der größte Fluß. Er mündet bei Adam in den Jordan. An seinem Lauf lagen Sukkot und Zaretan (vermutlich *Tell Umm Ḥammād*) und weiter östlich Penuel und Mahanajim (der östliche und westliche *Tulul eḏ-Ḏahab*).

Nördlich von Sukkot lag Zafon, vermutlich *Tell es-Saʿīdīye* am *Wādi Kufrinǧe*. Noch weiter nördlich befand sich, gegenüber von Rehob am *Wādi el-Melāwī*, das alte Peḥel, das Pella der Dekapolis, das trotz seiner Bedeutung in der Bibel nicht erwähnt wird. Das gleiche gilt für andere Hügel an den verschiedenen kleineren Flüssen, wie z.B. dem Jabesch-Fluß *(Wādi el-Yābis)*, der nach dem alten Jabesch-Gilead, das etwas höher in den Bergen lag, benannt ist.

Südlich des Jabbok lagen Bet-Nimra am Ufer des Nimrin *(Wādi Nimrīn)*, Abel-Schittim am *Wādi Kefrēn*, Bet-Haram am *Wādi Rāme* und nahe am Toten Meer Bet-Jeschimot am *Wādi el-ʿAẓēme*. Das Umland der letztgenannten Siedlung wird als »Ebene von Moab« bezeichnet.

4. Das Tote Meer

Der Jordan mündet in den biblischen »Salzsee«, der besser unter dem Namen Totes Meer bekannt ist, denn sein hoher Salzgehalt (eine Folge der Tatsache, daß der See keinen Abfluß hat und nur verdunsten kann) erstickt jedes Leben im Wasser. Das heiße Klima an diesem Binnensee verhindert fast jede Vegetation an seinen Ufern. Seine Mineralien, insbesondere Pottasche, die in großen künstlichen Becken durch Verdunstung gewonnen werden, sind heutzutage die wichtigsten Rohstoffe des Landes. Im Altertum wurden nur Salz und das kostbare Bitumen, das gelegentlich an der Wasseroberfläche auftauchte, gewonnen. Das Tote Meer wird von der Halbinsel *el-Lisān*, die sich von der Ostküste aus ins Meer erstreckt, in zwei Teile geteilt. Der größere nördliche Teil, ungefähr 50 km lang, erreicht eine Tiefe von ca. 366 m. Der südliche Teil hingegen, mit einer Länge von ca. 25 km, hat nur eine Tiefe von ca. 10 m. Geologen vermuten, daß dieser Teil noch flacher war und erst in jüngerer Zeit abgesunken ist. Am südwestlichen Ende, auf der Höhe der Halbinsel *el-Lisān*, ist das Tote Meer nur 4 km breit; hier gab es eine Furt, die noch 1846 in der Literatur erwähnt wird[4].

Hohe Felsabhänge steigen an beiden Seiten des Toten Meeres auf, oft unterbrochen von mächtigen Schluchten. Der Küstenstreifen selbst ist sehr schmal, besonders im Osten, wo der Nubische Sandstein an vielen Stellen

4 *Salmon, T. J.* und *G. T. McCaw*, PEQ 68 (1936) 103–111.

steil aus dem Meer aufragt und dadurch jede Trassenführung verhindert. Fast der ganze Boden besteht aus stark salzhaltigem Mergel; an der Südwestecke des Toten Meeres erhebt sich der *Ğebel Usdum* (Berg Sodom), ein Salzhügel mit seltsamen Formen, auf den offenbar die Erzählung von Lots Frau Bezug nimmt (Gen 19,26).
Das allgemeine Bild ist daher das eines toten Meeres, umgeben von einer Salzwüste und gigantischen Bergen; auch herrscht während des ganzen Jahres eine fast unerträgliche Hitze (Gen 19,28). Trotzdem kann man Oasen unbeschreiblicher Schönheit finden, wo immer Flüsse oder Quellen Süßwasser auf kultivierbares Land bringen. Am Westufer ist En-Gedi die einzige größere Oase; ihre Schönheit und Fruchtbarkeit wird in dem Hohenlied Salomos gepriesen (Hld 1,14). Am Südostrand liegt Zoar *(eṣ-Ṣāfī)*, am Delta des Flusses Zered *(Wādi el-Ḥesā)*, und etwas nordöstlich der Halbinsel Lisan *Mazraʿ*, das vermutlich mit dem alten Eglajim identisch ist. Zu diesen Oasen am Toten Meer kann man auch noch Jericho, elf Kilometer nordwestlich des Sees, rechnen, offensichtlich die älteste Stadt Palästinas. Die einzigartige Bedeutung dieses Ortes liegt in seiner tropischen Vegetation begründet, die so wertvolle Gewürze und Aromata wachsen läßt wie z.B. Hennablüten und das berühmte *opobalsamon.*

5. *Die Araba*

Die Araba ist die Fortsetzung des Jordan-Grabenbruches zwischen dem Toten Meer und dem Golf von Elat (Aqaba). Sie ist ungefähr so lang wie die Strecke zwischen Dan und dem Toten Meer, nämlich ca. 180 km. Heute ist der Name auf diese Strecke begrenzt, während er in biblischer Zeit noch Teile des Jordantales umfaßte; auch wird das Tote Meer gelegentlich »der See der Araba« genannt (Dtn 3,17). Der Ausdruck Araba wird oft als Synonym für Steppe gebraucht. Zwischen den Bergen des Negeb und den hochragenden Bergen Edoms liegend, hat sie ein heißes Klima mit nur sehr vereinzelten Niederschlägen. Nur hier und da können wenige spärliche Quellen kleine, meist am Ostrand gelegene Oasen versorgen, ganzjährig wasserführende Flüsse gibt es in diesem Gebiet nicht.
Die Araba erhält ihre ökonomische Bedeutung durch die Kupferminen und die Straße, die durch dieses Gebiet nach Elat führt. Kupfererz kommt im Nubischen Sandstein vor. Die Hauptlagerstätten befinden sich im Nordostteil der Araba bei Punon *(Fēnan)* und Nahasch *(Ḫirbet en-Naḥās)* und in der Südwestecke im *Wādi el-Menāḫ (Naḥal Timnā)*. In der Eisenzeit und später unter den Nabatäern und den Römern zog sich ein Verteidigungsgürtel entlang der Araba, der die strategisch wichtigen Punkte und die Wasserversorgung entlang des Hauptverkehrsweges kontrollierte. Sein Endpunkt war Elat, der Hafen am Roten Meer, der Umschlagplatz für den profitablen Handel mit Südarabien und der ostafrikanischen Küste. Kontrolle über Elat war daher ein wichtiges Ziel der Politik Judas, Edoms und anderer Mächte. Eine starke Festung wurde an der Küste unter Salomo und späteren judäischen Königen errichtet. Diese Anlage wird identifiziert mit »Ezjon-Geber,

das bei Elat liegt am Ufer des Roten Meeres, im Lande der Edomiter« (1Kön 9,26).

IV. Das transjordanische Hochland

In Transjordanien hat sich die Form des ursprünglichen Tafelberglandes, das hauptsächlich aus Ablagerungsschichten von Cenoman und Senon gebildet wurde, am besten erhalten. Unter diesen Kalksteinen gibt es eine starke Schicht harten Nubischen Sandsteins, der hauptsächlich im Süden und gelegentlich am Westrand des Plateaus zutage tritt. Dieser Sandstein ist kaum wasserdurchlässig; daher ist das Vorhandensein vieler ganzjährig wasserführender Flüsse in Transjordanien hauptsächlich auf diese untere Felsformation zurückzuführen.
Im Westen ist das Hochland von Steilabfällen zum Jordan-Grabenbruch begrenzt. Diese hohen Berge fangen den Regen ab, so daß sich Transjordanien eines beachtlich hohen Niederschlags erfreuen kann. Im Osten läuft das Hochland langsam in die Syrisch-Arabische Wüste aus; dort gibt es keine natürliche Grenze mit Ausnahme der Wüste selbst. Das ist der Grund dafür, daß das Schicksal Transjordaniens so eng mit dem der Wüste verbunden ist. Glühend heiße Schirokkos im Frühjahr und Herbst und kalte Steppenwinde im Winter fegen ungehindert über das Hochland und erschweren dadurch die Anlage von Ölbaumplantagen und Weingärten, die in Westpalästina ein vertrauter Anblick sind. So wird das Land vorwiegend weidewirtschaftlich genutzt, und wo immer genügend Niederschlag vorhanden ist, wird Weizen angebaut. Nicht nur die Steppenwinde bedrohen Transjordanien, sondern auch die Nomaden, wann immer die Regierungen zu schwach sind, ihnen Einhalt zu gebieten. Das erklärt die langen Zeitabschnitte zwischen den Perioden andauernder Besiedlung im Laufe der Geschichte. Besonders gut kann das in den südlichen Teilen des Landes beobachtet werden.
Der größte Teil des Niederschlags in Transjordanien fließt aufgrund der Tatsache, daß er eine »doppelte Wasserscheide« bildet, dem Jordangraben zu. Die eine Wasserscheide liegt am Westrand des Plateaus, von wo viele kurze, aber tiefe Flüsse nach Westen fließen. Viele der kleineren ostwärts fließenden Bäche erreichen aber nicht die Steppe, sondern werden auf ihrem Weg dorthin von einem der vier großen Flüsse aufgefangen: Yarmuk, Jabbok, Arnon und Zered. Diese Flüsse und ihre Hauptzubringer fließen in ihrem Oberlauf nahe der Steppengrenze in Süd-Nord-Richtung, wenden sich dann aber plötzlich nach Westen und erreichen über tiefe Schluchten den Jordan oder das Tote Meer. Sie stellen für die Straßenführungen in diesem Gebiet das größte Hindernis dar (s.u. S. 55–58) und bilden natürliche Grenzen des Landes. Es ist daher nicht verwunderlich, daß sie gelegentlich als politische, ethnische oder administrative Grenzen zu dienen hatten. So ist der Zered die Grenze zwischen Edom und Moab (Dtn 2,13f), der Arnon zwischen Moab und Israel (Dtn 3,8 und 16) und der Jabbok zwischen Ammon und Israel (Num 21,24; Dtn 2,37) wie auch zwischen Gad und einem

Teil des Stammes Manasse (Dtn 3,16). Auch durchschneiden die beiden letztgenannten Flüsse die geographischen Einheiten, die keine wirklichen topographischen Unterschiede beiderseits der Flüsse aufweisen. Daher sind viele der oben erwähnten Grenzen zeitlich begrenzt, und in der Bibel wird oft die geographische Einheit dieser topographischen Zonen betont. Das Gebiet nördlich des Arnons ist in den meisten Perioden integraler Bestandteil Moabs gewesen; Gilead erstreckt sich nördlich und südlich des Jabbok, und beide Teile werden als die zwei Hälften Gileads bezeichnet (Jos 12,2).

1. *Baschan*

Baschan ist der nördlichste Teil Transjordaniens und erstreckt sich zum größten Teil nördlich des Yarmuk. Jedoch ist nicht ganz klar, ob der Yarmuk wirklich die Grenze bildete. Edreï, eine der frühen Städte (Num 21,33; Dtn 3,10), lag an einem der östlichen Nebenflüsse des Yarmuk. Die südliche Grenze war vermutlich nicht weit von der modernen Grenze zwischen Syrien und Jordanien entfernt, die mit dem Unterlauf des Jarmuk zusammenfällt und weiter östlich einem südlichen Nebenfluß folgt.

Baschan ist ein sehr fruchtbares, basaltiges Tafelland; die »Kühe von Baschan« gelangten zu sprichwörtlicher Berühmtheit (Am 4,1). Einer der Landesteile Baschans, vermutlich der im Zentrum gelegene, hieß Argob und war berühmt wegen seiner vielen großen, »von Mauern mit bronzenen Toren« (1Kön 4,13; Dtn 3,4f) umgebenen Städte. Bedauerlicherweise wurde bis heute noch keine größere Ausgrabung in diesem Gebiet vorgenommen; jedoch zeigen die alten Quellen und vereinzelte archäologische Ausgrabungen, daß die Besiedlung dort – im Gegensatz zu südlicheren Teilen Transjordaniens – schon früh begann und sehr kontinuierlich war. Der Grund dafür dürfte nicht nur in der Fruchtbarkeit des Bodens zu suchen sein, sondern auch in der Tatsache, daß der östlich von Baschan sich erhebende Hauran *(Ǧebel ed-Drūz)* guten Schutz vor Steppenwinden bot. Dieser Gebirgszug, dessen schneebedeckte Gipfel Höhen von 1500 Metern und mehr erreichen, fängt einen beachtlichen Teil der Regenwolken ab. Wegen der vielen Basaltfelsblöcke aus – geologisch gesehen – recht jungen Vulkanen blieb dieses Gebiet schwer zugänglich und daher isoliert. Es wurde bekannt wegen seiner Selbständigkeit, die es sich während vieler historischer Epochen erhalten konnte. Nordwestlich des Hauran liegt *el-Leǧǧā*, das hellenistische Trachonitis. Diese Gegend wird man wohl zu recht Basaltwüste nennen können, weist sie doch fast nur Felsen und so gut wie gar keinen bearbeitbaren Erdboden auf, so daß sie unbesiedelt und auch von Durchgangsstraßen unberührt blieb. Zu allen Zeiten war sie eine ideale Zuflucht für Rebellen und Banditen, und daher rührt auch der heutige Name *el-Leǧǧā*, »die Zufluchtsstätte«. Das Hauran-Gebirge ist vermutlich identisch mit dem biblischen Baschan-Gebirge (Ps 68,15), das als dem Libanon und dem Karmel ebenbürtig gilt (Jes 33,9; Jer 22,20) und bekannt ist wegen seiner Eichen (Jes 2,13; Ez 27,6).

Die alte Hauptstadt Baschans war Aschtarot, die später von dem benachbarten Karnajim abgelöst wurde. Der westliche Teil, die spätere Gaulanitis, war das Land von Geschur, das seine Unabhängigkeit selbst während der Regierungszeit Davids (2Sam 13,37f) behaupten konnte und erst später Aram tributpflichtig wurde. Baschan war der »berühmte Zankapfel« zwischen Aram-Damaskus und Israel, das es nur in Zeiten großer Macht besetzt halten konnte.

2. *Gilead*

Gilead ist eine höhere und zerklüftetere Bergregion nördlich und südlich des Jabbok, die Höhen von ca. 1000 m erreicht. Der Boden besteht zu größten Teilen aus dem harten Cenoman, und der darunter liegende rote Nubische Sandstein kommt nur an den Hängen des Jabboktales zutage. Das Gebirgsgebiet und die westlichen Abhänge umfassen den größten Teil des Landes; dagegen ist das eigentliche Tafelland relativ klein. Da es keine dem Hauran vergleichbaren Berge im Osten gibt, dringt die Steppe bis auf eine Nähe von etwa 40 km zum Jordan-Grabenbruch vor. Nach Süden hin setzt sich diese Landschaft fort.

Die Westabhänge und die Gebirgsregion Gileads waren im Altertum auf weite Strecken hin bewaldet, besonders nördlich des Jabbok. Daher entwickelten sich nur wenige frühe Städte, und diese vorwiegend auf dem östlichen Plateau. Die wichtigste von ihnen war Rabbat-Ammon *(ʿAmmān)*, die am Rande der Steppe lag und sich auf einem isoliert stehenden und dadurch gut zu verteidigenden Hügel an einem der südöstlichen Quellflüsse des Jabbok erstreckte. Westlich von ihr lag Jaser *(Ḫirbet eṣ-Ṣār?)* und am Südende Gileads Heschbon. Die letzten beiden Städte wurden von den israelitischen Stämmen Ruben und Gad erobert, die im wesentlichen die südliche Hälfte Gileads einnahmen. Wegen des schwierigen Geländes blieb die Wirtschaft dieses Gebietes von Viehzucht geprägt. Vor allem Ruben führte sein halbnomadisches Leben am Rande der Steppe fort (1Chr 5,9). Rabbat-Ammon jedoch blieb weiterhin Hauptstadt des kleinen ammonitischen Königreiches. Trotz des beschränkten Territoriums zwischen Steppe, Gebirge und dem südlichen Gilead waren doch Bedeutung und Wohlstand beträchtlich, denn sie beherrschte die Königsstraße (s.u. S. 55ff). Zu bestimmten Zeiten war die Stadt gut befestigt (Num 21,24) und versuchte, durch Annexion von Teilen Gileads ihr Territorium auszudehnen.

Nord-Gilead, besonders die Region am Jabbok, blieb selbst noch nach der israelitischen Eroberung weitgehend bewaldet (vgl. »der Wald Efraim« bei Mahanajim, 2Sam 18,6) und bildete dadurch auch eine Grenze zu den gaditischen Siedlungen. Erst weiter nördlich finden wir Siedlungen wie z.B. Jabesch-Gilead in der Gebirgsregion und Ramot-Gilead auf dem östlichen Plateau. Letztere wurde eine wichtige israelitische Grenzfestung im Kampf gegen Damaskus. Nord-Gilead wurde von den verschiedensten Stämmen bewohnt, wie z.B. Jaïr, der offensichtlich den nordwestlichen Teil einnahm. Während der Richterzeit wurde das Land ein Hauptsiedlungsgebiet für den Bevölkerungsüberschuß westpalästinischer Stämme. Von diesen war Ma-

nasse (Machir) der führende, der dann auch zur stärksten politischen Kraft im nördlichen Gilead wurde.
Gilead war das Zentrum der israelitischen Bevölkerung in Transjordanien, daher wird Gilead manchmal als Synonym für die ganze israelitisch besiedelte Region Transjordaniens gebraucht. Seine Isolierung von den westpalästinischen Stämmen spiegelt sich oft in den biblischen Berichten; jedoch steigerten die ständigen Gefahren aus der Steppe und die verschiedenen rivalisierenden Königtümer das Interesse der israelitischen Bevölkerung an einem vereinigten, starken Königreich. Aus diesem Grund wurde das Gebiet auch eine Zufluchtsstätte für verschiedene israelitische Könige in Zeiten politischer Krisen.

3. *Moab*

Wie Gilead durch den Jabbok in zwei Hälften geteilt ist, so wird auch Moab durch das tiefe Flußbett des Arnon in zwei Teile geteilt. Nahe dem Toten Meer wird es zu einer der größten und schönsten Schluchten Palästinas. Gilead und Moab haben viele Gemeinsamkeiten: hohe Tafelberge aus Cenoman auf Nubischem Sandstein, der an den Westabhängen auf größeren Strecken zutage tritt. Moab liegt hoch über dem Toten Meer, dessen Ostufer seine Westgrenze bildet, beide voneinander getrennt durch einen tiefen Steilabfall. Im Süden trennt das *Wādi el-Ḥesā,* vermutlich der Fluß Zered, Moab von Edom. Nur im Norden gibt es keine natürliche Grenze zwischen Gilead und Moab. Dort erstreckt sich ein ca. 700 m hohes Tafelland, das in der Bibel מישר, »die Ebene« (Dtn 3,10; 4,43), genannt wird. Die wichtigsten Städte waren Medeba im Norden und Dibon im Süden, die beide an der Königsstraße lagen. Südöstlich von Dibon liegt Aroër, die Grenzstadt des israelitischen Transjordaniens, das den Übergang der Königsstraße über den Fluß Arnon kontrollierte (Jos 12,2; Jer 48,19). Trotzdem war Dibon die wichtigere Stadt und eine der Residenzstädte des Mescha, des Königs von Moab, der die Ebene bis hin nach Medeba eroberte, wie es vor und nach ihm bei anderen Herrschern Moabs üblich war.
Moab südlich des Arnon ist höher und steigt nach Süden hin auf mehr als 1200 m an. Aus der Geschichte wissen wir wenig über die Städte und Dörfer dort, mit Ausnahme der Hauptstadt Kir-Heres oder Kir von Moab, die hoch in den Bergen an einer strategisch äußerst günstigen Stelle lag und dadurch den südlichen Teil des Toten Meeres kontrollieren konnte.
Viehzucht prägte die wirtschaftliche Lage Moabs; so berichtet die Bibel kategorisch: »Mescha, der König von Moab, war ein Schafzüchter . . .« (2Kön 3,4).

4. *Edom*

Die letzte Region Palästinas, die hier noch aufgezählt und kurz beschrieben werden soll, ist Edom oder das Gebirge Seïr, das wie ein ausgestreckter Finger in die Wüste weist. Edom umfaßt die hohen Berge östlich der Araba und besteht aus rotem Nubischen Sandstein über einer Granitschicht. Die Höhe beträgt an vielen Stellen 1500 m und erreicht gelegentlich auch 1700 m und mehr. Aufgrund dieser Höhen bekommt Edom im Winter ausreichende Niederschläge, jedoch nur an den westlichen Gebirgsrändern. Dieser lange schmale Streifen, der sich gut für den Ackerbau eignet, war weitgehend mit dichtem Buschwerk bestanden, das sich stellenweise noch bis in unsere Zeit gehalten hat. Diesem Buschwerk verdankt das Gebirge seinen Namen Seïr, »das haarige Gebirge«.

Edom spielte zu Beginn der israelitischen Geschichte eine wichtige Rolle, weil die Beziehungen zu den südlichen Steppengebieten sehr eng waren. Es ist ein schwer zugängliches Gelände, und seine vielen Felsspalten und natürlichen Festungen boten der Bevölkerung in Gefahrenzeiten eine ausgezeichnete Zufluchtsstätte. Eine Reihe von Verteidigungsposten am Steppenrand gab weiteren Schutz. So konnte das Land in früheren und späteren Epochen eine beachtliche Stärke und Unabhängigkeit gewinnen.

Trotzdem waren diese Verteidigungsmöglichkeiten nicht ausreichend, um das Land vor einer Unterwerfung durch das israelitische Königreich oder durch Juda zu schützen. Deren Hauptinteressen an einer Besetzung Edoms waren die Kontrollc über das südliche Ende der Königsstraße und über die Straße durch die Araba, was die Kontrolle über den Hafen Elat am Roten Meer einschloß. Diese bedeutenden Handelsstraßen nach Südarabien und zur ostafrikanischen Küste waren die Hauptquelle für den Wohlstand Edoms. Die Kupferminen zu beiden Seiten der Araba waren vermutlich nur von zweitrangiger Bedeutung.

Eroberungen wurden durch die zerklüftete und in Nord-Süd-Richtung offene geographische Struktur des Landes begünstigt. Wir wissen nicht, welche Stadt Hauptstadt Edoms war, vermutlich aber wechselte der Herrschersitz mit den jeweils zur Vorherrschaft gelangten Königen (Gen 36,31–39). Selbst in späteren Zeiten haben offensichtlich zwei Zentren bestanden: Teman bei Rekem (Petra) im Süden und Bozra zwischen Sela *(es-Selaʿ)* und Punon im Norden. Der nördliche Teil war der erste, der zu Zeiten Amazjas annektiert wurde, dieser »eroberte die Stadt Sela und nannte sie Jokteel bis auf diesen Tag« (2Kön 14,7). Sein Sohn Usija (Asarja) vollendete die Eroberung Edoms, »er baute Elat aus und brachte es wieder an Juda, nachdem der König sich zu seinen Vätern gelegt hatte« (2Kön 14,22).

Viele Stellen der Bibel belegen, daß die Unterteilung in die oben aufgeführten natürlichen topographischen Einheiten den ersten Generationen der Siedler sehr klar war; jede Region hatte ihren eigenen geographischen Namen. Das gilt besonders für Westpalästina, wo die Gebiete in verschiedenen Summarien beschrieben werden (Dtn 1,7; Jos 10,40; 11,16; 12,8; Ri 1,9). In diesen Beschreibungen werden sieben geographische Einheiten erwähnt: das Hügelland, die Schefela, die Mittelmeerküste, die Gebirgsränder, die Araba, die Wüste und der Negeb.

Das Hügelland – der zentrale Gebirgszug, hauptsächlich die Gebirge Juda und Efraim umfassend.
Die Schefela – der niedrige Gebirgszug, der sich in Nord-Süd-Richtung zwischen den judäischen Bergen und der Küstenebene erstreckt.
Die Mittelmeerküste – der Küstenstreifen westlich der Schefela.
Die Gebirgsränder – der Steilabfall zum Jordan-Grabenbruch.
Die Araba – der Jordan-Grabenbruch einschließlich seiner südlichen Fortsetzung zum Golf von Aqaba, der heute noch Araba heißt.
Die Wüste – die biblischen Erwähnungen beziehen sich hier auf die Wüste Juda, die zwischen den judäischen Bergen und dem Toten Meer liegt; als eine extrem zerklüftete Region in enger Nachbarschaft zu besiedelten Gebieten spielte sie in der Geschichte des Landes eine wichtige Rolle.
Der Negeb – das Trockenland; diese Bezeichnung bezieht sich auf die Region südlich der judäischen Berge und der Schefela und beginnt etwas nördlich von Beerscheba, dort wo der jährliche Niederschlag immer rapider abnimmt, je weiter sie sich nach Süden erstreckt (s. Karte 2).

Zwischen dem Bergland und dem Negeb liegt das Land Goschen (Jos 11,16), das eine Ausnahme innerhalb der allgemeinen geographischen Bezeichnungen dieser Darstellung bildet. Hier haben wir offensichtlich einen Hinweis auf die breite Zwischenzone vor uns, mit der die Grenzregion zwischen dem Bergland und dem Negeb beschrieben werden sollte.
Ähnliche Beschreibungen für Transjordanien fehlen; die zwei umfassenden geographischen Begriffe Baschan und Gilead beziehen sich auf beides, die Steilhänge und das Tafelland. Nur im Süden macht die Bibel geographische Unterschiede zwischen dem Plateau und den zum Toten Meer hin abfallenden Steilhängen, wie wir der Bezeichnung »Steilhänge von Pisga« für den Nordostrand der Berge am Toten Meer entnehmen können (Dtn 3,17; 4,49; Jos 12,3; 13,20).
Noch einmal kurz zusammengefaßt kann man sagen, daß Palästina trotz der geringen Ausdehnung voller großer topographischer Unterschiede ist. Innerhalb kürzester Entfernungen treffen wir die gegensätzlichsten topographischen Verhältnisse an, wie z.B. das Gebirgsland von Galiläa, das viel Regen bekommt, und das tropische Jordantal oder das fruchtbare transjordanische Hochland, im Gegensatz zu dem trockenen Negeb und der Wüste Juda. Die Gebirgsabhänge sind steil und bilden natürliche Grenzen zwischen den einzelnen Regionen. Daher ist es auch keine Überraschung, daß sich in den verschiedenen historischen Epochen die Bevölkerung einer bestimmten Region sehr von der benachbarten unterschied, sowohl in der Besiedlungsdichte als auch in der sozialen und ethnischen Zusammensetzung. Diese natürlichen Bedingungen begünstigten weder nationale noch politische Einheit.

Kapitel 3

Verkehrsverbindungen

In der Geschichte Palästinas bzw. seiner einzelnen Landesteile waren die Straßensysteme von besonderer Wichtigkeit, da sie die Arterien des internationalen Handels im Alten Orient waren. Im Gegensatz zur geographischen Struktur des Landes, die eine Zersplitterung begünstigte, war das System der Fernstraßen, das das Land überzog, geeignet, politische und ökonomische Vereinigung, oft unter der Oberherrschaft fremder Mächte, zu fördern.

Die zerklüftete Landschaft Palästinas erschwerte die Anlage neuer Straßen und selbst die Änderung der alten, so daß das einmal errichtete System mehr oder weniger fest durch alle historischen Epochen erhalten blieb. An den Kreuzungen der großen Fernverbindungen wurden Städte gegründet, deren Schicksal unerbittlich mit dem ökonomischen und militärischen Geschehen an den jeweiligen Straßen verbunden war. Da diese Straßen durch ganz bestimmte Regionen verliefen, andere aber nicht berührten, müssen sie als einer der entscheidenden Faktoren für die Bevölkerungsentwicklung und -konzentration in bestimmten Gegenden des Landes angesehen werden.

Bei der »Landbrücke«, die Palästina darstellt, kann man nach Funktion und Bedeutung drei verschiedene Arten von Straßen unterscheiden: 1. internationale oder Fernstraßen, 2. Regionalstraßen, 3. Landstraßen. Natürlich ist diese Klassifikation recht schematisch, weil die Fernstraßen unter bestimmten historischen Gegebenheiten blockiert waren und dann auf die Bedeutung von Regionalstraßen absinken konnten; unter bestimmten Bedingungen aber wurden Regionalstraßen von ausländischen Karawanen genutzt und kamen dadurch in den Rang von Fernstraßen.

Das alte Straßensystem kann heute hauptsächlich über die Siedlungen, die in ihm entstanden waren, rekonstruiert werden. In biblischer Zeit war das Anlegen von Straßen darauf beschränkt, daß man größere Felsbrocken wegräumte, die Oberfläche ebnete, und nur in sehr schwierigem Gelände baute man eine zusätzliche Befestigung[1]. In diesem Sinne wird in der Bibel von Straßenbau gesprochen, wie z.B. »machet Bahn, baut die Straße, räumt die Steine hinweg« (Jes 62,10; s. auch 40,3; 49,11; 57,14; Jer 18,15). Ähnliche Zeugnisse tauchen in den Amarna-Tafeln auf, z.B. in dem Brief eines Herrschers von Baschan, der berichtet, daß er die Königsstraße bis nach Buṣruna zugerichtet habe (EA 199). Der ägyptische Pharao hat wahrscheinlich von

1 Die Behauptung bei *Josephus* (Antiq., VIII, 7,4), daß König Salomo alle Straßen, die nach Jerusalem führten, mit schwarzen Steinen habe pflastern lassen, ist ein Anachronismus.

den kanaanitischen Herrschern verlangt, daß sie Reparaturen und Befestigungen der Straßen ihres jeweiligen Herrschaftsbereiches durchführen mußten. Die Furten am *Nahr el-Kelb* bei Beirut wurden unter den Pharaonen des Neuen Reiches angelegt und von den verschiedenen Eroberern, die ihnen folgten, erneuert. Auch rühmt sich Mescha, der König von Moab, in seiner Steleninschrift, daß er Aroër gegründet und die Fernstraße zum Arnon gebaut habe (Zeile 26), d.h. er ließ bei Aroër die Arnonüberquerung bauen.
Um das alte Straßennetz zu rekonstruieren, stehen uns die folgenden drei Arten von Quellen zur Verfügung: 1. Straßennamen und Verlaufsbeschreibungen in der Bibel und in anderen alten Inschriften, besonders ägyptischen und assyrischen. Hier finden sich die betreffenden Angaben in der Regel nur zufällig, etwa im Zusammenhang mit Beschreibungen von Reise- bzw. Karawanenrouten und in Feldzugsberichten. Wichtig ist, daß Straßennamen in der Bibel normalerweise nach ihrem Endpunkt benannt sind, wie z.B. »Weg nach Schur« (Gen 16,7); damit ist die Straße, die nach Schur führt, gemeint; oder »Weg nach Edom« – die Straße, die nach Edom hinaufführt (2Kön 3,20). Es gibt nur wenige Beispiele von Straßenbenennungen nach Landschaften, durch die sie führen, oder nach anderen besonderen Gesichtspunkten, wie z.B. die »Königsstraße«. 2. Archäologische Forschungen, die »Siedlungsketten« entlang der verschiedenen Straßen zutage gefördert haben. 3. Verläufe im Gelände, denen Routen aus späterer, z.B. römischer oder auch neuerer Zeit folgten; dies unter der Voraussetzung, daß in vielen Gegenden die Anlage eines Straßennetzes von den gegebenen topographischen Bedingungen dauernd bestimmt blieb.

I. Fernstraßen

Die beiden wichtigen Fernstraßen sind die »Küstenstraße« und die »Königsstraße« (s. Karte 3). Die erstgenannte, die parallel zur Küste verläuft, ist die wichtigere von beiden; es ist die in späteren Zeiten sogenannte *Via Maris*. Sie wurde in allen historischen Epochen benutzt, an ihr entstanden die bedeutendsten und ältesten Städte des Landes. Über sie zogen in allen Jahrhunderten zahllose Kuriere, Karawanen und Militärexpeditionen. Die Kontrolle über diese Straße und ihre Abzweigungen war stets das Hauptziel der Großmächte bei ihren Eroberungen von Syrien-Palästina. Die zweite Fernstraße, die in der Bibel (Num 20,17; 21,22) sogenannte »Königsstraße«, verläuft auf dem transjordanischen Gebirgszug nahe dem Steppenrand. Lange Zeiten hindurch befand sich diese Route im ausschließlichen Besitz von Nomaden, so daß es ihr entlang nicht zur Gründung von Siedlungen oder Verteidigungsposten kam. Zu anderen Zeiten entwickelten sich jedoch eine ganze Reihe bedeutender Siedlungen entlang dieser Straße, die sich durchaus mit den an der *Via Maris* gelegenen messen konnten.

Karte 3: Die wichtigsten Straßen in Palästina

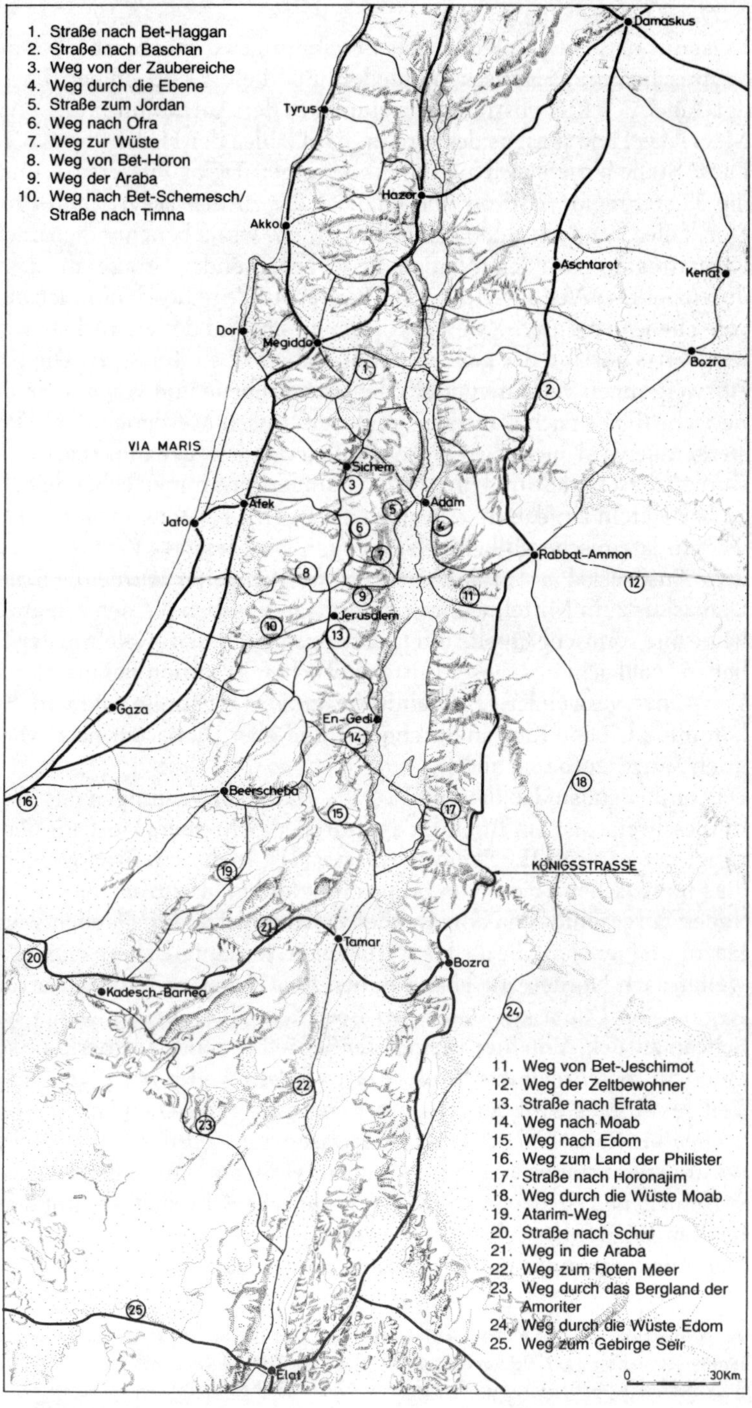

1. Die Küstenstraße

Es ist nur natürlich, daß uns viele Erwähnungen dieser Straße, besonders in ägyptischen und assyrischen Quellen, überliefert sind. In der Bibel taucht der Ausdruck Küstenstraße nur einmal in der Aufzählung: ». . . Weg am Meer, das Land jenseits des Jordan, das Galiläa der Heiden« (Jes 8,23) auf. Diese Stelle bezieht sich auf die Eroberungen Tiglat-Pilesers III. und meint die Küstenregion, Gilead und Galiläa, die zu den assyrischen Provinzen Dor, Gilead und Megiddo gemacht wurden. Jesaja benennt die israelitische Küstenregion nach dem Namen dieser bedeutenden Straße, die das Gebiet durchzieht – »Weg am Meer«. Die Küstenstraße teilt sich nördlich der Scharon-Ebene in mehrere Zweige, von denen sich nur der westlichste weiterhin nordwärts entlang der ganzen phönizischen Küste fortsetzt. Die östlichen Abzweigungen verlaufen durch die Jesreel-Ebene und von dort in die libanesische *Biqāʿ*, nach Damaskus und weiter nach Mesopotamien. Diese Küstenstraße wird auch »Straße des Philisterlandes« genannt (Ex 13,17). Wir werden diese Straße und ihre Abzweigungen zusammen behandeln, obwohl zu bezweifeln ist, daß im Altertum der Begriff Küstenstraße so weit gefaßt war. In lateinischen Bibelübersetzungen wird Jesajas »Weg am Meer« mit dem Ausdruck *Via Maris* übersetzt. Im Mittelalter wurde die Straße von Damaskus zum Mittelmeer mit diesem lateinischen Namen belegt, obwohl keine alte römische Quelle ihn je dafür gebraucht hat. Gelehrte der Neuzeit haben, vielleicht aus dieser mittelalterlichen Tradition heraus, den Begriff *Via Maris* verwendet, um damit die große Fernstraße, die von Ägypten kommt, das Land Kanaan durchquert und über Damaskus nach Mesopotamien führt, zu bezeichnen[2].

Das umfassendste Dokument, das alle Hauptabzweigungen der *Via Maris* mitbeschreibt, ist ein Brief des ägyptischen Schreibers Hori aus der Regierungszeit Ramses' II. (Papyrus Anastasi I)[3]. In diesem Brief werden zuerst die phönizischen Städte von Ṣumur im Norden bis zur Ebene von Akko im Süden aufgezählt. Von dort wendet sich die Aufzählung landeinwärts nach Hazor und Jenoam, die die Hauptfurten im Jordantal beherrschten. Sie geht weiter nach Norden zur libanesischen *Biqāʿ* bis nach Kadesch, erreicht die Region von Damaskus und kehrt über den Golan in das Gebiet von Bet-Schean zurück. Von hier wendet der Schreiber seine Aufmerksamkeit Megiddo zu, beschreibt das *Wādi ʿAra* und geht weiter nach Jafo. Im letzten Teil des Briefes wird der Abschnitt von der ägyptischen Grenze durch die Steppe bis Rafia beschrieben. Dies waren zur Zeit des Neuen Reiches die wichtigsten Straßen, die durch Kanaan verliefen – die *Via Maris* und ihre verschiedenen Abzweigungen; der ägyptische Schreiber war mit den Gegebenheiten offenbar sehr gut vertraut.

Der Ausgangspunkt dieser Fernstraße an der ägyptischen Grenze ist Sile

2 *Hartmann, R.*, ZDMG 64 (1910) 694ff; *ders.*, ZDPV 41 (1918) 53; *Smith, G. A.*, a.a.O. [s.o.S. 21, Anm. 1], 279; *Abel, F.-M.*, Géogr. II, 219; *Meshel, Z.*, IEJ 23 (1973) 162–166.

3 ANET 476–478; *Aharoni*, Settlement, 120–125 (hebräisch), vgl. u.S. 191f.

(ägyptisch: *ṯ-r*), vielleicht das *Silū* der Amarna-Briefe (EA 288) und das *Sele* oder *Selle* der byzantinischen Quellen, heute *Tell Abū Ṣēfe*, ungefähr drei Kilometer östlich von Qanṭara gelegen[4]. Dieser Ort wird als Ausgangspunkt vieler ägyptischer Feldzüge erwähnt; einer der östlichen Nilkanäle führt zu ihm hin[5].

Im Papyrus Anastasi I wird dieser Ort »die Festung an den Wegen des Horus«, d.h. an den Wegen des Pharao – der Verkörperung des Gottes Horus auf Erden –, genannt. Der Name »die Wege des Horus« wird dieser Gegend auch schon im Mittleren Reich in der Erzählung von Sinuhe gegeben; von hier kehrt Sinuhe in die ägyptische Hauptstadt per Schiff zurück. Demnach scheint es, daß der südlichste Abschnitt der *Via Maris*, der Ägypten mit Palästina verband, von den Ägyptern »Wege des Horus« genannt wurde, was mit Pharaonenstraße gleichzusetzen ist. Hier lag der Ausgangspunkt ägyptischer Truppenbewegungen für die Feldzüge nach Norden.

Dieser Abschnitt war für die Ägypter unentbehrlich und wurde deshalb mit einer Reihe von Festungsbauten, Stützpunkten in ganz bestimmten Abständen, versehen, die den Karawanenverkehr und Truppenbewegungen unterstützen und die Straße schützen sollten. Daher ist es nicht zufällig, daß das früheste Straßenverzeichnis von diesem Streckenabschnitt stammt und im Papyrus Anastasi I und in Reliefs aus der Regierungszeit Sethos' I. überliefert ist. Diese Reliefs können als erster Versuch einer Kartographierung bezeichnet werden.

Beide Dokumente wurden von Gardiner wissenschaftlich untersucht, er stellte die Stationen beider Beschreibungen in der folgenden Tabelle zusammen[6]:

Liste der Stationen zwischen Sile und Gaza

Reliefs von Sethos I.	*Papyrus Anastasi I*
1. »Die trennenden Wasser«	
2. »Die Festung von Sile«	»Die Wege des Horus«
3. »Die Höhle des Löwen«	»Die Wohnstatt des Ramses«
4. »Migdol des Menmaʿrēʿ (Sethos I.)«	
5. »Der Brunnen des *Ḥ-p-n*«	*Ḥ-ṯ-y-n**
6. »Buto des Sety-merenptaḥ«	»Gebiet des Buto von Ramses«
7. »Das Brunnenareal des . . .«	
8. »Die Burg des Menmaʿrēʿ (Sethos' I.)«	
9. »Die Festung des Sety-merenptaḥ«	»In seiner Festung ist Usimaʿrēʿ (Ramses II.)«
10. »Die Stadt, die seine Majestät neu [gebaut hat]«	
	*s-b-ỉr**
11. »Der Brunnen *ʾIb-s-q-b*«	*ʾIb-s-qb*

4 *Gardiner*, Anc.Eg.On. II,202ff.
5 Vgl. die Darstellung des Kanals auf dem Relief Sethos' I., ANEP 323.
6 *Gardiner, A. H.*, JEA 6 (1920) 99–116.

12.	»Der Brunnen des Sety-merenptaḥ«	
		*ʿ-y-n-n**
13.	»Der Brunnen ›Menmaʿrēʿ-(ist)-groß im Siegen‹ (Sethos I.)«	
14.	»Der Brunnen (ist) süß«	
15.	»Die Stadt, die seine Majestät neu gebaut hat an dem Brunnen *Ḥ-b(?)-?-t*«	*Ḥ-b-r-t*
16.	»Die Festung des Menmaʿrēʿ, Erbe des Rʿ (Sethos I.)«	
17.	*»?-b(?)-r-b-t«*	
18.	»Der Brunnen des Menmaʿrēʿ (Sethos' I.)«	
19.	»*N-ḫ-s* des Prinzen«	*N-ḫ-s*
20.	»Die Stadt [Rafia]«	Rafia *(r-pḥ)*
		Gaza *(q-ḏ-t)*

* Diese Stationen mit denen aus den Reliefs Sethos' I. gleichzusetzen ist sehr problematisch.

Die »Karte« von Sethos I. ist detaillierter als das »Itinerar« (Straßenverzeichnis) des Papyrus' Anastasi I, aber viele Namen tauchen in beiden auf. Der Grund dafür mag darin liegen, daß bei Sethos I. die Festungen und die angrenzenden Wasserstellen mit getrennten Namen aufgeführt werden, während der Papyrus Anastasi I jeder Station nur einen Namen gibt. Unter den Orten, die von Sethos I. – aber nicht im Papyrus Anastasi I – genannt werden, ist auch eine Festung mit Namen *m-k-t-r*, die zweite Station nach Sile, die auch in anderen zeitgenössischen ägyptischen und in späteren Quellen erwähnt wird[7]. Es ist sehr wahrscheinlich, daß diese Festung das Migdol der Exodusberichte ist (Ex 14,2; Num 33,7; s. auch Jer 44,1; Ez 29,10). Die restlichen Namen werden in der Bibel nicht erwähnt, weil die Israeliten nicht »den Weg zum Land der Philister«, der gut bewacht und befestigt war, weitergezogen sind. Aus dem Feldzugsbericht Thutmoses' III. wissen wir, daß dieser innerhalb von zehn Tagen von Sile nach Gaza (ca. 240 km) gezogen ist[8]. Dies ist eine beachtliche Geschwindigkeit für eine Truppenbewegung, die nur dank der perfekten Organisation, d.h. der Unterstützung durch die Verteidigungsposten entlang der Straße, möglich war. Die vielen Schwierigkeiten, auf die ein feindliches Heer, das Ägypten angreifen wollte, stieß, werden sehr lebendig im Bericht über den Feldzug gegen Ägypten (im Jahre 671 v.Chr.) in den Annalen des Assyrerkönigs Assarhaddon beschrieben[9]. Er berichtet, daß es trotz des Namens »Bach Ägyptens« entlang der ganzen Route keinen Fluß gab, so daß er gezwungen war, Wasser für seine Truppen mit Eimern an Stricken und Ketten aus Brunnen hochziehen zu lassen. Die Könige Arabiens lieferten ihm auch Kamele zum Wassertransport. Weiterhin beschreibt er die Schrecken der Wüste als die

7 ANET 259.292; *Abel, F.-M.*, Géogr. II, 387; jetzt *Tell el-Ḥer*.
8 ANET 235.
9 ANET 292.

eines von Felsbrocken übersäten trostlosen Landes, voll von fremden, schrecklichen Kreaturen.

Große Bedeutung kam den Städten entlang der Südgrenze Kanaans als Bollwerken ägyptischer Macht zu: Rafia *(Tell Refaḥ)*, Laban *(Šēḫ ez-Zuwēyīd?)*, Scharuhen *(Tell el-Fārʿa)*, Jurṣa *(Tell Ǧemme?)*, Bet-Eglajim *(Tell el-ʿAǧūl)* und besonders Gaza, der ägyptischen Distriktshauptstadt für Kanaan. Die *Via Maris* führte wegen der Wanderdünen nicht direkt an der Küste entlang. Daher sind auch die wichtigsten Städte fünf bis sechs Kilometer von der Küste landeinwärts gegründet worden, entlang eben dieser Küstenstraße. Die bedeutendsten von ihnen hatten kleine Hafenstädte an der Küste, so z.B. Aschdod, dessen Hafenstadt in assyrischen Quellen »Aschdod am Meer« *(Asdudimmu)* genannt wurde[10]. Die einzigen Städte im Süden, die direkt an der Küste lagen, waren Aschkelon und Jafo, denn dort gab es keine Wanderdünen. Dadurch kam ihnen als den größten Hafenstädten Südpalästinas besondere Bedeutung zu.

Die vollständigste Städteliste der *Via Maris* aus der nördlichen Schefela- und der Scharon-Ebene ist von Thutmoses III. überliefert. Aus seinen »Annalen« können wir entnehmen, daß er die Strecke von ca. 120 km zwischen Gaza und Jaḥam (*Ḫirbet Yemma* in der Scharon-Ebene) in elf oder zwölf Tagen zurückgelegt hat. Seine geringe Marschgeschwindigkeit von ca. 10 km pro Tag muß wohl auf Hindernisse, auf die er entlang des Weges stieß, zurückgeführt werden.

Die meisten Städte dieser Region, an denen er vorbeizog und die er dabei in seine Gewalt brachte, stehen in der Thutmoses-Liste der kanaanitischen Städte. Nur in diesem Abschnitt der Liste werden die Städte in der richtigen Reihenfolge – d.h. geographisch von Süden nach Norden – aufgezählt. Dieser Abschnitt umfaßt die folgenden Namen[11]: (61) Mahoz *(m-ḫ-ś)*, allem Anschein nach *Tell Abū Sulṭān* bei Jabne; (62) Jafo; (63) Gat, vermutlich das biblische Gat-Rimmon (*Tell el-Ǧerīše* am Jarkon?) oder die spätere philistäische Stadt *(Tell eṣ-Ṣāfī?)*; (64) Lod; (65) Ono *(Kafr ʿĀna)*; (66) Afek (*Tell Rās el-ʿĒn* an den Quellen des Jarkon); (67) Socho *(Ḫirbet eš-Šuwēket er-Rās)*; (68) Jaḥam; (69) *ḫ-b-ḏ-n* (nicht identifiziert); (70) Gat (das Gat-Padalla der Amarna Briefe, EA 250; das heutige *Ǧett* in der Scharon-Ebene); (71) Migdal (vermutlich *Tell eḏ-Ḏurūr* bei *Ḫirbet Meǧdel*, das den alten Namen noch bewahrt hat; s. Karte 9).

Dieser Abschnitt der Liste betont die besondere Bedeutung Afeks als Knotenpunkt der *Via Maris*. In der Schefela gibt es mehrere Abzweigungen, eine nahe der Küste und die anderen weiter östlich. Einerseits folgt die Thutmoses-Liste der Route Mahoz – Jafo – Gat(-Rimmon), die nahe der Küste verläuft, andererseits nennt sie aber die Orte entlang der Straße Gat – Lod – Ono – Afek östlich der ersten Route. Der Jarkon bildet ein schwieriges Verkehrshindernis, das die westliche Route nach Osten zwingt, so daß die

10 ANET 286.
11 *Simons*, Handbook, 117.

beiden Straßen bei Afek wieder zusammenkommen. Das ist der Grund dafür, daß diese Stadt in so vielen Feldzugsberichten erwähnt wird; in der Bibel ist sie Ausgangspunkt für Feldzüge der Philister (1Sam 4,1; 29,1).
Weitere Nachrichten über die beiden Zweige der *Via Maris* zwischen Aschdod und dem Jarkon erhalten wir aus assyrischen Quellen und aus der Bibel. An der östlichen Abzweigung lagen, südlich von Lod, Gat-Gittaim (*Rās Abū Ḥumīd* bei Ramle), Gibbeton *(Tell el-Melāt)*, Ekron *(Ḫirbet el-Muqannaʿ)* und Gat *(Tell eṣ-Ṣāfī)*. Sargon marschierte auf dieser Straße nach Aschdod und behauptete, daß er Aschdod, Gat und Aschdod-Yam erobert habe[12]. Usija nahm wohl die gleiche Straße und »riß nieder die Mauer zu Jabne und die Mauer zu Aschdod« (2Chr 26,6). Die Bedeutung Gibbetons liegt in seiner Schlüsselstellung an der östlichen Abzweigung der *Via Maris* am Nordrand des philistäischen Königtums von Ekron, so daß es Streitpunkt zwischen Israel und den Philistern wurde (1Kön 15,27; 16,15).
Im Gegensatz dazu nahm Sanherib die westliche Route, um die ägyptischen Truppen, die Juda und dessen Verbündeten zu Hilfe geeilt waren, anzugreifen[13]. Nachdem er Jafo und dessen »Hinterland« besiegt hatte (Bet-Dagon, Bene-Berak und Azor – größtenteils Städte, die Dan als Erbteil von Josua zugesprochen worden waren, Jos 19,45), marschierte er weiter nach Süden und vernichtete das ägyptische Heer auf »der Ebene von Elteke« (*Tell eš-Šallaf*, nördlich von Jabne)[14]. Von hier wandte er sich nach Osten, folgte dem Tal von Sorek *(Wādi eṣ-Ṣarār)* und eroberte Timna *(Tell el-Baṭāšī)* und Ekron.
Von Afek nach Norden durch die Scharon-Ebene gab es nur eine Straße. Sie zog sich am Ostrand – parallel zum Bergland – hin, ungefähr 13 km von der Küste entfernt. Der westliche Teil der Scharon-Ebene war bewaldet, sumpfig oder wies Wanderdünen auf, ein beachtliches Hindernis also für den Verkehr[15]. Über diesen Landstrich erfahren wir mehr durch Amenophis II., den Sohn Thutmoses' III., aus einem Bericht über seinen zweiten Feldzug nach Kanaan (ca. 1428 v.Chr.)[16]. Die erste auf diesem Feldzug eingenommene Stadt war Afek. Von hier wandte er sich nach Norden und zog an Jaḥam vorbei, drehte dann aber und eroberte zwei Siedlungen westlich von Socho, denen er einen beachtlichen Tribut, besonders an Rindern und Kleinvieh, abverlangte. Von Jaḥam ging er weiter nach Norden und zog dann wieder nach Westen, wo er zwei weitere Städte, Migdal und Adorajim, schlug. Aus dieser Beschreibung läßt sich i.w. schon die Route erheben: Sie verläuft von Afek über Socho und Jaḥam nach Gat, von wo aus Amenophis II. Unternehmungen gegen Siedlungen im Westen, d.h. in den bewaldeten bzw. sumpfigen Regionen, durchführte. Entlang der gleichen Straße

12 ANET 286.
13 ANET 287f.
14 *Mazar, B.*, IEJ 10 (1960) 72ff.
15 *Karmon, Y.*, PEQ 93 (1961) 43–60.
16 ANET 246f = TGI 28–34.

kehrte Pharao Schoschenk (ca. 924 v.Chr.) von seinem Palästina-Feldzug zurück. In seiner Aufzählung erwähnt er (32) Aruna *(Ḫirbet ʿAra)*, (33) Borim *(Ḫirbet Būrīn)*, (34) Gat-Padalla, (35) Jaḥam und (38) Socho[17].
Von der Scharon-Ebene wendet sich die *Via Maris* nach Osten und durchquert die Jesreel-Ebene. Sicher hat es zumindest zeitweise eine Abzweigung gegeben, die direkt um das Karmelgebirge zur Akko-Ebene führte. Dieser Weg führte an Dor *(Ḫirbet el-Burǧ* bei *Ṭanṭūra)* vorbei, das vom Beginn der israelitischen Zeit an der größte israelitische Hafen im Scharon-Gebiet war. Jedoch muß die Reise wegen der Wälder, Sümpfe und Sanddünen in dem westlichen Teil der Akko-Ebene sehr schwierig gewesen sein; deshalb wird diese Route recht selten erwähnt. Sie wurde erst am Ende der Bronzezeit häufiger genutzt – und zwar im Zusammenhang mit der zunehmenden Bedeutung von Dor und anderen Hafenstädten (wie z.B. *Tell Abū Ḥuwām* an der Kischonmündung) als Ausgangspunkten der aufblühenden Seefahrt und wegen der zunehmenden Unsicherheit auf den Inlandsstraßen. Das erste und einzige Dokument, das einen Feldzug entlang dieser Straße beschreibt, ist die Liste Ramses' II. aus Amara, die folgende Städte entlang der Küste aufzählt[18]: (66) Rafia; (67) Scharu[hen]; (69) Mahoz; (70) Socho; (71) A[dora]jim; (77) Dor; (78) Rehob. Demnach marschierten die Truppen Ramses' II. durch die Scharon-Ebene, erreichten Dor und gingen von dort direkt nach Rehob, das aus der Bibel als eine der Kanaaniterstädte in der Ebene von Akko bekannt ist (Jos 19,30; Ri 1,31).
Die Pässe der *Via Maris* in ihrem Verlauf von der Scharon- zur Jesreel-Ebene durch die Schluchten des nördlichen efraimitischen Berglandes waren am meisten gefährdet, konnten sie doch leicht blockiert werden. Die Hauptstraße lief durch das *Wādi ʿAra (Naḥal ʿIrōn)* zwischen Aruna *(Ḫirbet ʿAra)* und Megiddo. Sie hatte den Vorzug, die kürzeste Route zu sein – allerdings auch den Nachteil, daß sie stellenweise durch sehr enge und im Altertum dicht bewaldete Schluchten führte. Megiddos Bedeutung entsprang seiner Lage am Austritt der *Via Maris* in die Jesreel-Ebene, wo sie sich in mehrere Abzweigungen teilte, die weiter nach Norden verliefen.
Wir haben zwei ägyptische Beschreibungen dieses Streckenabschnittes. Die erste findet sich in den Annalen Thutmoses' III. (1468 v.Chr.), wo ein Befehlshaber des Pharao zu Wort kommt[19]:

»Wie verhält es sich mit dem Marschieren [auf] diesem Wege, der sich allmählich [verengt]? Man hat (doch) gemeldet: ›Die Feinde stehen dort [draußen und werden] immer zahlreicher!‹ Wird nicht Pferd hinter [Pferd] gehen und ebenso [das Heer] und die Leute? Wenn unsere eigene Vorhut im Kampf sein wird, so wird die [Nachhut] dort in ʿAruna stehen, ohne kämpfen zu können.«

17 *Simons*, Handbook, 181.
18 *Mazar, B.*, BIES 27 (1963) 139–144 (hebräisch); *ders.*, Cities and Districts in Eretz-Israel, Jerusalem 1975, 154–159 (hebräisch).
19 TGI 15f.

Der zweite Beleg stammt aus dem Brief des ägyptischen Schreibers Hori aus der Regierungszeit Ramses' II. (Papyrus Anastasi I), der die Fahrt eines Wagenlenkers durch das *Wādi ʿAra* von Megiddo nach Scharon beschreibt[20]:

»Siehe, der Hinterhalt ist in einer 2000 Ellen tiefen Schlucht voller Felsblöcke . . . Das enge Tal ist gefährlich wegen der sich dort verbergenden Beduinen. Einige von ihnen sind gar vier bis fünf Ellen groß und gräßlich von Angesicht. Ihre Herzen sind aus Stein, und sie hören nicht auf gute Worte. Du bist allein; kein Bote ist bei dir und keine Armee ist hinter dir. Du findest keinen Führer, der dir den Weg bahnen hilft . . . Dein Weg ist übersät mit Felsblöcken und Dornen und ›Wolfstatzen‹. An deiner einen Seite fällt die Schlucht steil ab und an der anderen ragen ebenso steil die Berge auf. Du wirst auf deinem Wagen durch und durch gerüttelt und kannst die Pferde nicht zu einem schnelleren Gang antreiben. Jeden Augenblick kannst du in den Abgrund geschleudert werden . . . Du läßt die Pferde in Trab fallen. Der Himmel öffnet sich [d.h. er hat das Ende des Waldes erreicht]. Dann glaubst du, daß der Feind hinter dir ist. Angst ergreift dich. Wenn du endlich ein Nachtquartier gefunden hast, sind die Pferde am Ende ihrer Kraft . . .«

Der letzte Teil spiegelt den Stand der Dinge wider, der sich zu Beginn des 13. Jahrhunderts entwickelt hatte, als die israelitischen Stämme die Hauptverkehrswege durch das Gebirge unsicher machten.
Neben dem *Wādi ʿAra* gab es auch noch einige andere Wege, die etwas leichter zu bereisen, dafür aber länger waren. Diese Routen werden in den Annalen Thutmoses' erwähnt bei einer Lagebesprechung in Jaḥam, als die Befehlshaber raten, einen dieser Wege zu nehmen:

»Es gibt hier (aber noch) zwei Wege: der eine Weg, siehe er . . . unser Herr und führt nach Taanach, der andere, siehe, er (führt) nach der Nordseite von Zefat, so daß wir nördlich von Megiddo herauskommen. Möge unser siegreicher Herr auf demjenigen von [ihnen (= den beiden Wegen)] ziehen, der seinem Herzen angenehm ist, und lasse uns nicht auf jenem schwierigen Wege marschieren.«[21]

Die südliche Abzweigung wendet sich von Jaḥam nach Osten zum Tal von Dotan und erreicht die Jesreel-Ebene südlich von Taanach. Es scheint, daß die Karawane der Ismaeliter auf ihrem Weg von Gilead nach Ägypten diese Route genommen hat (Gen 37,25). Die nördliche Abzweigung verläuft entlang dem *Wādi Timsāḥi* nördlich von Zefat *(Ḫirbet es-Sitt Lēla)*[22], das den Eingang zum Tal von der Scharon-Ebene her bewachte, und erreicht die Jesreel-Ebene über das *Wādi el-Milḥ* bei Jokneam. Die drei größten Tells am Südwestrand der Jesreel-Ebene – Taanach, Megiddo und Jokneam – bewachten diese drei wichtigen Verzweigungen der *Via Maris*.
Von hier teilt sich die *Via Maris* auf ihrem Weg nach Norden wieder in mehrere Abzweigungen. Eine verläuft nordwestlich in die Ebene von Akko

20 ANET 477f (Übersetzung aus dem Englischen).
21 TGI 16.
22 *Aharoni, Y.*, IEJ 9 (1959) 110–122.

und von dort weiter nach Norden entlang der phönizischen Küste nach Ugarit und weiter nach Anatolien. Die instruktivsten Nachrichten über diese Straße können wir wieder dem Papyrus Anastasi I entnehmen[23], der die Beschreibung mit Ṣumur beginnt, einer phönizischen Küstenstadt nördlich von Byblos nahe dem Fluß Eleutherus. Sie war eine Grenzfestung der ägyptischen Provinz Kanaan zu Beginn der Regierungszeit Ramses' II. Der Schreiber zählt von Norden nach Süden auf: Byblos, Beirut, Sidon, Sarepta, den Fluß Liṭani *(n-ṯ-n)*, Usu an der Küste gegenüber von Tyrus, Tyrus selbst auf einer der Küste vorgelagerten Insel, den Weg an der »Treppe« *(ḏ-r-ᶜ-m* = צלעם; *Rās en-Nāqūra)*, Akko und Achschaf. Hier fragt er: »Woher kommt die Achschaf-Straße? Von welcher Stadt?« Anscheinend bezieht er sich auf den Zweig der *Via Maris*, der von Megiddo kommt, an Jokneam vorbeiführt und die Akko-Ebene bei Achschaf (wahrscheinlich *Ḫirbet el-Harbağ*) erreicht, und er fragt nach einer dieser Städte, die die Straße kontrollieren.

Die Städte der phönizischen Küste und der Ebene von Akko werden in Verbindung mit militärischen Unternehmungen erwähnt, sowohl solchen aus dem Norden als auch solchen aus dem Süden. Der Vater Ramses' II., Sethos I., erwähnt Akko, Usu, Tyrus und auch Ullaṣa in der Umgebung von Ṣumur im Feldzugsbericht seines ersten Regierungsjahres (ca. 1300 v.Chr.)[24]. Ein Vergleich mit der Expedition Sanheribs, des Königs von Assyrien, aus dem Jahre 701 v.Chr. ist sehr aufschlußreich, erwähnt dieser doch die Einnahme der folgenden Städte an der phönizischen Küste: Groß-Sidon, Klein-Sidon, Bet-Zet, Sarepta, Mahaleb, Usu, Achsib und Akko[25].

Durch die Jesreel-Ebene verläuft die bequemste Hauptverkehrsader nach Osten über Transjordanien, Damaskus, die libanesische *Biqāᶜ* und von dort nordwärts nach Mesopotamien. Nördlich dieser Ebene erheben sich die hohen Berge Galiläas und des Libanon, und erst nördlich davon kann man das Gebirge wieder leichter passieren, geht doch der Weg durch das Eleutherus-Tal, das von der libanesischen *Biqāᶜ* nordwärts nach Kadesch führt. Tatsächlich waren die Straßen, die von Megiddo nach Osten und Nordosten führten, von nicht geringerer Bedeutung als die Küstenstraße, da dies die kürzesten Verbindungen zwischen den zwei großen Zentren des alten Nahen Ostens, Ägypten und Mesopotamien, waren.

Zwei weitere Hauptabzweigungen mit ihren Nebenrouten sollen hier noch erwähnt werden. Der eine Weg überquert die Jesreel-Ebene bei Megiddo, verläuft durch das Kesullot-Tal zwischen den Bergen More und Tabor und führt hinunter zum alten Kinneret (*Tell el-ᶜOrēme* an der Nordwestküste des Sees Gennesaret). Dieser Teil der Straße wurde von einem Tell bei *Qarn Ḥaṭṭīn* beherrscht, auf dem allem Anschein nach Adama oder Schemesch-

23 ANET 477; *Aharoni*, Settlement, 120f (hebräisch).

24 *Simons*, Handbook, 139f.143.145; *Noth, M.*, ZDPV 60 (1937) 213; *Aharoni*, Settlement, 57ff (hebräisch).

25 ANET 287.

Adam[26] lag, das nicht nur aus der Bibel, sondern auch aus der Liste Thutmoses' III. und besonders vom ersten Feldzug des Pharao Amenophis II., ca. 1430 v.Chr., her bekannt ist[27]. Ein Stelenfragment von einem dieser beiden Pharaonen wurde in Kinneret gefunden[28], das den Anstieg dieser Straße durch das Jordantal nach Hazor beherrschte. Hazor nimmt an dieser Straße eine Schlüsselstellung ein. Eine andere Straße führt von Hazor nordwärts nach Abel-Bet-Maacha, Ijon und der libanesischen *Biqā*ʿ. Dieser Straße folgte Amenophis II. auf seinem Weg zum Orontes, Ramses II. nahm die gleiche Straße bei seinem berühmten Feldzug gegen die Hethiter (Schlacht bei Kadesch). Hier war auch ein bequemer Zugang für die Eroberung Palästinas von Norden her. Der Aramäerkönig Ben-Hadad von Damaskus zog diese Straße, als er »Ijon, Dan, Abel-Bet-Maacha und Kinneret . . .« eroberte (1Kön 15,20), und ebenso Tiglat-Pileser III., König von Assyrien, als er Ijon, Abel-Bet-Maacha und Hazor einnahm (2Kön 15,29).
Die zweite Abzweigung wendet sich von Megiddo nach Osten und führt durch die Jesreel-Ebene hinab nach Bet-Schean. Von dort steigt sie wieder auf nach Aschtarot, der Hauptstadt Baschans, wo sie auf die Königsstraße trifft. Eine Nebenstraße dieser Abzweigung läuft durch das Jordantal und führt von Bet-Schean über Kinneret nach Hazor, wobei sie an Jenoam *(el-ʿAbēdiye)*[29] vorbeiläuft, das eine Schlüsselstellung einnimmt und die Straßen im nördlichen Jordantal bis zum Südufer des Sees Gennesaret kontrolliert. Diese Straße ist aus dem Feldzugsbericht Sethos' I. bekannt, der in Bet-Schean zwei Siegesstelen aufstellen ließ. Sie wird im Papyrus Anastasi I beschrieben, in dem die Jordanfurten bei Rehob und Bet-Schean und der Anstieg nach Megiddo erwähnt werden. Auch in der Liste Schoschenks wird »das Tal« (d.h. das Tal von Bet-Schean) genannt, ebenso Rehob, Bet-Schean, Schunem, Taanach und Megiddo. Eine weitere Straße führt von Jenoam über Afek nach Baschan. Sie wird auch in Verbindung mit den Kriegen zwischen Israel und Aram-Damaskus erwähnt (1Kön 20,26ff; 2Kön 13,17).
Von Damaskus führt der Weg zur großen Steppenoase Tadmor und von dort zum Euphrat. Eine weitere wichtige Straße führt nach Norden durch die libanesische *Biqā*ʿ nach Hama und Aleppo und erreicht den oberen Euphrat bei Karkemisch.
Die verschiedenen Verzweigungen der *Via Maris* laufen also bei Megiddo fächerförmig zusammen und vereinigen sich zu *einer* großen Fernstraße. Daher lassen sich die große Bedeutung der palästinischen Küste für die Kontrolle dieser wichtigen Fernstraße und die besondere Lage Megiddos sehr gut verstehen.

26 *Aharoni, Y.*, JNES 19 (1960) 177–183.

27 Diese Abzweigung der Straße war auch in späteren Zeiten von großer Bedeutung, vgl. *Hartmann, R.*, ZDPV 41 (1918) 53–56.

28 *Albright, W. F.* und *A. Rowe*, JEA 14 (1928) 281–287.

29 Vgl. *Aharoni*, Settlement, 125–129 (hebräisch).

2. *Die Königsstraße*

An Bedeutung steht die Königsstraße der *Via Maris* kaum nach. Sie läuft in Nord-Süd-Richtung durch ganz Transjordanien. Ihr Name ist der Bibel entnommen (Num 20,17; 21,22) und wird wohl nicht als offizielle Bezeichnung gedient haben. Er soll hier gebraucht werden, um die Bedeutung dieser Straße zu betonen, die sonst nur einfach »Fernstraße« genannt wird (Num 20,19). In der Bibel wird der nördliche Abschnitt auch »Weg nach Baschan« genannt (Num 21,33; Dtn 3,1), weil er von Heschbon nach Aschtarot, der Hauptstadt Baschans, führt.

Die Königsstraße läuft durch das ganze transjordanische Hochland und weiter bis nach Damaskus. Sie konnte in Konkurrenz zur *Via Maris* treten, da auch über sie der Fernhandel abgewickelt werden konnte. Ihre besondere Bedeutung erhielt sie, weil sie als kürzeste Verbindung nach Südarabien den Export der kostbaren Aromastoffe erleichterte[30]. Die Topographie Transjordaniens schränkt die Möglichkeiten für den Nord-Süd-Verkehr auf zwei parallele Trassenführungen ein. Eine doppelte Wasserscheide zieht sich von Norden nach Süden durch ganz Transjordanien: Die meisten Wadis, die von den Bergen nach Westen fließen, sind kurz, und die Wasserscheide, die sich zwischen diesen und den nach Osten fließenden Wadis hinzieht, ist nur ca. 25 km von der Araba und dem Jordantal entfernt. Dazu kommt noch, daß vier große Wadis von ca. 45 km Länge tiefe Täler ausgewaschen haben. Diese Wadis, die Transjordanien in größere geographische Untereinheiten teilen, sind: der Yarmuk (dieser Name taucht zum ersten Male in der Mischna auf), der Jabbok, der Arnon und der Zered. Die Straße, die diese tiefen Täler überqueren muß, nimmt von der Araba aus auf ca. 45 km den günstigsten topographisch vorgegebenen Kurs. Heutzutage folgt die Eisenbahnlinie noch derselben Route. Der Nachteil dieser Route ist, daß sie so weit östlich, d.h. schon fast in der Steppe verläuft. Es gibt allerdings noch eine andere Route, die entlang der zweiten Wasserscheide weiter westlich verläuft. Diese hat den Vorteil, daß sie durch ein mit Siedlungen und Wasserquellen reich versorgtes Land zieht, leidet aber unter dem Nachteil, daß sie durch tief eingeschnittene Wadis führt. Die verschiedenen historischen Berichte und insbesondere die Überreste alter Siedlungen belegen, daß dieser westliche Weg zu fast allen Zeiten die Hauptroute war und daß man die Furten, wie z.B. am Arnon, besonders beachtete. In Rabbat-Ammon treffen diese beiden großen Straßen zusammen; daraus ist die Vormachtstellung dieser Stadt und ihre Beherrschung der Königsstraße zu erklären.

Da die Königsstraße nahe der Steppe durch solche Regionen führte, in denen es nicht zu allen Zeiten eine seßhafte Bevölkerung mit einer starken Regierung gegeben hatte, diente sie in erster Linie den Karawanen der Nomaden. Die alten nichtbiblischen Quellen berichten sehr wenig darüber, ob über sie Heere oder Handelsexpeditionen zogen – abgesehen von der Bibel, in der der älteste Feldzugsbericht in Gen 14 mit der Abrahamüberlieferung

30 Vgl. *Beek, G. W. van,* JAOS 78 (1958) 141–152; *ders.,* BA 23 (1960) 70ff.

verbunden ist; doch ist die Chronologie dieses Feldzugs unsicher. Die vier Könige des Nordens unter Führung Kedor-Laomers, des Königs von Elam, durchzogen während ihres Kampfes gegen die Städte des Jordantals das östliche Transjordanien von Norden nach Süden. Von Aschtarot, der Hauptstadt Baschans, und Karnajim, der Nachbarstadt (die Aschtarot in späteren Zeiten in den Schatten stellen sollte), kamen sie zu der Stadt Ham im nördlichen Gilead (ca. 7 km südwestlich von Bet-Arbeel – *Irbīd*) und wandten sich von dort nach Schawe-Kirjatajim auf dem moabitischen Bergplateau (das Kirjatajim der Städte Rubens, Jos 13,19) und zum »Gebirge Seïr, bis El-Paran, welches an die Wüste stößt« (Gen 14,6), offenbar Elat am Rande der großen Wüste Paran. Das ist der südlichste Punkt, den das Heer erreicht hat. Von hier kehrten sie um nach En-Mischpat (Kadesch [-Barnea]). Daher erwähnt dieser Bericht nur die Hauptstädte oder Schlüsselpositionen entlang der Straße in Transjordanien: Baschan, Gilead, das moabitische Plateau und Seïr-Edom bis zur Schlüsselstellung im Süden, Elat am Golf von Aqaba. Karnajim und Aschtarot liegen an der Königsstraße und Ham in deren Nähe. Kirjatajim liegt offensichtlich weiter westlich *(Qaryat el-Meḥāy-et)*. Eine Identifizierung von Schawe ist bisher noch nicht möglich.

Verschiedene Stationen am Südabschnitt der Königsstraße werden im Zusammenhang mit dem Marsch der Israeliten von Kadesch-Barnea nach Moab erwähnt. Die Stämme baten um Erlaubnis, über die Königsstraße ziehen zu dürfen (Num 20,19; 21,22), und als diese verweigert wurde, nahmen sie »den Weg vom Roten Meer, der um das Land Edom führt« (Num 21,4), d.h. sie zogen von Elat hinauf zur Südgrenze Edoms und von dort entlang der Steppengrenze – also über die östliche Straße –, die »Weg durch die Steppe Moab« genannt wurde (Dtn 2,8). Die Bibel überliefert auch eine Aufzählung von Orten entlang der Königsstraße in Edom und in Moab: Zalmona, Punon, Obot, Ije-Abarim am Zered, Dibon-Gad, Almon-Diblatajim, das Gebirge Abarim vor Nebo und die Ebene von Moab bei Jericho (Num 33,41–49; s.u. S. 208–210). Diese Liste folgt der Hauptstraße von Kadesch-Barnea nach Moab. Von Kadesch-Barnea stiegen die Israeliten in die Araba hinab – zweifellos durch das *Wādi Ṣīn (Wādi el-Fiqra)* –, durchquerten sie in der Umgebung von *ʿEn Ḥaṣb* (Tamar?), stiegen von hier an *Ḫirbet en-Naḥās* vorbei (das evtl. eine gewisse Beziehung zu der Erzählung von der ehernen Schlange hat [hebräisch: *naḥaš* = Schlange], Num 21,4–9) über die Straße von Punon auf und erreichten die Königsstraße im zentralen Edom, südlich von Bozra und Sela. Von hier wandten sie sich nordwärts, zogen über die Königsstraße und überquerten den Zered, die Grenze zwischen Edom und Moab, bei Ije-Abarim. Aus Zentral-Moab zwischen Zered und Arnon werden keine Städte erwähnt, z.B. nicht Kir-Heres *(el-Kerak)*, die moabitische Hauptstadt, die an der Königsstraße lag. Dennoch ist klar, daß diese Straße gemeint ist, denn der Ort, der nach der Überquerung des Zered erwähnt wird, ist Dibon, das an ebendieser Straße, aber nördlich des Arnon, liegt. Diese Stadt wird hier mit einer zusätzlichen Kennzeichnung erwähnt, nämlich als Dibon-Gad, ein Anachronismus, der

von dem israelitischen Stamm herrührt, der in dieser Region siedelte. Von hier zogen die Israeliten diese Straße weiter nach Norden und wandten sich bei Medeba nach Westen in den südlichen Teil des Jordantals.
Die bedeutendsten Städte Transjordaniens lagen alle an der Königsstraße: Nawe, Karnajim und Aschtarot in Baschan; Ramot-Gilead, Gerasa und Jogboha in Gilead; Rabbat-Ammon, die ammonitische Hauptstadt, und Heschbon, die alte Hauptstadt des Amoriterkönigs Sihon; Medeba und Dibon auf der moabitischen Hochebene nördlich des Arnon; Madmen und Kir-Heres in Zentral-Moab; Sela und Bozra im nördlichen Edom. Von hier gingen zwei Straßen ab, die durch die Wüste nach Ägypten führten: 1. die nördliche läuft durch die Wüste von Zin nach Kadesch-Barnea und erreicht Ägypten über »den Weg durch die Wüste von Schur«; 2. die südlichere Route verläuft weiter nach Süden durch das edomitische Bergland in unmittelbarer Nähe von Teman und Rekem und fällt ab zum Südende der Araba bei Elat. Von dort durchquert sie die Wüste von Paran über *eṯ-Ṯemed*[31] und *Qalʿat en-Naḫl* und erreicht Ägypten ungefähr bei der heutigen Stadt Suez.
So führt die Königsstraße sehr viel stärker in die Wüste hinein als die Küstenstraße. Archäologische Forschungen in Transjordanien haben ergeben, daß entlang der ersten Route nicht zu allen Zeiten blühende Siedlungen bestanden haben, im Gegensatz zu dem generellen Bild, das die Besiedlung entlang der Küstenstraße bietet. Aus biblischer Zeit wissen wir, daß die Bevölkerung in Siedlungen entlang der Königsstraße in zwei Zeitabschnitten zunahm: einmal am Ende des 3. Jahrtausends v.Chr. und zum anderen von der Landnahme der israelitischen Stämme im 13. Jahrhundert bis zum Ende der Eisenzeit. Während langer historischer Epochen lebten dort fast ausschließlich nomadische Stämme[32]. Andererseits gab es in Nord-Gilead, wo ein Zweig der Küstenstraße und die Königsstraße zusammenkommen, keinen Besiedlungsrückgang. Von Ramot-Gilead nach Norden findet man kontinuierliche Besiedlung wie in den anderen Regionen der Küstenstraße. Hier kann man gut den Einfluß dieser bedeutenden Straße auf die Gründung, das Wachstum und die historische Kontinuität von Siedlungen beobachten. Die Siedlungsperioden im zentralen Negeb-Hochland (südlich des biblischen Negeb) sind wesentlich kürzer und auf eine kurze Zeit am Ende des 3. Jahrtausends und vom 11. oder 10. bis zum 7. Jahrhundert v.Chr. beschränkt.
Die Königsstraße war deshalb nur in den historischen Epochen, in denen es in diesem Gebiet andauernde Besiedlung gab, von besonderer Bedeutung. Jedoch war sie auch in den Zeiten, in denen es keine nach Anzahl und Ausmaß nennenswerten Ortschaften gab, eine Konkurrentin für die *Via Maris*,

31 In der Tabula Peutingeriana wird *eṯ-Ṯemed* Phara (d.h. Paran) genannt. Es ist möglich, daß hier der Name mit dem Zusatz des Namens der Wüste steht, in der er lag, wie z.B. auch bei El(at)-Paran, und daß auf der römischen Karte nur der zweite Teil des Namens erhalten ist. Ähnliches mag bei *Fēran* passiert sein, das im südlichen Teil der Sinai-Halbinsel lag (vgl. u.S. 204f).

32 *Glueck, N.*, The Other Side of the Jordan, New Haven 1940, 114ff.

denn die Nomaden nutzten diese Straße nicht nur auf ihren Wanderungen, sondern auch als Transportwege für ihre Handelskarawanen und für den Handel von landwirtschaftlichen oder handwerklichen Erzeugnissen mit besiedelten Gebieten. Während der israelitischen Königszeit gelangte die Königsstraße aufgrund des Handels mit Südarabien wieder zu besonderer Bedeutung. Es gab einen harten Konkurrenzkampf zwischen Israel und Aram-Damaskus über die Kontrolle dieser Straße, und die Aramäer versuchten bei jeder Gelegenheit, die Herrschaft über dieses Gebiet zu bekommen (2Kön 10,33; 16,6)[33]. So hören wir seit der assyrischen Eroberung von Damaskus von Invasionen nach Transjordanien und auch nach Arabien.

II. Regionalstraßen

Das Straßennetz, das die Verbindung der verschiedenen Landesteile untereinander möglich machte, ist ebenfalls wie die beiden Fernstraßen im Westen und Osten durch die Zeiten hindurch relativ stabil geblieben; letztere wurden sowohl für den internationalen als auch den regionalen Verkehr genutzt (s. Karte 3). Die meisten Regionalstraßen verlaufen in Ost-West-Richtung und verbinden dadurch die beiden Fernstraßen. Wegen topographischer Hindernisse gibt es nur wenige Regionalstraßen, die in Nord-Süd-Richtung – also parallel zu den beiden Fernstraßen – verlaufen.

Eine sich in Längsrichtung durch das Land ziehende Straße von einer gewissen Bedeutung führt durch das Bergland (Ri 21,19). Im Abschnitt zwischen Hebron und Schechem folgt sie dem einzigen Pfad ungefähr parallel der Wasserscheide; die tiefen Wadis an beiden Seiten verhindern jede Abweichung nach rechts oder links. Die größten Städte im Gebirge lagen entweder nahe bei oder an dieser Straße, z.B. Debir, Hebron, Betlehem, Jerusalem, Mizpa und Bet-El. Der Abschnitt bei Betlehem wird »Straße nach Efrata« genannt (Gen 35,19; 48,7). Der Straßenabschnitt zwischen Bet-El und Schechem wird in der Beschreibung von Schilo (Ri 21,19) erwähnt. Bei Schechem gabelt sich die Straße in zwei Teile: der westlichere verläuft durch Samaria, Dotan, Jibleam und Bet-Gan nach der Jesreel-Ebene; der östlichere erreicht das Tal von Bet-Schean über Tirza und Besek. Der Abschnitt der westlichen Straße zwischen Jesreel und Bet-Haggan wird »Straße nach Bet-Haggan« genannt und verläuft durch den »Anstieg von Gur« (2Kön 9,27). Südlich von Hebron gabelt sich die Straße wiederum: Die westlichste Nebensträße fällt über Duma und Madmanna nach Beerscheba ab, von wo sie weiter nach Süden läuft, an Neṣṣana vorbei zur »Straße nach Schur«, die nach Ägypten führt. Die östliche Nebenstraße wendet sich von Hebron nach Jutta und Eschtemoa und fällt ab nach Arad und Horma. Von hier führt sie nach Süden weiter mitten durch den Negeb an Aroër, Oboda und *Bīr el-Ḥafīr* vorbei nach Kadesch-Barnea. Eine Kette von Verteidigungsanlagen aus

33 *Mazar, B.*, BA 25 (1962) 102ff.

der israelitischen Königszeit wurde an dieser Straße gefunden. Daher kann man annehmen, daß dies der biblische »Weg nach Atarim« ist, der von Kadesch-Barnea nach Arad führt (Num 21,1)[34].

Eine zweite Nord-Süd-Straße läuft entlang des tiefen Jordangrabens von Jericho zum Tal von Bet-Schean. In der Tat gibt es hier zwei parallele Straßen auf beiden Seiten des Jordan. Die östliche war die bedeutendere; das kann aufgrund der vielen an ihr liegenden Siedlungen angenommen werden: z.B. Adam, Sarepta, Sukkot, Zafon und Pella. Dies ist der biblische »Weg durch die Ebene« (2Sam 18,23). Eine weitere Straße durchläuft die Araba vom Südende des Toten Meeres an und verbindet Zoar und Tamar mit Elat am Golf von Aqaba. Daher wird diese Straße in der Bibel »Straße zum Roten Meer« genannt (Ex 13,18; Num 14,25; 21,4; Dtn 1,40; 2,1). Die tiefen Steilabfälle zum Toten Meer lassen eine Trassenführung entlang der Küste nicht zu. Angaben darüber, ob es Schiffahrt auf dem Toten Meer gegeben habe, wie es in späterer Zeit üblich war, liegen nicht vor. Wie schon oben erwähnt, läuft eine Straße parallel zur Königsstraße in der östlichen Wüstenregion Transjordaniens durch nicht besiedelte Gebiete. Ein Abschnitt dieser Straße wird »Weg durch die Wüste Moab« (Dtn 2,8) genannt; diesen nahmen die Israeliten, als es ihnen nicht erlaubt war, über die Königsstraße zu ziehen. Anscheinend benutzten die Nomaden diese Straße in den Zeiten, in denen ihnen die besiedelten Gebiete Transjordaniens verschlossen waren. Man könnte vermuten, daß der Abschnitt östlich von Edom in Analogie zu »Weg durch die Wüste Moab« »Weg durch die Wüste Edom« (2Kön 3,8) genannt worden ist; diese Wendung erscheint in der Bibel irrtümlicherweise anstelle von »Weg von Edom« (2Kön 3,20). Man darf annehmen, daß Straßen, die von Juda nach Edom oder Moab führten, »Weg nach Edom« bzw. »Weg nach Moab« genannt wurden und daß die Straßen östlich davon, die durch die Wüste führten, »Weg durch die Wüste Moab« bzw. »Weg durch die Wüste Edom« hießen.

Weitere Nord-Süd-Verbindungen von einer gewissen Bedeutung existierten auch in der Schefela, da es dort kaum topographische Schwierigkeiten zu überwinden gab. Von besonderer Wichtigkeit war die Straße von Lachisch zum Tal von Ajalon östlich des Berggrates, an dem *Tell el-Ǧudēde* (Moreschet-Gat?) und Aseka lagen. An dieser Straße wurde zu Zeiten der judäischen Könige eine starke Festung gebaut (das südliche *Ḫirbet Rasm eḍ-Ḍabʿ*)[35], die als Wachtposten für drei wichtige judäische Siedlungen in dieser Region diente: Aseka, *Tell el-Ǧudēde* und *Ḫirbet el-Bēḍā* (Achsib?). Hier verfolgte Josua die fünf Amoriterkönige nach seinem Sieg bei Gibeon (Jos 10,10), und über diese Straße stieg Nebukadnezar nach Jerusalem hinauf, nachdem er Lachisch und Aseka (Jer 34,7 und die Lachisch-Briefe) zerstört hatte.

34 *Aharoni, Y.*, IEJ 10 (1960) 109.

35 Diese Festung, die im Grundriß ähnlich der von Kadesch-Barnea und *Ḫirbet Ġazze* ist, wurde von *L. Y. Rahmani* entdeckt; vgl. Yediot 28 (1964) 209–214 (hebräisch).

Straßen, die das Land von West nach Ost durchzogen und so die *Via Maris* mit der Königsstraße verbanden, waren sehr viel zahlreicher. Wir werden die wichtigsten von ihnen nach Regionen gegliedert vorstellen:

1. *Im Negeb*

a) Die Straße, die Kadesch-Barnea mit der südlichen Araba verbindet – offensichtlich »der Weg zum Bergland der Amoriter« (Dtn 1,19)[36].

b) Die Straße, die von Arad zum Nordende des *Ǧebel Usdum* und von dort zur Araba abfällt. Israelitische Festungen wurden an beiden Enden festgestellt, und eine von ihnen, die große *Ḫirbet Ġazze*, vermutlich das alte Ramot-Negeb, die im Grundriß der Festung von Kadesch-Barnea ähnelt, kann als Zeugnis für die große Bedeutung dieser Straße gelten. Zweifellos handelt es sich bei ihr um den »Weg nach Edom« (2Kön 3,20), denn sie stellt die Hauptverbindung nach Edom dar[37].

c) Sicher hat noch eine Straße Gaza, Gerar, Beerscheba, Horma und Arad verbunden, wenn wir dafür auch in den schriftlichen Quellen keinen Beleg haben.

2. *In Juda*

Was die vielen Straßen anbelangt, die in das judäische Bergland führten, sind wir im wesentlichen auf die Siedlungen entlang der Straßen und auf Vergleiche mit späteren Trassenführungen angewiesen. Die wichtigsten von ihnen sind:

a) die Straße von Lachisch nach Hebron;

b) die Straße vom »Tal von Ela« nach Betlehem;

c) die Straße vom »Tal von Sorek« zum »Tal von Refaim« und nach Jerusalem; ihre westlichen Abschnitte werden »Weg nach Bet-Schemesch« (1Sam 6,9 und 12) und vermutlich »Straße nach Timna« (Gen 38,14) genannt;

d) die Straße über Rabba und Kirjat-Jearim (Baala) nach Jerusalem;

e) die »Straße von Bet-Horon«. Sie ist nicht nur die nördlichste, sondern auch die strategisch wichtigste und die einzige, die in der Bibel mit Namen genannt wird (1Sam 13,18)[38]. Im Gegensatz zu den südlicheren Routen, die im allgemeinen in Flußtälern ansteigen, steigt diese Straße über den steilen »Anstieg von Bet-Horon« auf und führt über den Hauptgebirgsrücken weiter nach Gibeon und Jerusalem. Darin lag – vom Standpunkt der Sicherheit und Nützlichkeit für den Handel aus gesehen – ihr Vorteil. Ihr offensichtlich schwächster Punkt war der »Anstieg von Bet-Horon« (Jos 10,10). Bet-Horon hatte demnach eine Schlüsselposition beim Aufstieg in die Gebirge von Juda und Efraim und war spätestens in salomonischer Zeit befestigt worden (1Kön 9,17; 2Chr 8,5). Diese Festung konnte allerdings Pharao Schoschenk nicht

36 *Aharoni, Y.*, IEJ 10 (1960) 109.
37 *Aharoni, Y.*, IEJ 8 (1958) 35.
38 *Oelgarte, Th.*, PJ 14 (1918) 73–89.

daran hindern, auf seinem Marsch von Geser und Ajalon nach Gibeon diese Route für seinen Aufstieg in das Bergland zu benutzen.

Einige wenige Straßen führen vom judäischen Bergland in das südliche Jordantal und zum Toten Meer hinab:

f) Die wichtigste von ihnen ist die Straße von Jerusalem nach Jericho und weiter nach Transjordanien. Sie läuft über den »Anstieg von Adummim« (Jos 15,7; 18,17) und wird »Weg in die Araba« genannt (2Sam 4,7; 2Kön 25,4; Jer 39,4; 52,7), obwohl es sich hierbei nicht um einen Eigennamen dieser Straße, sondern lediglich um eine Bezeichnung der verschiedenen Routen handelt, die in die Araba hinabführen. Der Abschnitt von Jericho nach Osten heißt »Straße zum Jordan« (Jos 2,7).

g) Aus der Umgebung von Hebron führt eine Straße hinunter nach En-Gedi. Aus der Erzählung von Joschafats Sieg über Ammoniter und Moabiter ersehen wir, daß diese Straße bis nach Moab weiterführte, vermutlich über die enge Furt bei der Halbinsel *el-Lisān* (2Chr 20)[39]. Der steile Anstieg dieser Straße in der Nähe von En-Gedi wird »der Anstieg von Ziz« (2Chr 20,16) genannt. Die israelitische Festung oberhalb von En-Gedi[40] wurde an dieser Straße angelegt, vielleicht wegen der versuchten moabitischen Invasion. Die zwei judäischen Festungen, die beim *Wādi Sāiyāl*[41] entdeckt wurden, zeigen an, daß auch hier eine Straße zur Küste des Toten Meeres hinabführte. Sie war der kürzeste und bequemste Weg nach Moab.

3. *Im Gebirge Efraim*

a) Die wichtigste West-Ost-Verbindung steigt von Socho in der Scharon-Ebene auf nach Nordosten bis Tirza, von wo sie über das *Wādi Fārʿa* zu den wichtigen Jordanfurten bei der Stadt Adam abfällt. Dieses ist die bequemste Straße, auf der man das zentrale Gebirgsland überqueren kann; sie ist der Grund für den Aufstieg so bedeutender Städte wie Schechem und Tirza und später auch den Samarias.

b) Eine südlichere Route steigt aus der Umgebung von Afek auf nach Bet-El. Diese Straße Antipatris (Afek) – Gofna war in römischer Zeit von außerordentlicher Wichtigkeit; wir wissen allerdings nicht, ob die Straße schon in biblischer Zeit die gleiche Trassenführung hatte. Von Bet-El führt die Route weiter nach Osten zum Jordantal in die Nähe von Naara und Jericho. Dies ist der biblische »Weg zur Wüste« (Jos 8,15; Ri 20,42). Anscheinend wird diese Straße auch »Weg zur Grenze« (1Sam 13,18) genannt. Wenn hier kein Überlieferungsfehler vorliegt, dann scheint es, daß die Straße mehr oder weniger entlang der traditionellen Grenze zwischen Benjamin und Efraim (Jos 16,1–2; 18,12–13) verläuft, die später die Grenze zwischen den Königreichen von Juda und Israel wurde. Eine Abzweigung dieser Straße ist wohl in 2 Sam 2,24 gemeint. Der »Weg nach Ofra«, der

39 *Salmon, T. J.* und *G. T. McCaw*, PEQ 68 (1936) 103–111.
40 *Aharoni, Y.*, BIES 22 (1958) 30–32 (hebräisch).
41 *Aharoni, Y.*, IEJ 11 (1961) 15f.

östlich der Hauptstraße von Michmas nach Ofra und Baal-Hazor läuft, wird in der Bibel ebenfalls erwähnt (1Sam 13,17), scheint aber eher von lokaler Bedeutung gewesen zu sein.

4. *In Galiläa*

Eine sehr wichtige Straße durchquert Untergaliläa vom Jordantal zur Akko-Ebene. Bis in unsere Zeit war sie unter dem Namen *Darb el-Ḥawārna* bekannt, weil sie die Hauptstraße war, die den Hauran und die nördliche Region Transjordaniens mit der Küstenebene verband. Die Straße läuft durch das Tal von Jabneel und den westlichen Teil des *Sahl Baṭṭōf*. An ihr wurden eine ganze Anzahl israelitischer und kanaanitischer Siedlungen gefunden, von *el-ʿAbēdiye* (Jenoam?) an den Jordanfurten nahe der Mündung des *Wādi Feǧǧas* bis Jabneel und Adami-Nekeb im Jabneel-Tal und bis Hannaton im *Sahl Baṭṭōf*[42]. In biblischer Zeit diente diese Straße vermutlich als Alternative zu den Armen der *Via Maris*, die durch die Jesreel-Ebene liefen, wahrscheinlich im wesentlichen während der Regenzeit, wenn es schwierig war, die Ebene zu durchqueren. Daher finden wir die Nutzung dieser Straße selbst in ägyptischen Quellen aus dem Neuen Reich gut bezeugt. Sie wird auch im Papyrus Anastasi I, der normalerweise nur die wichtigsten Straßen aufzählt, genannt. Nachdem der Schreiber von Hazor aus durch das Jordantal Jenoam erreicht hatte, fragt er: »Wenn man nach Adamim *(ʾi-d-m-m)* reisen will, welchen Weg soll man nehmen?«[43] Der erfahrene ägyptische Schreiber müßte wissen, daß Jenoam an der Kreuzung zweier Straßen lag, von wo der »*Darb el-Ḥawārna*« westwärts nach Jabneel und Adami-Nekeb führt. In einem Brief (EA 8) schreibt der König von Babylon, daß seine Karawane auf dem Weg durch Kanaan von den Königen von Akko und Schimron bei Hannaton angegriffen und geplündert worden sei. Daraus wird ersichtlich, daß diese Straße auch als internationale Handelsstraße genutzt wurde. In einem Brief schreibt der König von Megiddo (EA 245), daß der König von Akko den Labʾayu, den König von Sichem, von Megiddo abgeholt habe, um ihn per Schiff nach Ägypten bringen zu lassen, wie es der Pharao befohlen hatte; auf dem Weg habe er aber Bestechungsgelder angenommen und dem Labʾayu bei Hannaton die Flucht ermöglicht. So erfahren wir, daß gelegentlich auch die Straße Megiddo – Schimron – Hannaton – Akko benutzt wurde, um von der Jesreel- in die Akko-Ebene zu kommen.

Die Straßen Obergaliläas können im wesentlichen durch den Verlauf von »Siedlungsketten« rekonstruiert werden, die in archäologischen Feldforschungen entdeckt wurden[44]. Der bequemste Aufstieg von Osten führt an Kedesch vorbei; das erklärt die besondere Bedeutung dieser Stadt in kanaanitischer und israelitischer Zeit. Von hier führt eine Kette von Tulul westwärts über Jiron, *Iqrīt* und Abdon nach Achsib in der nördlichen Akko-Ebe-

42 *Saarisalo, A.*, The Boundary between Issachar and Naphtali, Helsinki 1927.
43 ANET 477.
44 *Aharoni*, Settlement, 6ff (hebräisch).

ne. Offensichtlich verlief eine wichtigere Straße nordwestwärts über *Tibnīn* (das talmudische Tafnit) und Kana nach Tyrus. Diese Straße war die Hauptverbindung vom nördlichen Jordantal zur phönizischen Küste – von Hazor nach Tyrus. Dem Feldzugsbericht Tiglat-Pilesers III., in dem Kedesch, Marom (Marum), Jiron und Janoach erwähnt werden, können wir entnehmen, daß es eine Straße von Kedesch in die Ebene von Akko gegeben haben muß[45].

5. In Transjordanien

Neben der oben erwähnten Königsstraße und den Verzweigungen der Küstenstraße führen noch wenige andere Straßen in das transjordanische Hochland hinauf; drei von ihnen, offenbar die wichtigsten, werden in der Bibel erwähnt:

a) Aus der Ebene von Sukkot verläuft eine Straße durch das Jabbok-Tal nach Penuel und dem benachbarten Mahanajim, von wo sie in südlicher Richtung nach Jogboha und Rabbat-Ammon aufsteigt. Entlang dieser Straße verfolgte Gideon die Midianiter (Ri 8,5ff) und erreichte den »Weg der Zeltbewohner« (Ri 8,11), offenbar die von Nomaden hauptsächlich benutzte Straße, d.h. das *Wādi Sirḥān*.

b) Die östliche Fortsetzung der Straße von Jericho, die von Bet-Jeschimot nach Heschbon aufsteigt, wird in der Bibel als »Weg von Bet-Jeschimot« (Jos 12,3) erwähnt.

c) Die Straße, die von Zoar nach Horonajim und Kir-Heres aufsteigt, ist die »Straße nach Horonajim« (Jes 15,5) bzw. der »Abstieg von Horonajim« (Jer 48,5). Über diese Straße stiegen die Könige von Israel und Juda bei ihrem Feldzug gegen Mescha, den König von Moab (2Kön 3), hinauf, als sie den »Weg nach Edom« wählten, der um das Südende des Toten Meeres führt.

Die weiteren in der Bibel erwähnten Straßen haben nur lokale Bedeutung, so z.B. der »Weg von der Zaubereiche« bei Schechem (Ri 9,37) und der »Anstieg zum Ölberg« bei Jerusalem (2Sam 15,30).

45 *Aharoni*, Settlement, 129ff (hebräisch).

Kapitel 4

Grenzen und Namen

Palästina wird an drei Seiten von natürlichen Grenzen umschlossen: im Westen vom Mittelmeer, dem »Großen Meer« der Bibel; im Osten und Süden von der Wüste. Diese diente als Ostgrenze, als Transjordanien besetzt war. Doch zu den Zeiten, in denen die Gebiete jenseits des Jordans von Wüstennomaden als Weidegründe für ihre Herden genutzt wurden, bildeten das Jordantal und das Tote Meer die natürliche Ostgrenze von Westpalästina.

Die Wüste ist keine Grenze, deren Verlauf klar und von Dauer ist wie etwa die Mittelmeerküste. Sie wird nicht nur von der Natur verändert, sondern verschiebt sich auch von Generation zu Generation je nach den erforderlichen Gebietserweiterungen der Bevölkerung. Es bestand nie die Notwendigkeit, im Osten eine genaue Grenze festzulegen, weil die Weiten der Wüste sowieso nicht zu kontrollieren waren. Im Süden war die Situation allerdings anders; Ägypten war nicht weit entfernt, und die wichtige Fernstraße, die Küstenstraße, verlief durch das betreffende Gebiet. Deshalb mußte zwischen Palästina und Ägypten stets eine klare Grenze bestimmt werden, besonders in Küstennähe. Die Südgrenze Palästinas war nicht mit der Südgrenze des bewohnten Gebietes identisch, denn die Grenzstädte kontrollierten auch große Teile der von Nomaden bevölkerten Steppengebiete des Negeb. Selbst die Grenzen des bewohnten Gebietes lagen nicht fest, sondern verschoben sich mehrere Kilometer nach Norden oder Süden, je nach den vorherrschenden Bedingungen. Südlich der bevölkerten Gebiete Palästinas bildet das große *Wādi el-ʿArīš*, das ca. 50 km südlich von Rafia ins Meer mündet, die auffälligste natürliche Landmarke. Dieses Wadi sammelt die Wasser aus der nördlichen Sinai-Wüste (aus einem Gebiet von ca. 20000 km^2); in der kurzen Regenzeit füllt sich das Bett mit gewaltigen Wassermassen. Dieses Wadi ist, von der Wüste selbst einmal abgesehen, das einzige geographische Hindernis und wurde daher als die natürliche Grenze zwischen Palästina und Ägypten angesehen. In der Bibel wird es »Bach Ägyptens« genannt; dieser Name findet sich auch in assyrischen Quellen *(naḫal Muṣur)*, wo er ebenfalls als Bezeichnung der Grenzregion dient (in ihr lagen, neben Rafia[1], mehrere größere Städte).

Eine etwas entferntere Grenzlinie verläuft bei Sile (*ṯr* in ägyptischen Quellen) am Ostrand des Nildeltas, wo Ägypten an die Wüste Sinai grenzt. Im Altertum verlief hier der östlichste Nilarm; Reliefs aus der Regierungszeit Sethos' I. zeigen Sile als eine Festung, die an zwei Armen eines Kanals, der

1 ANET 286.290.292.

»die trennenden Wasser« genannt wurde, erbaut war[2]. Diese Gegend findet sich ebenfalls in den biblischen Grenzbeschreibungen, als »Strom Ägyptens« (Gen 15,18) oder als »Schihor Ägyptens« (1Chr 13,5).
Andererseits ist es schwierig, im Norden zwischen Palästina und Syrien eine natürliche Grenze festzulegen. Die hohen Berge des Libanon im Westen sowie den Berg Hermon und den Berg Sirjon (Anti-Libanon) im Osten könnte man gewissermaßen als Grenzen betrachten, aber die phönizische Küste und die *Biqāʿ* (Tal des Libanon) erstrecken sich ohne natürliche Hindernisse nach Norden, nur der Taurus und der Amanus im Norden und der breite Euphrat im Nordosten bilden für den Norden Syriens eine natürliche Grenze.
In der Tat änderte sich besonders die nördliche Grenze Palästinas von Zeit zu Zeit, je nach den ethnischen und politischen Gegebenheiten. In Wirklichkeit war die Grenze selbst ein Ergebnis dieser Gegebenheiten, und in einigen Epochen gab es keine klare Trennungslinie zwischen Palästina und Syrien. Ihre endgültige Festlegung war hauptsächlich auf den Aufstieg Israels zur politischen Macht zurückzuführen – gab es doch nie zuvor in der Geschichte des Landes eine Macht, die erfolgreich die verschiedenen Teile des Landes zu einer politischen oder nationalen Einheit zusammengefaßt hatte. Aus der Sicht der Großmächte im Norden und Süden jedoch bildeten Palästina und Syrien eine Einheit, die sie unter ihre Oberhoheit zu bringen versuchten.
Die Frage nach dem Namen des Landes in den verschiedenen Epochen seiner Geschichte ist eng verbunden mit der Frage nach den Grenzen in der jeweiligen Epoche. Auch änderte sich der Name je nach dem Standpunkt des Betrachters, d.h. in- und ausländische Quellen können für das gleiche Gebiet verschiedene Namen selbst in ein und derselben Sprache überliefern. Diese alten Namen sind uns entweder aus ägyptischen oder mesopotamischen Quellen bekannt. Die meisten dieser Quellen belegen Palästina und Syrien mit einer einzigen Bezeichnung.
In ägyptischen Quellen aus dem Alten Reich taucht der Name Ḥariu-schaʿ *(ḥrjw-šʿ)* auf, d.h. »(Land der) Sandbewohner«. Er bezieht sich auf die Wüste und eventuell auch auf die Sandküste Palästinas[3]. Über die geographische Ausdehnung jedoch, die mit diesem Namen bezeichnet wurde, wissen wir nichts. Die Bevölkerung Asiens wird in den frühesten ägyptischen Quellen mit dem Namen ʿAamu *(ʿꜣmw)* erwähnt, Phönizien war unter dem Namen Fenḫu *(fnḫw)* bekannt. Jedoch sind die Bedeutungen dieser Namen noch unklar[4].
In mesopotamischen Inschriften des dritten und zweiten Jahrtausends v.Chr. finden wir »das Land Amurru« (^{māt}*Amurri, Amurru;* ideographisch

2 ANEP 323.

3 *Couroyer, B.*, RB 78 (1971) 558–575, vertritt diese Ansicht und zeigt, daß die Sandbewohner die seßhafte Bevölkerung der südlichen Levante sind und keine Nomaden; gegen *Yeivin, S.*, JEA 51 (1965) 205.

4 Diese Ausdrücke wie auch die Benennung »Gottes Land« wurden bearbeitet von *B. Couroyer*, RB 78 (1971) 59–70.558–575; RB 80 (1973) 53–75.264–276; RB 81 (1974) 481–523.

geschrieben ^{kur}MAR.TU), das »der Westen«, »das West-Land« bedeutet und alle Länder westlich des Euphrat bis zum »Meer von Amurru«, d.h. zum Mittelmeer, bezeichnet[5]. Obgleich mit dem Namen ursprünglich Nordsyrien gemeint war, schloß er doch ganz Syrien und Palästina ein; die Bevölkerung wird »Leute von Amurru«, Amoriter genannt. Die geographischen Namen und die Gebiete Palästinas, die in sumerischen und akkadischen und auch in frühen babylonischen und assyrischen Quellen auftauchen, sind nur mit Vorsicht zu gebrauchen, da diese Reiche ihre Herrschaft noch nicht auf Palästina ausgedehnt hatten. Gudea, der König des sumerischen Stadtstaates Lagasch aus dem einundzwanzigsten Jahrhundert v.Chr., berichtet, wie er Zedern von den Bergen von Amana (Amanus) und Bausteine von zwei Bergen, von denen einer »Basalla im amoritischen Gebirge« genannt wird, hat bringen lassen[6]. Nach den Mari-Briefen (aus dem Ende des achtzehnten Jahrhunderts v.Chr.) war mit Amurru eine definierbare politische Einheit südlich von Qaṭna gemeint; Hazor taucht in diesem Zusammenhang recht häufig auf[7]. In Ägypten war im Neuen Reich ein Fürstentum mit dem Namen Amurru bekannt, dessen Zentrum im Libanon lag und dessen Grenzen von Ṣumur an der phönizischen Küste bis zur *Biqāʿ* reichten[8]. Offensichtlich ist damit der Rumpfstaat des in früheren Zeiten wesentlich größeren Amurru gemeint[9]. Einer der biblischen Namen für Palästina lautet ebenfalls »Land der Amoriter« und ist sicher von dem alten Namen abgeleitet, der zur Blütezeit der amoritischen Herrschaft Palästina und zumindest Teile von Syrien umfaßt hat.

Während des Mittleren Reiches taucht in ägyptischen Quellen der Name Retenu *(rṯnw)* auf. Dieser Name bleibt während des Neuen Reiches in Gebrauch und umfaßt ebenfalls Palästina und Syrien, das in dieser Zeit zur ägyptischen Einflußsphäre gehörte und in der nördlichen Euphratregion mit dem Land Mitanni (Naharina) eine gemeinsame Grenze hatte. In einigen Quellen ist das Land Retenu in zwei Teile geteilt: Ober-Retenu und Unter-Retenu, wie Ober- und Unterägypten. Es ist schwierig zu sagen, wo die Grenze zwischen beiden Teilen Retenus verlief bzw. ob diese Teilung überhaupt geographisch definierbar ist. Möglicherweise lag die Jesreel-Ebene in dem Grenzgebiet[10]. Andere Vorschläge zur Ableitung und Interpretation dieses Namens gehen dahin, die drei ägyptischen Konsonanten *r-ṯ-n* als

5 RLA I,99f; RLA II,362–367.

6 ANET 269. Dies ist offensichtlich ein Hinweis auf den *Ǧebel Bišri;* vgl. *Edzard, D. O.,* Die »Zweite Zwischenzeit« Babyloniens, Wiesbaden 1957, 35.

7 *Kupper, J. R.,* Les Nomades en Mesopotamia au temps des rois de Mari, Paris 1957, 49.179; *Malamat, A.,* JBL 79 (1960) 12–19; *ders.,* in: *Sanders, J. A.* (Hg.), Near Eastern Archaeology in the Twentieth Century, New York 1970, 164–172; *ders.,* IEJ 21 (1971) 31–38.

8 *Gardiner,* Anc.Eg.On. I,187ff.

9 Zu den Vorschlägen über die Lokalisierung der Hauptstadt und über die Ausdehnung des alten Königreiches der Amurru s.u.S. 152ff.

10 Zur Diskussion der verschiedenen Quellen vgl. *Gardiner,* Anc.Eg.On. I,142–149. Nach den »Annalen« Thutmoses' III. lag Jenoam (anscheinend das heutige *el-ʿAbēdiye* direkt südlich des Sees Gennesaret) in Ober-Retenu; vgl. ANET 237.

Transkriptionen der semitischen Konsonanten *r/l - t/d/z -n* zu verstehen; dadurch ist die richtige Lesung noch unsicher. A. Alt[11] meint, daß der Name in Verbindung zu setzen sei mit der Stadt Lod *(ldn)* an der palästinischen *Via Maris*; W. F. Albright[12] bringt ihn mit der Stadt Lus *(lzn)*, d.h. Bet-El (oder ihre alte Nachbarstadt Ai?), zusammen. Jedoch bleibt schwer zu verstehen, wie der Name einer dieser Städte zu einer Bezeichnung für ganz Palästina und Syrien hätte werden können, zumal sie – nach unserem heutigen Wissensstand – nicht über eine lokale Bedeutung hinausgekommen sind. Verlockender ist da schon der alte Vorschlag Gardiners[13], der Retenu mit dem biblischen Lotan (Gen 36,20–22 und 29; 1Chr 1,38f) gleichsetzen will, dem Eponym für Südtransjordanien, wobei allerdings noch einige semantische und phonetische Probleme bestehenbleiben. Sehr unwahrscheinlich ist der Vorschlag Mazars, daß der Name Razanu *(rznw)* gelesen werden solle, was »Land der Herrscher« (hebräisch: רוזנים) bedeuten würde[14]. Der ägyptische Titel *ḥqꜣ-ḫꜣśwt* (»Herrscher der Fremdländer«) wäre dann die semantische Parallele. Einer der Herrscher Retenus trägt diesen Titel in der Sinuhe-Erzählung (20. Jahrhundert v. Chr.); der Name Hyksos (die hellenisierte Form von *ḥqꜣ-ḫꜣśwt*) hielt sich in der ägyptischen Überlieferung als Bezeichnung für die Ausländer, die einst Ägypten überrannt hatten.

Im Neuen Reich tauchen zwei neue Begriffe auf: Djahi *(ḏ-h)* und »das Land von Hurru« *(ḫ-r)*. Die Herkunft des Wortes Djahi ist noch nicht geklärt; es diente aber offensichtlich als allgemeine Bezeichnung für Syrien und Palästina[15]. Der Begriff »das Land von Hurru«, d.h. das Land der Horiter, ist das Ergebnis eines Wandels der ethnischen Zusammensetzung der Bevölkerung Palästinas, der zur Zeit der Hyksos-Herrschaft stattgefunden hat. Dieser Wandel wird aus den verschiedensten Quellen aus dem 15. und 14. Jahrhundert v.Chr. bestätigt, in denen viele Herrscher kanaanitischer Stadtstaaten hurrische Namen haben. Es ist daher klar, daß verschiedene Städte und Distrikte Palästinas unter der Oberherrschaft hurrischer Regenten standen, die wahrscheinlich aus dem Norden gekommen waren.

Allen diesen Begriffen ist die Art und Weise, in der sie angewandt worden sind, gemeinsam: Trotz der Tatsache, daß sie nicht die gleiche linguistische Abstammung oder die gleiche Bedeutung haben, umfassen sie doch Palästina *und* Syrien als *eine* politische und geographische Einheit – und zwar unter dem Einfluß oder der Oberherrschaft entweder Ägyptens oder mesopotamischer Königtümer. Diese Vorstellung spiegelt sich auch in den Grenzbeschreibungen der Patriarchenerzählungen wider. Sie umfassen Palästina und Syrien als eine Einheit: vom »Strom Ägyptens« oder vom »Bach

11 *Alt, A.*, ZDPV 47 (1924) 169ff.

12 *Albright, W. F.*, The Vocalization of the Egyptian Syllabic Orthography, New Haven 1934, 9 Anm. 23.

13 *Gardiner*, Anc.Eg.On. I,148f.

14 *Maisler (Mazar), B.*, EI 3 (1954) 21 (hebräisch) = Canaan and Israel, Jerusalem 1974, 18–19; vgl. *Rainey, A. F.*, IOS 2 (1972) 373 Anm. 22.

15 *Gardiner*, Anc.Eg.On. I,145ff; *Rainey, A. F.*, UF 5 (1973) 281.

Ägyptens« bis zu dem »Großen Strom«, dem Euphrat, und von der Wüste und dem Schilfmeer bis zum Großen Meer oder dem Meer der Philister, dem Mittelmeer (Gen 15,18; Ex 23,31; Dtn 1,7; 11,24; Jos 1,4).

I. Das Land Kanaan

Ein weiterer Name, der im Neuen Reich Ägyptens gebraucht wurde, ist »Land Kanaan«. Die ethnische Bezeichnung »Kanaaniter« taucht – nach unserem heutigen Wissensstand – zum ersten Male in einem Text aus Mari auf (18. Jh. v.Chr.). Dort meldet ein Militärbefehlshaber dem König von Mari, daß die »Marodeure« *(ḫabbātum)* und die »Männer von Kanaan« in der Stadt Rabiṣum seien, während er sie mit den Truppen von Mari belagere[16]. Obgleich wir nur diesen einen Beleg haben, können wir doch den Schluß wagen, daß es Kanaan als ein geopolitisches Gemeinwesen in der Tat in der mittleren Bronzezeit gegeben hat. Die nächste Erwähnung Kanaans entnehmen wir der Steleninschrift des Idrimi, des Königs von Alalach (Mitte des 15. Jahrhunderts v.Chr.), der während seines Exils in Ammija im »Land von Kin'ani(m)« Zuflucht gefunden hatte, einer Stadt an der phönizischen Küste, die aus den Amarna-Tafeln bekannt ist[17]. Kanaaniter erscheinen auch als Ausländer in Listen aus dem nordsyrischen Königtum Alalach[18]. In ägyptischen Dokumenten werden sie zum ersten Mal in einer Beuteliste Amenophis' II. (ca. 1430 v.Chr.) erwähnt, wo sie unter den Vornehmen des Landes Retenu aufgeführt werden[19]. In der Bibel sind auch einige wenige Verse überliefert, in denen die Bezeichnung Kanaaniter in der Bedeutung von »Adligen und Kaufleuten« erscheint (Jes 23,8; Hos 12,7; Zef 1,11; Sach 11,7 und 11; Ijob 41,6) – Belege dafür, daß hier eine alte Bedeutung des Wortes überliefert ist. Aus den Nuzi-Texten (15. Jahrhundert v.Chr.) ist zu ersehen, daß das Wort *kinaḫḫu* die Bedeutung »Purpur« hat[20]. Zwischen der Schreibung dieses Wortes und der akkadischen Schreibung von Kanaan in den Amarna-Briefen *(Kinaḫna, Kinaḫḫi)* gibt es keine gravierenden Unterschiede. Der Konsonant *ḫ* dient in diesen Dokumenten zur Wiedergabe von *Ayin*, das es im Akkadischen nicht gibt. Da es einer der althergebrachten Berufe an der phönizischen Küste war, Purpurfarben aus Muscheln zu gewinnen, und im gesamten antiken Nahen Osten eine große Nachfrage nach purpurfarbenen Stoffen bestand, könnte es eine Verbindung zwischen dem Namen Kanaan und *kinaḫḫu* geben. Daher hat man vermutet, daß die

16 *Dossin, G.*, Syria 50 (1973) 277ff.

17 *Smith, S.*, The Statue of Idrimi, London 1949, 72f; *Albright, W. F.*, BASOR 118 (1950) 16; ANET 557 [121]. Zu jüngeren Abhandlungen über die Kanaaniter vgl. *Vaux, R. de*, JAOS 88 (1968) 23–29; *ders.*, Histoire ancienne d'Israël, Paris 1971, 123–148; *Millard, A. R.*, in: *Wiseman, D. J.*, Peoples of the Old Testament, Oxford 1973, 29–52.

18 *Wiseman, D. J.*, The Alalakh Tablets, London 1953, Nrn. 48,5; 154,24; 181,9; *ders.*, JCS 8 (1954) 11.

19 ANET 246. *Maisler (Mazar), B.*, BASOR 102 (1946) 7–12.

20 *Speiser, E. A.*, Language 12 (1936) 124f = Oriental and Biblical Studies, Philadelphia 1967, 327–329.

phönizische Küste »Purpurland« genannt worden sei und daß diese Bezeichnung neben dem Namen »Land von Hurru« gebraucht wurde, zuerst nur als Bezeichnung für die phönizische Küste, aber mit der Zeit dann auch in einem weiteren Sinne. Eine ähnliche Entwicklung hat der Name Phönizien durchgemacht, der vom griechischen Wort Φοῖνιξ, »Purpur«, abgeleitet wurde. Auch in der Bibel gibt es noch Spuren für den Gebrauch des Begriffes Kanaan in diesem begrenzten geographischen Sinne. Jos 5,1 unterscheidet zwischen »den Königen der Amoriter, die jenseits des Jordan im Westen wohnten«, und »den Königen der Kanaaniter, die am Meer wohnten« (s. auch Jes 23,11). Jedoch hat B. Landsberger gezeigt, daß *kinaḫḫu* wahrscheinlich *qinaḫḫu* gelesen werden muß und daß es vom sumerischen GIN (= akkadisch *uqnû*, ugaritisch *ignu*, syrisch *gᵉnâʿ(a)* / *gunʿ(a)* und griechisch Κύανος) abgeleitet werden muß[21]. Die Verbindung zwischen *kinaḫḫu* und Kanaan muß daher aufgegeben werden. In mehreren Versen der Bibel wird das nördliche Jordantal zur Küstenregion gezählt und beide zusammen als Kanaan bezeichnet: »die Kanaaniter wohnen am Meer und entlang des Jordan« (Num 13,29; s. auch Jos 11,3). Auf die Verbindung von Jordantal und phönizischer Mittelmeerküste wird auch in der Erzählung über die Eroberung Lajischs durch die Daniter angespielt (Ri 18,7 und 28).

Der Begriff Kanaan *(Kinaḫḫi, Kinaḫna, Kinaḫni)* erscheint recht häufig in den Amarna-Briefen aus der ersten Hälfte des 14. Jahrhunderts v.Chr. Auch hier ist primär die phönizische Küstenregion gemeint, aber der Name kommt auch in der erweiterten Bedeutung vor als Bezeichnung der ganzen unter ägyptischer Herrschaft stehenden Region in Palästina und Syrien: In einem Text (EA 36,15) wird sie als »Provinz Kanaan« *([p]iḫati ša Kinaḫi)* bezeichnet. Das wird noch deutlicher in einem Brief des Königs von Babylon an Amenophis IV., in dem er sich beschwert, daß eine babylonische Karawane bei Hannaton *(Ḫinnatuni)* in Untergaliläa geplündert worden ist; er verlangt Schadensersatz und Bestrafung der Täter und argumentiert folgendermaßen: »[Ka]naan ist dein Land und [seine Kön]ige sind [deine Diener]!« (EA 8,25). Tatsächlich wurde der Begriff Kanaan nun als offizieller Name der ägyptischen Provinz, die Palästina und Südsyrien umfaßte, gebraucht. Im Norden ging diese Provinz bis an die Grenzen des mitannischen und später hethitischen Einflußbereichs; diese beiden Königreiche waren – nacheinander – die stärksten Rivalen Ägyptens um die Vorherrschaft in diesem Gebiet. Einige Gelehrte haben aufgrund eines Briefes des Königs von Tyrus, in dem dieser über die Zustände in Kanaan und auch von einer Feuersbrunst, die Ugarit zerstört habe (EA 151,49–58), berichtet, angenommen, daß sogar Ugarit zu Kanaan gerechnet wurde. Jedoch ist nun aus den Ugarit-Texten selbst klar geworden, daß dort die Kanaaniter als Ausländer angesehen wurden[22]. In den Inschriften Sethos' I. von ca. 1300 v.Chr. er-

21 *Landsberger, B.*, JCS 21 (1967) 166f.

22 *Rainey, A. F.*, IEJ 13 (1963) 43–45; *ders.*, IEJ 14 (1964) 101; *ders.*, BA 28 (1965) 105–106; *ders.*, IOS 5 (1975) 26.

scheint die Form *pꜣ-knꜥn*, d.h. »*das* Kanaan«[23]; sie bezieht sich auf Gaza, die Hauptstadt der ägyptischen Provinz Kanaan. Bei Merenptah (ca. 1225 v.Chr.) wird die Form *pꜣ-knꜥn* als Ausdruck für das ganze Gebiet unter ägyptischer Oberhoheit gebraucht[24].
Die biblische Beschreibung der Grenzen »des Landes Kanaan« zur Zeit der Landnahme bezieht sich auf genau das gleiche Gebiet (Num 34,1–12; s. auch Karte 4). Diese Beschreibung ist eines der interessantesten geographischen Zeugnisse der Bibel, belegt sie doch alte Traditionen, die in die verschiedenen Quellen und Erzählungen eingegangen sind.
In der Bibel gibt es zwei Abschnitte, die der hier diskutierten Liste parallel zu setzen sind: 1. Die südliche Grenze erscheint noch einmal in der Beschreibung der südlichen Grenze des judäischen Erbes (Jos 15,1–4). 2. Ezechiel benutzt die gleiche Liste, um die Grenzen des Landes Israel zu beschreiben, wobei er die geographischen Bezeichnungen seiner Zeit einsetzt (Ez 47,15–20; 48,1.28).
Die Grenzbeschreibung beginnt am Südostende des Toten Meeres; von hier ausgehend bezeichnet sie die vier Richtungen der Grenze, so daß sie zum Schluß wieder den Ausgangspunkt erreicht.

Die südliche Grenze

Die südliche Grenze ist in Num 34,3–6 und Jos 15,1–4 fast gleichlautend beschrieben.
M. Noths Auffassung scheint richtig zu sein[25], daß nur die geographischen Namen entlang der Grenze aus der ursprünglichen Liste entnommen wurden und daß die Verben eine spätere Hinzufügung sind, da sie sich in den beiden parallelen Abschnitten unterscheiden. Die Skizzierung der Grenze beginnt, wie oben gesagt, an der Südostküste des Toten Meeres. Die Lokalisierung der »Skorpionstiege« ist unbekannt; es gibt keine zwingenden Gründe für eine Identifizierung mit *Naqb eṣ-Ṣafā*. Ebenso ist die Lokalisierung von Zin unbekannt, es sei denn, daß es sich um eine Kurzform für die Wüste Zin handelt, die sich bis Kadesch-Barnea erstreckt und schon zu Beginn der Beschreibung erwähnt wurde. An dieser Stelle wird bei Ezechiel nämlich Tamar erwähnt, das die wichtigste Siedlung in der nördlichen Araba bildete und offensichtlich das moderne *ʿĒn Ḥoṣb*, ca. 30 km südwestlich des Toten Meeres, darstellt[26]. Aus all dem bisher Gesagten wird klar, daß der Ausgangspunkt der Grenze an der Südostküste des Toten Meeres lag und den Nordostteil der Araba mit Zoar und vielleicht noch andere Siedlungen einschloß (s. auch Gen 10,19; Ri 1,36). Dieses Gebiet war von großer Wichtigkeit wegen seiner Kupferminen und der Straßen, die es durch-

23 ANET 254.
24 ANET 378.
25 *Noth, M.*, ZDPV 58 (1935) 185ff = Aufsätze I,229ff; vielleicht war die ursprüngliche Quelle in Ägyptisch oder in Akkadisch und auf verschiedene Weise ins Hebräische übersetzt worden.
26 *Aharoni, Y.*, IEJ 13 (1963) 30ff.

Karte 4: Die Grenzen des Landes Kanaan

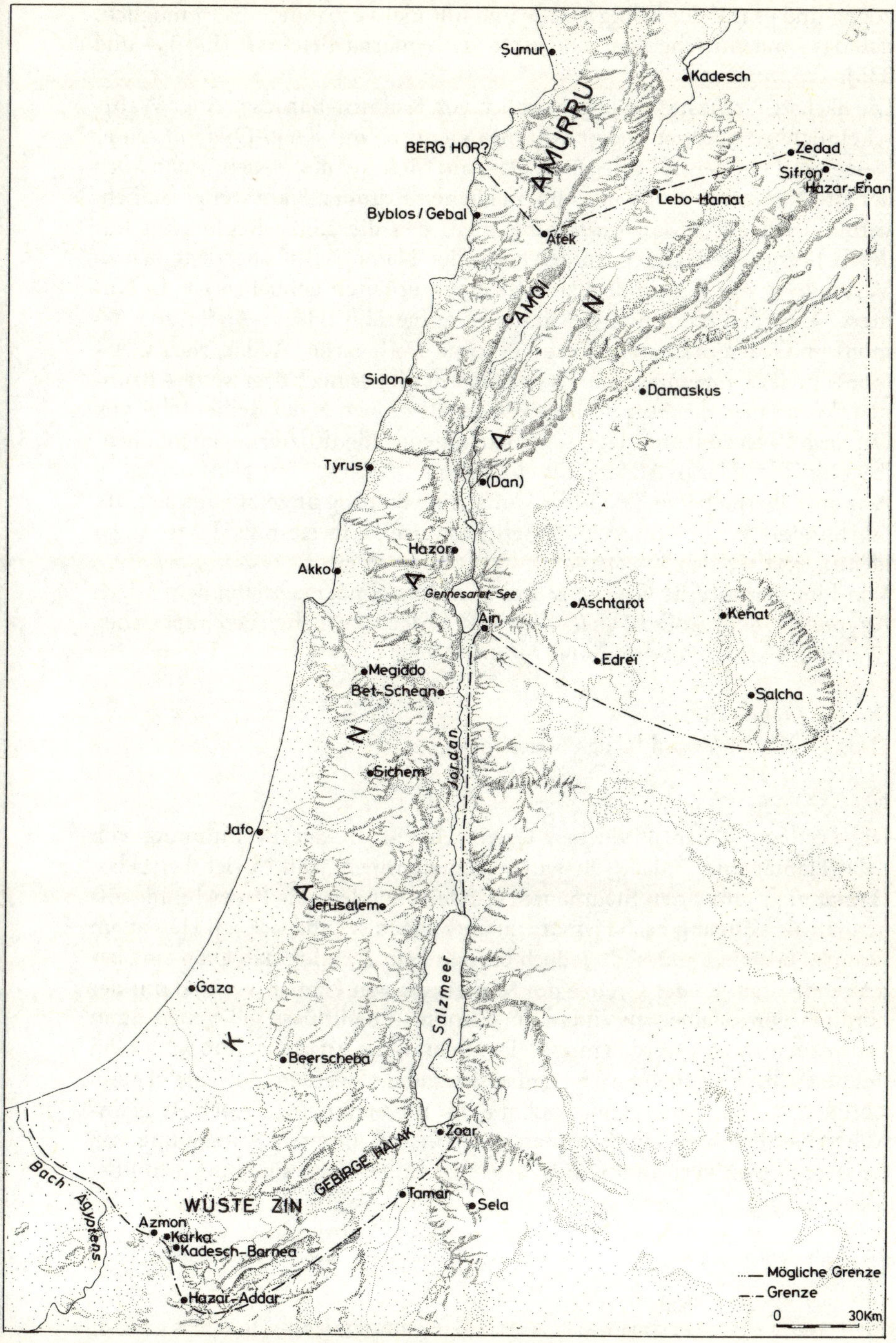

zogen und es mit der Königsstraße und mit Elat verbanden. Es ist möglich, daß das kanaanitische Zoar das *Ṣuḫru* der Amarna-Briefe ist (EA 334 und 335).
Die nächste Grenzstation liegt »südlich von Kadesch-Barnea«. Aller Wahrscheinlichkeit nach ist Kadesch-Barnea identisch mit *ʿĒn el-Qudērāt*, einer wasserreichen, zentral gelegenen Oase am Südrand des Negeb, wenn auch der alte Name mit *ʿĒn Qudēs*, einem kleinen Brunnen 8 km weiter südlich, verbunden war[27]. Man kann annehmen, daß die ganze Region mit Kadesch-Barnea bezeichnet worden war, der Name selbst aber lediglich in Verbindung mit dem südlichsten Brunnen erhalten geblieben ist. In Numeri 34 werden hier nur zwei Stationen aufgezählt (Hazar-Addar und Asmon) im Gegensatz zu vier Orten in Josua 15 (Hezron, Addar, Karka, Asmon). In der Umgebung von *ʿĒn el-Qudērāt* gibt es noch drei weitere Brunnen. Wenn man die Aufzählung der Grenzstationen in der Reihenfolge von Ost nach West zugrunde legt, scheinen folgende Identifizierungen möglich: *ʿĒn Qudēs* = Hazar-Addar; *ʿĒn el-Quṣēme* = Karka; *ʿĒn el-Muwēleḥ* = Asmon. Oberhalb von *ʿĒn Qudēs* wurde eine Festung ungefähr aus dem 10. Jahrhundert v.Chr. entdeckt; möglicherweise kann sie mit Hazar-Addar identifiziert werden[28].
Von hier verläuft die Grenze weiter zum Mittelmeer, entlang dem »Bach Ägyptens«, dem großen *Wādi el-ʿArīš*, d.h. der natürlichen geographischen Grenze zwischen Palästina und Ägypten.

Die westliche Grenze
»Das Große Meer«, d.h. das Mittelmeer.

Die nördliche Grenze
Die Festlegung der nördlichen Grenze hängt an der Bestimmung von Lebo-Hamat und Zedad. Oft wurde angenommen, daß es sich bei Lebo-Hamat nicht um einen Stadtnamen handele, sondern die Bezeichnung allgemein als »Zugang nach Hamat« zu übersetzen sei und sich auf Hamat am Orontes beziehen müsse[29]. Jedoch besteht kein Zweifel, daß Lebo eine bedeutende Stadt an der Grenze des Königtums von Hamat war und mit der nördlich von Baalbek an einem der Orontes-Quellflüsse gelegenen Stadt Lebwe identifiziert werden muß[30]. Der hebräische Ausdruck לבוא חמת kann linguistisch als »Zugang nach Hamat« verstanden werden, doch bleibt dann מלבוא חמת »*von* Lebo-Hamat« (Am 6,14) unverständlich. Auch ist es unwahrscheinlich, daß ein so umfassender Begriff in einer Aufzählung von Grenzstationen verwandt wurde. Aber wichtiger noch sind Angaben über

27 Vgl. *Rothenberg, B.* und *Y. Aharoni*, God's Wilderness, London 1961, 33ff.121ff.
28 *Aharoni, Y.*, a.a.O. [s.o. Anm. 26], 138.
29 *Abel*, Géogr. I, 300ff.
30 *Elliger, K.*, PJ 32 (1936) 34ff; *Maisler (Mazar), B.*, BJPES 12 (1946) 91ff = BIES Reader B, 60–71 (hebräisch).

eine Stadt dieses Namens in dem Gebiet südlich von Kadesch am Orontes, die sowohl in älteren als auch jüngeren Quellen überliefert sind. Diese Stadt ist vermutlich auch in einem ägyptischen Ächtungstext aus dem Ende des neunzehnten Jahrhunderts v.Chr. (Nr. 31, *r-b-ỉ*) als nahe bei Sirjon *(š3yn)* gelegen erwähnt[31]. In der Liste Thutmoses' III. kommt sie allem Anschein nach in der Form *l-b-n* (*r-b-n*, Nr. 10) neben anderen Städten in der libanesischen *Biqāʿ* vor (oder vielleicht *r-b-3*, Nr. 82). Diese Schreibung entspricht dem *Labana* der Amarna-Tafeln, wo sie im Zusammenhang mit Kadesch, Damaskus und dem Land von Amki in der *Biqāʿ* (EA 53) erwähnt wird. Der eindeutigste geographische Beleg stammt aus den Annalen Amenophis' II., wo er über eine Jagd im Wald von *r-b-ỉ* spricht. Davor wird Kadesch am Orontes erwähnt und danach *ḫ-š-b*, das im Land Amki, südlich von Baalbek (Ḫašabu der Amarna-Tafeln), liegt[32]. Der Wald von Lebo kommt auch in der Inschrift Ramses' II. über die Schlacht von Kadesch vor; dort wird er vor der Schlacht genannt[33]. In einer Städteaufzählung Tiglat-Pilesers III. wird ein Labʿu im Lande Hamat erwähnt[34]. Weiterhin taucht im Itinerar des Antonius (*Antonini Placentini*, 6. Jh. n.Chr.) ein Ortsname Libo am Hauptweg durch die *Biqāʿ* zwischen Laodicea (Kadesch) und Heliopolis (Baalbek) auf[35].

Alle diese Angaben lokalisieren Lebwe sehr gut; hier wurde auch ein großer Tell gefunden, der Funde von der Bronze- bis in die arabische Zeit enthielt[36]. Er liegt nördlich der Wasserscheide zwischen dem Orontes und dem Litani. Dieses Gebiet war im Altertum bewaldet und daher nur spärlich besiedelt; es diente in allen Epochen als natürliche Grenze in der Mitte der *Biqāʿ*. Südlich davon lag das Land Amki; eine hethitische Invasion in dieses Gebiet zur Amarna-Zeit wurde als Verletzung einer anerkannten Grenze angesehen[37]. Als die Assyrer dieses Gebiet zu einer ihrer Provinzen machten, verlief hier die südliche Grenze der Provinz Hamat; und Ribla am Orontes zwischen Lebo und Kadesch gehörte unter der Regierung Nebukadnezars zum Land Hamat (2Kön 23,33; 25,21). »Die Grenze von Hamat«, die – nach Ezechiel – identisch ist mit der Nordgrenze Kanaans, ist keine andere als die Grenze der Provinz Hamat zur Zeit Ezechiels (Ez 47,16; 48,1). Neben Lebo-Hamat erwähnt er Berota, eine Stadt Hadad-Esers, des Königs von Zoba, in der *Biqāʿ* (2Sam 8,8). Sie wird gewöhnlich mit Beretan südlich von Baalbek identifiziert.

Diese Identifizierungen werden auch noch durch den nächsten Ort, Zedad,

31 *Maisler (Mazar), B.*, Revue d'histoire juive en Egypte 1 (1947) 33f; *ders.*, EI 3 (1954) 26 = Canaan and Israel, 31 (hebräisch).

32 ANET 246.

33 *Edel, E.*, ZDPV 70 (1954) 153f.

34 *Luckenbill*, AR II, § 821.

35 *Elliger, K.*, PJ 32 (1936) 34ff.

36 *Jirku, A.*, ZDPV 53 (1930) 159; *Kuschke, A.*, ZDPV 70 (1954) 128; *ders.*, ZDPV 74 (1958) 96.

37 *Aharoni, Y.*, IEJ 3 (1953) 153–161.

bestätigt, dessen Name bis heute in dem Dorfnamen *Ṣadad* östlich von *Siryon* (Anti-Libanon) nahe der Straße Damaskus-Homs, ca. 56 km nordöstlich von Lebwe, erhalten geblieben ist. Zedad liegt am Rande der Wüste, es ist daher wahrscheinlich, daß die beiden nächsten Orte die zwei Oasen östlich von Zedad[38] sind, *Ḥawarīn* (Sifron)[39] und *Qaryatēn* (Hazar-Enan). Westlich von Lebo-Hamat wird nur noch der Berg Hor an der nördlichen Grenze erwähnt. Diese Angabe bezieht sich zweifellos auf einen Gipfel im Libanon-Gebirge in der Nähe der Küste, ungefähr auf dem Breitengrad von Zedad und Lebo-Hamat. Die verschiedenen Identifizierungsversuche mit einem der libanesischen Berge wie z.B. dem *Ǧebel ʿAqqār* (ca. 2150 m) östlich von Tripolis oder dem *Ǧebel Makmel* (ca. 3100 m) etwas weiter südlich entbehren jeder Grundlage, besonders da diese Gipfel weit von der Mittelmeerküste entfernt sind. Unterstützt wird diese Annahme durch die Beschreibung der nördlichen Grenze mit »das übrige Land« (Jos 13,4); es umfaßte das Gebiet von Byblos und reichte bis Afek an der Grenze der Amoriter, d.h. bis zur Grenze des Königtums von Amurru im nördlichen Libanon (s.u. S. 178). Daher wird mit dem Berg Hor einer der nordwestlichen Gipfel des Libanon-Gebirges nördlich von Byblos – wie z.B. *Rās eš-Šaqqā*, das heilige Theouprosopon zwischen Byblos und Tripolis – gemeint sein[40].

Die östliche Grenze

Die ersten zwei Grenzstationen, Schefam und Ribla, sind völlig unbekannt. Der zweite Ortsname sollte nicht mit dem schon erwähnten Ribla nördlich von Lebo in der libanesischen *Biqāʿ* verwechselt werden. Es ist möglich, daß *ʿAyin* mit dem Ḫayanu der Amarna-Briefe (EA 256), dem heutigen *Ḫirbet ʿAyyūn*, ca. 5 km östlich des Sees Gennesaret, nördlich des Yarmuk, identisch ist. Jedenfalls steht fest, daß die Grenze zum Südostufer des Sees hin läuft. »Die Anhöhe am Ostufer des Sees Gennesaret« ist der steile östliche Abhang. Von hier folgt der Grenzverlauf dem Jordan bis zum Toten Meer und kehrt so zu seinem Ausgangspunkt zurück. Entlang dieses Grenzabschnittes führt das Buch Ezechiel die babylonisch-assyrischen Distrikte der damaligen Zeit auf, und zwar in zwei Abschnitten: zwischen Hauran und Damaskus einerseits und zwischen Gilead und Israel (d.h. Samaria) andererseits. Mit dem »östlichen Meer« ist bei Ezechiel das Tote Meer gemeint. Obwohl über einige besondere Einzelheiten noch Unklarheiten bestehen, ist uns doch der allgemeine Verlauf der Grenzen Kanaans aufgrund der biblischen Beschreibung deutlich (s. Karte 4). Im Norden gehören die Gebirge

38 *Elliger, K.*, PJ 32 (1936) 34ff.

39 Anstelle von Zifron hat Ezechiel Sibraim, das von einigen Gelehrten als Sefarvajim in Syrien gedeutet wird (2Kön 17,24.31; 18,34; 19,13).

40 Anstelle von Berg Hor steht bei Ezechiel »(der) Weg von Hetlon« (Ez 47,15; 48,1). Einige Gelehrte haben den Vorschlag gemacht, Hetlon mit *Ḥētel* nordöstlich von Tripolis ca. 4 km südlich des *Nahr el-Kebīr* gleichzusetzen; sollte das richtig sein, könnte man weiter vermuten, daß Ezechiel die bedeutende Eleutheros-Straße meint; aber dieses Problem ist noch nicht endgültig zu klären.

des Libanon und Anti-Libanon hinzu, die Grenze verläuft bei Lebo-Hamat südlich von Kadesch durch die *Biqāʿ*. Im Nordosten erreicht die Grenze den Steppenrand und schließt Teile der Umgebung von Damaskus ein. Ebenso ist klar, daß auch Baschan hinzugehörte; aber wir wissen nicht, ob die älteste Beschreibung auch den Hauran *(Ǧebel ed-Drūz)* einschloß, zumal er bei Ezechiel ausdrücklich ausgeschlossen wird. Von hier fällt die Grenze nach Südwesten zum Ufer des Sees Gennesaret ungefähr entlang des Yarmuktales ab, so daß Gilead und alle anderen südlichen Teile Transjordaniens außerhalb der Grenzen Kanaans liegen. Im Süden bilden der Bach Ägyptens und Kadesch-Barnea, die wichtigste Oase im nördlichen Teil der Wüste Paran, die Grenze.

Alle Versuche, diese Grenzen mit politischen oder ethnischen Bedingungen der israelitischen Zeit zusammenzubringen, sind fehlgeschlagen[41]. Die israelitische Landnahme umfaßte nie diese ganze Region; wenn man auch auf Perioden verweist, in denen die israelitische Macht bis zur libanesischen *Biqāʿ* und Damaskus reichte, z.B. in der Regierungszeit Davids, verlief die Grenze nie nördlich von Sidon an der phönizischen Küste. Im Gegensatz dazu war Gilead immer integraler Bestandteil israelitischen Siedlungsgebietes und blieb während fast aller Epochen innerhalb der Grenzen des Königtums von Israel. Doch warum sollten wir uns auch bemühen, die Grenzen Kanaans mit Angaben aus der Zeit der späteren israelitischen Landnahme zu erklären, um schließlich sehen zu können, daß sie in jeder Hinsicht mit »dem Land Kanaan«, wie es sich die israelitischen Stämme während des 13. Jahrhunderts v.Chr. angeeignet hatten, übereinstimmen[42]?

Während des 14. und 13. Jahrhunderts v.Chr. wurde der Name Kanaan offizieller und gebräuchlicher Begriff für die unter ägyptischer Oberhoheit stehende Region in Palästina und Syrien, die im Norden an das hethitische Königreich grenzte. In dieser Bedeutung wird der Name nicht nur in den oben diskutierten, sondern auch in anderen alten biblischen Texten gebraucht. Alle Nachrichten über das ägyptische Kanaan entsprechen den biblischen Beschreibungen und können daher herangezogen werden, um unklare Punkte des Grenzverlaufs zu bestimmen.

Im 21. Regierungsjahr Ramses' II. (ca. 1270 v.Chr.) wurde zwischen Ägypten und Ḫatti ein Friedensvertrag unterzeichnet, in dem diese beiden Königreiche ihre Einflußgebiete gegenseitig abgrenzten[43]. Wir wissen, daß Kadesch am Orontes nicht von Ramses erobert werden konnte und in hethitischer Hand blieb[44]. Wir wissen ebenfalls, daß – weiter östlich – Damaskus und offensichtlich auch das Gebiet von Baschan unter ägyptischer Kontrolle verblieben[45]. Mit Gilead und den südlichen Teilen Transjordaniens war das

41 Nach *Elliger, K.*, PJ 32 (1936) 34–73, sind dies die Grenzen von Davids Königreich; nach *Noth, M.*, PJ 33 (1937) 36–51, sind es die Grenzen der israelitischen Niederlassungen.
42 *Maisler, B.*, a.a.O. [s.o. Anm. 30].
43 ANET 199–203.
44 *Breasted*, AR III, §§ 298–351.
45 Nach dem Papyrus Anastasi III aus der Regierungszeit Ramses' II. (1,9–10; *Gardiner*,

allerdings nicht der Fall, da diese nicht vor dem 13. Jahrhundert in ägyptischen Quellen erwähnt werden; archäologische Forschungen ergaben, daß die Gebiete für diese Zeit praktisch keine Spuren einer Eroberung aufweisen[46].

Im Papyrus Anastasi I aus den Anfangsjahren der Regierung Ramses' II. wird Ṣumur als nördlichste Stadt an der phönizischen Küste erwähnt, in der eine ägyptische Garnison stationiert war[47]. Ṣumur war eine bekannte Stadt an der phönizischen Küste und lag nördlich von Byblos an der Eleutherus-Mündung *(Nahr el-Kebīr)*[48]; seine Einwohner, die Zemariter, werden in der Bibel als Söhne Kanaans neben den Arwaditern aufgeführt (s. die Völkertafel Gen 10,18; vgl. auch 1Chr 1,16). Aus den Amarna-Briefen erfahren wir zudem, daß es in Ṣumur ägyptische Regierungsgebäude gab und daß die Stadt von den Königen von Amurru kontrolliert wurde. Das Königtum von Amurru war bis zur Schlacht bei Kadesch theoretisch eine ägyptische Provinz – danach wurde es hethitisch (s.u. S. 178.193). Daher muß zu dieser Zeit die Grenze zwischen Ṣumur und Byblos verlaufen sein. Wir haben oben bereits gesehen, daß wir genau in diesem Gebiet den Berg Hor an der Nordgrenze Kanaans lokalisieren müssen.

Es ist ebenfalls klar, daß diese Grenze nicht erst unter Ramses II. so gezogen wurde. Unter der Regierung Thutmoses' IV. wurde im Vertrag mit Mitanni anerkannt, daß Kadesch der südlichste Punkt des mitannischen Machtbereiches war[49]. Obgleich uns kein Originaltext überliefert ist, spiegelt sich der Status von Kadesch in späteren hethitischen Quellen, in denen belegt wird, daß Šuppiluliuma Kadesch von Mitanni (!) übernommen habe[50]. Ferner wurde dann ein Vertrag zwischen den Hethitern und Ägypten abgeschlossen: Die Vereinbarung betraf die Bewohner von Kurustama, die Grenze zwischen der hethitischen und der ägyptischen Einflußsphäre lag südlich von Kadesch. Wieder haben wir keinen Originalvertragstext, aber Muršili, der Sohn Šuppiluliumas, beschuldigt seinen Vater des Vertragsbruches, weil dieser in das Land Amki, d.h. in das Liṭanital südlich von Lebo-Hamat, einmarschiert sei[51].

Tatsächlich entsprechen die biblischen Beschreibungen genau den Grenzen der ägyptischen Provinz Kanaan in der zweiten Hälfte des dreizehnten Jahrhunderts. Das ist eines der lehrreichsten Beispiele dafür, wie alte Quellen in den geographischen Texten der Bibel überliefert werden; hier haben wir ein

LEM, 21) und nach einem Brief von Ramses II. an Hattusili III., in dem der ägyptische Kommissar des Landes Upe-Damaskus erwähnt wird (*Weidner, E. F.*, KUB, III,57,2 und 8; *Edel, E.*, in: Geschichte und Altes Testament, Tübingen 1953, 55ff). Vgl. *Alt, A.*, Kl. Schr. I,226 Anm. 3 und III,107 Anm. 1.189.

46 *Glueck, N.*, The Other Side of the Jordan, New Haven 1940, 114ff.

47 ANET 477; *Aharoni, Y.*, Settlement, 120 (hebräisch).

48 *Alt, A.*, ZDPV 68 (1951) 117ff = Kl. Schr. III,125ff.

49 *Drower, M. S.*, CAH² II/1,463.467; *Helck*, Beziehungen, 164.

50 *Weidner, E. F.*, PD 14–15; *Güterbock, H. G.*, JCS 10 (1956) 93; *Goetze, A.*, CAH² II/2,15; *Helck*, Beziehungen, 176–177.

51 ANET 395; *Güterbock, H. G.*, JCS (1956) 94.

Dokument, das in späteren Zeiten keinen Sinn ergeben würde. Aufgrund seiner Ähnlichkeit mit der Beschreibung der Stammesgrenzen mag man vermuten, daß diese Überlieferung im Zentrum der israelitischen Stämme – in Schilo (s.u. S. 267) – tradiert wurde, wo es als eine Art Chronik der Stämme diente, die sich als rechtmäßige Erben Kanaans betrachteten.
»Kanaan« wird mit der gleichen Bedeutung noch in mehreren Erzählungen aus der Landnahmezeit gebraucht. Daher schließt die Bezeichnung nicht die von Israeliten besiedelten Gebiete Transjordaniens ein (z.B. Gen 13,12; 33,18; Num 32,32; 35,14). Das wird besonders deutlich in der Erzählung über einen von den transjordanischen Stämmen errichteten Altar an »den Steinkreisen des Jordan, die noch im Lande Kanaan liegen« (Jos 22,9ff). Sie waren aufgebrochen von »Schilo, das im Lande Kanaan liegt, damit sie ins Land Gilead zögen« (Jos 22,9). Die Boten kehrten zurück »aus dem Land Gilead von den Söhnen Ruben und Gad ins Land Kanaan zu den Kindern Israel« (Jos 22,32). Hier wird die alte Ansicht sehr deutlich, daß Gilead außerhalb der Grenzen Kanaans liegt. Daher bestand die Furcht, daß es auch außerhalb der Grenzen des israelitischen Erbes, mit allen damit verbundenen Konsequenzen, bleiben müsse.
Die Beschreibung Kanaans in der Völkertafel (Gen 10,15ff) bestätigt diese Sicht. Der Erstgeborene Kanaans ist Sidon, das zur Zeit der israelitischen Landnahme über die anderen südlicheren phönizischen Städte eine solche Macht ausübte, daß der Ausdruck Sidoniter zum Synonym für Phönizier-Kanaaniter wurde. »Und ihre [der Kanaanäer] Grenzen waren von Sidon in der Richtung auf Gerar bis nach Gaza, in der Richtung auf Sodom, Gomorra, Adma, Zebojim bis nach Lescha« (Gen 10,19). Hier ist die ganze Küstenregion gemeint von Phönizien bis Gaza, der wichtigsten Stadt nahe der ägyptischen Grenze, und die Region nach Osten bis jenseits der genannten Städte, die der Überlieferung nach am Südende des Toten Meeres zu lokalisieren sind.
Die Überlieferung der kanaanitischen Grenzen vom Negeb bis Lebo-Hamat findet sich auch in anderen biblischen Grenzbeschreibungen, wie z.B. »von der Steppe Zin bis Rehob, bei Lebo-Hamat« (Num 13,21). Die israelitischen Eroberungen werden ebenfalls in diesem Rahmen beschrieben. Einerseits umfaßten die südlichen Eroberungen die Gebiete »von Kadesch-Barnea bis Gaza und das ganze Land Goschen bis nach Gibeon« (Jos 10,41). Andererseits umfaßte die Landnahme im ganzen das Land »vom Berg Halak, der aufsteigt nach Seïr hin, bis nach Baal-Gad in der Ebene beim Gebirge Libanon am Fuße des Berges Hermon« (Jos 11,17; vgl. 12,7). Da die israelitische Landnahme nicht bis an die Nordgrenzen Kanaans vorgedrungen war, entstand die Vorstellung vom »übrigen Land«, das noch nicht erobert worden war und dessen Grenzen »von Baal-Gad, am Fuße des Berges Hermon, bis nach Lebo-Hamat« reichten (Jos 13,5; vgl. Ri 3,3; s.u. S. 247ff).
Die politische und ethnographische Lage in »dem Land Kanaan und seinen Grenzen« änderte sich mit der Landnahme der israelitischen und anderer verwandter Stämme und mit der Unterbrechung ägyptischen Einflusses in

Kanaan. Jedoch wurde die alte Grenzziehung, die im Lande bestand, als die Stämme kamen, in der biblischen Überlieferung nicht vergessen und wirkte noch nach bis zum Ende der Königszeit. Lebo-Hamat blieb die begehrte Grenzstadt im Norden, wie es in der Erzählung von den Spionen geschildert wird (Num 13,21). Unter der Regierung Davids und Salomos (1Chr 13,5; 1Kön 8,65; 2Chr 7,8) sowie Jerobeams II. (2Kön 14,25; Am 6,14) wurde Lebo wieder Grenzstadt zwischen dem Königreich Israel und Hamat, dem späthethitischen Königreich in Nord-Syrien. In dieser Zeit erhielt Lebo die zusätzliche Kennzeichnung Hamat, die zu der irrtümlichen Interpretation »Zugang nach Hamat« für diese Stadt Lebo-Hamat führte. Neben der tatsächlichen Ausdehnung der israelitischen Landnahme, wie sie in der Redewendung »von Dan bis Beerscheba« zum Ausdruck kommt, gab es noch die umfassendere Vorstellung, die auf den traditionellen Grenzen Kanaans beruhte: von Lebo-Hamat bis zum Bach Ägyptens (Salomo); von Schihor in Ägypten bis Lebo-Hamat (David); von Lebo-Hamat bis zum Meer der Araba (d.h. dem Toten Meer) oder zur Araba (der Grenze Israels unter Jerobeam II.). Wie schon oben erwähnt, benutzt auch Ezechiel für seine messianische Vision der Rückkehr die traditionelle Terminologie der kanaanitischen Grenzen, die er allerdings mit den zeitgenössischen geographischen Begriffen durchsetzt und mit einem schematischen Modell der Stämme Israels in Verbindung bringt (Ez 47 und 48).

II. Das Land Israel

Der Name »Land Israel« wurde mit der israelitischen Landnahme eingeführt, seine Bedeutung änderte sich aber je nach der historischen Situation. Zu Anfang umfaßte der Begriff nur die Gebiete, die von den israelitischen Stämmen erobert worden waren, und wurde im Gegensatz zu den philistäischen und kanaanitischen Territorien (1Sam 13,19) gebraucht. In der Königszeit erweiterte sich die Bedeutung (s. 1Chr 22,2; 2Chr 2,17, auch »das Land der Söhne Israels«, Jos 11,22). Jedoch werden im allgemeinen Juda und Israel Seite an Seite aufgeführt (z.B. 1Kön 4,20); die Teilung des Landes in Distrikte, die Salomo »ganz Israel« (1Kön 4,7) aufzwang, bezog sich nur auf die nördlichen Stämme. Der nördliche Stämmebund wurde mit dem Namen Israel bezeichnet; später wurde dieses Gebiet das Königreich Israel im Gegensatz zum Königreich Juda. So war mit dem Ausdruck Israel ein gewisser Dualismus geschaffen, der Name deckte entweder das kleine oder das große Territorium ab. Die Grenzen des Landes Israel und seiner Untereinheiten werden in der Vision, die Mose vor seinem Tode offenbart wurde, deutlich: »und der Herr zeigte ihm das ganze Land, von Gilead bis nach Dan und das ganze Naftali, das ganze Land Efraim und Manasse, das ganze Land Juda bis an das Meer im Westen, den Negeb und die Gegend am Jordan, die Ebene von Jericho, der Palmenstadt, bis nach Zoar« (Dtn 34,1–3). Möglicherweise wurde der Ausdruck »von Dan bis Beerscheba« zur Bezeichnung

der Grenzen des Landes Israel geprägt (2Sam 24,2; 1Kön 4,25), der damit die wichtigsten Städte im Norden und im Süden benannte. In Transjordanien erstreckten sich die Grenzen »vom Tal des Arnon zum Berg Hermon« (Jos 12,1). Die detaillierteste Beschreibung der Grenzen des »Landes Israel« in diesem erweiterten Sinne wird in der Volkszählung der israelitischen Stämme »von Dan bis Beerscheba«, die von Joab zur Zeit der Regierung Davids durchgeführt wurde, gegeben (2Sam 24,5–7; s.u. S. 303–306).
Zur Zeit der Reichsteilung wurde der Name Israel nur in dem eingeschränkten Sinne im Gegensatz zum Namen Juda gebraucht (z.B. 2Kön 5,2; 6,23; 2Chr 30,25), mit dem das südliche Königreich der davidischen Dynastie bezeichnet wurde (z.B. in 2Kön 23,24; Jes 26,1). Die Grenzen dieser beiden Königreiche änderten sich je nach den historischen Gegebenheiten. Nur nach dem Fall Samarias und vor allem in der letzten Zeit des Königtums von Juda erscheint der Name Israel wieder in dem alten, erweiterten Sinn. Bei Ezechiel hingegen wird er wieder in dem eingeschränkten Sinn, d.h. im Gegensatz zu Juda, gebraucht (Ez 27,17).
Mit dem Höhepunkt des assyrischen Einflusses im 9. und 8. Jahrhundert v.Chr. wird ein neuer Begriff geprägt, der wiederum Syrien und Palästina als eine Einheit begreift, nämlich »jenseits des Flusses« (assyrisch: *eber nāri*), d.h. das Gebiet jenseits des Euphrat. Natürlich ist, aus palästinischer Sicht, Mesopotamien jenseits des Euphrat; daher wird an einigen Stellen der Bibel Mesopotamien so genannt (Jos 24,2–3; 24,14–15; 2Sam 10,16). Im Laufe der Zeit jedoch wurde »jenseits des Flusses« die Standardbezeichnung für Syrien-Palästina; in diesem Sinne kommt der Ausdruck auch in der Bibel vor (1Kön 4,24). In der Perserzeit wurde die aramäische Form dieses Namens (עבר נהרה/א) offizieller Name für die fünfte Satrapie (Esr 4,10; 5,3), die alle Provinzen in Syrien, Phönizien und Palästina umfaßte, zu denen Juda gehörte (aramäisch: *Yehud*).
»Das Land Juda« war zu Anfang Bezeichnung für das Erbe Judas, dessen Zentrum zwischen Jerusalem und Hebron lag[52]. Schließlich umfaßte der Begriff alle südlichen Stämme; mit der Reichsteilung wurde er die offizielle Bezeichnung für das südliche Königreich. In der nachexilischen Zeit wurde Juda offizieller Name der persischen Provinz; mit der Expansion des hasmonäischen Königreiches wurde der Name so erweitert, daß damit ganz Palästina gemeint war; so gewann er die Bedeutung, die früher im Begriff Israel lag. Dieser Name wurde auch von den römischen Eroberern beibehalten, die das Land zur *Provincia Judaea* machten.
Nach der Niederwerfung des Bar-Kochba-Aufstandes änderte Hadrian den Namen in *Provincia Syria Palaestina*, woraus im Laufe der Zeit die Kurzform *Palaestina* wurde. Syrien ist ein neuer Begriff, der in hellenistischen Quellen anstelle von »jenseits des Flusses« gebraucht wurde. Anscheinend

52 Einige Gelehrte sind der Auffassung, daß zu Beginn das »Bergland von Juda« eine geographische Bezeichnung für das südliche Bergland war, so wie das »Bergland von Efraim« für das nördliche; vgl. *Noth, M.*, Geschichte, 56f; *Waterman, L.*, AJSL 55 (1938) 29ff.

ist er abgeleitet aus (As)syrien und bezeichnet in erster Linie die Aramäer, die das Gros der syrischen Bevölkerung ausmachten[53]. Andererseits ist *Palaestina* nichts anderes als die hellenisierte Form von Philister(land) (Gen 21,32 und 34; Ex 13,17; 1Kön 4,21), d.h. des Gebietes der Philister im südlichen Küstenabschnitt der Mittelmeerküste; der Ausdruck *Palaštu* findet sich in assyrischen Quellen ebenfalls in dieser Bedeutung[54]. Der griechische Historiker Herodot benutzte als erster diesen Namen (Παλαιστινή) in einem erweiterten Sinne, nämlich zur Bezeichnung der ganzen levantinischen Küstenregion. Philo von Alexandrien und Josephus übernahmen von ihm diesen Namen. Hadrian übernahm ihn ebenfalls, um den Namen Juda auszulöschen – mit Erfolg. Trotzdem war noch Hieronymus (5. Jahrhundert n.Chr.) mit dem weiten politischen Sinn des Namens Juda vertraut; so schreibt er in seinem Kommentar zu Ezechiel 27,17: *Judaea quae nunc appellatur Palaestina*, »Juda, das jetzt Palästina genannt wird«.

53 *Mazar, B.*, BA 25 (1962) 119f. Die Perser hatten bereits den Begriff Athura (Assyrien) als Synonym für »jenseits des Flusses« übernommen und lieferten so die Vorlage für die griechischen Schreiber, vgl. u.S. 425.

54 Zur Geschichte des Namens Palästina vgl. *Noth, M.*, ZDPV 62 (1939) 125–144 = Aufsätze I, 294–308.

Kapitel 5

Die historischen Quellen

Die Quellen, aus denen wir unsere Informationen für das Studium der historischen Geographie schöpfen, sind im wesentlichen die drei folgenden: die Bibel, epigraphische Texte und archäologische Forschungen.

I. Die Bibel

Trotz der zahlreichen neuentdeckten Texte bleibt doch die Bibel die wichtigste Quelle für die historische Geographie Palästinas in der israelitischen Zeit. Die Erzählungen und Beschreibungen reflektieren ihre geographische Umwelt wie auch die historischen Ereignisse. Die Bibel enthält Hinweise auf ca. 475 geographische Namen, viele von ihnen in Zusammenhängen, die einschlägige Details über Natur, Lage und Geschichte eines Ortes liefern. Natürlich ist nicht jeder Teil des Landes in gleicher Ausführlichkeit und Klarheit beschrieben; die Bibel ist weder ein Lesebuch für Geographen noch eine Enzyklopädie. Statt dessen beschäftigt sie sich mit dem religiösen und dem alltäglichen Leben der Israeliten. Daher erhalten wir viele Informationen über die zentralen Teile des Landes und erheblich weniger über die Grenzgebiete. Den nicht von Israeliten besiedelten Gebieten, wie z.B. dem Philisterland, wird relativ wenig Aufmerksamkeit geschenkt, obgleich auch sie als Teil des »Landes Israel« angesehen wurden. Die meisten Einzelheiten wissen wir über Juda und Benjamin, weniger über das Gebirge Efraim und noch weniger über Galiläa und Transjordanien. Über den Negeb und die Küstenregionen erfahren wir kaum etwas. Mit Ausnahme der fünf großen Philisterstädte gibt es praktisch keine Angaben über andere besiedelte Teile des Philisterlandes; wichtige Städte dieser Region wie z.B. Bet-Eglajim *(Tell el-ʿAǧūl)* und Jurṣa *(Tell Ǧemme?)* werden noch nicht einmal erwähnt. Selbst von wichtigen Städten in der israelitischen Scharon-Ebene, die in der Eisenzeit weiterbestanden, wissen wir nur aus anderen Quellen. So z.B. von Jaḥam *(y-ḥ-m)*, Gat(-Padalla), Migdal und Zefat *(ḏ-f-t)*, die in der Bibel kein einziges Mal genannt werden. Eine Inschrift des Pharao Schoschenk nennt viele Siedlungen im Negeb, deren Namen nicht in biblischen Texten auftauchen. Wenn deshalb ein einzelner Ort oder eine bestimmte Region in Rücksicht auf ihre biblischen Belege erörtert werden, muß stets das Ausmaß ihrer biblischen Bezeugung überhaupt bedacht werden – sie kann ja ganz zufällig sein.

Neben beiläufigen Hinweisen allgemeiner Art enthält die Bibel auch einige spezifisch geographische Texte; die meisten sind den alltäglichen Verwaltungsberichten entnommen und in eine historische Erzählung eingebunden. Es gibt auch einige wenige Texte, die offensichtlich zum Zweck einer geographisch-historischen Beschreibung zusammengestellt worden sind, so die Völkertafel (Gen 10). Jedoch können wir selten über den ursprünglichen Zweck der Texte sicher sein; viele Abschnitte werden von verschiedenen Gelehrten als rein utopisch oder als literarische Erfindungen angesehen, die gar keine politische, geographische oder praktische Grundlage haben. Wir haben die Gültigkeit dieser Auffassung ernsthaft geprüft; es scheint, daß die meisten geographischen Texte aus dem alltäglichen Leben stammen; unser mangelhaftes Verständnis und unzureichende Informationen hindern uns, ihren historischen Kontext wiederzugewinnen.

So wird deutlich, daß der Wert der geographischen Abschnitte der Bibel als historisch-geographischer Quellen von zwei entscheidenden Fragen abhängt: 1. Welches war ihre primäre Funktion?, und 2. wann wurden sie zusammengestellt? Woher stammen die Informationen; wurden sie ursprünglich in dem Sinne gebraucht, in dem sie nun in den historischen Erzählungen wiedergegeben werden? Gehört der Text wirklich in die Zeit, die der biblische Berichterstatter angibt? Insoweit sie nicht epigraphische Texte, deren Entstehungszeit paläographisch bestimmt werden kann, sondern eher literarisch-historische Kompositionen darstellen, die eine lange mündliche und schriftliche Überlieferung durchgemacht haben, haben wir nur die Möglichkeit, die verschiedenen Dokumente nach Struktur und Inhalt zu werten.

Die heute weitverbreitete, äußerst verfeinerte Quellenscheidung bringt dabei keine Hilfe. Die geographischen Texte gehören nicht zu den verschiedenen »Quellen«, die von der Kritik unterschieden werden; sie wurden vielmehr nach älteren Vorlagen geschrieben und in die vorliegenden historischen Sammlungen eingefügt. Wenn wir nachwiesen, daß z.B. die Beschreibungen der Erbteile der Stämme vom Deuteronomisten zusammengetragen worden wären, hätten wir dadurch noch keine Aussage über die ursprüngliche Funktion der Listen gewonnen. Es blieben weiterhin die Fragen: Woher sind die Aussagen genommen, und warum sind sie so zusammengesetzt worden? In diesem Beispiel wurden zwei Quellen aus verschiedenen Zeiten, die dem gleichen Zweck dienten, in das Buch Josua hineingenommen; aus ihrer Stellung im Buch können wir jedoch nichts entnehmen, was auf ihre zeitliche Herkunft und Funktion schließen ließe. Ihre Aufnahme in ein – relativ gesehen – spätes Buch sagt nichts über ihre ursprüngliche Bedeutung aus. Ihr Wert als historische und geographische Zeugnisse wird durch die Verbindung mit den verschiedenen biblischen Quellenschriften weder gesteigert noch gemindert. Daher werden wir die Quellenfrage nicht weiter diskutieren, zumal sie ja selbst äußerst kontrovers ist.

Selbstverständlich taucht die Frage auf, inwieweit die Vorlagen bei der Überlieferung durch Auslassungen und Hinzufügungen geändert worden sind. Es muß betont werden, daß – soweit die Frage durch Vergleiche mit nichtbiblischen Quellen oder mit annähernd parallelen Aufzählungen in der

Bibel kritisch geprüft werden konnte – die biblischen Verfasser ihre alte(n) Quelle(n) offensichtlich mit großer Umsicht und mit Respekt behandelt haben. Sie betrachteten zweifellos ihre Vorlage als in einem gewissen Sinne »kanonisch« und als ihren Zeitgenossen gut bekannt; somit hätte jede radikale Änderung der weithin bekannten Texte ihre Authentizität und Glaubwürdigkeit geschwächt. Natürlich findet man hier und da erläuternde Ergänzungen, so z.B. bei der Identifizierung alter Ortsnamen durch Hinzufügung des späteren Namens (s. Gen 14,2–8; Jos 15,8) oder hinzugefügte Erklärungen zu Personen, Orten oder Landschaften (s. 1Kön 4,13 und 19). Außerdem finden sich verschiedene Einschübe, deren unterschiedlicher Stil und Inhalt zeigen, daß sie aus anderen Quellen übernommen wurden (z.B. Jos 15,45–47; 1Kön 9,16). Jedoch sollte man nicht auf die Vermutung verfallen, daß substantielle Änderungen in den geographischen Listen vorgenommen wurden, um Übereinstimmung mit späteren Ansichten oder Gegebenheiten zu erzielen; die Vorstellung, es habe eine Schreiberschule gegeben, die sich damit beschäftigt habe, geographische Listen lediglich nach ihren eigenen Vorstellungen oder Kenntnissen zu entwickeln, muß verworfen werden.

Andererseits ist davon auszugehen, daß in den meisten biblischen Abschnitten sowohl erkennbare Auslassungen als auch Zusammenfassungen vorgenommen wurden. Daher findet man in ein und derselben Quelle sowohl detaillierte wie auch ausgesprochen karge Passagen. Erstere sollte man nicht als eine spätere Erweiterung auffassen – ganz im Gegenteil; und letztere Passagen sind absichtliche Straffungen. Das wird besonders deutlich in den Grenzbeschreibungen der einzelnen Stämme, die für einige Stämme ausgesprochen kurz und für andere sehr ausführlich gehalten sind. Es kann auch sein, daß ein und dieselbe Grenze unterschiedlich beschrieben wird; so ist z.B. die Grenze zwischen Benjamin und Juda bemerkenswert detailliert in der Umgebung Jerusalems (Jos 15,8; 18,16), jedoch nicht, weil dieser Abschnitt etwa eine spätere Hinzufügung wäre; der Rest dieser Grenzbeschreibung wurde einfach abgekürzt. (Daher können aus diesen Versen keine chronologischen Schlußfolgerungen gezogen werden außer auf die Zeit und die Interessen der Verfasser.) Dieser Schluß ist deshalb wahrscheinlich, weil administrative geographische Listen ihrem Wesen nach detailliert und präzise sein mußten. Im Unterschied dazu genügte es, sie innerhalb einer historischen Erzählung auszugsweise bzw. komprimiert wiederzugeben.

Die geographischen Angaben der Bibel können nach ihrer Herkunft und Funktion in drei Arten unterteilt werden: 1. historisch-geographische Beschreibungen; 2. territorial-administrative Listen; 3. Itinerare in Berichten von Handelsreisen und Eroberungen.

1. Historisch-geographische Beschreibungen

In der Bibel sind einige wenige Passagen überliefert, die ihrer Natur nach nie für praktische administrative Zwecke gedient haben können; sie wurden nur zum Zwecke historisch-geographischer Beschreibungen zusammengestellt. Hierhin gehören mit ziemlicher Sicherheit zumindest die folgenden vier Abschnitte.

a) *Die Völkertafel (Gen 10)*
Dieser Abschnitt gibt eine ethno-geographische Beschreibung der Länder und Völker, mit denen Israel in Kontakt gekommen war. Sie ist allem Anschein nach in die Königszeit zu datieren (s.o. S. 6–8). Offensichtlich konnte eine so umfassende Liste wie diese keine irgendwie geartete praktische Funktion erfüllen. Sie ist schlicht und einfach eine literarische und historische Schöpfung, die auf dem Prinzip beruht, daß alle Israel bekannten Völker von einem Vorfahren abstammen. Daher hat die Liste die Form eines Stammbaumes, gegliedert nach dem althergebrachten patriarchalischen System. Der Text ist demnach als israelitische Historiographie zu werten.

b) *Die Liste der besiegten kanaanitischen Könige (Jos 12)*
Dieser Abschnitt bildet eine Art Zusammenfassung der kanaanitischen Herrschersitze, die in den Erzählungen der Landnahme erwähnt werden (s.u. S. 239ff). Auch hier haben wir offensichtlich eine geographische Komposition vor uns, die von historischen Erzählungen geprägt ist.

c) *»Das übrige Land«*, die Gebiete des Landes Kanaan, die außerhalb des Territoriums lagen, das von den Israeliten tatsächlich besiedelt wurde.
Hierbei handelt es sich um ein treffendes Beispiel für eine alte Quelle, die zweifach genutzt wurde – beide Male in einem anderen Kontext und mit unterschiedlicher Bedeutung. In Jos 13,1–6 wird die Wendung »das übrige Land« zur Bezeichnung des Landes gebraucht, das noch unter die Stämme verteilt werden muß – offensichtlich eine Fiktion. In Ri 3,1–4 wird dasselbe Territorium durch Aufzählung seiner autochthonen Völkerschaften beschrieben, von denen gesagt wird, daß sie von Israel nicht erobert worden seien. Letzteres ist historisch korrekt. Beide Texte bringen nicht die ganze Vorlage; beide kürzen sie in unterschiedlicher Art. Die »Überschrift« in Jos 13 – »das übrige Land« – muß zur ursprünglichen Vorlage gehört haben, aber der »Verfasser« des Josua-Buches hat sie mißverstanden. Jedoch hat er seine alte Vorlage ohne Änderung ihrer Form verwendet, von einigen Kürzungen abgesehen. So liegt uns hier ein klassisches Beispiel dafür vor, wie die späteren »Verfasser« der Bibel ihre authentischen historisch-geographischen Vorlagen für ihre eigenen Zwecke genutzt haben.

d) *Das Itinerar der Israeliten aus der Zeit ihrer Wanderung (Num 33)*
Diese geographische Liste scheint zur Kategorie der historisch-geographischen Beschreibungen zu gehören, wenn auch die Ansichten über die richtige Interpretation noch weit auseinandergehen (s.u. S. 208ff). Sie ist offenbar eine Zusammenfassung der verschiedenen Haltepunkte, die auf den Exodus und die Wüstenwanderung zurückgehen. Einige Lagerstellen, die in

den Erzählungen nicht erwähnt worden waren, aber als sehr bekannte Orte dieser Region gegolten haben, können möglicherweise noch hinzugefügt worden sein; jedoch gibt es keinen Grund zu der Annahme, daß diese Aufzählung einem praktisch-administrativen Zweck gedient haben könnte[1].
Die Bestimmung dieser Dokumente prägt auch ihre Interpretation und Funktion. Wir können das Itinerar nicht als authentisches Zeugnis der Zeit ansehen, die in ihm geschildert wird, sondern eher als historisch-geographische Dichtung einer späteren Zeit, die auf älteren Quellen und Überlieferungen fußt. Aus der Liste der kanaanitischen Könige in Jos 12 können wir z.B. in gewisser Hinsicht auf die Landnahmeerzählungen schließen, die der »Autor« zur Verfügung hatte. Ebenso können wir nicht einfach den Marsch der Israeliten durch die Wüste anhand von Num 33 nachzeichnen; aber diese Liste bietet zweifellos eine schlüssige Route auf der Grundlage der Wegestationen, die – wie man wußte – existiert haben und für die Überlieferung von Bedeutung waren; darum muß das vorliegende Itinerar etwas später datiert werden.

2. *Territorial-administrative Listen*

Das einzige administrative Dokument, das die offizielle Organisation des Königreiches widerspiegelt, ist die Liste der Distriktkommissare Salomos (1Kön 4,7–19). Es gibt noch einige weitere Listen, sowohl Grenzbeschreibungen als auch Städteverzeichnisse, die auf den verschiedensten Wegen in die biblischen Erzählungen gelangt sind. Nur die Analyse der Abschnitte selbst kann zeigen, ob sie ursprünglich irgendwelchen praktischen Zwecken für die israelitische Administration gedient haben. Natürlich gibt es große Meinungsverschiedenheiten über die Authentizität solcher Dokumente bis hin zu der Auffassung, daß selbst diese Texte nichts anderes als rein literarische Schöpfungen seien. Aber da ein realer Verwendungszweck für mehrere Listen aus dieser Gruppe ohne Zweifel feststeht, kann man mit Recht annehmen, daß alle Grenzbeschreibungen und Städtelisten der Bibel ihren Ursprung in der Verwaltung des Landes hatten. In der Tat können alle Listen mit ziemlicher Sicherheit den historischen Gegebenheiten bestimmter Epochen zugeordnet werden.
Diese territorial-administrativen Listen kann man in zwei Kategorien einteilen: Grenzbeschreibungen und Städtelisten. Sie unterscheiden sich funktional. Die Grenzbeschreibungen basieren auf Vereinbarungen zwischen Staaten und/oder Stämmen, die Städtelisten sind dagegen der administrativen Gliederung des Landes entnommen. Für die topographische Analyse kann man auch einen praktischen Unterschied zwischen beiden sehen. Nur in den Grenzbeschreibungen, und da oft auch nur in solchen, die auf eine ununterbrochene Linie Wert legen, finden wir eine fortlaufende geographische Reihenfolge. Hinweise der Art, daß Siedlungen an der Grenze liegen, sind daher von außerordentlicher Wichtigkeit für die genaue Lokalisierung,

1 Gegen *M. Noth*, PJ 36 (1940) 5–28.

und manchmal ist ein solcher Hinweis entscheidend für die Identifizierung eines bestimmten Ortes. Für Städtelisten gilt dies nicht in gleichem Maße; obwohl sie normalerweise Orte enthalten, die nahe beieinander liegen, heißt das doch nicht notwendigerweise, daß sie eine einfache geographische Aufreihung darstellen. Die Aufzählung mehrerer Städte dient nur dazu anzuzeigen, daß sie alle in ein und demselben Gebiet liegen; die Reihenfolge muß nicht geographisch begründet sein. Jedoch garantiert eine Städteliste gewöhnlich, daß die aufgeführten Orte in ein und derselben Region zu suchen sind; das ist ein äußerst wichtiger Tatbestand, den man nicht unterschätzen sollte. So erweist sich z.B. die bisher akzeptierte Identifizierung von Libna mit *Tell eṣ-Ṣāfī* durch die Liste judäischer Städte als unmöglich, weil dort die Stadt zusammen mit Marescha, Keïla und Nezib in der südöstlichen Schefela (Jos 15,42) und nicht mit Städten in der Umgebung des *Tell eṣ-Ṣāfī* erwähnt wird.

a) *Grenzbeschreibungen*

Die Grenzbeschreibungen wurden in die Überlieferung aufgenommen, um die Gebiete zu umreißen, die im Besitz von Staaten oder Stämmen waren; aus diesem Grund liegt die Betonung auf den Grenzen der Territorien. Ihren Ursprung haben sie zweifellos in Vereinbarungen von Königtümern und/oder Stämmen mit dem Ziel, zu gutnachbarschaftlichen Beziehungen oder Beistandspakten zu kommen[2]. Der wichtigste Paragraph in einem Vertrag dieser Art behandelt die Respektierung aller Grenzen der vertragschließenden Parteien. Daher ist es von größter Bedeutung, diese Grenzen exakt zu definieren. Die Grenzen wurden nach den vier Himmelsrichtungen entweder durch Angabe eines Endpunktes oder durch Aufzählung mehrerer aufeinander folgender Grenzpunkte festgelegt.

Die erste Art der Beschreibung nach der Formel »von . . . bis . . .« ist außerhalb der Bibel aus Verträgen zwischen den alten Königtümern des Nahen Ostens bekannt. Das deutlichste Beispiel hierfür liegt in der aramäischen Steleninschrift aus Sefīre in Nordsyrien vor. Der Text ist ein Vertrag zwischen Matti'el, König von Arpad, und Barga'jā, König von Katka, aus der Mitte des achtzehnten Jahrhunderts v.Chr. Hier finden wir eine Beschreibung von »ganz Aram« (ארם כלה), die das Territorium folgendermaßen bestimmt:

[Von ʿA]rqu nach Ya'd[i] und. . . vom Libanon nach Jab[rud und Damas]kus und ʿArʿaru und Ma[nṣ]uate, [v]om Tal (des Libanon) bis nach Katka[3].

2 Vgl. *Langdon, S.* und *Gardiner, A. H.*, JEA 6 (1920) 179–205; *Korosec, V.*, Hethitische Staatsverträge, Leipzig 1931; *Noth, M.*, ZDPV 77 (1961) 138ff.

3 Die Inschriften wurden veröffentlicht von *A. Dupont-Sommer*, Les inscriptions Araméennes de Sfiré, Paris 1958. Die hier übernommene Übersetzung und Ergänzung stammt von *Mazar, B.*, BA 25 (1962) 118. Vgl. auch *Fitzmyer, J. A.*, The Aramaic Inscriptions of Sefîre, Rom 1967, 62–64.

D.h. die politischen und geographischen Zentren der Grenze des Königtums von ʿArqu (Arkat) werden folgendermaßen bestimmt: von der Mittelmeerküste an der phönizischen Grenze im Südwesten nach Ya'di (Sam'al) und einem anderen Ort, dessen Name weggebrochen ist, an der Grenze zu Anatolien im Norden; vom Libanongebirge an der phönizischen Grenze im Westen nach Yabrud am Steppenrand im Osten und Damaskus und dem angrenzenden ʿArʿaru (Aroër; s. auch Jes 17,1–2) an der israelitischen Grenze im Süden (s. auch: Grenzverlauf bei Lebo-Hamat zur Regierungszeit Jerobeams II.; 2Kön 14,25) bis nach Katka, das offensichtlich am äußersten Ende Syriens liegt.
Beschreibungen dieser Art finden sich in der Bibel sehr häufig. Manchmal enthalten sie nur zwei Grenzpunkte, wie z.B. in der Beschreibung des Territoriums von Israel »von Dan bis Beerscheba« (2Sam 24,2); in anderen Texten werden Grenzpunkte nach allen vier Himmelsrichtungen festgelegt, so z.B. in der alten Vorstellung vom Gelobten Land, dessen Grenzen sich »vom Roten Meer bis zum Meer der Philister und von der Steppe bis zum Euphrat« (Ex 23,31) erstrecken; und gelegentlich werden mehrere Punkte in verschiedenen Richtungen festgesetzt, wie z.B. bei der Stammesgrenze von Gad »von Heschbon nach Ramat-Mizpe und Betonim und von Mahanajim zur Grenze von Lo-Dabar« (Jos 13,26).
In der Bibel beruhen die Beschreibungen auf den folgenden territorialen Begriffen: »das Land der Amoriter« in der Patriarchenzeit (Gen 15,18; Ex 23,31; Dtn 1,7; 11,24; Jos 1,4); das Land Kanaan (Num 13,21); die Ausdehnung der israelitischen Landnahme (Jos 10,41; 11,17; 12,7) im Gegensatz zu »dem übrigen Land« (Jos 13,5; Ri 3,3); die von Israeliten besiedelten Gebiete (Dtn 34,1; Jos 12,1; 2Sam 24,2); das Königreich Davids und Salomos (1Kön 4,24; 8,65; 1Chr 13,5; 2Chr 7,8); das nördliche Königreich unter Jerobeam II. (2Kön 14,25; Am 6,14) und das Königreich von Juda unter Joschija (2Kön 23,8). Ferner gehören hierher die Grenzbeschreibungen der Territorien der transjordanischen Stämme Ruben (Jos 13,16) und Gad (Jos 13,26).
Die zweite Art der Beschreibung, die der fortlaufenden Aufzählung der Grenzorte, wird nur in zwei Dokumenten benutzt: bei den Beschreibungen der Grenzen des Landes Kanaan (Num 34,1–12) und der Erbteile der Stämme (Jos 15,1–12; 16,1–8; 17,7–9; 18,12–20; 19,10–14.26–27. 29.33–34)[4]. Diese zwei Grenzbeschreibungen sind verwandt – nicht nur in ihrer Methode, sondern auch in Struktur und Komposition –, da das Erbe der Stämme im Rahmen des Landes Kanaan bestimmt wird, so daß einige der Grenzen in beiden Dokumenten genau übereinstimmen.
Die Exaktheit im Detail beider Dokumente zeigt, daß sie auf historischer Realität beruhen. Die Grenzen des Landes Kanaan sind die der ägyptischen Provinz Palästina, die Kanaan genannt wird und auf die die Israeliten bei ih-

4 Zum zweiten Dokument vgl. *Alt, A.*, Das System der Stammesgrenzen im Buch Josua, Sellin-Festschrift, Leipzig 1927, 13–24 = Kl. Schr. I, 193–202.

rer Landnahme stießen (s.o. S. 76f). Die Stammesgrenzen sind Resultat einer Allianz zwischen den Stämmen aus dem Gebirge Efraim und Galiläa, d.h. Israel im engeren Sinne, das sich als Erbe des Landes Kanaan versteht (s.u. S. 260ff).

b) *Städtelisten*

Listen verschiedener Städte, die innerhalb der Darstellung von bestimmten Regionen oder Stammeserbteilen erscheinen, stehen mit der Verwaltung des Königtums in Zusammenhang. Das kann explizit zwar nur von der Liste der salomonischen Distriktkommissare gesagt werden (1Kön 4,7–19), aber es gilt sicher auch für die Städtelisten von Juda und zumindest teilweise von Benjamin (Jos 15,21–62; 18,25–28); eine Analyse aller übrigen Städtelisten bestärkt die Annahme, daß sie einen ähnlichen Ursprung haben. Eine administrative Unterteilung des Königreiches ist naheliegend, erleichtert sie doch die Erfassung der Wehrpflichtigen und die Steuereinziehungen; sie basierte zweifellos auf einem Katastersystem und der Volkszählung. Im Gegensatz zu Allianzen zwischen Königtümern und/oder Stämmen war ein Verwaltungsakt dieser Art weniger mit den Grenzen befaßt als vielmehr mit den Siedlungen und Einwohnerzahlen in jedem Distrikt. Selbst wenn die neuen Verwaltungsbezirke teilweise die traditionellen Grenzen hatten, bekamen sie doch eine neue territoriale Bedeutung. Folgende Städtelisten werden in der Bibel überliefert:

(1) *Die salomonischen Distrikte (1Kön 4,7–19; s.u. S. 318ff)*

Die Hälfte dieser Distrikte ist nach Stämmen benannt, der Rest nach Städtegruppen. Ein Vergleich mit der Städteliste von Juda macht es wahrscheinlich, daß die beiden Teile der salomonischen Liste nur Exzerpte sind, die die einzelnen Distrikte durch Stammes- oder Städtenamen kennzeichnen. In 1Kön 4 werden die Namen der Kommissare besonders herausgestellt (1Kön 4,7ff), während die Distrikte selbst mit äußerster Kürze beschrieben werden. Einige Teile der vollständigeren Städtelisten mögen in den Beschreibungen der Erbteile der nördlichen Stämme erhalten sein. Wie wir oben bereits betont haben, ist die administrative Funktion dieser Liste sehr wahrscheinlich, und ihr Inhalt paßt gut in die salomonische Zeit, genauer gesagt, in die zweite Hälfte seiner Regierungszeit, d.h. in die Zeit nach den großen Baumaßnahmen.

(2) *Die Distrikte Judas (Jos 15; 18; s.u. S. 359ff)*

Dies ist die detaillierteste Städteliste der Bibel. Sie spiegelt zweifellos die administrative Einteilung des judäischen Königreiches in zwölf Distrikte. Daher kann sie nicht vor der Reichsteilung entstanden sein.

(3) *Die Städte Simeons und Dans (Jos 19; 1Chr 4; s.u. S. 306ff)*

Diese Städtelisten werden nur auf dem Hintergrund der in Ri 14 erwähnten Zeit verständlich, wie es der Hinweis in 1Chr 4,31 andeutet. Sie scheinen aus der Zeit der alten Stammesbündnisse zu stammen und wurden mehrheitlich in die Beschreibungen der Stämmeerbteile im Josua-Buch aufgenommen, da diese Stämme ja bei den Grenzbeschreibungen fehlen. Der »Verfasser« des Josua-Buches hatte offensichtlich keine anderen Informationen über diese alten Stämme zur Verfügung.

(4) *Die Städtelisten der galiläischen und der transjordanischen Stämme sowie die der nördlichen Städte Benjamins (Jos 13; 18; 19; s.u. S. 361ff)*
Sie scheinen der Verwaltung des israelitischen Königtums zu entstammen, deren Fundamente von Salomo gelegt worden waren. Die Hereinnahme Hazors in die Städteliste Naftalis (Jos 19,36) zeigt, daß diese Liste nur bis in die salomonische Zeit zurückdatiert werden kann, da Hazor erst in der Mitte der Regierungszeit Salomos wiederaufgebaut worden war (1Kön 9,15), eine Tatsache, die bei den Ausgrabungen bestätigt wurde[5]. Die Städtelisten für Naftali, Issachar und Ascher stimmen mit den salomonischen Distrikten überein, und die stark verkürzte Liste für Sebulon (Jos 19,15) gehörte offensichtlich in den Distrikt Ascher (1Kön 4,16; vielleicht sollte Bealot in Sebulon zu korrigieren sein?). Die nördliche (israelitische) Liste benjaminitischer Städte (Jos 18,21–24) beschreibt allem Anschein nach den Teil des benjaminitischen Distrikts, der nach der Reichsteilung zu Israel gehörte, während der größere Teil von Benjamin dem Königreich Juda zugefallen war. Die Städte Rubens und Gads (Jos 13) stimmen wahrscheinlich mit den Distrikten Mahanajim und Gad überein (nach LXX, wohingegen MT Gilead liest). Aus der Steleninschrift Meschas, des Königs von Moab, wissen wir, daß einige dieser Städte schon zu Beginn des 9. Jahrhunderts v.Chr. von Moab annektiert worden waren; daher wird diese Liste nicht jünger als das vereinigte Königreich sein. Die Liste transjordanischer Städte in Josua 13 zeigt eine gutgeordnete geographische Unterteilung, Ruben im Süden und Gad im Norden, die nicht die aktuelle Siedlungsstruktur dieser beiden Stämme widerspiegelt. In Num 32,34–38 werden die Städte Gads und Rubens ganz anders gruppiert. Die Städte Rubens ordnen sich um Heschbon, während die Gads sich über das ganze südliche Transjordanien verteilen, von Aroër und Dibon im Süden bis Jaser, Jogboha und Bet-Nimra, die nördlich von Heschbon liegen. Diese Liste scheint die wirkliche Siedlungsstruktur dieser zwei Stämme zur Zeit Davids widerzuspiegeln. Aufgrund der von Joab auf Davids Geheiß durchgeführten Volkszählung (2Sam 24,5) wird Gad ebenfalls im südlichen Teil des israelitisch besiedelten Transjordanien lokalisiert. Andererseits zog Salomo es vor, nach dem Territorialprinzip vorzugehen, da Ruben zu einer Enklave in Gad geworden war; die Beschreibung ist wie gewöhnlich stark verkürzt. Die »Verfasser« des Josua-Buches stellten diese Besonderheiten nicht in Rechnung, sondern nahmen einfach die Liste der südlichen Städte zur Beschreibung des Erbes von Ruben und die der nördlichen Städte zur Beschreibung des Erbes von Gad.

5 Hazor II,3.

Für Efraim und Manasse gibt es nur Grenzbeschreibungen und keine Städtelisten. A. Alt nimmt an, daß hier die folgenden zwei Dokumente heranzuziehen sind, einmal die Städteliste von Juda, einschließlich Dans und ganz Benjamins[6], und zum anderen die Liste von Galiläa, die er mit der assyrischen Provinz Megiddo in Verbindung bringen möchte[7]; aber er liefert keine Erklärung für die Herkunft der transjordanischen Städteliste. M. Noth verneint die Existenz von Städtelisten für die nördlichen Stämme und sieht alle die Listen als Grenzbeschreibungen an, denen keine verbindenden Worte hinzugefügt worden sind[8]. Mit Ausnahme der Städte im judäischen Königreich verbleiben nach seiner Auffassung nur die Städte Transjordaniens; dieses Gebiet betrachtet er als dreizehnten Distrikt des Königreiches Juda, der nach der Annexion unter Joschija gebildet worden sei[9].

Alle diese Erklärungen sind weit hergeholt und stecken voller Schwierigkeiten. Als Tatsache kann jedenfalls festgehalten werden, daß Städtelisten für alle Stämme mit Ausnahme von Efraim und Manasse erhalten sind. Diese Texte, die sich auf die verschiedenen Stämme beziehen, können allerdings nicht zu einer realistischen administrativen Gesamtliste zusammengesetzt werden, da der zentrale Distrikt des Gebirges Efraim fehlt. Auch sollte beachtet werden, daß die Grenzbeschreibungen für Efraim und Manasse in sehr verkürzter Form überliefert sind. Aus diesem Grunde ist es wahrscheinlicher, daß das Fehlen einer Städteliste für diese zwei Stammesgebiete eine absichtliche Auslassung ist, weil das Königreich Juda immer mehr an Galiläa und Transjordanien interessiert war, wo eine israelitisch-judäische Bevölkerung ihre Kontinuität eher wahrte als im Gebirge Efraim, wo nach dem Fall Samarias eine Bevölkerungsmischung stattgefunden hatte.

(5) *Die levitischen Städte (Jos 21; 1Chr 6; s.u. S. 309ff)*

Hier scheint es, daß wir zwei Exemplare der gleichen Liste vorliegen haben, von denen die ursprünglichere achtundvierzig Städte umfaßt, vier für jeden der zwölf Stämme. Diese Liste ist allem Anschein nach in die Zeit Davids zu datieren. Städte, in denen levitische Sippen aus Juda angesiedelt wurden, waren Grenzstädte oder Siedlungen an anderen Schlüsselpositionen. Die Sippen wurden im wesentlichen in neu annektierten Territorien angesiedelt, um die Monarchie und die loyalen israelitischen Gruppen in diesen Gebieten zu stärken.

(6) *Die nicht eroberten Kanaaniter-Städte (Ri 1,21 und 27–35)*

Diese Liste, die auszugsweise auch in den Beschreibungen der Stammesterritorien im Josua-Buch auftaucht, zählt die verschiedenen kanaanitischen Städte auf, die erfolgreich ihre Unabhängigkeit verteidigt hatten. Sie ist ih-

6 *Alt, A.*, PJb 21 (1925) 100–116 = Kl. Schr. II, 276–288.
7 *Alt, A.*, ZAW, N.F. 4 (1927) 59–81.
8 *Noth, M.*, ZDPV 58 (1935) 215–230.
9 *Noth, M.*, ZDPV 58 (1935) 230–255.

rer Natur nach nicht hypothetisch, wie A. Alt annimmt[10], da sie wechselseitige Beziehungen und auch Situationen zeitweiliger Beherrschung beschreibt, die selbstverständlich von einer Städtegruppe zur anderen völlig verschieden sein konnten. Andererseits hat A. Alt recht mit seiner Betonung der engen Verwandtschaft dieser Liste mit den Grenzbeschreibungen der Stämme. Das nicht nur wegen der äußeren Ähnlichkeit, sondern auch, weil die gleichen Stämme in beiden Dokumenten beschrieben werden: Benjamin, Manasse, Efraim, Sebulon, Ascher und Naftali. Zum Schluß wird auf die Städte hingewiesen, deren Bevölkerung »die Daniter zurück in das Bergland gedrängt hatte«, obgleich der Stamm Dan nicht in den Grenzbeschreibungen erscheint. Jedoch wurden diese Städte – nach Ri 1,35 – schließlich vom Haus Josef unterworfen und nicht länger mehr mit Dan in Verbindung gebracht.
Wie die Grenzbeschreibungen steht auch diese Liste mit dem Bündnis der Stämme im Gebirge Efraim und Galiläa in einem Zusammenhang. Im Gebiet der nicht eroberten Städte Kanaans war es nicht möglich, genaue Grenzen zwischen den Stämmen zu vereinbaren. Daher wurden die verschiedenen kanaanitischen Territorien unter den Stämmen aufgeführt, in deren Einflußbereich sie unter Umständen fallen würden (s.u. S. 244ff).

(7) *Die Liste judäischer Städte in den genealogischen Tafeln (1Chr 2–4; s.u. S. 258ff)*
Die Geschlechter Judas umfassen eine besondere Liste, die die Wohnsitze der verschiedenen Sippen nach dem Muster aufzählt, daß die Sippe »Vater« des Ortes wurde. So wurde eine besondere Städteliste entsprechend den wichtigsten Sippen des Stammes Juda gewonnen: Schela, Hur (die Erstgeborenen von Hezron und Efrata), Kaleb und Efrata und die anderen Söhne Kalebs. Es ist möglich, daß diese Genealogie ihren Ursprung in einem Bündnis der Südstämme hatte, in dem Juda und Kaleb die Führung hatten.

(8) *Städteliste der Heimkehrer aus der babylonischen Gefangenschaft (Esr 2; Neh 7; s.u. S. 431)*
Diese in zwei Exemplaren überlieferte Liste ist zweifellos ein offizielles Dokument, das in die Zeit der Rückkehr aus dem Exil zu datieren ist und sich auf die verschiedenen Sippen bezieht, die in ihre jeweiligen Heimatstädte zurückkehrten.

(9) *Liste der Bauleute beim Bau der Stadtmauer von Jerusalem unter Nehemia (Neh 3; s.u. S. 432)*
Diese Liste sollte so akzeptiert werden, wie sie ist, denn die Städte, die in ihr erwähnt werden, werden die Verwaltungszentren der judäischen Provinz dieser Zeit darstellen.

10 *Alt, A.*, a.a.O. [s.o. Anm. 4], 17f = Kl. Schr. I, 197.

(10) *»Das übrige Israel« in der nachexilischen Zeit (Neh 11; s.u. S. 423f)*
Diese Liste umfaßt Städte in Benjamin, im Negeb und in der Schefela, von denen die meisten außerhalb der Grenzen der judäischen Provinz während der Zeit der Perserherrschaft lagen. Offensichtlich sind dies die Städte, in denen sich eine judäische Bevölkerung durch die Zeit der babylonischen Gefangenschaft hindurch halten konnte.

(11) *Liste der befestigten Städte*
Eine besondere Art geographischer Listen stellen die Berichte von befestigten Städten, d.h. Festungen und Vorratsstädten, dar, die von den verschiedenen Königen Judas und Israels erbaut wurden.
Nur zwei Listen dieser Art sind in der Bibel überliefert: die Festungen Salomos (1Kön 9,15–19; 2Chr 8,1–6) und die Rehabeams (2Chr 11,5–12). Diese Abschnitte sind zweifellos Auszüge aus den königlichen Chroniken. Bestimmte Hinweise zeigen, daß den »Verfassern« andere, ähnliche Listen vorgelegen haben, und zwar die der Städte, die von Asa (2Chr 14,6), Usija (2Chr 26,6–10) und Hiskija (2Chr 32,29) erbaut worden waren. Es ist bedauerlich, daß die »Verfasser« diesen »trockenen« Listen nicht soviel Wichtigkeit beigemessen haben, sie ganz zu zitieren!
Es gibt keinen Anlaß, Datum und Funktion dieser Listen, wie sie ihnen in der Bibel zugemessen werden, anzuzweifeln. Für die ersten drei befestigten Städte Salomos – Hazor, Megiddo und Geser (1Kön 9,15) – fanden sich inzwischen überzeugende Beweise. In allen drei Städten wurden Stadttore identischer Form aus der salomonischen Zeit entdeckt[11]. Einige Gelehrte folgen allerdings der Datierung unserer zweiten Liste in die Zeit Rehabeams nicht[12]. Jedoch gibt es keine schlüssige Antwort darauf, warum der »Verfasser« der Chronikbücher Rehabeam eine Liste zuschreiben sollte, die aus der Zeit Joschijas oder eines anderen Königs stammte; auch enthält der Text selbst nichts, das mit der Regierungszeit Rehabeams unvereinbar wäre.

3. Handelsreisen und Eroberungen
Verschiedene Texte, die sich auf Expeditionen – vor allem in Kriegs-, aber auch nicht selten in Friedenszeiten – beziehen, sind wichtige geographische Zeugnisse, die viele Parallelen in den außerbiblischen Quellen der Ägypter, Assyrer, Babylonier, Hethiter u.a. haben[13]. Beschreibungen von Feldzügen und Eroberungen entstammen zweifellos königlichen Chroniken; daher gibt es keinen Grund, die Authentizität solcher Abschnitte der Bibel anzuzweifeln. Bedauerlicherweise wurden in der Bibel nur einige wenige Exzerpte solcher Berichte überliefert; im allgemeinen haben wir nur eine knappe Meldung, daß ein Feldzug stattgefunden hat. Feldzugsbeschreibun-

11 *Yadin, Y.*, IEJ 8 (1958) 80–86.
12 *Junge, E.*, Der Wiederaufbau des Heerwesens des Reiches Juda unter Josia, Stuttgart 1937, 37ff; *Alt, A.*, Kl. Schr. II, 306–315.
13 ANET 227ff.

gen, die bestimmte geographische Daten enthalten, sind: Abijas Eroberungen (2Chr 13,19); der Feldzug Ben-Hadads, des Aramäerkönigs von Damaskus (1Kön 15,20); Usijas Siege im Philisterland (2Chr 26,6); der Feldzug Tiglat-Pilesers III. (2Kön 15,29) und die Eroberungen der Philister in der Regierungszeit des Ahas (2Chr 28,18). Alle anderen Abschnitte dieser Art zählen maximal zwei Orte auf und können daher nicht als geographische Listen angesehen werden.

Die Bibel überliefert auch noch zwei sehr alte Feldzugsberichte: 1. den der vier Könige aus dem Norden gegen Städte im Tal von Siddim (Gen 14; s.u. S. 144), ein Kapitel, das wichtige topographische Informationen liefert und in der Bibel mit der Zeit Abrahams verbunden wird, obgleich Zeitpunkt und historische Umstände schwer zu bestimmen sind; 2. den Siegesgesang Sihons, des amoritischen Königs von Heschbon (oder die Klage über das besiegte Moab), der verschiedene Orte in Moab erwähnt, die von ihm erobert worden waren (Num 21,27–30), und der den Eindruck macht, daß er aus der Zeit der israelitischen Eroberungen im dreizehnten Jahrhundert v.Chr. stammt.

Zu dieser Kategorie gehören auch die Orakel gegen verschiedene Gebiete und Städte, die wir in den Büchern der Propheten finden. Einige von ihnen betreffen Juda, andere beziehen sich auf benachbarte Königreiche. Die meisten von ihnen sind offensichtlich entstanden, nachdem die betreffenden Regionen durch Feldzüge verwüstet worden waren, und enthalten sehr wertvolle geographische Angaben über die jeweilige Region aus der Zeit des späten judäischen Königreiches. Die folgenden Abschnitte gehören in diese Kategorie: Jesajas Beschreibung des Landes Benjamin (Jes 10,28–32) und Michas Klagelied über die Städte der Schefela (Mich 1,10–15), das offensichtlich mit dem Feldzug Sanheribs in Zusammenhang steht (s.u. S. 402); die Drohungen gegen Philisterstädte bei Amos (Am 1,6–8) und bei Jeremia (Jer 47,1–7); die Städte Moabs (Jes 15–16; Jer 48) und Edoms (Jer 49,7–22) und schließlich Ezechiels Beschreibung von Tyrus und den Städten Phöniziens, die offensichtlich aus einer älteren Quelle stammt (Ez 26–28).

II. Epigraphische Texte

Bei epigraphischen Texten ist doppelte Aufmerksamkeit angebracht: Sie liefern Hintergrundinformationen, die unser Verständnis der palästinischen Geschichte wesentlich bereichern, und sie enthalten eine große Zahl von Zusatzinformationen über Geschichte und Topographie Palästinas in den verschiedenen Epochen. Hier, in diesem kurzen Überblick, werden wir uns auf die hauptsächlichen Quellen beschränken, d.h. auf die, die in direktem Bezug zu Palästina stehen. Was die zahlreichen Texte anbelangt, die Licht auf den historischen und kulturellen Hintergrund der biblischen Berichte werfen, so werden wir sie behandeln, wenn die jeweilige historische Epoche diskutiert wird, und dann auch nur die, die einen direkten Bezug zu unserem Thema haben.

Die epigraphischen Zeugnisse kann man nach ihren Herkunftsländern in die folgenden drei Gruppen gliedern: in ägyptische, mesopotamische und palästinische.

1. *Ägyptische Quellen*

Die meisten ägyptischen Quellen stammen aus dem zweiten Jahrtausend v.Chr.; sie liefern die Basis für unser Wissen vom »Land Kanaan« vor der israelitischen Landnahme. Aus dem Mittleren Reich haben wir zwar einige wenige Inschriften aus der Zeit der zwölften Dynastie (20./19. Jahrhundert v.Chr.), aber der größte Teil des ägyptischen Materials stammt aus dem Neuen Reich, besonders aus der Zeit der 18. (15./14. Jahrhundert v.Chr.) und der 19. Dynastie (13./12. Jahrhundert v.Chr.). Literarkritisch können die ägyptischen Texte in sieben Kategorien unterteilt werden: Feldzugsberichte (»Annalen«), Reliefs, topographische Listen, literarische Papyri, administrative Papyri, Ächtungstexte und Briefe.

Feldzugsberichte (»Annalen«). Die Ägypter führten häufig Feldzüge gegen Palästina und Syrien. Beschreibungen vieler dieser Feldzüge sind in offiziellen Inschriften auf Tempelwänden erhalten geblieben; einige Berichte dieser Art wurden auch in den Grabinschriften der Offiziere, die an solchen Zügen teilgenommen hatten, gefunden[14].

Beiträge von größter Wichtigkeit für die palästinische Geographie sind in den folgenden Texten überliefert: Grabinschrift des Weni aus der Regierungszeit Pharao Pepis I. aus dem Alten Reich (24. Jahrhundert v.Chr.; s.u.S. 138); Stele des Khu-Sebek aus der Regierungszeit Sen-Userts III. (19. Jahrhundert v.Chr.; s.u.S. 150); Grabinschrift des Ahmose über die Vertreibung der Hyksos (ca. 1550 v.Chr.; s.u.S. 156); Eroberung von Megiddo durch Thutmoses III. (ca. 1468 v.Chr.; s.u.S. 158f); Feldzug Amenophis' II. (ca. 1445–1430; s.u.S. 172ff); Feldzug Ramses' II. nach Kadesch (ca. 1285 v.Chr.; s.u.S. 189f); Siegeshymne Merenptahs (ca. 1220 v.Chr.; s.u.S. 193); Kämpfe Ramses' III. gegen die Seevölker (ca. 1180 v.Chr.; s.u.S. 282f).

Die zwei ägyptischen Stelen aus der Regierungszeit Sethos' I. von Bet-Schean (ca. 1300 v.Chr.; s.u.S. 186 und 189) gehören ebenfalls in diese Kategorie. Sie enthalten kurze Hinweise auf Schlachten in der Umgebung Bet-Scheans.

Reliefs. Außer mit Annaleninschriften verzierten die Ägypter ihre Tempelwände mit Reliefs, in denen u.a. ihre Feldzüge und besonders die Eroberungen wichtiger Städte dargestellt wurden[15]. Die meisten dieser Reliefs sind reich an Angaben über die Kriegsführung, liefern aber nur sehr spärliche Informationen über topographische Gegebenheiten. Jedoch sind die von Sethos I. (ca. 1300 v.Chr.) auch für Fragen der Topographie beson-

14 ANET 227ff.

15 *Wreszinski, W.*, Atlas zur altägyptischen Kulturgeschichte I–II, Leipzig 1923–1935; ANEP 90ff.

ders wertvoll, da sie zusätzlich die vielen Festungen und Brunnen entlang der Straße von Ägypten nach Palästina darstellen (s.o.S. 48f). Auch die Reliefs Ramses' II. (13. Jahrhundert v.Chr.; s.u.S. 189) zeigen irgendwelche eingenommenen Städte im Land Kanaan, doch sind die Bilder traditionell stilisiert, so daß sie keine unverwechselbaren Details über einen bestimmten Ort liefern. Darüber hinaus wird der Kampf Ramses' III. gegen die Seevölker ausführlich in den Reliefs dargestellt (ca. 1170 v.Chr.; s.u.S. 282).

Topographische Listen. In diese Kategorie fallen die Reliefs, die geographische Namen enthalten[16]. In diesen Reliefs wird ein breiter Raum von mehreren Reihen mit ovalen Ringen eingenommen, die die Festungsmauern derjenigen eroberten Städte symbolisieren sollen, deren Namen sie enthalten. Über den ovalen Namensringen ist der Oberkörper des lokalen Anführers mit auf dem Rücken gefesselten Armen dargestellt. Die Herrscher sind durch einen um den Hals geschlungenen Strick aneinandergefesselt, dessen eines Ende von einer Gottheit gehalten wird, die dem Pharao die Gefangenen übergibt.

Die früheste topographische Liste, die man als Prototyp für alle folgenden bezeichnen könnte, ist die von Thutmoses III. Sie enthält 119 Namen der Orte, die von ihm in Palästina nach seinem Sieg bei Megiddo erobert worden waren (ca. 1468 v.Chr.; s.u.S. 160ff). Auch aus topographischer Sicht ist dieser Text der umfangreichste und wichtigste seiner Art. Dem Beispiel Thutmoses' III. folgend haben die meisten Pharaonen von der 18. bis zur 20. Dynastie ihre Eroberungszüge in Form von topographischen Listen verewigt. Die Listen von Thutmoses' Nachfolgern, Sethos I. (s.u.S. 187) und Ramses II. (s.u.S. 190), haben dabei die wichtigsten Beiträge zu unseren topographischen Kenntnissen geliefert. Die langen Listen Ramses' III. haben keinen eigenständigen Wert, da aus ihrem Aufbau klar hervorgeht, daß viele der Namen einfach aus Listen seiner Vorgänger abgeschrieben worden sind. Nur die Inschrift des Pharao Schoschenk (ca. 924 v.Chr.; s.u.S. 332) liefert zuverlässige Details über Palästina in israelitischer Zeit.

Zweifellos gibt es eine direkte Verbindung zwischen den Feldzugsberichten und den topographischen Listen. In den Listen Sethos' I. wird dies besonders deutlich; sie enthalten dieselben geographischen Namen, die auch auf seiner Stele aus Bet-Schean erwähnt sind (s.u. S. 186). Diese Verbindungen ergeben sich aber auch, wenn man die Einleitung zu den »Annalen« Thutmoses' III. mit seinen topographischen Listen vergleicht. In den »Annalen« stellt er fest, daß das ganze Land von Jurṣa bis »zum Ende der Welt« rebelliert habe, obgleich eine ägyptische Garnison noch in Scharuhen standhielt. Dementsprechend erscheint Jurṣa in der topographischen Liste (Nr. 60), während Scharuhen nicht erwähnt wird. Man kann auch die Liste Schoschenks mit der biblischen Beschreibung seines Feldzuges (s.u.S. 332) ver-

16 *Simons, J.*, Handbook for the Study of Egyptian Topographical Lists Relating to Western Asia, Leiden 1937; ANET 242f.

gleichen, da wir von Schoschenk selbst keinen Bericht über seinen Feldzug überliefert haben. In der biblischen Darstellung wird betont, daß Jerusalem nicht erobert wurde (gegen hohen Tribut); demzufolge erscheint Jerusalem nicht in der Liste Schoschenks, gleichwohl aber mehrere Orte in der Umgebung.

Zugleich kann man nicht erwarten, daß die inschriftliche Anordnung der Namen stets auch eine sinnvolle Folge der Marschroute des Heeres wiedergibt. Die Ortsnamen werden eben nicht durchgängig in einer geographisch folgerichtigen Ordnung aufgezählt. M. Noths Versuch, den Zug der Heere von Thutmoses III. und Sethos I. anhand der Abfolge der Ortsnamen in ihren jeweiligen Inschriften zu rekonstruieren, kann kritischer Prüfung nicht standhalten (s.u. S. 168). Der einzige Abschnitt in der Liste Thutmoses' III., in dem die Ortsnamen in richtiger geographischer Abfolge stehen, ist der mit den Namen der Städte in der nördlichen Schefela und in der Scharon-Ebene (Nrn. 61–71). Es kann sein, daß die wirkliche bei diesem militärischen Unternehmen eingehaltene Marschroute in diesem Abschnitt aufbewahrt ist, während die Eroberung der anderen Städte erst nach dem überwältigenden Sieg Thutmoses' III. bei Megiddo erfolgte oder aus mehreren einzelnen Feldzügen gegen die verschiedenen Orte resultierte. Bestimmte Regionen des Landes werden aufgezählt, hier und da finden sich – ähnlich wie in den biblischen Listen – benachbarte Städte zusammengefaßt; in solchen Fällen folgt der Schreiber offensichtlich vorgegebenen Mustern, die er kannte. Selbst die Erwähnung der verschiedenen Städte in den »Annalen« erfolgt nicht in der Reihenfolge, in der sie erobert wurden; ein deutliches Beispiel dafür liefern die Stele Sethos' I. und dessen topographische Liste (s.u.S. 186f). Auch in der Liste Schoschenks sind große Teile offensichtlich dem tatsächlichen Feldzug entsprechend angeordnet, aber in der fünften Zeile sind bestimmte Namen ohne Berücksichtigung ihres eigentlichen Platzes in der Abfolge hinzugefügt worden.

Literarische Papyri. Uns sind einige literarische Texte mit Beschreibungen Palästinas überliefert[17], doch sind sie gekennzeichnet von all den Vorzügen und Nachteilen literarischer Schöpfungen. Sie sind zeitlich später als die in ihnen dargestellten Ereignisse und haben nicht die historische Authentizität wie die mit den Ereignissen zeitgleichen Quellen. Andererseits sind sie nicht so nüchtern und trocken wie die meisten epigraphischen Texte, einige Abschnitte liefern lehrreiche Beschreibungen von Distrikten, Orten und Völkern der verschiedensten Epochen. Darüber hinaus sind sie auch nicht zu weit entfernt von den Zeiten, in denen sie angeblich spielen, da wir ähnliche Inhalte auch in Papyri des Mittleren und Neuen Reiches belegt haben.

Die wichtigsten Texte dieser Art sind: die Sinuhe-Erzählung, 20. Jahrhundert v.Chr. (s.u.S. 145ff); die Einnahme Jafos unter Thutmoses III.; der Brief des Schreibers Hori, Papyrus Anastasi I, 13. Jahrhundert v.Chr. (s.u.S. 191); das Onomastikon Amenopes, 12. Jahrhundert v.Chr. (s.u.S.

17 ANET 18ff.

285); der Bericht über die Reise Wen-Amons, frühes 11. Jahrhundert v.Chr. (s.u.S. 284).
Administrative Papyri. Es sind nur wenige Papyri bekannt, die die ägyptische Verwaltung des Landes Kanaan während des Neuen Reiches zum Inhalt haben[18]. Die wichtigsten Texte dieser Gruppe sind: eine Liste von Gesandten kanaanitischer Städte aus dem 15. Jahrhundert v.Chr. (s.u.S. 171); administrative Papyri aus den Grenzfestungen Ägyptens, die als Übungstexte ägyptischer Schreiber dienten (s.u.S. 194).
Ächtungstexte. Eine einzigartige Quelle sind die Textsammlungen mit den Namen von Herrschern über Städte oder ethnische Gruppen in Palästina aus der Zeit des Mittleren Reiches. Den Namen folgen gegen die Herrscher gerichtete Verfluchungen und Verwünschungen[19]. Aus diesen Texten, die teilweise in das 20. und teilweise an das Ende des 19. Jahrhunderts v.Chr. zu datieren sind, erhalten wir die frühesten Informationen von einigem Wert über die ethnische Zusammensetzung der Bevölkerung des Landes Kanaan.
Briefe. Das königliche Archiv, das in *Tell el-ʿAmārna* gefunden wurde, ist die einzige Sammlung von ägyptischen Dokumenten, die eine umfangreiche Korrespondenz mit den Königen von Kanaan enthält. Sie ist in die erste Hälfte des 14. Jahrhunderts v.Chr. zu datieren[20]. Die Briefe sind auf Tontafeln geschrieben und in akkadischer Sprache, der *lingua franca* der damaligen Zeit, abgefaßt (s.u.S. 176ff).

2. *Mesopotamische Quellen*
Palästina gehört sowohl geographisch als auch politisch enger zu Ägypten als zu Mesopotamien. Daher ist die Zahl mesopotamischer Dokumente, die sich auf Palästina beziehen, verhältnismäßig geringer. Mit Ausnahme allgemeiner Hinweise auf Palästina und Syrien (Amurru), das Mittelmeer (das Meer der Amurru) und mehrere Gebirge in Syrien (Libanon, Amanus und vielleicht Baschan) sind die einzigen akkadischen Zeugnisse vor dem ersten Jahrtausend, die Städte in Palästina erwähnen, die Tontafeln aus Mari am Euphrat, die in das 18. Jahrhundert v.Chr. zu datieren sind[21]. Es sind Briefe und Verwaltungsurkunden aus dem königlichen Archiv. Obwohl sie einige wichtige Hinweise auf Hazor und Lajisch enthalten, ist es nicht möglich, aus ihnen genauere Angaben über diese Städte zu entnehmen (s.u.S. 153). Genauere akkadische Quellen stehen erst aus der Zeit der neuassyrischen Expansion vom 9. bis zum 7. Jahrhundert v.Chr. zur Verfügung[22]. Diese Quellen beschränken sich auf Stelen- und Reliefinschriften sowie Feldzugsberichte aus den Regierungszeiten von Salmanasser III., Adad-nirari III., Tiglat-Pileser III., Sargon II., Sanherib, Asarhaddon und Assur-

18 ANET 258f.
19 ANET 328f.
20 *Knudtzon, J. A.*, Die El-Amarna-Tafeln, Leipzig 1915; *Mercer, S. A. B.*, The Tell El-Amarna Tablets, Toronto 1939; ANET 483ff.
21 ANET 482f.
22 ANET 265ff.

banipal. Wirklich detaillierte topographische Informationen finden sich nur in den Inschriften Tiglat-Pilesers III., Sanheribs und Asarhaddons (s.o.S. 48f; s.u.S. 389.397ff). Über die Provinzzentren der neuassyrischen Zeit unterrichten die Eponymenlisten und einige wenige andere Aufzählungen wichtiger Städte (s.u.S. 390ff).

3. Palästinische Quellen

Die epigraphischen Texte, die in Palästina selbst gefunden wurden, sind zahlenmäßig sehr gering, und nur wenige davon enthalten topographische Angaben. Einzelne akkadische Tontafeln, ähnlich den in *Tell el-ʿAmārna* gefundenen, liefern gewisse geographische Einzelinformationen; solche Briefe wurden in Taanach (s.u.S. 175f), Geser (s.u.S. 181) und *Tell el-Ḥesī* (Eglon?; s.u.S. 181) gefunden. Neben den ägyptischen Stelen aus Bet-Schean, die oben unter den ägyptischen Quellen erwähnt wurden, ist die einzige Stele mit wichtigen historischen Informationen, die in Palästina gefunden wurde, die des Königs Mescha von Moab aus der Mitte des 9. Jahrhunderts v.Chr. (s.u.S. 348ff). Die einzigen administrativen Dokumente mit einem gewissen geographischen Wert, die in diesem Land gefunden wurden, sind die samarischen Ostraka aus dem frühen 8. Jahrhundert v.Chr.; sie liefern sehr wichtige Details über das Gebiet von Samaria (s.u. S. 371ff). Die königlichen Siegelabdrücke auf Henkeln von Vorratskrügen aus Juda aus dem Ende des 8. und dem Beginn des 7. Jahrhunderts v.Chr. fallen in eine besondere Kategorie. Obgleich jeder Abdruck nur einen von vier Ortsnamen enthält, ist diese Sammlung von beschrifteten Krughenkeln für geographische Zwecke sehr nützlich (s.u.S. 404ff). Schließlich sind noch die Lachisch-Briefe zu erwähnen, die auch gelegentlich geographische Hinweise enthalten (s.u.S. 420).

III. Der Beitrag der Archäologie

Heutzutage bildet die Archäologie einen Grundpfeiler unserer historischen und geographischen Forschungen. Weil Palästina arm an epigraphischen Funden ist, haben es die Archäologen gelernt, jeden Überrest der materiellen Kultur zu schätzen. Indem sie alle derartigen Stückchen an Informationen zusammenfügen, wollen sie die Lücken in unserem Wissen über historische Siedlungen und Regionen füllen. Diese Funde stellen unser Wissen auf eine reale Basis, und manchmal sind sie die einzigen Quellen, die zur Verfügung stehen. Archäologische Forschung besteht aus zwei spezialisierten Tätigkeiten, die einander ergänzen: Ausgrabungen und Oberflächenforschungen.

1. Ausgrabungen

Dank der wissenschaftlichen Ausgrabungen wissen wir heutzutage sehr viel über den Aufbau und die Geschichte alter Siedlungen. Wir sind vertraut mit den Strukturen, die für eine alte Stadt typisch waren: ihre allgemeine Anlage und ihre Befestigungen, öffentliche und private Bauten, Wasser- und Abwassersysteme wie auch die materielle Kultur und die Handelsbeziehungen mit anderen Ländern. Die Archäologie hat viel von den Naturwissenschaften gelernt und bemüht sich ständig, deren Grad von Genauigkeit zu erreichen. Aus diesem Grunde versucht sie vor allem zunächst, die materiellen Tatsachen so genau wie möglich zu bestimmen. Jedoch: Wenn es zu historischen oder historisch-geographischen Interpretationen kommt, verläßt der Archäologe den Bereich exakter Wissenschaften und muß sich auf Erwägungen und Hypothesen stützen, um ein umfassendes historisches Bild zu gewinnen.

Die Basis jeder wissenschaftlichen archäologischen Arbeit ist die stratigraphische Erforschung, d.h. die Unterscheidung der verschiedenen Besiedlungsschichten in einem bestimmten Erdhügel. Der Ausgräber muß äußerst sorgfältig die verschiedenen Schichten eines Tells voneinander abheben und – soweit es möglich ist – jede einzeln nach ihren jeweiligen »Funden« analysieren. Das ist gewöhnlich kein leichtes Unterfangen, da die jeweiligen Schichten eines Tells nicht gleichmäßig übereinander liegen. Jedoch wurden seit Petrie's stratigraphischer Pioniertat beim *Tell el-Ḥesī* im Jahre 1890 die Ausgrabungsmethoden beträchtlich verfeinert, um überzeugende Resultate zu erzielen.

Eine stratigraphische Grabung liefert das chronologische Gerüst für die Deutung und das Verständnis der Funde. Die so gewonnenen Datierungen sind erst einmal relativer Natur; es kann gezeigt werden, daß bestimmte Objekte älter oder jünger als andere des gleichen Fundortes sind. Diese provisorischen Schlüsse werden mehr und mehr verfeinert und erhärtet durch jede neue Ausgrabung, die die früheren Ergebnisse bestätigt oder korrigiert und den Grad der Genauigkeit erhöht. Die relativen Datierungen werden nach und nach zu absoluten, wenn die Verbindungen der einzelnen Entdekkungen und Funde mit denen anderer Ausgrabungen bestimmt werden und besonders wenn ägyptische Inschriften oder Vergleiche der materiellen Kultur Palästinas mit datierbaren Funden aus anderen Ländern genutzt werden können. Auch spielen historische Erwägungen in diesem Prozeß eine Rolle. Im Gegensatz zur relativen Chronologie, die sich mehr oder weniger sicher aus einer systematischen stratigraphischen Grabung ergibt, muß man äußerste Vorsicht bei der Feststellung einer absoluten Chronologie walten lassen. Gewöhnlich liefern Inschriften nur einen *terminus a quo* für die Schicht, in der sie gefunden wurden, weil immer die Möglichkeit besteht, daß die mit Inschriften versehenen Gegenstände noch eine lange Zeit in Gebrauch gewesen sind oder wiederverwendet wurden, nachdem die ursprünglichen Besitzer sich von ihnen getrennt hatten. Das gilt besonders für Skarabäen mit Pharaonennamen, die – vielleicht als Amulette – noch lange Zeit getragen wurden. Auch der Vergleich mit anderen Ländern kann manchmal Ungenauigkeiten bergen, da man unbemerkt in einen *circulus vitiosus* geraten kann, weil die Funde anderer Kulturen nach ihrer Beziehung zu palästinischen datiert worden sein können, ohne daß den Fundumständen und den relativen Chronologien genügend Aufmerksamkeit geschenkt wurde. Es braucht eigentlich nicht mehr besonders betont zu werden, daß historische Schlußfolgerungen besonders risikoreich sind, da sie immer bestimmte Voraussetzungen und subjektive Vermutungen enthalten.

Wir müssen uns daher stets vor Augen halten, daß nicht alle Datierungen absolut und daß sie in unterschiedlichem Ausmaß suspekt sind. Jedoch kann man heutzutage bei vorsichtiger Verwendung aller neueren Daten, die von jeder neuen Ausgrabung zu erhalten sind, eine beachtliche Genauigkeit gewinnen. Ein gutes Beispiel dafür, wie eine genaue Datierung durch Nutzung aller verfügbaren archäologischen und historischen Erkenntnisse erreicht werden kann, liefert die Ausgrabung von Hazor. Dort war es möglich, acht eisenzeitliche Schichten zu unterscheiden (XB, XA, IXB, IXA, VIII-V). Vergleiche mit anderen Grabungen ergaben, daß die Keramik dieser Schichten ungefähr in das 10. bis 8. Jahrhundert v.Chr. zu datieren ist. Dann wurde in der untersten dieser Schichten (XB) das große Tor ausgegraben, das große Ähnlichkeit mit den Toren von Megiddo und Geser hat. Daraufhin konnte man mit ziemlicher Sicherheit den historischen Schluß ziehen, daß diese Schicht in die Zeit Salomos zu datieren ist und ihre Bauten ca. 950 v.Chr. errichtet worden sein müssen (vgl. 1Kön 9,15). Die oberste eisenzeitliche Schicht (V) zeigte starke Spuren von Zerstörungen und Bränden, die diese große befestigte Stadt vernichteten. Diese Feuersbrunst ist ziemlich sicher dem Feldzug Tiglat-Pilesers III. 733/732 v.Chr. zuzuschreiben (2Kön 15,29).

Diesen schlüssigen Argumenten können noch einige sekundäre, abgeleitete Schlußfolgerungen hinzugefügt werden. In Schicht VIII wurden große öffentliche Gebäude errichtet und die Befestigungen verstärkt und erweitert; dabei handelt es sich wahrscheinlich um von Ahab ca. 870 v.Chr. veranlaßte Maßnahmen. Schicht IXB wurde durch Feuer zerstört und ein Teil der salomonischen Stadtmauer so geschliffen, daß sie nicht wieder genutzt werden konnte; das sind aller Wahrscheinlichkeit nach Spuren des Feldzuges von Ben-Hadad, dem aramäischen König von Damaskus, aus der Zeit um 885 v.Chr. (1Kön 15,20). Schicht VII hat ebenfalls so große Zerstörungen erlebt, daß viele der großen öffentlichen Gebäude nicht mehr genutzt werden konnten. Es gibt gute Gründe, dieses Unglück dem Feldzug des Königs von Damaskus, Hasaël, gegen Ende der Regierungszeit Jehus ca. 815 v.Chr. zuzuschreiben. Alle Anzeichen deuten darauf hin, daß Schicht VI durch ein Erdbeben zerstört worden ist, wahrscheinlich in der Regierungszeit Usijas, des Königs von Juda, ca. 760 v.Chr. (Am 1,1; Sach 14,5). Obgleich nicht alle diese Annahmen von gleichem Gewicht sind, scheint es doch, daß die Datierungen dieser Schichten mit Abweichungen von dreißig bis vierzig Jahren recht genau sind[23].

23 Hazor II,3.

Die meisten der umfangreicheren Ausgrabungen wurden in den größeren und zentraler gelegenen Gegenden des Landes durchgeführt; sie liefern uns ein repräsentatives Bild der alten Siedlungen in vielen Landesteilen (s. Karte 5). Von diesen Ausgrabungen fanden wiederum die meisten in Tälern statt; im Jesreel-Tal: Megiddo, Taanach, Afula und Bet-Schean; im Jordan-Tal: En-Gedi, Jericho, *Telēlāt Ġassūl, Tell Dēr ʿAllā, Tell es-Saʿīdīye*, Peḥel, *Ḫirbet el-Kerak*, Kinneret, Hazor; in der Küstenebene: Achsib, Akko, *Tell Kēsān, Tell Abū Ḥuwām, Šiqmōnā, Tel eḏ-Ḏurūr*, Afek, *Tell Qasīle*, Jafo und Aschdod; in der judäischen Schefela: Geser, Bet-Schemesch, Lachisch, *Tell Bēt Mirsim, Tell el-Ḥesī* und *Tell en-Naǧīle*; im Negeb: *Tell el-ʿAǧūl, Tell Ǧemme, Tell el-Fārʿa* (Scharuhen), *Tell eš-Serīʿa, Tell es-Sebaʿ, Ḫirbet el-Mšāš, Tell el-Milḥ* und Arad; im judäischen Gebirge: Bet-Zur, Ramat Raḥel, Jerusalem, *Tell el-Fūl* und Gibeon; im Gebirge Efraim: *Tell en-Naṣbe*, Bet-El, Sichem, *Tell el-Fārʿa*, Samaria und Dotan; in Transjordanien: Heschbon, Aroër, *Buṣērā, Ṭawīlān*, Ezjon-Geber *(Tell el-Ḫulēfi)*. In einigen Gebieten wurden nur wenige Ausgrabungen durchgeführt, so z.B. in Transjordanien und in Galiläa.

2. *Oberflächenforschungen*

Für die historische Geographie Palästinas spielen Oberflächenforschungen keine geringere Rolle als Ausgrabungen. Eine Ausgrabung ist notwendigerweise auf einen Ort beschränkt und verschlingt viel Geld und Zeit. Als Ergebnis gewinnt man das Bild eben dieser einen Siedlung, die gewöhnlich die bedeutendste Stadt des betreffenden Gebietes war.

Eine archäologische Oberflächenforschung kann dagegen das Bild eines ganzen Gebietes liefern und anzeigen, welche Änderungen die Besiedlung in diesem Gebiet erfahren hat. Eine einzige große Ausgrabung wird wohl nicht mit Sicherheit alle diese Vorgänge zu Tage fördern; da die Siedlung zentrale Funktionen ausübte, war sie wahrscheinlich während der meisten geschichtlichen Epochen besiedelt, selbst wenn sich größere Veränderungen im Umland ergeben hatten. Auch muß die Stadt selbst Veränderungen in der Besiedlung schon deshalb nicht widerspiegeln, weil sich neue Siedler aller Wahrscheinlichkeit nach zunächst in kleinen Dörfern oder Lagern und nicht in der Stadt niedergelassen haben. Bevor sie in der Stadt die Herrschaft an sich reißen konnten, wird ihre materielle Kultur und ihr Lebensstil bei der Anpassung an die neue Umgebung schon viele Veränderungen durchgemacht haben. Überdies kann die Stadt Perioden der Ausdehnung oder des Verfalls aufgrund bestimmter historischer Ereignisse erfahren haben, die nicht gleichermaßen das Umland betroffen haben müssen.

Der Wert einer archäologischen Oberflächenforschung ist folglich um so größer, wenn sie die meisten oder alle alten Siedlungen und Lagerplätze des jeweils untersuchten Gebietes umfaßt, auch wenn das Gebiet selbst relativ klein ist. Selbstverständlich kommt den Ergebnissen größere Wichtigkeit zu, je größer das untersuchte Gebiet ist. In einer genauen Oberflächenforschung wird man nicht nur die allgemeinen Charakteristika einer Siedlung

Karte 5: Archäologische Ausgrabungen

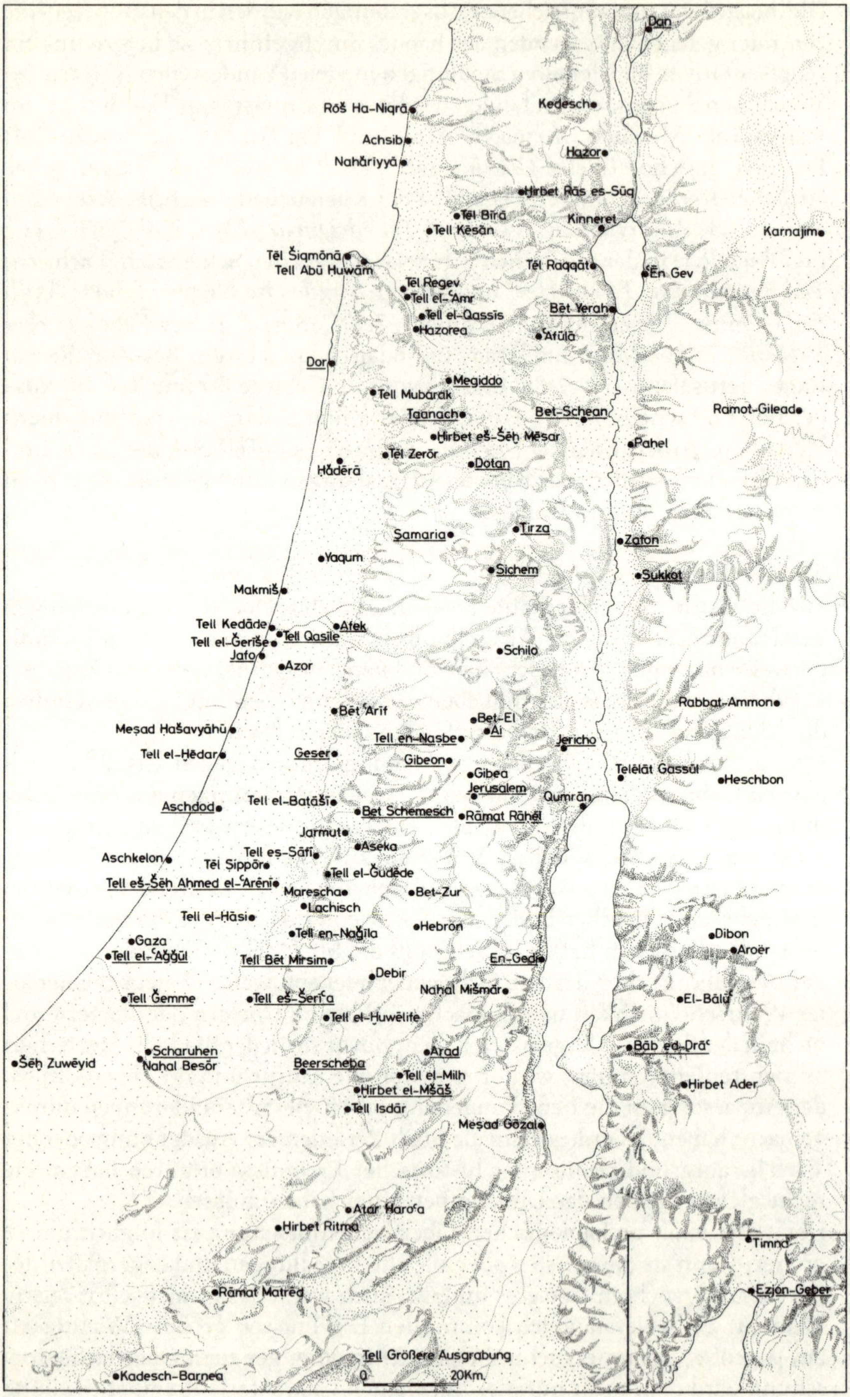

wie z.B. Größe und Art der Befestigung feststellen, sondern auch die Epochen ihrer Besiedlung durch Bestimmung der Scherben auswerten, die auf der Oberseite und den Abhängen eines Tells verstreut sind. Naturkräfte wie Wind, Regen, Kälte und Hitze bzw. menschliche Aktivitäten wie Pflügen, Graben und Bauen erleichtern uns die Aufgabe, Scherben aus mehreren, wenn nicht gar allen Epochen eines Hügels zu finden. Wir müssen nur geduldig und gewissenhaft auf der Oberfläche und an den Abhängen suchen. Manchmal muß man die Forschungen in anderen Jahreszeiten wiederholen. Auf diese Art und Weise können wir eine genügend große Anzahl Scherben aus jeder Besiedlungsphase eines Ortes sammeln, um die Epochen festzustellen, in denen dort eine Besiedlung bestand und wann sie eine größere Ausdehnung erlangte. Der Fortschritt, der in der Genauigkeit stratigraphischer Beobachtungen bei Ausgrabungen und bei der typologischen Klassifizierung der Keramik gemacht wurde, liefert das Rüstzeug, die zusammengetragenen Scherben mit einer beachtlichen Präzision zu bestimmen. So kann eine systematische archäologische Oberflächenforschung Siedlungskarten für ein bestimmtes Gebiet in den verschiedenen Perioden liefern und somit viel Licht auf Zunahme und Verfall von Siedlungen werfen; das alles ist durch Ausgrabungen allein nicht zu erreichen.

Moderne archäologische Oberflächenforschungen dieser Art wurden bis jetzt nur in wenigen Gebieten Palästinas durchgeführt. Die Forschungen von Conder und Kitchener[24] und von Schumacher in Transjordanien[25] wurden unternommen, als stratigraphisches Beobachten bei Grabungen und Scherben als Datierungsmittel noch unbekannt waren. Daher konnten sie genauere Datierungen nur für jüngere Siedlungen vornehmen, in denen sie Gebäude oder Inschriften fanden. Die älteren Siedlungen erfuhren nur eine kurze stereotype Beschreibung, die sich auf Gebäudereste, Steine und manchmal Zisternen oder Gräber bezog. Daher leiden diese Berichte an einem Mangel an chronologischen Angaben und an der Fähigkeit, zwischen den Ruinen einer befestigten Stadt und denen einer kleinen, nicht ummauerten Siedlung deutlich zu unterscheiden.

Ausgedehnte moderne Oberflächenforschungen wurden von N. Glueck in den zentralen und südlichen Landesteilen Transjordaniens durchgeführt[26]. Er zeigte mit diesen Untersuchungen die vielen Möglichkeiten für weitere Forschungen auf, als er Hunderte alter Niederlassungen in den südlichen Teilen Transjordaniens prüfte. Es wurde bewiesen, daß es bestimmte Besiedlungsperioden gab, die voneinander durch beachtliche Zeiträume getrennt waren, in denen es in diesem Gebiet keine dauerhaften Siedlungen gegeben hat. Das liegt daran, daß Transjordanien im Osten und Süden zur

24 *Conder, C. R.* und *H. H. Kitchener*, The Survey of Western Palestine. Memoirs of the Topography, Orography, Hydrography and Archaeology I–III, London 1881–1883.

25 *Schumacher, G.*, Unsere Arbeiten im Ostjordanland I–X, ZDPV 1913–1917; *ders.*, Across the Jordan, London 1886.

26 *Glueck, N.*, Explorations in Eastern Palestine I–IV, AASOR 14 (1934); AASOR 15 (1935); AASOR 18–19 (1939); AASOR 25–28 (1951).

Steppe hin offen ist; daher war es immer das erste Gebiet, das aus der Steppe eindringenden Nomaden zum Opfer fiel, die es oft für lange Zeitspannen verwüstet ließen. Selbstverständlich wurden, nachdem Glueck seine Forschungen publiziert hatte, hier und da Überreste aus der späten Bronzezeit entdeckt, aber dies bedeutete nur eine geringfügige Modifizierung seiner Ergebnisse. Die Existenz vereinzelter Siedlungen ändert an dem allgemeinen historischen Rahmen, den wir von der frühen Besiedlung haben, nichts. Aus dieser Sicht sind die Ergebnisse einer umfangreichen Oberflächenforschung zuverlässiger als die aus einer vereinzelten Siedlung oder aus Zufallsfunden gewonnenen.

Mit Ausnahme der Arbeiten in Transjordanien sind bis heute nur partielle Oberflächenforschungen in begrenzten Gebieten durchgeführt worden. Jedoch hat jede Oberflächenforschung, die einen ganzen Bezirk abdeckte, unmittelbar ihre große Bedeutung für das Verständnis der Besiedlungsgeschichte in diesem Gebiet unter Beweis gestellt. In späteren Jahren setzte Glueck seine Arbeiten durch umfangreiche Forschungen im Negeb fort[27], die später von anderen Gelehrten erweitert wurden. A. Saarisalo fand bei seinen Oberflächenforschungen in Untergaliläa die Verläufe der alten Handelsstraßen in diesem Gebiet[28]. Er führte auch einige Untersuchungen in Westgaliläa[29] und in der Schefela durch[30]. Der Autor stellte Oberflächenforschungen in Obergaliläa an, die Hinweise auf kanaanitische und israelitische Besiedlung ans Licht brachten und die typologische Klassifizierung der Keramikformen, die sich in den jungen israelitischen Siedlungen entwickelt hatten, ermöglichten[31]. Auch sollen hier die Forschungen von Zori im Bet-Schean-Tal und seiner Umgebung[32] und von Kaplan in der Umgebung von Tel Aviv und in der Schefela[33] erwähnt werden. In den letzten Jahren wurde ein Projekt in Angriff genommen, das zum Ziel hat, Israel systematisch durch Oberflächenuntersuchungen zu erforschen; bis heute wurden einige Karten fertiggestellt, zunächst für die Umgebung von Haifa und für die südliche Küstenzone und den Negeb. Eine weitere Untersuchung, die viele wichtige Ergebnisse brachte, wurde in Juda, Samaria und Galiläa durchgeführt[34].

All dieses Material bringt uns in unserem Verständnis der alten Siedlungs- und Besiedlungsgeschichte in den verschiedenen Gebieten Palästinas ein

27 *Glueck, N.*, Rivers in the Desert, New York 1959.

28 *Saarisalo, A.*, The Boundary between Issachar and Naphtali, Helsinki 1927.

29 *Saarisalo, A.*, JPOS 9 (1929) 27–40; *ders.*, JPOS 10 (1930) 5–10.

30 *Saarisalo, A.*, JPOS 11 (1931) 98–104.

31 *Aharoni*, Settlement, 8–34 (hebräisch); *ders.*, Antiquity and Survival 2 (1957) 146ff.

32 *Zori, N.*, in: Remnants of the Past, Tel Aviv 1951, 82–92 (hebräisch); *ders.*, BIES 18 (1954) 78–90; *ders.*, BIES 19 (1955) 89–98 (hebräisch); *ders.*, in: The Beth Shean Valley, Jerusalem 1962, 135–198 (hebräisch).

33 *Kaplan, J.*, BIES 17 (1953) 138–143; *ders.*, BIES 21 (1957) 199–207 (hebräisch).

34 *Kochavi, M.* (Hg.), Judaea, Samaria and the Golan, Archaeological Survey 1967–1968, Jerusalem 1972; *Barkay, G.*, *Ilan, Z.*, *Kloner, A.*, *Mazar, A.* und *Urman, D.*, IEJ 24 (1974) 173–184.

gutes Stück weiter. Man kann hoffen, daß in naher Zukunft Ausgrabungen in den Gebieten unternommen werden, die bisher noch nicht gründlich genug untersucht worden sind, und daß das ganze Land durch systematische, auf dem neuesten Stand der Wissenschaft stehende Oberflächenuntersuchungen erforscht wird. Dadurch würde unser Wissen sehr vertieft und erweitert werden.

Kapitel 6

Das Studium der Toponymie

Jede autonome Siedlung wird in der Bibel Stadt genannt, ohne nähere Unterscheidung nach Größe und Funktion. Ein wesentlicher Bestandteil der meisten wirklichen Städte war ihre Befestigung; die jeweiligen »Tochterstädte« standen zweifellos unter dem Schutz entsprechender befestigter Städte. Jedoch waren nicht alle Städte befestigt, und die Liste der Orte, die den jeweiligen Stämmen zugeschrieben wurden, umfaßt viele unbefestigte und darunter ausgesprochen kleine Siedlungen.
Im Altertum gab es keine klare Unterscheidung zwischen Stadt und Dorf. Die Landwirtschaft stellte immer den wichtigsten Wirtschaftszweig dar – selbst in den städtischen Siedlungen. Daher können wir oft von der Stadt und ihren Feldern lesen. Teile der Stadtbevölkerung wohnten zu bestimmten Jahreszeiten in den verschiedenen Tochtersiedlungen in der Umgebung der Stadt. Jede Stadt, die in einer Region die Führungsrolle übernommen hatte, wird solche Tochtersiedlungen gehabt haben, auch wenn wir sie nicht immer erwähnt finden[1]. Bedauerlicherweise kennen wir nicht einen Namen einer solchen Tochtersiedlung. Auch wissen wir nicht, ob jede dieser Siedlungen einen eigenen Namen hatte oder ob es sich einfach um Vororte bzw. einzelne Siedlungen handelte, die unter dem Namen der »Mutterstadt« zusammengefaßt wurden (vgl. 2Sam 20,19).

I. Die Kontinuität alter Siedlungen

Städte werden in der Regel an ganz bestimmten Stellen gegründet und dort über viele Jahrhunderte immer wieder aufgebaut, so daß sich ein künstlicher Hügel bildete, der im Arabischen Tell (Pl. Tulul) genannt wird. Ihre Namen haben sich mit einer erstaunlichen Zählebigkeit gehalten. Viele Tulul in Palästina und den angrenzenden Ländern enthalten die Überreste solcher Siedlungen, die einst »auf ihren Hügeln« standen; die charakteristische Form dieser Tulul enstand durch die mächtigen Befestigungsmauern, die die Siedlungen umgaben.
Diese Kontinuität der Siedlungen stand in der Bronze- und Eisenzeit in voller Blüte, trotz längerer Unterbrechungen in der Geschichte verschiedener Siedlungen. Die alten Städte wurden häufig zerstört, ein Ergebnis der wechselvollen Geschichte des Landes. Die neue Stadt konnte nicht immer unmittelbar nach der Zerstörung ihrer Vorgängerin wiederaufgebaut werden. Bei

1 Zur Frage von Stadt und Tochterstädten vgl. *Weber, M.*, Gesammelte Aufsätze zur Religionssoziologie III, Tübingen 1921, 16–45; *Caspari, W.*, ZAW 39 (1921) 174–180.

vielen der ausgegrabenen Städte konnte man feststellen, daß sie in der zweiten Hälfte des 3. Jahrtausends v.Chr. – d.h. zwischen der frühen und der mittleren Bronzezeit – bis zu mehreren hundert Jahren nicht besiedelt worden waren. Selbst in der späten Bronzezeit, besonders zwischen der kanaanitischen und der israelitischen Besiedlung, waren auf vielen Tulul die Siedlungen aufgegeben worden. Trotzdem wurde die neue Siedlung fast immer auf dem gleichen Hügel gegründet, und der alte Name blieb trotz der vielen Wechsel in der Zusammensetzung der Bevölkerung erhalten.
Die wichtigsten Gründe für die Wahl einer Ortslage sind die folgenden vier: strategische Lage, Wasserversorgung, Verkehrsverbindungen und Ackerland.

1. *Strategische Lage*
Die alten Siedlungen waren im wesentlichen auf ihre eigenen Verteidigungsvorkehrungen angewiesen. Während der Bronzezeit gab es keine größeren Königreiche in Palästina, sondern kleine Stadtstaaten bildeten die politischen Einheiten. Selbst in den Zeiten, in denen die Ägypter das Land beherrschten, minderte sich das Sicherheitsrisiko nicht; jede Stadt mußte sich selbst verteidigen, ohne Unterstützung des ägyptischen Oberherrn. Daher wählten die damaligen Siedler immer wieder die alten Hügel, die die besten Möglichkeiten zur Verteidigung boten.

2. *Wasserversorgung*
Besonders in der Bronzezeit hing die Stadtbevölkerung von Quellen oder Brunnen ab; es war sehr schwierig, einen Wasservorrat für ein ganzes Jahr anzulegen. Die Abhängigkeit von natürlichen Wasservorkommen stand oft in starkem Gegensatz zu den Sicherheitsvorkehrungen, weil zum Beispiel Quellen nicht auf der Kuppe, sondern immer nur am Fuß eines Hügels entspringen. Daher waren die alten Siedler bestrebt, einen Platz zu wählen, der so nah wie nur irgend möglich an einer Quelle lag. An vielen Tulul (Jerusalem, Megiddo, Hazor) wurden eindrucksvolle Schacht- und Tunnelanlagen entdeckt, die eine Möglichkeit boten, das Wasser auch im Falle der Belagerung vom Innern der Stadt aus erreichen zu können.
Natürlich gibt es in der Bronzezeit besiedelte Tulul, an deren Fuß wir heute keine Quelle finden; es ist jedoch sehr wahrscheinlich, daß im Altertum Quellen in ihrer Umgebung zu finden waren. In Palästina wechseln die Stellen, an denen Quellen zutage treten (dies gilt besonders für kleinere Quellen), manchmal im Zusammenhang mit Änderungen der Kalksteinformationen unter der Erdoberfläche, in den meisten Fällen durch Erdbeben hervorgerufen. Heutzutage finden sich am Fuß von Megiddo zwei Quellen, jedoch keine in der Nähe des Wassertunnels, der in die Stadt führte. Es gibt einige wenige Ausnahmen von dieser Regel, da eine kleine Zahl von Tulul nie Quellen oder Brunnen in ihrer Umgebung hatte, so z.B. *Tell ʿArād* im Negeb und Gat *(Ǧett)* in Westgaliläa. Diese Siedlungen lagen auf Hügeln aus einem wasserundurchlässigen Gestein; hier wurden Zisternen ausgehoben, die das Regenwasser auffingen und sammelten.

3. Verkehrsverbindungen

Fernstraßen spielten in Geschichte und Wirtschaft des Landes immer eine bedeutende Rolle, besonders die internationalen Verkehrsverbindungen. Daher wurden die Siedlungen entlang der Hauptverkehrslinien und an deren Kreuzungen gegründet, wo sie sich rasch zu bedeutenden Städten entwickelten. Wir finden eine fortlaufende Kette von Siedlungen entlang der *Via Maris;* auch am Eingang zum Paß, der von der Jesreel- zur Scharon-Ebene führte, existierten alte Städte, so z.B. Jokneam, *Tell Abū Zurēq, Tell Abū Šūše,* Megiddo und Taanach.

4. Ackerland

Da ein großer Teil der städtischen Wirtschaft auf Ackerbau basierte, spielte die Nähe zu fruchtbarem Ackerland bei der Wahl einer Ortslage eine entscheidende Rolle. Der Zugang zu den Feldern sollte so günstig wie möglich sein.

Es ist die Kombination dieser vier Gründe, die erklärt, warum immer wieder dieselben Hügel für Niederlassungen gewählt wurden. Sie waren die günstigsten Plätze, die diesen vier Bedingungen entsprachen.

In der israelitischen Zeit lassen sich bestimmte grundlegende Änderungen feststellen. Die neu gekommenen Stämme brachten ein anderes Verteidigungskonzept mit. In der Frühzeit garantierte der Stämmebund die Sicherheit. Eine Stadt mußte sich nicht alleine verteidigen, und wir hören fast nichts über belagerte Siedlungen. In Gefahrenzeiten wurden die Stämme zusammengerufen. Ähnlich war es in der Königszeit, wo ein stehendes Heer unterhalten wurde, um die Grenzen des Reichs und jede einzelne Siedlung zu schützen. Trotzdem spielten die befestigten Städte noch eine wichtige Rolle, was daraus zu ersehen ist, daß die meisten kanaanitischen Ortslagen nach einer gewissen Zeit wieder besiedelt und befestigt wurden. Früh schon in israelitischer Zeit wurden überall verputzte und getünchte Zisternen gebaut, so daß es möglich wurde, den Wasservorrat für ein ganzes Jahr zu sammeln[2]. Diese Neuerung erlaubte es, Siedlungen anzulegen, die von Quellen unabhängig waren. Deshalb finden wir in bisher unbesiedelten Regionen plötzlich zahlreiche kleine Siedlungen.

In der hellenistischen und römischen Zeit änderten sich die Bedingungen total. Der kleine Tell genügte nicht mehr den Anforderungen einer großen, planmäßig angelegten Stadt. Daher wurden die meisten Tulul aufgegeben und die Bevölkerung in der näheren Umgebung angesiedelt, die mehr Raum bot. In vielen Fällen wurde der alte Ortsname des Tell auf die neue Siedlung übertragen.

2 *Albright, W. F.,* Archäologie in Palästina, Zürich/Köln 1962, 112.

II. Die Herkunft der Ortsnamen und ihre Bedeutung

Orts- und Gebietsnamen wurden in Palästina durch Jahrtausende mit erstaunlich geringen Änderungen beibehalten. Dies ist allem Anschein nach auf folgende zwei Gründe zurückzuführen: 1. Durch die verschiedenen Perioden ihrer Geschichte hindurch sprach die Bevölkerung des Landes semitische Sprachen, die mehr oder weniger eng miteinander verwandt waren. 2. Trotz der Änderungen in der Bevölkerungszusammensetzung gab es doch gewöhnlich eine Kontinuität der Siedlungen, so daß jede neue Bevölkerungsgruppe die Namen ihrer Vorgänger »erbte«.
Mit Hilfe der ägyptischen Quellen können wir die Geschichte vieler Ortsnamen bis zum Beginn des 2. Jahrtausends v.Chr. zurückverfolgen. Der größte Teil dieser Namen ist semitisch. Bei den restlichen Namen ist es nicht immer möglich, Bedeutung oder Herkunft zu ermitteln. Daher ist es auch schwierig, die sprachlichen Verwandtschaften festzustellen.
Auf der Basis des hohen Anteils semitischer Ortsnamen, die bereits in den frühesten Quellen belegt sind, wird gewöhnlich angenommen, daß vom Beginn der historischen Zeit an, d.h. beginnend mit der frühen Bronzezeit, in der eine beträchtliche Zahl von Siedlungen gegründet worden war, in Palästina semitisch gesprochen wurde. Natürlich darf man nicht vergessen, daß es zwischen dem Ende der Frühbronzezeit und dem Beginn der Mittelbronzezeit eine große Besiedlungslücke gab. In allen ausgegrabenen Städten wurden für diese Zeit Spuren der Zerstörung festgestellt. Eine gewisse Zeit blieben sie verfallen liegen, bis zu Beginn des 2. Jahrtausends v.Chr. auf ihnen neue Siedlungen gegründet wurden. Wenn wir auch keine definitiven Belege für Ortsnamen des 3. Jahrtausends haben, so ist es doch wahrscheinlich, daß die meisten kaum von denen des 2. Jahrtausends abwichen. Es gibt zumindest zwei alte Namen, die eine Kontinuität aufweisen: Byblos erscheint in ägyptischen Inschriften schon in der Mitte des 3. Jahrtausends v.Chr.; Bet-Jerach blühte ebenfalls im 3. Jahrtausend, wurde aber aufgegeben und erst in hellenistischer Zeit wieder besiedelt. Der Name Bet-Jerach ist uns erst aus späten Quellen bekannt, aber es bestehen kaum Zweifel, daß er sehr viel älter ist. Es ist deshalb wahrscheinlich, daß der Ortsname in der Frühbronzezeit entstand.
Nicht immer ist es möglich, eine schlüssige Interpretation geographischer Namen zu geben. Jedoch kann man viele von ihnen mit relativer Sicherheit erklären. Diese erklärbaren Namen können nach Herkunft und Bedeutung in folgende Kategorien unterteilt werden[3]:

1. Götternamen

Viele der alten Namen mit Bet (»Haus«) sind mit dem Tempel eines Gottes verbunden, der der jeweiligen Ortschaft ihren Namen gab, so z.B. Bet-El,

3 Das grundlegende Material wurde zusammengestellt und bearbeitet von *W. Borée*, Die alten Ortsnamen Palästinas, Leipzig 1930.

Bet-Dagon, Bet-Haram (Variante: -Haran), Bet-Horon, Bet-Anot, Bet-Anat, Bet-Schean, Bet-Schemesch, Bet-Rafa; Bet-Baal-Meon findet sich auch in der Form Baal-Meon. Es ist möglich, daß einige oder alle theophoren Ortsnamen ursprünglich noch Bet als Namenszusatz hatten, so z.B. Jericho, Anatot und Aschtarot. Ähnlich werden viele Namen mit Baal gebildet, so z.B. Baal-Gad, Baal-Hazor, Baal-Pegor, Baal-Perazim, Baal-Zefon, Baal-Schalischa, Baal-Tamar, Baalat-Beer sowie Baalat und Bealot.

2. Personen- oder Sippennamen

Nur wenige Ortsnamen sind eindeutig auf Personen oder Sippen zu beziehen, z.B. (Elon-) Bet-Hanan, (Bet-)Asmawet, Ananja, Bet-Pelet, Bene-Berak, das Tal der (Söhne des) Hinnom (Ge-Ben-Hinnom, Γεεννα in griechischer Schreibweise). Es scheint, daß alle diese Namen in israelitischer Zeit entstanden sind. Einige Namen, die Personennamen ähnlich sehen, sind aus einem Verb und einem theophoren Element abgeleitet bzw. entstanden. Zumindest ein Teil dieser Namen hat schon in der Bronzezeit existiert, und es ist schwer zu sagen, ob sie von einem Patronym abgeleitet oder einfach theophore Namen sind. Zu dieser Kategorie gehören: Jabneel, Jesreel, Jiftach-El, (Je)kabzeel, Jokteel, Jirpeel, Jibleam, Kibzajim (Jokmeam), Jokneam, Bet-Arbeel und Penuel.

3. Bezeichnung eines Gebietes

Namen, die die Art einer Ortslage oder ihrer Umgebung näher kennzeichnen, sind sehr weit verbreitet, so z.B. Geba, Gibea, Gibeon, Gibbeton, Rama, Merom, Mizpa (auch Mizpe), Zefat, Tyrus, Bet-Zur, Sela, Sansanna, Bet-Emek und Rehobot. Einige beschreiben die geographische Lage, wie z.B. Kedemot und Zedad. Andere spielen auf die Existenz alter Ruinen an, auf denen sich die Siedlung erhebt, so z.B. Hattil, Ai, Aja und Ije-Abarim.

4. Bezeichnung nach Bodenbeschaffenheit und -nutzung

Viele Namen geben die Art der Bodenbeschaffenheit an, so z.B. Tob, Naaman, Schafir, Tirza, Mahaleb, Daberat, Madmen, Madmanna, Hefer, Ofra, Jabesch, Bet-Jeschimot und die Salzstadt. Andere geben Hinweise auf lokale Erzeugnisse, z.B. Abel-Keramim, Bet-Kerem, Bet-Gannim, En-Gannim und Netaïm. Andere Ortsnamen weisen auf zentrale landwirtschaftliche Einrichtungen hin, so z.B. Goren, Addar, Gat und Gittajim. Namen, die sich auf Quellen beziehen, sind ebenfalls weit verbreitet, z.B. Abel, Afek, En, Beer, Beerot, Gebim, Giach, Hammat, Nahalal und Achsib.

5. Gebäude

Viele Orte werden nach Gebäuden, die das Aussehen der Siedlungen in älterer Zeit prägten, oder nach der allgemeinen Charakteristik der Siedlung benannt, z.B. Dor, Mahanajim, Maon, Sukkot, Kir, Kerijot, Atarot, Hazerot, Hazor und Namen, die von dem Wort *ḥāṣer*, »Hof«, abgeleitet und besonders typisch für den Negeb sind. Andere Namen sind mit den Festungsanlagen der Stadt zu verbinden, so z.B. Migdal, Bezer, Bet-Gader, Gedera, Gedor, Gederotajim, Schomron (Samaria) und Schimron. Einige beziehen sich auch nur auf Teile der Festungsanlagen, so Schaarajim und Rehob. Andere Namen verweisen auf besondere Kultbauten, z.B. Bamot-baal, Gilgal und Bet-Gilgal.

6. Allgemeine Charakteristika
Einige Namen spielen auf das allgemeine Aussehen oder den Umfang einer Ortslage an, z.B. Rabba, Rabbat, Rabbit, Zaïr und Zoar. Wieder andere dienen zur Beschreibung von Besitz, so z.B. Helkat, Manahat, Moreschet-Gat und Geser, oder der Heiligkeit des Ortes, z.B. Kadesch, Adam, Adama, Achschaf, Eschtaol und Eschtemoa.

7. Tiernamen
Die Namen vieler Siedlungen sind mit Tiernamen verwandt, so z.B. der Stein von Schelet, Ajalon, Bet-Hogla, Bet-Lebaot, Bet-Nimra, Gob, Hazar-Susim, Hazar-Schual, Kefira, Lajisch, der Turm von Eder, Nimrim, Eglon, Bet-Eglajim, En-Eglajim, En-Kore, der Schakalbrunnen, Etam, Zeboïm und Zebojim.

8. Pflanzennamen
Ebenso verbreitet sind von Pflanzennamen abgeleitete Ortsnamen, z.B. (Abel-)Schittim, Bet-Schitta, Beten, Betonim, Bet-Araba, Bet-Tappuach, Rimmon, Gat-Rimmon, Senaa, die Palmenstadt, Tamar, Anab, Kana, Kirjat-Jearim, Sorek, Socho, Schamir, Taanat-Schilo.
Wie oben erwähnt, sind wir noch weit davon entfernt, die ursprüngliche Bedeutung eines Ortsnamens sicher bestimmen zu können; daher haben wir viele Namen hier nicht erwähnt, und selbst von den erwähnten sind einige Deutungen nicht ganz gesichert. Jedoch ändern Zweifel in einigen Fällen nicht das Gesamtbild des gemeinsamen semitischen Ursprungs. Obwohl viele Siedlungen erst nach der Ankunft der Israeliten gegründet worden sind, können wir doch keinen besonderen Unterschied zwischen dem Charakter von alten und neuen Ortsnamen feststellen. Die neuen Orte bekamen Namen, die den kanaanitischen Namen sehr ähnlich sind; bei den alten Orten haben die Israeliten gewöhnlich den Namen der Vorgänger übernommen. Auch beeinflußten die Namen alter Orte oft die Namen der neugegründeten Siedlungen[4].

Belege für die Änderung früherer Ortsnamen durch die Israeliten sind sehr selten. Das einzige sichere Beispiel ist das der kanaanitischen Stadt Lajisch (Leschem), die Dan genannt wurde nach dem Stamm, der sie erobert und besiedelt hat (Ri 18,29); der Name Lajisch taucht in Quellen des 2. Jahrtau-

4 *Isserlin, B. S. J.*, PEQ 89 (1957) 133–144.

sends auf[5]. Selbst bei bewußter Änderung konnte sich oft der neue Name nicht gegen den alten durchsetzen, so z.B. bei Kenat in Baschan, das von Nobach erobert und nach ihm benannt wurde (Num 32,42), oder dem edomitischen Sela, das nach seiner Unterwerfung unter Amasja Jokteel genannt wurde (2Kön 14,7)[6].
Das gleiche gilt für die Namen vieler Landstriche. Viele werden nach ihren Charakteristika benannt, und manche sind schon in vorisraelitischen Quellen belegt. Der Name der libanesischen *Biqāʿ* wird in den ägyptischen Ächtungstexten des 19. Jahrhunderts v.Chr. *b-q-ʿ-t-m* (E-20) geschrieben[7]. In der Liste Thutmoses' III. finden wir Negeb (Nr. 57), Emek (Nr. 107), Har (»Gebirge«, Nr. 77), eventuell Galiläa (*k-r-r*, Nr. 80) und auch Scharon (*s-r-n*, Nr. 21), obgleich nach dem Kontext dieser Name nicht auf die Küstenebene, sondern eher auf ein Gebiet in Baschan hinweist (anscheinend die »Weideländer von Scharon« von 1Chr 5,16)[8]. Andererseits wird die Küstenebene Scharon in den Annalen Amenophis' II. erwähnt[9]. Nur bei der Schefela kann man annehmen, daß dieser Begriff von den Israeliten geprägt wurde, weil er der Sicht der im Gebirge Wohnenden, die auf die niedrigere Hügelzone blicken, entspricht.
Es gibt nur wenige alte Gebirgs- und Flußnamen in Palästina, die uns auch aus nichtbiblischen Quellen bekannt sind. Die Gebirge Libanon, Sirjon (Senir) und Amanus tauchen bereits in hethitischen Quellen, in Texten aus Ugarit und in assyrischen Inschriften auf. Im Gegensatz dazu ist keiner der südlichen Gebirgszüge belegt. Vielleicht liegt das daran, daß diese – relativ gesehen – bedeutend niedriger sind. Im Papyrus Anastasi I aus der Regierungszeit Ramses' II. werden einige wenige Hügel und Flüsse erwähnt, so z.B. der Berg User (*wśr*, ein ägyptischer Terminus für »stark, mächtig«), der vielleicht mit dem Karmel-Gebirge identisch ist. Das Karmel-Gebirge war wohl ägyptischen Seefahrern schon seit alten Zeiten bekannt; das spräche für seinen ägyptischen Namen[10]. Der Name »Gebirge Sichem« hat allem Anschein nach das ganze efraimitische Gebirgsland umfaßt, das zu dieser Zeit von Sichem kontrolliert wurde. Ähnlich wird in den Inschriften Ramses' II. der Name »Berg Bet-Anat« mit deutlichem Bezug auf Galiläa gebraucht[11]. Im Papyrus Anastasi I wird der Fluß Liṭani *n-ṯ-n* genannt, doch ist der Name dieses Flusses weder in der Bibel noch in anderen Quellen überliefert. Auch wird der Jordan dort erwähnt. Über die Ableitung dieses Namens gehen die Meinungen weit auseinander. Einige Gelehrte nehmen

5 *Dossin, G.*, RA 64 (1970) 98 Zeile 21. Zur richtigen Lesung dieses Namens in den Ächtungstexten vgl. *Rainey, A. F.*, IOS 2 (1972) 395, anders *Malamat, A.*, IEJ 21 (1971) 35.
6 Der Abschnitt in Num 32,38 ist bis heute noch nicht befriedigend erklärt; vgl. *Vaux, R. de*, Vivre et penser I, Paris 1941, 16ff.
7 *Mazar, B.*, EI 3 (1954) 25 (hebräisch); *Helck*, Beziehungen, 56.
8 *Simons*, Handbook, 117f; *Aharoni, Y.*, Settlement, 122 (hebräisch).
9 ANET 246.
10 *Aharoni, Y.*, Settlement, 122 (hebräisch).
11 *Simons*, Handbook, 149.

an, daß er von der semitischenWurzel *yrd* kommt und »der fließende (Strom)« bedeutet. Andere möchten den Namen aus dem Indoeuropäischen ableiten, weil es mehrere Flüsse des Namens Ἰάρδανος in Griechenland und anderswo gibt[12]. Die Namen anderer Flüsse und Bäche der Bibel sind oft von Pflanzennamen abgeleitet, so z.B. Jarkon, Kana, Sorek, Ela und Eschkol. Der »Bach Ägyptens« markiert die Grenze zwischen Ägypten und Palästina. Dieser Name taucht auch in assyrischen Texten auf *(naḫal Muṣur)*[13]. Die Namen einiger anderer Flüsse scheinen semitisch zu sein, es ist jedoch schwierig, ihre Bedeutung festzustellen, so z.B. bei Arnon, Zered, Jabbok und Kischon.

III. Die ursprüngliche Namensform

Wir können nicht immer sicher die ursprüngliche Form dieser alten Ortsnamen rekonstruieren, weil Transkription und Textüberlieferung viele Unsicherheiten enthalten. Probleme der richtigen Transkription tauchen meist in nichtbiblischen Quellen auf und da besonders in ägyptischen, teilweise auch in akkadischen Texten. Diese Sprache und ihre Schriftsysteme haben nicht genau die gleichen Konsonanten (oder Konsonantensymbole), die dem Klang des Kanaanäischen und Hebräischen entsprechen würden. Daher blieb den Schreibern nichts anderes übrig, als eines ihrer Symbole zu nehmen, das dem Klang so nahe wie möglich kam. So können wir nicht immer sicher sagen, welches Phonem sie umschreiben wollten; einige Zeichen dienten zur Umschreibung mehrerer kanaanitischer bzw. hebräischer Laute.

Diese Probleme treten besonders stark im Ägyptischen auf, das keine semitische Sprache ist. Obwohl es einige semitische Elemente enthält, weicht es doch sehr stark vom Kanaanitischen und Hebräischen ab. Für viele Namen in ägyptischen Inschriften gibt es bei der Re-Transkribierung mehrere Möglichkeiten; so scheinen z.B. die Dentale im Ägyptischen untereinander austauschbar gebraucht worden zu sein. Überdies macht die ägyptische Schrift keinen Unterschied zwischen *r* und *l*; für das semitische *l* benutzten die Ägypter gewöhnlich ein Zeichen, das die Ägyptologen traditionellerweise mit *r* transkribieren. Aber manchmal schrieben die Ägypter auch *n* für das semitische *l*. Es muß allerdings betont werden, daß diese Quellen sich gewöhnlich um Präzision bemühen und offensichtliche Schreibfehler sehr selten sind. Die meisten Inschriften handeln von Feldzügen, die von Schreibern begleitet wurden, die die geographischen Namen mit beachtlicher Genauigkeit festhielten. Die umfassende Bildung und das große Kön-

12 Enc.Bib. III,787 (hebräisch); *L. Koehler* vermutet, daß das Wort aus einer Kombination
6 der altpersischen Worte *yar* »Jahr« und *dan* »Fluß« abgeleitet ist, womit ein perennierender Fluß gemeint sei, ZDPV 62 (1939) 115–120.

13 ANET 286.290.

nen dieser Schreiber spiegeln sich in dem sehr aufschlußreichen Papyrus Anastasi I wider, einer literarischen Abhandlung in Form eines satirischen Briefes eines Schreibers an seinen Kollegen, in dem er dessen Kenntnisse herunterzuspielen versucht[14]. Von den vielen geographischen Namen, die in diesem Papyrus erwähnt werden, ist nur ein einziger falsch geschrieben, nämlich Achschaf mit *ʿAyin* statt mit *ʾAlef* (s.u. S. 191f).
Wie das phönizische Alphabet, das von den Hebräern übernommen wurde, hat die ägyptische Schrift zwar Zeichen für einzelne Konsonanten, im Gegensatz zur phönizischen ist sie aber eine Silbenschrift; dazu kommen noch Wortzeichen und Determinative. Für die Transkription fremder Worte oder etymologisch unklarer Namen wurde ein besonderes System, die sogenannte »Gruppenschreibung«, ersonnen und zumindest schon im Mittleren Reich verwendet (vielleicht auch schon ansatzweise in den Pyramidentexten). Es enstanden bilaterale Zeichen, die aus einem Konsonanten und einem schwachen Konsonanten oder Halbvokal bestanden *(ꜣ,ỉ,w,y)*. Einige Gelehrte glauben, daß mit dem Gebrauch dieser »Silbenzeichen« Vokale ausgedrückt werden sollten[15]; dafür stehen jedoch zu viele rein konsonantische Zeichen hintereinander, die nicht aussprechbar wären. Hätte man prinzipiell Vokale schreiben wollen und nicht als bekannt vorausgesetzt, so müßten mehr »Silbenzeichen« geschrieben worden sein.
Wenn man sich mit den ägyptischen Transkriptionen semitischer Namen befaßt, muß man auch das Entstehungsdatum dieser Inschriften berücksichtigen; im Neuen Reich wurden einige Konsonanten anders gebraucht als in früheren Perioden. Wir haben in der Tabelle auf S. 115f die verschiedenen Möglichkeiten zur Umschrift der Konsonanten ägyptischer Inschriften zusammengestellt. Diese Tabelle beruht nur auf solchen Ortsnamen, die mit sehr großer Wahrscheinlichkeit zu bestimmen waren[16].
In vielen Fällen ist es unmöglich, eine korrekte Lesung der Ortsnamen in ägyptischen Texten zu gewinnen; erst wenn eine beweiskräftige Verbindung zu Namen in anderen Schriftsystemen, z.B. zu dem der Bibel oder zu dem der akkadischen Texte, hergestellt werden kann, läßt sich der ägyptische Name lesen. Die ägyptischen Zeichen *m-k-t* können mehrere semitische Entsprechungen haben, nämlich *m-k-t*, *m-k-d* oder *m-g-t*, und erst aufgrund der Hinweise aus dem Kontext konnte die Gleichsetzung mit Megiddo gewonnen werden. Andererseits war auszuschließen, daß ägyptisches *m-k-t* semitisches *m-q-d* (Makkeda) darstellen soll, da *q* nie durch *k* wiedergegeben worden ist. Einige Namen können ohne weiteres durch Vergleiche mit anderen semitischen Wörtern erklärt werden, selbst wenn sie in anderen Quellen nicht als Ortsnamen auftauchen, so z.B. *m-k-t-r* =Migdal oder

14 ANET 475–479.
15 *Albright, W. F.*, The Vocalization of the Egyptian Syllabic Orthography, New Haven 1934; *Borée, W.*, a.a.O. [s.o. Anm. 3], 17f. Vgl. jedoch *Edgerton, W. F.*, JAOS 60 (1940) 473.
16 Mein Dank gilt R. Grafman und A. F. Rainey für die Überprüfung der Tabellen. Vgl. auch *Helck*, Beziehungen, 589ff.

k-t-n = Ginti (Gat). Trotz all dieser Möglichkeiten muß man größte Vorsicht im Hinblick auf vorgeschlagene Identifizierungen walten lassen, vor allem wenn sie im Gegensatz zu dem nunmehr bekannten System recht exakter phonetischer Umschreibungen im Ägyptischen stehen.

Transkription d. Ägyptologen	Lautwerte Hebr.	Proto-Sem.	Beispiele Ägyptisch	Hebräisch	Deutsch
ʾ Mittleres Reich	ל	l	ỉ-ś-q-ꜣ-n	אשקלון	Aschkelon
	ר	r	ỉ-ꜣ-ḥ-b-w-m	(א)רחב(ם)	Rehob
Neues Reich (Vokalzeichen)			ʿ-k-ꜣ	עכן	Akko
ỉ	א		ỉ-t-r-ʿ	אדרעי	Edreï
y	י	y	ỉ-y-r-n	אילון	Ajalon
c	ע	c	ʿ-y-n	עיון	Ijon
w (Vokal oder Halbvokal)	ו	w	y-p-w	יפו	Jafo
	י	y	r-w-ś	ליש	Lajisch
b	בּ	b	b-t-ʿ-n-t	בית ענת	Bet-Anat
	ב	b	ỉ-b-r	אבל	Abel
p	פּ	p	p-ḥ-r	פחל	Peḥel (Pella)
	פּ	p	ỉ-p-q-n	אפק(ן)	Afek
siehe auch	ב	b	k-p-n	גבל	Gebal (Byblos)
f	פּ	p	ḏ-f-t	צפת	Zefat
m	מ	m	y-b-r-ʿ-m	יבלעם	Jibleam
n	נ	n	k-n-n-r-t	כנרת	Kinneret
siehe auch	ל	l	k-p-n	גבל	Gebal (Byblos)
nw	נו	no, nu	ỉ-nw	אנו	Ono
nr	ל	l	ỉ-s-q-nr-n	אשקלון	Aschkelon
r	ר	r	r-ḥ-b	רחוב	Rehob
	ל	l	r-t-n	לד(ן)	Lod
siehe auch	נ	n	b-t-s-ỉ-r	בית שאן	Bet-Schean
h	ה	h	n-h-r-y-n	נהרין(ם)	Naharajin(m)
ḥ	ח	ḥ	b-t-ḥ-w-r-n	בית חרון	Bet-Horon
ḫ	ח	ḫ	ỉ-n-ḫ-r-t	אנחדת	Anaharat
ś	שׂ	ṯ	ʿ-ś-t-r-t	עשתרת	Aschtarot
	שׂ	ś	ś-w-k	שׂכה	Socho
s (=ś)	שׂ	ṯ	ʿ-s-t-r-t	עשתרת	Aschtarot
š	שׂ	š	m-š-i-r	משאל	Mischal
später (Schoschenk)	שׂ	ś	š-ỉ-k	שׂכה	Socho
q (ḳ)	ק	q	t-m-ś-q	דמשק	Damaskus
	גּ	g	q-b-ʿ	גבע	Geba
	ע	ǵ (ġ)	q-ḏ-t	עזה	Gaza
k	כּ	k	ʿ-k-ʾ	עכו	Akko
	כ	k	t-ʿ-n-k	תענך	Taanach
	גּ	g	k-b-ʿ	גבע	Geba
	ג	g	m-k-t	מגדו	Megiddo
g	ג	g	n-g-b	נגב	Negeb
	ע	ǵ (ġ)	g-ḏ-t	עזה	Gaza

Transkription d. Ägyptologen	Lautwerte Hebr.	Proto-Sem.	Ägyptisch	Beispiele Hebräisch	Deutsch
t	ת	t	ḥ-m-t	חמת	Hammat
	ד	d	m-k-t-r	מגדל	Migdal
	ט	ṭ	t-b-y	טוב	Tob (Tūbu, EA)
ṯ (tj)	ת	ṯ	k-n-ṯ	גת	Gat
	ס	s	ỉ-nr-ṯ	–	Ullasa?*
d	ד	d	q-d-š	קדש	Kadesch
	ט	ṭ	d-b-ḫ	טבח(ת)	Tibhat (Tubiḫi, EA)
ḏ	צ	ḍ oder ẓ	ḫ-ḏ-r	חצור	Hazor
	צ	ṣ	ḏ-f-t	צפת	Zefat
	ז	z	q-ḏ-r	גזר	Geser
später (Schoschenk)	ג	g	ḏ-d-p-t-r	גת(פדל)	Gat-Padalla (EA)

*In semitischen Lehnworten und in Ortsnamen, von denen der ursprüngliche Konsonant geprüft werden kann, repräsentiert dieses Zeichen *(tj)* semitisches *s* und nicht *z*.

Die Probleme akkadischer Transkriptionen sind längst nicht so schwierig, da Akkadisch zu den semitischen Sprachen gehörte, obwohl die Schrift selbst ursprünglich zur Wiedergabe des nichtsemitischen Sumerisch entwickelt worden war. Auch hat Akkadisch den großen Vorteil geschriebener Vokale[17]. Eine große Schwierigkeit taucht bei der Transkription der gutturalen Konsonanten ʾ,*h*,*ḥ*,ʿ und *ǵ* auf, die im Sumerischen nicht existieren und folglich auch nicht im Schriftsystem vorkommen. In assyrischen Inschriften werden diese Konsonanten im allgemeinen mit dem Zeichen für ʾ transkribiert; in den Amarna-Tafeln werden die Gutturale *h*,*ḥ*,*ǵ* und manchmal auch ʾ und ʿ durch Zeichen mit *ḫ* wiedergegeben, so z.B. in Ḫaṣura (Hazor), Ḫazati und auch Azzati (Gaza), Akka (Akko), Akšapa (Achschaf), Naḫrima (Naharajim), Taḫ[nuk]a (Taanach). Die für die akkadische Schrift so charakteristische Polyphonie bietet mehrere Möglichkeiten der Transkription. Mit einem *b*-haltigen Silbenzeichen z.B. kann auch eine *p*-haltige Silbe wiedergegeben werden (das Zeichen *ba* kann auch *pá* gelesen werden oder das Zeichen *ab* als *ap*); auch können die Sibilanten *s*,*ṣ* und *z*, die Dentale *d*, *t*, *ṭ* und die Velare *g*,*k*,*q* jeweils mit ein und demselben Zeichen ausgedrückt werden. Konsonantenverdopplung oder lange Vokale konnten, aber mußten nicht unbedingt geschrieben werden (unsere obigen Beispiele müßten aufgrund der hebräischen Form Ḫaṣūra [statt Ḫaṣura] und Ḫazzati [statt Ḫazati] gesprochen werden). Da es für den Vokal »*o*« (ob lang oder kurz) kein eigenes Zeichen gibt, wird er durch *u*-haltige Zeichen wiedergegeben;

17 Die akkadischen Vokale entsprechen den altsemitischen *a*, *i*, *u* und einem sekundären *e*. Diphtonge wurden immer zu langen Vokalen. Zwei zusammenfallende Vokale werden gewöhnlich kontrahiert. Jedoch ist, wie unten ausgeführt, die Vokallänge in der Schrift nicht immer klar erkennbar.

die meisten *i*-haltigen Zeichen können auch mit *e* gesprochen werden (z.B. das Zeichen *bi* auch als *bé*). Die Amarna-Briefe aus Kanaan sind in Sprache und Schriftduktus eng dem Altbabylonischen verwandt, während die Texte aus Nordsyrien und Boğazköy viele assyrische und hurritische Einflüsse aufweisen; das hat zur Folge, daß ähnliche Konsonanten weniger exakt unterschieden werden. Es sollte ferner festgehalten werden, daß in assyrischen Texten oft *š* durch *s* und *s* durch *š* wiedergegeben wird. So finden wir bei Sanherib Ušu statt Usu und Lakisi statt Lakiši. Darüber hinaus soll jeder gewarnt sein, sich auf ältere Keilschrift-Transkriptionen zu verlassen. Heutzutage hat der Assyriologe ein Syllabar zur Verfügung, in dem er die verschiedenen Phoneme nachschlagen kann; das hatte J. A. Knudtzon noch nicht, als er die Amarna-Tafeln publizierte[18]. Für eine wissenschaftliche Diskussion ist deshalb heute nur eine neue Transkription der Keilschrifttexte brauchbar[19].

Der gleiche Name in einer anderen Schrift (oder aus ihr transkribiert) kann zur Kontrolle der richtigen Lesung in einem akkadischen Text nützlich sein. Sowohl die ägyptische als auch die ugaritische Transkription zeigen, daß z.B. die richtigen Konsonanten für den berühmten Begriff, der in akkadischen Texten gewöhnlich *ḫa-bi-ru* geschrieben wird, *ʿ-p-r* sind. Wenn wir die Vokale aus dem Akkadischen nehmen, können wir die ursprüngliche Form *ʿapiru* rekonstruieren, wobei allerdings die Vokallänge noch nicht sicher ist. Steht derselbe Name in ägyptischen und akkadischen Texten, ist es möglich, die ursprüngliche Form mit ziemlicher Genauigkeit auch ohne Beispiele aus kanaanitischer oder hebräischer Schrift zu rekonstruieren, so z.B. *ḫ-ṯ-y* - Ḫasi, *ḫ-š-b* - Ḫašabu und *ʿ-r-n*, das sich, mit Ḫalunni verglichen, als **ʿalunni* rekonstruieren läßt. Jedoch ist diese Methode bei der Analyse bestimmter Formen nicht sehr hilfreich, so z.B. bei *y-r-ḏ*, das, syllabisch *yu-ur-ṣa* geschrieben, entweder *Jurza* oder *Jurṣa* wiedergeben kann. Auch muß man die Entwicklung der hebräischen Phonologie in Betracht ziehen, wenn man die masoretische Wiedergabe eines Namens mit einer alten Transkription in einer der anderen alten Sprachen vergleichen will.

Die wesentlichen Textprobleme, vor denen wir stehen, haben mit der Bibel zu tun. Die ägyptischen und assyrischen Zeugnisse sind zeitgleich mit den Siedlungen und den in den Texten beschriebenen Ereignissen; da bei der Komposition der Dokumente sehr gewissenhaft auf Details geachtet wurde, kommen nur sehr wenige Fehler vor. Die biblischen Quellen hingegen haben eine sehr lange mündliche und schriftliche Überlieferung durchgemacht. Daher ist es verständlich, daß sich trotz der großen Sorgfalt bei der Überlieferung der einmal schriftlich fixierten biblischen Bücher auch in Ortsnamen Fehler eingeschlichen haben. Das gilt besonders für solche Namen, die nur ein- oder zweimal in der Bibel vorkommen. Manchmal ist es

18 *Knudtzon, J. A.*, Die El-Amarna-Tafeln, Leipzig 1915, 979ff.

19 Vgl. *Rainey, A. F.*, AOAT 8 (1970) 1–2; *ders.*, UF 6 (1974) 295–296.

möglich, die Fehler in biblischen Ortsnamen zu entdecken, besonders wenn mehrere Städtelisten gleichen Inhalts in der Bibel überliefert sind. Als Beispiel mag die Liste der Städte Simeons dienen, die in Jos 19,2–8; 1Chr 4,28–33 und Jos 15,26–32 überliefert ist; einige dieser Städte werden auch in Neh 11,25–29 und in 1Sam 30,27–30 genannt. Vergleiche dieser Listen ergeben, daß bei einigen Namen Fehler und Änderungen vorgekommen sind, besonders bei denen, die nur in diesen Texten belegt sind[20]. Städte wie Beerscheba, Horma und Ziklag erscheinen in allen Listen ohne Änderungen. Manche Namen können als Varianten erklärt werden, z.B. Hazar-Susa (Jos 19,5) und Hazar-Susim (1Chr 4,31), Bet-Lebaot (Jos 19,6) und Lebaot (Jos 15,32), auch Eltolad (Jos 15,30; 19,4) und Tolad (1Chr 4,29). Aber bei Baala (Jos 15,29), Bala (Jos 19,3) und Bilha (1Chr 4,29) kann die ursprüngliche Form nicht mehr sicher bestimmt werden. Baala ist ein weitverbreiteter Name; deshalb wollte W. F. Albright Bilha als die ursprüngliche Form ansehen[21]. Ein anderer häufig entstellter Name ist Betul (Jos 19,4), Betuël (1Chr 4,30), Bet-El (1Sam 30,27) und Kesil (Jos 15,30). Nach Vergleich der verschiedenen Formen entscheidet sich W. F. Albright für Betuël[22]. Auf jeden Fall fällt Kesil aus dieser Reihe heraus. Hinzuweisen ist auch auf die Entstellung von (Bet-)Lebaot zu Bet-Biri in 1Chr 4,31.

Eine weitere zweifach überlieferte Liste ist die der levitischen Städte in Jos 21 und 1Chr 6. Bei einem Vergleich ergeben sich folgende Abweichungen: Ajin – Aschan, Gibeon – Geba, Taanach – Aner, En-Gannim – Anem, Helkat – Hukkok, Dimona – Rimmono, außerdem weitere Unterschiede, die man aber wohl noch als Varianten ansehen kann, so z.B. Almon – Alemet, Beeschtera – Aschtarot, Jarmut – Ramot, Mischal – Maschal, Hammot (-Dor) – Hammon und Kartan – Kirjatajim. Diese Beispiele sollen zeigen, daß größte Vorsicht und sorgfältigste Prüfung beim Studium biblischer Ortsnamen, besonders bei den nicht häufig vorkommenden, angebracht ist.

Daher ist es nötig, bei Textproblemen angesichts geographischer Namen die ursprüngliche Form unter Zuhilfenahme aller Parallelen zu rekonstruieren und dabei folgende Schritte in Betracht zu ziehen:

1. Man muß den in der Septuaginta überlieferten Text prüfen, der oft auf parallelen hebräischen Überlieferungen fußt, wie einige Fragmente der Schriftrollen vom Toten Meer gezeigt haben. Dazu sind alle wichtigen Handschriften der Septuaginta heranzuziehen, um die wahrscheinlichste Lesart festzustellen[23]. Selbst wenn das erfolgreich durchgeführt wird, ist noch nicht sicher, daß die nunmehr erschlossene Form dem hebräischen Original am nächsten steht; die Möglichkeit besteht jedoch, und deshalb sollte sie in die Überlegungen einbezogen werden.
2. Vergleich der biblischen Form mit Formen aus anderen Quellen, wenn es

20 *Albright, W. F.*, JPOS 4 (1924) 149–161.

21 Ebd., 150 Anm. 4.

22 Ebd., 150 Anm. 7.

23 Grundlegende Textforschung dieser Art für Teile des Josua-Buches in: *Margolis, M. L.*, The Book of Joshua in Greek, Paris 1931.

für sie einen topographischen oder historischen Hinweis auf mögliche Gleichsetzung gibt.

3. Vergleich des Namens mit der arabischen Namensform, die der betreffende Tell bzw. die betreffenden Überreste von Siedlungen heute haben (vorausgesetzt, daß es hinreichende Gründe für eine Identifizierung gibt).

4. Historische und topographische Erwägungen im Hinblick auf die Nennung besonderer Ortsnamen in bestimmten Texten und mögliche paläographische Fehler. Die folgenden Beispiele mögen dieses Problem veranschaulichen:

Eder. Im Negeb-Distrikt von Juda erscheint die Stadt Eder an zweiter Stelle der Liste (Jos 15,21). Ein Ort dieses Namens ist uns in anderen Quellen nicht überliefert; andererseits fehlt in dieser Liste Arad, das als in dieser Region gelegen bekannt ist. Die archäologischen Funde aus *Tell ʿArād* zeigten, daß die Festung während der gesamten Königszeit bestanden hat und auch nachher noch eine der wichtigsten Städte in diesem Gebiet war. Die Verwechslung der hebräischen Buchstaben *Dalet* und *Reš* (die sich auch in der älteren phönizischen und noch mehr in der jüngeren aramäischen Schrift sehr ähnlich sind) war ein häufig vorkommender Fehler bei der Überlieferung biblischer Texte, wie sich durch zahlreiche Beispiele belegen läßt. In diesem besonderen Abschnitt hat der Codex Vaticanus der Septuaginta die Lesart Ἀρα. Alle diese Faktoren zusammengenommen machen es sehr wahrscheinlich, daß Eder einfach eine falsche Schreibung für Arad ist.

Ebron. Dies ist eine Stadt im Erbteil des Stammes Ascher (Jos 19,28), die als Abdon in den Listen levitischer Städte (Jos 21,30; 1Chr 6,74) auftaucht. Topographische Erwägungen legen eine Identifizierung mit *Ḫirbet ʿAbde*, ca. 16 km nordnordöstlich von Akko, nahe und machen so die Lesart Abdon als die ursprüngliche Namensform wahrscheinlich.

Adada. Es wird angenommen, daß es eine Stadt dieses Namens im judäischen Negeb gegeben hat (Jos 15,22), die aber in 1Sam 30,28 als Aroër und im Codex Vaticanus der Septuaginta als Ἀρουηλ erscheint. Der Name hat sich bis heute in *Ḫirbet ʿArʿara* erhalten; somit ist deutlich, daß die ursprüngliche Form Aroër – Arara war.

Sarid. Dies ist eine Grenzstadt Sebulons (Jos 19,10.12). In einigen Handschriften der Septuaginta erscheint die Form Σεδουδ[24]. Ungefähr 8 km südöstlich von Nazaret gibt es einen *Tell Šadūd*; das legt als ursprüngliche Lesart Sadud nahe.

Madon. An der Schlacht von Merom (Jos 11,1; 12,19) nahm eine galiläische Kanaaniterstadt dieses Namens teil. Diese wurde gewöhnlich mit *Ḫirbet Madīn* gleichgesetzt, das ca. 0,5 km südlich von *Qarn Ḥaṭṭīn* liegt, eine Gleichsetzung, die lediglich auf der Namensähnlichkeit beruht. Jedoch hören wir nie aus irgendeiner anderen Quelle von einer kanaanitischen Stadt dieses Namens; dagegen hat die Septuaginta Μαρρων, d.h. Maron, wodurch die Stadt mit einem Ort in der Umgebung der »Wasser von Merom«

24 Ebd., 364f.

(ὕδωρ Μαρρων) zu identifizieren ist. Die Stadt Merom ist aus vielen Quellen, sowohl ägyptischen wie auch assyrischen, bekannt. Ohne weitere Angaben kann keine endgültige Lösung gefunden werden, aber offensichtlich muß die allgemein akzeptierte, nur auf der Ähnlichkeit des hebräischen und arabischen Namens beruhende Identifizierung von Madon als zweifelhaft angesehen werden.

Schimron. Hier haben wir es wieder mit einer Stadt aus dem Erbteil Sebulons zu tun (Jos 19,15), die auch zu den kanaanitischen Städten gehörte, die an der Schlacht bei Merom teilgenommen haben (Jos 11,1; 12,20). Die Septuaginta liest Συμοων. Diese Stadt ist aus den Ächtungstexten und der Liste Thutmoses' III. in der Form *š-m-ʿ-n* bekannt. In den Amarna-Briefen wird sie Šamḫuna geschrieben. Josephus überliefert Σιμονιας, und die hebräische Tosefta hat die Form סימוניא. Ungefähr 8 km westlich von Nazaret gibt es einen Tell mit Namen *Ḫirbet Samūnīye*, und schon im Jerusalemischen Talmud (*Megilla* 70a) finden wir die Gleichsetzung »Schimron-Simonia«, die auf einer einfachen Ableitung aus dem Kontext durch Rabbi Yosi bar Hanina beruht. So deuten alle Belege auf **Šimʿon* als ursprüngliche Namensform hin[25].

IV. Die Überlieferung der Namen

Viele der alten Ortsnamen wurden von der örtlichen Bevölkerung oft bis in die heutige Zeit beibehalten, trotz aller historischen Erschütterungen und trotz großer Veränderungen in der Bevölkerungszusammensetzung[26]. Die große Mehrheit sicherer Identifizierungen wurde dadurch ermöglicht, daß der alte Name erhalten blieb – entweder an dem alten Ort selbst, einer nahe gelegenen Ruine oder einem Grab oder auch in einem kleinen Dorf, das in unmittelbarer Nachbarschaft liegt. Die folgende Tabelle gibt die heute allgemein verbreitete Umschrift arabischer Schriftzeichen wieder, wobei allerdings gelegentlich Abweichungen vorkommen können:

arabisch	englisch	deutsch
ا	ʾ	ʾ
ب	b	b
ت	t	t
ث	th	ṯ
ج	j	ǧ
ح	ḥ	ḥ
خ	ḫ (kh)	ḫ
د	d	d
ذ	dh	ḏ

25 *Rainey, A. F.*, Tel Aviv 3 (1976) 57–69.

26 Die biblischen Namen werden entsprechend dem »Ökumenischen Verzeichnis der biblischen Eigennamen nach den Loccumer Richtlinien« (Stuttgart 1971) wiedergegeben.

arabisch	englisch	deutsch
ر	r	r
ز	z	z
س	s	s
ش	š (sh)	š
ص	ṣ	ṣ
ض	ḍ	ḍ
ط	ṭ	ṭ
ظ	ẓ	ẓ
ع	ʿ	ʿ
غ	ǵ (gh)	ġ
ف	f	f
ق	q	q
ك	k	k
ل	l	l
م	m	m
ن	n	n
ه	h	h
و	w	w
ي	y	y

Natürlich haben viele Ortsnamen im Laufe ihrer Jahrhunderte oder gar Jahrtausende langen Überlieferung phonetische oder linguistische Änderungen durchgemacht. Biblisches Hebräisch war dem Kanaanitischen, das vor dem Hebräischen in Palästina die vorherrschende Sprache war, eng verwandt; daher findet man keine nennenswerten Unterschiede bei geographischen Namen zwischen der Bronze- und der Eisenzeit. Von der persischen Zeit an war Aramäisch weit verbreitet, das erst nach der Ausbreitung des Islam vom Arabischen abgelöst wurde. Als Ergebnis dieser Wechsel machten viele Namen in der gesprochenen Sprache Veränderungen durch. Einige dieser Änderungen erstrecken sich auf eine unterschiedliche Aussprache der Konsonanten, andere gehen auf unterschiedliche Wortbildungen im Aramäischen und Arabischen zurück.

Die wichtigsten Regeln dieser sprachlichen Änderungen sind von Kampffmeyer erarbeitet worden[27]. Er gewann sie durch einen äußerst gewissenhaften Vergleich alter mit modernen geographischen Namen und faßte sie in linguistischen und phonetischen Regeln zusammen. Zur Gewinnung der exakten Schreibung und Aussprache arabischer Namen stützte sich Kampffmeyer auf die Arbeiten von Eli Smith, auf die Karten des Palestine Exploration Fund und Palmer's *Name List*, die auf diesen Karten beruht[28]. Heute kann noch weiteres Material herangezogen werden, z.B. das vom

27 *Kampffmeyer, G.*, ZDPV 15 (1892) 1–33.65–116; *ders.*, ZDPV 16 (1893) 1–71.
28 Survey of Palestine 1 : 100000.

Survey Department der britischen Mandatsregierung gesammelte, das die Forschungen seiner regionalen Inspektoren wiedergibt[29].

Im folgenden sollen die wichtigsten Prinzipien, die den Veränderungen geographischer Namen zugrunde liegen, dargestellt werden:

1. *Arten der Überlieferung.* Kampffmeyer versuchte, Gesetzmäßigkeiten bei der Übertragung von geographischen Namen aus dem Aramäischen ins Arabische nach der islamischen Eroberung im siebten Jahrhundert n.Chr. festzustellen. Diese Übertragung konnte nach seinen Erkenntnissen auf zwei verschiedene Arten geschehen:

a) direkte Übernahme des Namens durch die arabischen Eroberer in ihren Hauptsiedlungsgebieten – von Kampffmeyer Überlieferung »durch arabische Zunge« genannt;

b) allmähliche Veränderung »durch syrische Zunge«. Damit ist gemeint, daß die lokale »syrische« Bevölkerung Arabisch lernen mußte; dadurch wurde ihre autochthone Sprache, meist Aramäisch, nach und nach ins Arabische überführt.

Die erste Art der Überführung ist hauptsächlich phonetischer Art. Der Araber sprach die Namen so aus, wie er sie hörte, d.h. mit möglichst ähnlichem Klang. Anders ist es bei der zweiten Art der Überführung, bei der die aramäischen Worte nach und nach durch arabische ersetzt wurden, die sich natürlich so eng wie möglich an die aramäischen Vorlagen hielten. Bei drei Konsonanten werden die Veränderungen besonders deutlich sichtbar:

Šīn (gesprochen *sch*, geschrieben *š*) wird bei der schrittweisen Überführung zu *s*, im Aramäischen gewöhnlich *Sīn* (manchmal auch *Samek*; ein Phänomen, das auch schon aus hebräischen Beispielen bekannt ist, so z.B. Michmasch – Michmas), im Arabischen immer (wo es den Lautwert *Samek* hat), z.B. bei Aschdod – *Esdūd*, Heschbon – *Ḥesbān*. Jedoch bleibt bei der direkten Übernahme (»durch arabische Zunge«) der aramäischen Ortsnamen das *Šīn* erhalten, z.B. in Aschtarot (*Aschtara) – *Tell ʿAštara*.

Kaf (*ḫ*, aspiriertes *k*) bleibt bei schrittweiser Überführung in nicht aspirierter Form erhalten, so z.B. Taanach – *Tell Taʿannek*. Bei der direkten Übernahme wird es durch arabisches *ḫ* wiedergegeben, dessen Aussprache dem aspirierten hebräischen *k* (d.h. ch wie im Deutschen: ach) am nächsten kommt, wie z.B. Michmas – *Muḫmās*.

Pe (unaspiriertes *p*) wird bei schrittweiser Überführung im Arabischen zu *f*, so bei (Bet-)Tappuach – *Taffūḥ*, Zippor (Seppor) – *Ṣaffūriye*. Bei direkter Übernahme wird *pe* im Arabischen zu *b*, so z.B. bei Mizpa – *Tell en-Naṣbe*, Farpar – *Barbar*. Ebenso wird das griechische π hellenistischer Namen im Arabischen stets zu *b*. Das ist allerdings nicht auf schrittweise oder direkte Übernahme zurückzuführen, sondern eher auf eine phonetische Verschiebung bei der Transkription nichtsemitischer Worte, wie in folgenden Bei-

29 »Schedule of Historical Monuments and Sites«, Suppl 2, Pal.Gaz.Extraord. Nr. 1375, 1944; Yalqut Hapirsumim, 1091, 1964; 1164, 1965; 1327, 1967; 1583, 1969; 1925, 1973.

spielen: Tripolis (Τρίπολις) – *Ṭarāblus*, Neapolis (Νεάπολις) – *Nāblus*, Paneas (Πανιάς) – *Banyās*[30].

Die meisten arabischen Ortsnamen lassen auf eine schrittweise Übernahme schließen; es gibt nur wenige Beispiele für direkte Übernahmen.

2. *Suffixe* sind kein fester Teil des Namens, d.h. viele Namen werden mit Suffixen gebildet, die, ohne die geographische Bedeutung des Namens zu ändern, wechseln können, so z.B. Geba, Gibea, Gibeon; Gader, Gadera, Gederot, Gederotajim; Rama, Ramot, Ramatajim. Daher sollten diese Suffixe nicht als grammatische Elemente angesehen werden, mit denen ein Femininum, ein Plural oder ein Dual gebildet worden wären. Wahrscheinlich hatten sie lediglich lokalspezifische Bedeutung und konnten ausgetauscht oder weggelassen werden, ohne daß die Grundbedeutung des Namens davon berührt wurde.

Aus diesem Grunde sind die Suffixbildungen bei den arabischen Namensformen gewöhnlich Veränderungen unterworfen. In vielen Fällen scheint es, daß sie von alten, sekundären Namensformen abstammen, die in unseren Quellen nur selten aufbewahrt wurden. Wir wollen hier nur einige Beispiele anführen: Almon, Alemet – *Ḫirbet ʿAlmīt;* Schaalbon, Schaalabbin, Schaalbim – *Selbīṭ;* Dotan – *Tell Dōṯān*, Schilo (*Schilon) – *Sēlūn;* Adorajim (*Adora) – *Dūra;* Betonim – *Ḫirbet Baṭne;* Kesalon – *Keslā;* (Bet-) Nimra – *Nimrīn;* (die Wasser von) Nimrim – *Wādi Numērā*. Zuweilen verschwinden die Suffixe ganz, z.B. bei Kesullot – *Iksāl;* Bet-Horon – *Bēt ʿŪr*.

3. *Weitere Elemente*. Manchmal wird der Name im Hebräischen mit dem bestimmten Artikel (ה) versehen, z.B. in הרמה, »die Anhöhe« (Rama). Dies rührt von der ursprünglichen Form des Namens als Appellativum her; daher ist der Artikel kein eigentlicher Bestandteil des Namens. Schon in der Bibel kann man die Tendenz, den Artikel wegzulassen, feststellen; z.B. wird Kefira in Jos 9,17 und 18,26 mit, hingegen in Ez 2,25 und Neh 7,29 ohne Artikel gebraucht. Andererseits wurde der bestimmte Artikel in der arabischen Form eines Namens zuweilen hinzugesetzt, obwohl er ursprünglich nicht dazugehörte, so z.B. bei Beerscheba – *Bīr es-Sebaʿ* und Karmel (Gebirge) – *el-Kirmil*.

Viele biblische Namen sind mit dem Element Bet (»Haus des«) zusammengesetzt, so z.B. Bet-Schemesch, Bet-Schean, Betlehem, Bet-Horon. Dieses Element, das zuweilen auch schon in der Bibel weggefallen ist, kann zwar auch im Arabischen stehen (*Bēt*, ebenfalls »Haus des«), wird aber gewöhnlich weggelassen; vgl. z.B. Bet-Horon – *Bēt ʿŪr*, Betlehem – *Bēt Laḥm*, aber Bet-Tappuach – *Taffūḥ*, Bet-Baal-Meon – *Maʿīn*, Bet-Nimra – *Nimrīn*.

4. *Ersetzung eines Namensbestandteils im Arabischen*. Häufig ist ein hebräischer Namensbestandteil durch ein ähnliches arabisches Wort ersetzt

30 Kampffmeyer vermutete, daß beim schnellen Sprechen aspiriertes *b* arabisch zu *f* geworden wäre und unaspiriertes *g* zu *k*, aber dafür gibt es keine Beweise. Allem Anschein nach wurden diese Konsonanten immer eher wie arabisches *b* bzw. *g* gesprochen.

worden, das möglicherweise die gleiche Bedeutung hat, so z.B. Bet-Schemesch – *ʿĒn Šems*, Jabesch(-Gilead) – *Wādi el-Yābis*. Auch Volksetymologie kann zu Namensänderungen führen, wie die Beispiele Bet-Horon – *Bēt ʿŪr* (»Haus des Blinden«) und Dibon – *Ḏībān* (»Wolf«) zeigen. Auch kann der ursprüngliche Name in verschiedene neue Bestandteile zerfallen, so z.B. Adullam – *Ḫirbet ʿId el-Ma* (»Das Fest der Wasser«) oder *ʿId el-Miʾā* (»Das Fest der Hundert«). In diesem späteren Stadium konnte auch ein Konsonant umgestellt werden, so in dem aus späteren jüdischen Quellen bekannten Schefarʿam – *Šefā ʿAmr*.

Häufig wurde auch das reguläre arabische Diminutivum eingesetzt, so bei Socho – *Ḫirbet eš-Šuwēke*, Jogboha – *Ǧubēhat*. In ähnlicher Weise konnte das arabische Suffix *-ye* dem Original angefügt werden und zuweilen das hebräische Suffix verdrängen, so z.B. Adam, Adama, Adamim – *Dāmiye*, Daberat – *Dabūrye*, Zippor (Seppor) – *Ṣaffūriye*.

5. *Umänderung in einen bekannteren Namen*. Als ein deutliches Beispiel für einen solchen Vorgang kann man das judäische Jarmut ansehen, das in *Ḫirbet Yarmūk* umgeformt wurde – ein Wechsel, der wahrscheinlich auf die Ähnlichkeit des Namens mit dem Namen des bekannten Flusses Yarmuk zurückzuführen ist.

6. *Übersetzungen*. Direkte Übersetzungen in arabische Worte, die der ursprünglichen hebräischen Formulierung nicht verwandt sind, kommen nur selten vor. Wir können hierfür nur zwei Beispiele zitieren: Dan (»Er richtet«, »gerichtet«) – *Tell el-Qāḍī* (»Berg der Richter«) und vielleicht auch Molada – *Ḫirbet el-Waṭan*.

7. *Euphemismus*. R. Hartmann[31] hat mit Bezug auf den Namen Ofra die Tendenz festgestellt, Namen, die etwas Böses, Schlechtes enthalten, durch Namen, die etwas Gutes, Schönes ausdrücken, zu ersetzen. Namen mit den Wurzeln *ʿpr* oder *ḥpr* gleichen dem arabischen Wort *ʿifrit* (»Dämon«). Daher werden sie häufig geändert in *Ṭaiyibe el-Ism* (»Die Gunst des Namens«) oder *eṭ-Ṭaiyibe* (»Die Gunst«). So wird das alte Ofra, Efron nördlich von Bet-El, heute *eṭ-Ṭaiyibe* genannt.

Im Folgenden seien die allgemeinen Regeln der Konsonantenveränderung genannt:

ʾAlef. Am Wortanfang fällt Alef oft weg (Adorajim – *Dūra*, Adami – *Dāmiye*, Edreï – *Derʿā*), in anderen Fällen wird es hinzugefügt (Kesullot – *Iksāl*, Besek – *Ḫirbet-Ībziq*, Bene-Berak – *Ibn Ibrāq*). Alef tendiert dazu, in der Mitte eines Wortes auszufallen – besonders nach dem hebräischen Halbvokal *Schwa* (Bet-Schean, *Bēt-Šeʾān*, Beischan – *Bēsān*, Bet-Arbeel – *Irbīd*, Jesreel – *Zerʿīn*, Bet-El – *Bētīn*, Jiron – *Yārūn*). Am Wortanfang kann es zu dem stärkeren Guttural *ʿAyin* werden (Aschkelon – *ʿAsqalān*, Ono – *Kafr ʿĀna*, Jattir [*Attir] – *Ḫirbet ʿAttīr*).

Bet. Bet bleibt im allgemeinen unverändert; zu beachten ist, daß arabisches *b* auch für ein ursprüngliches *p* stehen kann. In wenigen Fällen wurde *b* zu

31 *Hartmann, R.*, ZDMG 65 (1911) 536–538.

m, wie im galiläischen Jabneel (*Jabne), das im Talmud als Jamma – *Ḫirbet Yemmā* überliefert ist; so auch Jabneel, das Jabne in Juda, dessen hellenistische Form Ιαμνια lautete, obwohl sein moderner arabischer Name *Yebna* geschrieben wird. Der umgekehrte Wechsel von *m* zu *b* läßt sich mit Timna – *Ḫirbet Tibne* belegen.

Gimel bleibt unverändert.

Dalet. Dalet bleibt im allgemeinen unverändert, doch tritt gelegentlich ein Wechsel zu arabischem *ḏ* (Dibon – *Ḏībān*) oder *ṯ* (Hadid – *el-Ḥadīṯā*) auf.

He, Waw, Zayin bleiben unverändert.

Ḥet. Es ist möglich, daß in biblischer Zeit noch *ḥ* und *ḫ* (das sich dann zu *ḥ* verschoben hat) unterschieden wurden. Das könnte nämlich erklären, warum *ḥ* in der Septuaginta zuweilen mit χ umschrieben wurde oder auch ausgefallen ist. Allerdings ist diese Korrelation nicht sicher genug. In späterer Zeit verschob sich *ḫ* mit Sicherheit zu *ḥ*; daher ist masoretisches *ḥ* (<*ḫ*) in heutigen Ortsnamen häufig durch arabisches *ḥ* wiedergegeben (Manahat – *el-Māliḥa*, Janoach [in Galiläa] – *Yānūḥ*). Es gibt jedoch einige Ausnahmen (Ḥaluṣa – *el-Ḫalaṣa*). Gelegentlich kommt *ḫ* als *ʿAyin* vor (Bet-Horon – *Bēt ʿŪr*; Sanoach – *Zanūʿ*; Hali – *Ḫirbet Rās ʿAlī*; Baal-Hazor – *Tell ʿAṣur*). Wie alle Gutturale hat es die Tendenz, am Wortende (Janoach – *Yānūn*; [die Wasser von] Neftoach – *Liftā*) und manchmal auch in der Wortmitte (Jaḥam [*y-ḥ-m*] – *Ḫirbet Yemma*) auszufallen.

Ṭet bleibt unverändert.

Yod. Yod bleibt am Wortanfang vor langem Vokal erhalten (Jafo – *Yaffa*, Janoach – *Yānūn*), vor kurzem wandelt es sich am Wortanfang häufig zu einem Vokal (unterstützt von vorangestelltem *ʾAlef*; Jordan – *Urdunn*, Jericho – *Erīḥā*; auch kann sogar der Vokal noch ausfallen wie bei Jesreel [*Isreel] – *Zerʿīn*), kann aber auch manchmal – wie vor langem Vokal – erhalten bleiben (Jabne – *Yebna*; Jarmut – *Ḫirbet Yarmūk*; Jutta – *Yaṭṭa*).

Kaf. Kaf bleibt gewöhnlich als *k* erhalten, gleichgültig, ob es ursprünglich einmal aspiriert war oder nicht (Kabul – *Kabul*, Akko – *ʿAkkā*, Taanach – *Tell Taʿannek*). In wenigen Fällen ist es durch arabisches *ḫ* ersetzt worden (Michmas – *Muḫmās* [zu beachten ist, daß die arabische Form nicht von Michmasch abgeleitet wurde], Sachnin – *Saḫnīn*).

Lamed. Lamed neigt manchmal zu *n* oder *d*, besonders an Wortenden (Jesreel – *Zerʿīn*, Bet-El – *Bētīn*, Arbel – *Irbīd*).

Mem. Mem kann zu *n* werden (Mizpa – *Tell en-Naṣbe*, Merom – *Mērōn* oder *Mērūn*) oder – seltener – zu *b* (Timna – *Ḫirbet Tibne*).

Nun. Nun wird gelegentlich zu *l* (Schunem – *Sōlem*, Manahat – *el-Māliḥa*, [die Wasser von] Neftoach – *Liftā*) oder *m* (Jabneel [*Yabne] – *Ḫirbet Yemma*, Jokneam – *Tell Qēmūn*, Sansanna – *Ḫirbet eš-Šamsānīyāt*). Es neigt dazu, am Wortanfang abzufallen (Kafarnaum [*Kefar Naḥūm*] – *Tell Ḥūm*, Negiël – *Yaʿnīn*).

Samek. Samek bleibt gewöhnlich unverändert, doch siehe den einen Beleg, in dem es zu *š* (sch) (Sansanna – *Ḫirbet eš-Šamsānīyāt*) wird.

ʿAyin. Im alten Hebräisch muß es einen Unterschied zwischen ʿ = *ʿAyin* und

ġ = *Gayin* gegeben haben. Daher wird in der Septuaginta hebräisches ᶜ manchmal mit γ umschrieben, in anderen Fällen kann es ganz ausfallen. Dementsprechend steht in arabischen Namen zuweilen *ġ* (Gaza [hebräisch: *ᶜAzza*] – *Ġazze*, Zoar – *Ṣuġr*). Gelegentlich tendiert es zu *ḥ* (Asmawet – *Ḥizme*, Aja – *Ḫirbet Ḥāyyān*). Manchmal fällt es auch ganz aus (Jokneam – *Tell Qēmūn*, En-Dor – *Indūr*, Schaalbim – *Selbīṭ*, Keïla – *Ḫirbet Qīla*).
Pe. In seltenen Fällen wird *p* zu *b* (Mizpa – *Tell en-Naṣbe*, Farpar – *Barbar*).
Zade. Zade bleibt normalerweise unverändert und tendiert nur in ganz seltenen Fällen zu *s* (Zalmon – *Ḫirbet Salama*).
Kof, *Rēš* bleiben unverändert.
Sīn. Es gibt nur wenige Beispiele; bei schrittweiser Übernahme von Namen mit *Sīn* müßte es zu *Šīn (š)* werden, wie im Falle von Damaskus (hebräisch: *Dămmaeśaeq*, arabisch: *Dimašq*) und Socho (hebräisch: *Śōḵō*, arabisch: *Ḫirbet eš-Šuwēke*).
Šīn. Bei direkter Übernahme bleibt *Šīn* erhalten (Bet-Schitta – *Šaṭṭā*, wenn auch diese Identifizierung noch zweifelhaft ist; Aschtarot – *Tell ᶜAštara*); bei schrittweiser Übernahme wird es zu *s*, d.h. arabischem *Sin* = hebräischem *Samek* (Aschdod – *Esdūd*; Aschkelon – *ᶜAsqalān*; Eschtemoa – *es-Semūᶜa*).
Taw. Das aspirierte *t* wird gelegentlich mit arabischem *ṯ* wiedergegeben (Dotan – *Tell Dōṯān*). Es gibt auch einige Beispiele, in denen das *t* am Wortende zu *d* wird (Zefat – *Ṣafed*, Zarefat [*Ṣarefant] = Sarepta – *Ṣarafand* und eventuell noch Salcha [*Salḫat] – *Ṣalḫad*).
Vokale. Manchmal ist die Vokallänge korrekt überliefert worden: *Ḥalḥûl* – *Ḥalḥūl* (Halhul); *Ašdôd* – *Esdūd* (Aschdod); *Yâfō* – *Yāfā* (Jafo); *ᶜAkko* – *ᶜAkkā* (Akko). Jedoch variiert – wie Eli Smith betont – der Klang arabischer Vokale je nach Position und Betonung beträchtlich. Ein ursprünglich langer, aber unbetonter Vokal wird in der Umgangssprache schnell zu einem kurzen Vokal.
Eine weitere Schwierigkeit kommt bei arabischen Namen hinzu, nämlich die, daß ein Name zwei verschiedene Formen haben kann – eine literarische und eine umgangssprachliche. Erstere wird in offiziellen Dokumenten und literarischen Werken, z.B. von arabischen Geographen, benutzt, während letztere gewöhnlich in der Alltagssprache vorkommt. Auf Landkarten ist z.B. in der Scharon-Ebene eine Stadt *Ǧalǧulya* eingetragen, aber die Einwohner sprechen den Namen ihrer Stadt *Ǧilǧūliye* aus. Manchmal ist die umgangssprachliche Form dem alten biblischen Namen näher als die hochsprachliche; z.B. finden wir bei *Ḫirbet er-Rabūḍ* zwei Quellen auf der Karte eingetragen, die *Bīr el-ᶜAlaqā el-Foqani* und *et-Taḥtani* genannt werden (»Die oberen und unteren Brunnen von Leech«). Die Bauern der Umgebung benennen sie nicht mit ihren Adjektiven, sondern sagen *Bīr el-ᶜAlaqā el-ᶜAlye* bzw. *et-Taḥta*. So sind die umgangssprachlichen Wendungen näher an dem *ᶜilliyôt* bzw. *tăḥtiyôt* der oberen und unteren Quellen aus Jos 15,19, mit denen sie offensichtlich – aus historischen und archäologischen Erwägungen heraus – identifiziert werden müssen[32].
Nicht jeder überlieferte palästinische Ortsname blieb an die ursprüngliche

Ortslage gebunden. Es gibt Fälle, in denen der Name auf eine benachbarte Siedlung, auf Teile oder auf die ganze Umgebung übertragen wurde. Daher sollten folgende zwei Regeln beachtet werden:

1. Übertragung des Namens auf einen mehr oder weniger markanten Punkt der Umgebung. D.h. wenn auch die ursprüngliche Ortslage einen neuen Namen bekommen hat, kann der alte Name doch noch in der Umgebung gefunden werden. Vielleicht dient er zur Bezeichnung des Grabes eines hochgeachteten Scheichs, das auf einem Tell oder in dessen Nähe liegt, so z.B. *Šēḫ Ǧezari* auf dem *Tell Abū Šūše* (mit dem biblischen Geser identifiziert) oder *Šēḫ er-Riḥab* bei *Tell eṣ-Ṣārem* (Rehob im Bet-Schean-Tal). Auch kann der Name in einer benachbarten Quelle erhalten geblieben sein, so z.B. *ʿĒn Šems* am Fuße des *Tell Rumēle* (Bet-Schemesch) oder *ʿĒn Ṣeridā* bei *Dēr Ġassāne* (Zereda)[32]. Gelegentlich kann er auch auf ein Flußbett in der Nähe eines Tells übergegangen sein, z.B. *Wādi el-Yābis*, das den Namen Jabesch(-Gilead) erhalten hat, oder *Wādi el-Qēni*, das auf die in der Nähe gelegene Siedlung des biblischen Kina hinweist. Gelegentlich konnte der Name auch auf ein Gebirge oder einen Hügel in der unmittelbaren Nachbarschaft übertragen werden, so z.B. der Name *Mērōn* auf *Ǧebel Marūn*, oder auch nur auf Teile davon, z.B. *Ṣaḫrat eṣ-Ṣāfī* bei *Ḫirbet es-Sitt Lēla*, das den alten Namen Zefat aufgenommen hat.

2. Übergang des Namens auf eine jüngere Siedlung. Dieser Vorgang ist dann leicht einzusehen, wenn die Siedlung selbst, aus welchen Gründen auch immer, verlegt wurde. Viele Beispiele können belegen, daß das seit hellenistischer Zeit in Palästina häufig vorkam: Das alte Jericho lag auf dem (heutigen) *Tell es-Sulṭān;* ein kleines Dorf in der Umgebung bewahrte den alten Namen, nämlich *Erīḥā;* das heutige *ʿAkkā* wurde seit hellenistischer Zeit besiedelt, aber das biblische Akko ist der heutige *Tell el-Fuḫḫār* östlich der Stadt; der Tell von Bet-Schean heißt heute *Tell el-Ḥöṣn*, das angrenzende Dorf trägt den Namen *Bēsān;* das talmudische Jabneel wird mit *Ḫirbet Yemma* identifiziert, sein biblischer Vorgänger jedoch mit *Tell en-Nāʿam;* Timna ist allem Anschein nach in *Tell Baṭāšī* zu finden, obgleich der Name in *Ḫirbet Tibne*, ca. 5 km südlich davon, erhalten geblieben ist; Eglon wird mit *Tell el-Ḥesī* gleichgesetzt, das nahe bei *Ḫirbet ʿAǧlān* liegt.

Die Verlegung ganzer Siedlungen und mit ihnen ihrer Namen sind selbstverständlich in jedem einzelnen Fall abhängig von besonderen historischen und geographischen Umständen; daher lassen sich keine festen Regeln gewinnen. Es ist klar, daß dieser Umsiedlungsprozeß selten über einen kleinen Umkreis von wenigen Kilometern hinausging und meistens noch auf dem Territorium stattfand, das der Ausgangssiedlung gehörte. Jedoch lagen in einigen besonderen Fällen größere Entfernungen zwischen der alten und der neuen Siedlung, besonders wenn die Verlegung von der Ebene in die Berge oder umgekehrt vorgenommen wurde. Dafür gibt es zahlreiche Beispiele

32 Vgl. *Kochavi, M.*, Tel Aviv 1 (1974) 3.

aus späterer Zeit. Aber wenn die Entfernung zu groß wird, ist es nicht leicht, sicher festzustellen, ob es sich nur um eine Namensähnlichkeit oder doch um eine Ortsverlegung handelt. Der alte Name Ekron z.B. hat große Ähnlichkeit mit dem Namen des Dorfes *ʿAqir*, aber die biblische Ortslage ist ziemlich sicher mit *Ḫirbet el-Muqannaʿ* zu identifizieren, ungefähr 10 km südsüdöstlich von *ʿAqir*. Es ist nicht undenkbar, daß der Name eine solche Entfernung über eine gewisse Zwischenstation aus der hellenistisch-römischen Zeit zurückgelegt hat, doch gibt es dafür zur Zeit noch keine Beweise.
Man kann eine generelle Regel aufstellen: Der hohe Tell wurde in persischer oder hellenistischer Zeit oft aufgegeben und die Siedlung in die umgebenden Felder verlegt, die mehr Platz boten. Besonders gut läßt sich dieser Vorgang entlang der Wadis zum südlichen Jordantal beobachten[33]. Tulul mit eisenzeitlichen Funden liegen meist am Fuße der Gebirgshänge in der Nähe der hier reichlich vorkommenden Quellen, wohingegen Siedlungen, die den alten Ortsnamen beibehalten haben, weiter westlich inmitten der bebaubaren Äcker liegen: Bet-Jeschimot – *Tell el-ʿAẓēme* und westlich davon *Ḫirbet Suwēme;* Bet-Haram (oder -Haran) – *Tell Iktanū* und im Westen *Tell er-Rāme;* Bet Nimra – *Tell el-Blēbil* und westlich davon *Tell Nimrīn*.

V. Grundsätze für Identifizierungen

Um eine alte Siedlung zu identifizieren, müssen folgende drei Faktoren sorgfältig geprüft werden: 1. die in Übereinstimmung mit allen alten Quellen vorzunehmende Bestimmung der richtigen Ortslage; 2. Analyse des Ortsnamens, seiner Entwicklung und Überlieferung in diesem Gebiet bis in heutige Zeit; 3. archäologische Ergebnisse.
Die meisten Quellen erlauben nur, das allgemeine Gebiet zu bestimmen, in dem die Siedlung liegen muß, und nur ganz selten liefern sie exakte geographische Angaben. Natürlich gibt es Beispiele, die bestimmte Detailinformationen über eine Stadt enthalten und die für deren Identifizierung somit sehr hilfreich sind, aber gewöhnlich haben wir es nur mit Listen von Namen zu tun oder mit gelegentlichen Hinweisen auf einen Ort in Verbindung mit einem ganz bestimmten Anlaß, ohne daß er genau lokalisiert wurde. Daher muß man die Quelle selbst sehr sorgfältig prüfen, um aus ihr entnehmen zu können, was möglich ist. Wenn es sich bei den Quellen um Beschreibungen von Grenzen oder bestimmten Straßen handelt, die eine fortlaufende Aufzählung erfordern, oder um eine Städteliste, die in einer bestimmten Region lokalisiert werden kann, sollte man nicht eine eindeutige und geographisch logische innere Ordnung erwarten.
Jedoch kann man aus den historischen Quellen nicht nur etwas über die Lage

33 *Glueck, N.*, BASOR 91 (1943) 7–26.

einer alten Siedlung erfahren. Manchmal ist es auch möglich, wichtige Detailangaben für eine Identifizierung zu gewinnen: Für welche Epochen ist eine Besiedlung belegt und für welche nicht; wann erreichte sie ihre größte Ausdehnung und Bedeutung, so daß sie in den Quellen einen besonderen Platz einnimmt; wann wird sie nur gelegentlich erwähnt; ist es eine große Siedlung oder nur ein kleineres, eventuell abhängiges (und wenn ja, von wem?) Dorf; ist sie ein Verteidigungsposten oder ein Kultzentrum usw.? Gelegentlich kann man aus dem Ortsnamen selbst auch etwas über die topographischen Charakteristika lernen, besonders wenn sie mit Brunnen, Quellen oder Flüssen in Verbindung stehen. Ein hervorragendes Beispiel dafür ist der Name Afek, der recht häufig in weit voneinander entfernten Regionen Palästinas auftaucht. Afek in der Scharon-Ebene ist mit relativer Sicherheit mit dem Tell von *Rās el-ʿĒn* an den Jarkonquellen gleichzusetzen, Afeka (Jos 13,4) ist allem Anschein nach *Afqā* an den Quellen des Flusses Ibrahim östlich von Byblos. Aufgrund dieser Zusammenhänge wurde vorgeschlagen, das Afek/Afik aus dem Erbteil des Stammes Ascher mit *Tell el-Kerdāne* in der Nähe der Quellen des Flusses *Naʿamān* in der Ebene von Akko zu identifizieren[34].

Es ist wichtig, alle Texte – sowohl die späteren als auch die früheren – zu prüfen, in denen der betreffende Name vorkommt, wobei natürlich zu berücksichtigen ist, daß die Siedlung im Laufe der Zeit möglicherweise von der alten Ortslage ein Stück weit wegverlegt worden sein kann. Die fortlaufende Bezeugung eines Namens von der biblischen Zeit an über die römische, byzantinische und sogar arabische und die Kreuzfahrerepoche bis in unsere Zeit erleichtert natürlich eine Identifizierung sehr.

Trotzdem muß man mit größter Vorsicht an jüngere Texte herangehen, deren mehr oder weniger eingestandenes Ziel es ist, historische Orte wiederzufinden – also Talmud-Abschnitte, Euseb, Hieronymus und besonders mittelalterliche Itinerare. Im allgemeinen kann man sich auf die Überlieferungen, die den Verfassern über die damals schon sehr alten Orte zur Verfügung standen, nicht verlassen. Der Hauptwert dieser Texte liegt in ihrer Aufzählung und Erläuterung von zeitgenössischen Ortsnamen; das soll hier mit einigen wenigen Beispielen belegt werden:

Im Jerusalemer Talmud, *Schibiit* IX,7 heißt es: »Und im Tal Bet-Haran und Bet-Nimra und Sukkot und Zafon [Jos 13,27], Bet Haran – Bet Ramtā, Bet Nimra – Nimrin, Sukkot – Darʿalla [Tarʿala], Zafon – ʿAmmetan [ʿAmmatu].« Bet Ramta und Nimrin können als Verbindungsglied zwischen den alten und den modernen Namen, nämlich *Tell er-Rāme* und *Tell Nimrīn*, dienen. Doch zwei Namen dieses Textes, für deren Identifizierung die Talmud-Gelehrten Vorschläge machen, bedürfen noch weiterer Prüfung. Die Gleichsetzung von Sukkot mit *Darʿalla*, dem heutigen *Tell Dēr ʿAllā*, wird allgemein akzeptiert, da dieser Tell die bedeutendste Siedlung im Umkreis

34 *Alt, A.*, PJ 24 (1928) 58ff; *Maisler (Mazar), B.*, BIES 6 (1939) 151ff = BIES Reader B, Jerusalem 1965, 36ff (hebräisch).

ist und die Gelehrten das auch schon in Betracht gezogen haben werden[35]. Ihre Schlüsse zur Identifizierung Zafons waren ähnlich; *ʿAmmetan – Ḥammat*, der heutige *Tell ʿAmmatā*, war die zentrale Stadt dieser Region während der römisch-byzantinischen Zeit. N. Glueck identifizierte deshalb Zafon mit dem benachbarten *Tell el-Qōs;* jedoch ist es wahrscheinlicher, daß *Tell el-Qōs* tatsächlich das alte *Ḥammat* ist, das die Führungsposition des benachbarten Zafon übernommen hatte. Zafon selbst ist wahrscheinlicher auf dem *Tell es-Saʿīdīye* etwas weiter nordwestlich zu lokalisieren. Wir müssen klar zwischen den Fakten, die uns die Talmud-Gelehrten überliefert haben (d.h. die Existenz von *ʿAmmetan* [*Ḥammat*] in dieser Region), und deren Auffassungen (d.h. die Gleichsetzung von Zafon mit der ihnen bekannten Stadt) trennen.

Eine andere Überlieferung über die gleiche Region ist im Jerusalemer Talmud, *Sota* VII, 4 zu finden: »Rabbi Jochanan sprach: ›Adam ist eine Stadt und Zaretan ist eine Stadt; sie sind zwanzig Kilometer voneinander entfernt.‹« Im Hinblick auf die alten Quellen, die diese beiden Städte als enge Nachbarn schildern, fällt es schwer, Rabbi Jochanan zu folgen. Wenn es auch einige Gelehrte gibt, die sich bei ihren Identifizierungen auf ihn stützen, sollte man sich doch vergegenwärtigen, daß dieser Text keine geographische Quelle im engeren Sinne ist, sondern lediglich der – vielleicht von bestimmten Überlieferungen nahegelegte – Versuch einer Interpretation alter Quellen.

Die Passage über die Städte Naftalis und Sebulons ist sehr lehrreich (Jerusalemer Talmud, *Megilla* I, 77a): »Rabbi Yosi, Sohn des Hanina, sagte: ›. . . und ihre Grenze ist von Heleph und so weiter (Jos 19,33), von Heleph – Helef, von Allon – Ajalon, in Zaanannim – Agnaya, das zu Kedesch gehört, und Adami – Dāmīn, Nekeb – Ṣaydata und Jabneel – Ketar Yamma bis Lakkum – Luqim und Kattat – Qetōnīt und Nahalal – Mahalul und Schimron – Simonia und Irala – Ḥērēa (Ḥaurēa), Betlehem – Bet Leḥem Ṣorāiya (das tyrische).‹« Hier erhalten wir eine ganze Anzahl von Ortsnamen, die es in dieser Region in talmudischer Zeit noch gegeben hat, aber danach verschwunden sind: Helef, Ajalon, Luqim und Qetōnīt. Damin ist die aramäische Form zwischen dem biblischen Adami(m) und dem arabischen *Dāmiye*. Kefar Yamma lebt noch in dem Namen *Ḫirbet Yemmā* fort. Von den anderen Ortsnamen sind zu identifizieren: Mahalul – *Maʿlūl*, Simonia – *Tell Sammunīye* und das tyrische Bet Leḥem – *Bēt Laḥm*. Diese Formen scheinen den alten Namen bewahrt zu haben, der Talmud gibt die (Zwischen-)Formen an, die hinter ihnen liegen. Was den Rest der Namen anbelangt, ist größte Vorsicht angebracht. Agnaya (»das Tal«?) von Kedesch wird hier mit Ṣaydata, dem heutigen *Ḫirbet eṣ-Ṣeyāde*, gleichgesetzt und Ḥērēa mit

35 Es ist vorgeschlagen worden, diese biblische Stadt mit *Tell Eḫṣāṣ* zu identifizieren; dieser Name ist eine genaue Übersetzung von Sukkot (»Hütten«), doch sind Beispiele für wörtliche Übersetzungen sehr selten, und *Tell Dēr ʿAllā* bleibt die bedeutendste Stätte in dieser Region (vgl. u.S. 278f, Anm. 225).

Ḫirbet Ḥuwwāre. Ḫirbet eṣ-Ṣeyāde ist aber ein relativ später Überrest, in deren näherer Umgebung sich kein alter Tell findet; es ist möglich, daß »Nekeb« kein alter Ortsname, sondern Appellativum zu Adami – Adamim ist, wofür Rabbi Yosi eine Lokalisierung bei Dāmīn angibt; doch daraus kann nichts für den alten Ortsnamen gewonnen werden.

Die folgenden Beispiele stammen aus dem *Onomastikon* des Euseb:

»Dan (Gen 14,14): Ein Dorf, vier Meilen von Paneas entfernt an der Straße nach Tyrus gelegen, wird so genannt. Das ist auch die Nordgrenze von Juda, und von dort nimmt der Jordan seinen Lauf« (Klostermann, S. 76, Zeilen 6ff). Offensichtlich war zu dieser Zeit noch der alte Name Dan in der Umgebung von *Tell el-Qāḍī* bekannt, wovon heute nichts mehr übriggeblieben ist, es sei denn eine schwache Erinnerung in dem Flußnamen Liddan, einem Nebenfluß des Jordan, der nahe beim Tell entspringt. Das Dorf, das zu Eusebs Zeiten Dan genannt wurde, scheint etwas westlich des Tells lokalisiert werden zu müssen, da der Tell nur zweieinhalb Meilen von *Banyās* und somit eben weniger als vier römische Meilen entfernt ist. Die Angaben des Euseb sind hier jedoch korrekt, wenn er eine bestimmte Strecke entlang einer römischen Hauptstraße nennt, von der wir wissen, daß sie mit Meilensteinen genau markiert war, die sogar auf einer Karte festgehalten waren[36].

»Haroschet [Ri 4,2]: Stadt des Sisera, des Kommandanten der Armee Jabeschs (Ἰαβις anstelle von Ἰαβιν). Heute ist Jabesch eine sehr große Stadt in Transjordanien ungefähr zehn Kilometer von Pella [Peḥel], in Richtung auf Gerasa hin, entfernt« (Klostermann, S. 32, Zeilen 5ff).

»Jabesch-Gilead [Ri 21,8]: Dort kämpften die Israeliten. Heute ist es ein Dorf in den transjordanischen Bergen ungefähr zehn Kilometer von Pella entfernt in Richtung (auf Gerasa hin)« (Klostermann, S. 110, Zeilen 11ff).

Offensichtlich irrte sich Euseb, als er Jabesch für Jabin, den König von Hazor, einsetzte. Trotzdem liefert er uns in beiden Abschnitten wichtige Hinweise für die Identifizierung von Jabesch. Heute ist der alte Name nur in *Wādi el-Yābis* enthalten, an dessen Ufern mehrere Tulul zu finden sind. Aber zur Zeit des Euseb gab es offensichtlich noch ein Dorf dieses Namens; seine Beschreibungen führen uns in die Nähe von *Tell el-Maqlūb*, der auf dem Gebirge Gilead an der Straße von Pella nach Gerasa in der angegebenen Entfernung liegt. In dieser Beziehung sind die Angaben bei Euseb richtig, die auch mit älteren Quellen darin übereinstimmen, daß es ein Dorf dieses Namens zu seiner Zeit genau in der Region gegeben hat, zudem in der Nähe eines Wadis, das noch heute diesen Namen führt.

Jede Ortslage, die für eine Identifizierung mit einem aus schriftlichen Quellen bekannten Ort vorgeschlagen wird, muß auch mit den archäologisch feststellbaren Tatsachen in Einklang zu bringen sein. Zwei Bedingungen sind zu erfüllen:

36 *Thomsen, P.*, ZDPV 40 (1917) 1–103; *Avi-Yonah, M.*, Historical Geography of Palestine, Jerusalem 1949, 73ff (hebräisch).

1. Die Siedlungsperioden einer Ortslage, die durch Oberflächenforschungen oder Ausgrabungen festgestellt werden können, müssen die gleichen Siedlungsperioden umfassen, von denen die schriftlichen Quellen sprechen. Eine aufgrund der Listen Thutmoses' III. und biblischer Belege gewonnene Ortslage muß also Schichten der späten Bronze- und Eisenzeit enthalten. Darüber hinaus sollte man auch mittelbronzezeitliche Schichten erwarten, da es sehr unwahrscheinlich ist, daß eine von Thutmoses III. bekämpfte Stadt gerade erst gegründet worden war.

2. Auch muß eine Ortslage die erwarteten Bedingungen nach Größe und Funktion der Siedlung erfüllen. Eine kanaanitische Residenzstadt zum Beispiel sollte auf einem der für diese Zeit typischen Hügel gesucht werden, d.h. auf einem Tell, dessen auffallende künstliche Hänge schon anzeigen, daß sie die Festungsanlagen einer solchen Stadt enthalten. Zur Erläuterung mag auf Hazor und Ekron verwiesen werden, die jeweils mit dem größten Tell in ihrer Region identifiziert wurden. In beiden Fällen gibt es in der Umgebung keine weitere Ortslage von solcher Größe, und auch die schriftlichen Quellen machen deutlich, daß beide Orte jeweils die größten und einflußreichsten ihrer Region waren.

Wenn Ausgrabungen durchgeführt worden sind, hat man manchmal die Chance, zur Identifizierung noch mehr Parallelisierungen von schriftlichen und archäologischen Befunden vornehmen zu können. Die identischen Toranlagen aus salomonischer Zeit von Hazor, Megiddo und Geser mögen das illustrieren, da in diesen drei Städten nach 1Kön 9,15 Salomo besonders umfangreiche Baumaßnahmen hat durchführen lassen. Die Identifizierung von Scharuhen mit *Tell el-Fārʿa* hat Albright aufgrund archäologischer und philologischer Vergleiche vornehmen können[37]. In *Tell el-Fārʿa* haben die Ausgrabungen von Flinders Petrie zwei ägyptische Festungsbauten freigelegt – eine mittelbronzezeitliche und eine aus dem Neuen Reich, was gut mit den schriftlichen Quellen in Einklang zu bringen war.

Eine kritische Auswertung der alten Texte auf die Epochen hin, in denen eine bestimmte Siedlung existiert hat, ist unerläßlich und gilt in besonderem Maße für biblische Berichte. Man kann nicht immer vorbehaltlos Angaben aus den Patriarchenerzählungen oder Landnahmeberichten als zwingende Beweise für die Existenz einer Siedlung in diesen Perioden ansehen. Dafür liefert Ai ein treffendes Beispiel. Aufgrund der Erzählung über die Einnahme der Stadt können wir mit Sicherheit nur annehmen, daß dieser Ort in der israelitischen Zeit als ein Überrest dalag, »ein Schutthaufen für immer, der noch heute daliegt« (Jos 8,28). Aber wir können den Bericht selbst nicht ohne eine kritische Analyse übernehmen; so ist die Tatsache, daß in *et-Tell* keine Hinweise auf eine kanaanitische Stadt aus der Zeit der Landnahme gefunden worden sind, kein schlüssiger Beweis gegen die Identifizierung dieser Ortslage mit Ai.

Jedoch sind in der endgültigen Analyse solche Identifizierungen am sicher-

37 *Albright, W. F.*, BASOR 33 (1929) 7.

sten, die auf der Erhaltung von alten Ortsnamen fußen – sorgfältige Prüfung der schriftlichen Quellen und archäologischen Ergebnisse vorausgesetzt. Von den etwa 475 Ortsnamen der Bibel[38] wurden nur ca. 262 mit ziemlicher Sicherheit identifiziert, d.h. 55 %. Von diesen Identifizierungen basieren 190 auf der Erhaltung des Ortsnamens, d.h. 73 % bzw. 40 % aller biblischen Ortsnamen. 158 Ortslagen (ca. ein Drittel aller in der Bibel erwähnten Orte) tragen noch heute den alten Namen, und bei 32 (6,7 %) erhielt sich der Name in der Umgebung der alten Siedlung. Nur 72 Siedlungen (15 % der Gesamtzahl biblischer Ortsnamen) wurde identifiziert, ohne daß der alte Name sich in der Umgebung erhalten hätte. Von diesen ist aber nur ungefähr die Hälfte mit relativer Sicherheit bestimmt, während der Rest mehr oder weniger auf Vermutungen beruht.

38 Es ist schwierig, die exakte Zahl festzustellen, da wir nicht immer sicher sein können, ob wirklich ein Ortsname vorliegt, und es außerdem Varianten des gleichen Namens geben kann.

Zweiter Teil

Palästina durch die Jahrhunderte

Kapitel 1

Die kanaanitische Zeit

I. Die frühe Bronzezeit

Alle Nachrichten über frühere Perioden können nur durch archäologische Untersuchungen gewonnen werden[1]. Das gilt nicht für Ägypten und Mesopotamien, wo schon aus dem 3. Jahrtausend v.Chr. schriftliche Quellen vorliegen. Vielleicht werden eines Tages auch in Palästina Texte gefunden, die die frühe Bronzezeit auch für dieses Land zu einer historischen Periode machen.

Das 3. Jahrtausend v.Chr., die frühe Bronzezeit, ist die erste Periode großer Expansion und Entwicklung in der Geschichte dieses Landes[2]. Die meisten der großen kanaanitischen Städte wurden in dieser Zeit gegründet. Selbstverständlich kann nicht bewiesen werden, daß sie die gleichen Namen hatten, die wir in späterer Zeit belegt finden und von denen sich die Mehrheit so lange unverändert gehalten hat, wie die Städte selbst bestanden haben (s.o. S. 109). Da die meisten dieser Namen semitischen Ursprungs sind, scheint es, daß die damaligen Einwohner Palästinas bereits eine semitische Sprache gesprochen haben.

Allem Anschein nach konzentrierte sich in dieser Zeit die Bevölkerung hauptsächlich in diesen großen Städten und nicht in kleinen unbefestigten Siedlungen. In den Tulul z.B. von Megiddo, *Ḫirbet el-Kerak* und Ai *(et-Tell)* wurden bei den Ausgrabungen große öffentliche Gebäude aus den verschiedenen Phasen der frühen Bronzezeit gefunden; die Städte waren selbst in den frühesten Phasen von starken Festungsmauern umgeben. Besonders in der frühen Bronzezeit II finden wir mächtige Mauern aus Lehmziegeln auf Steinfundamenten; in Megiddo und *Ḫirbet el-Kerak* erreichten sie eine Stärke von 9 bis 10 m. Große Baumaßnahmen wie diese bezeugen die Existenz von Stadtstaaten im weitesten Sinne des Wortes. Solange wir jedoch keine schriftlichen Zeugnisse haben, können wir nichts über ihre Geschichte aussagen; auch wissen wir nicht, was solche mächtigen Festungsanlagen nötig machte – ob es ein Feind von außerhalb war, der das Land bedrohte, oder ob es interne Rivalitäten zwischen den verschiedenen Stadtstaaten waren.

In der frühen Bronzezeit III taucht eine neue Kultur auf, die zuerst in *Ḫirbet el-Kerak* gefunden wurde; von daher rührt der Name *Ḫirbet-Kerak-Ware*

1 Einen Überblick über die materielle Kultur dieser Zeit findet sich in: *Albright, W. F.*, The Archaeology of Palestine, 1949, 49ff; *Kenyon, K. M.*, Archäologie im Heiligen Land, Neukirchen-Vluyn 1967, ²1976; *Anati, E.*, Palestine before the Hebrews, New York 1963.

2 Vgl. *Kempinski, A.*, The Rise of an Urban Culture, Jerusalem 1978.

für eine spezielle, sehr charakteristische Keramik. Diese Keramik stammt ursprünglich aus Anatolien und dem Kaukasus; da alle diese Gefäße plötzlich und in großer Zahl auftauchen, scheint es, daß ihr Import auf eine Welle neuer Eroberer aus dem Norden zurückzuführen ist. Diese Ware ist in den nördlichen Landesteilen weit verbreitet, aber im Süden nur sehr spärlich vorhanden – offenbar haben die Eindringlinge nur ein begrenztes Gebiet erreichen können. Am Ende der frühen Bronzezeit III hört die Herstellung dieser Keramik abrupt auf, diese Art der materiellen Kultur verschwindet spurlos. Auch hier können wir mangels Materials nicht entscheiden, ob diese neuen Siedler sich der lokalen Kultur assimiliert oder zu diesem Zeitpunkt das Land wieder verlassen hatten.
Das einzige bisher entdeckte Zeugnis aus der frühen Bronzezeit, das sich auf Palästina zu beziehen scheint, ist eine ägyptische Grabinschrift aus der sechsten Dynastie[3]. Es handelt sich um die Biographie eines ägyptischen Offiziers mit Namen Weni, der einen Feldzug in der Regierungszeit des Pharao Pepi I. (ca. 2325–2275 v.Chr.) beschreibt:

»Dieses Heer kehrt sicher zurück,
nachdem es das Land der Sandbewohner zerstückelt hat.
Dieses Heer kehrt sicher zurück,
nachdem es das Land der Sandbewohner zermalmt hat.
Dieses Heer kehrt sicher zurück,
nachdem es seine Festungsmauern eingerissen hat.
Dieses Heer kehrt sicher zurück,
nachdem es seine Feigenbäume und Weinstöcke abgeschlagen hat.
Dieses Heer kehrt sicher zurück,
nachdem es alle seine Behausungen in Brand gesteckt hat.
Dieses Heer kehrt sicher zurück,
nachdem es in ihm Truppen von vielen Tausenden getötet hat.
Dieses Heer kehrt sicher zurück,
[nachdem es in ihm Truppen] festgesetzt hat, eine große Zahl
als Gefangene genommen hat. . . .
Nachdem gesagt worden ist, daß Rebellen aus irgendeinem Grunde unter diesen Fremden *an der Nase des Gazellenkopfes*[4] seien, setzte ich mit diesem Heer in einem Transportschiff über. Ich landete auf der anderen Seite des Gebirgszuges im Norden des Landes der Sandbewohner. Während die Hälfte des Heeres noch unterwegs war, kam ich an, ich fing sie alle, und alle Rebellen unter ihnen wurden erschlagen.«

»Das Land der Sandbewohner« (*tꜣ ḥryw-šꜥ*) ist ein alter Ausdruck für das Gebiet östlich von Ägypten[5]. Bei der Beschreibung dieses Feldzuges liefert

3 *Gardiner, A.*, Egypt of the Pharaohs, Oxford 1961, 95f; ANET 227f (Übersetzung aus dem Englischen).

4 Diese Lesart wird vorgeschlagen anstelle von »der Gazellen-Nase«, nach *Edel, E.*, JNES 16 (1957) 70; jedoch ist nicht auszuschließen, daß diese Hieroglyphe auch ein anderes Tier darstellen kann.

5 *Goedicke, H.*, Rivista degli studi orientali 38 (1963) 187–197, ist der Auffassung, daß das östliche Delta gemeint ist. Jedoch hat der Ausdruck *ḥryw-šꜥ* eine viel umfassendere Bedeutung.

Karte 6: Wichtige Ortslagen der frühen Bronzezeit

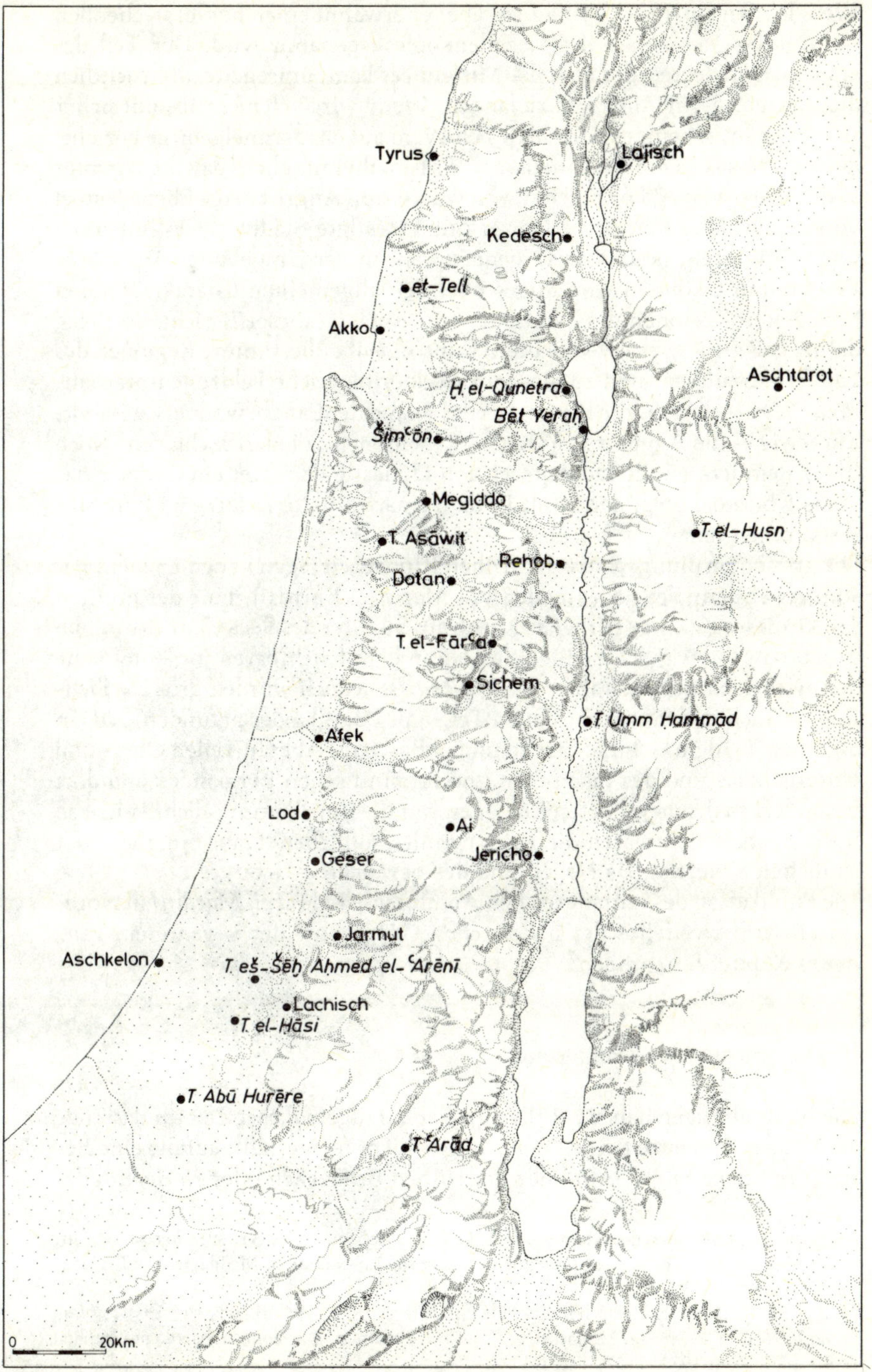

Weni keinen einzigen Ortsnamen, aber er erwähnt einen hervorstechenden Gebirgszug, der »Nase des Gazellenkopfes« genannt wird. Der Teil des ägyptischen Heeres, der über das Mittelmeer kam, umsegelte offensichtlich diesen Gebirgszug, um dann zu landen. Wenn wir auch nicht absolut sicher sein können, scheint es doch, daß sich Weni auf das Karmelgebirge bezieht, dessen »Nase« in die See hinausragt. Es ist daher möglich, daß die Ägypter in der Ebene von Akko landeten, von wo sie zum Angriff in die Ebene Jesreel vorstießen. Hier fanden sie Dörfer und befestigte Städte mit Weinbergen und Obstgärten, besonders Feigenbäumen, in der Umgebung. Aus dieser Beschreibung können wir einiges über den allgemeinen Charakter in den besiedelten Regionen des Landes lernen. Auch ist dieser Bericht ein Beleg dafür, daß die Ägypter versuchten, Kontrolle über bestimmte Regionen des Landes auszuüben, und zu diesem Zweck erfolgreiche Feldzüge unternahmen. Weni selbst wurde fünfmal in das »Land der Sandbewohner« gesandt, um – wie es die Ägypter nannten – »Rebellionen« niederzuschlagen. Noch unter dem letzten Pharao der sechsten Dynastie berichtet ein Offizier namens Khnum-hotep, daß er elf Feldzüge nach Byblos *(Kbn)* und Punt unternommen habe[6].

Die großen Siedlungsplätze der frühen Bronzezeit lagen in den Ebenen, besonders entlang der bedeutenden *Via Maris* (s. Karte 6). Eine der größten Städte dieser Zeit war *Ḫirbet el-Kerak* am Südufer des Sees Gennesaret, die ca. 20 ha groß war. Diese Siedlung lag in dem fruchtbaren Jordantal nahe den wichtigen Seitenstraßen der *Via Maris*. Jedoch wurden größere Siedlungen auch in den verschiedenen Teilen des Berglandes gefunden, z.B. in Obergaliläa, dem Gebirge Efraim und in Baschan. Aber in Teilen Ober- und Untergaliläas und des judäischen und efraimitischen Berglandes und dort besonders in den bewaldeten Regionen war die Bevölkerungsdichte nicht so hoch. Unbesiedelt waren die Regionen des südlichen Transjordanien, der südlichen Schefela, des Negeb und des bewaldeten Gebirges.

Die Publikation des umfangreichen Archivs von Ebla *(Tell Mardiḫ)* in Nordsyrien wird zweifellos der historischen Geographie der Levante ein ganz neues Kapitel hinzufügen[7].

II. Die amoritische Wanderung

Die Ausgrabungen haben bei allen größeren Hügeln dieser Zeit für das Ende der frühen Bronzezeit eine Zerstörungsschicht festgestellt, auf die eine Besiedlungslücke folgte. Am Ende der frühen Bronzezeit oder zu Beginn der

6 *Sethe, K.*, Urkunden des Alten Reichs I, Leipzig 1932, 140–141, Nr. 29; *Chehab, M.*, in: *W. A. Ward* (Hg.), The Role of the Phoenicians in the Interaction of Mediterranean Civilization, Beirut 1968, 3.

7 Zur Statue eines der Herrscher von Ebla vgl. *Pettinato, G.*, AAAS 20 (1970) 19–22; *Matthiae, P.*, ebd. (68–71) Fig. 8. *Matthiae, P.* und *G. Pettinato*, Missione archaeologica Italiana in Siria IV, Rom 1972, 1–37, Taf. I–V.

mittleren Bronzezeit wurden an verschiedenen Plätzen die Siedlungen wiedererrichtet. Die materielle Kultur änderte sich total, und nur einige wenige, vereinzelte Elemente wurden aus der alten in die neue Kultur hinübergebracht.

Offenkundig war zu dieser Zeit eine neue Besiedlungswelle über das Land hereingebrochen, die der Bevölkerung der frühen Bronzezeit ein Ende bereitet und die Grundlagen für den Aufstieg einer neuen Kultur in der mittleren und späten Bronzezeit gelegt hat. Dies war eine der größten und entscheidendsten Wanderbewegungen in der Geschichte Palästinas. Hiernach finden wir eine Kontinuität der Besiedlung in fast allen Teilen des Landes bis zum Ende der Bronzezeit.

Archäologische Untersuchungen haben gezeigt, daß unterschiedliche Einwanderergruppen nacheinander die verschiedenen Teile des Landes in ihren Besitz gebracht haben[8]. Eine Zeitlang haben sie offensichtlich ihr halbnomadisches Leben beibehalten, in der ihnen Siedlung nach Siedlung erlag. Es ist interessant festzustellen, daß Überreste aus dieser Zeit nicht nur auf den früher besiedelten Plätzen, sondern auch in solchen Gebieten gefunden wurden, die bis dahin unbesiedelt geblieben waren. Die erste große Siedlerwelle wird in Transjordanien an das Ende der frühen und den Anfang der mittleren Bronzezeit (ca. 23. bis 20. Jahrhundert v. Chr.) datiert. Auf Hunderten von Tulul, die im südlichen Gilead und in den Regionen von Ammon, Moab und Edom untersucht worden sind, wurden Scherben aus dieser Zeit gefunden; danach folgt auf diesen Tulul eine Siedlungslücke von nahezu 600 Jahren[9].

Ähnlich sieht es im Negeb aus[10]. In der ganzen südlichen Steppenregion findet man Siedlungen der mittleren Bronzezeit I, von denen einige schon am Ende der frühen Bronzezeit entstanden sein mögen. Diese Siedlungswelle war hier viel kürzer als in Transjordanien, es folgte eine längere Besiedlungslücke von nahezu 1000 Jahren (d.h. bis ca. zum 12./11. Jahrhundert v. Chr.). Daher ist die starke Konzentration jener Kultur im Negeb um so überraschender. Hier kann man auch ohne Ausgrabungen einige Erkenntnisse über ihren Charakter gewinnen. In dem trockenen Negeb, der nie eine größere seßhafte Bevölkerung, die alte Siedlungsreste überbaut hätte, aufwies, ist es in den meisten Fällen möglich, die Grundrisse einer alten Siedlung zu erkennen, ohne daß Ausgrabungen vorgenommen werden müssen. Die Mehrzahl der Siedlungen aus der mittleren Bronzezeit I bestand aus saisonalen Niederlassungen von Halbnomaden: in der Regel

8 *Kenyon, K. M.*, Archäologie (s.o. Anm. 1), 133ff, betont die Besonderheiten der Kulturstufe dieser ersten Phase (die im allgemeinen Mittelbronzezeit I genannt wird) und schlägt vor, sie als eine Zwischenphase zu klassifizieren und diese »Frühbronze-Mittelbronze-Zwischenzeit« zu nennen. Diese Definition scheint grundsätzlich richtig zu sein, und wir sollten vielleicht in diesen Neueinwanderern eine voramoritische Gruppe sehen, deren Herkunft und Verbindungen zu anderen Gruppen noch unbekannt sind.

9 *Glueck, N.*, AASOR 18–19 (1939) 264ff.

10 *Glueck, N.*, BASOR 152 (1958) 18ff; *ders.*, Rivers in the Desert, New York 1959, 60ff.

große kreisförmige Konstruktionen, anscheinend Pferche, und kleinere Kreise, die offensichtlich Schutzwälle für Zelte oder Hütten waren. Die meisten dieser kleinen Siedlungen umfaßten nicht mehr als zehn bis zwanzig solcher Formationen, einige waren noch kleiner. Jedoch gab es auch größere, die Dutzende dieser Konstruktionen aufwiesen. Hier und da kann man rechteckige, solidere Bauten finden; einige dieser Siedlungen mit rechteckigen Bauten erwecken den Eindruck, sie seien dauerhafte Siedlungen gewesen. Die größte bisher entdeckte Stätte dieses Typs liegt bei *Bīr er-Reḫmā (Beʿēr Yerōḥām)*[11]. Sie enthält Dutzende eng beieinanderliegender rechtekkiger Häuser, umringt von einer Art Außenmauer bzw. Einzäunung, an die die Räume angebaut waren.

Obwohl die meisten dieser Stätten nicht von Dauer waren, ist ihre materielle Kultur nicht primitiv. Ihre Bewohner verfügten über beachtliche technische Fähigkeiten auf den Gebieten der Keramikherstellung, Bautätigkeit und Herstellung von Kupfergeräten. Die Keramik ist in allen Siedlungen gleich und besteht aus feinen, gut gebrannten Gefäßen. Nahe bei den Siedlungen findet man zeitgleiche Megalithbauten, gewöhnlich in Form runder Tumuli, die offensichtlich Grabmonumente von besonders geachteten Mitgliedern der Gruppe darstellen. In Verbindung mit diesen Tumuli gibt es lange Steinreihen, d.h. »Mauern« von ca. 1,50 m Stärke. Diese »Mauern« sind mehrere Hundert Meter lang und verlaufen wie mit dem Lineal gezogen schnurgerade ohne Rücksicht auf topographische Hindernisse[12]. Die Funktion dieser »Mauern«, die irgend etwas mit den Grabmonumenten zu tun haben müssen, ist bis heute ungeklärt.

In der äußersten Region Obergaliläas, die fast während der ganzen Bronzezeit unbesiedelt war, finden sich Überbleibsel der mittleren Bronzezeit I[13]. An dem einen Ort, an dem eine Ausgrabung durchgeführt wurde, konnte gezeigt werden, daß die Siedler dieser Zeit in Höhlen gelebt haben[14].

Eine nomadische Einwanderungswelle dieser Art, die am Ende des 3. und Beginn des 2. Jahrtausends v.Chr. in das Land kam, ist natürlich kein allein Palästina betreffendes Phänomen, sondern in allen Ländern des Fruchtbaren Halbmondes zu beobachten. Ähnlicher Druck ging vom Westen auf Mesopotamien aus und bereitete dem Reich von Akkad ein Ende. Akkadische Texte bezeichnen diese neuen semitisch-sprachigen Eindringlinge als Leute von Amurru, d.h. Westleute; in der Bibel werden sie Amoriter genannt. Palästina und Syrien werden als das Land der Amurru, das Westland, bezeichnet, das Mittelmeer war als See der Amurru, d.h. westliche See, bekannt[15]. Es gibt daher keinen Zweifel, daß diese Einwandererwelle

11 *Rothenberg, B.*, God's Wilderness, London 1961, 15ff; *Kochavi, M.*, BIES 27 (1963) 284–292 (hebräisch).

12 *Evenari, M., Y. Aharoni, L. Shanan* und *N. H. Tadmor*, IEJ 8 (1958) 249f; IEJ 10 (1960) 110f.

13 *Aharoni, Y.*, Settlement, 18ff (hebräisch).

14 Ebd. 24.

15 RLA I, 99ff.

Karte 7: Die Kriege nach Genesis 14 und die Ortslagen der mittleren Bronzezeit I

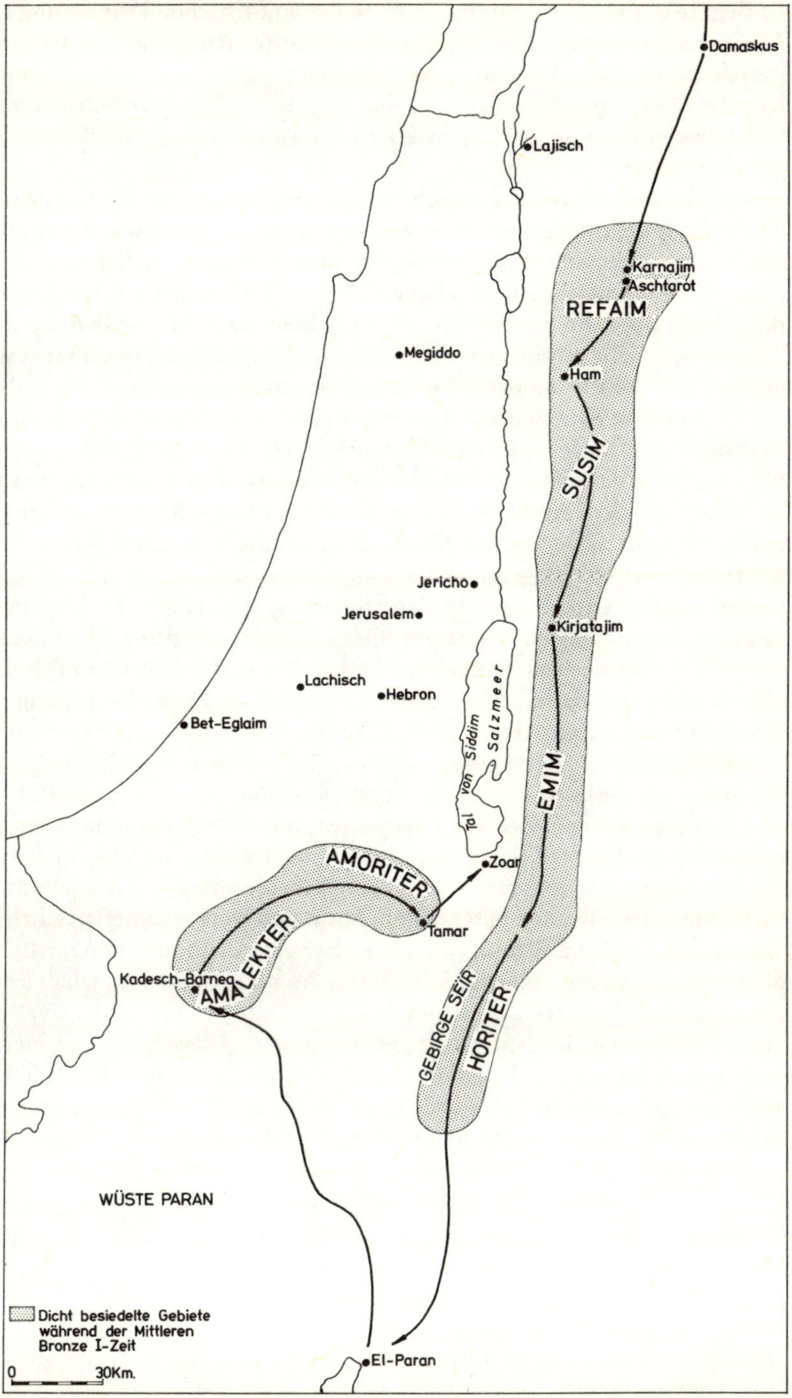

zu Beginn der mittleren Bronzezeit Teil der amoritischen Wanderung war. Mit anderen Worten: Mit dem Namen Amoriter wird eine Bevölkerungsgruppe bezeichnet, die eine westsemitische Sprache sprach, als Nomaden kam und langsam zum seßhaften Leben überging. Sie hatten Schachtgräber und Einzelbestattung, im Gegensatz zu den Familiengräbern früherer oder späterer Zeiten.

In allen Gebieten handelte es sich nur um eine kurzlebige Siedlungswelle, die am Ende der mittleren Bronzezeit I schon wieder verschwunden war und mit vorausgegangenen oder nachfolgenden Kulturen nichts gemeinsam hatte. Ihre offensichtlich nördlichen Ursprünge liegen noch im dunkeln, und überhaupt kann diese Episode einer halbnomadischen Seßhaftwerdung bisher noch nicht mit historischen Daten in Zusammenhang gebracht werden[16]. Die wirkliche amoritische Einwanderungswelle ereignete sich offensichtlich erst zu Beginn des 2. Jahrtausends v.Chr., d.h. in archäologischer Terminologie: in der mittleren Bronzezeit II[17].

Die erwähnte vollständige Aufgabe der Siedlungen in Transjordanien und im Negeb ist allem Anschein nach auf eine historische Katastrophe zurückzuführen; in Gen 14 ist vielleicht eine Erinnerung daran erhalten (s. Karte 7).

Dieses Kapitel enthält die alte Überlieferung von einem Feldzug gegen Transjordanien und den Negeb. Der historische Hintergrund dieses Feldzuges ist bis jetzt noch nicht geklärt; die beteiligten Könige sind noch nicht identifiziert, und außerbiblische Quellen stehen nicht zur Verfügung, um dieses Ereignis zu datieren[18]. Trotzdem handelt es sich offensichtlich um eine alte Tradition, deren hohes Alter durch die vielen zusätzlichen Namen bezeugt wird, die dazu dienen, die Schauplätze der Ereignisse zu bestimmen und diejenigen neuen Zentren anzuzeigen, die die Funktion der alten, inzwischen unbekannten Städte übernommen hatten. Daher wurden den Orten oder Regionen zeitgenössische Namen beigegeben, die häufig mit der Wendung »das ist« eingeleitet oder in Form von Doppelnamen geschrieben wurden. Das Tal von Siddim, wo die Schlacht stattgefunden hatte, wird mit dem Gebiet am Toten Meer gleichgesetzt; Aschtarot, die Hauptstadt des alten Baschan, liegt bei Karnajim, das unter aramäischer und assyrischer Herrschaft die Gebietshauptstadt geworden war. Schawe, das nur hier erwähnt ist, wird mit dem Kirjatajim Rubens (Num 32,37; Jos 13,19) identifiziert, das später moabitisch wurde (Jer 48,1; Ez 25,9). »El-Paran, das an die Wüste stößt« (Gen 14,6) ist anscheinend Elat am Rande der Wüste Paran;

16 *Kochavi, M.*, The Settlement of the Negev in the Middle Bronze (Canaanite) I Age, Diss. Hebräische Universität 1967, 233–244 (hebräisch); *ders.*, Qadmoniot 2 (1969) 38–44 (hebräisch); *Dever, W. G.*, in: *J. A. Sanders* (Hg.), Near Eastern Archaeology in the Twentieth Century, New York 1970, 132–163; *ders.*, BASOR 210 (1973) 37–63; *Oren, E. D.*, BASOR 210 (1973) 20–37.

17 *Rainey, A. F.*, IOS 2 (1972) 388–394.

18 Zur Diskussion der verschiedenen Meinungen vgl. *Rowley, H. H.*, From Joseph to Joshua, London 1950, 61ff; *Albright, W. F.*, BASOR 163 (1961) 36–54.

En-Mischpat wird mit Kadesch(-Barnea) in Verbindung gebracht. Hazezon ist bei Tamar an der Südgrenze Kanaans lokalisiert (Ez 47,19; 48,28; s.a. 1Kön 9,18), obwohl es in einer späteren Zeit mit En-Gedi (2Chr 20,2) identifiziert wird; das ist allerdings mit dem Feldzug, wie er in Gen 14 beschrieben wird, unvereinbar.

Das Ziel des Feldzugs waren die fünf Städte der Ebene, von denen die letzte – Bela – in dem Text mit Zoar an der Südostküste des Toten Meeres gleichgesetzt wird. In Einklang damit wird das Schlachtfeld, das Tal von Siddim, mit dem Toten Meer identifiziert, das nach der biblischen Überlieferung die Städte der Ebene, die eine schwere Niederlage erlitten hatten, bedeckt. Der Feldzug der vier Könige erfolgte entlang der Königsstraße von Norden nach Süden durch ganz Transjordanien. Die angegriffenen Gebietshauptstädte werden in folgender Reihenfolge aufgeführt: Aschtarot in Baschan, dessen Rolle in israelitischer Zeit von dem benachbarten Karnajim übernommen worden war; Ham, ein Name, der noch heute in Nord-Gilead erhalten ist; Schawe, das – obgleich selbst unbekannt – durch Kirjatajim, einer Stadt Rubens am Nordrand des moabitischen Plateaus (s.u. S. 350), näher bestimmt wird; das Gebirge Seïr (Edom); El-Paran am Steppenrand, offenbar Elat am Rande der Wüste Paran. Dieser letztgenannte Ort war der südlichste Punkt; von hier kehrten sie um nach En-Mischpat, gleichgesetzt mit Kadesch-Barnea, und zogen weiter nach Hazezon, das mit Tamar südlich des Toten Meeres in der nördlichen Araba identifiziert wird, und schließlich zum Tal von Siddim. Die ethnischen Gruppen, die in diesen Gebieten lebten, werden ebenfalls aufgezählt: Refaim, Zuzim, Emim, Horiter, Amalekiter und Amoriter. Jedoch gehören diese Benennungen zumindest teilweise zu Bevölkerungsgruppen, die in diesen Gebieten erst unmittelbar vor der israelitischen Eroberung lebten; daher ist zu bezweifeln, daß sie integraler Bestandteil der alten Überlieferung waren.

Dieses Itinerar beschreibt gewissenhaft die Hauptsiedlungszentren entlang der Königsstraße in Transjordanien und auch im Negeb. Daher hat der Text wahrscheinlich eine Erinnerung an die Ereignisse bewahrt, die den dortigen Siedlungen im 20. Jahrhundert v.Chr. ein Ende bereiteten, wenn auch der weitere historische Hintergrund unbekannt ist.

Die frühesten ägyptischen Zeugnisse über Palästina stammen ebenfalls aus dem 20. Jahrhundert v.Chr. Von diesen ist die Erzählung von Sinuhe aus der Zeit ca. 1950 v.Chr. die älteste[19]. Die Geschichte beginnt mit dem Tod Amenemhets I. (ca. 1971 v.Chr.) und setzt sich fort bis in die Regierungszeit Sesostris I. (ca. 1971–1929 v.Chr.). Es handelt sich um die Autobiographie eines Ägypters namens Sinuhe. Er floh aus Ägypten, als der neue Pharao den Thron bestieg, fand Zuflucht in einem der Distrikte Ober-Retenus und kehrte als alter Mann nach Ägypten zurück. Zu Beginn seiner Fluchtgeschichte werden die »Mauern des Herrschers« erwähnt,

19 ANET 18ff = TGI 1ff. Vgl. *Rainey, A. F.*, IOS 2 (1972) 369–408.

»die gemacht worden sind, um die Beduinen abzuhalten und um die Sandwanderer zu vernichten. Ich kauerte mich im Gebüsch zusammen aus Furcht, daß ein diensttuender Wächter auf der Mauer Ausschau hielte.«

So finden wir in diesem Dokument den frühesten Hinweis auf die Festungslinie an der Ostgrenze des Deltas, die in der Bibel als »Schur, östlich von Ägypten« (Gen 25,18; 1Sam 15,7) bezeichnet wird. Nachdem Sinuhe diese Grenze überschritten hatte, stieß er auf eine Karawane von Asiaten, die offensichtlich von Ägypten nach Palästina unterwegs war, und konnte sich ihr anschließen. Auf seinem Weg nach Norden kam er bis Byblos, der phönizischen Küstenstadt, die seit dem alten Reich enge Verbindungen mit Ägypten unterhielt. Offensichtlich aus diesem Grunde war Sinuhe gezwungen, weiterzuziehen. Eineinhalb Jahre blieb er im Lande Qedem, der Steppenregion östlich von Palästina und Syrien. Schließlich fand er Zuflucht bei ʿAmmi-Enschi, einem Herrscher in Ober-Retenu, der ihn zu einem seiner Distriktkommissare machte. Der Name dieses Distriktes war offensichtlich Araru[20]; er kann womöglich auf das Yarmuktal hinweisen, auf das Sinuhes Beschreibungen gut passen würden. In den Amarna-Briefen gibt es einen Hinweis auf eine Stadt dieses Namens im Lande Gari (EA 256,25)[21].
Die Bewohner Palästinas lebten noch in Stammesverbänden und bestritten ihren Lebensunterhalt im wesentlichen durch Viehwirtschaft:

»Ich verbrachte viele Jahre, während meine Kinder starke Männer wurden, ein jeder der Bezwinger seines Stammes. Der Bote, der nach Norden ging oder südwärts zur Residenz zog, hielt sich bei mir auf . . . Wenn die Beduinen sich anschickten, die ›Herrscher der Fremdländer‹[22] herauszufordern (oder ihnen) Widerstand zu leisten, bekämpfte ich ihren (sc. der Beduinen) Zug. Dieser Fürst von Retenu pflegte mich seine vielen Aufträge ausführen zu lassen als Kommandant seines Heeres; über jedes Land, in das ich zog, errang ich den Sieg, und es wurde aus den Weideplätzen und von seinen Brunnen vertrieben. Ich erbeutete sein Vieh.«

Aus diesem Bericht scheint hervorzugehen, daß sich der Einfluß Ägyptens im Lande stark bemerkbar machte, da seine Boten ungehindert die Hauptverkehrsstraßen benutzen konnten. Aber offensichtlich handelte es sich dabei nicht um eine vollständige Beherrschung, da es einem hohen Flüchtling aus Ägypten möglich war, politisches Asyl zu finden. Allem Anschein nach waren die Bewohner in den meisten Regionen des Landes Viehzüchter, die in unmittelbarer Nähe von Brunnen lebten (doch wird sich dieser Abschnitt wohl hauptsächlich auf Transjordanien beziehen). Selbst in seinem Kampf gegen den Starken von Retenu machte Sinuhe eine solche Beute:

20 Diese Lesart entspricht dem wahrscheinlichsten bisher gemachten Vorschlag; das Wort wird *ỉ-ꜣ -ꜣ* geschrieben und kann sicher für Araru stehen; vgl. o.S. 115.
21 *Mazar, B.*, EI 3 (1954) 21 (hebräisch).
22 *Ḥqꜣ ḫꜣśwt* »Herrscher der Fremdländer«; dieser Titel wird in späterer Zeit für die Herrscher aus anderen Ländern, die Ägypten erobert hatten, gebraucht und ist uns in dem Wort Hyksos überliefert.

Karte 8: Städte Palästinas nach den Ächtungstexten

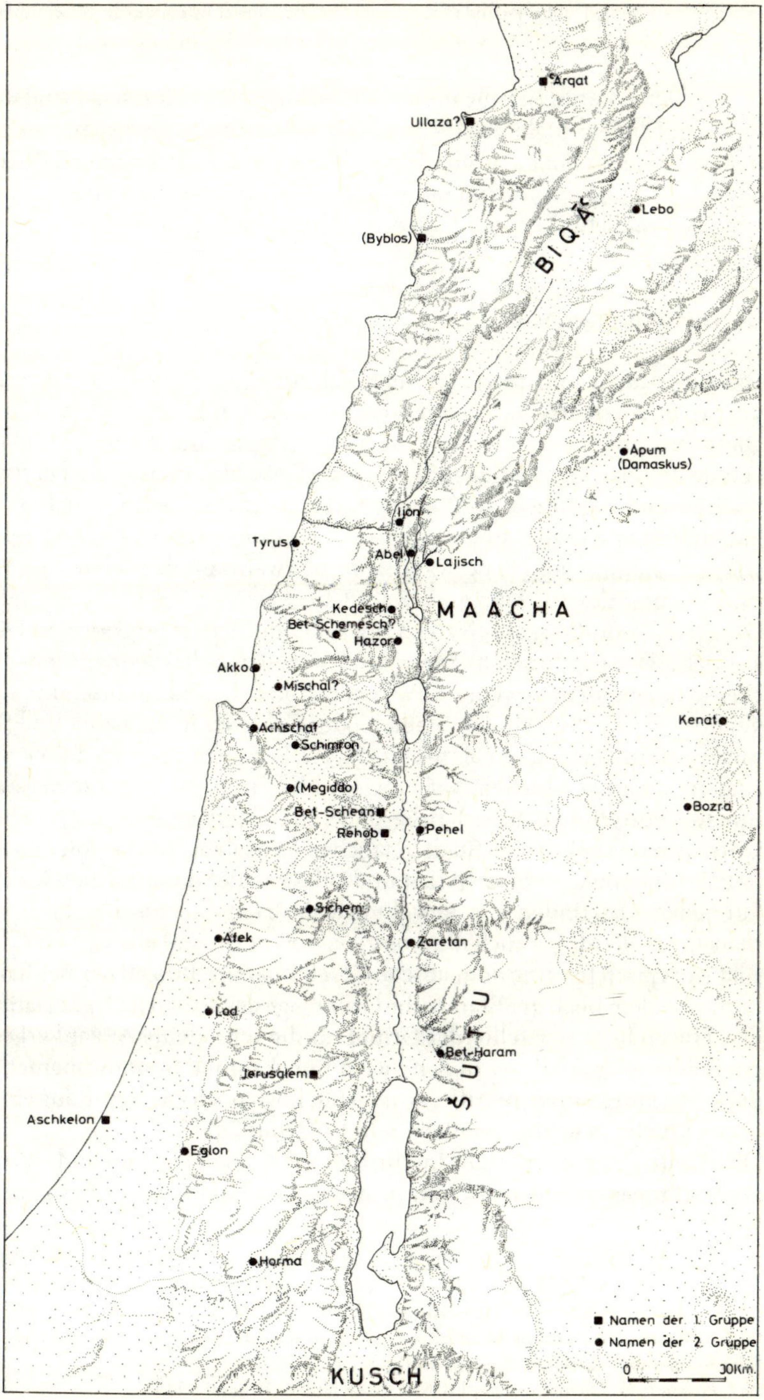

»Da nahm ich seine Habe weg und raubte seine Herden; was er mir anzutun gedacht hatte, das tat ich nun an ihm. Ich holte, was in seinem Zelt war, und plünderte sein Lager.«

Außerdem erwähnt Sinuhe in seiner Geschichte drei Herrscher und ihre jeweiligen Länder: Maki von Qedem, Ḫenti-Iausch aus dem südlichen Kusch und Menus aus dem Lande der Fenḫu. Fenḫu war wahrscheinlich Phönizien oder ein Teil davon. Die Stämme von Kusch bevölkerten allem Anschein nach das südliche Transjordanien und den Negeb (s.u.S. 149).

III. Die Ächtungstexte

Die wichtigsten Informationen über Palästina im 20. und 19. Jahrhundert v.Chr. erhalten wir aus den ägyptischen Ächtungstexten[23] (s. Karte 8). Diese Ächtungen oder Flüche wurden verfaßt, um Verderben über die Feinde des Pharao zu bringen; auf diese Weise blieben uns die Namen von Städten und Stämmen, mit denen Ägypten zu tun hatte, erhalten. Zwei Sammlungen von Ächtungstexten aus der zwölften Dynastie sind bekannt. Die erste stammt vom Ende des 20. und die zweite aus dem Ende des 19. oder dem Anfang des 18. Jahrhunderts v.Chr.

Die erste Sammlung von Namen[24] wurde mit den dazugehörigen Flüchen auf Scherben geschrieben. Diese beschriebenen Scherben wurden zerbrochen und an einem geweihten Platz beigesetzt. Die Sammlung umfaßt ungefähr zwanzig Namen von Städten oder Gebieten in Palästina und Syrien und die Namen von mehr als dreißig Herrschern. Die meisten dieser Namen sind in anderen Quellen nicht belegt; wir müssen annehmen, daß sie Stämme bezeichnen, die sich in besonderen Gebieten niedergelassen hatten. Unter den uns bekannten Städten tauchen Jerusalem, Aschkelon und Rehob in Palästina sowie Byblos, ʿArkat und Ullaṣa an der phönizischen Küste auf. Für jeden Ort finden wir gewöhnlich die Namen von drei Herrschern, manchmal allerdings auch nur von zwei und in einem Falle von vier. Dieses Bild ist typisch für eine nomadische Gesellschaft im Prozeß der Seßhaftwerdung, bei dem noch der Stamm die Grundlage der sozialen Organisation bildet. Hierin liegt zweifellos der Grund für die sehr kleine Anzahl erkennbarer Städte im Verhältnis zu den vielen unbekannten Stammesnamen. Was diese Stammesnamen betrifft, so ist schließlich noch ein Name aus einer anderen Quelle bekannt, nämlich Schutu (Num 24,17?).

Die zweite Gruppe[25] umfaßt Inschriften auf kleinen Figurinen, die die Form von Gefangenen haben. Es gibt insgesamt vierundsechzig Ortsnamen, die

23 ANET 328f; *Maisler (Mazar), B.*, Revue de l'histoire juive en Égypte 1 (1947) 33ff; *ders.*, EI 3 (1954) 18–32 (hebräisch); *Albright, W. F.*, BASOR 81 (1941) 16–21; BASOR 83 (1941) 30–36; *Alt, A.*, ZÄ 63 (1927) 39–45; *ders.*, ZDPV 64 (1941) 21–39 = Kl. Schr. III, 49–71.
24 *Sethe, K.*, Die Ächtung feindlicher Fürsten, Völker und Dinge auf altägyptischen Tongefäßscherben des Mittleren Reiches, Berlin 1926.
25 *Posener, G.*, Princes et pays d'Asie et de Nubie, Brüssel 1940.

meisten von gut bekannten Städten; im allgemeinen wird für jeden Ort nur ein Herrscher genannt, nur selten zwei. Ferner finden sich sieben Namen von Ländern in Asien. Alle identifizierbaren Stadtnamen aus der eben erwähnten Gruppe tauchen auch in diesen Texten auf, doch sind die meisten Stammesnamen verschwunden, dafür zahlreiche Stadtnamen hinzugekommen. Im folgenden geben wir eine nach Regionen gegliederte Aufzählung der identifizierbaren Namen:

Phönizische Küste: Byblos, Ullaṣa, ʿArkat, Tyrus.
Libanesische *Biqāʿ* und Gebiet von Damaskus: die *Biqāʿ (b-q-ʿ-t-m)*, Lebo, Sirjon, Apum (Damaskus).
Akko-Ebene: Akko, Mischal, Achschaf und vielleicht Rehob.
Jesreel-Ebene: Schimron und vielleicht Rehob.
Küstenebene und Schefela: Afek, Aschkelon, Eglon, Horma und vielleicht Lod.
Jordantal: Ijon, Abel, Lajisch, Hazor, Peḥel und (Bet)-Haram.
Baschan: Aschtarot, Bozra, Zer, Kenat *(q-n-ỉ)* und vielleicht Maacha.
Galiläa: eventuell Kedesch und Bet-Schemesch.
Efraimitisches und judäisches Bergland: Sichem und Jerusalem.
Außerdem werden die Stämme von Kusch und Schutu erwähnt.

Die Unterschiede zwischen diesen beiden Sammlungen von Ächtungstexten spiegeln die Veränderungen wider, die in Palästina vom 20. zum 19. Jahrhundert v. Chr. stattgefunden haben, nämlich den Übergang von nomadischer zu seßhafter Lebensweise und die Verschiebung von der patriarchalischen Herrschaft durch drei oder vier Stammesführer zu einer städtischen Autokratie unter nur einem Herrscher. Archäologische Untersuchungen haben gezeigt, daß die neue Bevölkerung sich in den gleichen Regionen konzentrierte wie die der frühen Bronzezeit, d.h. in den großen Ebenen und in Baschan und nur selten in den Bergländern. Trotzdem waren Sichem und Jerusalem nun größere Zentren geworden. Diese zwei Städte mögen deshalb besondere Bedeutung erlangt haben, als sie Schlüsselpositionen an den Verbindungswegen zur Königsstraße innehatten, die zu dieser Zeit offenbar eine ungewöhnlich hohe Bedeutung gehabt hat[26].

Das Bild einer in Ägypten ankommenden Karawane, die eventuell über die Königsstraße gezogen war, ist in einer Wandmalerei eines ägyptischen Grabes aus der 12. Dynastie in Beni Ḥasan (frühes 19. Jahrhundert v. Chr.) erhalten[27]. Die Gruppe besteht aus siebenunddreißig Asiaten (ʿAamu, *ʿȝmw*) aus dem Land von Schutu, die schwarze Wimperntusche nach Ägypten liefern. Ihr Leiter hat anscheinend einen semitischen Namen, Ibscha *(ỉ-b-šȝ)*, und trägt den ägyptischen Standardtitel »Beherrscher eines Fremdlandes« *(ḥqȝ ḫȝśt)*.

Es ist wahrscheinlich, daß das »Land von Schutu« der alte Ausdruck für Gilead ist und daß die Kuschiten im südlichen Transjordanien saßen. Gilead

26 *Yeivin, S.*, Atiqot 2 (1959) 155ff.
27 ANET 229; ANEP 3.

war berühmt für seine Harze und Salben (Jer 8,22; 46,11); auch die Karawane der Ismaeliter (oder Midianiter), die Josef mit nach Ägypten genommen hat, war auf ihrem Weg von Gilead über Dotan und transportierte »Harz, Balsam und Myrrhe« (Gen 37,25). Nun werden in Num 24,17 die »Söhne Seths« in poetischer Weise mit Moab parallelisiert, in ähnlicher Weise in Hab 3,7 Kuschan mit Midian. Offensichtlich sind in diesen Passagen die Namen der alten Bevölkerung dieser Gebiete erhalten geblieben[28]. Die archäologische Forschung scheint diese Textstellen zu bestätigen, da Gilead, Südtransjordanien und der Negeb in der mittleren Bronzezeit II und in der Spätbronzezeit praktisch unbesiedelt waren. Im Gegensatz zu den vielen Städten in den anderen Teilen des Landes (nach der späteren Gruppe von Ächtungstexten) waren diese Gebiete noch von den Nomadenstämmen der Seth und Kusch bevölkert.

Das Ausmaß ägyptischer Kontrolle über Palästina zu dieser Zeit ist noch nicht hinreichend klar. Bis heute ist nur ein Feldzug nach Retenu bekannt geworden und der nur aus einer einzigen ägyptischen Quelle, nämlich der Grabinschrift des ägyptischen Beamten Khu-Sebek, die in die Regierungszeit Sesostris III. (ca. 1880–1840 v.Chr.) zu datieren ist[29]. Dieser Bericht, der mehr oder weniger zeitgleich mit der späteren Gruppe der Ächtungstexte ist, erwähnt ein ägyptisches Eindringen bis nach Sekmem *(s-k-m-m)*, d.h. offensichtlich Sichem: »Dann fiel Sekmem zusammen mit dem schrecklichen Retenu«. Dieser Zufallsfund läßt doch stark die Vermutung aufkommen, daß es sich hierbei nicht um den einzigen Feldzug in das Land Retenu gehandelt hat. Aber es bleibt erstaunlich, daß die ägyptische Armee tief in das Bergland eingedrungen sein soll. Das läßt sich allerdings in Einklang bringen mit der besonderen Bedeutung Sichems und Jerusalems in den Ächtungstexten. Einige ägyptische Siegelabdrücke, die in Jericho gefunden worden sind, belegen für diese Zeit Handelsverbindungen zum Inneren des Landes[30]. Verbindungen mit Südpalästina werden ebenfalls durch ägyptische Inschriften aus den Minen auf dem Sinai belegt, in denen verschiedene Arbeiter aus Retenu aufgeführt sind, einschließlich einiger Asiaten aus einem Ort (geschrieben *ḥ*ʾ*mỉ*), der möglicherweise mit Horma im südlichen Kanaan zu identifizieren ist. Die gleiche Stadt ist wahrscheinlich auch in den späteren Ächtungstexten genannt[31].

Ägyptische Stelen und Statuen aus dem Mittleren Reich wurden in Ugarit, Byblos und Beirut an der phönizischen Küste gefunden, in Nerab bei Aleppo, in Qaṭna und *Tell Ḥizzīn* in der libanesischen *Biqāʿ* sowie in Megiddo, Geser und *Tell el-ʿAǧūl* in Palästina[32]. Ausgrabungen in Megiddo förderten die Statuettenbasis Thut-Ḫoteps[33] zutage, der als ein hoher Beamter der

28 *Albright, W. F.*, BASOR 83 (1941) 34.
29 ANET 230f.
30 *Helck*, Beziehungen, 74.
31 *Mazar, B.*, EI 3 (1954) 22 (hebräisch).
32 *Helck*, Beziehungen, 69f.
33 Megiddo II, Taf. 265; *Wilson, J. A.*, AJSL 58 (1941) 225–231.

neunzehnten Dynastie bekannt ist. Aus den Titulaturen, die sich inschriftlich in seinem Grab fanden, wissen wir, daß er Beauftragter war für die unter ägyptischer Kontrolle befindlichen asiatischen Gebiete. Die Aufstellung seiner Statue in Megiddo ist zweifellos ein Hinweis darauf, daß eine irgendwie geartete ägyptische Oberhoheit über diese Stadt bestanden hat. Daher wird die spätere Gruppe der Ächtungstexte wahrscheinlich das wirkliche Ausmaß der ägyptischen Oberhoheit auf ihrem Höhepunkt am Ende des 19. Jahrhunderts widerspiegeln, als sich Ägypten von Loslösungstendenzen bedroht sah. Das Fehlen Megiddos in den Ächtungstexten kann ein Indikator dafür sein, daß es nicht zu den *verfluchten* Rebellen gehörte, da es noch fest in ägyptischer Hand war[34]. Einige wenige Städte, die in den Ächtungstexten, allerdings ohne Herrschernamen, erwähnt werden, mögen noch ägyptische Stützpunkte gewesen oder zumindest als ägyptisches Territorium betrachtet worden sein. Das ist im Fall von Byblos und wahrscheinlich auch von Ullaṣa und Jarmut an der phönizischen Küste sicher, die ja noch während des Neuen Reiches als ägyptische Stützpunkte bekannt sind[35].

IV. Die Hyksos-Zeit

Um über Palästina vom 18. bis zum 15. Jahrhundert v.Chr. etwas zu erfahren, müssen wir uns wieder der Archäologie zuwenden, da wir keine relevanten ägyptischen Quellen für diese Zeit haben. Der Zerfall einer zentralen ägyptischen Autorität unter der dreizehnten Dynastie im 18. Jahrhundert machte zweifellos der ägyptischen Kontrolle über Palästina ein Ende. Ungefähr 1720 v.Chr. wurde Ägypten selbst von Leuten erobert, die aus dem Norden gekommen waren und die die sogenannte »Hyksos-Herrschaft« etablierten. Das Wort Hyksos ist – über hellenistische Quellen – von der ägyptischen Standardtitulatur »Herrscher der Fremdländer« *(ḥqꜣ ḫꜣśwt)* abgeleitet. Höchstwahrscheinlich hatten zumindest ihre frühen Herrscher amoritische Namen[36]. Weiter ist klar, daß die Hyksos-Herrscher der 15. Dynastie von ihrer Hauptstadt im Nildelta, Tanis (dem biblischen Zoan),

34 *Mazar, B.*, EI 3 (1954) 30f (hebräisch).

35 *Helck*, Beziehungen, 63f.

36 Diese Annahme beruht auf Namen mehrerer Herrscher, die der 15. Dynastie vorangegangen waren und die sich in Skarabäeninschriften *ḥqꜣ ḫꜣśwt* nannten, wie z.B. ʿAnat-har *(ʿnt-hr)*; andere semitische Namen wie z.B. *Jaqob-har (yʿqb-hr)* könnten hier ebenfalls angeführt werden. Jedoch ist es möglich, daß die Pharaonen mit semitischen Namen der Hyksos-Zeit vorangegangen sind, vielleicht waren einige auch nur untergeordnete, abhängige Regenten. Manetho bezieht sich nur auf die 15. Dynastie, die zwischen ca. 1680–1570 v.Chr. herrschte. Die Namen von sechs Pharaonen dieser Dynastie sind von unbekannter Herkunft; es ist nicht ausgeschlossen, daß einige von ihnen hurritischen Ursprungs sind. Vgl. *Helck*, Beziehungen, 100–106. Die Dynastien dieser ägyptischen Zwischenzeit, nämlich die 14. bis 17., überlappen sich offensichtlich beträchtlich. Vgl. *Redford, D. B.*, Orientalia N.S. 39 (1970) 1–51; *Vaux, R. de*, Histoire ancienne d'Israël I, Paris 1971, 78–84.

aus sowohl über Ägypten als auch über Syrien-Palästina die Oberherrschaft ausübten. Jedoch stehen zur Zeit keine weiteren detaillierten historischen Angaben zur Verfügung. Wir müssen uns deshalb auf archäologische Forschungen stützen und sie durch Schlußfolgerungen ergänzen, die wir aus späteren Zeugnissen über Veränderungen ziehen können, die in dieser Zeit in Palästina stattgefunden haben.

Die große militärische Macht der Hyksos beruhte auf einer radikalen Neuerung in der Kriegstechnik, nämlich der Einführung der von Pferden gezogenen Streitwagen. Diese hochwirksame Waffe war in Erwerb und Unterhalt sehr teuer; ursprünglich scheint ihr Besitz und ihre Anwendung Privileg der *maryannū* gewesen zu sein[37] – einer speziellen Klasse adliger Streitwagenkämpfer. Das brachte Regierungsformen in den einzelnen Stadtstaaten hervor, die sich hauptsächlich auf die Streitwagenmacht und die Adelsschicht stützten. Die Könige verliehen Land und besondere Privilegien an die Streitwagenkämpfer als Gegenleistung für deren Dienste, waren selbst allerdings wiederum Untertanen des in Tanis lebenden Pharao.

Die Hyksos-Zeit erlebte auch die Einführung eines neuen Verteidigungssystems, das aus mächtigen Umwallungen aus Lehmziegeln und gestampfter Erde bestand und gewöhnlich noch einen Graben hatte, besonders in ebenem Gelände. Wahrscheinlich wurde es zuerst bei der Errichtung der großen befestigten Hyksos-Zentren entwickelt und später von anderen Städten übernommen.

Die archäologische Forschung hat gezeigt, daß in der Hyksos-Zeit (mittlere Bronzezeit II) die Kultur einen hohen Stand erreicht hatte – besonders in eben den Gebieten und Städten, die schon in den Ächtungstexten genannt wurden. Die Überreste großer Städte mit starken Befestigungen aus dieser Zeit wurden entdeckt in: Lajisch, Hazor, Jericho, Megiddo, Taanach, Dotan, Sichem, Bet-El, Jerusalem, Bet-Zur, Bet-Schemesch, Geser, Lachisch, *Tell Bēt Mirsim, Tell Ğerīše* (Gat-Rimmon?), Jafo, *Mīnet Rūbīn* (Jabne-Jam), Aschkelon, *Tell en-Nağīle, Tell el-ʿAğūl* (Bet-Eglajim), *Tell el-Fārʿa* (Scharuhen), *Ḫirbet el-Mšāš* und *Tell el-Milḥ*. Die Bibel hat die Überlieferung aufbewahrt, daß »Hebron sieben Jahre vor Zoan in Ägypten gegründet worden« ist (Num 13,22). Hebron war offenbar eine der Städte, die kurz vor der Hyksos-Zeit gegründet wurden und sich unter der Hyksos-Herrschaft großer Prosperität erfreuten.

Hazor spielte in der Hyksos-Zeit eine ganz besondere Rolle. An der Nordseite des alten Tells wurde jetzt ein großes rechteckiges Gebiet von fast 1 km Länge dem Stadtgebiet hinzugefügt. Diese ganze Anlage von ca. 70 ha wurde von einem hohen Wall umgeben, der an zwei Seiten noch von einem künstlichen Graben zusätzlich gesichert wurde. Dies ist die größte palästinische Stadt, die überhaupt in biblischer Zeit gebaut wurde; in der Hyksos-

37 Dies ist ein indoeuropäisches Wort, das in unseren Quellen zum ersten Mal im 16. Jahrhundert v.Chr. auftaucht; offensichtlich wurde der Streitwagen in dieser Zeit von Bedeutung. Vgl. *Alt, A.*, Die Herkunft der Hyksos in neuer Sicht, Berlin 1954, 15f = Kl. Schr. III, 81f.

Zeit errichtete man ähnliche Städte auf dem *Tell el-Yehudīye* in Ägypten, in Qaṭna *(Tell el-Mišrīfe)* in Mittelsyrien und in Karkemisch am Euphrat. Ohne Zweifel war Hazor das militärische und politische Zentrum Palästinas in dieser Zeit. Das kann die Tradition, Hazor sei die Hauptstadt Kanaans gewesen, erklären[38]. Auch stimmt dies gut damit überein, daß Hazor in den Mari-Briefen eine bedeutende Rolle spielt (auch Lajisch wird darin erwähnt)[39]. Mari hatte ebenfalls enge politische Beziehungen mit Qaṭna; auch wird Apum (Damaskus) ebenso wie Byblos an der phönizischen Küste genannt. In einem Exemplar des babylonischen »Traumbuches«, dessen Entstehung allem Anschein nach in diese Zeit zu datieren ist, findet sich eine Erwähnung von *La-ba-an*. Damit ist offensichtlich Lebo(-Hamat) in der libanesischen *Biqāʿ* gemeint bzw. das Labana der Amarna-Tafeln[40]. Hazor taucht ebenfalls in diesen Texten auf, und zwar als ein wichtiges Zentrum, von dem Boten über Mari nach Babylon gesandt wurden. Die Mari-Briefe enthalten ferner Hinweise auf Boten verschiedener Städte Mesopotamiens, die nach Yamḫad (Aleppo), Qaṭna, Hazor und einem anderen Ort, dessen Name weggebrochen ist, unterwegs waren[41]. Diese gleiche geographische Aufzählung finden wir auch im »Traumbuch«, das die Städte Mari, Emar, Aleppo, Qaṭna und Hazor erwähnt. Eine andere Urkunde bezieht sich auf Geschenke, die der König von Hazor nach Kaptara (Kreta?) und Ugarit gesandt hat.

Somit kann festgehalten werden, daß die Tontafeln aus Mari die bedeutende Rolle Hazors in dieser Zeit erhellen. Besonders deutlich ist Hazors Verbindung mit Amurru, z.B. wird eine Wanderung der Jaminiten (»Südleute«) aus der Euphratgegend nach Jamḫad, Qaṭna und dem Land der Amurru, d.h. hier Hazor, erwähnt. In einem anderen Text finden wir Boten aus Hazor, die mit Boten von vier anderen amoritischen Königreichen zusammen genannt werden. Das Material ist noch nicht ausreichend, um definitive Schlüsse zu ziehen – aber wenn Hazor im Lande Amurru lag, dann war es sicher die Hauptstadt. Die biblische Überlieferung, daß Hazor »das Haupt aller dieser Königtümer« sei, mag in dieser Situation der Hyksos-Zeit ihren Ursprung haben. Die Alalach-Tafeln erwähnen Pferdelieferungen von Amurru, und die Mari-Tafeln enthalten ähnliche Hinweise, allerdings auf Qaṭna bezogen. Es scheint deshalb, daß Hazor und Qaṭna zu dieser Zeit die Zentren für Streitwagen- und Pferdelieferungen in Syrien und Palästina waren.

So kann man vermuten, daß Amurru als geographischer Begriff eine bestimmte Entwicklung durchgemacht hat. Von einer allgemeinen Bezeich-

38 *Malamat, A.*, JBL 79 (1960) 12–19.

39 Zu den jüngeren Veröffentlichungen, die Hazor und Lajisch betreffen, vgl. *Malamat, A.*, in: *Sanders, J. A.* (Hg.), Near Eastern Archaeology in the Twentieth Century, New York 1970, 164–172; *ders.*, IEJ 21 (1971) 31–38.

40 Es ist nicht der Libanon gemeint, da damit das Gebirge und/oder eine Region, aber keine Stadt bezeichnet wird.

41 *Alt, A.*, ZDPV 70 (1954) 130–134.

nung für Syrien und Palästina in akkadischen Texten gegen Ende des 3. Jahrtausends v.Chr. wurde Amurru zu einem politischen Begriff für das südliche Syrien-Palästina in der Hyksos-Zeit. Später war dann der Name auf das kleine Königreich Amurru begrenzt, das in der Amarna-Zeit im Libanon zu lokalisieren ist; seine Könige versuchten offensichtlich, die alte Größe Amurrus in ihrem kleinen Fürstentum zwischen Ägypten und Hatti (s.o.S. 66) wiederzubeleben. Hazor war anscheinend das Verbindungsglied, das zwischen dem alten, weiter gefaßten geographischen Begriff und dem sehr begrenzten politischen Gebilde der späteren Zeit fehlte. In diesem Sinne läßt sich dann auch verstehen, wie der Name »Amoriter« in der Bibel parallel zu »Kanaaniter« gebraucht werden konnte, wobei »Kanaan« hauptsächlich in bezug auf das Landesinnere und ganz besonders das Bergland verwandt wurde[42] (s. Karte 4; s.o.S. 71).
Aus späteren Zeugnissen ersehen wir, daß in den verschiedenen Städten eine beachtliche Herrscherklasse entstanden war, deren Mitglieder hurritische und indoeuropäische Namen trugen. Aus einer Prüfung der Herrschernamen im Amarna-Archiv ergibt sich folgendes Bild[43]: Entlang der phönizischen Küste von Byblos bis Tyrus finden sich nur Herrscher mit semitischen Namen; in der *Biqāʿ*, in der Umgebung von Damaskus, in Baschan, der Jesreel-Ebene und der Akko-Ebene überwiegen hurritische und indoeuropäische Namen; in den südlichen Landesteilen ergibt sich ein gemischtes Bild. Es scheint, daß diese Verteilung der Namen einen Hinweis auf die Richtung gibt, aus der die hurritische Einwanderung erfolgt ist, d.h. über die *Biqāʿ* nach Nord-Transjordanien und von dort in die Haupttäler, in denen sich auch die großen Zentren der Hyksos-Herrschaft finden. Außerdem erbrachten die Ausgrabungen, daß die Hyksos-Zeit keine einheitliche, ununterbrochene Zeitspanne bildete; vielmehr war sie von vielen Veränderungen und Zerstörungen gekennzeichnet (aus historischer Sicht unterteilt man deshalb die Hyksos-Zeit gewöhnlich in zwei Phasen). Diese Zerstörungen sind auch in Hazor festzustellen, weil die meisten der bisher in der großen Unterstadt ausgegrabenen Gebäude zur späteren Hyksos-Schicht gehören; unter ihnen wurden jedoch Reste gefunden, die beweisen, daß die große Stadt in einer vorausgegangenen Periode gegründet worden sein muß (diese frühere Stadt blieb bei den Ausgrabungen so gut wie unerreicht). Hinzu kommt die Tatsache, daß die Ägypter während dieser Epoche Palästina und Syrien Hurru *(ḫ-r)* – d.h. Land der Hurriter – genannt haben. Da sie sich einen solchen Namen bestimmt nicht ausdachten, müssen sie auf ihn im Lande selbst gestoßen sein. So können wir das Erscheinen der Hurriter unter den alten Völkern Palästinas verstehen.

42 Vgl. *Abel*, Géogr. II, 30ff.
43 *Helck*, Beziehungen, 478ff.

V. Der Aufstieg des Neuen Reiches

Die späte Bronzezeit ist eine direkte Fortsetzung der Hyksos-Zeit. Die Stadtstaaten Palästinas änderten sich nicht grundlegend; sie übertrugen einfach ihre Loyalitätspflichten von ihren früheren Hyksos-Herren auf die Pharaonen des Neuen Reiches. Obgleich Hazor weiterhin eine sehr bedeutende Stadt blieb, verlor es doch seine beherrschende Rolle; die ägyptische Administration bestimmte Gaza zum Stützpunkt und Hauptsitz der Kommissare[44]. Zweifellos wurde dieser Ort deshalb gewählt, weil er ein wichtiges Zentrum am Südabschnitt der *Via Maris* war und effektiver von Ägypten aus kontrolliert werden konnte als das so weit nördlich gelegene Hazor.

Außer der ägyptischen Administration gab es nunmehr keine relevante Kraft, die die kleinen Königtümer Kanaans hätte vereinigen können; infolgedessen entwickelten sich die Stadtstaaten, die für die späte Bronzezeit so typisch sind. Die ägyptischen Pharaonen mischten sich gewöhnlich nicht in die internen Angelegenheiten der Stadtstaaten; den lokalen Dynastien wurde so lange zugestanden, an der Macht zu bleiben, wie sie sich der ägyptischen Oberhoheit unterwarfen. Denn die Ägypter hatten nicht das Bestreben, die Einwohner Kanaans kulturell oder religiös zu beeinflussen; sie behandelten sie schlicht und einfach als Untergebene. Ihr Interesse beschränkte sich auf die Sicherheit der Handelswege, regelmäßige Tributzahlungen und die Erfüllung bestimmter Verpflichtungen, die den verschiedenen Städten auferlegt worden waren, wie z.B.: die ägyptische Armee zu verpflegen, Streitwagen auszurüsten und Truppen zur Verfügung zu stellen. Es gab nur wenige äyptische Stützpunkte, außer Gaza sind nur Jafo, Megiddo, Bet-Schean, Jarmut, Ullaṣa und Ṣumur als Stützpunkte bekannt, und selbst das nicht in allen Perioden[45]. Manchmal wurden kleine ägyptische Garnisonen in verschiedenen Städten einquartiert; diese symbolische Machtdemonstration reichte im allgemeinen aus, die Kontrolle zu behalten. Die Ergebenheit kanaanitischer Könige wurde auch noch dadurch sichergestellt, daß man ihre Söhne als Geiseln mit nach Ägypten nahm. Nachdem diese am ägyptischen Hof erzogen worden waren, wurden sie dann von den Ägyptern in ihren jeweiligen Heimatstädten inthronisiert. Allgemein kann festgehalten werden, daß die Ägypter sich nicht in lokale Konflikte zwischen den kanaanitischen Herrschern einmischten; jedoch hätten sie keine größere Allianz der Stadtstaaten geduldet, die fähig gewesen wäre, ihre eigene Kontrolle über das Land zu bedrohen.

Auch die Bevölkerungsstruktur erfuhr keine nennenswerten Änderungen. Siedlungen bestanden weiterhin in den gleichen Gebieten wie in der mittleren Bronzezeit, wenn auch ein gewisser Verfall zu beobachten ist, der zweifellos zumindest teilweise auf die ägyptische Politik der Ausbeutung des Landes zurückgeführt werden muß. Dieser Niedergang ist in den meisten

44 *Alt, A.*, ZDPV 67 (1944) 9ff = Kl. Schr. I, 222ff.
45 *Alt, A.*, ZDPV 68 (1950) 97–133 = Kl. Schr. III, 107–140.

Städten festzustellen. Die Ausgrabungen in Jericho und Bet-Zur haben gezeigt, daß nach der Blüte während der Hyksos-Zeit ein starker Verfall einsetzte. Die Zentren der kanaanitischen Bevölkerung konzentrierten sich mehr und mehr entlang der Hauptwege der *Via Maris*, während die inneren Regionen des Landes nicht mehr so stark besiedelt waren. Die ägyptische Autorität erstreckte sich im wesentlichen auf die dichtbesiedelten Gebiete; ihr Einfluß war im Bergland und in Transjordanien erheblich schwächer.
Allem Anschein nach hat es in den Ebenen einige wenige unbefestigte Dörfer gegeben, aber die Bevölkerung konzentrierte sich doch hauptsächlich in den befestigten Städten. Die Zahl der kanaanitischen Königsstädte stieg in der späten Bronzezeit an, aber jede kontrollierte doch nur ein sehr begrenztes Gebiet[46]. In der Jesreel-Ebene und im Bet-Schean-Tal finden wir nun eine ganze Anzahl kanaanitischer Königsstädte, so z.B. Jokneam, Megiddo, Taanach, Jibleam, Schimron (Schimᶜon), Schunem, Anaharat, Bet-Schean, Rehob und Hammat.
Während der späten Bronzezeit wurden nur wenige Städte neu gegründet. Archäologische Untersuchungen erbrachten Kenntnisse über einige Städte an der Küste, die in dieser Zeit errichtet worden waren: *Tell Abū Huwām* ([Schihor-]Libnat?) an der Mündung des Kischon, eventuell auch Dor, *Tell Abū Selēme* (Laban?) bei *Šēḫ Zuwēyid* nahe der ägyptischen Grenze und vielleicht auch Rafia.
Da Palästina und Syrien während der ganzen späten Bronzezeit ägyptische Provinz blieben und die Ägypter viele Feldzüge durchführen mußten, um ihre Kontrolle über diese Gebiete zu behalten, besitzen wir aus ägyptischen Quellen eine Fülle von Informationen über Palästina zu dieser Zeit.
Was die Unterwerfung des Landes und die Vertreibung der Hyksos betrifft, haben wir nur eine Quelle, nämlich die Grabinschrift eines ägyptischen Offiziers namens Ahmose, der unter den Pharaonen Ahmose I., dem Begründer der 18. Dynastie, Amenophis I. und Thutmoses I. in der zweiten Hälfte des 15. Jahrhunderts v.Chr. diente[47]. Nach dieser Inschrift scheint es so, daß Pharao Ahmose I. nach der Eroberung von Tanis und der Vertreibung der Hyksos auch nach Palästina einmarschiert ist. Drei Jahre lang belagerte die ägyptische Armee Scharuhen (offensichtlich *Tell el-Fārᶜa*), einen großen Tell im westlichen Negeb, wo starke hyksoszeitliche Befestigungen gefunden wurden[48]. Wir wissen nicht, ob nach der Eroberung Scharuhens noch weitere Kämpfe geführt worden sind. Die Inschrift im Grab Ahmoses geht dann in die Regierungszeit Thutmoses' I. (ca. 1525–1508 v.Chr.) über. Unter diesem Pharao nahm Ahmose an einem Feldzug gegen Retenu teil und erreichte die Grenze von Naharin, dem hurritischen Königreich von Mitanni, in der Gegend des Ḫabur und des nördlichen Euphrat. Zu dieser Zeit war Mitanni Agyptens größter Feind in Asien. Die Annalen Thutmoses' III.

46 *Albright, W. F.*, BASOR 87 (1942) 37f.
47 ANET 233f.
48 *Flinders Petrie, W. M.*, Beth Pelet I, London 1930; *Albright, W. F.*, BASOR 33 (1929) 7.

zeigen, daß schon sein Großvater Thutmoses I. eine Siegesstele in Naharin auf dem Ostufer des Euphrat hatte errichten lassen[49]. Man kann deshalb vermuten, daß die ägyptische Einflußsphäre mindestens die südliche und zentrale Levante umfaßte. Die Tatsache, daß Thutmoses I. seinen Feind in Naharin überraschend angreifen konnte, bevor dieser Zeit hatte, seine Truppen auszuheben, zeigt sicher an, daß sich die Ägypter auf die Kooperation von Staaten in Palästina und wohl auch in Syrien haben verlassen können.

VI. Die Feldzüge Thutmoses' III.

Eine beträchtliche Anzahl wertvoller Angaben über Palästina und Syrien lassen sich aus den Inschriften Thutmoses' III. (ca. 1468–1436 v.Chr.) gewinnen, der mindestens sechzehn Feldzüge gegen das Land durchgeführt hat, in denen er bis zum Euphrat vorstieß. Sehr ausführlich sind die Nachrichten über seinen ersten Feldzug, in dem er gegen eine Allianz kanaanitischer Könige im Raum von Megiddo zu Felde zog; dies war offensichtlich einer der entscheidenden Siege des Neuen Reiches in seinem Bemühen, die Kontrolle über Kanaan zurückzugewinnen (s. Karte 9).

Nach dieser Inschrift Thutmoses' III. nahmen mehr als 100 Städte an dem Krieg teil[50]. Sie wurden angeführt von den Königen von Kadesch am Orontes und von Megiddo, die vom König von Mitanni unterstützt wurden. Dies war das größte Bündnis kanaanitischer Könige, das sich je gegen die ägyptische Herrschaft aufgelehnt hatte, und es besteht kein Zweifel daran, daß das mitannische Königreich dieser Allianz volle Unterstützung gewährte, um den Versuch zu unternehmen, der ägyptischen Herrschaft über Kanaan ein Ende zu bereiten.

Der Aufstand umfaßte das ganze Land »von Jurṣa (allem Anschein nach *Tell Ğemme*)[51] bis zum Ende der Welt«, d.h. von Südpalästina bis zu den Grenzen des ägyptischen Machtbereichs in Syrien. Eine ägyptische Garnison konnte in Scharuhen standhalten, der gleichen südlichen Festung, die früher eine zentrale Stelle in der hyksoszeitlichen Verteidigungslinie einnahm. Von Sile, dem wichtigen ägyptischen Grenzposten, legte die Armee die 240 km bis Gaza in neun oder zehn Tagen zurück; das ist ein sehr schnelles Marschtempo und beweist, daß der südliche Teil der *Via Maris* fest in ägyptischer Hand war (s.o.S. 48). Gaza wird mit dem Beinamen »die, die der Herrscher besitzt« belegt, womit auf die Rolle als ägyptischer Hauptstützpunkt in Kanaan hingewiesen wird.

Die nächste in den Annalen erwähnte Station ist Jaḥam (*Ḫirbet Yemma*) in

49 ANET 239.

50 Seine topographische Liste der bei diesem Feldzug eroberten Städte enthält 119 Namen.

51 *Maisler (Mazar), B.*, BIES 16 (1951) 38–41 (hebräisch); *ders.*, PEQ 84 (1952) 48–51; *ders.*, Cities and Districts in Eretz-Israel, Jerusalem 1975, 141–146 (hebräisch).

Karte 9: Der Feldzug Thutmoses' III.

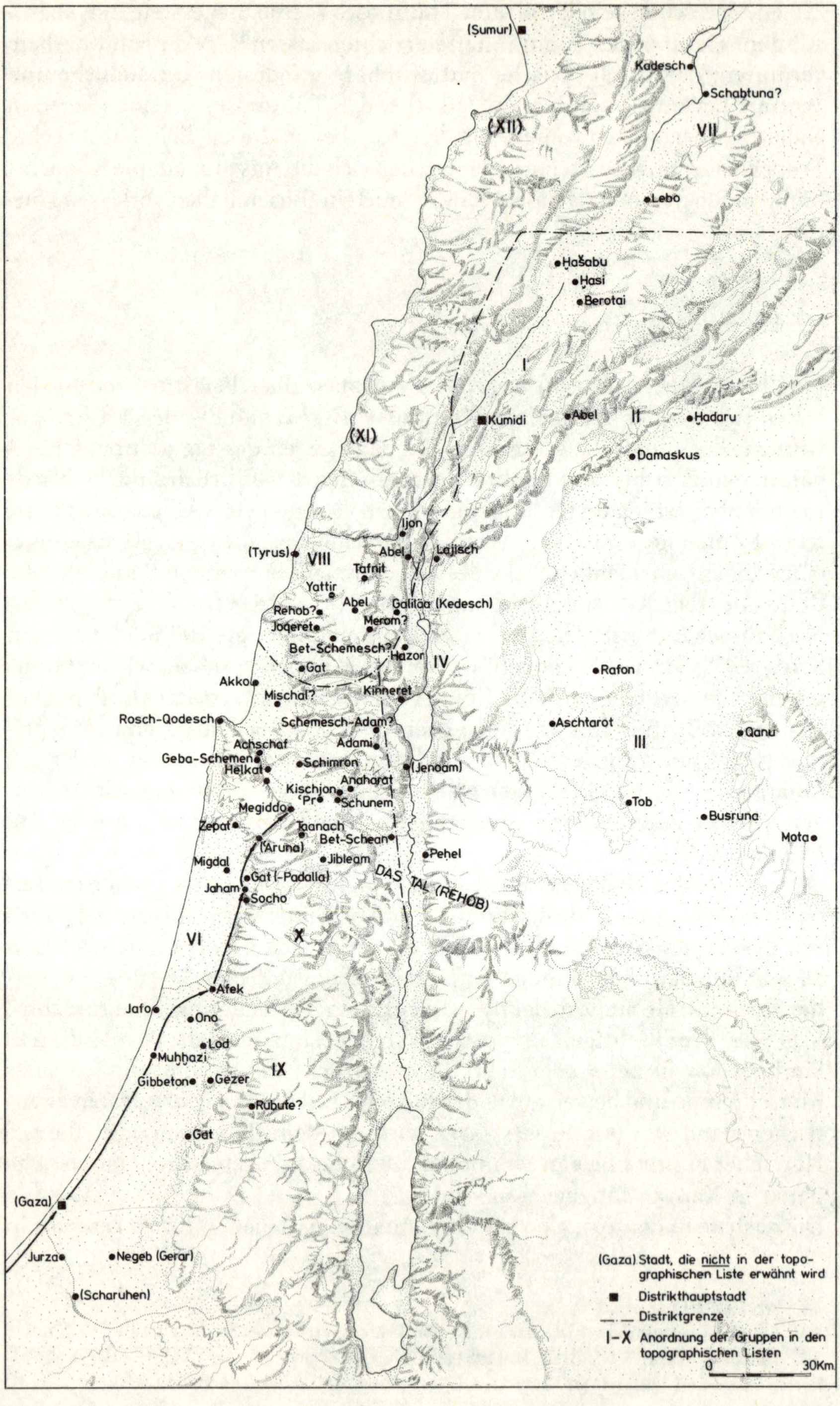

der Scharon-Ebene. Für die 120 km von Gaza nach Jaḥam benötigten die Ägypter elf oder zwölf Tage. Die Marschgeschwindigkeit war somit erheblich langsamer; das ist zweifellos auf den Widerstand einiger Siedlungen entlang der Straße zurückzuführen. In Jaḥam wurde eine Lagebesprechung abgehalten, um zu entscheiden, welche der drei Straßen, die von der Scharon-Ebene zur Jesreel-Ebene führen, man nehmen solle. Die Generäle schlugen vor, entweder die südliche Route über Taanach oder die nördliche Route zu nehmen, die die Scharon-Ebene nördlich von Zefat (*Ḫirbet es-Sitt Lēla*)[52] verläßt und im Norden von Megiddo die Ebene erreicht. Sie warnten Thutmoses vor den Gefahren, die ein Marsch durch den engen ʿAruna-Paß (*Wādi ʿAra*) mit sich bringen würde. Um ihren Vorschlag zu unterstützen, zitierten sie Spionageberichte, nach denen der Feind am Ausgang dieses Passes wartete. Als die ägyptischen Truppen dann die Ebene Jesreel erreicht hatten, stellten sie fest, daß der Feind die Truppen geteilt hatte und in einem Hinterhalt an der südlichen Route lag.

Thutmoses war also nicht den Ratschlägen seiner Generäle gefolgt; er hatte sich entschieden, die kürzeste Route durch den ʿAruna-Paß zu nehmen. So war er in der Lage, einen Überraschungsangriff zu führen, nachdem seine Soldaten in die freie Ebene gelangt waren und sich am Bach Qina bei Megiddo gesammelt hatten, während die Feinde erwarteten, daß er über eine der beiden anderen Straßen kommen würde. Die Kanaaniter hatten ihre Schlachtpläne offensichtlich auf dem Einsatz von Streitwagen aufgebaut und wagten es nicht, die ägyptische Infanterie anzugreifen, selbst nicht unter den für sie so günstigen Umständen, wie sie das *Wādi ʿAra* bot. Vielleicht hatten sie geplant, die ägyptische Armee beim Einmarsch in die Jesreel-Ebene mit einem plötzlichen Streitwagenangriff zu vernichten[53].

Die Entscheidungsschlacht, die in der Gegend von Megiddo ausgetragen wurde, war kurz und endete mit einem Sieg der Ägypter. Die ungeheure Beute, die sie in dem kanaanitischen Heerlager machten, umfaßte u.a. auch 924 Streitwagen. Die anschließende Belagerung Megiddos dauerte dann sieben Monate[54]. Nach dem Fall Megiddos unterwarfen sich die meisten Kanaaniterkönige wieder ägyptischer Oberhoheit: »Nun wurden die Kinder der Fürsten und ihre Brüder als Geiseln nach Ägypten gebracht. Wer auch immer von diesen Fürsten stirbt, seine Majestät pflegte dann dessen Sohn in seine Stelle einzusetzen.«[55]

Offensichtlich war Thutmoses' Oberhoheit über Palästina nach diesem Sieg wieder auf Dauer gesichert. Die restlichen Feldzüge gingen gegen Syrien und Mitanni. Beim fünften Feldzug erreichte er Ardat an der phönizischen Küste. Beim sechsten eroberte er Kadesch am Orontes und wendete sich dann zur phönizischen Küste (sicher durch das Eleutherustal – *Nahr el-Ke-*

52 *Aharoni, Y.*, IEJ 9 (1959) 110–116.
53 *Yeivin, S.*, JNES 9 (1950) 101–107.
54 Nach der Barkal-Stele, vgl. ANET 238.
55 Aus den »Annalen« über den sechsten Feldzug, vgl. ANET 239.

bīr) nach Ṣumur und Ardat. Der siebte Feldzug ging ebenfalls gegen die phönizische Küste und erreichte in der Eroberung Ullaṣas seinen Höhepunkt. Bei seinem achten Feldzug erreichte Thutmoses Naharin und ließ seine Stele am Ostufer des Euphrat aufstellen. Auf dem Rückmarsch eroberte er das Land Ni am nördlichen Orontes[56]. Aus der Grabinschrift eines seiner Offiziere, die sich hauptsächlich mit diesem Feldzug zu beschäftigen scheint, finden wir sowohl den Negeb erwähnt als auch die Eroberung von Aleppo, Karkemisch, einer Stadt namens Meriu im Lande Taḫschi und Kadesch, wo inzwischen eine neue Stadtmauer errichtet worden war[57]. Für die weiteren Feldzüge sind nur ziemlich allgemein gehaltene Beschreibungen überliefert. Bei seinem letzten, dem sechzehnten oder siebzehnten Feldzug, eroberte Thutmoses ʿArkat an der phönizischen Küste, Tunip[58] und drei Städte in der Umgebung von Kadesch. Ferner haben wir einen legendären Bericht über die Einnahme Jafos durch Soldaten, die sich in 200 Körben versteckt hatten, die in die Stadt getragen wurden[59] – eine Geschichte, die zweifellos einen historischen Kern enthält, nämlich den der Eroberung der Stadt und ihrer Umwandlung zu einem ägyptischen Stützpunkt, geschehen offensichtlich beim ersten Feldzug.

Die topographische Liste von Thutmoses III. enthält die genauesten Angaben, die überhaupt über das Land Kanaan zur Verfügung stehen. Von den Hauptlisten sind drei Kopien erhalten, von denen zwei 119 Namen aufweisen, die auch auf der dritten Liste auftauchen, die aber noch 231 weitere Namen enthält; wir kennen also insgesamt 350 Namen[60]. Die erste der beiden kürzeren Listen enthält Städte in Palästina und Südsyrien, während die zweite Namen in Mittel- und Nordsyrien bis nach Naharin hin umfaßt[61].

Das tabellarische Verzeichnis Thutmoses' III. über die kanaanitischen Städte enthält insgesamt 119 Namen. Da alle Orte, die mit einem gewissen Maß an Sicherheit identifiziert werden können, in Palästina und Südsyrien zu finden sind, muß diese Liste nach Thutmoses' III. erstem Feldzug, der im Sieg bei Megiddo gipfelte, abgefaßt worden sein[62]. Diese Annahme wird gestützt durch die Tatsache, daß Kadesch und Megiddo am Beginn der Liste stehen. Natürlich bietet der Hinweis auf Kadesch eine gewisse Schwierigkeit, da diese Stadt erst beim sechsten Feldzug erobert wurde. Im allgemeinen gibt es jedoch gute Gründe anzunehmen, daß diese Liste ein glaubwürdiges Abbild der historischen Realität ist; es ist unwahrscheinlich, daß Städte hinzugefügt worden sind, die nicht wirklich bei diesem Feldzug besiegt worden waren. Einige Gelehrte nehmen an, daß in der Originalliste

56 *Gardiner*, Anc.Eg.On. I, 158ff.166ff.
57 ANET 240.
58 In EA 59 bezieht sich die Einwohnerschaft von Tunip auf diese Eroberung.
59 ANET 22f.
60 *Simons*, Handbook 27ff.109ff.
61 Zum Aufbau der syrischen Liste, die anscheinend nach dem achten Feldzug entstanden ist, vgl. *Helck*, Beziehungen, 142ff; *Astour, M.*, JNES 22 (1963) 220–241.
62 *Simons*, Handbook, 28ff.

anstelle von Kadesch Kedesch (in Galiläa) geschrieben stand, eine wichtige kanaanitische Stadt, die sonst in der Liste fehlte; da sie den gleichen Namen wie die berühmte Stadt am Orontes trägt, wurde sie mit Kadesch verwechselt und an den Anfang der Liste gesetzt[63]. Aber es ist natürlich auch möglich, daß hier wirklich Kadesch am Orontes gemeint ist und deshalb in die Liste aufgenommen wurde, weil die Stadt zu den führenden Verbündeten gehörte, die bei Megiddo geschlagen wurden.

Die Identifizierung vieler Städte ist abhängig von der Reihenfolge, in der sie in der Liste erscheinen. Ein gutes Beispiel dafür ist der Name *ᶜ-r-n* (Nr. 27): Obgleich diese Konsonanten für ᶜAruna stehen können, das in den Annalen Thutmoses' III. erwähnt wird, ist doch die Identifizierung mit ᶜAlunni in Baschan, dem Ḫalunni der Amarna-Briefe (EA 197,14), vorzuziehen, da es in der Liste zwischen *q-nw* (Kenat) und *ᶜ-s-t-r-t* (Aschtarot) in einer Gruppe von Städten dieser Region steht.

Zwei äußerst wichtige Regeln können uns bei der Analyse der Liste helfen:

1. Das tabellarische Verzeichnis wurde auf der Basis von Listen aus dem ersten Feldzug verfaßt und enthält nur solche Städte, die während dieses Feldzugs auch erobert und unterworfen worden waren. Das zeigt sich deutlich bei einem Vergleich mit den Annalen. Scharuhen, das sich noch fest in ägyptischer Hand befand, erscheint nicht in der Liste; doch wird das rebellierende Jurṣa (Nr. 60) genannt. Die meisten anderen in den Annalen erwähnten Städte erscheinen auch in dem tabellarischen Verzeichnis, so z.B. Jaḥam, Taanach, Zefat und Megiddo. Gaza und ᶜAruna, obgleich in den Annalen vorhanden, fehlen, aber es ist möglich, daß diese Orte nicht rebelliert hatten und daher nur als Marschstationen aufgezählt wurden.
2. Die Städte sind geographisch nach den angrenzenden Distrikten zusammengefaßt; sie umfassen die folgenden Regionen: die südliche libanesische *Biqāᶜ* und den Bezirk von Damaskus (Nrn. 3–20); Baschan (Nrn. 21–30); das nördliche Jordantal (Nrn. 31–34); die Ebenen von Jesreel und Akko (Nrn. 35–54); die südliche Küsten- und die Scharon-Ebene (Nrn. 57–71); die nördliche libanesiche *Biqāᶜ* (Nrn. 72–79 [84?]); Galiläa (Nrn. 80 [85?]–102); die nördliche Schefela (Nrn. 103–106); das Bet-Schean-Tal (Nrn. 107–110) und das Karmel-Gebirge (Nrn. 111–117). Die letzten beiden Namen sind nicht zu entziffern. Die Nrn. 55 und 56, die Ḫašabu und Tušulti bezeichnen, wurden ausgelassen; diese Orte liegen im Lande Amqi (südliche libanesische *Biqāᶜ*)[64] und gehören daher zu der ersten Gruppe. Vielleicht sind sie aus der richtigen Ordnung gekommen, als man Kadesch und Megiddo, die ja zur nördlichen *Biqāᶜ* und zur Jesreel-Ebene gehören, herausgenommen und an den Beginn der Liste gestellt hat[65]. Einige wenige Namen, die offenbar nur geographische Bezeichnungen bestimmter Regionen sind, stellen ein besonderes Problem dar, so z.B. Negeb (Nr. 57),

63 *Simons*, Handbook, 35f; *Aharoni*, Settlement, 46f (hebräisch).
64 *Aharoni, Y.*, IEJ 3 (1953) 153–161.
65 *Aharoni*, Settlement, 47.

»Bergland« (*h-r*; Nr. 77), »das Tal« (*ᶜ-m-q*; Nr. 107)[66] und eventuell Galiläa (Nr. 80) und Scharon (Nr. 21). Es ist schwer verständlich, was solche allgemeinen geographischen Bezeichnungen in einer Städteliste zu tun haben. Daher stellt sich die Frage, ob damit nicht doch Hauptstädte gemeint sind, die über ihre jeweiligen Gebiete die Herrschaft ausübten und folglich nach ihnen benannt wurden. Wenn man diesem Vorschlag folgt, kann man vermuten, daß mit Negeb Gerar gemeint ist, mit »Tal« Rehob (s. Liste des Pharao Schoschenk; u.S. 334f) und möglicherweise mit Galiläa Kedesch (vgl. Jos 20,7; 21,32 u.ö.). Jede dieser Städte ist jeweils die bedeutendste Kanaaniterstadt in ihrer Region, ihr Fehlen in der Liste wäre deshalb erstaunlich[67].

Da die Liste Thutmoses' III. von so besonderer Bedeutung ist, geben wir sie hier in voller Länge wieder[68], und zwar mit der vermuteten kanaanitisch-hebräischen Transkription und der entsprechenden Form in der Bibel und in anderen Quellen (besonders in den Amarna-Tafeln), wo immer das möglich ist. Vorgeschlagene Identifizierungen mit antiken Stätten werden in der Liste ebenfalls genannt (vgl. Karte 9).

66 Vgl. Jos 15: Süden *(Negeb)*, Tal *(Schefela)*, Gebirge (Bergland, *Har*).

67 Man mag an das Afek in der Scharon-Ebene denken (Jos 12,18), aber der Name steht zwischen Damaskus und den Städten von Baschan, und Afek erscheint an einer anderen Stelle (Nr. 66).

68 *Simons*, Handbook, 115–119.

Nr.	Transkription	Vermutete Kanaanitisch-Hebräische Form	Biblische Form: Deutsch	Biblische Form: Hebräisch	Andere Quellen (besonders EA)	Identifizierung
1.	*q-d-š*	קדש	Kadesch	קדש	Qidša (EA)	*Tell en-Nebī Mend*
2.	*m-k-t*	מגד	Megiddo	מגדו	Magidda (EA)	*Tell el-Mutesellim*
3.	*ḫ-ṯ-y*	חזי			Ḫasi (EA)	*Tell Ḥizzīn?*
4.	*k-t-ś-n*	גדשן			Guddašuna (EA)	
5.	*ʿ-n-š-w*					
6.	*d-b-ḫ*	טבח	Tibhat Teba	טבח, טבחת 2Sam 8,8	Ṭubiḫi	
7.	*b-m-y*					
8.	*k-m-t*	כמד			Kumidi (EA)	*Kāmid el-Lōz*
9.	*t-t-y-n*					
10.	*r-b-n*	לבן	Lebo(-Hamat)?	לבוא (חמת)	Labana (EA)	*el-Lebwe?*
11.	*q-r-t n-ḏ-n*	קר(י)ת נצן			(Kiriat) nḏn (= Liṭani? Pap. Anast. I)	
12.	*m-r-m*	מרם				
13.	*t-m-ś-q*	דמשק	Damaskus	דמשק	Dimašqa (EA)	*eš-Šam*
14.	*ỉ-t-r*				Ḫadaru (Tiglat-Pileser III.)	
15.	*ỉ-b-r*	אבל			Abila Lysaniae	*Sūq Wādi Baradā*
16.	*ḥ-m-t*	חמת				
17.	*ỉ-q-d-⟨w⟩*					
18.	*š-m-n*					
19.	*b-ỉ-r-t*	בארת	Berotai Berota	ברתי ברתה		
20.	*m-ḏ-n*					
21.	*ś-r-n*	שרן	(die Weideländer von) Scharon	(מגרשי) שרון		

Nr.	Transkription	Vermutete Kanaanitisch-Hebräische Form	Biblische Form Deutsch	Biblische Form Hebräisch	Andere Quellen (besonders EA)	Identifizierung
22.	*t-b-y*	טב	(das Land von) Tob	טוב	Ṭubu (EA)	*eṭ-Ṭaiyibe*
23.	*b-ḏ-n*	בצ(ר)ן			Buṣruna (EA)	*Boṣrā eski Šām*
24.	*ỉ-m-š-n*				Mota	*Imṭān*
25.	*m-š-ḫ*				Mušiḫuna (EA)	
26.	*q-nw*	קנ	Kenat	קנת	Qanū	*Qanawāt*
27.	*ʿ-r-n*	עלן			Ḫalunni (EA)	
28.	*ʿ-ś-t-r-t* *ʿ-s-t-r-t*	עשתרת	Aschtarot	עשתרת	Aštarti (EA)	*Tell ʿAštara*
29.	*n̄w̄-r-p-ỉ*				Ῥαφών (1 Makk 5, 37)	*er-Rāfeh*
30.	*m-q-t*	מקד			Μακέδ (1 Makk 5, 26)	
31.	*r-w-ś*	ליש	Lajisch	ליש		*Tell el-Qāḍī*
32.	*ḥ-ḏ-r*	חצר	Hazor	חצור	Ḫaṣura (EA)	*Tell el-Qedaḥ*
33.	*p-ḥ-r*	פחל			Piḫili(m) (EA)	*Ḫirbet Faḥil*
34.	*k-n-n-r-t*	כנרת	Kinneret	כנרת		*Tell el-ʿOrēme*
35.	*š-m-(ʿ-)n*	שמען	Schimron	שמרון	Šamḫuna (EA)	*Ḫirbet Samūnīye*
36.	*ỉ-t-m-m*	אדמם	Adami-Nekeb	אדמי (הנקב)		*Ḫirbet et-Tell*
37.	*q-ś-n*	קשן	Kischjon	קשיון		*Ḫirbet Qaṣyōn?*
38.	*š-n-m*	שנם	Schunem	שונם	Šunama (EA)	*Sōlem*
39.	*m-š-ỉ-r*	משאל	Mischal	משאל		*Tell Kesān?*
40.	*ỉ-k-s-p*	אכשף	Achschaf	אכשף	Akšapa (EA)	*Ḫirbet el-Harbağ*
41.	*k-b-ʿ-ś-m-n*	גבע־שמן				*Tell el-ʿAmr*
42.	*t-ʿ-n-k*	תענך	Taanach	תענך	Taḫ[nuk]a (EA)	*Tell Taʿannek*
43.	*y-b-r-ʿ-m*	יבלעם	Jibleam	יבלעם		*Tell Belʿame*
44.	*k-n-t ỉ-ś-n*	נת־אשן			Gintiašna (EA)	

45.	*r-t-m-r-k*	(א)לתמלך	Allammelech	אלמלך		
46.	*ʿ-y-n*	עין				
47.	*ʿ-k-ʾ* (*ʿ-ʾ-k*)	עכ	Akko	עכו	Akka (EA)	*Tell el-Fuḫḫār*
48.	*r-š q-d-s*	ראש־קדש				*Kap des Karmel-Gebirges*
49.	*k-r-y-m-n*					
50.	*b-r*	ב(א)ר				
51.	*š-m-š ỉ-t-m*	שמש־אדם	Adama	אדמה		*Qarn Ḥaṭṭīn*
52.	*ỉ-n-ḫ-r-t*	אנחרת	Anaharat	אנחרת		*Tell el-Muḫarḫaš?*
53.	*ʿ-p-r wr*	עפר־הגדולה	Ofra?	עפרה		*el-ʿAffūle?*
54.	*ʿ-p-r šr*	עפר־הקטנה				
55.	*ḫ-š-b*	חשב			Ḫašabu (EA)	*Tell Ḥašbe?*
56.	*t-ś-r-t*	תשלת			Tušulti (EA)	
57.	*n-g-b*	נגב	Negeb	נגב =Gerar?		*Tell Abū Hurēre*
58.	*ỉ-š-š-ḫ-n*	אשחן			Σεανα	
59.	*r-n-m*	רמן?				
60.	*y-r-ḏ*	ירז			Jurza (EA)	*Tell Ğemme*
61.	*m-⟨ỉ⟩-ḫ-ś*	מחז			Muḫḫazi (EA)	*Tell Abū Sulṭān?*
62.	*y-p-⟨w⟩*	יפו	Jafo	יפו	Yapū (EA)	*Yaffa*
63.	*k-n-t* *k-n-ṯ*	גת	Gat	גת	Ginti (EA)	*Tell es-Ṣāfī?*
64.	*r-⟨w⟩-t-n*	לדן	Lod	לוד		*el-Ludd*
65.	*ỉ-n̄w̄*	אנו	Ono	אונו		*Kafr ʿĀna*
66.	*ỉ-p-q-n*	אפקן	Afek	אפק	Apqu (Asarhaddon)	*Tell Rās el-ʿĒn*
67.	*ś-⟨w⟩-k*	שוכ	Socho	שכה		*Ḫirbet eš-Šuwēket er-Rās*
68.	*y-ḥ-m*	יחם				*Ḫirbet Yemmā*
69.	*ḫ-b-ḏ-n*					
70.	*k-n-ṯ*	גת			Gitipadalla (EA)	*Ğett* (in der Scharon-Ebene)

Nr.	Transkription	Vermutete Kanaanitisch-Hebräische Form	Biblische Form: Deutsch	Biblische Form: Hebräisch	Andere Quellen (besonders EA)	Identifizierung
71.	*m-k-t-r*	מגדל				*Tell eḏ-Ḏurūr?*
72.	*ỉ-p-t-n*					
73.	*š-b-t-n*				Šabtuna	südlich von Kadesch am Orontes, gemäß Ramses II.
74.	*t-y-ỉ*					
75.	*n-w-n*					
76.	*ḥ-d-⟨ỉ⟩-t*					
77.	*h-r*	הר				
78.	*y-š-p-ỉ-r*	ישב־אל				
79.	*r-g-ḏ*	רע׳ץ			Ruḫiṣṣi (EA)	
80.	*k-r-r*	גלל?	Galiläa	גליל=Kedesch?		*Tell Qedes*
81.	*h-r-ỉ-r*	הראל				
82.	*r-b-ỉ*	לבא	Lebo(-Hamat)	לבוא	Labana (EA)	*el-Lebwe*
83.	*n-m-⟨ỉ⟩-n*					
84.	*n-ʿ-m-n*	נעמן				
85.	*m-r-m-ỉ-m*	מרמים	(Me-)Merom (»Wasser von Merom«)	(מי)מרום	Marum (Tiglat-Pileser III.)	*Tell el-Ḫirbe?*
86.	*ʿ-n-y*	עין	En(-Hazor?)	עין (חצור)		*ʿEnēta?*
87.	*r-ḥ-b*	רחב	Rehob (Jos 19,28)	רחב		*Tell el-Balaṭ?*
88.	*ỉ-q-r*	יקר(ת)			Yoqeret (יוקרת; Talmud)	*Iqrīt*
89.	*h-y-k-r-y-m*	היכלים	Bet-Schemesch?	בית שמש		*Ṭell er-Ruwēsi?*

90.	*ỉ-b-r*	אבל				
91.	*ỉ-t-r-ʿ*	אדרע	Edrei (Jos 19,37)	אדרעי		
92.	*ỉ-b-r*	אבל	Abel(-Bet-Maacha)	אבל		*Abil el-Qamḥ*
93.	*k-n-ṯ-ỉ-t*	גת . . .				*Ğett* (in Galiläa)
94.	*m-q-r-p-t*	מגרפ(ת)				
95.	*ʿ-y-n*	עין	Ijon	עיון		*Tell ed-Dibbīn*
96.	*k-r-m-n*					
97.	*b-t-ꜣ-*[?]					
98.	*t-p-n*	תפן			Tafnit (תפנית; Talmud)	*Tibnīn*
99.	*ỉ-b-r*	אבל			En-Bul (עין בול; Talmud)	*ʿĒn Ibl*
100.	*y-r-t*	יתר?			Yattir (יתיר: Talmud)?	*Yaʿtēr*
101.	*ḥ-r-k-r*					
102	*y-ʿ-q-b-ỉ-r*	יעקבאל				
103.	*q-p-t*	גבת	Gibbeton	גבתון		*Tell el-Melāt*
104.	*q-ḏ-r*	גזר	Geser	גזר	Gazri (EA)	*Tell Abū Šūše*
105.	*r-b-t*	רבת	Rabba	הרבה	Rubute (EA)	*Tell er-Rumēle?*
106.	*m-q-r-t*					
107.	*ʿ-m-q*	עמק	Das Tal	עמק=Rehob?		
108.	*ś-r-t*					
109.	*b-ỉ-r-t*	בארת				
110.	*b-t š-ỉ-r*	בית־שאן	Bet-Schean	בית־שאן	Bit-šani (EA)	*Tell el-Ḥöṣn*
111.	*b-t b-n-t*					
	b-t ỉ-n-t					
112.	*ḫ-r-q-t*	חלקת	Helkat	חלקת		*Tell el-Qassīs*
113.	*ʿ-n q-n-ʿ-m*	ע(י)ן (י)קנעם	Jokneam	יקנעם		*Tell Qēmūm*
114.	*q-b-ʿ*	גבע				*Tell eš-Šuqāf*
115.	*ḏ-r-r*					*Ḫirbet el-Ḫuḍēra*
116.	*ḏ-f-t*	צפת				*Ḫirbet es-Sitt Lēla*
117.	*b-r-q-n*				Burquna (EA)	
118.	*h-⟨w⟩-m*					
119.	*ỉ-k-t-m-ś*					

Es herrschen noch erhebliche Meinungsverschiedenheiten darüber, was den Ursprung und den Sinn der Liste anbelangt. Nach Auffassung M. Noths spiegelt die Liste die Marschroute von Thutmoses' Armee, wobei allerdings mit den Nrn. 53–119 (rechte Kolumne) begonnen werden müsse und mit den Nrn. 1–52 (linke Kolumne) fortzufahren sei[69]. Jedoch sind die Städte nur in einem kleinen Abschnitt (Nrn. 57–71) fortlaufend von Süd nach Nord aufgezählt, nämlich bei den Städten entlang der *Via Maris* in der Scharon-Ebene. Dieser Abschnitt wird selbstverständlich die Route wiedergeben, die das Heer tatsächlich gezogen ist, aber auf ihn folgt keine logische geographische Fortsetzung. Der Text bietet nicht nur keine glaubwürdige Reihenfolge, die das Heer gezogen sein könnte – die Städte (Nrn. 53–119) können nicht einmal alle südlich von oder in der Jesreel-Ebene selbst lokalisiert werden; das aber ist M. Noths grundlegende Voraussetzung[70]. Vergleiche dieser Namen mit den gleichen Namen aus anderen Quellen beseitigen jeden Zweifel, daß einige dieser Städte im Norden, d.h. in Galiläa und der libanesischen *Biqāᶜ*, gelegen haben müssen. Aus diesem Grund hat Helck vorgeschlagen, daß die Liste ursprünglich mit dem Namen Negeb (Nr. 57) begonnen habe, der den Abschnitt, der sich auf die Küstenstraße bezieht, einleitet[71]. Seiner Auffassung nach wurde diese Gruppe von Städten aus der Beschreibung des Feldzuges nach Megiddo genommen, während die anderen Abschnitte sekundäre Vorstöße bezeichnen, die von kleineren Einheiten in verschiedene Richtungen unternommen wurden. Zum Teil seien diese Einheiten auch auf dem Seeweg zur phönizischen Küste gebracht worden, von wo sie nach Süden in die libanesische *Biqāᶜ* marschiert seien. Diese Theorie versucht zu erklären, warum diese Liste Städtegruppen in Regionen enthält, die mehr oder weniger fest in ägyptischer Hand waren. Allerdings kann die Anordnung der Städte innerhalb dieser Regionen mit sinnvollen Militäroperationen nicht in Einklang gebracht werden, wie Helcks eigene Karte deutlich zeigt[72].

Betrachtet man also diese geographischen Einheiten so, wie sie in der Liste stehen, dann ist Yeivins Vorschlag, daß die Aufzählungen in dieser Liste auf der administrativen Unterteilung des Landes Kanaan vor dem Feldzug Thutmoses' III. beruhen, des Nachdenkens wert[73]. Somit kann angenommen werden, daß der Abschnitt, der die Städte entlang der *Via Maris* aufzählt, aus dem Feldzugsbericht entnommen wurde, während die restlichen Städte, die an dem Aufruhr teilgenommen haben, nach einer Standardeinteilung der ägyptischen Verwaltung hinzugefügt wurden.

69 *Noth, M.*, ZDPV 61 (1938) 26–65.

70 *Aharoni*, Settlement, 40ff.

71 *Helck*, Beziehungen, 121ff.

72 *Helck*, Beziehungen, 134. Im großen und ganzen wird man der bei Helck gezeichneten Karte zustimmen können, wenn es auch nicht möglich ist, allen seinen Identifizierung zu folgen. Ein Beispiel für eine irrtümliche Identifizierung ist Anaharat (Nr. 52). Helcks Weigerung, diesen Ort mit dem Anaharat Issachars gleichzusetzen, gründet auf seiner Annahme, daß der Ort in der libanesischen *Biqāᶜ* gelegen haben muß.

73 *Yeivin, S.*, JEA 34 (1950) 51–62; *ders.*, EI 3 (1953) 32–38 (hebräisch).

Diese Theorie hält einer kritischen Prüfung der Liste stand, wenngleich in einer Form, die von der von Yeivin vorgeschlagenen differiert[74]. Die einzige Quelle, aus der wir unsere Informationen über die ägyptische Verwaltung in Kanaan gewinnen können, sind die Amarna-Briefe; obwohl sie fast ein Jahrhundert später zu datieren sind, ist es doch sehr wahrscheinlich, daß sich das Verwaltungssystem in dieser Zeit nicht grundlegend geändert hat. In der Amarna-Zeit lesen wir von drei Städten, die ägyptischen Kommissaren *(rābiṣū)* als Sitz gedient haben, nämlich Gaza, Ṣumur und Kumidi. Daraus schließt Helck, daß die ägyptische Provinz Kanaan in drei Verwaltungsdistrikte unterteilt war: einen südlichen mit Gaza als Hauptstadt, einen weiteren im Nordwesten, der auch Phönizien und Amurru einschloß, mit der Hauptstadt Ṣumur, und einen dritten im Nordosten, der die libanesische *Biqāʿ* und Damaskus umfaßte und dessen Hauptstadt Kumidi war[75]. Die geographischen Regionen in der Thutmoses-Liste stimmen mit dieser verwaltungsrechtlichen Einteilung sehr wohl überein und erlauben faktisch deren präzisere Bestimmung.

Die ersten vier Regionen gehören zum Distrikt von Kumidi, nämlich die südliche *Biqāʿ* (Nrn. 3–11 [12?] und 55–56), die Region von Damaskus (Nrn. 12 [13?]-20)[76], Baschan (Nrn. 21–30) und das nördliche Jordantal (Nrn. 31–34). Darauf folgen zwei Regionen des Verwaltungsdistrikts Gaza, nämlich die Ebenen von Jesreel und Akko (Nrn. 35–54) sowie die Scharon-Ebene (Nrn. 57–71). Im Anschluß daran werden zwei Regionen des Ṣumur-Distriktes genannt, nämlich die nördliche *Biqāʿ* (Nrn. 72–79 [84?]) und Obergaliläa (Nrn. 80 [85?]-102). Diese Unterteilung ist eindeutig, bildet doch die Wasserscheide zwischen dem Litani und dem Orontes eine natürliche Grenze zwischen der nördlichen und der südlichen Hälfte der *Biqāʿ*; auch hatte das kanaanitische Obergaliläa keine Verbindung mit der Jesreel-Ebene, weil beide durch einen Streifen bewaldeten und unbesiedelten Landes voneinander getrennt waren. Der Feldzug griff nicht auf die restlichen Regionen des Ṣumur-Distriktes über, daher fehlen die phönizische Küste und Amurru in dieser Liste. Am Ende der Liste tauchen zwei Regionen des Gaza-Distrikts auf, die allerdings nur am Rande berührt werden: a) die Umgebung von Geser (Nrn. 103–106), nämlich die Ausläufer des judäischen Berglandes und der Schefela; b) das Bet-Schean-Tal (Nrn.

74 Wir können der Annahme eines »dritten Distrikts« (Nrn. 31–49) nicht zustimmen, der sich von Lajisch und Hazor bis nach Akko erstrecken soll, oder eines »vierten Distrikts« (Nrn. 50–59), der nach Yeivins Auffassung das Territorium von Issachar bis zum Norden der Ebene umfassen soll. Solche Distrikte sind geographisch unwahrscheinlich und basieren zudem noch auf falschen Identifizierungen, so z.B. der Lokalisierung von Ḫašabu und Tušulti im Gebiet von Issachar und der Gleichsetzung von *n-g-b* mit dem biblischen Adami-nekeb; vgl. *Aharoni*, Settlement, 42ff (hebräisch).

75 *Helck*, Beziehungen, 246ff. Es ist schwierig, Helcks Auffassung zuzustimmen, daß diese Distrikte Kanaan, Amurru und Upi genannt worden seien; jedoch spielen diese Namen bei der Abgrenzung der Distrikte keine Rolle.

76 Man beachte den vor kurzem gemachten Vorschlag, die Nr. 20 mit Muṣunnum gleichzusetzen, einem Ort aus den Mari-Texten; vgl. *Malamat, A.*, IEJ 21 (1971) 34–35.

107–110) und die Karmelabhänge (Nrn. 111–117), d.h. die Ausläufer des Gebirges Efraim. Ziemlich sicher muß in diese letzte Gruppe Burquna (Nr. 117) gehören. Es handelt sich um eine der Städte, die in der Amarna-Zeit von Lab'ayu, dem König von Sichem (EA 250,43), zerstört wurden. Die letzten beiden Namen konnten noch nicht identifiziert werden; übergangen wurden bis jetzt auch Ḫašabu und Tušulti (Nrn. 55 und 56); sie gehören zur Region Ḫasi in der südlichen libanesischen *Biqāʿ* und wurden allem Anschein nach anstelle von Kadesch und Megiddo zu Beginn der Liste eingesetzt.

Demnach läßt sich die Liste in zehn Regionen unterteilen, von denen je vier zu den Distrikten Kumidi und Gaza gehören und zwei zum Distrikt Ṣumur. Wahrscheinlich war dieser letzte Distrikt ebenfalls in vier Untereinheiten gegliedert, so daß sich folgendes Bild ergibt:

Distrikt	*Region*	*Nrn. der Thutmoses-Liste*
Kumidi	südliche libanesische *Biqāʿ*	3–11(12?), 55–56
	Damaskus und Umgebung	12(13?)-20
	Baschan	21–30
	nördliches Jordantal	31–34
Gaza	Jesreel- und Akko-Ebene	35–54, 2
	Küstenebene und Scharon-Ebene	57–71
	judäisches Bergland und Schefela	103–106
	efraimitisches Bergland	107–117
Ṣumur	nördliche libanesische *Biqāʿ*	72–79(84?), 1
	Obergaliläa	80(85?)-102
	phönizische Küste	
	Amurru	

Diese administrative Gliederung scheint nicht nur aus geographischen und historischen Gründen gut möglich, weil sie mit den Angaben der Amarna-Briefe über die drei Sitze der Distrikt-Kommissare übereinstimmt, sondern auch deshalb, weil sie in das Bild paßt, das uns dieses Archiv von den zwischenstädtischen Beziehungen und internen Rivalitäten liefert. Die Könige der verschiedenen Städte überschreiten die Grenzen ihrer jeweiligen Distrikte nicht. Die Herrscher aus der Jesreel- und Akko-Ebene erwähnen in ihren Briefen nie die phönizische Küste oder Städte im nördlichen Jordantal. Auf der anderen Seite stehen die Könige von Peḥel und Hazor mit Baschan und dem Norden in Verbindung und erwähnen die nahe gelegenen Städte der Jesreel-Ebene nicht. Diesbezüglich ist ein Brief des Biryawaza (EA 197) sehr aufschlußreich: Er erwähnt Städte von Jenoam im nördlichen Jordantal über Baschan und selbst bis Damaskus und Taḫschi und fügt hinzu, daß er Kumidi, die Stadt des Königs, schützt. Die phönizische Küste und Amurru sind eng miteinander verbunden, der Kommissar von Ṣumur war für sie verantwortlich (EA 156,66). In diesem Zusammenhang mag man vielleicht

die Anklage des Königs von Tyrus gegen den König von Hazor verstehen, daß dieser seine Stadt verlassen und königliches Land mit Hilfe der ʿApiru (EA 148,41ff) erobert habe. Wir können es als eine schwere Beschuldigung ansehen, daß der König von Hazor die Grenzen seines Distrikts übertreten und sich somit aus dem Hoheitsbereich seines Kommissars begeben habe.
Bei dem genannten Verzeichnis Thutmoses' III. handelt es sich darüber hinaus um die erste und umfangreichste topographische Liste, aus der wir Informationen über die bedeutenden kanaanitischen Zentren erhalten, von denen die meisten entlang der *Via Maris* lagen. In den späteren topographischen Texten von Amenophis II. bis Ramses III. lassen sich nur wenige weitere Namen finden. Die Liste Schoschenks, die noch einige Zusätze liefert, spiegelt aber schon die israelitische Zeit wider, ihr Aufbau weicht sehr von den früheren Listen ab[77]. Texte, die nicht von Thutmoses III. stammen, liefern noch Städtenamen wie z.B. Rafia, Kirjat-Anab (offensichtlich eine Stadt in Baschan), Bet-Anat[78] sowie Afek und Bet-Dagon, die aber zu geläufige Namen sind, als daß man sagen könnte, welche Städte hier nun genau gemeint sind. Bei den Städten der phönizischen Küste können wir noch Usu, Tyrus und Byblos für diese Zeit belegen und in Zentralsyrien Qaṭna und Deper *(d-p-r)*. Jenoam fehlt auch in der Thutmoses-Liste, obwohl es in seinen Annalen als eine der Städte genannt wird, die dem Tempel des Amon gewidmet worden waren[79]. In diesen topographischen Texten fehlen sämtliche Regionen des Landesinneren, so z.B. die Schefela, der Negeb, das Bergland von Juda und Efraim, Untergaliläa, das südliche Jordantal, Gilead und Südtransjordanien. Ägyptische Feldzüge haben diese Gebiete, die offensichtlich für die Ägypter relativ bedeutungslos waren, nicht berührt.
In die Zeit Thutmoses' III. gehört wahrscheinlich ein Papyrus, der Getreide- und Bierrationen auflistet, die den *maryannū* aus verschiedenen Städten Kanaans zu geben waren.[80]. Diese Liste umfaßt die folgenden elf Städte: Megiddo, Kinneret, Achschaf, Schimron, Taanach, Mischal, *t-n-n* (?), Scharon, Aschkelon, Hazor und *h-t-t-m* (?). Sieben dieser Städte liegen in den nördlichen Tälern (Nrn. 31–53 der Thutmoses-Liste), nämlich dem nördlichen Jordantal (Hazor, Kinneret), dem Jesreeltal (Megiddo, Taanach, Schimron) und der Akko-Ebene (Achschaf, Mischal). Neben Aschkelon mag auch Scharon zur Küstenebene gehört haben; vielleicht steht der Name hier für eine der Städte der Scharon-Ebene wie z.B. Afek oder Jafo. So liefert auch diese Liste eine brauchbare Darstellung der größeren, an der *Via Maris* gelegenen kanaanitischen Städte, die als Zentren ägyptischer Herrschaft in Kanaan dienten.

77 Vgl. ANET 242f.
78 Bet-Anat könnte in der Thutmoses-Liste als Nr. 97 aufgeführt sein; *b-t i-(ꜣ)-(?)*. Vgl. *Yeivin, S.*, EI 3 (1953) 36 (hebräisch); *Aharoni*, Settlement, 51 (hebräisch).
79 ANET 237.
80 *Golénischeff, N.*, Les Papyrus hiératiques Nos. 1115, 1116A et 1116B de l'Hermitage Impériale à St.-Pétersbourg, 1913. Vgl. *Epstein, Claire*, JEA 49 (1963) 49–56; *Amir, D.*, BIES 27 (1963) 276–283 (hebräisch).

VII. Die Feldzüge Amenophis' II.

Aus der Regierungszeit Amenophis' II. (ca. 1436–1410 v.Chr.), dem Sohn Thutmoses' III., haben wir Informationen über drei Feldzüge gegen das Land Kanaan und Nordsyrien (s. Karte 10)[81]. Der erste Feldzug wurde offensichtlich begonnen, als Amenophis noch Mitregent oder Kronprinz war. Er hatte zum Ziel, einen Aufstand von sieben Herrschern des Landes Taḫschi niederzuschlagen; sie wurden gefangengenommen und hingerichtet. Allem Anschein nach ist Thutmoses III. gestorben, als der Kronprinz noch auf dem Rückweg nach Ägypten war[82]. Später wurden in den Annalen Amenophis' II. die Feldzüge neu numeriert, dabei wurde der tatsächlich zweite Feldzug als erster und der tatsächlich dritte als zweiter gezählt. Der sogenannte erste Feldzug (tatsächlich der zweite) ging entlang der *Via Maris* zur libanesischen *Biqāʿ* und von dort bis zum Land Ni und vielleicht auch Ugarit. Der erste erwähnte Ort ist Schemesch-Adam, offensichtlich das Adama von Naftali, heute *Qarn Ḥaṭṭīn*[83]. Danach überquerte Amenophis II. den Orontes und kehrte auf demselben Weg durch die *Biqāʿ* zurück. Weiter erwähnt der Text Kadesch, den Wald bei Lebo(-Hamat), in dem der König auf die Jagd ging, Ḫašabu (im Lande Amqi), schließlich Scharon, wo er einen Boten aus Naharin gefangennahm. Eine topographische Liste aus der Regierungszeit Amenophis' II. bezieht sich offensichtlich auf diesen Feldzug[84]; sie enthält die folgenden Namen: Retenu, Kadesch, Aleppo, Ni, *ś-ḏ-r* (Sinzar bei Hamat?), Tunip, Qaṭna und Hazor. Dieser Feldzug erstreckte sich somit bis zum äußersten Rand der ägyptischen Machtsphäre in Syrien. Das Schweigen über Ereignisse oder Taten beim Feldzug nördlich von Ni läßt die Vermutung aufkommen, daß die Ziele dort nicht erreicht wurden, außerdem war offenbar eine Rebellion im südlichen Kanaan ausgebrochen. Die Gefangennahme eines Boten aus Naharin in der Scharon-Ebene zeigt, daß der König von Mitanni seine Versuche fortsetzte, in den ägyptischen Provinzen Unruhen anzuzetteln.

Seine Bemühungen waren von Erfolg gekrönt, wie wir aus dem sogenannten zweiten (dritten) Feldzug Amenophis' II. erfahren, der sich nur gegen die Scharon- und die Jesreel-Ebene richtete. Die ägyptische Armee rückte über die *Via Maris* in die östliche Scharon-Ebene vor; Afek, Socho und Jaḥam werden genannt. In diesem Zusammenhang erwähnen die Annalen zwei Razzien, die Amenophis in die westliche Scharon-Ebene unternahm;

81 ANET 245–248. *Maisler (Mazar), B.*, Jerusalem 4 (1952) 13–20 (hebräisch); *ders.*, in: *Liver, J.* (Hg.), The Military History of the Land of Israel in Biblical Times, Jerusalem 1964, 33–39 (hebräisch); *ders.*, Canaan and Israel, Jerusalem 1974, 84–92 (hebräisch); *Edel, E.*, ZDPV 69 (1953) 97–176; *Alt, A.*, ZDPV 70 (1954) 39–62; *Aharoni, Y.*, JNES 19 (1960) 177–183; *Malamat, A.*, Scripta Hierosolymitana 8 (1961) 218–231.

82 *Alt, A.*, ZDPV 70 (1954) 40; *Redford, D. B.*, JEA 51 (1965) 107–122; *Parker, R. A.*, in: Studies in Honor of John A. Wilson, Chicago 1959, 75–82; *Rainey, A. F.*, JARCE 10 (1973) 71–75.

83 *Aharoni*, Settlement, 117ff (hebräisch).

84 *Simons*, Handbook, 129ff.

Karte 10: Die Feldzüge Amenophis' II.

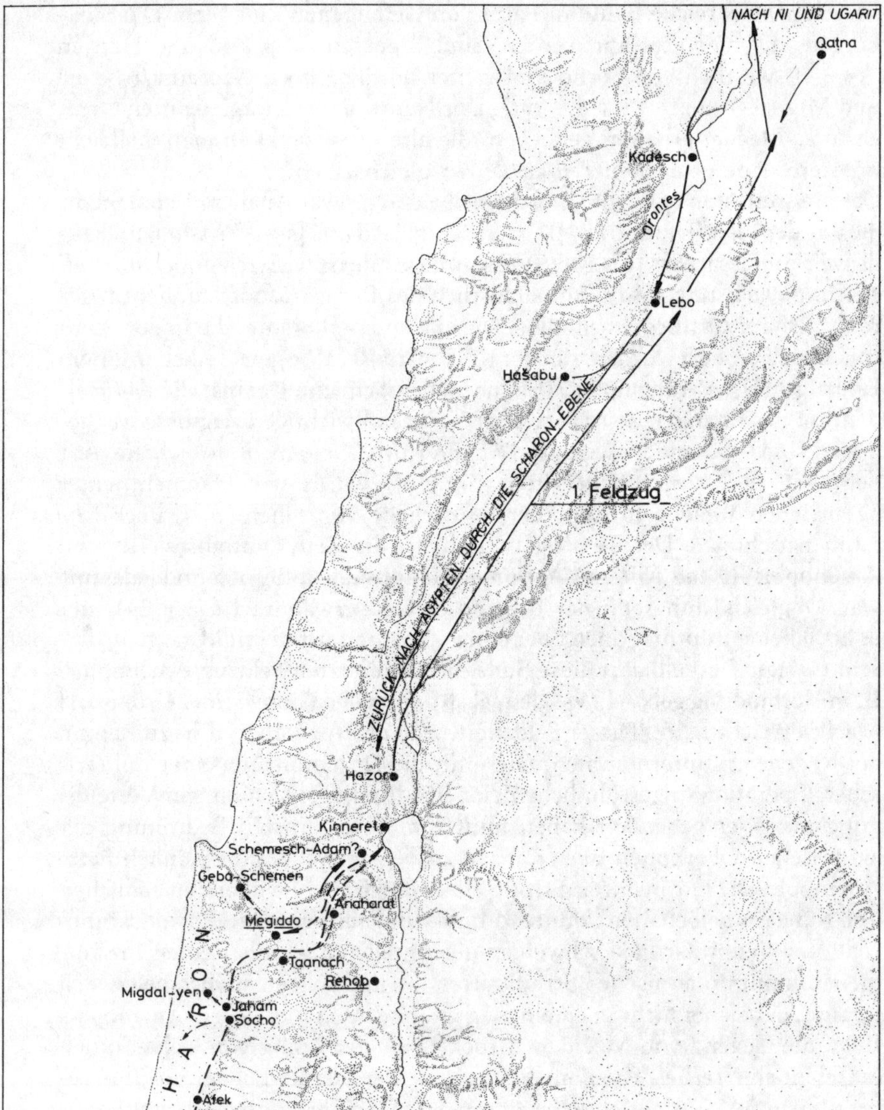

sie erbrachten reiche Beute in Form von Gefangenen und Vieh. Die Siedlungen, die hier erwähnt werden, sind Mepesen *(m-p-ś-n)* und Ḫettjen *(ḫ-t-ṯ-n)* westlich von Socho und weiter nördlich noch Adorajin *(ỉ-t-r-n)* und Migdal-Yene(t) *(m-k-t-r-ynt)*. Der Name dieses letztgenannten Ortes ist in *el-Meǧdel* erhalten geblieben, die alte Ortslage kann man vielleicht mit dem nahe gelegenen *Tell eḏ-Ḏurūr* gleichsetzen[85].
Das am weitesten entfernte Ziel dieses Feldzuges war Anaharat, eine Stadt, die aus der Liste Thutmoses' III. (Nr. 52, bei Adama [*š-m-š ỉ-t-m*]) und aus dem Erbteil Issachars (Jos 19,19) bekannt ist. Sie ist wahrscheinlich mit *Tell el-Muḫarḫaš*, ungefähr 8 km südöstlich des Berges Tabor, zu identifizieren[86]. Dieser Ort liegt ebenfalls – wie alle anderen Städte, die in der Scharon-Ebene erobert wurden – an der Küstenstraße. Wie gewöhnlich in einem Feldzugsbericht Amenophis' II. sind nebensächliche Details, die das Heldentum des Pharao preisen, erwähnt, während wichtige Ereignisse weggelassen sind – besonders wenn die Ägypter ihre Ziele nicht erreichten. Auf dem *Tell el-ʿOrēme*, dem alten Kinneret, wurde das Fragment einer ägyptischen Stele gefunden, deren Inschrift von einem Sieg über Mitanni berichtet[87]. Der Text ist typisch für die Zeit Thutmoses' III. und Amenophis' II., als Mitanni Ägyptens Hauptrivale in Syrien und Palästina war. Obgleich Kinneret in der Thutmoses-Liste erwähnt wird (Nr. 34), gibt es doch keine Informationen über einen Zusammenstoß mit Mitanni in diesem Gebiet. Deshalb darf diese Stele mit dem letzten Feldzug Amenophis' II. in Verbindung gebracht werden, als Mitanni den Gipfel seiner Größe und Macht erreicht hatte. Dieser Feldzug wurde im November, d.h. zu Beginn der Regenzeit, unternommen. Diese für die Durchführung einer militärischen Operation ungewöhnliche Zeit zeigt an, daß es sich um ein Verteidigungsmanöver gehandelt haben muß, um einer ernsten Bedrohung der ägyptischen Oberhoheit über Kanaan zu begegnen. Wahrscheinlich hatte Amenophis II. nur insoweit Erfolg, als er die Kontrolle über den südlichen Teil Kanaans beibehalten konnte, d.h. bis ungefähr zur Gegend von Kinneret. Aus diesem Grunde schweigen die Annalen auch über einen Zusammenstoß mit mitannischen Streitkräften in einer so weit südlich gelegenen Region, der sicher nicht in einem Sieg gipfelte. Von hier kehrte Amenophis II. in die Gegend von Megiddo zurück[88], wo der König von Geba-Somen (anscheinend *Tell el-ʿAmr* am Südostende der Jesreel-Ebene) vor ihn gebracht wurde[89]. Offensichtlich war seit dem Sieg Thutmoses' III. eine ägyp-

85 *Aharoni, Y.*, IEJ 9 (1959) 121f; *Mazar, B.*, Canaan and Israel, Jerusalem 1974, 90, vermutet, daß die kanaanitischen Truppen versuchten, Amenophis II. in der nördlichen Scharon-Ebene zu stoppen, anstatt zu warten, bis sie ihm in der Jesreel-Ebene entgegentreten konnten (im Gegensatz zu ihrer Taktik beim ersten Feldzug Thutmoses' III.). Die Theophanie, die in den Text einführt, am Vorabend des Unternehmens in der nördlichen Scharon-Ebene, unterstützt Mazars Annahme. Der Abschnitt, der auf die Erscheinung Amons folgt, enthält wahrscheinlich den Bericht über die Schlacht.

86 *Aharoni, Y.*, JNES 26 (1967) 212–215, Pl. XIII.

87 *Albright, W. F.* und *A. Rowe*, JEA 14 (1928) 281–287.

88 *Aharoni, Y.*, JNES 19 (1960) 181ff.

tische Garnison in Megiddo stationiert. Informationen darüber finden wir auch in den Tafeln aus Taanach und in den Amarna-Briefen. Daher war es Amenophis II. möglich, seinen Weg von der Scharon-Ebene zum Jesreeltal zurückzulegen, ohne auf Widerstand zu treffen[90].
Die Gefangenenliste Amenophis' II. gibt einen Querschnitt durch die soziale Schichtung der Bevölkerung des Landes. Die erste Gruppe der Gefangenen umfaßt 550 *maryannū* und 240 von ihren Frauen, 640 Kanaaniter, 232 Königssöhne[91], 323 Königstöchter und 270 königliche Konkubinen. Eine weitere Liste summiert: 127 Herrscher aus Retenu, 179 Brüder dieser Herrscher, 3600 ʿApiru, 15200 Schasu, 36300 Ḫuru, 15070 Neges und 30652 Familien. Da keine Eintragung zweimal vorkommt, können wir annehmen, daß die Angaben beider Listen zusammengefaßt werden sollen.
Die Gruppen mit den niedrigsten Zahlen repräsentieren die höchste soziale Schicht: die Herrscher und ihre Brüder, d.h. die Mitglieder der herrschenden Klasse, die *maryannū*, die adligen Streitwagenkämpfer und die Kanaaniter, reiche Städter und Kaufleute. In den anderen Abschnitten wird die Bevölkerung als ganze Hurriter (Ḫuru) genannt; die Schasu waren Beduinen; die ʿApiru waren – ähnlich wie die Nomaden – Leute, die sich auf Wanderschaft befanden und keinen ständigen Wohnsitz hatten. Neges bezieht sich anscheinend auf Leute aus Nuḫašši in Nordsyrien. Unter den Gefangenen aus Palästina machen die Hurriter 66 %, die Schasu 27,5 % und die ʿApiru 6,5 % aus. Obwohl es sich um eine Liste von Gefangenen handelt, können diese Prozentzahlen doch mehr oder weniger die Zusammensetzung der Bevölkerung des Landes im 15. Jahrhundert v.Chr. widerspiegeln. In den beiden folgenden Jahrhunderten wurden die ʿApiru und die Schasu immer zahlreicher.
Die Tontafeln aus Taanach – eine Sammlung einzigartiger epigraphischer Dokumente aus den Archiven der Herrscher von Taanach – können entweder in die letzte Hälfte der Regierung Thutmoses' III. oder in die Regierungszeit Amenophis' II. datiert werden. Diese wenigen Tontafeln wurden in akkadischer Keilschrift – ähnlich der der Amarna-Briefe – geschrieben und bei den deutschen Ausgrabungen gefunden. Sie sind an die Herrscher gerichtet. Der Absender zweier Briefe war ein Ägypter namens Amen-hotep, der dem Herrscher von Taanach befiehlt, Männer und verschiedene Materialen nach Gaza und Megiddo zu senden. Wir wissen nicht, ob dieser Amen-hotep einer der Kommissare war, die uns aus ägyptischen Quellen bekannt sind, oder vielleicht der Pharao Amen-hotep II. (= Amenophis II.) selbst; vielleicht wurden sie geschrieben, bevor er den Thron bestieg, oder später, als er sich auf einem seiner Feldzüge befand[92]. Das Fehlen königlicher

89 *Yeivin, S.*, JEA 36 (1950) 57; *Maisler (Mazar), B.*, HUCA 24 (1953) 80f.

90 *Aharoni, Y.*, JNES 19 (1960) 182f.

91 Die Herrscher oder Prinzen, d.h. die kanaanitischen Könige, werden in dem Text »große Männer« genannt.

92 *Albright, W. F.*, JPOS 4 (1924) 140; BASOR 94 (1944) 27; JNES 5 (1946) 9; *Malamat, A.*, Scripta Hierosolymitana 8 (1961) 218ff.

Titel in diesen Briefen und die offensichtliche Unsicherheit über den Gehorsam des Herrschers von Taanach, die in ihnen zum Ausdruck kommt, lassen vermuten, daß der Amen-hotep, der zwei dieser Briefe verfaßt hat, in der Tat der Sohn Thutmoses' III. war; vermutlich hat er sie noch als Kronprinz bei seinem Zug nach Taḫši schreiben lassen[93]. Jedenfalls datieren Inhalt und Sprachstil die Briefe in diese Zeit. Gaza und Megiddo waren ägyptische Stützpunkte, Taanach war eine der bedeutendsten Städte in der Jesreel-Ebene. Die anderen Briefe liefern einige weitere geographische Hinweise auf Städte, die mit dem Herrscher von Taanach in irgendeiner Verbindung standen: Rehob (vermutlich das Rehob im Bet-Schean-Tal [*Tell eṣ-Ṣārem*]); eventuell Gurra bei Taanach (s.a. »den Anstieg von Gur«, 2Kön 9,27), doch ist die Entzifferung unsicher; eine weitere Stadt ist Rubute, offenbar das biblische Rabba in der nördlichen Schefela zwischen Geser und Jerusalem (s.u.S. 181 und 335)[94].

VIII. Die Amarna-Zeit

Gegen Ende der Regierungszeit Amenophis' II. wurde Mitanni schwächer, hervorgerufen wohl durch den hethitischen Druck, der Mitanni veranlaßte, Ägypten Friedensangebote zu machen[95]. Thutmoses IV. (ca. 1410–1402 v.Chr.) nahm diese Gelegenheit wahr, die kanaanitischen Gebiete für Ägypten zurückzugewinnen, die während der Regierungszeit seines Vaters verlorengegangen waren. Es gibt praktisch keine Informationen über seinen Feldzug gegen Mitanni, der in einer Opferliste aus Karnak erwähnt wird[96]. Eine andere Inschrift aus der Regierungszeit Thutmoses' IV. spielt auf gefangene Einwohner (Ḫuru) von Geser an[97]; aus den Amarna-Briefen wissen wir, daß dieser Pharao in Sidon war (EA 85,71)[98]. Jedoch wurde in seiner Regierungszeit ein Friedensvertrag zwischen Ägypten und Mitanni unterzeichnet[99], die guten Beziehungen zwischen diesen beiden Mächten hielten bis zu der Regierungszeit Amenophis' IV. an, während der die Eroberung Mitannis durch Šuppiluliuma erfolgte[100].

Sehr lehrreiche Informationen über das Land Kanaan hat das königliche Archiv geliefert, das in *Tell el-ʿAmārna* – dem berühmten Aḫet-Aton, der

93 *Rainey, A. F.*, JARCE 10 (1973) 73–74.

94 *Aharoni, Y.*, VT 19 (1969) 137–141 Taf. I.

95 *Helck*, Beziehungen, 161.163.

96 *Giveon, R.*, JNES 28 (1969) 54–59.

97 *Helck, W.*, Urkunden der 18. Dynastie, Heft 19, 1954.

98 ANET 248. Der Text hat nur *q-ḏ-*[.], jedoch scheint die Ergänzung zu *qḏr* = Geser gesichert. *Malamat, A.*, Scripta Hierosolymitana 8 (1961) 228f, erwägt die Möglichkeit, daß die in Geser gefundene Tontafel aus *k-d-d-m*[] (Gat, Gittajim?, vgl. u.S. 181) während des Feldzugs von Thutmoses IV. gesandt worden sein könnte.

99 *Helck*, Beziehungen, 168.

100 EA 17. *Helck*, Beziehungen, 163–164.

Hauptstadt Amenophis' IV.[101] – gefunden wurde. Das Archiv umfaßt mehr als 350 in Keilschrift auf Tontafeln geschriebene Briefe aus der Regierungszeit Amenophis' III. (ca. 1402–1364 v.Chr.) und Amenophis' IV. (ca. 1364–1347 v.Chr.). Ihre Sprache ist akkadisch, die *lingua franca* dieser Zeit, die für die diplomatische Korrespondenz benutzt wurde. Ungefähr die Hälfte der Briefe stammt von Königen aus Kanaan, die andere Hälfte aus anderen Königreichen des Vorderen Orients wie z.B. Ḫatti, Mitanni, Babylon und Alasia (Zypern); einige wenige Briefe sind vom Pharao an Könige dieser Länder gerichtet.

Die Texte dokumentieren eine gewisse Schwächung der ägyptischen Macht; sie beruhte darauf, daß die Herrscher mit internen ägyptischen Angelegenheiten in Anspruch genommen waren und so den Eindruck erweckten, daß das Interesse der Pharaonen am Land Kanaan nachgelassen hatte. Mit der Aufnahme guter Beziehungen zwischen Ägypten und Mitanni, so schien es, bestand nicht länger mehr die Notwendigkeit, Feldzüge nach Kanaan zu unternehmen (EA 116, 61). Ein Ergebnis allerdings war, daß die ägyptische Macht in einigen Gebieten schwächer wurde. Jedoch sollte man die Lage nicht zu überspitzt sehen, denn von einem absoluten Zusammenbruch ägyptischer Macht in Kanaan kann nicht die Rede sein. Alle diese Briefe belegen, daß die ägyptische Macht unverändert geblieben ist; die Ägypter ließen sich einfach nur nicht in die politischen Intrigen der vielen kanaanitischen Könige hineinziehen – solange die ägyptischen Interessen nicht in Gefahr geraten konnten. In dem Moment jedoch, in dem solche Interessen gefährdet worden wären, wären die Ägypter einmarschiert und hätten jede Rebellion niedergeschlagen. Der ägyptische Einfluß war im Gegenteil so stark, daß die symbolische Macht von nur zehn ägyptischen Soldaten fähig war, die Ruhe in einer Stadt aufrechtzuerhalten und jeden Angriff auf ihre eigene Position dort zu verhindern (EA 113,16; 148,14). Kurz – die Amarna-Briefe liefern uns ein repräsentatives Bild ägyptischer Macht in Kanaan.

Nur zur Regierungszeit Echnatons war die ägyptische Herrschaft in Mittelsyrien entlang der Grenze zum hethitischen Königreich ernsthaft gefährdet. In diesem Gebiet gab es nun ein Amurru genanntes Königreich, dessen Könige, ʿAbdu-Aschirta und sein Sohn ʿAzirū, versuchten, ihr Territorium auszudehnen, indem sie sich die Rivalitäten zwischen Ägypten und den Hethitern in diesem Gebiet zunutze machten. Die Amarna-Briefe informieren uns allerdings nur über die Gebiete, auf die sie übergriffen, nämlich einerseits auf die libanesische *Biqāʿ* vom Land Amki bis nach Qaṭna und andererseits auf die phönizische Küste von Byblos bis Arwad[102]. Viele der Briefe handeln von den Intrigen der Könige von Amurru mit Byblos, Sidon, Tyrus und weiteren Küstenstädten. Auch wird aus den Briefen deutlich, daß

101 *Knudtzon, J. A., O. Weber* und *E. Ebeling,* Die El-Amarna-Tafeln I–II, Leipzig 1907–1915; *Mercer, S. A. B.,* The Tell el-Armarna Tablets I–II, Toronto 1939. Für alle nicht bei Knudtzon enthaltenen Texte vgl. *Rainey, A. F.,* El Amarna Tablets 359–379, AOAT 8, ²1978.

102 *Gardiner,* Anc.Eg.On. I, 187ff.

Amurru die Stadt Ṣumur kontrolliert hat. Wägt man diese Informationen ab, so scheint es, daß das Zentrum Amurrus in den libanesischen Bergen lag. Aus den Amarna-Briefen sowie späteren Dokumenten ersehen wir, daß die Könige von Amurru anfangs unter ägyptischer Oberhoheit standen und in gewisser Weise sogar durch den Pharao ermutigt wurden, als er versuchte, ihre Loyalität zu gewinnen. Jedoch gingen sie im Laufe der Zeit zu den Hethitern über, deren Macht in diesem Gebiet enorm gestiegen war und die wahrscheinlich Amurru ermutigten, von den Ägyptern abzufallen.

Das Königreich von Amurru war von seiner territorialen Ausdehnung her gesehen ein einzigartiges Phänomen in der Amarna-Zeit. Im Gegensatz zu den kanaanitischen Stadtstaaten war Amurru ein ausgedehnteres Königreich, dessen Hauptstadt bis heute unbekannt ist. Vielleicht erklärt die Größe, warum seine Könige den Namen Amurru bewahrt haben, der vor dieser Zeit eine allgemeine geographische Bezeichnung für ganz Palästina und Syrien war und nachweislich später das Hyksos-Reich in Südsyrien und Palästina bezeichnete.

Das Bild, das wir aus den Amarna-Tafeln gewinnen können, ist unvollständig, da die Tafeln nur einen Teil eines sehr viel größeren Archivs darstellen. Trotzdem liefern die erhaltenen Briefe einen für diese Zeit im ganzen zuverlässigen Querschnitt durch das Land Kanaan. Hinsichtlich der großen kanaanitischen Zentren und deren jeweiliger Einflußgebiete geben sie sogar ein recht detailliertes Bild (s. Karte 11).

Die in den Amarna-Briefen erwähnten Städte lassen sich regional folgendermaßen zusammenfassen[103]:

Die syrisch-phönizische Küste: *Ugarit, Arwad,* ʿArqat, Ardat, ULLAṢA, ṢUMUR, Batruna, *Byblos, Beirut,* YARMUT, *Sidon, Tyrus,* Usu mit *Akko* und *Achschaf* in der Akko-Ebene.

Die libanesische *Biqāʿ: Qaṭna, Kadesch, Lebo, Ṭubiḫi,* KUMIDI und verschiedene Städte im Lande Amqi wie z.B. Ḫasi, Ḫašabu und Tušulti. Die Damaskusregion: das Land Upi, *Damaskus,* das Land Taḫši.

Baschan: *Aschtarot, Buṣruna, Kenat, Ziri-Baschan.*

Das Jordantal: *Hazor,* Jenoam, BET-SCHEAN, *Peḥel* und vielleicht Zafon.

Die Jesreel-Ebene: *Megiddo, Taanach, Schimron,* Schunem, Gina[t], Jafia mit Hannaton[104] in der *Sahl Baṭṭōf.*

Die Küstenebene: Gat-Padalla, Gat-Rimmon, JAFO, *Aschkelon,* GAZA, *Jurṣa.*

Die Schefela: *Geser,* Rubute, Zora, Ajalon, *Gat-Karmel, Lachisch,* Keïla, Marescha.

Das Bergland: *Sichem, Jerusalem* und offenbar auch Manahat und Bet-Horon.

Im Gegensatz zu den topographischen Listen aus Ägypten umfassen die Amarna-Texte auch Städte aus dem Landesinneren, aus der Schefela, dem

103 Königliche Stadtstaaten sind kursiv, ägyptische Stützpunkte in Großbuchstaben gesetzt.
104 Ḫinnatuna, verglichen mit der masoretischen Vokalisation Hannaton (Jos 19,14).

Karte 11: Kanaanitische Städte der Amarna-Briefe

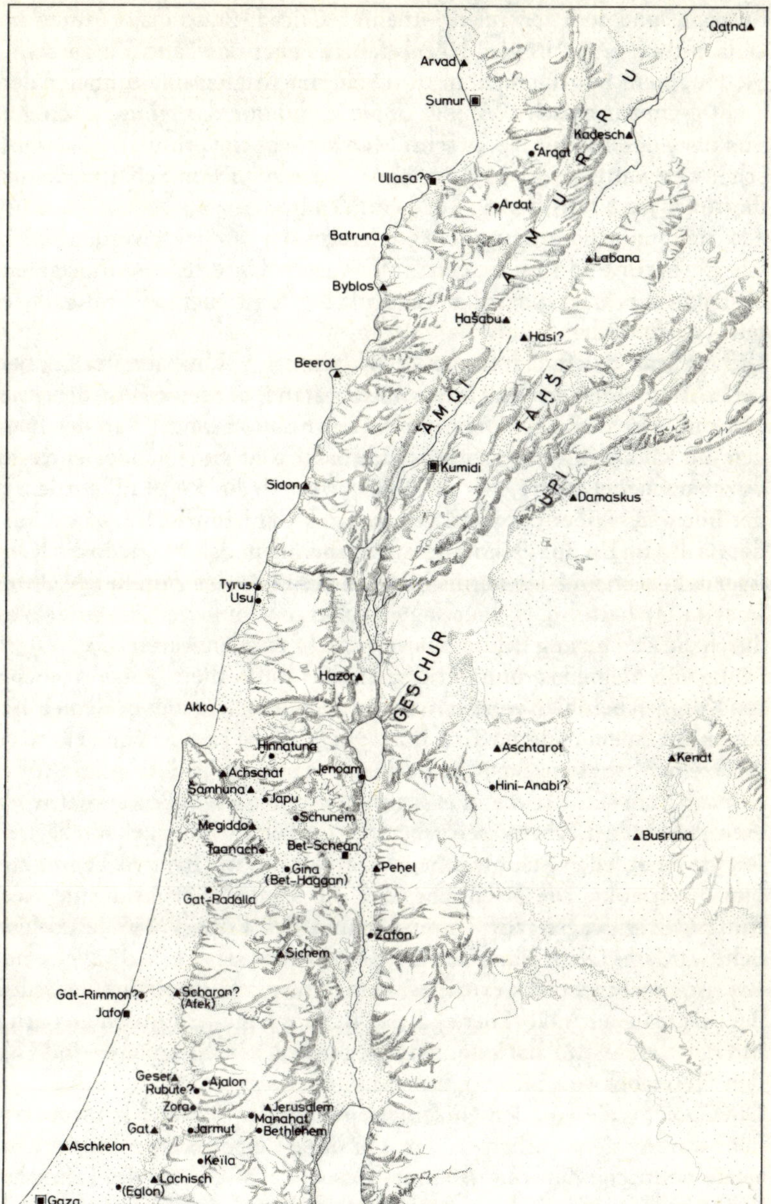

Bergland und dem zentralen Jordantal. Gilead, Südtransjordanien und die kanaanitischen Städte des Negeb fehlen, aber das kann Zufall sein. Eine Stadt namens Ṣuḫru taucht in zwei Amarna-Briefen auf, einmal in der Verbindung mit Lachisch (EA 334; 335); sie könnte das biblische Zoar an der Südküste des Toten Meeres sein. Man kann auch vermuten, daß der Herrscher von Šaruna (EA 241) in Afek in der südlichen Scharon-Ebene residierte (s. Jos 12,18; s.o.S. 162, Anm. 67).

Als Hauptquartiere ägyptischer Kommissare *(rābiṣū)* werden die Städte Gaza, Ṣumur und Kumidi genannt. Was die Unterteilung Kanaans in drei Distrikte anbelangt, so war offensichtlich jeder wieder in vier Bezirke eingeteilt (s.o.S. 170f).

Die Amarna-Briefe zeigen, daß zwischen den Siedlungen der Ebenen und denen des Berglandes ein Unterschied bestand, der seinen Ausdruck auch in einer unterschiedlichen politischen Organisation fand.[105] In der Ebene lagen die kanaanitischen Königsstädte nicht weit voneinander entfernt und waren auch viel zahlreicher als im Gebirge. In der Regel übte jede Stadt in der Ebene nur über ein relativ begrenztes Gebiet ihre Herrschaft aus. Auf der Basis von EA 365[106] könnte man annehmen, daß Megiddo die Kontrolle über Schunem und den nördlichen Teil der Ebene bis zum Rande Untergaliläas (Jafia) hatte, aber hier lagen außergewöhnliche Umstände vor, die durch die Zerstörung Schunems verursacht worden waren (EA 250)[107]. Der König von Megiddo argumentiert, daß nicht ihm allein, sondern auch anderen Königen befohlen worden war, die Ländereien in diesen Gebieten zu bebauen. In einem anderen Text lesen wir, daß die Könige von Schimron und Akko einer babylonischen Karawane bei Hannaton in der *Sahl Baṭṭōf* aufgelauert hätten (EA 8); aber dieser Straßenraub ist kein Beweis dafür, daß sie eine dauernde Rechtshoheit über dieses Territorium gehabt hätten. Die Rechte einer jeden Stadt waren gewöhnlich auf ihr eigenes, begrenztes Gebiet beschränkt. Die Nachricht, daß die Könige von Akko und Achschaf fünfzig Streitwagen zur Unterstützung des Königs von Jerusalem und Schuwardatas (wahrscheinlich des Königs von Gat, s.u.S. 182) gesandt hätten, ist eine beachtenswerte Ausnahme und ein Hinweis auf die Bedeutung der Städte in der Akko-Ebene; dieser Bericht hat allem Anschein nach etwas mit den vereinten Anstrengungen gegen den gemeinsamen Feind Lab'ayu, den Herrscher von Sichem, zu tun.

Die Gebiete, die von den einzelnen Städten der Schefela kontrolliert wurden, waren offensichtlich größer. Für diese Region werden nur drei bedeutende politische Zentren genannt: Geser, Lachisch und das Königtum des Schuwardata, dessen Hauptstadt nicht ausdrücklich genannt wird. Albright

105 *Alt, A.*, Die Landnahme der Israeliten in Palästina, Leipzig 1925, 11ff = Kl. Schr. I, 89ff.

106 Hier nach *Rainey, A. F.*, AOAT 8, ^{2}1978 numeriert. In ANET 485 hat es die Numerierung RA, XIX,97. Bei *Mercer, S. A. B.*, The Tell el-Amarna Tablets I–II, Toronto 1939, hat der Text die Nummer 248a.

107 *Alt, A.*, PJ 20 (1924) 34ff = Kl. Schr. III, 169ff.

ist der Auffassung, daß Schuwardata in Hebron regiert habe[108], doch ein Brief des Königs von Jerusalem (EA 290) macht wahrscheinlich, daß seine Hauptstadt Gat war. In diesem Brief beschuldigt der König von Jerusalem Milkilu und Schuwardata, Soldaten von Geser, Gat (Ginti) und Keïla angeworben zu haben zur Eroberung von Territorien, die zu Rubute und einer anderen Stadt namens Bīt-NINIB (anscheinend Bet-Horon) gehörten[109]. Milkilu war König von Geser, Keïla war eine der Städte, die dem Schuwardata weggenommen, später aber zurückgegeben worden waren (EA 279; 280). Darum ist zu vermuten, daß Schuwardata niemand anderer als der König von Gat war, das in diesem Text gleich nach Geser genannt wird. Zur Unterstützung dieses Vorschlags sollte man sich ins Gedächtnis rufen, daß am Ende dieses Briefes noch einmal Milkilu, Schuwardata und Gat stehen – wenn der Text auch lückenhaft ist. Nichts unterstützt die Annahme, daß dieses Gat das Gat ist, das in späterer Zeit eine der fünf Hauptstädte der Philister wurde. Außerdem wird dadurch die Identifizierung mit *Tell eṣ-Ṣāfī* gestärkt (s.u.S. 288). Auf halbem Wege zwischen Geser und Lachisch, trug dieser Tell in der Spätbronze- und in der israelitischen Zeit die größte und somit bedeutendste Stadt in der Schefela. Diese drei waren zur Amarna-Zeit die wichtigsten Königsstädte in der Schefela; sie versuchten ständig, ihr Territorium zu erweitern – besonders nach Osten hin; das beschwor natürlich einen Interessenkonflikt mit dem König von Jerusalem herauf. Wie oben schon erwähnt, hatte sich Schuwardata, der bereits Keïla beherrschte, im Bündnis mit dem König von Geser Rubute (Rabba, heute *Ḫirbet Ḥamīd* bei *el-Laṭrūn*) und Bet-Horon angeeignet. Der König von Geser war bereits Herrscher über Ajalon und Zora (EA 273) sowie Manahat im Bergland (EA 292). Eine Tontafel der Amarna-Zeit aus *Tell el-Ḥēsi* (Eglon) bezeugt, daß der König von Lachisch dem König von Jarmut Unterstützung gegeben hatte. Albright hat wahrscheinlich recht, wenn er annimmt, daß Jarmut gerade erst eine unabhängige Königsstadt geworden war[110]. Eine andere in Geser gefundene akkadische Tontafel aus der zweiten Hälfte des 15. Jahrhunderts v.Chr.[111], vielleicht aus der Regierungszeit Thutmoses' IV.[112], wurde von einem ägyptischen Beamten aus der Stadt Gittim [. . .] geschickt. Es ist üblich, diese letztgenannte Stadt mit dem biblischen Gittajim zu identifizieren, aber es sind Zweifel angebracht, daß diese Stadt bereits in der Spätbronzezeit existiert hat. Es ist daher wahrscheinlicher, daß dieser Brief aus Gat-Gimti abgesandt wurde, dem Stadtstaat an der Grenze zu Geser[113].

108 *Albright, W. F.*, BASOR 87 (1942) 37.

109 *Schröder, O.*, OLZ 18 (1915) 294f, im Gegensatz zur Auffassung von *Lewy, J.*, JBL 59 (1940) 519–522.

110 *Albright, W. F.*, BASOR 87 (1962) 32–38.

111 *Albright, W. F.*, BASOR 92 (1943) 28–30.

112 *Malamat, A.*, Scripta Hierosolymitana 8 (1961) 228–231.

113 An Tagi, den Schwiegervater des Milkilu (EA 249,8), schließen sich einige interessante Fragestellungen an. Der König von Jerusalem beschuldigt ihn (EA 289) der gleichen Taten, deren er auch Schuwardata beschuldigt hat, nämlich der Eroberung von Rubute zusammen mit Milkilu, der Bedrohung Jerusalems und des Bündnisses mit den Männern aus Keïla. Tagi

Im Bergland gab es nur wenige politische Zentren, jedes herrschte über ein recht ausgedehntes Gebiet. Aus dem ganzen Bergland von Juda und Efraim hören wir nur von Jerusalem und Sichem; möglicherweise gibt es Anspielungen auf Betlehem und Manahat, zwei Städte in der Machtsphäre des Jerusalemer Königs. Das Bergland war nicht annähernd so dicht besiedelt wie die Ebenen; beträchtliche Gebiete waren noch bewaldet und somit unbewohnt. Trotzdem existierten neben den bereits erwähnten Städten noch eine Reihe weiterer Siedlungen wie z.B. Dotan, Tirza, Tappuach, Bet-El, Hebron, Debir sowie die gibeonitischen Städte (Gibeon, Beerot, Kefira und Baalat). Da sechs Briefe des Jerusalemer Königs erhalten sind, sollte man nicht annehmen, daß das Fehlen dieser anderen Städte im Amarna-Archiv zufällig sei. Allem Anschein nach regierten zu dieser Zeit die Könige von Jerusalem und Sichem das ganze zentrale Bergland.

Das Territorium, das Lab'ayu, der König von Sichem, kontrollierte, war – verglichen mit den kleinen kanaanitischen Fürstentümern der Umgebung – besonders groß. Nur ein Brief des Amarna-Archivs bezieht sich direkt auf Sichem; der Eindruck legt sich nahe, daß es sich nicht einfach um eine kanaanitische Königsstadt, sondern eher um ein recht ausgedehntes Königreich mit Sichem als Hauptstadt handelte. Lab'ayu war ein ernstzunehmender Rivale der Könige von Jerusalem und Geser. EA 250 zeigt, daß er zeitweise sogar die ganze Scharon-Ebene beherrschte, nachdem er Gat-Padalla (*Ǧett* im Zentrum der Scharon-Ebene[114]) und Gat-Rimmon (wohl die biblische Stadt gleichen Namens, vielleicht mit *Tell Ǧerīše* am Jarkon zu identifizieren[115]) erobert hatte. Auch im Norden begnügte sich Lab'ayu nicht mit dem Besitz des Berglandes; er versuchte in die Jesreel-Ebene einzudringen, wobei er Megiddo belagerte (EA 244) und Schunem und einige andere Städte zerstörte (EA 250). Durch diesen Einfall in das Gebiet an der *Via Maris* griff er den Machtbereich des Pharao an, der nun die Geduld mit ihm ver-

stammt aus Gat-Karmel (Ginti-Kirmil), das gewöhnlich mit *Ǧett* beim Karmel-Gebirge identifiziert wird. Jedoch ist das Gat in der Scharon-Ebene ziemlich weit vom Karmel-Gebirge entfernt, es ist als Gat-Padalla aus den Amarna-Briefen (EA 250,13) und aus der Liste Schoschenks (Nr. 34) bekannt. Da Karmel ein häufiger vorkommender Name ist (vgl. Karmel in Juda, Jos 15,55), ist es nicht unmöglich, daß es sich hierbei um eine andere Bezeichnung für das gesuchte Gat handelt. In einem anderen Brief schreibt der König von Jerusalem, daß feindliche Übergriffe auf sein Territorium geschehen seien: zwischen dem Land *Še-e-ri* (Seïr?) und Gat-Karmel (EA 288; vgl. Albrights Übersetzung, ANET 488). Hier ist es sicher zulässig, diesen Abschnitt als einen Hinweis auf Gat *(Tell eṣ-Ṣāfī)* einerseits und vielleicht Zoar *(Ṣuḫru)* am Fuß des Gebirges Seïr andererseits zu interpretieren. Darüber hinaus verdient festgehalten zu werden, daß Tagi in einem seiner Briefe von einer im Auftrag seines Bruders abgesandten Karawane schreibt, die völlig ausgeplündert worden sei (EA 264); vielleicht war Schuwardata sein Bruder? *F. M. Cross* hat auf zwei phönizischen Ostraka aus *Šiqmōnā* den Namen Gat-Karmel entziffert, IEJ 18 (1968) 226ff; jedoch hält seine Lesart der Ortsnamen einer näheren Prüfung nicht stand.

114 Diese Identifizierung steht außer Zweifel, berücksichtigt man, daß der Name in der Schoschenk-Liste (Nr. 34 *ḏ-d-p-t-r*) zwischen ʿAruna (Nr. 32) und Jaḥam (Nr. 35) steht. Vgl. *Rainey, A. F.*, IEJ 18 (1968) 1–14.

115 Vgl. Enc. Bib. II, 572–574 (hebräisch) und auch *Avigad, N.*, EAEHL II (1976) 575–578.

lor. Lab'ayu wurde befohlen, nach Ägypten zu kommen und Rechenschaft über seine Taten abzulegen; doch wurde er bei Gina (dem biblischen Bet-Gan, dem modernen *Ǧenīn*) ermordet, als er zu fliehen versuchte (EA 250), nachdem er seinen Fängern, den Königen von Akko und Megiddo, bereits entkommen war (EA 245).

Im nördlichen Bergland finden wir zwei mächtige Zentren, nämlich Aschtarot und Hazor. Aschtarot, die Hauptstadt Baschans zur Zeit der israelitischen Landnahme, grenzte an das Königtum Hazor, mit dem es sich um den Besitz dreier Städte stritt (EA 364). Der König von Aschtarot hatte auch seine Finger im Spiel, als es um Peḥel und das Land Gari (Ga‹schu›ri, das biblische Geschur?) an den westlichen Ausläufern Baschans (EA 256) ging[116]. Obgleich Hazor im nördlichen Jordantal an einer wichtigen Seitenstraße der *Via Maris* lag, erstreckte sich sein Machtbereich doch in die Bergregionen – ostwärts bis Baschan und westwärts bis Obergaliläa; das wird durch den Zusammenstoß von Hazor und Tyrus belegt (EA 148).

Die Königtümer des Berglandes waren also wesentlich ausgedehnter als die der Ebenen und umfaßten mehrere Städte. Ihre Herrscher werden in der Bibel die Amoriterkönige genannt (Num 13,29; Dtn 3,9; Jos 5,1; 11,3) – im Gegensatz zu den Kanaaniterkönigen, mit denen die Herrscher in den Tälern gemeint waren.[117]

Die Anwesenheit der *ʿapiru*[118] neben der lokalen Bevölkerung ist in der Amarna-Korrespondenz gut belegt. Sie wurden als die eingeschworenen Feinde Ägyptens angesehen, und viele Könige beschuldigten einander, mit den *ʿapiru* verbündet zu sein, ihnen Waffen zu liefern oder ihnen zu helfen, bestimmte Gebiete zu erobern. Obgleich der Ausdruck *ʿapiru* alt ist und sich auf eine bestimmte Gruppe von Ausländern ohne irgendwelche Besitzrechte bezieht[119], wird er doch in dieser Zeit mit den Semiten in Verbindung gebracht, die gerade anfingen, in die Länder des Fruchtbaren Halbmondes einzudringen – eine Wanderung, die in der Ankunft der Hebräer und Aramäer kulminierte. Das Auftauchen der *ʿapiru* in der Amarna-Zeit kennzeichnet allem Anschein nach den Beginn der Anwesenheit von Hebräern in Palästina; im Vergleich mit dem vorausgegangenen Jahrhundert, d.h. der Regierungszeit Amenophis' II. (s.o.S. 175), scheint ihre Zahl beträchtlich angestiegen zu sein. Zweifellos ist es kein Zufall, daß ihre Anwesenheit hauptsächlich im Zusammenhang mit dem Bergland Erwähnung findet. Der König von Sichem und die Herrscher in der Schefela werden beschuldigt, den

116 *Mazar, B.*, Zion 23–24 (1958–59) 116ff (hebräisch); *ders.*, JBL 80 (1961) 20–21; *ders.*, Cities and Districts in Eretz-Israel, Jerusalem 1975, 193–195; ANET 486.

117 *Alt, A.*, Die Landnahme der Israeliten in Palästina, Leipzig 1925, 18ff = Kl. Schr. I, 107ff.

118 Die richtige Schreibung ist *ʿapiru*; das ergibt ein Vergleich der ugaritischen und ägyptischen Schreibweise.

119 Für eine Zusammenfassung der umfangreichen Literatur zu diesem Thema vgl. *Rowley*, Joseph-Joshua 45ff; *Bottéro* et.al., Le problème des *Ḫabiru*, Paris 1954; *Greenberg, M.*, The *Ḫab/piru*, New Haven 1955; *Borger, R.*, ZDPV 74 (1958) 121–132.

ʿapiru Hilfe zu gewähren, und Labʾayu gibt das sogar in einem seiner Briefe zu (EA 254). Auch vom König von Hazor wird gesagt, daß er ihnen Unterstützung gewährte (EA 148). Die Gruppen der *ʿapiru*, die in dieser Zeit in das Bergland eingedrungen waren, müssen offensichtlich in die israelitischen Stämme aufgenommen worden sein, als diese ungefähr ein Jahrhundert später dort ankamen.

IX. Der Feldzug Sethos' I.

Über Kanaan in der zweiten Hälfte des 14. Jahrhunderts v.Chr. stehen keine Informationen zur Verfügung; erst wieder für die Zeit des Aufstiegs der 19. Dynastie wurden Stelen gefunden, in deren Inschriften sich die Ägypter rühmen, Eroberungen in Palästina gemacht zu haben[120]. Hauptziel der Pharaonen der 19. Dynastie war die Wiederherstellung des ägyptischen Großreichs, das auch Palästina und Syrien umfaßt hatte. Zu diesem Zweck verlegten sie ihre Hauptstadt in das nördliche Delta, d.h. in die gleiche Region (und vielleicht sogar an die gleiche Stelle), in der Zoan, die Hyksos-Hauptstadt, gelegen hatte. Seit den Tagen Ramses' II. wurde dieser neue Regierungssitz Pa-Ramses genannt (identisch mit dem biblischen Ramses in Ex 1,11). Auch an religiöse Traditionen der Hyksos knüpften die Pharaonen der 19. Dynastie an; sie verehrten deren obersten Gott Seth, nach dem sich zwei Pharaonen »Sethos«, »Mann Seths«, genannt haben. Ein ungewöhnliches Dokument aus dieser Zeit ist die »Stele des Jahres 400«, die von Ramses II. in Ramses zum Gedenken an das vierhundertste Regierungsjahr des Gottes Seth errichtet worden war; schon vor Gründung der Dynastie – um das Jahr 1320 v.Chr. – hatte sein Vater Sethos diesen Jahrestag an demselben Ort feierlich begangen[121]. Ohne die Hyksos zu erwähnen, gedachten die Pharaonen der 19. Dynastie doch offensichtlich der Aufrichtung der Hyksos-Herrschaft (um ca. 1720 v.Chr.) und betrachteten sich als Erben und Wächter der Hyksos-Tradition.
Die Könige der 19. Dynastie bemühten sich mit allen Kräften, die volle ägyptische Souveränität über Kanaan wiederzugewinnen und die Hethiter zurückzudrängen, die ihnen in Syrien diese Oberhoheit streitig machten. Ein von Sethos I. (ca. 1303–1290 v.Chr.) in seinem ersten Regierungsjahr unternommener Feldzug ist uns in manchen Einzelheiten bekannt[122]; zwar gibt es über ihn keine Annalen, doch finden sich drei andere, einander er-

120 Für Belege über einen Kampf zwischen Haremhab und Mursili, dem König der Hethiter, vgl. *Redford, D. B.*, BASOR 211 (1973) 36ff; *Rainey, A. F.*, UF 5 (1973) 280–282. Es scheint, daß der Pharao bis nach Karkemisch vorgedrungen ist, wenn auch eine Streitmacht bereits im Eleutherus-Tal auf ihn wartete.

121 ANET 252f. Im Hinblick auf diese Tradition und die Verbindung der Hyksos-Herrschaft mit der Gründung von Tanis kann man auch die biblische Überlieferung von der Gründung Hebrons sieben Jahre vor Zoan (Tanis) in Ägypten verstehen (Num 13,22).

122 *Noth, M.*, ZDPV 60 (1937) 210ff; *Faulkner, R. O.*, JEA 38 (1947) 34ff.

Karte 12: Der Feldzug Sethos' I.

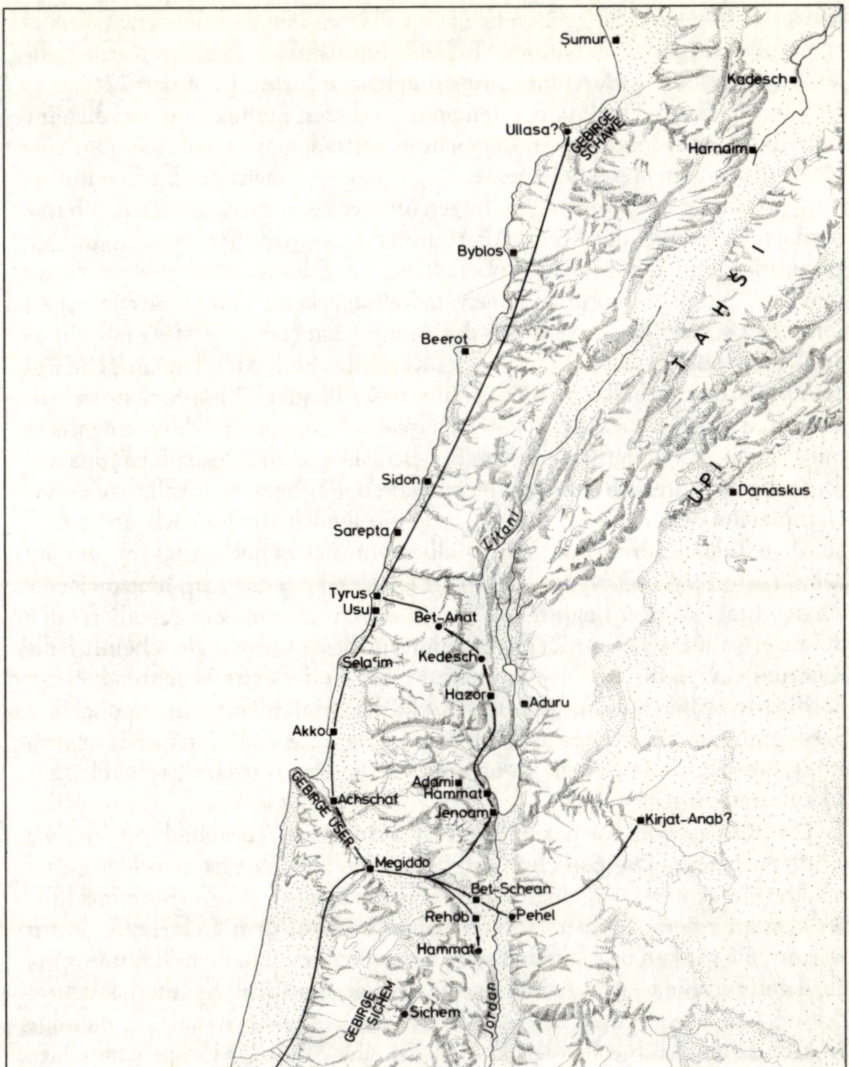

gänzende Quellen: Siegesstelen, die an Plätzen der verschiedenen Eroberungszüge aufgerichtet wurden; Reliefs vom Amon-Tempel in Karnak, die die Siege Sethos' I. darstellen; topographische Listen (s. Karte 12).

1. Die wichtigste Quelle über den ersten Feldzug Sethos' I. bildet die eine der bei den Ausgrabungen in Bet-Schean gefundenen Stelen; sie trägt eine Inschrift aus dem ersten Jahr seiner Regierung[123]. Nach der üblichen Einleitung werden die Ereignisse in folgender Weise aufgezählt: Dem Pharao wird gemeldet, daß der König von Hammat eine große Streitmacht um sich gesammelt und Bet-Schean erobert habe. Der König von Peḥel steht mit ihm im Bündnis, zusammen haben sie Rehob belagert. Der Pharao reagiert sofort: Er schickt das erste Korps des Amon nach Hammat, das erste Korps des Re nach Bet-Schean und das erste Korps des Seth nach Jenoam. Die Rebellion wird innerhalb eines Tages niedergeschlagen. Diese Steleninschrift gibt offensichtlich die Aktion einer Phase des Feldzuges im Zusammenhang mit Ereignissen in der Region von Bet-Schean wieder. Deshalb werden alle im Text erwähnten Orte in der Gegend von Bet-Schean zu lokalisieren sein: Hammat auf dem *Tell el-Ḥamme*, ca. 14 km südlich von Bet-Schean; Rehob auf dem *Tell eṣ-Ṣārem*, ca. 5 km südlich von Bet-Schean, und Jenoam auf dem *Tell* von *el-ʿAbēdiye*, ca. 20 km nördlich von Bet-Schean. Jenoam ist die einzige Stadt, die zu Beginn der Inschrift nicht als eine der rebellierenden Städte erwähnt wird; so gibt die Erwähnung dieses Ortes wahrscheinlich die Richtung an, in die das Heer weiterzog. Sie ist die erste bedeutende Stadt nördlich von Bet-Schean und beherrscht die Straßenkreuzung südlich des Sees Gennesaret, wo die Straße aus dem Jordantal auf den *Darb el-Ḥawarna* stößt, der den Grabenbruch kreuzt und von Baschan durch Untergaliläa zur Akko-Ebene führt.

2. Die Reliefs von Karnak[124] werden durch eine Torabbildung in zwei Gruppen geteilt. Die östliche Gruppe beschreibt den ersten Feldzug und schildert folgendes: a) einen Kampf mit den Schasu, deren »Stammesführer sich an einem Ort versammelt haben und auf dem Gebirgszug Ḫuru warten. Sie zanken und streiten sich; einer von ihnen hat ein Stammesmitglied getötet. Sie beachten die Gesetze des Palastes (d.h. Ägyptens) nicht«. Diese Szene wird in das erste Regierungsjahr Sethos' I. datiert; b) einige Asiaten fällen Bäume für den Pharao bei »der Stadt Qeder im Lande Henem«, dessen Herrscher die »großen Fürsten des Libanon« genannt werden; c) die Eroberung Jenoams; die Stadt wird von einem Fluß und starkem Dickicht umgeben dargestellt; d) Eroberung einer Stadt, die »die Stadt von Kanaan« genannt wird; Bilderklärung: »Jahr 1 . . . Die Zerstörung, die die mächtige Armee des Pharao . . . angerichtet hat unter den Feinden, die zu den Schasu gehören von Sile bis Kanaan«; e) ein Bild der

123 *Rowe, A.*, The Topography and History of Beth Shan I, Philadelphia 1930, 24–29, Taf. 41; ANET 253f; ANEP 320.

124 ANEP 322–331; *Giveon, R.*, Les bedouins shosu. Les documents égyptiens, Leiden 1971, 39ff.

Festungen und Brunnen entlang der Hauptstraße von Sile bis Rafia (oder Gaza), dem südlichen Abschnitt der *Via Maris*; f) die Rückkehr des Pharaos »von Ober-Retenu, nachdem er die Grenzen Ägyptens erweitert hat. Die Beute, die seine Majestät diesen Schasu abgenommen hat, die seine Majestät höchstpersönlich weggenommen hat im Jahre 1 . . .«.

3. In der topographischen Liste von Sethos I. wird mehrmals eine Gruppe von siebzehn Städten wiederholt; mit allen diesen Orten war das ägyptische Heer während des ersten Feldzugs in Kämpfe verwickelt; demnach ergibt sich folgende Marschroute[125]:

Namen in der Liste Sethos' I.	*Kanaanitisch-hebräische Form*	*Vorgeschlagene Identifizierung*
1. *p-ḥ-r*	Peḥel (פחל)	*Ḫirbet Faḥil*
2. *ḥ-m-t*	Hammat (חמת)	*Tell el-Ḥamme*
3. *b-t š-r*	Bet-Schean ([בית שאן [שאל)	*Tell el-Ḥoṣn*
4. *y-n-⟨w⟩-ʿ-m*	Jenoam (ינועם)	*el-ʿAbēdiye*
5. *[q]-m-h-m*		
6. *ʿ-k-⟨ʾ⟩*	Akko (עכו)	*Tell el-Fuḫḫār*
7. *q-m-d*	Gammad[im] ([גמד[ים)	zwischen Byblos und Arwad
8. *ỉ-nr-ṯ*	Ullaṣa (אלזה)	zwischen Byblos und Arwad
9. *ḏ-r*	Tyrus (צור)	*eṣ-Ṣūr*
10. *ỉ-ṯ-⟨w⟩*	Usu (Hosa? חסה)	*Tell er-Rušēdīye*
11. *b-t ʿ-n-t*	Bet-Anat (בית ענת)	*Ṣafed el-Baṭṭīḫ?* (Obergaliläa)
12. b?-r		
13. *q-r-m-m*	(? גרמים, גרמון)	bei Bet-Anat
14. *q-d-[?]*	Gedor? Kedesch? (?קדש, ?גדר)	*Tell Qedes?*
15. *q-r-t ʿ-n-b*	Kirjat-Anab = En-Anab? (קרית ענב)	*Tell eš-Šihāb?*
16. *ḥ-ḏ-⟨w⟩-r*	Hazor (חצור)	*Tell el-Qedaḥ*
17. *r-p-ḥ*	Rafia (רפיח)	*Tell Refaḥ*

Diese Angaben reichen aus, um den Verlauf des Feldzuges nachzuzeichnen[126]. Wie die meisten ägyptischen Feldzüge begann er am südlichen Ende der *Via Maris*, d.h. er führte von Sile über Rafia nach Gaza, das hier »das Kanaan« genannt wird. Dieser Feldzug richtete sich hauptsächlich gegen die phönizische Küste; die ägyptische Armee marschierte über Akko, Usu, Tyrus, das Gebiet von Gammad[im] (s.Ez 27,11) und Ullaṣa in den Norden von

125 *Simons*, Handbook, Listen XIII–XV. *Noth, M.*, ZDPV 60 (1937) 213 = Aufsätze II, 25, hat diese Gruppe bestimmt, doch unterscheiden sich seine Identifizierungen und Interpretationen von den obigen.

126 *Aharoni*, Settlement, 55–64 (hebräisch).

Byblos. Das Hauptziel des Pharao bestand darin, die regelmäßigen Holzlieferungen vom Libanon nach Ägypten wieder sicherzustellen. Während des Zuges wandte sich das Heer (oder Teile davon) landeinwärts zur Jesreel-Ebene und bereitete der Rebellion im Gebiet von Bet-Schean ein Ende. Danach zog es nordwärts nach Jenoam, von wo es anscheinend über Hazor weiter in Richtung Norden nach Obergaliläa (Bet-Anat und Kedesch?), marschierte; dort hat dann wahrscheinlich die große Schlacht gegen die Schasu stattgefunden. Die Stadt vor Hazor war Kirjat-Anab, die nach dem Papyrus Anastasi I in Baschan zu lokalisieren ist. Damit könnte das En-Anab *(Ḫi-ni-a-na-bi)* im Lande Gari (Ga-‹schu›-ri, Geschur?) der Amarna-Tafeln gemeint sein (EA 256,26). Eine Siegesstele Sethos' I. wurde in *Tell eš-Šihāb* im Yarmuktal ca. 40 km östlich von Jenoam gefunden[127]. Das Datum auf ihr ist nicht erhalten, daher ist eine Verbindung mit dem ersten Feldzug unsicher. Da jedoch Kirjat-Anab in dieser Region zu lokalisieren ist, kann man vermuten, daß es mit *Tell eš-Šihāb* gleichzusetzen ist und daß zumindest Teile von Sethos' Armee dort gewesen sind.

Die Hinweise auf die nächsten Feldzüge von Sethos, die sich gegen weiter nördlich gelegene Regionen richteten, sind nicht hinreichend deutlich. Auf den Karnak-Reliefs werden auf der anderen Seite des Tors Kämpfe gegen die Hethiter und Libyer dargestellt. In dem oberen Register sind nur die Reliefs erhalten, die die Eroberung Kadeschs darstellen; sie haben folgenden Zusatz: »Das Heraufziehen, das der Pharao . . . unternahm, um das Land von Kadesch und das Land von Amurru zu verwüsten.«[128] In Kadesch am Orontes wurde ein weiteres Fragment einer Stele von Sethos I. gefunden[129]; somit ist deutlich, daß Sethos I. einen Feldzug gegen diese Stadt und das Land Amurru im Libanon unternommen hat. Hier ist er mit den Hethitern in Konflikt geraten. Jedoch stellt das Relief in Karnak, das die Eroberung Kadeschs zeigt, die Stadt so dar, als läge sie, umgeben von Wäldern, in einem Hügelland; diese Details sind unvereinbar mit dem Kadesch in der libanesischen *Biqāʿ*[130].

Daher wird das zur Debatte stehende Relief in Wirklichkeit die Eroberung von Kedesch in Galiläa darstellen, das zweifellos beim ersten Feldzug erobert wurde, als das ägyptische Heer von Hazor nach Obergaliläa marschierte. Die Umgebung dieser Stadt war sicher ähnlich so, wie sie auf dem Relief dargestellt wird. Selbstverständlich bezieht sich diese Vermutung nur auf die Interpretation eines Reliefs und schließt nicht aus, daß Sethos I. Kadesch am Orontes bei einem anderen Feldzug erreicht hat. Seine topographische Liste enthält außerdem Hinweise auf Qaṭna, Tunip und Taḫschi, die ungefähr zur gleichen Zeit erobert worden sein können. Eine Eintragung, die besonderer Aufmerksamkeit wert sein sollte, lautet *ỉ-ś-r*[131]; hierbei

127 *Smith, G. A.*, PEF QS (1901) 344ff.

128 ANET 254.

129 *Pézard, M.*, Syria 3 (1922) 108–110.

130 Aufschlußreich ist die Darstellung von Kadesch am Orontes aus der Regierungszeit Ramses' II. (vgl. ANEP 336), die einen tiefen Graben zeigt, der um die ganze Stadt läuft.

handelt es sich offenkundig um den frühesten Hinweis auf den israelitischen Stamm Ascher.
Noch eine zweite Stele von Sethos I. wurde in Bet-Schean gefunden[132]; das Datum ist allerdings nicht erhalten. Ihre Inschrift berichtet, daß die *ʿapiru* von einem Berg Jarumta zusammen mit den Tayaru-Leuten die Asiaten (ʿAamu) von Rehem angegriffen haben. Der Pharao, verärgert darüber, daß neue Unruhen ausgebrochen waren, sandte sofort Truppen in das Land Djahi (Kanaan). Nach zwei Tagen kehrten seine Soldaten siegreich vom Berg Jarumta zurück. Diese Stele befaßt sich also auch mit Ereignissen, die in der Gegend von Bet-Schean stattgefunden haben, allem Anschein nach bei einem etwas ausgedehnteren Feldzug. Der Berg Jarumta ist zweifellos mit dem Jarmut-Remet Issachars in Verbindung zu setzen (Jos 19,21; 21,29; 1Chr 6,73; Ramot), d.h. er liegt wohl in der höheren Region nordwestlich von Bet-Schean. Es ist interessant, daß die Stämme der *ʿapiru* schon zur Regierungszeit Sethos' I. (ca. 1300 v.Chr.) in dieser Region lokalisiert werden.

X. Die Regierungszeiten Ramses' II. und Merenptahs

Der Konflikt mit den Hethitern erreichte in der Regierungszeit Ramses' II. (ca. 1290–1224 v.Chr.) seinen Höhepunkt. Eine Inschrift aus seinem vierten Regierungsjahr, die in den Felsen am *Nahr el-Kelb* zwischen Beirut und Byblos gemeißelt worden ist, zeugt für diese Zeit von einen Feldzug entlang der phönizischen Küste[133]. Etwa im Jahre 1286 fand seine berühmte Schlacht gegen Muwatalli, den König der Hethiter, bei Kadesch am Orontes statt. Die Reliefs und Annalen, die diesen Zusammenstoß beschreiben, machen keine genauen Angaben über den Marsch des Heeres durch Palästina. Nur der übliche Ausgangspunkt – Sile – wird erwähnt, dem gleich eine Stadt namens Ramses im Tal der Zedern folgt, die im Libanon lokalisiert werden muß[134]. Der Text fährt fort und erwähnt mehrere Orte in der libanesischen *Biqāʿ* südlich von Kadesch, und zwar Lebo, Arnem, Šabtuna, wo die ägyptische Armee den Orontes überquerte, und Timna (das Taminta der hethitischen Quellen)[135]. Auch das Land von Amurru wird erwähnt.
Ramses ließ die Schlacht bei Kadesch als seinen größten Sieg darstellen; aber es ist deutlich, daß dieses Gefecht unentschieden endete oder vielleicht sogar mit einer ägyptischen Niederlage. Ramses II. hatte größte Mühe, lebend nach Ägypten zurückzukommen, nachdem ihn die hethitische Armee

131 *Simons*, Handbook, 147, Liste XVII, 4; *Gardiner*, Anc.Eg.On. I,191ff.

132 *Rowe, A.*, Topography and History of Beth Shan I, Philadelphia 1930, 29f Taf. 42–44; ANET 255; *Grdseloff, B.*, Une Stèle Scythopolitaine du roi Séthos Ier, Kairo 1949; *Albright, W. F.*, BASOR 125 (1952) 24–32.

133 ANET 255.

134 Vielleicht ist Kumidi gemeint, vgl. *Helck*, Beziehungen, 198; *Rainey, A. F.*, UF 5 (1973) 280.

135 *Edel, E.*, ZA NF 15 (1949) 204ff.

in eine beinahe tödliche Falle gelockt hatte. Die Hethiter setzten alles auf einen Überraschungsangriff mit Streitwagen – eine ähnliche Taktik, wie sie die Kanaaniter bei Megiddo während der Herrschaft Thutmoses' III. angewandt hatten –, der die ägyptische Schlachtordnung in ein totales Chaos stürzte[136]. Kadesch selbst wurde nicht erobert; hethitische Quellen berichten von einem nach dieser Schlacht erfolgten Einmarsch in das Gebiet von Damaskus (Upi)[137], der doch wohl zeigt, daß die Hethiter die Oberhand behalten haben.

Ramses II. führte dann weitere Feldzüge gegen Kanaan, um die ägyptische Herrschaft wieder zu festigen, die zweifellos nach der Schlacht bei Kadesch schwächer geworden war. Jedoch sind die Nachrichten über diese Feldzüge recht spärlich. Auf einem seiner Reliefs ist die Eroberung Aschkelons dargestellt; das macht deutlich, daß der Geist der Rebellion sogar bis zu den Hauptzentren der ägyptischen Macht in Südkanaan vorgedrungen war[138]. Reliefs aus dem achten Regierungsjahr Ramses' II. beschreiben u.a. die Einnahme von Kerep[na] *(k-r-p-[n])* im Gebirge von Bet-Anat, von Kana *(q-n)* und Merom *(m-r-m)* – wahrscheinlich das Bet-Anat von Naftali, Kana von Ascher und Merom von den berühmten »Wassern von Merom«, alle in Obergaliläa gelegen[139]. Ebenfalls erwähnt werden Deper *(d-p-r)* im Land von Amurru (offenbar in der Region von Kadesch gelegen) und schließlich eine Stadt namens Šalem *(š-r-m)*. Ein anderes Relief stellt die Eroberung von Akko dar, außerdem einer Stadt, deren Name *q-ṯ-ỉ-ś-r* geschrieben wird; dabei handelt es sich vielleicht um Gat-Ascher, das heutige *Ǧett* in Westgaliläa[140].

Eine Stele aus dem neunten Regierungsjahr Ramses' II. wurde in Bet-Schean gefunden[141]. Obgleich der Text stereotyp ist und keine wichtigen Details liefert, bezeugt er zumindest doch, daß in diesem Jahr ein Feldzug nach Kanaan unternommen wurde, der auch Bet-Schean betroffen hat. Einem dieser Feldzüge wird man auch die topographische Liste, die in Amara gefunden wurde, zuweisen müssen[142]; sie enthält Namen aus dem Negeb, aus Edom (Seïr)[143] und dem südlichen Kanaan; hier findet sich die früheste schriftliche Erwähnung der Stadt Dor, die an der Straße von der Scharon- zur Akko-Ebene liegt[144].

In kürzlich entdeckten Reliefs von Luxor wird die Einnahme zweier transjordanischer Städte erwähnt: *B-⟨w⟩-t-r-t* in (dem) Land von Moab

136 *Yeivin, S.*, JNES 9 (1950) 101–107.

137 ANET 319.

138 ANET 256; ANEP 334.

139 *Aharoni*, Settlement, 64f (hebräisch).

140 Ebd., 65; aber diese Leart ist bezweifelt worden, *Obed, B.*, AUSS 9 (1971) 47–50.

141 *Rowe, A.*, Topography and History of Beth Shan I, Philadelphia 1930, 33–36 Taf. 46; ANET 255; *Cerny, J.*, EI 5 (1958) 75–82.

142 *Fairman, H. W.*, JEA 25 (1939) 139ff.

143 *Grdseloff, B.*, Revue d'histoire juive en Égypte 1 (1947) 69ff.

144 *Mazar, B.*, BIES 27 (1963) 139–144 (hebräisch); *ders.*, Cities and Districts in Eretz-Israel, Jerusalem 1975, 154–159, vgl. o.S. 144f.

(m-w-ỉ-b) und Dibon *(t-b-n-ỉ)*[145]. Hierbei handelt es sich um die früheste Erwähnung von Moab und des nördlich des Arnon-Flusses gelegenen Dibon. Diese ägyptischen Hinweise aus dem 13. Jahrhundert auf das Bergland und das südliche Transjordanien stehen in Einklang mit der dichten Besiedlung, die in diesen Gebieten kurz zuvor eingesetzt hatte.

Offensichtlich hatte Ramses II. Erfolg und konnte seine Macht in Palästina und Südsyrien festigen. In seinem einundzwanzigsten Regierungsjahr (ca. 1270 v.Chr.) wurde zwischen Ägypten und den Hethitern ein Friedensvertrag geschlossen, der den *status quo* bestätigte. Der Text dieses Vertrags, der uns in beiden Fassungen (d.h. in der ägyptischen und der hethitischen[146]) überliefert ist, nennt keine genaueren Einzelheiten über den mit diesem Vertrag festgeschriebenen Grenzverlauf, der jedoch aus anderen Quellen relativ deutlich wird. Der Papyrus Anastasi III aus der Regierungszeit Ramses' II. beschreibt die Ausdehnung des Landes Kanaan von Sile bis nach Damaskus (Upi), außerdem erwähnt ein Brief Ramses' II. an Hattušili III. einen ägyptischen Kommissar im Lande Upi[147]. Einige Passagen aus dem ebenfalls in die Regierungszeit Ramses' II. zu datierenden Papyrus Anastasi I sind in dieser Hinsicht von besonderem Interesse[148]. Dieser Brief eines ägyptischen Schreibers an seinen Konkurrenten liefert eine Beschreibung der in dieser Zeit wichtigsten Straßen Kanaans; und zwar beschreibt er sie in Form von Fragen an seinen Konkurrenten über das Schicksal, das ein unerfahrener Alleinreisender erleiden könne (s. Karte 12)[149]. Faktisch berührt er in seinen Fragen die Straßen, die zum hethitischen Machtbereich gehören, so z.B. die Straßen nach Damaskus oder Kadesch. Allerdings folgt die Beschreibung der Lage der phönizischen Städte und beginnt im Norden mit »Ṣumur des Sessi (Ramses II.)«, d.h. mit der wichtigen Hafenstadt an der Eleutherusmündung, wo Ramses eine ägyptische Garnison stationiert hatte. Dann wendet sich diese Beschreibung einer gefährlichen Reise der Libanon-Region zu – allem Anschein nach dem unzuverlässigen Land von Amurru. Erwähnt wird der Berg Šawe *(š-w)*, das Saue/Saua, von dem Tiglat-Pileser III. sagt, daß es an das Libanon-Gebirge grenze und mit dem anscheinend der *Ğebel ez-Zāwiye* östlich von Tripolis gemeint ist[150]. Es folgt, in Nord-Süd-Richtung, ein fortlaufendes Verzeichnis phönizischer Hafenstädte: Byblos, Beirut, Sidon, Zarefat (Sarepta), Usu, Tyrus, der Fluß Liṭani *(n-ṯ-n)*, Ṣelaʿim *(ḏ-r-ʿ-m*, **צלעם**, die »Treppe von Tyrus«, das heutige *Rās en-Nāqūra)*, Akko *(ʿ-k-n)* und Ach-

145 *Kitchen, K. A.*, JEA 50 (1964) 47–50. Kitchen vergleicht *b(w)trt* mit Batora der *Tabula Peutingeriana*, das in *el-Leğğūn* in Zentral-Moab lokalisiert wird. Der Hinweis auf Dibon ist bezweifelt worden, vgl. *Ahituv, Sh.*, IEJ 22 (1972) 141–142.

146 ANET 199–203.

147 *Alt, A.*, ZDPV 68 (1950) 98 = Kl. Schr. III, 107; *ders.*, Pedersen Vol., Kopenhagen 1953, 4 = Kl. Schr. III, 189f.

148 ANET 476–478.

149 *Aharoni*, Settlement, 120–125 (hebräisch); *Helck*, Beziehungen, 328–333.

150 ANET 282–283; vgl. *Aharoni*, Settlement, 121.

schaf (allerdings falsch geschrieben: *ᶜ-k-s-p*). Der Schreiber fährt mit der Beschreibung zweier Gebirgszüge fort: User, ein ägyptischer Name, der »stark« oder »mächtig« bedeutet – offensichtlich ein Hinweis auf das Karmel-Gebirge, und Sichem, womit wahrscheinlich das Gebirge Efraim gemeint ist – ein Gebiet, das zu dieser Zeit von der Stadt Sichem beherrscht wurde.

Im Anschluß daran werden Hazor und sein Fluß, der in der Nähe fließende Jordan, erwähnt, es folgt eine Beschreibung der südlich von Hammat *(ḥ-m-t)* am See Gennesaret und von dort nach Jenoam *(y-ᶜ-n-[?])* verlaufenden Straße. Dann wird von der Straße nach Adamim *(ỉ-d-m-m*, das biblische Adami-Nekeb, *Ḫirbet et-Tell* oberhalb von *Ḫirbet ed-Dāmiye)* berichtet. Im folgenden Abschnitt behandelt der Schreiber verschiedene Straßen nördlich von Damaskus und in der libanesischen *Biqāᶜ* bis nach Kadesch: das Land von Taḫahi, Timnat, Deper, Harnem (Arnem, s.o.S. 189) und Kadesch selbst. Dann wendet er sich Baschan zu und beschreibt mehrere Städte: Kirjat-Anab und Adurun *(ỉ-d-r-n)* – offensichtlich *Ḫi-ni-a-na-bi* und Aduru im Lande Gari (Ga-‹schu›-ri, Geschur?; EA 256, 24 und 26); eine Stadt namens Ḫellez *(ḫ-n-r-ḏ)* an der Grenze von Upi (Damaskus). Von dort führt uns der Schreiber zurück über den Jordan nach Rehob und Bet-Schean, zum Bach Qina und nach Megiddo[151]. Danach folgt die sehr lebendige Beschreibung einer Fahrt durch das enge *Wādi ᶜAra*. Nebenbei wird Qazaradi, der Anführer des Stammes Ascher *(ỉ-ś-r)*, erwähnt. Die Verwendung dieses Namens in jener Zeit zur Beschreibung einer Stammesgruppe in Kanaan beweist, daß der Name mit dem israelitischen Stamm Ascher gleichzusetzen ist[152]. Der nächste Ort der Reise ist Jafo, wo eine Liebesaffäre den Reisenden in diverse Schwierigkeiten, den Verlust seines Wagens eingeschlossen, verwickelt. Aber er wird von der ägyptischen Waffenkammer und den Werkstätten wieder ausgerüstet. Mit der Beschreibung dieses Zwischenfalls erhalten wir ein interessantes Bild von einem in voller Funktion befindlichen ägyptischen Stützpunkt. Es scheint jedoch, daß selbst die Ägypter sich in Jafo der kanaanitischen Regierung und ihren Gesetzen unterwerfen mußten. Unser geographischer Abschnitt schließt mit der Beschreibung der *Via Maris* zwischen Sile und Gaza (s.o.S. 46ff).

Somit gibt uns der genannte Papyrus einen allgemeinen Einblick in das Land Kanaan, wie es die Ägypter zur Regierungszeit Ramses' II. kannten. Es erstreckte sich von Ṣumur an der phönizischen Küste bis nach Ägypten im Süden und ostwärts bis Kadesch in der libanesischen *Biqāᶜ* sowie bis zur Umgebung von Damaskus. Weiter südlich von Damaskus werden nur noch die wichtigsten Fernstraßen erwähnt, die für eine ägyptische Kontrolle von Baschan, des nördlichen Jordantales, der Jesreel- und der Küstenebene wichtig waren. Dies ist das Land Kanaan, wie es in den biblischen Landnahmebe-

151 Was diese Sequenz betrifft, vgl. *Aharoni*, Settlement, 124 Anm. 35.
152 Im Gegensatz zu der Auffassung von *Albright, W. F.*, JAOS 74 (1954) 222ff.

richten beschrieben wird, die detaillierte Beschreibung der »Grenzen des Landes Kanaan« (Num 34,1–12) entspricht genau der ägyptischen Provinz Kanaan in dieser Zeit[153].

Über die Situation in Kanaan während der zweiten Hälfte der langen Regierungszeit Ramses' II. ist nichts bekannt. Es scheint jedoch, daß der *status quo* mit den Hethitern beibehalten wurde und daß die ägyptische Herrschaft in Palästina mehr oder weniger stabil war. Die Oberhoheit über Kanaan wird wohl wieder schwächer geworden sein, als Ramses starb; jedenfalls unternahm sein Sohn Merenptah (ca. 1223–1211 v.Chr.) in seinen ersten Regierungsjahren eine militärische Expedition nach Palästina. Darüber wissen wir von der sogenannten »Israel-Stele«, die in das fünfte Regierungsjahr Merenptahs gehört. Der Text besteht hauptsächlich in einem Siegeslied, das nach Merenptahs Triumph über die Libyer verfaßt wurde; am Schluß findet sich ein Zusatz, der seinen früheren Sieg in Kanaan (ca. 1220 v.Chr.) feiert[154]:

Die Fürsten sind niedergeworfen und sagen: Friede;
keiner erhebt mehr seinen Kopf unter den Neun Bogen[155].
Tehenu ist zugrunde gegangen, Ḫatti ist friedlich,
Kanaan ist mit (?) allem Schlechten erobert,
Aschkelon ist fortgeführt und Geser gepackt;
Jenoam ist zunichte gemacht,
Israel liegt brach und hat kein Saatkorn.
Ḫurru ist zur Witwe geworden für Ägypten!
Alle Länder insgesamt sind in Frieden;
jeder, der umherschweifte, ist gefesselt
durch den König von Ober- und Unterägypten . . . Merenptha . . .

Die wenigen in diesem Text erwähnten Orte liegen in verschiedenen Regionen des Landes: Aschkelon in der südlichen Küstenebene, Geser in der Schefela und Jenoam im nördlichen Jordantal. Offenbar wurde mit diesem Feldzug fast das ganze Land erobert, wenn wir auch nicht wissen, wie weit das Heer nach Norden vorgedrungen ist. Natürlich ist der Hinweis auf einen Kampf mit Israel von größter Wichtigkeit. Hierbei handelt es sich um die einzige Erwähnung Israels in ägyptischen Quellen; sie stellt deshalb eine äußerst wichtige chronologische Information für die Bestimmung des Zeitpunktes der israelitischen Landnahme dar.

153 Der einzige Unterschied zwischen dem Papyrus Anastasi I und der Grenzbeschreibung des Landes Kanaan in der Bibel besteht darin, daß ersterer Ṣumur als einen ägyptischen Stützpunkt einschließt, während letztere Byblos auf der Grenze des Landes Kanaan lokalisiert, die sich bis zur Grenze der Amoriter, d.i. Amurru (Jos 13,4–5, vgl. o.S. 76) erstreckt. So scheint es, daß der Papyrus Anastasi I aus dem Beginn der Regierungszeit Ramses' II. stammt, während die biblische Grenzbeschreibung aus dem Ende seiner Regierungszeit stammen kann, aus einer Zeit nach dem Friedensschluß mit den Hethitern, die Amurru aus der ägyptischen Provinz Kanaan erhielten.

154 TGI 39f.

155 Eine Bezeichnung für die Fremdländer.

Einige Papyri aus der Regierungszeit Merenptahs und seines Nachfolgers (also aus dem letzten Viertel des 13. Jahrhunderts v.Chr.), die den Schreibern als Übungstexte dienten[156], liefern Informationen über den Weg der Reisenden und Boten von der Grenzfestung Sile nach Kanaan. Gaza, Tyrus und eine Festung des Merenptah in der Umgebung von Sar-ram werden als Zielorte von Kurieren genannt. Ein anderer Abschnitt beschreibt die Ankunft eines Offiziers von den »Brunnen des Merenptah« – einem Ort, der auf einem Gebirgszug liegen soll. Das könnte ein Hinweis auf den Brunnen von Me-Neftoa sein (»Die Wasser von Neftoa«; Jos 15,9; 18,15), die ursprüngliche Form könnte Brunnen von Me(r)neftoa[157] gelautet haben, der bei *Liftā*, ca. 5 km von Jerusalem entfernt, lokalisiert wird. Hierbei handelt es sich um den ersten Hinweis auf eine ägyptische Festung im Bergland von Kanaan; sie mag deshalb gebaut worden sein, weil – wie die Amarna-Briefe nahelegen – die Sicherheit in diesen Gebieten seit dem Eindringen der *ʿapiru* bedroht war. Der Papyrus Anastasi VI handelt von einer den Stämmen der Schasu aus Edom gegebenen Erlaubnis, das Land auf dem Weg zu den Teichen von Per-Atum (das biblische Pitom) zu durchqueren, um so ihr Vieh und somit auch ihr eigenes Leben erhalten zu können. Das ist der früheste Hinweis in ägyptischen Quellen auf Edom[158], des weiteren ein Beispiel für die Ankunft von nomadischen und halbnomadischen Stämmen, die nunmehr Palästina – besonders die Bergregionen und Transjordanien – bevölkerten.

156 Papyri Anastasi III, V, VI; vgl. ANET 250f.
157 *Calice, F. V.*, OLZ 6 (1903) 224; *Wolf, W.*, ZÄ 69 (1933) 39ff.
158 *Grdseloff, B.*, Revue d'histoire juive en Égypte 1 (1947) 69–99. Für einen Hinweis auf Moab in einer Inschrift Ramses' II. vgl. o.S. 190f.

Kapitel 2

Die Landnahme der Israeliten

I. Die ersten Stadien der Einwanderung

Hinter den Patriarchenerzählungen steht die Vorstellung, daß die Israeliten nicht in ein neues Land kamen, sondern vielmehr dahin zurückkehrten, wo in der Patriarchenzeit ihre Vorfahren umherzogen. Die Patriarchen bestritten ihren Lebensunterhalt als Viehzüchter, nur hier und da betrieben sie von der Jahreszeit abhängigen Ackerbau (Gen 26,12). Sie wanderten nur in den gebirgigen, bewaldeten Regionen des Landes und an deren Grenzen umher. Für das zentrale Bergland werden die Gegend von Hebron (der Hain von Mamre), Jerusalem und Migdal-Eder, Bet-El, Sichem und Dotan erwähnt; für Gilead Mizpa, Mahanajim, Penuël und Sukkot, für den Negeb das Gebiet von Beerscheba bis Gerar, von wo aus die Patriarchen zuweilen sogar bis Kadesch(-Barnea) und Schur (Ägypten) zogen. In diesen Gebieten lebten sie als Fremde ohne Besitzrechte, die sich Wohnrecht von den lokalen Herrschern im Gegenzug für mancherlei Dienste erwarben. Diese Beziehungen finden ihren Ausdruck in der Kontroverse von Abraham und Isaak mit den Herrschern von Hebron und Gerar. Gelegentlich gab es auch Kriegs- oder Raubzüge wie z.B. Abrahams Verfolgung der Könige aus dem Norden oder Simeons und Levis Überfall auf Schechem. Ihr Verhalten erinnert stark an das der ʿApiru (Hebräer) in der Amarna-Zeit; es ist daher wahrscheinlich, daß ein Teil dieser ʿApiru niemand anderes war als Stämme der Hebräer, die im Laufe der Zeit im israelitischen Stämmeverband vereinigt wurden. Es ist durchaus möglich, daß die Patriarchenerzählungen sehr alte Traditionen aus dem 2. Jahrtausend v.Chr. bewahrt haben. Allerdings ist mittlerweile unbestritten, daß die Erzählungen, die mit bestimmten Örtlichkeiten des Landes verbunden sind, nicht aus einer Zeit *vor* der israelitischen Landnahme und Seßhaftwerdung stammen können[1]. Hierher gehört in jedem Fall Beerscheba, wo Ausgrabungen das totale Fehlen irgendwelcher bronzezeitlichen Überreste festgestellt haben[2] – sowohl in *Tell es-Sebaʿ* als auch unter dem modernen Beerscheba (dem früheren *Bīr es-Sebaʿ*)[3]. Auf dem *Tell es-Sebaʿ* wurde ein in seiner Art einzigartiger Brunnen gefunden –

1 Diese Ansicht wird vertreten von *Mazar, B.*, JNES 28 (1969) 73–83; *ders.*, Canaan and Israel, Jerusalem 1975, 131–143 (hebräisch). Ähnlicher Auffassung ist *Thompson, T. L.*, The Historicity of the Patriarchal Narratives, BZAW 113 (1974). Die Patriarchen-Erzählungen werden einem nachexilischen Kontext zugeschrieben von *Seters, J. van*, Abraham in History and Tradition, New Haven 1975.

2 *Aharoni, Y.*, Tel Aviv 2 (1975) 148–151; *ders.*, Beersheba I, Jerusalem 1973, 4.

3 *Gophna, R.* und *Y. Yisraeli*, in: *Aharoni, Y.*, ed., Beer-sheba I, Jerusalem 1973, 115–118.

möglicherweise der, der in den Patriarchenerzählungen Erwähnung findet. Er wurde wahrscheinlich in der frühesten Phase der israelitischen Seßhaftwerdung, d.h. im 13. Jahrhundert v.Chr., in das Grundgestein gebohrt[4].
Ägyptische Quellen unterrichten uns in mancherlei Hinsicht über das Vordringen dieser ʿApiru – Hebräer. Der König von Sichem – so heißt es – handelte im Bündnis mit diesen ʿApiru; ja er gab in einem seiner Briefe sogar zu, daß einer seiner Söhne sich ihnen angeschlossen habe (EA 254). Vor diesem Hintergrund lassen sich die Tradition über die Mischehe und der Kampf mit Sichem gut verstehen. Aus irgendeinem Grunde wurde dieses Gebiet nicht in das Verzeichnis der eroberten Gebiete aufgenommen, obwohl es in der Richterzeit eine israelitische Bevölkerung hatte und in die Manasse-Genealogie eingegliedert war (gleichwohl blieben die einheimische Bevölkerung und die Regierung bis in die Zeit Abimelechs kanaanitisch).
Der König von Jerusalem beklagte sich in seinen Briefen, daß die ʿApiru die Sicherheit seiner Stadt bedrohten, weil verschiedene Städte der Schefela – angeführt von den Königen von Geser, Lachisch und wahrscheinlich auch Gat – ihnen halfen.
Das Vordringen hebräischer Stämme in das nördliche Jesreeltal ging in anderer Weise vor sich. Hier gab es mächtige Kanaaniterstädte, und die ägyptische Oberherrschaft war hinsichtlich dieser Region sehr empfindlich. Daher konnten die hebräischen Stämme nur mit Unterstützung der kanaanitischen Städte in das Land kommen. Ein sehr aufschlußreiches Beispiel dafür ist, daß der König von Megiddo die Äcker von Schunem – nach der Zerstörung der Stadt durch Lab'ayu – mit Hilfe von Fronarbeitern pflügen ließ (EA 250; 365)[5]. Das erinnert an die Art und Weise, in der der Stamm Issachar, dessen Name offenbar »Mann der Lohnarbeit, Mietling«[6] bedeutet, in seinem Territorium seßhaft geworden ist, wie es im Jakobs-Segen angedeutet wird:

»Issachar wird ein knochiger Esel sein
und sich lagern zwischen den Sattelkörben.
Und er sah die Ruhe, daß sie gut ist,
das Land, daß es lieblich ist;
da hat er seine Schultern geneigt, zu tragen,
und ist ein fronpflichtiger Knecht geworden« (Gen 49,14–15)[7].

Ähnlich besagt auch die Inschrift auf der zweiten in Bet-Schean gefundenen

4 *Aharoni, Y.*, Tel Aviv 2 (1975) 151.
5 *Alt, A.*, PJ 20 (1924) 34ff = Kl. Schr. III, 169ff; *Rainey, A. F.*, IEJ 20 (1970) 194f.
6 *Gesenius, W.* und *F. Buhl*, Handwörterbuch über das Alte Testament, Leipzig [17]1921, 322. *Koehler, L.* und *W. Baumgartner*, Hebräisches und Aramäisches Lexikon zum Alten Testament I (3. Aufl. überarb. von W. Baumgartner, B. Hartmann und E. Y. Kutscher), Leiden 1967, 422f.
7 *Aharoni, Y.*, in: The Beth Shean Valley, Jerusalem 1962, 31ff (hebräisch).

Stele von Sethos I., daß um 1300 v.Chr. verschiedene ʿApiru-Stämme, die in ägyptischer Abhängigkeit standen, am Berg Jarumta seßhaft gemacht wurden. Dieses Gebiet in den Bergen Untergaliläas nördlich des Jesreeltales gehörte ebenfalls zur Region Issachars, außerdem bezieht sich der »Berg Jarumta« sicher auf Remet, d.h. den Jarmut Issachars (s.o.S. 189).

Über das Eindringen der ʿApiru nach Galiläa erfahren wir etwas aus der Klage des Königs von Tyrus: Der König von Hazor habe seine Stadt verlassen und sich mit den ʿApiru verbündet, das Land des Königs sei in die Hände der ʿApiru gefallen (EA 148). Sethos führte gegen die Schasu im »Gebirgszug Ḫuru« Krieg – sie hatten sich also offenbar in der Umgebung Bet-Anats in Obergaliläa zusammengezogen. Der Stamm Ascher taucht schon in ägyptischen Quellen dieser Zeit auf, ebenso eine Stadt namens Gat-Ascher in der Regierungszeit Ramses' II. (s.o.S. 190). Da keiner der Feldzüge der Pharaonen des Neuen Reiches sich gegen die südlichen Bergregionen richtete, scheint es, daß Ascher bereits zu dieser Zeit in Galiläa ansässig war; daß würde auch erklären, warum der Name in der Liste Sethos' I. auftaucht, der auf seinem ersten Feldzug durch Galiläa zog.

Im Gegensatz zu ihrer früheren Lebensweise als Wandervölker, die sie über lange Zeit innehatten, kann man jetzt eine vitale Notwendigkeit und einen unbedingten Willen feststellen, das halbnomadische Leben, das hauptsächlich auf Vieh- und Weidewirtschaft beruhte, für das von seßhaften Ackerbauern aufzugeben; dabei wurde das wirtschaftliche Schwergewicht mehr und mehr auf den Ackerbau verlagert. Dieser Übergang zog sich über mehrere Generationen hin, durchlief mehrere Stadien und verlief nicht in allen Stämmen mit der gleichen Geschwindigkeit. Bei einigen Stämmen, besonders solchen aus den Grenzgebieten, zog sich ihre Seßhaftwerdung hinaus; und ein kleiner Teil von ihnen war gar nicht in der Lage, von seinen Gebieten Besitz zu ergreifen; das hatte gewöhnlich objektive Gründe, die den Übergang zum seßhaften Leben schwierig machten. Gleichwohl belegen alle uns zur Verfügung stehenden Quellen eine allgemeine und tatkräftig durchgeführte Absicht der Stämme, zum Ackerbau und zu einem seßhaften Leben überzugehen. Die Hauptphase der Seßhaftwerdung im Bergland war allem Anschein nach in relativ kurzer Zeit abgeschlossen.

Zu diesem Ergebnis führen die einschlägigen biblischen Erzählungen, archäologische Untersuchungen bestätigen es. Im Unterschied zu den Erzählungen aus der Patriarchenzeit, in der der Lebensunterhalt im wesentlichen durch Viehwirtschaft bestritten wurde und die Behausungen in Hütten oder Zelten bestanden, legen nahezu alle Erzählungen aus der Richterzeit das Vorhandensein von Landwirtschaft und feste Wohnsitze in Städten oder Dörfern nahe – mit Ausnahme von wenigen Stämmen, bei denen sich der Prozeß der Seßhaftwerdung länger hinzog, so z.B. bei Dan und Ruben. Im Jakobssegen (Gen 49,1–27), der die Situation der Stämme in der Richterzeit widerspiegelt[8], ist die vorherrschende Wirtschaftsform bereits die Land-

8 Vgl. *Coppens, J.,* VT.S 4 (1957) 97–115.

wirtschaft, d.h. Ackerbau, Ölbaumplantagen und Weinanbau. Das Weintrinken ist jetzt weitverbreitet – Nomaden und Halbnomaden wäre es fremd gewesen[9].

Ausgrabungen der von den israelitischen Stämmen gegründeten Siedlungen, besonders in den alten Stammesterritorien von Efraim und Benjamin, haben gezeigt, daß einige dieser Siedlungen als neue Ortschaften angelegt, andere nach der Zerstörung der betreffenden kanaanitischen Stadt und zuweilen nach einer längeren Besiedlungslücke auf den alten Ortslagen errichtet wurden. In Bet-El baute man z.B. eine israelitische Siedlung auf den Ruinen der früheren kanaanitischen Stadt kurz nach deren Zerstörung. In Ai und Mizpa *(Tell en-Naṣbe)* wurden israelitische Siedlungen erst gegründet, nachdem die alten Ortschaften schon längere Zeit preisgegeben waren. Schilo im Bergland von Efraim blieb von der mittleren Bronzezeit II A (etwa 19. Jh. v.Chr.) an unbesiedelt; erst nach einer langen Zwischenzeit ließen Israeliten sich dort nieder. Das Gibea Benjamins *(Tell el-Fūl)* wurde von den israelitischen Stämmen zusammen mit anderen Siedlungen in der Umgebung gegründet, so z.B. Rama und Geba, die allerdings noch nicht ausgegraben wurden. An all diesen Orten zeigen die archäologischen Funde, besonders die Keramik, den gleichen Stil; das bestätigt, daß alle diese Siedlungen innerhalb eines kurzen Zeitraums – im 13. oder zu Anfang des 12. Jahrhunderts v.Chr. – gegründet wurden.

Ein ähnliches Bild liefern die archäologischen Oberflächenforschungen von Transjordanien und Galiläa. In Gilead und in den südlichen Regionen Transjordaniens wurden bei den Forschungen Nelson Gluecks Hunderte von Siedlungen aus dem Beginn der Eisenzeit gefunden, von denen einige der Landnahme Edoms, Moabs und Ammons und einige der der israelitischen Stämme zuzuschreiben sind[10]. Im südlichen Teil Obergaliläas, zwischen dem Tal von Bet-Kerem und dem Naḥal Keziv *(Wādi el-Qarn)*, wurde eine Kette kleiner Siedlungen aus dem Beginn der Eisenzeit gefunden[11]. Hierbei handelt es sich um die ersten ständigen Niederlassungen, die es je in diesem Gebiet – der höchsten Region Obergaliläas und offenbar noch bis in jene Zeit dicht bewaldet – gegeben hat. Die Siedlungen sind klein, die größte hat noch nicht einmal 0,5 ha. Manche dieser Siedlungen wurden auf den Bergrücken, andere auf den Abhängen und wiederum andere in den Tälern angelegt; die Entfernungen zwischen ihnen betragen im Durchschnitt 2 bis 3 km, zuweilen weniger. Der entscheidende Faktor bei der Wahl einer Ortslage war ein – angesichts der Unwegsamkeit des Gebirges – möglichst günstiger Zugang zu den kleinen und verstreut liegenden Feldern. Die meisten Siedlungen waren mit Sicherheit unbefestigt. Dieses Bild ist typisch für Familien und Sippen zu Beginn des Prozesses der Seßhaftwerdung. Sie

9 Abraham zum Beispiel setzt seinen Gästen Milch vor und nicht Wein (Gen 18,8), und Jael, die Frau Hebers, tut das gleiche – sie wohnt ebenfalls noch im Zelt (Ri 4,19; 5,25).

10 *Glueck, N.*, AASOR 14 (1934); AASOR 15 (1935); AASOR 18–19 (1939); AASOR 25–28 (1951).

11 *Aharoni*, Settlement, 17ff.

wohnten in kleinen, dicht beieinander liegenden Siedlungen in zerklüfteten, bewaldeten Gebirgsgegenden.
Nach den Patriarchenerzählungen lebte zumindest ein Teil der Stämme in eben diesen Regionen, d.h. im Bergland und in Gilead. Hier zogen sie von Ort zu Ort – im wesentlichen je nach den jahreszeitlich gegebenen Weidemöglichkeiten, so z.B. die Söhne Jakobs, die mit ihrem Vieh von Hebron nach Sichem und zum Tal von Dotan im nördlichen Bergland von Efraim (Gen 37,12ff) zogen. Es ist daher möglich, daß einige der Stämme im Zuge ihrer Wanderungen zum ersten Mal in diese Gegend kamen[12]. Die Gebirgsregion und die Wälder waren ideale Weidegründe, wenn im Sommer die Weiden der Steppe abgegrast und ausgedörrt waren. Die Wanderung der Patriarchen aus dem Negeb und den östlichen Regionen in das Bergland Palästinas paßt gut zu dem Weidewechsel von Halbnomaden mit ihren Herden. Beim Wegzug nach Ägypten in Zeiten der Not handelte es sich mit Sicherheit um eine derartige Wanderungsbewegung. Diese Wanderungen wurden gewöhnlich in Übereinkunft mit der seßhaften Bevölkerung unternommen, die nichts dagegen hatte und die auch nicht fähig gewesen wäre, den Hirten zu verbieten, über ihre Äcker zu ziehen, sobald die Ernte eingebracht war und die neue Aussaat im Winter noch nicht stattgefunden hatte; dies wird durch die Verbindungen der Patriarchen mit verschiedenen Städten bezeugt. Damit erledigt sich die Auffassung, die den gesamten Prozeß der Seßhaftwerdung als einen natürlichen und langsamen Übergang ansieht, der – als Folge der Weidewechsel – im Laufe der Zeit zur Aneignung der Sommerweiden geführt hätte. Diese Annahme wird durch die biblischen Überlieferungen, durch die in vielen kanaanitischen Städten gefundenen Zerstörungsschichten und überdies noch durch die Tatsache einer raschen, energischen Okkupation innerhalb einer kurzen Zeitspanne widerlegt. Zumindest einige der israelitischen Stämme erzwangen sich mit Gewalt ihren Weg nach Transjordanien und in das kanaanitische Bergland und zerstörten dabei viele vereinzelt liegende Städte. Der schnelle, energische Übergang zur Seßhaftigkeit wird auf dem Hintergrund dieser Zeit verständlich.
Die Einwanderung war kein isoliertes Phänomen, sondern Teil der großen Ausbreitungswelle der hebräischen und aramäischen Stämme, die in dieser Zeit Druck auf alle Länder des »Fruchtbaren Halbmondes« vom Euphrat bis zum Jordan ausübten. In ungefähr der gleichen Zeit siedelten sich die Ammoniter, Moabiter und Edomiter in Transjordanien an; und die verschiedenen aramäischen Stämme nahmen sich ausgedehnte Gebiete in Transjordanien, Syrien und dem Euphratgebiet. Die israelitischen Stämme gehörten zu dieser großen ethnischen Wanderungsbewegung, die aus der östlichen und südlichen Wüste kam; der Druck dieser Welle war zweifellos der ausschlaggebende Faktor, der die israelitischen Stämme zu schneller Seßhaftwerdung zwang, als sich ihnen der günstigste Zeitpunkt bot. Von den Step-

12 *Alt, A.*, PJ 35 (1939) 24ff = Kl. Schr. I, 139ff. – *Noth*, Geschichte, 67ff.

penregionen und Grenzgebieten ergriffen in rascher Folge verschiedene Stämme Besitz, die dadurch den Stämmen im Lande jede Möglichkeit nahmen, wieder zurückzukehren und die Winterweiden der Steppe zu nutzen, und sie somit zwangen, um jeden Preis, und sei es durch gewaltsame Niederwerfungen, zu finden. Ihre Kraft reichte zwar nicht aus, die mächtigen kanaanitischen Gebiete zu überwältigen, war aber doch groß genug, einen Durchbruch zu schaffen, so daß sie im Bergland und entlang der Grenze siedeln konnten.

II. Der Exodus und die Wüstenwanderung

Die ägyptischen Quellen erlauben, zumindest eine der israelitischen Eroberungswellen ungefähr in die Mitte des 13. Jahrhunderts v.Chr. zu datieren. Die Erwähnung der Stadt Ramses unter den Städten, die von den Israeliten in Ägypten gebaut worden waren (Ex 1,11), weist in den Beginn der Regierungszeit Ramses' II.; zu dieser Zeit hatte er viele Zwangsarbeiter beim Bau seiner neuen Hauptstadt im Nildelta, die nach ihm Pa-Ramses[13] genannt wurde, eingesetzt. Nach der Inschrift auf der Merenptah-Stele lebten die Israeliten schon um ca. 1220 v.Chr. in Kanaan (s.o.S. 193). Seïr, Edom und Moab erscheinen zum ersten Mal in ägyptischen Texten aus der Zeit der 19. Dynastie. Danach gab es die Königreiche Edom, Moab und Ammon, die ja in der Landnahmetradition auftauchen, offensichtlich nicht vor dem 13. Jahrhundert v.Chr. Das scheint auch zu den Ergebnissen der in Transjordanien durchgeführten archäologischen Forschungen zu stimmen[14]. Der Auszug aus Ägypten fand deshalb offenbar zu Beginn der Regierungszeit Ramses' II. statt, die Einwanderung nach Kanaan in der Mitte oder in der zweiten Hälfte seiner langen Regierungszeit – also zwischen ca. 1260 und 1220 v.Chr.[15].

13 *Montet, P.*, RB 39 (1930) 5–28; Syria 17 (1936) 200–202; *Albright, W. F.*, BASOR 109 (1948) 15.

14 Vgl. *Glueck, N.*, s.o. Anm. 10.

15 Es ist möglich, daß die Niederlage Ramses' II. bei Kadesch, ca. 1286 v.Chr., eine Aufruhrsituation geschaffen hatte, die es den Zwangsarbeitern möglich machte, zu entkommen. Diese Daten können nicht mit der biblischen Chronologie in Übereinstimmung gebracht werden, d.h. mit der Zählung von 480 Jahren vom Exodus bis zur Gründung des salomonischen Tempels (1Kön 6,1). Die Tempelgründung fand ca. 965 v.Chr. statt, und danach müßte der Exodus dann ca. 1445 v.Chr. erfolgt sein, d.h. in der Regierungszeit Thutmoses' III. Es ist möglich, die Zahl von 480 Jahren dahingehend zu erklären, daß die Tradition von zwölf Generationen zwischen Exodus und Tempelgründung sprach, und wenn man vierzig Jahre für eine Generation rechnet, was eine hypothetische Rechnung ist (vgl. die Generation der Wüstenwanderung), dann kommt man auf die Zahl 480. Wenn man tatsächlich nur fünfundzwanzig Jahre für eine Generation rechnet, so kommen wir auf ein Datum von 1265 v.Chr., das näher an unserer Einschätzung des Zeitpunktes für den Exodus liegt (*Bright*, History, 121). Jedoch ist auch die Angabe von 430 Jahren für den Aufenthalt der Israeliten in Ägypten – so die biblische Chronologie (Ex 12,40–41) – weit von der Realität entfernt; daher können wir auf diesen Zahlenangaben keine exakte Chronologie aufbauen. Nur durch allgemeine historische Erwägungen ist es mög-

Karte 13: Exodus und Wüstenrouten

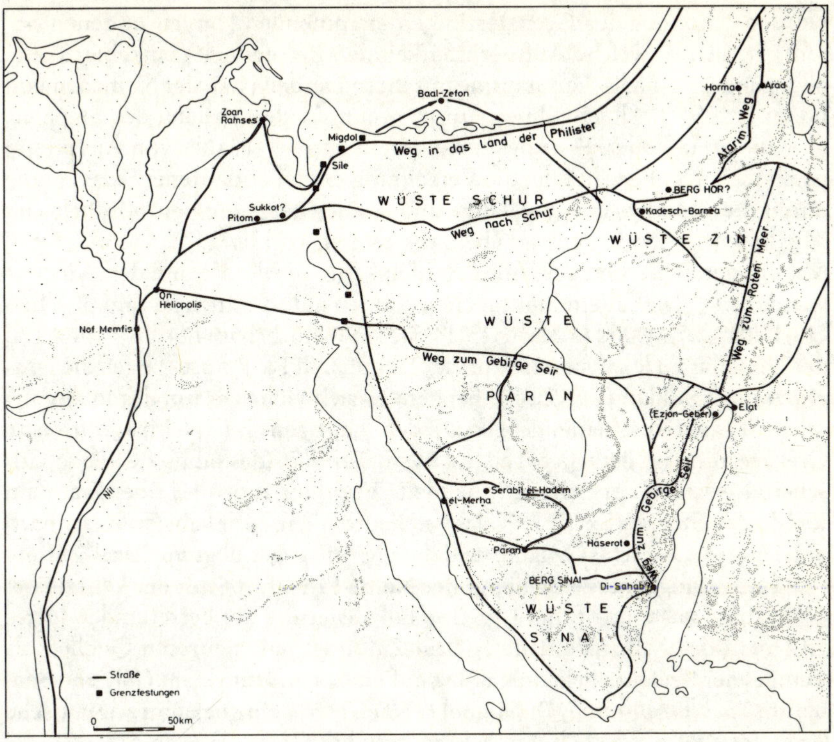

Es gibt keinen Grund, die eigentliche Tatsache des Exodus selbst anzuzweifeln, wenngleich es uns auch nicht möglich ist, die Namen der Stämme anzugeben, die daran teilgenommen haben, oder die Zahl der Teilnehmer[16], die allerdings sicher nicht über einige wenige Tausend hinausging. Wir besitzen mehrere Dokumente aus dieser Zeit, die den historischen Hintergrund der Zeit der ägyptischen Sklaverei und der Flucht beleuchten. In Texten aus der Zeit Ramses' II. und Merenptahs wird die Beschäftigung von ʿApiru in Verbindung mit verschiedenen Bauprojekten erwähnt[17]. Genannt

lich, die Zeit der Einwanderung nach Ägypten genauer zu bestimmen. Ich neige dazu, diese Einwanderung in die Amarna-Zeit zu datieren, d.h. 2–3 Generationen vor den Exodus, und nicht in die Hyksos-Zeit, wie es viele Gelehrte tun; vgl. dazu die Diskussion bei *Rowley*, Joseph-Joshua, 24ff.

16 Die Gesamtzahl von ca. 600 000 nach der biblischen Überlieferung (Num 1,46) ist übertrieben hoch. Es gibt Versuche, diese Zahl als 600 Familien zu interpretieren, weil das betreffende hebräische Wort eher »Familie« als »Tausend« bedeutet (*Mendenhall, G. E.*, JBL 77 [1958] 52–66); andere gehen dahin, daß die Zahl von einer sehr viel späteren historischen Situation abgeleitet ist, z.B. aus Joabs Volkszählung, die zu Davids Zeiten durchgeführt worden war (*Albright, W. F.*, JPOS 5 [1925] 20–25). Für eine weitere Erklärung vgl. *Malamat, A.*, Biblica 51 (1970) 9–10 und *Mazar, B.*, World History of Jewish People III, Jerusalem 1971, 70–71.

17 ANET 259.

wurden schon die aus Grenzfestungen stammenden Papyri, in denen beschrieben wird, welche Aufmerksamkeit den Bewegungen einzelner Leute oder ganzer nomadischer Stämme mit ihren Herden (z.B. der Nomaden von Edom [s.o.S. 194]) gewidmet wurde, wenn sie den entlang der Steppengrenze verlaufenden Festungsgürtel (die biblische »Mauer von Ägypten«) passierten. Der Bericht über die Verfolgung zweier entlaufener Sklaven, die durch die Festungsanlage gelangt und in die Steppenregion nördlich von Migdol entflohen waren, ist ebenfalls sehr instruktiv[18].
Mit einiger Sicherheit bestimmt werden kann nur der Beginn der Wüstenwanderung, denn allein hier tauchen Namen auf, die auch aus ägyptischen Quellen bekannt sind (s. Karte 13)[19]. Sie sind sämtlich im nordöstlichen Teil des Nildeltas zu lokalisieren. Von der Hauptstadt Pa-Ramses zogen die Israeliten nach Sukkot (Ex 12,37), bei dem es sich vielleicht um das in ägyptischen Texten erscheinende *ṯ-k-w*, den heutigen *Tell el-Masẖūṭa*, eine Grenzfestung im östlichen Teil des *Wādi Ṭumīlāt* (das biblische »Land Goschen«) westlich der Salzseen, handelt. Von hier zogen sie über Etam am Rande der Steppe (Ex 13,20), das bis heute nicht zu lokalisieren ist, nach »Pi-Haḥirot, zwischen Migdol und dem Meer, gegenüber von Baal-Zefon« (Ex 14,2). Möglicherweise hängt der Name Pi-Haḥirot mit der Wurzel *ḥrt* (= graben) zusammen und legt eine Lokalisierung des betreffenden Ortes an einem der Nilkanäle nahe[20]. Baal-Zafon ist aus mehreren Quellen als Tempel der Seeleute bekannt, er lag auf einer Landzunge am Golf von Serbonitis *(Sebẖat Bardwīl)*[21]. Migdol *(Tell el-Ḥēr)*, eine bekannte ägyptische Grenzfestung nordöslich von Sile, wurde bereits erwähnt (s.o.S. 48).
Offenbar ist das biblische »Schilfmeer« in der gleichen Region zu suchen. Vielleicht handelt es sich einfach um einen der Seen im nördlichen Delta, da sie im Altertum Süßwasser enthielten und Papyrus an ihren Ufern wuchs. Eventuell war der Golf von Serbonitis gemeint, der Migdol von Baal-Zefon trennte. Bei dem biblischen Wort, das hier für »Schilf« gebraucht wird (סוף), handelt es sich um einen ägyptischen Ausdruck, den ägyptische Quellen auch für Angaben über die Existenz von Papyrussümpfen in der Nähe der Hauptstadt Ramses' II. verwenden[22].
Die Identifizierung der weiteren Stationen des Zuges stellt ein schwieriges Problem dar. Klarheit besteht nur über die ausdrückliche Behauptung, daß die Israeliten nicht den »Weg durch das Land der Philister« (Ex 13,17) zo-

18 ANET 259.

19 Eine detaillierte Darstellung des Exodus aus einer anderen Sicht findet sich bei *Kitchen, K. A.*, in: *Tenney, M. C.*, ed., Zondervan Pictorial Encyclopedia of the Bible, Grand Rapids 1975, 428–436.

20 *Albright, W. F.*, BASOR 109 (1948) 16.

21 *Eißfeldt, O.*, Baal Zafon, Zeus Cassios und der Durchzug der Israeliten durch das Meer, Halle 1932; *Aime-Giron, N.*, Annales du service des antiqu. de l'Eg. 40 (1941) 433–436; *Noth, M.*, Eißfeldt-Festschrift, Halle 1947, 181–190; *Albright, W. F.*, BASOR 109 (1948) 15f.

22 *Gardiner*, Anc.Eg.On. II, 201f. Die genaue Übersetzung des hebräischen *yam sûf* ist »Schilfmeer« und nicht »Rotes Meer«.

gen. Der »Weg durch das Land der Philister« ist eine anachronistische Bezeichnung für den südlichen Teil der wichtigen *Via Maris*. Daß die Nomaden nicht in der Lage waren, auf dieser kurzen, bequemen Straße weiterzuziehen, überrascht nicht, weil sich der ägyptische Festungsgürtel in voller Länge an ihr entlangzog (s.o.S. 47). Statt dessen nahmen sie den »Weg durch die Wüste zum Schilfmeer« (Ex 13,18); offenbar zogen sie recht schnell nach Süden in das Wüsteninnere – in Gebiete also, die außerhalb der ägyptischen Kontrolle lagen.

Nach der biblischen Überlieferung wanderten die Stämme vom Schilfmeer zur Wüste von Schur; nach einem Marsch von drei Tagen durch diese Wüste erreichten sie Mara (Ex 15,25). Von hier zogen sie weiter nach Elim, wo es »zwölf Wasserquellen und siebzig Palmen« gab (Ex 15,27). Von dort setzten sie ihren Weg fort zur Wüste von Zin und Refidim und weiter zur Wüste Sinai, wo sie »gegenüber dem Berge« (Ex 19,2) ein Lager aufschlugen.

Nach den Sinaiereignissen zogen sie weiter in Richtung auf die Wüste von Paran (Num 10,12) und erreichten in einem Drei-Tage-Marsch (Num 10,33) Tabera (Num 11,3). Von dort zogen sie nach Kibrot-Taawa und Hazerot, »danach brach das Volk von Hazerot auf und lagerte sich in der Wüste Paran« (Num 12,16). Die Geschichte fährt fort mit der Erzählung, daß Spione »von der Wüste Paran« aus in das Land geschickt wurden und daß diese »in die Wüste Paran nach Kadesch« (Num 13,3 und 26) zurückkehrten; damit ist Kadesch-Barnea gemeint, das sonst allerdings in der Wüste von Zin lokalisiert wird (Num 20,1; 27,14; 33,36).

Zusätzlich zu dieser literarischen Überlieferung enthält die Bibel noch ein Verzeichnis der Stationen der Wüstenwanderung; es umfaßt fünfundvierzig Stationen und Siedlungen am Wege von Ramses bis zu »den Ebenen Moabs« (Num 33) und enthält zahlreiche Plätze, die in den literarischen Überlieferungen des Exodus- und Numeribuches nicht enthalten sind. Uneinigkeit besteht darüber, ob diese Liste auf alten Traditionen beruht[23] oder ob es sich lediglich um eine Art Itinerar von Wegen durch die Wüste handelt, das aus der Königszeit stammt[24]. Auf jeden Fall ist klar, daß diese Liste das umfassendste geographische Verzeichnis über die südliche Steppe darstellt.

Die ersten fünf Namen sind der Erzählung vom Auszug aus Ägypten entnommen; danach wird »das Meer« (das Schilfmeer)[25] genannt; es folgt ein Verzeichnis von fünfundzwanzig Stationen entlang der Wüstenstraßen nach Kadesch-Barnea, das ebenfalls alle aus den Erzählungen bekannten

23 *Lagrange, M.-J.*, RB 9 (1900) 63–86.273–387; *Weil, R.*, Le séjour des Israélites au désert, Paris 1909; *Cazelles, H.*, RB 62 (1955) 321–364.

24 *Noth, M.*, PJ 36 (1940) 5–28.

25 Es ist interessant festzustellen, daß die hier diskutierte Liste nicht den Namen »Schilfmeer« verwendet, sondern nur einfach »das Meer« sagt (Num 33,8). Das Schilfmeer erscheint erst, nachdem drei weitere Stationen passiert sind (V. 10). Der Grund dafür ist klar: In der Kö-

Stationen enthält. Am Ende der Liste stehen zehn Namen von Kadesch-Barnea bis zu den Ebenen von Moab.
In dem großen Mittelabschnitt, der die fünfundzwanzig Stationen zwischen »dem Meer« und Ezjon-Geber umfaßt, kann man keine Station mit Sicherheit identifizieren; angenommene Identifizierungen beruhen im wesentlichen auf Vermutungen über die Marschroute[26]. Manche Forscher glauben, daß alle diese Stationen im südlichen Negeb in unmittelbarer Nähe von Kadesch-Barnea zu finden sein müßten, weil diese Oase in der Zeit der Wüstenwanderung eine zentrale Bedeutung gehabt habe und weil die zuerst erwähnten Stationen aus dem Exodus-Bericht in dieselbe Richtung zielten. In Übereinstimmung damit wird der Berg Sinai in der gleichen Gegend gesucht, für eine Identifizierung wird der *Ğebel Ḥalāl*, ungefähr 40 km westlich von Kadesch-Barnea, vorgeschlagen[27]. Dagegen gibt es gewichtige Argumente; sie legen die Annahme nahe, daß die fraglichen Stationen über ein größeres Gebiet verteilt gewesen sein müssen, das sich sogar bis zum südlichen Teil der Sinai-Halbinsel erstreckt habe; dort sei auch der Berg Sinai zu lokalisieren[28]. Die Hauptargumente sind:
1. Nicht eine dieser Stationen taucht ein zweites Mal in der Bibel auf – weder in den verschiedenen Erzählungen noch in den geographischen Listen. Das trifft auch auf die große Negeb-Liste des Pharao Schoschenk zu; hier könnte man erwarten, einige der Namen wiederzufinden, wenn die besagten Orte in einer nördlicheren Region gelegen hätten.
2. Der Berg Sinai wird noch mit zwei weiteren, synonymen Namen bezeichnet, nämlich mit Berg Horeb und Berg Paran; sie sind nach der biblischen Überlieferung im südlichen Sinai zu suchen. Der Berg Horeb ist von Kadesch-Barnea weit entfernt (Dtn 1,2 und 19; 1Kön 19,8), und Paran ist offensichtlich die allgemeine Bezeichnung für die südliche Wüste, die heute Sinai-Halbinsel genannt wird[29]. Die Wüste von Paran taucht in der zur Debatte stehenden Liste, in der wohl die anderen Teile der Wüste aufgezählt sind, nicht auf – allem Anschein nach deshalb, weil in einer detaillierten Liste kein Platz für eine allgemeine Bezeichnung war. Auch nach Num 13,26 ist es nicht zwingend, den Berg Paran in der Umgebung von Kadesch-Barnea zu suchen; denn die Wüste von Zin, in der Kadesch-Barnea lag (Num 20,1; 27,14), war Teil des weiten Gebietes, das als Wüste Paran bekannt war. Am Rande der Paran-Wüste lag nach Gen 14,6 auch Elat, »El(at)-Par-

nigszeit war der Golf von Aqaba unter dem Namen »Schilfmeer« bekannt (Ex 23,31; 1Kön 9,26); daran besteht kein Zweifel, wenn wir auch keine Erklärung für die Übertragung des Namens haben.

26 *Abel*, Géogr. II, 210ff.

27 *Jarvis, C. S.*, PEQ 72 (1938) 25–40; *Gray, J.*, VT 4 (1954) 148–154.

28 Von den vielen Abhandlungen über diese Frage vgl. bes. *Lagrange, M.-J.*, RB 8 (1899) 369–392; *Abel*, Géogr. I, 391–396; *Noth, M.*, Überlieferungsgeschichte des Pentateuch, Stuttgart 1948, 63–67; *ders.*, Geschichte, 120ff; *Hölscher, G.*, in: Bultmann-Festschrift, Stuttgart 1949, 127–132; *Bright*, History, 113ff; *Aharoni, Y.*, in: *Rothenberg, B.*, God's Wilderness, London 1961, 115ff.

29 *Aharoni, Y.*, s.o. Anm. 28, 167–169.

an, das an die Wüste stößt«. Obwohl die Wüste Paran nicht in der Aufzählung Num 33 erwähnt wird, kommt sie doch in den zur Debatte stehenden Erzählungen mehrmals vor (Num 10,12; 12,16). Im Gegensatz zur Sinai-Wüste, die nur im Zusammenhang mit den Ereignissen am Berg Sinai erwähnt wird, wird die Paran-Wüste auch in Verbindung mit anderen Ereignissen im Süden genannt, so z.B. in den Erzählungen von der Vertreibung Hagars und Ismaels (Gen 21,21), von der Flucht Hadads, des Königs von Edom (1Kön 11,17–18), und von Davids Flucht vor Saul (1Sam 25,1; nach LXX »die Wüste von Maon«). Paran wird auch zu Anfang des Buches Deuteronomium genannt, wo der geographische Raum beschrieben wird, in dem Moses wirkte (Dtn 1,1). Die wichtigste Oase im Süden der Sinai-Halbinsel, *Fērān*, hat offensichtlich den alten Namen der Wüste von Paran bewahrt. Seit byzantinischer Zeit und von Ptolemäus kennen wir die Oase in der Namensform Φαϱαν[30]; Grabungen bei einem dort entdeckten Tell förderten Funde von der Eisenzeit (ca. 7. Jahrhundert v.Chr.) bis in die arabische Zeit zutage, ohne daß eine nennenswerte Besiedlungslücke festzustellen wäre[31]. Wohl stellt der alternative Gebrauch der Namen Sinai und Horeb noch ein Problem dar, doch ist sicher, daß bereits in biblischer Zeit der Berg Gottes im Süden der Sinai-Halbinsel unter den hochragenden Granitfelsen in der Gegend von *Fērān*-Paran gesucht wurde.

3. Bei Jotbata, der zweiten Station vor Ezjon-Geber, handelt es sich wahrscheinlich um *Ṭuwēbe*, das ungefähr 11 km südlich von Elat an der Westküste des Golfs von Aqaba liegt[32]. In byzantinischer Zeit war eine Insel in dieser Region unter dem Namen Ἰωτάβη bekannt, die den Seeverkehr nach Elat beherrschte. Im allgemeinen wurde diese Insel mit Tiran am südlichen Ende des Golfs von Aqaba identifiziert, vor allem aufgrund der Angaben bei Procopius[33]. Archäologische Untersuchungen Tirans haben jedoch ergeben, daß diese Insel nie besiedelt war und nichts eine Identifizierung mit Ἰωτάβη nahelegt. So bleibt nur die kleine Insel *Ǧezīret Faraʿūn* ungefähr 16 km südlich von Elat in der Nähe der Oase *Ṭuwēbe*, deren Name Jotbata oder Ἰωτάβη ähnelt. Auf dieser Insel fanden sich Reste von alten Befestigungsanlagen und ein Hafen[34]. Nimmt man nun eine kontinuierliche Entwicklung des Namens vom biblischen Jotbata über das byzantinische Jotabe bis zum modernen *Ṭuwēbe* an, würde das eine Identifizierung stützen. Da *Ṭuwēbe* südlich von Ezjon-Geber liegt, verstärkte diese Ortsbestimmung die Vermutung, daß die Stationen des Verzeichnisses Num 33 doch eher in südlicher Richtung zu suchen sind. Des weiteren können Hazerot mit *ʿĒn Ḫaḍra*[35]

30 Es ist möglich, daß das nur ein Teil des Namens ist, der die Region näher kennzeichnet, wie z.B. bei El(at)-Paran.

31 *Aharoni, Y.*, s.o. Anm. 28, 166f.

32 Die Identifizierung mit *ʿĒn el-Gaḍyān* basiert auf der Namensähnlichkeit mit dem benachbarten *Sebḫāt Ṭabe*, läßt sich aber aus den Quellen nicht begründen.

33 *Procopius*, De bell. Pers. 1,19 (ed. Haury 100f); *Abel*, Géogr. II, 201.

34 *Rothenberg, B., Y. Aharoni* und *A. Hashimshoni*, in: *Rothenberg, B.*, God's Wilderness, London 1961, 86ff.162ff.183ff.

35 *Abel*, Géogr. II, 214.

und Disahab (Dtn 1,1) mit *Dahab*[36] identifiziert werden; beide liegen im südlichen Sinai.
Die Identifizierung dieser Stationen und des Berges Sinai im südlichen Teil der Sinai-Halbinsel scheint auf den ersten Blick dem Beginn der Wanderung im nördlichen Delta zu widersprechen. Dieser mögliche Widerspruch wird jedoch erklärbar, wenn wir uns daran erinnern, daß wir es mit einer Sammlung der verschiedenen Traditionen über die Zeit der Wüstenwanderung zu tun haben, einer Liste, die auf vielen Erzählungen beruht und systematisch in eine geographische Ordnung gebracht wurde.
Die in Num 33 genannte lange Marschroute will die gesamte Zeit der Wanderung in einer ausführlichen geographischen Notiz zusammenfassen, kann aber kein Spiegelbild einer einzigen und gemeinsamen historischen Wanderung sein. Eine zahlreiche Bevölkerung hätte in der südlichen Wüste gar nicht als eine zusammenlebende Gruppe existieren können, vielmehr war sie gezwungen, sich mit ihren Herden über ein sehr großes Gebiet zu verteilen – so, wie es die Beduinen noch heute tun. Gleichzeitig hatte sie gemeinsame heilige Versammlungsplätze, und nichts steht der Annahme entgegen, daß einer dieser Plätze in der südlichen Halbinsel lag, am Berg Sinai, in einem Gebiet mit alten Türkis- und Kupferminen und hoch aufragenden Granitfelsen, die seit unvordenklicher Zeit heilig waren. Der zweite Versammlungsplatz lag im Norden bei Kadesch-Barnea an der Grenze zum ersehnten Land Kanaan.
Kadesch-Barnea ist die größte Oase der nördlichen Sinai-Halbinsel; sie diente als zentraler Versammlungsplatz der israelitischen Stämme in der Zeit der Wüstenwanderung[37]. In dieser Gegend konzentrieren sich die Begräbnistraditionen der Familie Moses und Aarons: Hier starb ihre Schwester Miriam (Num 20,1), Aaron selbst starb auf dem nahe gelegenen Berg Hor (Num 20,22–29; 33,37–39). Die biblische Überlieferung betont, daß die Israeliten lange Zeit bei Kadesch-Barnea verweilt hätten (Dtn 1,46). Damit stimmt überein, daß Kadesch in der Tradition zum Ausgangspunkt aller Versuche gemacht wird, nach Kanaan vorzudringen. Von hier sandte Mose Spione aus, um das Land zu erkunden (Num 13,26); von hier zogen die Stämme hinauf, um gegen den König von Arad zu kämpfen (Num 21,1–3; 33,37ff); und von Kadesch-Barnea aus unternahmen sie ihre Wanderung nach Osten, nach Transjordanien (Num 20,16; s. Karte 14).

36 *Abel*, Géogr. II, 307; *Aharoni, Y.*, in: *Rothenberg, B.*, God's Wilderness, London 1961, 144.161.

37 *Woolley, C. L.* and *T. E. Lawrence*, PEF An. 3 (1914) 55ff; *Glueck, N.*, AASOR 15 (1935) 118ff; *Vaux, R. de* und *R. Savignac*, RB 47 (1938) 88ff; *Rothenberg, B.* und *Y. Aharoni*, in: *Rothenberg, B.*, God's Wilderness, London 1961, 33ff.121ff.

Karte 14: Routen nach Transjordanien

III. Die Eroberung Transjordaniens

Der Versuch, vom Negeb aus direkt in das judäische Bergland vorzudringen, scheiterte an dem zähen Widerstand der an den Flußläufen des nördlichen Negeb gelegenen kanaanitischen Städte: im Westen *Tell el-ʿAǧūl* (Bet Eglajim), *Tell Ǧemme* (Jurṣa?) und *Tell el-Fārʿa* (Scharuhen) am *Wādi Ġazze* (Besor); im Osten *Tell el-Milḥ* (Arad) und *Ḫirbet el-Mšāš* (Horma) am *Wādi Milḥ*; im Zentrum *Tell el-Ḫuwēlife* (Goschen?), *Tell eš-Šerīʿa* (Ziklag?), *Tell Abū Hurēre* (Gerar) und *Tell Muġrabī* am *Wādi eš-Šerīʿa*. Offenbar war das Beerscheba-Tal nicht besiedelt; daher hatten sich dort – in unmittelbarer Nähe zur kanaanitischen Stadt Gerar[38] – schon die Patriarchen lagern können.
Von Kadesch-Barnea kommend stießen die israelitischen Stämme auf den König von Arad, der die östlichen Steppengebiete beherrschte und sie – der Überlieferung nach – beim benachbarten Horma schlug (Num 14,44–45; 21,1; 33,40; Dtn 1,44). Ausgrabungen in *Tell ʿArād* ergaben, daß die dortige Siedlung erst nach einer Besiedlungslücke von fast 2000 Jahren, im 12./11. Jahrhundert v.Chr. gegründet wurde; daher kann dieser Tell nicht als Zentrum des kanaanitischen Königs von Arad gedient haben. B. Mazar schlug zur Lösung der Schwierigkeiten vor, daß in dieser Zeit Arad keine Stadt, sondern eher ein Distrikt – »der Negeb von Arad« (Ri 1,16) – und königliche Residenzstadt Horma gewesen sei, die mit *Tell el-Milḥ* zu identifizieren wäre[39]. Jedoch ist die Annahme wahrscheinlicher, daß das kanaanitische Arad auf dem *Tell el-Milḥ* lag und daß Horma der benachbarte Ort *Ḫirbet el-Mšāš* war. Beide Siedlungen liegen an reichen Wasservorkommen und waren in der mittleren Bronzezeit II besiedelt[40].
Dieser Vorschlag wird durch die Liste des Pharao Schoschenk gestützt, die zwei Festungen des Namens Arad erwähnt: Groß-Arad und das Arad des Hauses Jeroham, bei dem es sich wahrscheinlich um das biblische Jerachmeel (s.u.S. 339) handelt. Vermutlich ist Arad schließlich doch in die Hände der Jerachmeeliter gefallen (s.a. »der Negeb der Jerachmeeliter« und »die Städte der Jerachmeeliter«, 1Sam 27,10; 30,29), während sich die Familien der Keniter nordöstlich der Stadt im Negeb von Arad an der Grenze zur Wüste Juda niederließen (Ri 1,16). Horma fiel an das Erbteil Simeons, dessen Zentrum in der Umgebung Beerschebas lag (Jos 19,4; 1Chr 4,30; Ri 1,17). Zu bemerken bleibt, daß die Volksetymologie des Namens Horma (hebräisch *ḥrm* bedeutet »der Vernichtung weichen«) eine gegenteilige Tradition ins Leben gerufen hat: Die Israeliten sollen an diesem Platz die Kanaaniter vernichtend geschlagen haben (Num 21,3).
Die Kette befestigter Kanaaniterstädte im nördlichen Negeb zwang die Isra-

38 In *Tell es-Sebaʿ* (Beerscheba) wurde keine Keramik aus der vorisraelitischen Zeit gefunden. Die Bemerkung, daß Gerar zu dieser Zeit philistäisch war, ist ein Anachronismus.

39 *Mazar, B.*, JNES 24 (1965) 297–303.

40 *Aharoni, Y.*, Yediot 28 (1964) 172–175 (hebräisch); *ders.*, BA 31 (1968) 30–32; *ders.*, Tel Aviv 2 (1975) 114ff.

eliten, sich erst einmal ostwärts nach Transjordanien zu wenden. In der Bibel finden sich zwei verschiedene Überlieferungen über ihre Route von Kadesch-Barnea nach Transjordanien (s. Karte 14). Die eine findet Ausdruck in dem Verzeichnis der Lagerplätze von Num 33, das eine direkte Linie von Kadesch-Barnea durch die Araba, Edom und Moab zu den »Ebenen von Moab« auf dem östlichen Jordanufer gegenüber von Jericho beschreibt. Der heilige Berg Hor, auf dem der Priester Aaron starb, ist noch nicht mit Sicherheit identifiziert; man sollte diesen Berg am »Weg der Atarim«, der von Kadesch-Barnea in die Gegend von Arad führt, suchen, weil er stets in Zusammenhang mit dieser Strecke genannt wird (Num 20,22–29; 21,4; 33,37–39; Dtn 32,50). Die übrigen vorgeschlagenen Identifizierungen in der Umgebung der Araba – wie z.B. der *Ǧebel Maḏera* im Naḥal Zin *(Wādi el-Fiqra)*[41] – entbehren jeder Grundlage.
Wichtig ist eine Anhöhe mit Namen *ʿImāret el-Ḫurēše;* sie liegt an einer bedeutenden Straßenverbindung ungefähr 13 km nördlich von Kadesch-Barnea; eine Mauer und Steinkreise, die auf dem Gipfel entdeckt wurden, legen davon Zeugnis ab, daß es sich um eine ehemals heilige Stätte handelt[42]. Zalmona hat sich offensichtlich im Namen einer römischen Festung in der Araba erhalten (Calamona)[43]. Punon ist das große Kupferminen-Zentrum von *Fēnān* in Edom, etwa 30 km südöstlich von *ʿEn Ḥoṣb.* Ije-Abarim an der Grenze zu Moab liegt an der Furt des Zered, der Grenze zwischen Edom und Moab[44]. Dibon, das heutige *Ḏībān*, ist die bedeutendste Stadt nördlich des Arnon und gehört nach Jos 13,17 zu Ruben, nach Num 32,34 zu Gad. Im Verzeichnis Num 33 erhält die Stadt den anachronistischen Doppelnamen Dibon-Gad (Num 33,45). Die letzten beiden Stationen, Almon-Diblatajim und das Gebirge Abarim, sind in der Gegend des Berges Nebo zu lokalisieren, an der Straße von Dibon zu den am Jordan bei Jericho gelegenen »Ebenen von Moab«.
Das in Num 33 erhaltene Verzeichnis zählt somit eine Reihe von Stationen und Siedlungen entlang der Hauptstraße von Kadesch-Barnea nach Edom und Moab bis hin zu den Ebenen von Moab auf – einer der größeren Verzweigungen der Königsstraße (s.o.S. 55f). Die Angaben dieser Route stehen im Gegensatz zu der (zweiten) Tradition, daß die Israeliten auf den Widerstand der Könige von Edom (Num 20,14ff) und Moab (Ri 11,17) trafen, die sich weigerten, die Israeliten über die Königsstraße ziehen zu lassen, und sie zwangen, »den Weg nach dem Schilfmeer« zu nehmen (Num 21,4; Ri 11,18). Von hier zogen sie die Wüste hinauf in die Gegend von Kedemot östlich des Arnon (Dtn 2,26; *ʿAlēyān?*) und drangen in das Land Sihons, des Amoriter-Königs von Heschbon, ein (Num 21,21ff; Dtn 2,26ff). Diese

41 *Trumbull, H. C.*, Kadesh-Barnea, London 1884, 132ff; *Robinson, G. L.*, The Sarcophagus of an Ancient Civilization, New York 1930, 263ff.

42 *Aharoni, Y.*, in: *Rothenberg, B.*, God's Wilderness, London 1961, 139–141.

43 *Alt, A.*, ZDPV 58 (1935) 26; *Avi-Yonah, M.*, Historical Geography, Jerusalem 1962, 165 (hebräisch).

44 *Abel*, Géogr. II, 216f; *Glueck, N.*, AASOR 18–19 (1939) 68f.

Einwanderung fand unter besonderen historischen Bedingungen statt, »denn Heschbon war die Stadt Sihons, des Königs der Amoriter, der mit dem früheren (hebr. ›dem ersten‹) König von Moab Krieg geführt und ihm sein ganzes Land bis zum Arnon abgenommen hatte« (Num 21,26). Allem Anschein nach hatte der König von Heschbon im Zusammenhang der Errichtung des Königsreichs von Moab dessen erstem König die Hochebene (hebr. *ha-mîšôr*) zwischen Heschbon und dem Arnon abgenommen, ein Gebiet, das die Moabiter durch ihre ganze Geschichte hin immer wieder für sich beansprucht haben. Nach B. Mazars Auffassung wurde das amoritische Königtum von Heschbon nach dem Mißerfolg Ramses' II. bei Kadesch gegründet, mit der weiteren Folge, daß die Hethiter – vielleicht in Kooperation mit den Königen von Amurru[45] – bis nach Damaskus vordrangen. Jedoch ist es schwierig, die Amoriter mit einer derartigen Kolonisation in Verbindung zu bringen; wahrscheinlicher ist, daß Heschbon als eine der wenigen Städte im südlichen Transjordanien in der Spätbronzezeit gegründet wurde und daß deren Einwohner in Übereinstimmung mit der biblischen Auffassung, daß die Bewohner des Gebirges und des Landesinneren Amoriter waren[46], »Amoriter« hießen. Jedenfalls dienten die genannten Ereignisse den israelitischen Stämmen als Vorwand, in das fragliche Gebiet einzudringen und bei Jahaz *(Ḫirbet el-Mudēyine?)* einen entscheidenden Schlag gegen den König von Heschbon zu führen.

Diese mit bestimmten historischen Ereignissen verbundene Überlieferung kann als glaubwürdig gelten; doch ist sie mit der ersten Tradition, der die Vorstellung zugrunde liegt, als sei der Marsch durch Edom und Moab in gerader Richtung von Kadesch bis zu den »Ebenen von Moab« und ohne kriegerische Auseinandersetzungen verlaufen, unvereinbar. Nach M. Noth handelt es sich bei Num 33 überhaupt nicht um eine historische Tradition, sondern eher um ein aus der Königszeit stammendes Itinerar einer Pilgerstraße zum Berg Sinai, der im Lande Midian, südlich des Gebirges Seïr und östlich des Golfs von Aqaba, gesucht werden müsse[47]. Dieser Auffassung stehen gravierende Einwände entgegen. Den Erzählungen über die Wüstenwanderung ist die gleiche Tradition eingefügt: Mehrere Stationen in Edom werden erwähnt, Obot, Ije-Abarim und der Bach Zered (Num 21,10ff); die unmittelbar zuvor erzählte Geschichte von der ehernen Schlange steht vielleicht mit *Ḫirbet en-Naḥās* (*naḥaš* = »Schlange«) in Verbindung, das in der Umgebung von Punon, einem der bedeutendsten Kupferminen-Zentren in Edom[48], liegt. In diesen Überlieferungen ist von der Route von Kadesch-Barnea nach Moab die Rede und nicht von der Stra-

45 Enc. Bib. I, 694f (hebräisch).

46 Es ist möglich, daß einige der amoritischen Städte Transjordaniens in der Spätbronzezeit nach der Vertreibung der Hyksos aus Kanaan gegründet wurden, so z.B. *Tell Dēr ʿAllā* (Sukkot), eine Siedlung, die nach den dort durchgeführten Ausgrabungen in der Spätbronzezeit gegründet wurde, vgl. *Franken, H. J.*, VT 11 (1961) 361–372.

47 *Noth, M.*, PJ 36 (1940) 5–28.

48 *Glueck, N.*, AASOR 15 (1935) 26–28.

ße, die der Länge nach durch ganz Transjordanien bzw. nach Elat verläuft. Diese Straße kann kaum als ein wichtiger Verkehrsweg in der israelitischen Königszeit angesehen werden. Vielmehr war dieser Zweig der Königsstraße nur bis zur Errichtung des israelitischen Königreiches von Bedeutung, das dann die Kontrolle über Elat und Kadesch-Barnea erlangte. Man muß also von der Tatsache ausgehen, daß hier eine alte Tradition vorliegt, die ihren historischen Hintergrund in der Zeit der Landnahme hat.

Diesen beiden Überlieferungen liegen also völlig verschiedene Bedingungen zugrunde, die erst in jüngerer Zeit durch archäologische Forschungen näher geklärt werden konnten. Im Gebiet von Midian, südlich des Berges Seïr und östlich des Golfs von Aqaba, wurde eine hochentwickelte Kultur der Spätbronzezeit gefunden[49]. Von besonderer Bedeutung ist ihre einzigartige Keramik; sie ist von der gleichzeitigen Keramik Palästinas fast völlig verschieden. Besonders häufig vertreten ist eine in einfacher Form gehaltene Schale, aber auch Krüge fanden sich, verziert mit charakteristischen zweifarbigen Mustern, darunter auch Tier- und Menschenfiguren. Ausgrabungen in dem kleinen ägyptischen Tempel im *Wādi Muneʿīye* (Naḥal Timnāᶜ) haben ergeben, daß diese Keramik in das 13./12. Jahrhundert v.Chr. zu datieren ist[50]. Ihre Anfänge liegen jedoch früher.

Demnach ist den Edomitern im südlichen Transjordanien eine hochentwickelte Kultur mit Zentrum in Midian vorausgegangen. Nach einer bestimmten biblischen Überlieferung war die ursprüngliche Bevölkerung dieses Gebietes hurritisch (Gen 14,6; 36,20). In der Tat sind die Dekorationsmuster der midianitischen Keramik und der hauptsächlich aus Nuzi bekannten[51] hurritischen Ware einander in gewisser Weise ähnlich. Diese Ähnlichkeit hilft vielleicht dazu, die biblische Erinnerung an die ursprüngliche Existenz von Hurritern in midianitischem Gebiet zu erklären.

In der Bibel finden sich über Midian zwei gegensätzliche Traditionen. Nach der einen gab es zwischen Israel und Midian nur extrem feindliche Beziehungen (Num 25 und 31). Kämpfe zwischen beiden sind mit den »Ebenen Moabs« und dem benachbarten Baal-Pegor verbunden, d.h. mit der Region, in die ein Marsch in gerader Richtung durch Edom und Moab führte. Außerdem werden in der in diesen Traditionsstrang gehörenden Erzählung über Bileam die Ältesten von Midian in der Regel zusammen mit den Ältesten von Moab genannt (Num 22).

Auf der anderen Seite bezeugt die Bibel zur Zeit Moses ausgezeichnete Beziehungen zwischen ihm und Midian. Dort hatte Mose Asyl gefunden und in eine berühmte Priesterfamilie eingeheiratet. Während er in den Diensten Jetros stand, erreichte er den Sinai, und Jetro war es auch, der ihn in der Wüste über Gottesdienst und Rechtsprechung belehrte (Ex 2,15; Ex 18)[52].

49 *Parr, P. J., G. L. Harding* and *J. E. Dayton,* Bulletin of the Institute of Archaeology 8–9, London 1970, 193–242.

50 *Rothenberg, B.,* Timna, Bergisch Gladbach 1973, 134–207.

51 Vgl. *Cecchini, S. M.,* La ceramica di Nuzi, SS 15 (1965).

52 *Albright, W. F.,* BA 36 (1973) 56ff.

Diese gegensätzlichen Traditionen können auf dem Hintergrund zweier zeitlich verschiedener Siedlerwellen einleuchtend erklärt werden. Die erste gehört ins 14. Jahrhundert v.Chr. – also in die Zeit, bevor sich in Edom und Moab eine Gesellschaft entwickelt hatte, die die Straßen durch diese Gebiete hätte blockieren können. So konnten die Stämme durch diese Gegend ziehen, ohne auf irgendeinen Widerstand zu treffen. Wie wir noch sehen werden, hat diese Welle etwas mit dem Auftreten des Hauses Josef zu tun.
Die zweite Welle ereignete sich im 13. Jahrhundert v.Chr. Nun stießen die hereinkommenden Stämme auf die Siedlungen von Edom und Moab, die sie daran hinderten, über die Königsstraße zu ziehen. Zwischen Israel und Midian gab es in dieser Zeit keine Interessenkonflikte; Midian war vom Berg Seïr vertrieben und hatte durch die neuen Siedler seinen Einfluß im südlichen Transjordanien verloren. Hier ergibt sich eine auffallende Übereinstimmung von archäologischen Funden, historischen Quellen und einer historisch-geographischen Liste.
Möglicherweise sind Erinnerungen an zwei verschiedene Wanderungen erhalten geblieben: Die erste ereignete sich im 14. Jahrhundert in die Ebenen von Moab, bevor sich die verschiedenen Königtümer dieses Gebietes gebildet hatten, die zweite im 13. Jahrhundert; sie führte um Edom und Moab herum, am Rande der Wüste entlang und endete mit der Eroberung Heschbons. Diese verschiedenen Routen bilden einen der schlüssigsten Beweise dafür, daß die israelitische Eroberung nicht in einem Zug oder zu einem Zeitpunkt stattgefunden hat, sondern in mehreren Wellen, die in der Tradition zu einer einzigen Eroberung zusammengefaßt wurden[53].
Es ist verständlich, daß die südlichen Teile Transjordaniens erstes Ziel der verschiedenen hebräischen Stämme bei ihrem Vordringen in das Land waren, da die Besiedlung in diesen Regionen sehr dünn war und das Gebiet außerhalb der ägyptischen Interessenssphäre lag. Vor diesem Hintergrund muß die Seßhaftwerdung der Edomiter, Moabiter und Ammoniter in den Grenzgebieten Transjordaniens gesehen werden; sie ereignete sich, kurz bevor die Hauptwelle der Israeliten im 13. Jahrhundert kam. Die Ammoniter konnten die Kontrolle über eine der wenigen Städte an der Königsstraße im östlichen Gilead erlangen; von da an wurde die Stadt Rabbat- (von den Söhnen des) Ammon genannt[54]. Um sie herum und entlang des Steppenrandes siedelten sich die Ammoniter an – aber nach Westen wurde ihre Ex-

53 Vgl. *Rowley*, Joseph-Joshua, 3ff.

54 Auf dieser Ortslage wurden die Ruinen eines Tempels aus der Spätbronzezeit gefunden, die auf eine seßhafte Bevölkerung hinweisen; vgl. *Harding, L.*, PEQ 90 (1958) 10ff. Es scheint, daß der frühere Name Rabba war (vgl. Jos 13,25); *Hennessy, J. B.*, PEQ 98 (1966) 155ff; *Wright, G. H. R.*, ZDPV 84 (1968) 9; *Hankey, V.*, Levant 6 (1974) 131ff. Die eigenartige Interpretation dieses Schreines als Kultzentrum eines Stämmebündnisses (*Campbell, E. F.* und *G. E. Wright*, BA 32 [1969] 104ff) beruht auf zwei Mißverständnissen: 1. daß nach Gluecks Ergebnissen die Existenz irgendeiner städtischen Siedlung in Transjordanien zur Spätbronzezeit ausgeschlossen sei, und 2., daß es keine Siedlung in der Nähe des Tempels von Amman gegeben habe. Die Reste dieser Siedlung sind unter dem Kontrollturm des Flughafens von Amman zu finden (mündliche Mitteilung von *J. B. Hennessy*).

pansion offenbar durch das amoritische Jaser verhindert[55]; bei jeder sich bietenden Gelegenheit unternahmen sie den Versuch, nach Westen durchzubrechen. Die Edomiter und Moabiter wurden in den südlichen Regionen Transjordaniens seßhaft, die allem Anschein nach bis dahin nicht besiedelt waren; der Bach Zered *(Wādi el-Ḥesā)* diente als Grenze zwischen ihnen. Die Errichtung wohlorganisierter Königtümer in diesen Gebieten im Laufe des 13. Jahrhunderts v.Chr. wird von archäologischer Seite mehr und mehr bestätigt. Neuere Ausgrabungen von B. Rothenberg in den Siedlungen bei den Kupferminen der südlichen Araba haben gezeigt, daß der Höhepunkt dieser Siedlungen im 13. bis 11. Jahrhundert lag. Ein besonderer Typ verzierter »edomitischer« Keramik zeugt von dem bereits in dieser frühen Zeit erreichten einzigartigen und hohen Stand ihrer materiellen Kultur; so werden die biblischen Überlieferungen über »die Grenzen Edoms« (Num 20,14ff; 33,37; Dtn 2,4ff) durch die neuen Funde illustriert.

Wie bereits oben erwähnt, stieß Moab an das Territorium des amoritischen Heschbon im Norden. Es scheint, daß die Moabiter bei der Einnahme der Hochebene zwischen Heschbon und dem Arnon anfänglich Erfolg hatten. Aber noch in der Regierungszeit des ersten moabitischen Königs, Sihon, führte der König von Heschbon einen Feldzug durch und eroberte das ganze Gebiet bis zum Arnon. Heschbon gelang es, dem moabitischen Druck standzuhalten, erlag aber schließlich den heftigen Attacken der israelitischen Stämme, die dann für sich das Privileg in Anspruch nahmen, alles Land bis zum Arnon erobert zu haben (s. Karte 15). Von da an bildete der Arnon für die israelitischen Stämme die Grenze in Transjordanien. Die Moabiter betrachteten dies jedoch stets als einen Übergriff auf ihr Land. Der Druck ihrer Expansion richtete sich immer nach Norden, und zu verschiedenen Zeiten gelang es ihnen, diese Gebiete wiederzugewinnen – bis hin nach Medeba an der Grenze zu Heschbon und zuweilen sogar bis zum Südende des östlichen Jordantals, das in der alttestamentlichen Überlieferung unter dem Namen »die Ebenen von Moab« bekannt ist.

Wir wissen nicht, ob die frühe israelitische Einwanderungswelle die ersten Siedlungen in Gilead hervorgebracht hat oder ob die betreffenden Stämme nomadisch blieben, bis sie im Laufe der Zeit in größerem Ausmaß ins westliche Palästina überwechselten. Nach den frühen Überlieferungen blieben das Land Jaser und das Land Gilead im wesentlichen Weideländer (Num 32,1ff), ein Bild, das sich kaum verändert bis in die Königszeit erhalten hat (1Chr 5,9). Offensichtlich ist Gad mit der ersten Welle zu verbinden, denn es ergriff von den weiten Räumen Gileads Besitz, so daß die Namen Gad und Gilead fast synonym gebraucht wurden. Nach Num 32,34 waren die Städte Gads über das ganze Land bis hin zum Arnon verteilt und schlossen Dibon und Aroër ein. Dibon hieß Dibon-Gad (Num 33,45–46), und Mescha, der

55 Jaser ist bis heute noch nicht mit Sicherheit identifiziert. Verschiedene Gelehrte neigen dazu, den Ort mit *Ḫirbet eṣ-Ṣar* zu identifizieren, das ca. 11 km westlich von Rabbat-Ammon liegt; auf jeden Fall muß es in ungefähr diesem Umkreis gesucht werden; vgl. eine Zusammenfassung der verschiedenen Ansichten bei *Noth, M.,* ZDPV 75 (1959) 62ff.

Karte 15: Die Landnahmeerzählungen und Gebiete der frühen israelitischen Seßhaftwerdung

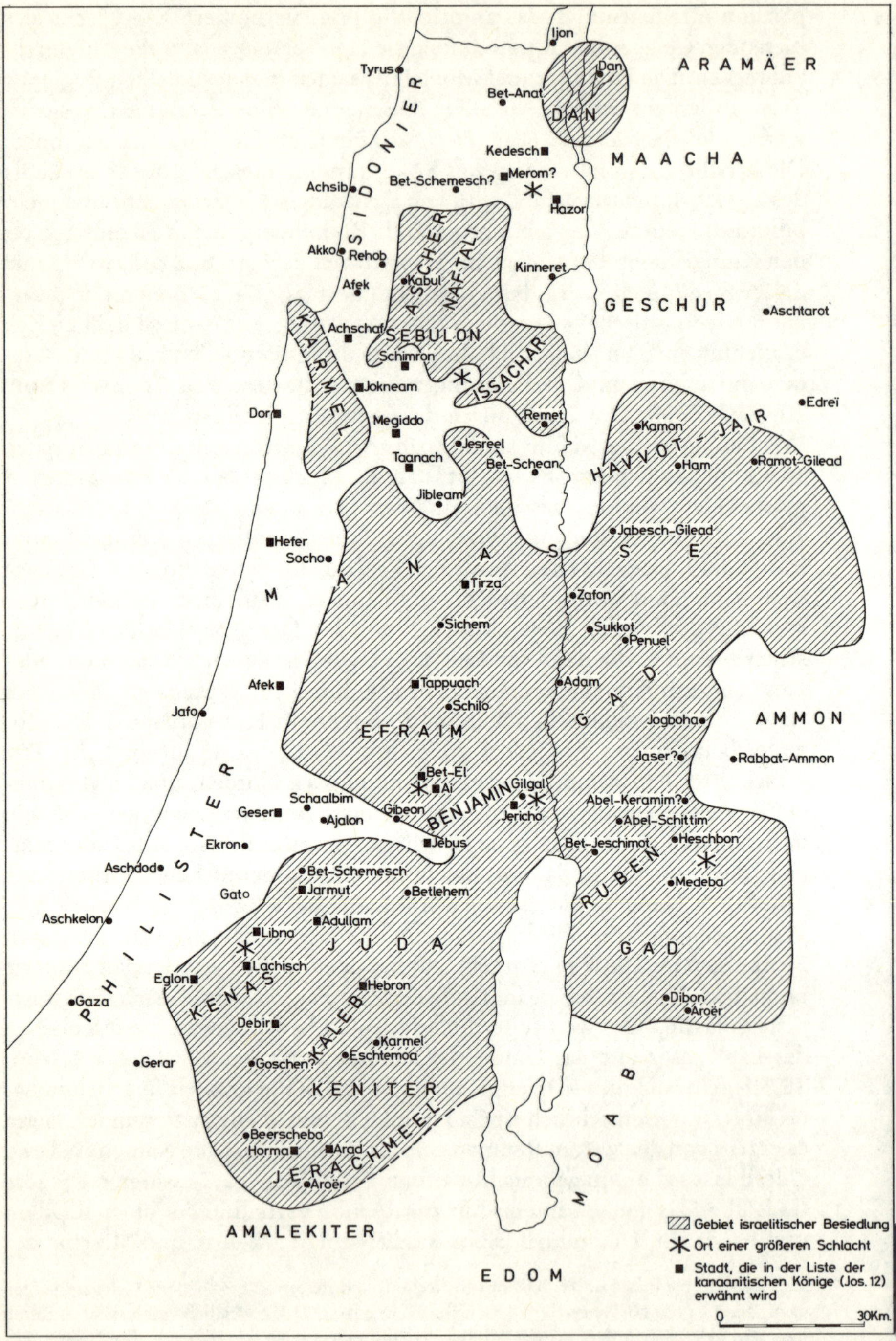

König von Moab, ließ in seiner Steleninschrift schreiben: »Die Gaditer wohnten seit je im Gebiet von Atarot« (Z. 10). Im Norden erstreckte sich das Gebiet von Gad bis zum Jabbok. Gilead nördlich des Jabboks war im wesentlichen von Wäldern bedeckt, die noch teilweise in der Königszeit existierten, z.B. der Wald von Efraim bei Mahanajim (2Sam 18,6); ein spärlicher Überrest davon besteht noch heute. Das östliche Jordantal wurde fast vollständig als zu Gad gehörig angesehen: von Bet-Haran und Bet-Nimra im Süden über die Ebene von Sukkot und die Stadt Zafon bis zur Küste des Sees Gennesaret (Jos 13,27). Der Stamm Gad ist wohl nur langsam in dieses Gebiet vorgedrungen, das zumindest teilweise von Kanaanitern besiedelt war; als die israelitischen Stämme hinreichend stark geworden waren, wurden die kanaanitischen Städte dem Erbteil Gads hinzugefügt. Ein klares Beispiel dafür ist Zafon (offenbar *Tell es-Saʿīdīye*), das schon in den Amarna-Briefen erwähnt wird[56] und jetzt unter die Städte Gads zählt, wobei der Name mit einer der größten gaditischen Sippen verbunden wurde (Num 26,15; Gen 46,16 – Zifjon). Vielleicht war Jefta aus Gilead ebenfalls mit Zafon verbunden (Ri 12,1; nach Ri 12,7 LXX wurde er in Zafon beigesetzt). In der Jefta-Erzählung bewahrt sich eine Tradition, nach der die israelitischen Siedlungen schon seit einer langen Zeit (300 Jahre; Ri 11,26) in Gilead bestanden; doch kann man darauf keine exakte Chronologie gründen.

Festgehalten zu werden verdient, daß Gad als der Bruder Aschers und beide als Söhne der Zilpa, der Dienerin Leas, gelten. Wie wir gesehen haben, gehört Ascher mit Sicherheit zu einer frühen Einwanderungswelle; das soll offensichtlich mit der Genealogie ausgedrückt werden. Ein lehrreiches Beispiel für dieses Verfahren ist die Genealogie der aramäischen Söhne Nahors, die ebenfalls in acht Stämme von der Hauptfrau und vier von der Nebenfrau (Gen 22,20–24) unterteilt werden – die Namen dieser letzteren finden sich in ägyptischen Quellen aus der Zeit *vor* der aramäischen Seßhaftwerdung[57].

Im Gegensatz dazu gehört Ruben allem Anschein nach zu einer späteren, erst im 13. Jahrhundert v.Chr einsetzenden Einwanderungswelle. In der Tradition ist er der Erstgeborene Israels – doch im Laufe der Zeit verliert er an Bedeutung. Offenbar hat er eine wichtige Rolle beim Bundesschluß der Stämme gespielt, bevor sie nach Palästina kamen. Nach Num 32,37–38 siedelte Ruben in Heschbon und Umgebung; in der Tat ist die Eroberung dieses Gebietes mit einer späteren Einwanderungswelle verbunden. Da ihm bereits andere Stämme vorausgegangen waren, stieß der Stamm Ruben im Verlauf seiner Seßhaftwerdung auf ernste Schwierigkeiten. Die Mitglieder des Stammes blieben teilweise Nomaden an der Grenze zur Wüste (1Chr 5,8–10), viele Familien gingen offensichtlich nach Westpalästina. Es gibt eindeutige Belege für die Verbindungen zwischen Ruben, Juda und Benjamin: An der Grenze zwischen Juda und Benjamin findet sich westlich von Jericho »der Stein Bohans, des Sohnes von Ruben« (Jos 15,6; 18,17); an der

56 *Albright, W. F.*, BASOR 89 (1943) 7ff.
57 *Noth, M.*, ZDPV 68 (1951) 19ff.

Grenze zwischen Juda und Benjamin lag das Tal Achor (Jos 15,7), wo Achan, der Sohn des Karmi aus dem Stamm Juda, gesteinigt worden war (Jos 7,26); Karmi war ebenfalls eine der führenden Sippen von Ruben (Gen 46,9; Num 26,5–6; 1Chr 5,3); die Sippe Hezron findet sich sowohl unter den Sippen Rubens (Num 26,6) als auch den Sippen Judas (Num 26,21); die Sippe Bela ist auf Ruben (1Chr 5,8–10) und Benjamin (Gen 46,21; 1Chr 8,1) verteilt; ebenfalls interessant ist die Überlieferung, daß in Migdal-Eder in der Umgebung Jerusalems Ruben mit Bilha, der Nebenfrau seines Vaters, geschlafen hat (Gen 35,21), eine Tat, mit der er den Fluch des Vaters über sich brachte.

Mit der Eroberung Heschbons war wahrscheinlich auch die Kontrolle über das amoritische Jaser (Num 21,32) verbunden, das nun zwischen den Gebieten von Ammon und Gad isoliert war. Die biblische Überlieferung berichtet dann über die Eroberung des Landes von Og, des Königs von Baschan, der von den Israeliten bei Edreï geschlagen worden war. Im Gebiet seines ehemaligen Königtums siedelte der halbe Stamm Manasse.

Natürlich gehört die Vorstellung, daß der halbe Stamm Manasse in dieser Region wohnte, in die spätere Phase der Richterzeit, nachdem Machir vom efraimitischen Bergland, wo er noch in der Zeit des Kampfes der Debora gelebt hatte (Ri 5,14), dorthin gezogen war. Trotzdem ist die Überlieferung von Og, dem König von Baschan, sicher alt; die Beschreibung seiner sechzig Städte, die »befestigt waren mit hohen Mauern, Toren und Riegeln« (Dtn 3,5; 1Kön 4,13), stimmt mit der Existenz alter kanaanitischer Städte in dieser Region überein, an deren Spitze in der Spätbronzezeit Aschtarot stand. Nachrichten über das Auftauchen der ʿApiru in diesem Gebiet finden sich bereits in den Amarna-Tafeln.

Wo diese sich mit der fraglichen Region befassen und Jenoam, Aschtarot, Buṣruna, Ḫalunni, Damaskus und das Land Taḫši erwähnen, wird einer der Herrscher (Biridaschwa) beschuldigt, aus Aschtarot Streitwagen bezogen und sie an die ʿApiru weitergeleitet zu haben (EA 197). Es ist möglich, daß die Überlieferung vom Sieg über Og ungefähr in diese Zeit gehört[58], doch sollte man sie nicht mit der israelitischen Eroberung in Verbindung bringen. Die Nachricht über das eiserne Bett von Og, das in Rabbat-Ammon geblieben war (Dtn 3,11), zeugt davon, daß diese Tradition auch den Ammonitern angehörte und daher der frühen Phase des Eindringens hebräischer Stämme nach Transjordanien zuzuweisen ist.

Die Bezeichnung »der halbe Stamm« besagt, daß Manasse noch andere Stämme umfaßte, deren Herkunft unklar ist und die offenbar im 14. bis 12. Jahrhundert v.Chr. seßhaft wurden. Der bekannteste von ihnen war Jaïr, der als Sohn Manasses bezeichnet wird (Num 32,41; Dtn 3,14; 1Kön 4,13) und dessen »Siedlungen« *Ḥawwōt-Yāʾir* (Lagerstätten des Jaïr) genannt werden. Diese *Ḥawwōt-Yāʾir* lagen in Nord-Gilead (1Kön 4,13; 1Chr 2,23) und an der Grenze zu Baschan (Dtn 3,14; Jos 13,30), vielleicht in der Umge-

58 *Bergman (Biran), A.*, JPOS 16 (1936) 224–254.

bung Hams (so nach Num 32,41 em.: »Und Jaïr, der Sohn Manasses, zog hin und eroberte *Ḥawwōt-Ham*, und er nannte sie *Ḥawwōt-Yā'ir*.«[59]). Auch ein örtlicher Richter namens »Jaïr, der Gileaditer« ist für diese Gegend bekannt, der dreiundzwanzig Städte regierte (1Chr 2,22), die *Ḥawwōt-Yā'ir* genannt wurden (Ri 10,3–5). Es ist möglich, daß die so bezeichneten Söhne Jaïrs der großen Stammesföderation angehörten, die aus assyrischen Inschriften für die Euphratregion, vom 13. Jahrhundert v.Chr. an, bekannt ist. Adad-nirari I. teilt hierin mit, daß seine Vorväter Kriegszüge entlang des Euphrat unternommen haben, mit Feldlagern in Aḫlamu, Suti und Jauri; Jari oder Jaḫiri werden auch in späteren assyrischen Inschriften erwähnt[60]. Es scheint, daß Teile der genannten Bevölkerung ungefähr im 13. Jahrhundert v.Chr. Nord-Gilead erreicht haben, im Laufe der Zeit in die israelitischen Stämme eingegliedert und dabei als »Söhne Manasses« angesehen wurden.
Ein anderer Stamm, der das östliche Baschan erreichte, war Nobach; dieser »eroberte Kenat mit seinen Ortschaften und nannte es Nobach nach seinem Namen« (Num 32,42). Kenat ist wahrscheinlich *Qanawat* im östlichen Baschan; leider haben wir keine weiteren Informationen über Nobach, selbst seine Verbindung zu Manasse bleibt im unklaren.
Es scheint daher, daß die israelitischen Stämme zu Beginn der Seßhaftwerdung im wesentlichen die südlichen Regionen Transjordaniens vom Arnon im Süden bis zum Jabbok im Norden innehatten. Zur gleichen Zeit drangen mehrere verwandte Stämme nach Nord-Gilead und Baschan ein; erst zu einem späteren Zeitpunkt wurden diese Regionen unter dem Druck der Landnahme Machirs zu israelitischem Siedlungsgebiet und die verschiedenen Stämme zu »Söhnen Machirs und Manasses« gemacht.

IV. Das Haus Josef

Wir besitzen heute genügend Angaben, um die Landnahme des Hauses Josef in die frühe Einwanderungswelle während des 14. Jahrhunderts v.Chr. datieren zu können. Das Überschreiten des Jordan aus der Ebene von Moab steht im engen Zusammenang mit der frühen Einwanderungswelle nach Transjordanien und mit den sogen. »Plagen«. Leider ist der Text an diesem Punkt unvollständig (Num 25,19), aber offensichtlich handelt er von einer schweren Plage, die sich dem Gedächtnis des Volkes tief eingeprägt hat. Vielleicht haben wir hier ein Echo der verhängnisvollen Plage vor uns, die in der Mitte des 14. Jahrhunderts v.Chr. im ganzen Nahen Osten mindestens zwanzig Jahre lang wütete, wie aus den Amarna-Briefen und hethitischen Inschriften ersichtlich ist[61].
Auch die Einnahme Jerichos (Jos 6) unterstützt diese Datierung. Sicher gab

59 *Bergman, A.*, JAOS 54 (1934) 176.
60 *Luckenbill*, AR I, § 73; *Mazar, B.*, Enc. Bib. III, 415f (hebräisch).
61 ANET, 394–395; *Helck*, Beziehungen, 183.

es zu dieser Zeit lediglich eine kleine Festung auf dem betreffenden Hügel; bei der Erzählung vom Einsturz der Mauern handelt es sich offensichtlich um eine legendarische Ausschmückung. Nichtsdestoweniger wurde die Festung tatsächlich im dritten Viertel des 14. Jahrhunderts v.Chr. eingenommen[62]. Das wird sogar der historische Kern gewesen sein, um den sich die biblische Geschichte entwickelt hat.

Die Eroberung von Ai (Jos 8) ist dagegen eine rein ätiologische Erzählung, die jeder historischen Grundlage entbehrt[63]. Es handelt sich um eine typische Volkssage, die gut die Situation der Richterzeit reflektiert, als israelitische Dörfer auf den alten Hügeln gegründet wurden[64]. Möglicherweise hatten diese Überlieferungen ihren Ursprung an den Heiligtümern von Gilgal und Bet-El, die ja in einer frühen Phase der Landnahme wichtige Zentren für die Stämme bildeten[65].

Die Eroberung Bet-Els kann nicht mit ausreichender Sicherheit datiert werden – sie gehört entweder ins ausgehende 14. oder ins 13. Jahrhundert v.Chr.[66], doch steht die Einnahme der Stadt nicht unbedingt mit der ersten Phase der Landnahme in Verbindung (Ri 1,23–26). Nichtsdestoweniger haben wir gesicherte archäologische Angaben über die Gründung von Stammessiedlungen schon während des 14. Jahrhunderts v.Chr.[67].

Die Vorstellung vom »Haus Josef« umfaßte wahrscheinlich nicht nur die zwei Stämme Efraim und Manasse, die als Söhne Josefs angesehen wurden, sondern auch Benjamin, den jüngeren Bruder Josefs. Wahrscheinlich sind »Efraim« und »Benjamin« die geographischen Namen der jeweiligen Gebiete und können nicht vor die Zeit der Seßhaftwerdung datiert werden. So handelt es sich bei »Gebirge Efraim« um einen geographischen Ausdruck, der fast immer mit der ganzen zentralen Gebirgsregion verbunden wird (Jos 17,15; 20,7; 21,21; Ri 7,24; 1Sam 1,1; 1Kön 4,8), *-aim* ist eine gewöhnliche Lokativ-Endung für geographische Bezeichnungen. Möglicherweise war dieser Name zuerst nur mit dem Hochgebirge nördlich von Bet-El verbunden, in dem das efraimitische Gebiet sein Zentum hat[68], und breitete

62 *Kenyon, K. M.*, Digging up Jericho, London 1957, 256ff; *dies.*, EAEHL II, 563–564.

63 *Rowley*, Joseph-Joshua, 19f; *Noth, M.*, Aufsätze I, 8f.12.23f.43–45.210f.214–228. Albrights Versuch, die Erzählung zu erklären, indem er Ai nach Bet-El verlegt, ist nicht sehr überzeugend, vgl. *Albright, W. F.*, The Biblical Period from Abraham to Ezra: An Historical Survey, New York 1963, 29f.

64 *Callaway, J. A.*, JBL 87 (1968) 312–320; *Kallai, Z.*, in: *Kochavi, M.*, ed., Judaea, Samaria and the Golan, Jerusalem 1972, 154f (hebräisch).

65 *Alt, A.*, ZAW 66 (1936) 20f = Kl. Schr. I, 183f; *Kraus, H.-J.*, VT 1 (1951) 184f.

66 *Albright, W. F.*, BASOR 29 (1928) 9ff; BASOR 35 (1929) 5; BASOR 55 (1934) 23ff; BASOR 56 (1934) 2ff; BASOR 57 (1935) 27ff; BASOR 58 (1935) 13; BASOR 74 (1939) 17f; *Kelso, J. L.*, BASOR 151 (1958) 3ff; *ders.*, AASOR 39 (1968) 31f.48.

67 Für das frühe Datum der Inschrift von *Ḫirbet Raddāna* vgl. *Aharoni, Y.*, IEJ 21 (1971) 130–135.

68 Einige Gelehrte nehmen an, daß es einen Ort mit Namen Efraim gegeben habe, wobei sie sich besonders auf 2Sam 13,23 stützen, wofür allerdings die Belege nicht ausreichend sind; vgl. *Albright, W. F.*, JPOS 3 (1923) 36ff; *ders.*, AASOR 4 (1924) 127ff; *Alt, A.*, PJ 24 (1928) 35ff; *Noth*, Geschichte, 60.

sich mit der wachsenden Bedeutung des Stammes über ein größeres Gebiet aus.

Mit Sicherheit ist »Benjamin« ein geographischer Name; er bedeutet »Sohn des Südens« und paßt gut zu dem südlichsten Stamm des Hauses Josef[69].

Nicht Unterschiede der Herkunft haben also die Namen der verschiedenen Stämme des Hauses Josef (einschließlich Benjamin) geprägt, sondern eher die Umstände ihrer Seßhaftwerdung, besonders ihre unterschiedlichen Beziehungen zu den kanaanitischen (amoritischen) Bewohnern des Berglandes. Der Stamm Manasse, der im Deboralied noch Machir genannt wurde, bestand allem Anschein nach überwiegend aus hebräischen Stämmen, die bereits im 14. Jahrhundert v.Chr. in das nördliche Bergland Efraim eingedrungen waren[70]. Trotz der Tatsache, daß Sichem einen zentralen Platz im Stämmebund einnahm (Jos 24), findet sich in der Bibel keine Überlieferung über Eroberungen und Kriege von Manasse. Die einzige Nachricht über kriegerische Handlungen, die sich auf dieses Gebiet bezieht, ist überraschenderweise mit den südlichen Stämmen verbunden (Gen 34; Ri 1,4ff) – ohne eine Verbindung zur Landnahme des Hauses Josef. Offenkundig kam Manasse über gute, vertraglich geregelte Beziehungen mit den kanaanitischen Städten in das Land. Wir haben bereits von Vertragsbeziehungen zwischen Sichem und den ʿApiru zur Amarna-Zeit gehört; es scheint, daß die verschiedenen kanaanitischen Städte diese aufsässigen Elemente zu nutzen versuchten – eine jede zu ihrem eigenen Vorteil. Mit dem Eindringen des Hauses Josef änderte sich das Kräftegleichgewicht; nun gliederten sich die unterworfenen Städte in den israelitischen Stämmeverband ein, der jetzt zum dominierenden Faktor des Gebietes geworden war. Diese Situation findet in der Genealogie ihren Ausdruck durch die Hereinnahme der verschiedenen kanaanitischen Städte als Söhne und Töchter Manasses, so z.B. Sichem, Tirza und Hefer (Num 26,31ff; 27,1; Jos 17,2ff).

Die Geschichte der Seßhaftwerdung und Ausbreitung Manasses ist durch die Aufnahme kanaanitischer Bevölkerungselemente in den israelitischen Stämmeverband geprägt. Diese Entwicklung hing von der Natur der Region ab. Im Gebirge Juda und in den südlichen Teilen des Gebirges Efraim lagen die alten Siedlungen im wesentlichen entlang der Wasserscheide, an der auch die wichtigste Straße verlief (Ri 20,31; 21,19). Nördlich von Sichem werden die Berge niedriger, die Straße gabelte sich in zwei Hauptarme, so daß sich auch die Siedlungen verteilten. Die fruchtbaren Täler er-

69 Die Mari-Texte des 18. Jahrhunderts v.Chr. erwähnen einen Zusammenschluß von Stämmen unter dem Namen »Söhne Yamins« *(mārū Yamīn)* im Unterschied zu den »Söhnen Sim'āls« *(mārū Sim'āl)* – also Söhne des Südens und Söhne des Nordens. Weil die geographische Bedeutung der Namen so eindeutig ist, sollte man nicht versuchen, sie mit den biblischen Benjaminiten zu verbinden, besonders weil sie auch durch eine Zeitspanne von ungefähr 500 Jahren getrennt sind. Die Assyriologen haben schon seit langem festgestellt, daß *DUMU.MEŠ-yamīna* nicht *Banū-Yamīna* oder *Binū-Yamīna* gelesen werden kann, vgl. *Dossin, G.*, RA 52 (1958) 60ff; *Tadmor, H.*, JNES 17 (1958) 130 und Anm. 12 (wo B. Landsberger zitiert wird); *Gelb, I. J.*, JCS 15 (1961) 37f.

70 *Aharoni, Y.*, in: Eretz Shomron, Jerusalem 1973, 38–46 (hebräisch).

laubten die Anlage größerer und dichter beieinander liegender kanaanitischer Siedlungen in diesem Gebiet. Aber sicher gab es hier auch noch große bewaldete und unbesiedelte Regionen, die genügend Möglichkeiten boten für die Ansiedlung israelitischer Stämme; hier konnten sie sich neben den bereits existierenden kanaanitischen Städten niederlassen[71].

Die Art der Seßhaftwerdung Efraims unterscheidet sich völlig von der Manasses. Sein Erbteil erstreckte sich über den südlichsten und höchsten Teil des efraimitischen Gebirges. In dieser Region gab es nur wenige isolierte Kanaaniterstädte, die offensichtlich schnell erobert wurden, so daß auf ihren Ruinen israelitische Siedlungen angelegt werden konnten. Ein besonderes Schicksal erlebte Tappuach, eine kanaanitische Stadt (Jos 12,17) an der Grenze zwischen Efraim und Manasse: »Das Land von Tappuach wurde Manasse zuteil, aber Tappuach selbst an der Grenze Manasses wurde Efraim zuteil« (Jos 17,8), d.h. trotz der Tatsache, daß Manasse das Land Tappuach besaß, hielt die Stadt stand – bis sie schließlich den Efraimiten erlag. Das efraimitische Gebiet erstreckte sich nur auf die Gebirgsregion, die fast ausschließlich von den israelitischen Stämmen besiedelt war. Solche Bedingungen bewirkten den Aufstieg dieses Stammes zu seiner führenden Rolle im israelitischen Stämmebund während der Richterzeit.

Das Gebiet Benjamins stand offensichtlich im Zentrum der Feindseligkeiten zwischen der israelitischen und der kanaanitischen Bevölkerung des Berglandes; das trug zu der kriegerischen Natur dieses Stammes bei (Gen 49,27). Benjamin war auf das kleine Gebiet zwischen Bet-El und Jerusalem begrenzt, wo er mit den vier hivitischen (oder hurritischen, nach LXX) Städten der Gibeoniter zusammenstieß: Gibeon *(el-Ǧīb)*, Kefira *(Ḫirbet Kefīre)*, Baala = Kirjat Jearim *(Dēr el-Azhar)* und Beerot *(Ḫirbet el-Burǧ?)*. Der Stamm Benjamin ergriff von dem Land östlich dieser Städte Besitz, entlang der Nord-Süd-Straße und weiter östlich bis zum Wüstenrand. Zwei Tulul wurden hier ausgegraben, deren Besiedlung im 14. und 13. Jahrhundert v.Chr. beginnt und die in den untersten Schichten Keramikscherben aufweisen, die für den Beginn der israelitischen Seßhaftwerdung typisch sind. Es handelt sich um die Orte Gibea (Gibea Sauls = *Tell el-Fūl*) und Mizpa *(Tell en-Naṣbe)*[72]. Oberflächenforschungen ergaben, daß zwischen diesen beiden Städten in dieser Zeit eine dichte Kette kleiner Siedlungen gegründet wurde, so z.B. Rama, Geba und Michmasch.

Die Macht der Benjaminiten überwältigte die gibeonitischen Städte; von da an wurde deren Gebiet ebenfalls als Teil des benjaminitischen Gebietes angesehen (2Sam 4,2). Aber die Städte selbst wurden nicht in den Stämme-

71 Vgl. besonders die Untersuchungen in der Samaria-Region: *Bach, R.*, ZDPV 74 (1958) 41–54; *Gophna, R.* und *Y. Porat*, in: *Kochavi, M.*, ed., Judaea, Samaria and the Golan, Jerusalem 1972, 198f.

72 *Albright, W. F.*, AASOR 4 (1924); *ders.*, BASOR 52 (1933) 6ff; *Sinclair, L. A.*, AASOR 34–35 (1960) 5ff; *Badè, W. F.*, *C. C. McCown* und *J. C. Wampler*, Excavations at Tell en-Naṣbeh I–II, Berkeley und New Haven 1947.

verband aufgenommen, sondern vielmehr auf den Status von dienstpflichtigen Beisassen zurückgedrängt.
Die Etablierung eines Abhängigkeitsverhältnisses gegenüber den gibeonitischen Städten diente nach der biblischen Überlieferung als Vorwand für einen der Hauptkämpfe der israelitischen Eroberung (Jos 10; s.a. Karte 15). Aus ägyptischen Quellen sind uns die gibeonitischen Städte nicht bekannt, offensichtlich standen sie unter der Herrschaft des Königs von Jerusalem (s.o.S. 182).
Der König von Jerusalem sammelte seine Verbündeten aus dem Bergland und der Schefela: Hebron, Jarmut *(Ḫirbet el-Jarmuk)*, Lachisch und Eglon. Wenn man dieses Bündnis mit der Situation der großen Städte in der Amarna-Zeit vergleicht, fallen einige Unterschiede auf. Jerusalem und Lachisch erscheinen auch in dieser Zeit als königliche Residenzstädte, und diese beiden Rivalen verbünden sich nun gegen den gemeinsamen Feind. Jarmut taucht in der Amarna-Zeit nur in dem Brief auf, der in *Tell el-Ḥēsi* (Eglon) gefunden wurde und in dem auch Lachisch erwähnt wird (s.o.S. 181). Allem Anschein nach hat nun diese Stadt die Position Schuwardatas, des Königs von Gad, in der östlichen Schefela eingenommen. Hebron findet sich in den Amarna-Briefen nicht; man kann annehmen, daß es wie Debir in den Grenzen des jerusalemischen Königtums lag. Wir werden an dieser Stelle Zeuge der Intensivierung des Spaltungsprozesses innerhalb des bekannten Systems kanaanitischer Stadtstaaten, der offensichtlich das Eindringen der Stämme in die verschiedenen Regionen erleichterte.
Wegen der gestiegenen Gefahr gelang es dem König von Jerusalem, die wichtigsten Städte des Berglandes und der südlichen und östlichen Schefela um sich zu vereinen und den Israeliten Widerstand zu leisten, die langsam festen Halt in den Territorien nördlich von Jerusalem gewonnen hatten. Josua aus dem Hause Josef brachte der kanaanitischen Allianz nahe Gibeon einen entscheidenden Schlag bei und verfolgte ihre über die Straße hinauf nach Bet-Horon in Richtung auf die Schefela zu fliehenden Streitkräfte bis nach Aseka (*Tell Zakarīye* im Tal von Ela)[73]. Dieser Sieg hinterließ einen nachhaltigen Eindruck in der israelitischen Überlieferung und fand seinen poetischen Niederschlag in dem alten »Buch des Jaschar« Jos 10,12–13. Wahrscheinlich war dieser ungeheure Sieg der Grund dafür, daß Josua zu der zentralen Persönlichkeit wurde, um die sich dann die anderen Eroberungsberichte kristallisierten[74].

73 Makkeda, das irgendwo in der Lachisch-Region zu lokalisieren ist (Jos 15,41), ist offensichtlich ein Zusatz; der Name fehlt in V. 11.
74 *Alt, A.*, Josua, BZAW 66 (1936) 13–29 = Kl. Schr. I, 176–192.

V. Juda

Der Stamm Juda gehörte offensichtlich zu der späteren Eroberungswelle, die in der Mitte des 13. Jahrhunderts v.Chr. nach Kanaan vordrang[75]; seine Ankunft wird in Ri 1,1–20 beschrieben[76]. Der erste Ort, der in Zusammenhang mit seinem Feldzug erwähnt wird, ist Besek (*Ḫirbet Ibzīq* im nordöstlichen Teil des Gebirges Efraim, 1Sam 11,8–11). Das besagt, daß die Judäer bei ihrem Zug durch das efraimitische Bergland eine kanaanitische Stadt im Gebiet Manasses zerstörten. Die Wahrscheinlichkeit dieses Ereignisses wird zwar bezweifelt, aber der Durchzug von Stämmen durch das Bergland von Efraim ist ein weitverbreitetes Phänomen (vgl. den Zug Dans durch das Gebirge von Efraim und sein kriegerisches Verhalten in dieser Region). Im weiteren Verlauf der Erzählung werden die Eroberung und die Zerstörung Jerusalems beschrieben. Gerade im Hinblick auf diese Nachricht gibt es keinen Grund zum Zweifel – eben weil sie im Gegensatz zu der Tatsache steht, daß Jerusalem jebusitisch blieb und erst in der Regierungszeit Davids erobert wurde. Die Jebusiter waren anscheinend ein Volk aus dem Norden, Hurriter oder Hethiter (nicht Kanaaniter bzw. Amoriter), und wir wissen nicht, wann und wie sie nach Jerusalem gekommen sind[77]. Es ist kein ungewöhnliches Phänomen, daß es einem bestimmten Stamm gelang, eine kanaanitische Stadt in dieser Region zu erobern und zu zerstören, ohne daß er die Absicht gehabt hätte, sich selbst unmittelbar danach dort anzusiedeln, weil er vielleicht nicht die technischen und organisatorischen Möglichkeiten hatte, die Stadt wieder aufzubauen und zu befestigen. Als Beispiele dafür kann man Hazor, Lachisch und *Tell Bēt Mirsim* nennen.

Jerusalem fiel offensichtlich nach kurzer Zeit wieder in die Hände der Jebusiter, die es bis in die Zeit Davids halten konnten. Die Judäer ergriffen Besitz vom Land südlich der Stadt, Betlehem wurde ihr Zentrum. Die weiteren Teile des judäischen Gebirges fielen anderen Stämmen zu, die schließlich Juda angeschlossen wurden. Das Bergland südlich von Hebron kam an die Kalebiter, einschließlich des Gebiets von Debir (*Ḫirbet er-Rabūḍ*), das an ihre Verwandten, die Kenasiter, fiel[78]. Auch die genealogischen Tafeln

75 *Mazar, B.*, Enc.Bib. I, 694ff (hebräisch); *Albright, W. F.*, BASOR 58 (1953) 10–18. Für weitere bibliographische Hinweise s. *Rowley*, Joseph-Joshua, 4ff.

76 Es gibt keinen Zweifel daran, daß die kurzen Bemerkungen in Richter 1 sehr glaubwürdig sind und kein Grund besteht, ihre Historizität in Frage zu stellen, besonders weil sie nicht immer mit der späteren historischen Sicht übereinstimmen, die die Eroberungen als einen einzigen Feldzug darstellen will (gegen *Wright, G.E.*, JNES 5 [1946] 105–114).

77 *Maisler (Mazar), B.*, JPOS 10 (1930) 189–191.

78 Interessant ist die Art und Weise, in der sich die biblische Überlieferung verfestigt: Sie bewahrt noch die Notiz, daß Hebron und Debir von Kaleb und Kenas erobert worden seien (Jos 15,13–19; Ri 1,12–15); aber im Laufe der Zeit wurden diese Eroberungen mit Juda verbunden (Ri 1,10–11) und schließlich ganz Israel unter der Führung Josuas zugeschrieben (Jos 10,36–39). Die Lokalisierung von Debir auf *Ḫirbet er-Rabūḍ* im Bergland hat jetzt den Abschnitten, die sich auf dieses Gebiet beziehen, einen Sinn gegeben, vgl. *Kochavi, M.*, Tel Aviv 1 (1974) 2ff.

1Chr 2 und 4 zeigen, daß das Gebiet von Hebron und das Bergland südlich davon von kalebitischen Sippen eingenommen wurde, z.B. Bet-Zur, Sif und Madmanna (s.u.S. 260). Noch weiter südlich lagen die Gebiete der Jerachmeeliter und der Keniter. Aus Ri 1,16 ersehen wir, daß die Gegend von Arad durch kenitische Sippen besiedelt wurde, die dorthin aus der »Palmenstadt« eingewandert waren. Jericho, das weit weg von hier liegt, ist sicher nicht gemeint, sondern eher Zoar am Südende des Toten Meeres, das im Talmud (Mischna *Yebamot* 16,7) auch Palmenstadt genannt wurde, oder Tamar südlich davon.

Offenbar bezeichnen diese Orte die Route, über die die südlichen Stämme – Keniter, Jerachmeeliter, Kenasiter und Kalebiter – Zugang zum Land gewannen. Die Geschichte von den Kundschaftern, die von Kadesch-Barnea nach Hebron kamen (Num 13,22), legt ebenso wie die mannigfachen verwandtschaftlichen Beziehungen mit den Einwohnern Edoms (s.u.S. 258) eine direkte Einwanderung der südlichen Stämme nahe[79]. Im Gegensatz dazu zeigen die verschiedenen Überlieferungen, daß Juda und Simeon von Norden kamen und in der gleichen Weise wie die anderen israelitischen Stämme das Bergland von Efraim und Juda von Transjordanien aus erobert haben. Offensichtlich waren diese beiden Stämme schon in den Stämmebund aufgenommen; daher werden sie letztendlich zu den zwölf Stämmen Israels gezählt, während der Rest der südlichen Stämme ihnen angegliedert und in der Genealogie als deren Söhne registriert wurde. Hinsichtlich der Seßhaftwerdung der Südstämme besitzen wir im übrigen jetzt auch archäologische Hinweise, die deren Verbindung mit der Einwanderungswelle des 13. Jahrhunderts v.Chr. belegen.

Vor allem machten sie klar, daß die Überlieferung über den in der Zeit ihrer Einwanderung anzusetzenden Zusammenstoß dieser Südstämme mit dem König von Arad, der den östlichen Negeb beherrschte und der sie beim benachbarten Horma entscheidend geschlagen hatte (Num 14,44–45; 21,1; 33,40; Dtn 1,44), historisch unsicher ist. Die Ausgrabungen in Arad haben gezeigt, daß die Besiedlung dieses Ortes im 12./11. Jahrhundert v.Chr. erfolgte – nach einer Besiedlungslücke von ca. 2000 Jahren. Daher kann dort kein Zentrum eines kanaanitischen Königtums gelegen haben. N.Glueck hat vorgeschlagen, im König von Arad eine Art Beduinenscheich zu sehen[80], V. Fritz dagegen hält diese Überlieferung für eine ätiologische Geschichte – vergleichbar der von Ai[81]. B. Mazar nimmt an, daß in dieser Zeit Arad keine Stadt, sondern eine Region bezeichnete, d.h. den Negeb von Arad (Ri 1,16)[82], während der König von Arad in Horma, das er mit *Tell el-Milḥ* identifiziert, residierte[83]. Aber es ist wahrscheinlicher, daß das kanaanitische Arad auf dem *Tell el-Milḥ* lag, Horma jedoch im benachbarten

79 *Fritz, V.*, Israel in der Wüste, Marburg 1970, 79–86.
80 *Glueck, N.*, Rivers in the Desert, New York ²1968, 114f.
81 *Fritz, V.*, ZDPV 82 (1966) 340ff.
82 *Mazar, B.*, JNES 24 (1965) 299ff.
83 *Mazar, B.*, EI 3 (1954) 22 = Canaan and Israel, Jerusalem 1974, 22f (hebräisch).

Ḫirbet el-Mšāš zu lokalisieren ist. Beide Ortslagen waren in der mittleren Bronzezeit II besiedelt und befanden sich in der Nähe von Brunnen, die sehr viel Wasser lieferten. Die vorgenommene Identifizierung wird gestützt durch die topographische Liste des Pharao Schoschenk[84], die zwei Festungen mit Namen Arad aufführt, nämlich ein Groß-Arad und ein Arad des Hauses *yrḥm* (Nr. 107–112), wahrscheinlich eine verkürzte Form von Jerachmeel. Es ist daher sehr wahrscheinlich, daß die Region des früheren Arad in die Hände der Jerachmeeliter fiel (vgl. den Negeb von Jerachmeel und die Städte Jerachmeels, 1Sam 27,10; 30,29), während jener nordöstliche Teil des Negeb von Arad, der an die Judäische Wüste grenzt, von Sippen der Keniter eingenommen wurde (Ri 1,16). Horma jedoch wurde von Simeon besiedelt, dessen Erbteil sich um Beerscheba konzentrierte (Jos 19,4; 1Chr 4,30; Ri 1,17). Der Name Horma wurde nun nicht als kanaanitischer Sieg gedeutet, sondern gerade im Gegenteil als Erinnerung an die Niederlage und Verbannung der Kanaaniter durch die Israeliten interpretiert (Num 21,3)[85].

Die vorgeschlagenen Identifizierungen passen gut zu den weiteren verfügbaren Angaben. Sowohl in *Tell el-Milḥ* als auch in *Ḫirbet el-Mšāš* wurden Umwallungen aus der Hyksos-Zeit gefunden – die einzigen in diesem Gebiet. Diejenige in *Ḫirbet el-Mšāš* wurde ca. 1800 v.Chr. angelegt und existierte nur kurze Zeit; die Stadt von *Tell el-Milḥ* jedoch bestand bis zum Ende der mittleren Bronzezeit II B. Wie oben erwähnt, scheint Horma in den ägyptischen Ächtungstexten und in einer Sinai-Inschrift von ca. 1800 v.Chr. erwähnt zu sein; das würde gut zu dieser südlichen Ortslage passen. In *Ḫirbet el-Mšāš* wurde die größte unbefestigte Stammessiedlung des ganzen Gebietes gefunden; das wiederum würde gut zum Horma Simeons stimmen. Selbst die seltsame Anspielung auf die Änderung des Namens von Zefat in Horma (Ri 1,17) mag ihre Lösung auf diese Weise finden. Zu Beginn der Königszeit wurde die israelitische Siedlung von *Ḫirbet el-Mšāš* zum benachbarten *Ḫirbet el-Ġarra (Tēl ʿĪrā')* verlegt, das aufgrund seiner erhöhten Lage das ganze Gebiet beherrschte. Dieser spätere Platz würde ungewöhnlich gut zum Namen Zefat »Ausguck« passen; die Überlieferung wäre dann vom wirklichen Horma dorthin verlegt worden.

Ungeachtet dieser Identifizierungen wurden weder im östlichen noch im westlichen Negeb spätbronzezeitliche Überreste gefunden. Bei der Ankunft der Stämme gab es in diesem Gebiet keine kanaanitischen Siedlungen. Daher ist die Landnahmeüberlieferung für dieses Gebiet historisch nicht gesichert. Trotzdem ist es überraschend, wie gut die Überlieferungen die geographischen Gegebenheiten und Siedlungsbedingungen jener Zeit wiedergeben, als die beiden Festungen von *Tell el-Milḥ* und *Ḫirbet el-Mšāš* das Eindringen von Nomaden in den Negeb von Arad für eine lange Zeitspanne

84 *Simons*, Handbook, 89ff.187ff.

85 Die folgende Diskussion basiert auf *Aharoni, Y.*, ZDPV 91 (1975) 121–134.

verhinderten. Das sieht zu authentisch aus, um rein zufällig zu sein. Daher werden wir hier eine jahrhundertealte Tradition vor uns haben, die von den israelitischen Stämmen, die schließlich in den Besitz dieses Gebietes kamen, übernommen wurde.

Der Negeb war somit das Gebiet, in dem die Stämme, abgesehen von den naturgegebenen Widrigkeiten, auf wenig oder gar keinen Widerstand stießen. Das klarste Bild der Siedlungsgeschichte bietet *Ḫirbet el-Mšāš*, wo ausgedehnte Viertel durch die Ausgrabungen freigelegt wurden[86]. Dabei ließen sich drei Besiedlungsschichten feststellen, von denen die zweite am besten erhalten war; die obere war stark erodiert, die untere wurde nur in begrenzten Arealen erreicht. Aber selbst die früheste Besiedlungsschicht (Stratum III) hatte die ganze Ortslage bedeckt; dieser ging noch eine Besiedlungsphase voraus, wie an Gruben und Silos erkannt werden konnte (Stratum III A). Die früheste Keramik stammt vom Ende der Spätbronzezeit (13. Jahrhundert v.Chr.), und ein ägyptischer Skarabäus – allem Anschein nach aus der Dynastie Sethos' II., d.h. der 19. Dynastie[87] – stützt die Vermutung, daß die Siedlung im 13. Jahrhundert v.Chr. gegründet wurde.

Die Keramik von Schicht II weist ebenfalls in diese Richtung, da sie philistäische (zweite Hälfte des 12. Jahrhunderts v.Chr.)[88] und midianitische Scherben (13./12. Jahrhundert v.Chr.) enthält[89]. Die meisten der ausgegrabenen Gebäude gehören zu dem Typ des »Vierraumhauses« mit zwei Reihen von Säulen in der Längsachse und einem Breitraum an der Rückseite. Solche Häuser sind aus den israelitischen Siedlungen im Norden gut bekannt. Auch fand man einige befestigte öffentliche Gebäude. Eines davon war von einer Lehmziegelmauer umgeben mit Vorsprüngen im Stil ägyptischer Anlagen. Von der Keramik ist hier besonders eine verzierte, zweifarbige Ware zu nennen, die bisher nur aus der nördlichen Küstenzone bekannt war, wie z.B. von *Tell Abū Huwām* (IV) und Megiddo (VI). Auch Luxusgegenstände wie ein aus Elfenbein in kanaanitischer Tradition geschnitzter Löwenkopf muß erwähnt werden. All dies belegt den Reichtum der Siedlung sowie Handelsverbindungen zwischen dem Mittelmeer und dem Golf von Aqaba.

Das Bild, das sich aus diesen Ausgrabungen ergibt, ist erstaunlich[90]. Es handelte sich nicht um primitive Siedlungstätigkeit – wie oft angenommen wurde –, sondern um eine intensive Seßhaftwerdung, die im 13. Jahrhundert v.Chr. begann. Wenn eine unbefestigte Siedlung über 200 Jahre existieren konnte, so ist deutlich, daß es sich um eine relativ ruhige Periode handelte, in der die israelitischen Siedlungen nicht von gefährlichen Rivalen bedroht waren. Während des 12. und 11. Jahrhunderts v.Chr. breiteten sich

86 Vgl. *Aharoni, Y., V. Fritz* und *A. Kempinski*, ZDPV 91 (1975) 109ff; *V. Fritz* und *A. Kempinski*, ZDPV 92 (1976) 83ff.

87 *Giveon, R.*, Tel Aviv 1 (1974) 75f.

88 *Aharoni, Y., V. Fritz* und *A. Kempinski*, ZDPV 89 (1973) 201ff.

89 *Fritz, V.*, ZDPV 91 (1975) 116.

90 Vgl. *Fritz, V.*, ZDPV 91 (1975) 30ff.

die Israeliten weiter nach Süden aus. Entlang der Wege durch die südliche Steppe wurden kleine Siedlungen mit denselben Haustypen gefunden – so konnte in Beerscheba eine Festung aus der ersten Hälfte des 11. Jahrhunderts ausgegraben werden, die als Zentrum für die südlichen Festungen und Siedlungen gedient haben könnte[91].

Infolgedessen kann man die südliche Zone, die als Negeb bekannt ist, als eines der marginalen Gebiete der Seßhaftwerdung ansehen – vergleichbar dem Bergland. Die israelitischen Stämme sahen sich gezwungen, in solchen Zonen wie dieser ihre neuen Wohnstätten zu errichten. Das ist die Situation, auf die in der Bibel mit Bezug auf den Stamm Simeon angespielt wird[92]: »Und sie zogen aus in der Richtung nach Gedor bis östlich des Tals, um Weide zu suchen für ihre Schafe, und fanden fette und gute Weide und ein Land, weit an Raum, still und ruhig; denn früher wohnten dort die von Ham« (1Chr 4,39–40). Obgleich der hebräische Text lediglich Gedor nennt (nach LXX Gerar)[93], ist es doch möglich, die Beschreibung auf die ganze Region zu beziehen. Die Erinnerung an die autochthone Bevölkerung ist sehr vage, da die Söhne Hams sowohl Ägypter als auch Philister oder Kanaaniter sein konnten (Gen 10,6–20).

In Ri 1,18 finden wir einen ungefähren Hinweis auf Eroberungen von Gaza, Aschkelon und Ekron durch Juda. Es ist schwer vorzustellen, wie es Juda in der Anfangsphase seiner Seßhaftwerdung gelingen konnte, die Kontrolle über diese wichtigen Städte entlang der *Via Maris* zu gewinnen, da sie Zentren ägyptischer Macht waren und in der Mitte des 12. Jahrhunderts v.Chr. Hauptstädte der Philister wurden. Obgleich man in Aschdod eine Schicht zwischen der ägyptisch-kanaanitischen und der philistäischen Stadt fand[94], weist doch die Keramik dieser Schicht nicht auf israelitische Besiedlung hin. Ekron wurde allem Anschein nach von den Philistern gegründet; bei der Untersuchung dieses Hügels wurden keine früheren Funde gemacht[95]. Es ist schwer vorstellbar, wie das philistäische Ekron zu diesem frühen Zeitpunkt von Juda hätte erobert werden können. Am besten folgt man deshalb der LXX: »und Juda eroberte *nicht* . . .« (anstelle des Hebräischen: »und Juda eroberte . . .); dadurch können wir dann den folgenden Absatz leichter verstehen: »Dennoch war der Herr mit Juda, daß es das Gebirge einnahm; es konnte aber die Bewohner der Ebene *nicht* vertreiben, weil sie eiserne Wagen hatten« (Ri 1,19).

Die Eroberung der Kanaaniterstädte des Berglandes und der Schefela erfolgte offenbar in Fortsetzung des Krieges gegen Gibeon (Jos 10,16ff). Als erstes finden wir die ätiologische Erzählung von der Erschlagung der fünf Könige in einer Höhle bei Makkeda, die als Bindeglied zwischen dem Krieg

91 *Aharoni, Y.*, IEJ 25 (1975) 169f Taf. 17A.
92 *Aharoni, Y.*, IEJ 6 (1956) 27.
93 Ebd., 27 Anm. 1.
94 *Dothan, M.*, Ashdod II–III, ʿAtiqot ES IX–X (1971) 19–20.26.156.158.
95 *Naveh, J.*, IEJ 8 (1958) 87ff.165ff; *ders.*, Enc. Bib. VI, 339–343 (hebräisch).

gegen Gibeon und der Erzählung über die Eroberung weiterer Städte dient. Im weiteren Verlauf werden dann der Fall von Makkeda, Libna, Lachisch, Eglon, Hebron und Debir aufgezählt (s. Karte 15). Die stereotype Wiederholung, daß eine Stadt nach der anderen erobert wurde, wird nur durch den Hinweis unterbrochen, daß der König von Geser vergeblich versuchte, Lachisch zu Hilfe zu eilen; wiederum werden wir an die Verbindungen zwischen Lachisch und Geser in der Amarna-Zeit erinnert.

Man muß unterscheiden zwischen dem Krieg gegen Gibeon, der mit dem Haus Josef zusammenhängt, und der Eroberung der Schefela, die mit den südlichen Stämmen zu tun hat, besonders weil die Angaben über die kanaanitischen Mitglieder des Bündnisses und die Städte, die erobert worden waren, nicht voll übereinstimmen. Ebenso muß zwischen der Eroberung der Städte in der Schefela und denen im Bergland unterschieden werden. Die Eroberung der letzteren, also von Hebron und Debir, steht in Verbindung mit Kaleb und Kenas, wie oben schon erwähnt. Aus diesem Grunde stehen diese Städte am Ende der Erzählung und in derselben Reihenfolge; einen Grund, nach strategischen Ursachen zu suchen, die die Reihenfolge der Eroberungen bestimmt haben könnten[96], gibt es nicht.

Aus der hier zur Debatte stehenden Erzählung Jos 10,16ff bleiben daher die Eroberungen von vier Städten in der Schefela übrig: Lachisch *(Tell ed-Duwēr)*, Eglon *(Tell el-Ḥēsi)* und Makkeda, die nach Jos 15,39–41 alle in einem Gebiet liegen, und schließlich Libna *(Tell Bornāṭ?)* etwas weiter nördlich. Jos 15,39–41 überliefert die Eroberung mehrerer Städte in der Umgebung von Lachisch. Vor diesem Hintergrund wird verständlich, warum der König von Geser Lachisch, der zentralsten und größten dieser Städte, zu Hilfe zu eilen versuchte.

Die Ausgrabungen in Lachisch, *Tell Bēt Mirsim* und *Tell el-Ḥēsi* ergaben, daß diese Städte am Ende der Bronzezeit total zerstört wurden. Lachisch und *Tell Bēt Mirsim* blieben relativ lange unbesiedelt; das ist ja typisch für Städte, die zu einem frühen Zeitpunkt der israelitischen Seßhaftwerdung erobert wurden. Die Besiedlung von *Tell el-Ḥēsi* wurde offensichtlich schon nach kürzerer Zeit in Angriff genommen, vielleicht von Philistern, jedoch begrenzt auf das kleine Gebiet der alten Akropolis. Die erwähnte Besiedlungslücke ist das stärkste Argument dafür, daß wir es hier mit Spuren israelitischer Eroberungen zu tun haben. Es ist bis jetzt noch nicht möglich, ein genaueres Datum für diese Ereignisse zu bestimmen. Importierte mykenische Keramik des Typs III B (ca. Ende des 13. Jahrhunderts v.Chr.) fand man in den Zerstörungsschichten all dieser Orte, jedoch kann man ein etwas früher oder später liegendes Datum nicht ausschließen. Der Vorschlag, die Zerstörung einer kanaanitischen Stadt zeitlich präziser zu bestimmen, beruht mit Blick auf Lachisch auf einer ägyptischen Inschrift auf einer Schale, die man in der Zerstörungsschicht der Stadt fand; dieser Text enthält ein Datum aus dem vierten Regierungsjahr eines Pharao, dessen Name nicht

96 Gegen die Theorie von *Wright, G. E.*, JNES 5 (1946) 109ff.

genannt ist[97]. Albright wollte in dem fraglichen Pharao Merenptah sehen[98], doch wurde im Verlauf einer jüngeren Ausgrabung eine andere Schale gefunden, auf der von einem zehnten oder einem noch höheren Regierungsjahr die Rede ist[99]. Auch entdeckte man einen Skarabäus von Ramses III., allerdings außerhalb des Zusammenhangs der fraglichen Schicht.
Auf jeden Fall kann die Eroberung der Städte in der Schefela später als der Beginn der Seßhaftwerdung der judäischen Stämme in der Mitte des 13. Jahrhunderts v.Chr. stattgefunden haben. Somit ergibt sich folgendes Bild: Zuerst ergriff Juda vom Bergland um Betlehem Besitz. Von dort aus breiteten sich judäische Sippen in die nördliche Schefela aus, wo sie freundschaftliche Beziehungen zu den kanaanitischen Städten dieses Gebietes pflegten, wie wir besonders aus der Affäre zwischen Juda und Tamar (Gen 38) erfahren können, in der auch Adullam, Kesib und Timna erwähnt werden. Zur gleichen Zeit wurden die südlichen Teile des Berglandes und der Negeb von verschiedenen einwandernden Stämmen, die teilweise aus dem Süden kamen (Kalebiter, Kenasiter, Jerachmeeliter und Keniter), in Besitz genommen. Am Ende des 13. Jahrhunderts v.Chr. oder spätestens zu Beginn des 12. Jahrhunderts wurde die entscheidende Schlacht zwischen dem König von Lachisch und den eingedrungenen judäischen Stämmen geschlagen; in deren Folge und durch die Wucht des judäischen Angriffs wurde Lachisch und seine Umgebung erobert. Gesers Hilfe hat Lachisch nicht gerettet; jedoch erhoben sich Geser und seine benachbarten amoritischen Städte gegen den israelitischen Druck (Ri 1,29.35). Alle diese Eroberungen ereigneten sich während des Verfalls der 19. Dynastie in Ägypten, als die zentrale Macht in Kanaan schwächer wurde und die Bedingungen reif waren für die grundlegende Konfrontation zwischen Israel und Kanaan.

VI. Die Kriege im Norden

Galiläa wurde von vier israelitischen Stämmen erobert: Issachar, Sebulon, Ascher und Naftali. Ascher, der Westgaliläa einnahm, wird bereits in ägyptischen Inschriften aus dem Ende des 14. Jahrhunderts v.Chr. erwähnt. Er wurde als Nachbar der mächtigen phönizischen Küstenstädte seßhaft »unter den Kanaanitern, die im Lande wohnten, denn sie vertrieben sie nicht« (Ri 1,32). Issachar hatte vom östlichen Teil des Jesreeltals und den Bergen nördlich davon Besitz ergriffen. Verstärkt wurde dieser Stamm hauptsächlich durch Fronarbeiter, von denen Teile schon zur Amarna-Zeit in dieses Gebiet gekommen waren.
Diese beiden Stämme gehören zu einer frühen Einwandererwelle. Sie waren in den Norden dieses hochentwickelten kanaanitischen Gebietes eingedrun-

97 *Tufnell, Olga*, Lachish III, London 1953, 51f; *dies.*, Lachish IV, London 1958, 36ff.49f.
98 *Albright, W. F.*, BASOR 58 (1935) 10–18; BASOR 68 (1937) 22–26; BASOR 74 (1939) 20ff.
99 *Gilula, M.*, Tel Aviv 3 (1976) 107.

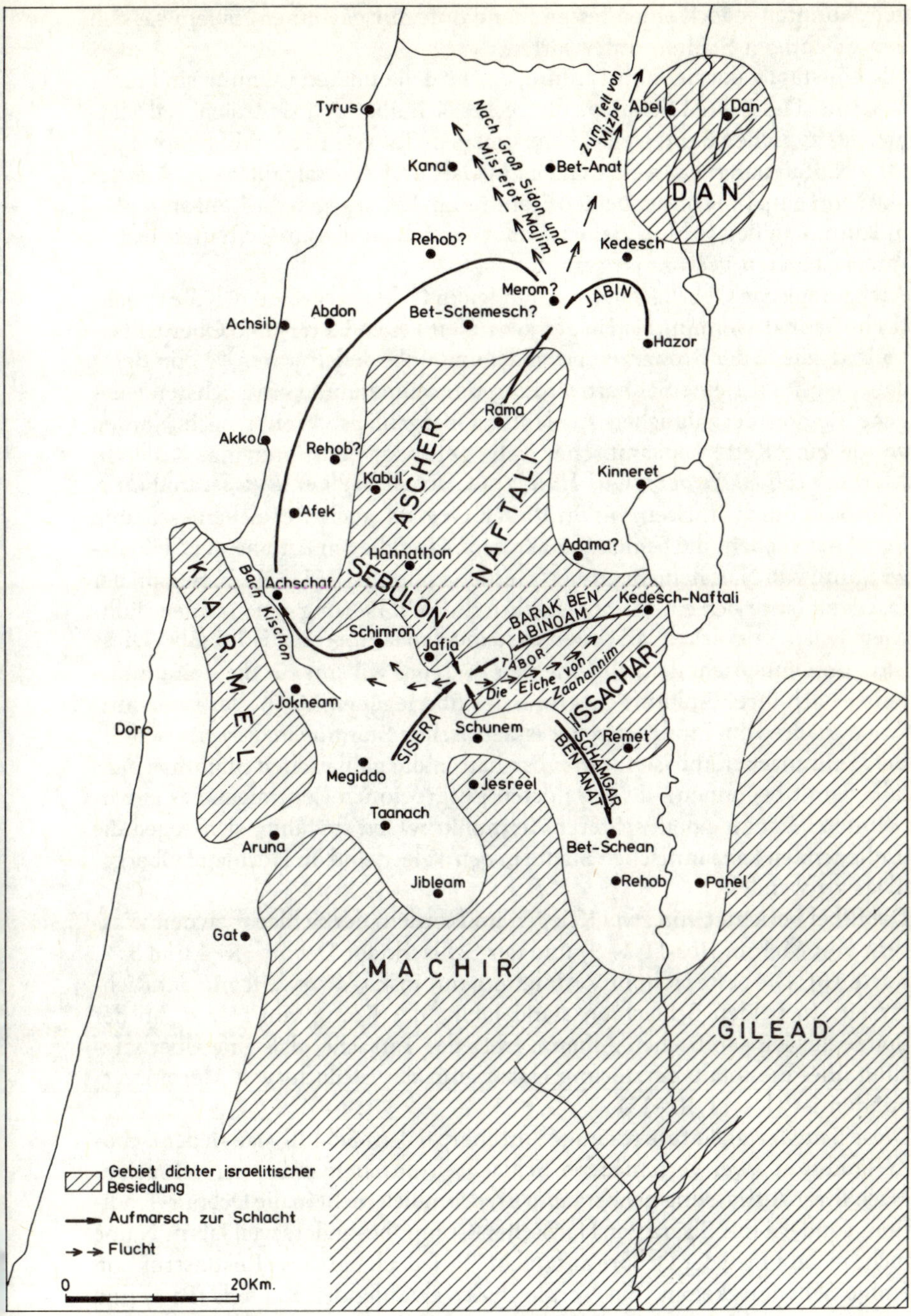
Tyrus
Nach Groß Sidon und Misrefot-Majim
Zum Tell von Mizpe
Abel
Dan
Kana
Bet-Anat
DAN
Rehob?
Kedesch
Merom?
JABIN
Abdon
Achsib
Bet-Schemesch?
Hazor
Rama
Akko
Rehob?
ASCHER
NAFTALI
Kabul
Kinneret
Afek
Adama?
Hannathon
KARMEL
Bach Kischon
Achschaf
SEBULON
BARAK BEN ABINOAM
Kedesch-Naftali
Schimron
Jafia
TABOR
Die Eiche von Zaanannim
ISSACHAR
Jokneam
SISERA
Schunem
Doro
Remet
SCHAMGAR BEN ANAT
Megiddo
Jesreel
Taanach
Aruna
Bet-Schean
Jibleam
Rehob
Pahel
Gat
MACHIR
GILEAD
Gebiet dichter israelitischer Besiedlung
Aufmarsch zur Schlacht
Flucht
0
20Km.

gen, konnten jedoch einen festen Stand dort nur gewinnen, indem sie sich den mächtigen Städten unterwarfen.
Die Umstände der Seßhaftwerdung der beiden anderen Stämme sind nicht bekannt. Das Erbteil Sebulons erstreckte sich über den zentralen Teil Südgaliläas zwischen der Jesreel-Ebene und dem Tal von Bet-Netofa (*Sahl Baṭṭōf*). Naftali nahm ein weites Gebiet in Ost- und Zentralgaliläa ein. Aus der aktiven Teilnahme dieser beiden Stämme am Krieg gegen die Kanaaniter (Ri 5) kann man den Schluß ziehen, daß sie schon zu diesem Zeitpunkt fest in ihren Gebieten verwurzelt waren.
Archäologische Oberflächenforschungen in Galiläa ergaben, daß die israelitische Seßhaftwerdung sich in den zentralen Teilen Unter- und Obergaliläas vollzog, die in der Bronzezeit bewaldet und unbesiedelt waren[100]. Ein Beleg dafür ist die für eine Seßhaftwerdung ungeeignete und am höchsten gelegene Region der südlichen Ausläufer Obergaliläas. Weiter nach Norden wurde eine Kette kanaanitischer Tells gefunden, darunter u.a. Kedesch, Merom (*Tell el-Ḫirbe?*), *Gūš Ḥālāv* = Gischala, *Tell er-Ruwēsi* und *Iqrīt*. Wahrscheinlich müssen wir in dieser Gegend auch Bet-Schemesch und Bet-Anat suchen, die beiden Kanaaniterstädte, die am Anfang der Seßhaftwerdung von Naftali nicht erobert werden konnten (Ri 1,33). Zu Beginn der Eisenzeit hatte sich eine dichte israelitische Bevölkerung genau in den südlichen Teilen entwickelt, in denen es keine kanaanitischen Tulul gibt. Diese Situation entspricht dem allgemeinen Bild, das wir uns für die Zeit unmittelbar nach ihrer Ankunft aufgrund der überlegenen Macht der kanaanitischen Städte vom Eindringen der israelitischen Stämme in das unbesiedelte Bergland machen müssen. Offenbar hatten die galiläischen Stämme ebenfalls damit begonnen, die bewaldeten Bergregionen Zentralgaliläas einzunehmen; erst zu einem späteren Zeitpunkt waren sie fähig, sich gegen die umliegenden kanaanitischen Städte in den Tälern und im Hochland Obergaliläas zu wenden.
Die Bibel berichtet von zwei Kriegen im Norden, der Schlacht an den Wassern von Merom (Jos 11,1–9) und der Schlacht der Debora (Ri 4 und 5; s. Karte 16). Die erste steht in Verbindung mit Josua, die zweite mit der Richterzeit. In beiden Schlachten stand Jabin, der König von Hazor, an der Spitze der kanaanitischen Allianz, trotz der Tatsache, daß eine Überlieferung über die totale Zerstörung Hazors mit der Schlacht von Merom verbunden ist (Jos 11,10–13).
Diese Schwierigkeit führte einige Forscher zu dem Schluß, daß in der Debora-Tradition zwei verschiedene Schlachten durcheinander geraten seien. Nach ihrer Auffassung gehört Jabin ursprünglich nicht in die Debora-Tradition, sondern nur Sisera von Haroschet-Gojim, besonders weil Jabins Name nicht in dem Lied der Debora auftaucht[101]. Jedoch hat diese Rekonstruktion einige Schwierigkeiten. Ein Vergleich des erzählenden Kapitels (Ri 4) und

100 *Aharoni*, Settlement, 17ff.
101 *Albright, W. F.*, JPOS 1 (1921) 54ff; *Alt, A.*, ZAW 19 (1944) 67ff = Kl. Schr. I, 256ff.

des Deboralieds (Ri 5) macht deutlich, daß der Prosaabschnitt nicht vom Lied abhängt, sondern verschiedene unabhängige Details liefert, die untereinander ein logisches Bild ergeben. Das Lied selbst springt seinerseits, wie es in der Dichtkunst natürlich ist, von einem Detail zum anderen und bietet selbstverständlich keine vollständige Rekonstruktion der Schlacht. In der Mitte spricht es einfach von den Königen Kanaans, ohne ihre Namen zu nennen; Sisera wird nur bei der Beschreibung des Zusammenstoßes, seiner Niederlage und seines Todes erwähnt. Wie soll man die Herkunft dieser Überlieferung erklären, die Sisera zum Befehlshaber von Jabins Armee macht und die auch noch an anderen Stellen belegt ist (1Sam 12,9; Ps 83,10)? Siseras Flucht zu der »Eiche von Zaanannim« (vgl. Ri 4,11), das an der Grenze von Naftalis Stammeserbteil in der Umgebung des Jabneeltals liegt (Jos 19,33), führte ihn aus der Kampfzone heraus in Richtung auf Hazor[102]. Noch schwieriger scheint es, den Aufstieg von Haroschet-Gojim zur Führung der kanaanitischen Koalition zu erklären, da dieser Ort in anderen Quellen – biblischen wie nicht biblischen – völlig unbekannt ist[103]. So ist es wahrscheinlich, daß Haroschet-Gojim kein Ortsname ist, sondern eher auf die bewaldeten Regionen Galiläas verweist, d.h. auf das »Galiläa der Völker« in Jesajas archaisierender Ausdrucksweise (Jes 9,1)[104]. In LXX wird dieser Ausdruck in Ri 4,16 mit ἕως δρυμοῦ τῶν ἐθνῶν übersetzt; das weist darauf hin, daß er in hellenistischer Zeit schon in der Bedeutung »bis zum Wald der Völker« gebraucht wurde[105]. Daher werden die vorhandenen Schwierigkeiten vielleicht besser damit gelöst, daß man die beiden Kampfbeschreibungen so akzeptiert, wie sie sind, die Reihenfolge der Ereignisse jedoch umstellt. Nach dieser Theorie gehören die beiden Kriege nicht in das erste Stadium der Einwanderung, sondern in eine spätere Phase; eventuell war die Schlacht von Merom mit Josua und mit ganz Israel verbunden – also genauso wie die verschiedenen Schlachten in Juda. Diese Vermutung wird von Oberflächenforschungen in Galiläa unterstützt; sie zeigen eine Siedlungsperiode, die der Eroberung der kanaanitischen Gebiete vorausgegangen war.

Dem Kampf der Debora liegt eine Zeit der Unterdrückung der israelitischen Siedlungen durch Sisera zugrunde, als die Könige der kanaanitischen Städte allem Anschein nach versuchten, ihre Oberhoheit den Stämmen in Galiläa

102 *Aharoni,* Settlement, 99ff.

103 Es gibt keine Grundlage für eine Lokalisierung in der Umgebung von *el-Ḥarīṯīye.* Vgl. *Abel,* Géogr. II, 343f; *Albright, W. F.,* JOS 2 (1922) 284ff; *Garstang,* Joshua-Judges, 380f. Die Annahme, daß diese Stadt von Seevölkern gegründet worden und daß Sisera einer ihrer Regenten gewesen sei, ist ein Versuch, diese Schwierigkeiten zu beseitigen (vgl. *Alt, A.,* ZAW 19 [1944] 67ff), aber es gibt keine Beweise dafür. Der Text handelt von einem Krieg der Könige Kanaans und nicht der Philister oder ähnlicher Völker. Wie sah das weitere Schicksal von Haroschet-Gojim danach aus?

104 *Maisler (Mazar), B.,* BJPES 11 (1945) 38–41 (hebräisch) = BIES Reader B, Jerusalem 1965, 57–60 (hebräisch) = Cities and Districts in Eretz-Israel, Jerusalem 1975, 115–120 (hebräisch); *ders.,* HUCA 24 (1952–53) 80–84.

105 *Maisler (Mazar), B.,* HUCA 24 (1952–53) 83f; *Aharoni,* Settlement, 103ff.

aufzuzwingen (Ri 4,2–3; 5,6). Daß Sisera in Haroschet-Gojim »wohnte«, d.h. in den Wäldern Galiläas, bedeutet, daß er dieses Gebiet als Gouverneur und Tyrann regierte, ebenso wie Joab, der Befehlshaber von Davids Armee, in Edom »wohnte« (1Kön 11,16) und Omri, der König Israels, in der Hochebene von Moab »wohnte« (Mescha-Stele, Zeile 8)[106].
Eine beträchtliche Anzahl kanaanitischer Könige beteiligte sich an dem Bündnis (Ri 5,19), so daß ihnen 900 eiserne Streitwagen zur Verfügung standen (Ri 4,3), eine Zahl, die an die Beute erinnert, die Thutmoses III. nach der Schlacht von Megiddo zugefallen war. Es ist möglich, daß die Liste der besiegten Kanaaniterkönige (Jos 12; s.u.S. 239ff) uns die großen Städte überliefert, die an dem Kampf als Verbündete Hazors teilgenommen haben: Taanach und Megiddo (auch im Deboralied erwähnt; Ri 5,19), Jokneam und Schimron (Schimʿon) in der Jesreel-Ebene, Dor an der Küste, Achschaf in der Akko-Ebene, Kedesch und (vielleicht) Merom (anstelle von Madon) in Obergaliläa – diese Städte sind wohlbekannte kanaanitische Zentren in den nördlichen Tälern und den kanaanitischen Gebieten Obergaliläas. Im Anschluß an sie wird »der König der Völker in Galiläa« erwähnt (so LXX; hebräisch: »Gilgal«; Jos 12,23), vielleicht ein Hinweis auf das »Galiläa der Völker«. Allem Anschein nach wurde die Liste der Kanaaniterkönige aus nicht in der Bibel enthaltenen detaillierteren Überlieferungen über die Eroberungskriege zusammengestellt; die Namen der nördlichen Könige entstammen offenbar Erzählungen über die Kämpfe in dieser Region. Daß es keine Stadt mit Namen Haroschet-Gojim in dieser Liste gibt, sondern nur den Herrscher der »Völker in Galiläa«, überrascht nicht (s.u.S. 242).
An der Spitze der israelitischen Stämme, die an der Schlacht teilnahmen, stand Barak, der Sohn des Abinoam von Kedesch-Naftali, obgleich die Initiative von Debora ausging, der Prophetin, die »zwischen Rama und Bet-El im Gebirge Efraim« zu Hause war[107]. Im allgemeinen wird der Geburtsort Baraks mit der Stadt Kedesch in Obergaliläa *(Tell Qedēs)* identifiziert, die als eine der levitischen Städte sowie als Zufluchtsort genannt und unter den befestigten Städten Naftalis aufgeführt wird (Jos 19,37; 20,7; 21,32), d.h. »Kedesch in Galiläa auf dem Gebirge Naftali« (Jos 20,7). In Wirklichkeit ist diese Identifizierung absurd, da Kedesch eine der großen Kanaaniterstädte in Obergaliläa war und nach Jos 12 zu den Gegnern der Israeliten gehörte. Aus der Erzählung über den Kampf der Debora wird deutlich, daß das israelitische Kedesch-Naftali in der Gegend des Jabneeltals, nicht weit entfernt vom Berg Tabor, lag; es befand sich in der Nähe der Eiche von Zaanannim

106 Jedoch fährt die Erzählung fort, von einer Verfolgung »bis nach Haroschet-Gojim« zu berichten (V. 16). Es scheint daher, daß die ursprüngliche Bedeutung des Namens schnell vergessen worden war und der Name als ein Ortsname angesehen wurde.
107 Einige Gelehrte nehmen an, daß Debora aus Issachar stamme (Ri 5,15), ihr Name mit dem Ort Daberat an der Grenze Issachars verbunden sei und daß ihr Geburtsort verwechselt wurde mit dem der Debora, der Amme Rebekkas (Gen 35,8). Vgl. *Burney, C. F.*, Judges, London 1920, 78f.

(Ri 4,11; s.o.S. 231) an der südlichen Grenze von Naftali zwischen dem Berg Tabor und dem Jordan (Jos 19,32). Da Barak hier seine Truppen vor dem Kampf versammelt hatte, wäre es unsinnig, zuvor nach Obergaliläa – weit weg vom Schlachtfeld – zu marschieren. Östlich vom Jabneeltal, hoch oben auf den Abhängen, die zum See Gennesaret führen, gibt es einen großen Ort namens *Ḫirbet el-Qadīš* aus israelitischer Zeit mit vielen Funden aus der Epoche der Richter, der mit dem Kedesch-Naftali des Barak in jeder Hinsicht übereinstimmen würde[108].

Die Schlacht selbst fand am Fuß des Berges Tabor statt (Ri 4,6.12.14)[109]. Die israelitischen Truppen versammelten sich auf dem heiligen Berg selbst (Dtn 33,19), an dem die Grenzen von Naftali, Sebulon und Issachar zusammenstießen. Nach der Erzählung nahmen Sebulon und Naftali an der Schlacht teil (Ri 4,10), nach dem Debora-Lied auch noch Issachar, Machir, Efraim und Benjamin (Ri 5,14–17). Es besteht kein Grund, in der Erzählung lediglich eine verkürzte Fassung zu sehen: Sebulon und Naftali waren zwei der galiläischen Stämme, die aktiv an der Schlacht teilnahmen – eine Tatsache, die auch im Deboralied zum Ausdruck kommt (Ri 5,18). Die restlichen Stämme des nördlichen israelitischen Stämmebundes kamen zu ihrer Unterstützung hinzu – Issachar, auf dessen Territorium die Schlacht stattfand, und die drei Stämme vom Gebirge Efraim (das Haus Josefs), nämlich Machir (sic!), Efraim und Benjamin. Andere Stämme nahmen aus den verschiedensten Gründen nicht an der Schlacht teil. Ascher konnte sich nicht vom Druck der phönizischen Städte befreien, in deren Umgebung er gesiedelt hatte, ähnlich erging es Dan, der vielleicht schon zu dieser Zeit im Norden saß[110]. Die transjordanischen Stämme, nämlich Ruben und Gilead (sic!), lagen außerhalb des Landes Kanaan und waren nur lose mit dem israelitischen Stämmeverband verbunden. Die südlichen Stämme werden überhaupt nicht erwähnt; es war undenkbar, daß sie zu dieser Zeit an einer Schlacht im Norden teilnehmen konnten.

Bei den beiden topographischen Namen, die in der Schlachtbeschreibung erwähnt werden, handelt es sich um den Berg Tabor und den Bach Kischon

108 *Press, J.*, BJPES 1,3 (1933–34) 26ff (hebräisch); *Aharoni*, Settlement, 100f; *Kochavi, M.*, Yediot 27 (1963) 165–172 (hebräisch).

109 Einige Gelehrte stützen sich auf die Worte »bei Taanach bei den Wassern von Megiddo« und vermuten, daß die Schlacht in der Umgebung dieser Städte stattfand, im Südwestteil der Ebene; aber der Kampf fand sicher nicht an den Quellen Megiddos statt, und außerdem: Warum sollte dann in dem Lied dem Bach Kischon eine so entscheidende Rolle zugeschrieben werden? Es ist einfacher anzunehmen, daß der Dichter hier nur auf die zwei großen kanaanitischen Städte, die in der Nähe des Schlachtfeldes lagen, hinweisen wollte. Man sollte sich daran erinnern, daß bereits in der Amarna-Zeit Megiddo Schunem und Jafia am Nordrand der Ebene beherrschte (vgl. o.S. 178); und vielleicht war die kanaanitische Streitwagenmacht bei Megiddo konzentriert, wie es auch in den Erzählungen über die Kriege gegen Thutmoses III. und Amenophis II. zum Ausdruck kommt. Daher ist es schwierig, Albright zuzustimmen, daß zu dieser Zeit die Wasser von Megiddo innerhalb der Territoriumsgrenzen von Taanach gelegen hätten, weil Megiddo selbst zerstört worden war: BASOR 62 (1936) 29; BASOR 68 (1937) 25.

110 Eine Bibliographie findet sich bei *Rowley*, Joseph-Joshua, 18ff.

(Ri 4,13; 5,21). Daher liegt die Annahme nahe, daß die Schlacht selbst irgendwo zwischen beiden stattfand. Der Kischon spielte eine wichtige Rolle beim Untergang der kanaanitischen Streitwagenmacht, da seine steigenden Fluten die Streitwagen bei ihrem Rückzug fortrissen (Ri 5,21). Siseras Flucht in Richtung auf das Jabneeltal (zur Eiche von Zaanannim) belegt ebenfalls, daß die Schlacht in der Nähe des Berges Tabor stattgefunden hat.

An Hand dieser Tatsachen ist es möglich, den allgemeinen Verlauf der Schlacht wie folgt zu rekonstruieren: Die Kanaaniter vertrauten voll und ganz auf die mächtige Streitwagenmacht, die sie zur Verfügung hatten (genauso waren sie es gewohnt, gegen die Ägypter vorzugehen; vgl. die Eroberung von Megiddo durch Thutmoses III.; s.o.S. 159). Sisera nahm zweifellos an, daß das Auftauchen der Streitwagenmacht genügen würde, das Heer der Stämme zu erschrecken und auseinanderzujagen. Aus diesem Grund unternahm er seinen dreisten Vormarsch auf den Berg Tabor zu. Zu seiner großen Überraschung zerstreuten sich die israelitischen Truppen jedoch nicht, als seine Streitwagen auf der Szene erschienen. Im Gegenteil – durch die Wahl des Zeitpunkts zum Angriff (Ri 4,14) entzog Debora der Streitwagenmacht die schärfste Waffe, nämlich den Überraschungseffekt. Das war das erste Mal, daß das israelitische Heer es gewagt hatte, sich der mächtigen kanaanitischen Streitwagenmacht zu stellen, und von diesem Einsatz rührt der nachhaltige Eindruck, der einen so außerordentlichen Ausdruck in der biblischen Überlieferung gefunden hat. Die kanaanitische Streitwagenmacht wurde völlig vernichtet; ein plötzliches Anschwellen des Baches Kischon[111], der durch die Ebene zwischen dem Tal von Kesullot und den kanaanitischen Städten am Südrand der Ebene fließt, verwandelte ihren Rückzug in eine vernichtende Niederlage und machte es den meisten Streitwagen unmöglich, zu ihren Stützpunkten zurückzugelangen.

Dem Sieg folgte nicht die Eroberung der kanaanitischen Städte; aber die Zerstörung ihrer Streitwagenmacht bereitete der kanaanitischen Oberhoheit im Norden ein Ende, und ihre Territorien fielen dem Landhunger der israelitischen Stämme zum Opfer: »So demütigte Gott an jenem Tag Jabin, den König von Kanaan, vor den Israeliten. Und die Hand der Israeliten legte sich immer härter auf Jabin, den König von Kanaan, bis sie Jabin, den König von Kanaan, vernichteten« (Ri 4,23–24).

Die Schlacht von Merom fand in Obergaliläa statt. Die »Wasser von Merom« müssen die Quellen der Stadt Merom sein, an denen sich die kanaanitischen Streitkräfte versammelten. Merom ist sowohl aus ägyptischen Quellen des 2. Jahrtausends v.Chr. (aus der Regierungszeit Ramses' II. und vielleicht auch Thutmoses' III., s.o.S. 166) als auch aus dem Feldzugsbe-

111 Aus der Elia-Erzählung wird klar, daß der Kischon am Fuß des Karmel-Gebirges westwärts floß (1Kön 18,40); daher müssen die Versuche, den Bach wegen der in dieser Region gelegenen Stadt Kischon mit dem *Wādi el-Bīre*, das vom Tabor zum Jordan fließt, zu identifizieren, zurückgewiesen werden.

112 ANET 283.

richt Tiglat-Pilesers III. gegen Galiläa im Jahre 733/732 v.Chr. *(Marum)* bekannt[112]. Die Beschreibung des Rückzugs liefert weitere Belege dafür, daß die Schlacht im Herzen Obergaliläas stattgefunden haben muß (Jos 11,8). Man kann sicherlich nicht annehmen, daß es sich hierbei um eine exakte Nachzeichnung der Marschroute handelt. Jedoch wird ihr Wert dadurch nicht gemindert, denn die Tatsache bleibt, daß diese Rückzugslinien nur mit Obergaliläa in Verbindung gebracht werden können. Im allgemeinen wird Merom mit *Mērūn* am Fuße des *Ǧebel Ǧermaq*[113] identifiziert; da jedoch ein entsprechender Tell an dieser Ortslage[114] fehlt, ist eine Identifizierung etwas weiter nördlich vorzuziehen. Der Name ist möglicherweise in *Ǧebel Mārūn* oder *Mārūn er-Rās*[115] erhalten geblieben. Man kann deshalb eine Identifizierung mit *Tell el-Ḫirbe* erwägen, einem der größten kanaanitischen Ruinenhügel im südlichen Teil des kanaanitischen Obergaliläa[116]. Von Hazor sind beide vorgeschlagenen Identifizierungen ungefähr 11 km Luftlinie entfernt.

Bei der Schilderung dieser Auseinandersetzung werden auf seiten Hazors lediglich drei Städte genannt: Achschaf in der Akko-Ebene, Schimron (Schimʿon) am Nordwestrand der Jesreel-Ebene und Madon. Madon wird in keiner anderen Quelle erwähnt; man folgt daher am besten der LXX: Μαρρων – Maron, d.h. Merom[117]. Möglicherweise werden jedoch nur die Hauptstädte der jeweiligen Gebiete aufgezählt, und das Bündnis ähnelte in Wirklichkeit in seiner Zusammensetzung dem in der Debora-Schlacht. Der Zusammenstoß ereignete sich nicht weit von Hazor; nach der Überlieferung griffen die Israeliten die feindlichen Streitkräfte an, die bei Merom zusammengezogen waren, um kanaanitische Interessen in Obergaliläa zu schützen. Nach dem biblischen Bericht ließen die Israeliten ihren Sieg darin gipfeln, daß sie weitere kanaanitische Städte eroberten, wobei auf die Zerstörung Hazors besonderer Nachdruck gelegt wird.

Die Ausgrabungen in Hazor[118] haben diese Angaben im allgemeinen bestätigt, wenn auch noch viele Fragen ungelöst bleiben. Zu Beginn der mittleren Bronzezeit II B wurde hier die größte kanaanitische Stadt in Palästina gebaut; sie umfaßte ein Gebiet von ca. 80 ha, von denen mehr als 70 ha auf die große Unterstadt entfallen, die bereits früh, in der Zeit der Hyksos, gegründet wurde (vgl. oben S. 152f)[119]. Offensichtlich spiegeln der Titel »König

113 *Abel*, Géogr. II, 385.
114 *Aharoni*, Settlement, 96.
115 *Garstang*, Joshua-Judges, 191ff.
116 *Aharoni*, Settlement, 96–97.
117 *Aharoni*, Settlement, 91f. Es gibt keine wie auch immer geartete Grundlage für die bisher allgemein akzeptierte Identifizierung von Madon mit *Qarn Haṭṭin* wegen *Ḫirbet Madīn* an seiner Nordflanke. Diese Identifizierung beruht einzig und allein auf der Namensähnlichkeit, die aber in Zweifel zu ziehen ist.
118 *Yadin*, *Y.* et al., Hazor I–IV, Jerusalem 1958–61; *Yadin*, *Y.*, Hazor. The head of all those Kingdoms, London 1972.

von Kanaan (Amurru?)« und die Bemerkung, daß Hazor »vorher die Hauptstadt aller dieser Königreiche« war (Jos 11,10), die Hyksos-Zeit wider, als sich diese Stadt einer beispiellosen Bedeutung in Palästina erfreuen konnte. Obgleich im Laufe der Spätbronzezeit ein gewisser Verfall in Hazor stattfand – ein in den meisten kanaanitischen Städten zu beobachtender Vorgang –, behielt es seine ausgedehnte Größe bis ins 13. Jahrhundert v.Chr. bei.

Die Stadt wurde am Ende der Spätbronzezeit total zerstört. Inschriften, durch die man das Datum der Zerstörung feststellen könnte, wurden nicht gefunden, doch gab es in den zwei spätesten kanaanitischen Schichten (XIV und XIII) all die Keramikgattungen, die für die Spätbronzezeit typisch sind, einschließlich Importe von mykenischer III B-Keramik, die in das 13. Jahrhundert v.Chr. gehört.

Vor der völligen Zerstörung Hazors fand ein deutlicher Niedergang statt. Das ist besonders in der Unterstadt zu beobachten, die offensichtlich in der letzten Schicht nicht mehr befestigt war. Ihre Tempel waren verlassen und allem Anschein nach geplündert worden, um danach in sehr ärmlicher und provisorischer Weise wiederaufgebaut zu werden. Diese letzte Stadt (Schicht XIII), die sich hauptsächlich auf dem hohen Tell in einem Gebiet von ca. 5 ha konzentrierte, erlitt ihre endgültige Zerstörung durch eine Brandkatastrophe; damit kam die kanaanitische Besiedlung an ihr Ende[120].

Auf dem hohen Tell wurden nur Spuren von provisorischen Bauten (Schicht XII) gefunden, die auf den Ruinen der letzten kanaanitischen Stadt errichtet wurden. Die Keramik dieser Schicht ähnelt der der israelitischen Siedlungen, die bei der archäologischen Erforschung von Obergaliläa gefunden wurden[121]. Es ist daher deutlich, daß es sich hierbei um den israelitischen Versuch einer Besiedlung handelt, der offensichtlich fehlgeschlagen war, da die Stadt kurze Zeit später verlassen wurde und als Ruine bis in salomonische Zeit unbesiedelt blieb[122]. Galiläische Keramik wurde bereits in der letzten kanaanitischen Stadt (Schicht XIII) gefunden.

Die totale Zerstörung Hazors und der Versuch einer israelitischen Besiedlung passen gut zu der biblischen Überlieferung, daß die Stadt von den Israeliten zerstört worden sei. Wahrscheinlich setzte der abrupte Verfall (von Schicht XIV zu XIII), der dem endgültigen Zusammenbruch voranging, infolge des Krieges der Debora ein. Die Stadt wurde nicht nur durch den Zu-

119 Dies ist ein Areal, das zehnmal so groß ist wie das anderer großer Städte, vgl. z.B. Megiddo = ca. 6 ha; Lachisch und Geser je ungefähr 8 ha.

120 Vgl. dazu *Fritz, V.*, UF 5 (1973) 123–139

121 *Aharoni*, Settlement, 20ff. Es ist möglich, daß sie etwas später zu datieren sind. Das wird besonders deutlich, wenn man sie mit den Vorratskrügen von *Ḫirbet et-Tulēl* (ebd. Fig. 4,4) vergleicht, die den kanaanitischen Pithoi (Hazor I, Taf. CXXXIV,8) näher stehen als den normalen Vorratskrügen aus der Schicht XII von Hazor, die allem Anschein nach eine etwas spätere Entwicklung darstellen.

122 Mit Ausnahme einiger isoliert stehender Gebäude, wie z.B. dem kleinen Schrein, der auf dem höchsten Punkt des Tells gefunden wurde (Schicht XI).

sammenbruch ihrer Festungsanlagen bei diesem Kampf geschwächt, sondern auch durch die anschließende israelitische Oberhoheit über die Straßen, die nach Hazor führten, und vielleicht auch über Dörfer und Felder; dadurch war die Stadt von ihren Zufahrtswegen abgeschnitten. Die Schlacht bei Merom war ein letzter verzweifelter Versuch, das kanaanitische »Hinterland« Hazors in Galiläa zu verteidigen; nach dieser zweiten Niederlage konnte sich die Stadt natürlich nicht mehr halten. Hazor war nicht länger fähig, Widerstand zu leisten, nachdem die ganze Region in israelitischer Hand war, und fiel zweifellos rasch.

Heute besitzen wir viele Daten, die es uns erlauben, durch Vergleiche archäologischer Ergebnisse mit historischen Quellen für diese Begebenheiten einen exakten Zeitpunkt festzulegen. Entsprechende Erwägungen sollten sich jedoch nicht auf die Erwähnung Schamgars, des Sohnes Anats, stützen, der nach dem Deboralied die Philister besiegt haben soll (Ri 5,6). Über ihn sind schon viele Vermutungen angestellt worden; gewöhnlich wird er allein wegen seines Namens als Anführer einer Truppe kanaanitischer Krieger angesehen[123]. Wie über Jaël, die Frau des Keniters Heber, der sich von den Kenitern, den Nachkommen Hobabs, des Schwiegervaters von Mose, getrennt hatte und »sein Zelt aufgeschlagen hatte bei der Eiche in Zaanannim bei Kedesch« (Ri 4,11), besitzen wir nun durch die Ausgrabungen in Arad einige neue chronologische Daten. Im Licht der Geschichte des Tempels von Arad erscheinen die Keniter, die Verwandten des Mose, jetzt als ein geachtetes Priestergeschlecht (Ri 1,16). Vermutlich war auch die Eiche in Zaanannim ebenfalls ein heiliger Ort[124].

Jaël erinnert in ihrer Rolle als charismatische Anführerin an Debora, Jaël und Schamgar treten als Retterpaar auf, das Debora und Barak voranging. Welcher Art ihre mächtigen Taten waren, die ihrer vereinten Führungsrolle zugeschrieben werden können, darüber kann man nur spekulieren. Ein so spätes Datum für dieses Ereignis wie die philistäische Okkupation steht nicht mehr zur Debatte. Als einzige Möglichkeit käme hierfür eine frühe Ankunft einer Seevölkergruppe in Frage. Der einzige Anhaltspunkt, der auf eine derartige Präsenz im nördlichen Teil des Landes hinweist, stammt aus Bet-Schean. In dieser Garnison dienten offensichtlich einige Mitglieder einer ägäischen ethnischen Gruppe; das wird durch ihre anthropoiden Särge, die dort gefunden wurden, belegt[125]. Die ältere Annahme, daß alle anthropoiden Särge mit den Seevölkern zu verbinden seien, wurde durch die Entdeckung solcher Särge in den Begräbnisstätten ägyptischer Würdenträger in *Dēr el-Belaḥ*, südlich von Gaza, widerlegt[126]. Doch

123 Vgl. *Aharoni, Y.*, in: *Sanders, J. A.*, ed., Near Eastern Archaeology in the Twentieth Century, Garden City 1970, 254ff.

124 *Mazar, B.*, JNES 24 (1965) 297–303.

125 *Dothan, T.*, EI 5 (1958) 55ff (hebräisch); *dies.*, The Philistines and their material culture, Jerusalem 1967, 211ff (hebräisch).

126 *Dothan, T.*, EI 22 (1972) 65–72 Taf. 9–13; *dies.*, IEJ 23 (1973) 129–146; *dies.*, Excavations at the Cemetery of Deir el-Balaḥ (Qedem 10), Jerusalem 1979.

gibt es in Bet-Schean einige gravierende Anhaltspunkte dafür, daß ägäische Kaufleute in solchen Särgen bestattet wurden. Einige der Särge aus Bet-Schean haben ein groteskes Aussehen und sind mit Kopfbedeckungen geschmückt, die denen der Philister u.a. auf den Reliefs Ramses' III. ähnlich sehen. In einem der Gräber wurde außerdem ein goldenes Mundstück von deutlich ägäischer Herkunft gefunden[127].

Das sicherste Datum für die Deboraschlacht kann aufgrund der Ausgrabungen in Megiddo und Taanach gewonnen werden, den beiden Städten, die im Deboralied erwähnt werden (Ri 5,19) und offensichtlich zu dieser Zeit kanaanitisch waren. Die Stratigraphie von Megiddo gibt keine Probleme auf; Schicht VII A wurde im dritten Viertel des 12. Jahrhunderts v.Chr. zerstört – nicht später als 1125 v.Chr. Dies wird aus Funden ägyptischer Inschriften deutlich: Auf einem Elfenbeinkistchen aus dem Schatzraum des Palastes in Schicht VII A steht der Name Ramses (III.); ferner fand sich eine Statuenbasis von Ramses VI., die in einer späteren Schicht gefunden wurde, aber offensichtlich aus Schicht VII A stammt.

Zweifellos ist Megiddo Schicht VII A die letzte kanaanitische Stadt, die im Kampf mit Debora eine Rolle gespielt haben kann. Sie stellt die letzte Stadt mit Befestigungen, einem Tor, einem Palast und dem traditionellen kanaanitischen Tempel dar. Die folgende Schicht (VI B) bildet ein unbefestigtes Dorf, das keine öffentlichen Gebäude aufweist. Die 2000jährige Tradition des heiligen Bezirks war unwiderruflich vorbei. Alles führt auf die Vermutung, daß Schicht VI B die erste israelitische Siedlung darstellt. Sie enthält auf einmal eine Fülle von »collared rim«-Krügen, außerdem Vierraumhäuser – Kennzeichen, die für die israelitischen Siedlungen des Berglandes typisch sind. Die Feststellung, daß es sich bei Schicht VII A um die letzte kanaanitische Stadt handelt, wurde durch Ausgrabungen in Taanach bestätigt. Die letzte kanaanitische Stadt dort wurde ungefähr zur selben Zeit wie Megiddo Schicht VII A zerstört; nach seiner Zerstörung blieb der Ort bis zum Beginn der Königszeit verlassen[128].

Das dritte Quartal des 12. Jahrhunderts v.Chr. ist daher der *terminus ad quem* für die Deboraschlacht, doch deuten die historisch-geographischen Quellen eher auf ein früheres Datum. Taanach und Megiddo stehen in der Liste der nicht eroberten Kanaaniterstädte im Gebiet Manasses (Ri 1,27). Die Ausgrabungen in Taanach und Megiddo lassen keinen Zweifel daran, daß diese Liste in ihrer ursprünglichen Form nicht später als in die Mitte des 12. Jahrhunderts v.Chr. zu datieren ist. Die in dieser Liste gegebene Situation der Stämme ist jedoch völlig verschieden von der in Ri 4 und 5. Manasse ist jetzt im nördlichen Gebirge Efraim seßhaft, Issachar bleibt unerwähnt. Des weiteren spielt Issachar in der Zeit der Debora eine aktive Rolle, während Machir zu den Stämmen des Gebirges Efraim zählt. Jetzt aber ist Ma-

127 *Oren, E. D.*, The Northern Cemetery at Beth-Shan, Leiden 1973.

128 *Lapp, P.*, BASOR 173 (1964) 8; BASOR 185 (1967) 325f; BASOR 195 (1969) 2–49; *ders.*, BA 30 (1967) 8f.

chir der wichtigste Stamm in Transjordanien, ebenso sind an Manasse in Issachar und Ascher neben anderen Orten auch Taanach und Megiddo gefallen (Jos 17,11). Zwischen dieser Situation, als die kanaanitischen Städte Taanach und Megiddo noch neben Manasse existierten – also nicht später als in der Mitte des 12. Jahrhunderts v.Chr. –, und der Situation der Stämme zur Zeit Deboras und Baraks ereignete sich die fatale Schwächung Issachars, die Wanderung Machirs und der Aufstieg und die Ausdehnung Manasses. Obgleich daraus keine exakte Zeitangabe gewonnen werden kann, wird doch zumindest ein Prozeß sichtbar, der nicht Jahre, sondern Generationen gedauert hat.

Dazu können wir noch einige allgemeinere historische Erwägungen anstellen. Zusammenstöße vom Ausmaß der Deboraschlacht wären kaum von einem starken ägyptischen Pharao geduldet worden. Da ein Datum aus der Verfallszeit der 20. Dynastie nun nicht mehr zur Debatte steht, ist die einzige ähnliche Periode die des Niedergangs der 19. Dynastie. Ein Datum spät im 13. Jahrhundert v.Chr. ist daher das letztmögliche – aber ein eher früheres Datum ist nicht unwahrscheinlich. Die späteren Jahre der langen Regierungszeit Ramses' II. waren zweifellos eine Zeit relativer Schwäche; so mag die Erwähnung Israels in der Merenptah-Stele das Ergebnis seiner Kristallisation und Vereinigung nach der Deboraschlacht sein. Der gleiche Text verrät, daß das ganze Land in Aufruhr war – von Aschkelon bis Jenoam.

Dies stimmt auch gut mit dem Befund von Hazor überein. Demnach kann man den Hinweis auf Hazor in Ri 4,2.23–24 nicht aus chronologischen Gründen streichen. Auf dem höchsten Punkt des Tells wurde ein kleiner Kultplatz entdeckt (Schicht XI), der später als die israelitische Siedlung von Schicht XII zu datieren ist. Die Funde daraus stehen sämtlich in bester spätbronzezeitlicher Tradition; darum kann die kurzfristige israelitische Siedlung von Schicht XII nicht später als vom Ende des 13. Jahrhunderts stammen.

Dies sind außergewöhnliche Schlußfolgerungen, die auf manchen Widerstand stoßen werden. Jedoch wurden die früheren Interpretationen inzwischen durch neuere archäologische Funde erschüttert, ihrer Bedeutung für die zeitliche Abfolge der Ereignisse sollte hier Rechnung getragen werden.

VII. Die Liste kanaanitischer Könige

Alle Städte, die in den Eroberungsberichten erwähnt werden, sind in einer Zusammenstellung der besiegten kanaanitischen Könige aufgeführt (Jos 12,7–24), und zwar in etwa in der Reihenfolge, in der sie in den verschiedenen Erzählungen genannt werden. Die Liste nennt jedoch noch einige zusätzliche Namen, besonders aus der zentralen und nördlichen Region; darin liegt ihre größte Bedeutung. Der Autor hatte weitere Beschreibungen vor sich, die detaillierter waren als die uns erhaltenen. Daher ergänzt die Liste in einem gewissen Grade unsere Kenntnisse, obgleich wir in den meisten Fällen nicht wissen können, welcher Quelle eine bestimmte Stadt entnommen wurde[129].

Die Liste in Jos 12 wurde offensichtlich ähnlich wie die ägyptischen topographischen Listen zusammengestellt, in denen die Könige eroberter Städte als Gefangene des Pharao dargestellt werden. Längere geographische Listen wurden gewöhnlich in Kolumnen gegliedert, so auch die hier zur Diskussion stehende Liste – ein Verfahren, das zumindest so alt wie der Talmud ist[130]. Diese Form gruppiert die Namen der gefangengesetzten Könige untereinander und stellt sie dadurch besonders heraus. Die Städtenamen in ägyptischen Listen entnahm der Bearbeiter dem jeweiligen Feldzugsbericht. Daher erscheinen sie in der Reihenfolge, in der sie in dem jeweiligen Bericht stehen, und stimmen nicht immer mit einer einfachen geographischen Anordnung überein. Das ist auch bei unserer biblischen Liste der Fall: Die Namen der Städte werden aus den Eroberungsberichten zitiert – also in der Reihenfolge, in der sie in diesen Berichten auftauchen –, um das Bild eines einzigen Feldzugs zu vermitteln, in dem »Josua und die Söhne Israels« die Könige des Landes vernichteten (s. Karte 15).

In der fraglichen Liste werden einunddreißig Städte aufgeführt. Die LXX hat nur neunundzwanzig, Bet-El fehlt, und anstelle von »der König von Afek, einer; der König von Lascharon, einer« (Jos 12,18) hat die LXX: »der König von Afek in der Scharon«. Vielleicht wurde Bet-El wegen Ri 1,22ff herausgenommen, wo es heißt, daß das Haus Josef Bet-El »nach dem Tod des Josua« (Ri 1,1) eroberte. Wir können deshalb vermuten, daß es sich um eine absichtliche Streichung handelt. Der LXX-Text ist aus folgenden Gründen vorzuziehen: 1. Afek liegt in der Scharon; 2. es gab mehrere Städte namens Afek, daher war eine zusätzliche geographische Definition notwendig; 3. der Ausdruck »in der Scharon« kennzeichnet eine Region, nicht eine Stadt, und entspricht dem Jokneam *am* Karmel aus unserer Liste (Jos 12,22); 4. es besteht ebenfalls die Möglichkeit, daß der König von Afek in anderen Quellen einfach König der Scharon genannt wurde (s.o.S. 180f). Vielleicht hat die ursprüngliche Liste dreißig Namen umfaßt. Dies könnte Absicht gewesen sein, da dreißig in israelitischer Zeit eine symbolische Zahl war (s. Ri 10,4; 12,9.14; 14,2; 2Sam 23,13), die sich gut teilen läßt und so eine symmetrische Anordnung ermöglicht.

Der erste Teil der Liste läuft parallel zu den Erzählungen in Jos 6–10; folgende Städte werden genannt: Jericho, Ai, Jerusalem, Hebron, Jarmut, Lachisch, Eglon, Geser (Jos 10,33), Debir, Libna und Makkeda. Dieser Liste wurde Adullam angefügt. Gen 38 spricht von Heiraten zwischen Familien aus Juda und den Einwohnern Adullams; die Liste bezeugt jedoch eine andere Überlieferung, nämlich die eines Krieges mit der Stadt. In ähnlicher Weise wurde eine Gruppe von drei Namen hinzugefügt: Geder, Horma und

129 Eine andere Auffassung vertritt *Fritz, V.*, ZDPV 85 (1969) 136ff.
130 »Ziegel auf Ziegel und Stein auf Stein«, Jer. Megillah 3,8. Vgl. *Klein, S.*, BJPES 2,2 (1934) 39 (hebräisch).

Arad. Berichte über einen Krieg mit Arad und über die Eroberung von Horma sind erhalten (Num 21,1; 33,40; Dtn 1,44; Ri 1,17), doch ist Geder als kanaanitische Stadt unbekannt. Städte namens Geder, Gedera, Gederot und Gederotajim sind uns aus Juda bekannt; aber es ist zu bezweifeln, daß eine davon ein kanaanitisches Zentrum war. Vielleicht haben wir es hier mit der öfter vorkommenden Verwechslung der hebräischen Buchstaben *Dalet* und *Resch* zu tun; die ursprüngliche Lesart kann deshalb vielleicht Gerar gewesen sein. Diese Stadt war die bedeutendste im westlichen Negeb[131]. In den Patriarchenerzählungen nimmt Gerar eine wichtige Stelle ein, wird aber in den biblischen Eroberungsberichten nicht mehr erwähnt.

Danach kommen vier Städte aus dem Gebiet des Hauses Josef: Bet-El und Tappuach im Gebirge Efraim, Afek und Hefer in der Scharon. Dieser Gruppe muß noch eine fünfte Stadt hinzugefügt werden, nämlich Tirza aus dem Gebiet Manasses, das am Ende der Liste steht. Nur über die Niederlage Bet-Els blieb eine Notiz erhalten (Ri 1,22ff). Über die Eroberung von Tappuach durch Efraim findet sich ein flüchtiger Hinweis in Jos 17,8; zweifellos gab es auch einen genauen Bericht von diesem Ereignis. Über die drei verbleibenden Städte sind in der Bibel keine Nachrichten erhalten. Sie bilden keine topographische Einheit, folglich gab es wahrscheinlich drei getrennte Geschichten über den Widerstand, auf den man bei jeder von ihnen gestoßen war. Einen Grund, eine Erzählung über einen einzigen Krieg gegen die Städte im efraimitischen Bergland und in der Scharon vorauszusetzen, haben wir nicht.

Der letzte Teil unserer Liste betrifft die Kriege im Norden. In diesem Abschnitt gibt es im Vergleich mit dem masoretischen Text drei Varianten in der LXX: 1. Anstelle von Madon und Schimron-Meron steht in der LXX Schimʿon und Maron (Μαρρων); 2. Kedesch steht vor Taanach und Megiddo; 3. anstelle der Könige von »Gojim in Gilgal« heißt es »Gojim in Galiläa«, womit der König der Völker in der Region von Galiläa gemeint ist, wahrscheinlich das »Galiläa der Völker« (s. Jes 8,23). Daher läßt sich nach der LXX folgende Reihe gewinnen: Hazor, Schimʿon, Maron, Achschaf, Kedesch, Taanach, Megiddo, Jokneam am Karmel, Dor aus dem Erbteil Naftalis, Gojim in Galiläa.

Die ersten vier Städte gehören zur Schlacht von Merom. Daher ist der LXX-Text, der Hazor an den Anfang stellt, vorzuziehen. Da eine Stadt namens Madon in keiner anderen Quelle vorkommt, sollte die LXX-Lesart Maron akzeptiert werden; Maron verweist auf Merom, in dessen Nähe die Schlacht stattfand (»an den Wassern von Merom«). Es bleiben sechs Städtenamen, auf die es in den Erzählungen der Bibel keine Hinweise gibt: eine Stadt in Obergaliläa (Kedesch), drei Städte in der Jesreel-Ebene (Taanach, Megiddo, Jokneam), eine Stadt an der nördlichen Küste (Dor) und am Ende ein allgemeiner Terminus, der König von Galiläa oder »Galiläa der Völker«

131 *Aharoni, Y.*, IEJ 6 (1956) 27.

(LXX) bedeutet, da eine kanaanitische Stadt namens Gilgal unbekannt[132] und der archaische Ausdruck »Gojim« offensichtlich mit Galiläa zu verbinden ist.
Taanach und Megiddo werden im Deboralied erwähnt (Ri 5,19). Neben diesen beiden Städten hören wir in den biblischen Erzählungen nur noch von Hazor und Sisera, dem Militärbefehlshaber von Haroschet-Gojim, der der kanaanitischen Koalition vorstand, und finden ferner einen allgemeinen Hinweis auf »die Könige von Kanaan« (Ri 5,19). Es ist daher wahrscheinlich, daß in unserer Liste die Städte der gleichen kanaanitischen Könige überliefert sind, die an dem Kampf gegen Debora teilgenommen haben und die dem Autor aus einer etwas vollständigeren Überlieferung als der, die in der Bibel erhalten ist, bekannt waren. Bei den genannten handelt es sich um die wichtigsten Städte im Norden; sie stimmen mit der Lokalisierung des Schlachtfeldes zwischen Tabor und Kischon überein.
Da die fragliche Liste nicht alle wichtigen Kanaaniterstädte in Westpalästina aufzählt, wird sie nur diejenigen Städte zusammenstellen, die in den Erzählungen über die alten Kriege erwähnt werden. Städte im Philistergebiet, in der Akko-Ebene (mit Ausnahme Achschafs) und wichtige Orte wie Bet-Schean und Rehob, südlich davon gelegen, fehlen, da sie nicht in den Kriegsberichten vorkommen. Jedoch gibt diese Liste ein glaubwürdiges Bild der bedeutenden Kanaaniterstädte – der Städte also, auf die die Israeliten stießen, als sie von den verschiedenen Regionen Besitz ergriffen.

VIII. Die Grenzen der israelitischen Landnahme

In der ersten Phase der Landnahme konnten die Israeliten nur in solche Gebiete vordringen, die keine starken und relativ dicht beieinander liegenden kanaanitischen Siedlungen aufwiesen, d.h. hauptsächlich in die Bergregionen, den Negeb und die südlichen und zentralen Teile Transjordaniens. Die biblische Tradition betont immer wieder, daß die israelitischen Stämme nicht in der Lage waren, sich mit den mächtigen kanaanitischen Städten der Ebenen zu messen, da diese eiserne Streitwagen hatten und stark befestigt waren (Jos 17,18; Ri 1,19). Die ersten Gebiete, von denen die Stämme Besitz ergriffen, lagen weit entfernt von den ägyptischen Verwaltungszentren; das erklärt das erstaunliche Phänomen, daß in der Bibel die ägyptische Präsenz in Palästina trotz der Tatsache, daß zur Zeit der israelitischen Einwanderung und Eroberung im 14. und 13. Jahrhundert v.Chr. die Pharaonen des Neuen Reiches noch die ägyptische Provinz Kanaan kontrollierten[133], keine Erwähnung findet. Aus dem gleichen Grunde hinterließ die is-

132 Es gibt keine Basis für Albrights Vorschlag, dieses Gilgal mit *Ǧilǧūliye* in der Scharon zu identifizieren. Vgl. *Albright, W. F.*, BASOR 11 (1923) 7–9.

133 Das kann selbstverständlich auch mit der Herkunft der biblischen Erzählungen zusammenhängen, die sich hauptsächlich mit Ereignissen befassen, die auf ganz bestimmte Orte bezogen sind, so daß die allgemeine Situation des Landes nicht geschildert wird.

Karte 17: »Das Land, das übrigbleibt« und nicht eroberte kanaanitische Städte

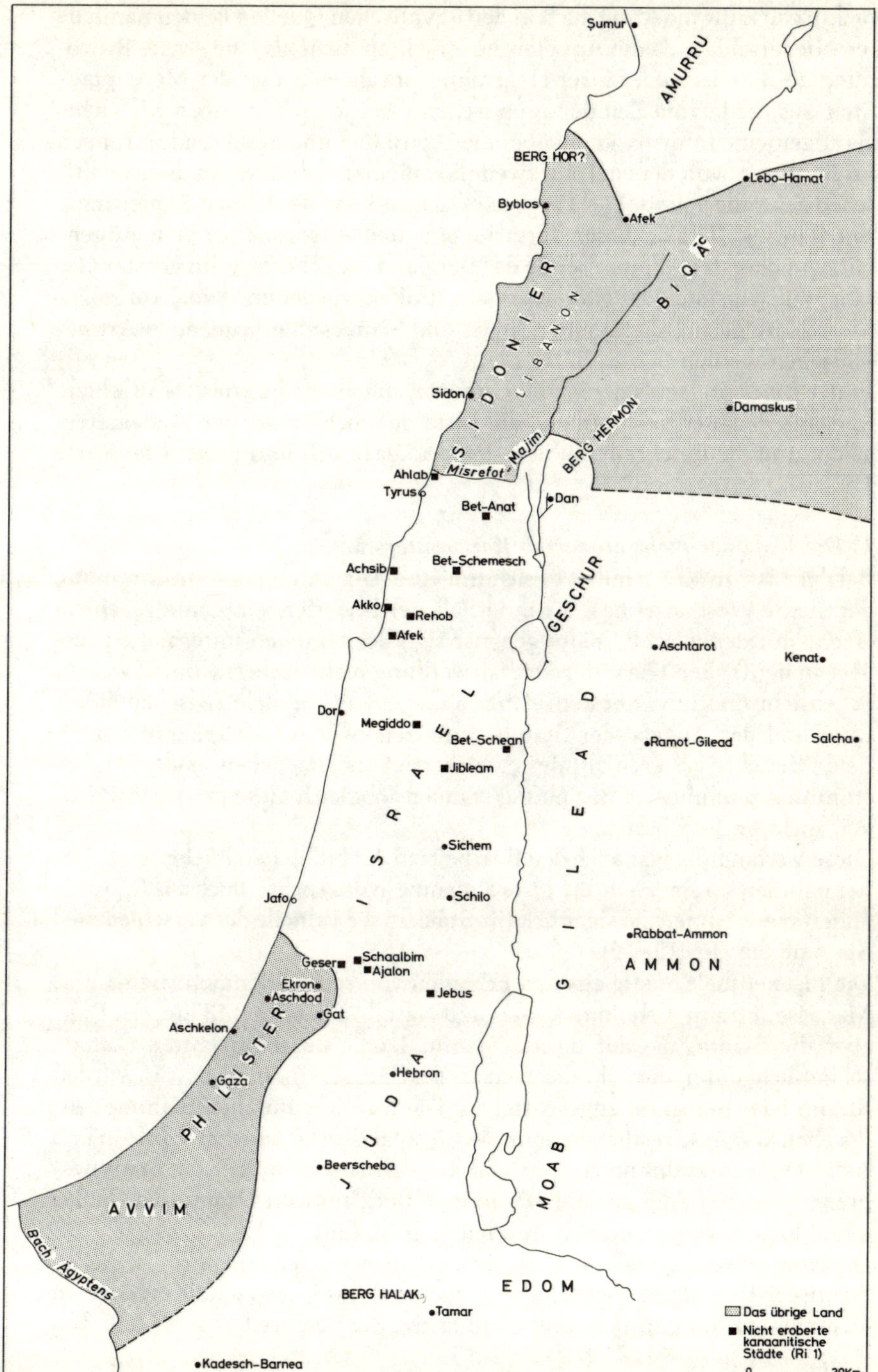

raelitische Einwanderung auch in den ägyptischen Quellen keinen namhaften Niederschlag, da die Ägypter die Israeliten nicht als eine ernste Bedrohung des Friedens oder ihrer Hegemonie ansahen. Außer der Merenptah-Stele aus der letzten Zeit der ägyptischen Oberherrschaft haben wir nichts als allgemeine Informationen über die ʿApiru und nomadisierende Gruppen im Bergland, von denen Teile zweifellos niemand anderes als die israelitischen Stämme waren. Der Papyrus Anastasi I aus der frühen Regierungszeit Ramses' II. gibt dieser Tatsache beredten Ausdruck: In dem Augenblick, in dem der Alleinreisende das Bergland erreicht, ist er in ernster Gefahr; selbst an einer der Hauptverkehrsstraßen wie der im *Wādi ʿAra* soll es Marodeure geben, die in einer Angst und Schrecken erzeugenden Art beschrieben werden (s.o.S. 52).

In der Bibel finden sich zwei Dokumente, die die nicht eroberten Gebiete Kanaans genauer beschreiben: die Liste der nicht eroberten Kanaaniterstädte und die Beschreibung des »Landes, das noch übrigbleibt« (s. Karte 17).

1. Die Liste der nicht eroberten Kanaaniterstädte

Bei der Liste in Ri 1 handelt es sich um eine Aufzählung und Beschreibung der Städte Westpalästinas, die innerhalb der betreffenden Stammesgebiete lagen, mit denen jene Städte gegenseitige Beziehungen unterhielten, die aber in der frühen Phase der Seßhaftwerdung nicht erobert worden waren. In Absicht und Inhalt besteht daher eine genaue Parallele zwischen dieser Liste und der Angabe der Stammesgrenzen, wie A. Alt erkannt hat[134]. Beide Berichte basieren auf der Ansicht, daß die fraglichen Städte mit bestimmten Stämmen in Beziehung standen, obgleich diese sie in Wirklichkeit nicht erobert hatten.

Diese Verbindung war auch den Bearbeitern der biblischen Bücher klar. Daher nahmen sie einerseits die Liste als ganze in das Richterbuch auf (Kap. 1), andererseits bauten sie sie Stück für Stück in die Erbteile der verschiedenen Stämme ein (Jos 15–19).

Die Liste enthält Städte aus den Erbteilen von sechs Stämmen: Benjamin, Manasse, Efraim, Sebulon, Ascher und Naftali. Ein siebter Stamm ist Dan, aber die Städte, die auf diesen Stamm Druck ausgeübt hatten, kamen schließlich unter die Oberherrschaft des Hauses Josef, d.h. sie wurden Efraim oder Benjamin zugeschrieben. Die transjordanischen Stämme fehlen ebenso wie die restlichen Stämme Westpalästinas: Issachar, Simeon und Juda. Diese Anordnung stimmt voll mit den Angaben über die Stammesgrenzen überein, die nur die Stämme im Bergland von Efraim und Galiläa einschlossen, ausgenommen Issachar (s.u.S. 266).

Die einzige fremde Stadt, die im Gebiet Benjamins genannt wird, ist das jebusitische Jerusalem, obgleich diese Stadt nach Jos 15,63 zu Juda gehörte. In Übereinstimmung mit unserer Liste bringt die Beschreibung der Grenzen

134 *Alt, A.*, Sellin-Festschrift, Leipzig 1927, 17ff = Kl. Schr. I, 197ff.

zwischen Juda und Benjamin zum Ausdruck, daß Jerusalem zu Benjamin gehört (Jos 15,8; 18,16).

Alle nicht eroberten Städte in den Grenzen von Manasses Erbteil liegen im nördlichen Teil des Territoriums, in der Jesreel-Ebene (Bet-Schean, Taanach, Jibleam, Megiddo) und in der nördlichen Scharon (Dor). Die gleichen Städte werden in Jos 17,11–13 erwähnt. Hinzugefügt wird hier allerdings noch En-Dor, offenbar wegen der Ähnlichkeit mit dem vorangehenden Dor, obwohl es keinen Anhaltspunkt dafür gibt, daß En-Dor ein kanaanitisches Zentrum war. Die Einleitung in Jos 17,11 »Es hatte aber Manasse im Gebiet von Issachar und Ascher: . . .« wurde eingefügt, um die Tatsache zu betonen, daß diese Städte ursprünglich nicht zu seinem Erbteil gehörten, sondern vielmehr in Gebiete, die zunächst den beiden anderen Stämmen zugerechnet wurden.

Aus dem Erbteil Efraims wird nur eine Stadt erwähnt, Geser, das an der südwestlichen Grenze lag. Das gilt für Ri 1,29 und Jos 16,10.

Die zwei mit Sebulon verbundenen Städte, Kitron und Nahalol, bleiben unidentifizierbar; sie stehen am Ende der Beschreibung von Sebulons Erbteil, geschrieben Kattat und Nahalal (Jos 19,15). Die Auffassung, daß diese Städte in der Akko-Ebene außerhalb der Grenzen von Sebulon, wie sie in Jos 19 beschrieben werden[135], liegen sollen, ist nur schwer nachvollziehbar, weil es keinen wie auch immer gearteten Hinweis dafür gibt; alles scheint, wie bereits oben gesagt, darauf hinzudeuten, daß die beiden Listen eine bestimmte historische Phase wiedergeben. Wahrscheinlich lagen diese Städte am Nordwestrand der Jesreel-Ebene und sollten je mit einem der Tulul in diesem Gebiet identifiziert werden.

Einige Städte in der Ebene von Akko stehen in Verbindung mit dem Stamm Ascher, nämlich Akko selbst, Achsib, Afik (nach Jos 19,30: Afek) und Rehob[136]. In ähnlicher Weise wurde eine phönizische Küstenstadt zu Ascher gerechnet, Ahlab-Helba (nach Jos 19,29 Mehebel), bei dem es sich offensichtlich um das Maḫalliba in den Inschriften Sanheribs, das heutige *Ḫirbet el-Maḥālib* – ungefähr 7 km nördlich von Tyrus –, handelt[137]. Ein besonderes Problem wirft die Erwähnung Sidons auf, da diese Stadt nach allen unseren Quellen außerhalb der Grenzen israelitischer Siedlungsgebiete lag. Selbst die Nordgrenze von Aschers Erbteil reicht nur »bis nach Sidon, der großen Stadt, und wendet sich dann . . . bis zur Festungsstadt Tyrus« (Jos 19,28–29; 2Sam 24,6–7), d.h. bis zu den Grenzen der Stadt Sidon: dem Liṭani, der zwischen den Gebieten von Tyrus und Sidon hindurchfließt. Die Aufzählung kanaanitischer Städte am Ende von Aschers Städteliste in Jos 19,29–30 spiegelt – mit leichten Textvarianten und abgesehen davon, daß

135 *Albright, W. F.*, AASOR 2–3 (1923) 26.

136 Rehob wird zusammen mit Dor in einer Liste Ramses' II. aus Amara erwähnt; daher scheint es zwingend, den Ort in der südlichen Akko-Ebene zu lokalisieren. Vgl. *Mazar, B.*, Yediot 27 (1963) 139–144 (hebräisch).

137 Auch in LXX ist Dor hinzugefügt. Ist dies ein Nachhall der Tradition, daß Dor ursprünglich Ascher zugeschrieben wurde?

Sidon fehlt – die gleiche Situation. Daher können wir »die Einwohner Sidons« als eine allgemeine Bezeichnung für »die Einwohner von Akko« auffassen, da alle Bewohner der nördlichen Küstenzone einschließlich der Akko-Ebene zu dieser Zeit als Sidonier betrachtet wurden. Offenbar wurde die phönizische Küste bis zur Grenze der Stadt Sidon, zumindest einschließlich der Küstenstadt Tyrus (Usu, Palaityrus), theoretisch als Aschers Territorium angesehen, obgleich sich hier sogar das Machtgleichgewicht zugunsten der kanaanitischen Seite verlagert hatte: »So saßen die von Ascher mitten unter den Kanaanitern, die im Land wohnten, denn sie vertrieben sie nicht« (Ri 1,32).

Nur zwei Städte dieser Liste sind dem Gebiet von Naftali zugeordnet: Bet-Schemesch und Bet-Anat. Über ihre Lokalisierung gibt es unterschiedliche Meinungen, die Vorschläge reichen vom Tal von Bet-Netofa *(Sahl Baṭṭōf)* in Untergaliläa bis zu den nördlichen Ausläufern Obergaliläas. Aufgrund der Ergebnisse archäologischer Untersuchungen scheint es heutzutage sicher, daß Städte im nördlichen Teil Obergaliläas gemeint sein müssen, da dort mächtige und hochentwickelte kanaanitische Siedlungen bis zum Beginn der israelitischen Zeit existierten[138].

Schließlich ist in dieser Liste noch eine Überlieferung über die amoritischen Städte in der nördlichen Schefela erhalten, die dem Druck des Stammes Dan widerstanden und die Stammesmitglieder zwangen, ein neues »Erbteil« im Norden zu suchen. Von den drei Städten geben die Lokalisierungen von Ajalon und Schaalbim im Tal von Ajalon östlich von Geser keine Probleme auf. Har-Heres wird gewöhnlich als Synonym für Bet-Schemesch bzw. Ir-Schemesch angesehen, das etwas weiter südlich liegt[139]. Wenn das richtig ist, dann haben wir hiermit einen Nachweis für ein frühes Datum der danitischen Wanderung, denn Bet-Schemesch galt schon am Ende der Richterzeit als eine israelitische Stadt (1Sam 6,9ff). Durch Ausgrabungen konnte auch nachgewiesen werden, daß die kanaanitische Stadt in einer frühen Phase der Landnahme zerstört worden war[140].

In ihrer vorliegenden Form enthält die Liste neunzehn kanaanitische Städte in den verschiedenen Regionen Westpalästinas: in der nördlichen Schefela, in der nördlichen Scharon, in der Jesreel-Ebene, in der nördlichen Küstenebene, in Obergaliläa und eine Stadt im zentralen Bergland, nämlich Jerusalem. Nur drei Städte sind dieser Liste und der Liste der eroberten Kanaaniterstädte gemeinsam, nämlich Geser, Taanach und Megiddo, die in den Berichten über die Kriege auftauchen, obwohl sie während der ersten Phase der israelitischen Seßhaftwerdung kanaanitisch blieben. Aus geographischer Sicht ergänzt daher diese Liste die der kanaanitischen Städte. Was ihre Datierung betrifft, so haben wir oben gesehen (s.S. 238), daß sie aufgrund der Ausgrabungen in Megiddo und Taanach spätestens aus der Mitte des 12.

138 *Aharoni,* Settlement, 70–75.

139 *Abel,* Géogr. II, 282.343.

140 *Grant,* E. und *G. E. Wright,* Ain Shems Excavations V, Haverford 1939, 11f.

Jahrhunderts v.Chr. stammt. Einige der in der Liste aufgeführten Städte fielen ungefähr zu dieser Zeit in israelitische Hände, während andere wie z.B. Jerusalem, Geser und wahrscheinlich auch Bet-Schean ihre Unabhängigkeit bis zur Regierung Davids erhalten konnten. Was die restlichen Städte betrifft, so fehlen uns ausreichende Hinweise, aber wir können annehmen, daß die Städte in der Akko-Ebene und Dor dem israelitischen Druck bis zur Zeit Davids widerstehen konnten[141].

2. Die Beschreibung vom »Land, das noch übrigbleibt«
Bei diesem Dokument handelt es sich um eine Aufzählung der Regionen, die bis dahin außerhalb der Grenzen israelitischer Seßhaftwerdung geblieben waren, obwohl sie innerhalb der alten Grenzen Kanaans lagen (Num 34). Im Aufbau der biblischen Überlieferung steht diese Beschreibung als Einleitung zur Erzählung von der Teilung des Landes durch Josua nach Beendigung der Eroberungskriege. Sie schließt mit der Feststellung, daß Josua auch »dieses Land« unter den verschiedenen Stämmen aufteilen sollte (Jos 13,7). Jedoch beruht das Dokument selbst auf einer anderen Sicht. Trotz der Tatsache, daß »das Land, das noch übrigbleibt« zu Kanaan gehörte, wurde es in Wirklichkeit nicht unter die Stämme verteilt. Neben den Stammesgrenzen und den nicht eroberten Kanaaniterstädten, die innerhalb dieser Grenzen lagen, gab es noch das »übriggebliebene« Gebiet Kanaans, das tatsächlich außerhalb der Grenzen der israelitischen Eroberung gelegen hat. Diese Ansicht kommt auch noch in anderen Texten zum Ausdruck. Jos 11,17 versichert, das Josua alles Land »vom Berg Halak, der aufsteigt nach Seïr hin, bis nach Baal-Gad im Tal des Libanon, am Fuße des Berges Hermon« erobert habe. Im Gegensatz dazu erstreckt sich »das Land, das noch übrigbleibt« »von Baal-Gad am Fuße des Gebirges Hermon bis Lebo-Hamat« (Jos 13,5)[142].
Eine etwas verkürzte Beschreibung derselben uneroberten Gebiete findet sich in Ri 3,3: »die fünf Fürsten der Philister und alle Kanaaniter und Sidonier und Hewiter, die das Libanongebirge bewohnen, vom Berg Baal-Hermon an bis nach Lebo-Hamat«.
Das noch übriggebliebene Land wird in Areale südlich und nördlich der Grenzen der israelitischen Landnahme eingeteilt. Jede einzelne Beschreibung beginnt mit der Kennzeichnung »alles«, danach fogt eine Beschreibung der Grenzen mit der Formel »von . . . bis . . .«; zuweilen werden zusätzliche Einzelheiten genannt. Nach diesem Muster werden in der Regel alte Grenzen bestimmt, vgl. die Grenzen von »Aram in seiner Gesamtheit« auf der Sefîre-Stele (s.o.S. 86). »Alle Gebiete der Philister« im Süden, die als Teil des Landes Kanaan angesehen wurden (Gen 10,19), erstreckten sich »vom Schihor an, der östlich von Ägypten fließt, bis zur nördlichen Grenze von Ekron« (Jos 13,3). Sie schlossen die fünf philistäischen Territorien von Gaza

141 Eine andere Ansicht vertritt *Maisler*, Untersuchungen, 59ff.
142 Zu Lebo-Hamath vgl. *Elliger, K.*, PJ 33 (1936) 34ff.

im Süden bis Ekron im Norden ein, ferner das Gebiet der Awiter südlich davon. Die Awiter sind die autochthone Bevölkerung der südlichen Grenzregion, »die in Gehöften wohnten bis nach Gaza« (Dtn 2,23)[143].
Es ist schwierig zu bestimmen, was unter »alles . . . der Geschuriter« zu verstehen ist. In diesem Abschnitt werden die Geschuriter mit den südlichen Distrikten in Verbindung gebracht; aus ebendieser Gegend sind sie uns auch durch einen kurzen Feldzug Davids bekannt, den dieser von Ziklag aus unternommen hatte (1Sam 27,8). Jedoch blieb auch das im Norden liegende Geschur östlich des Sees Gennesaret außerhalb der israelitischen Grenzen (2Sam 13,37). Vielleicht wurden beide Namen in der ursprünglichen Liste aufgeführt, und einer fiel später durch Haplographie aus.
Der zweite Teil von dem »Land, das noch übrigbleibt«, liegt im Norden; es umfaßt »alles Land der Kanaaniter« im Westen und »den ganzen Libanon« im Osten. Die Grenzen des kanaanitischen Territoriums sind ». . . Meara, das den Sidoniern gehört, bis Afek, bis an die Grenze der Amoriter, dazu das Land der Gebaliter« (Jos 13,4–5).
Bedauerlicherweise ist das erste Wort, das die südlichen Grenzen des nicht eroberten kanaanitischen Territoriums feststellt, zerstört. Statt Meara hätte dort eine Bestimmung wie »von [einem bestimmten Platz]« stehen müssen, doch bleibt jeder Versuch, diesen Ausdruck wiederzugewinnen, reine Vermutung. Am Ende der Aufzählung findet sich eine allgemeine Anmerkung: »alle, die auf dem Gebirge wohnen, vom Libanon an bis nach Misrefot-Majim, alle Sidonier« (Jos 13,6). Ein Vergleich mit der Beschreibung der Verfolgung der Kanaaniter nach der Schlacht von Merom (Jos 11,8) legt nahe, daß es sich bei Misrefot-Majim[144] um einen anderen Ausdruck für die südliche Grenze Sidons handelt. Der Vorschlag, Misrefot-(Majim) mit *Ḫirbet Mušērif* am nördlichen Ende der Akko-Ebene[145] gleichzusetzen, findet in den dort durchgeführten Ausgrabungen keine Unterstützung, da sich keine Überreste aus dem Ende der Spätbronze- oder dem Beginn der israelitischen Zeit fanden[146]. Oben sahen wir, daß die südlich des Liṭani gelegene Stadt Ahlab-Mahalab eine der kanaanitischen Städte ist, die Ascher zugeschrieben wurden. Wahrscheinlich verlief die Grenze des »Landes, das übrigbleibt«, also weiter nördlich. Es erhebt sich die Frage, ob »Misrefot-Majim« nicht der Fluß Liṭani ist, dessen Name in der Bibel nicht erwähnt wird[147].
Demgegenüber ist die nördliche Grenze des kanaanitischen Territoriums relativ deutlich; sie erstreckte sich »bis Afek, bis an die Grenze der Amoriter«. Dieser Hinweis bezieht sich wahrscheinlich auf das *Afqā* bei den Quellen des

143 Eine Vermutung über ihre Herkunft äußert *Speiser, E.*, AASOR 13 (1933) 30 Anm. 67.

144 Es ist möglich, daß der Name nur Misrefot lautete, woraufhin der zweite Teil dann *miyyam*, d.h. »im Westen«, gelesen werden muß. Vgl. *Noth*, Josua, 68f.

145 *Maisler*, Untersuchungen, 67f; *Garstang*, Joshua-Judges, 396.

146 *Tadmor, Miriam* and *M. Prausnitz*, ʿAtiqot 2 (1959) 71–88.

147 Die einzige Erwähnung des Liṭani kommt im Papyrus Anastasi I in der Form »der Fluß *n-ṯ-n*« vor (vgl. o.S. 191); vgl. auch Kirjat (Stadt des) *n-ḏ-n* in der Thutmoses-Liste (Nr. 11).

Nahr Ibrāhīm südöstlich von Byblos. Mit den »Amoritern« können hier nicht die gewöhnlich in der Bibel so genannten Stämme gemeint sein; vielmehr bezeichnet das Wort das Königreich von Amurru im Libanon, das uns aus ägyptischen und hethitischen Quellen des 14. und 13. Jahrhunderts v.Chr. wohlbekannt ist. Dieses Königtum lag im nördlichen Teil des Libanon. In der Amarna-Zeit regierten seine Könige über ein Territorium, das sich von Ṣumur nahe der Eleutherus-Mündung bis nach Kadesch am Orontes erstreckte; einer seiner Hauptfeinde war der König von Byblos. Amurru war ein umstrittenes Gebiet an der Grenze zwischen den hethitischen und ägyptischen Königreichen. Aus hethitischen Verträgen wissen wir, daß es sich schließlich der hethitischen Oberhoheit unterwarf und nach der Schlacht bei Kadesch in hethitischer Hand blieb[148]. Wahrscheinlich lag Afek somit an der südlichen Grenze Amurrus, die dann die nördliche Grenze der ägyptischen Provinz Kanaan zur Regierungszeit Ramses' II. wurde. Diese Grenze Kanaans haben die israelitischen Stämme vorgefunden (s.o.S. 75f).

Der zweite Teil ist der östliche Teil des Libanon (nicht des Anti-Libanon, dessen biblischer Name ist Sirjon-Senir) einschließlich des Libanontals *(Biqāʿ)*. Die Grenzen dieses Gebietes erstreckten sich von »Baal-Gad am Fuße des Berges Hermon bis nach Lebo-Hamat«. Der nördlichste Punkt liegt an der traditionellen Grenze Kanaans beim heutigen *el-Lebwe* an einem der Orontes-Quellflüsse. Die exakte Identifizierung für Baal-Gad ist nicht bekannt. Ri 3,3 schreibt an dieser Stelle »Berg Baal-Hermon«; der Text bezieht sich offensichtlich auf den heiligen südlichen Gipfel des Hermon, d.h. auf die Region oberhalb von Dan, wo traditionell die nördliche Grenze der israelitischen Eroberung verläuft. Die Bevölkerung dieses Gebietes wurde Hiwiter genannt – nach der LXX Hurriter. Bei der Wendung »das Land Mizpa« oder »das Tal von Mizpe«, das am Fuß des Berges Hermon lag und wo ebenfalls Hewiter lebten (Jos 11,3.8), handelt es sich um eine parallele Angabe der Grenzen der israelitischen Landnahme im Hermon-Gebiet. Es ist wohl mit *Merǧ ʿĀyūn*[149] oder dem Tal des *Ḥeṣbāni* gleichzusetzen.

Auch dieser Punkt stimmt genau mit der Sicht des »Landes, das noch übrigbleibt«, d.h. des nicht eroberten Bereichs Kanaans überein. Nach der biblischen Überlieferung erstreckten sich die Eroberungen unter Josua vom Berg Halak an der Grenze zu Seïr im Negeb bis nach Baal-Gad im Libanontal am Fuße des Hermon-Berges (Jos 11,17; 12,7). Dementsprechend reichte »das Land, das noch übrigbleibt« von Baal-Gad bis Lebo-Hamat, der bekannten Stadt an der Nordgrenze Kanaans.

148 ANET 203–205.
149 *Maisler*, Untersuchungen, 75; *Aharoni*, Settlement, 95.

IX. Seßhaftwerdung im Bergland

Das Anwachsen der israelitischen Bevölkerung im Bergland machte die Anlage neuer Felder notwendig, im wesentlichen durch Rodung der Wälder. Diese Notwendigkeit wird in Jos 17,14–18 ausdrücklich festgestellt:

»Da redeten die Nachkommen Josefs mit Josua und sprachen: Warum hast du mir nur ein Los und ein Erbteil gegeben? Und ich bin doch ein großes Volk, da mich der Herr so gesegnet hat. Da sprach Josua zu ihnen: Weil du ein großes Volk bist, so geh hinauf ins Waldgebirge und rode dort für dich im Lande der Perisiter und Rephaiter[150], wenn dir das Gebirge Efraim zu eng ist. Da sprachen die Nachkommen Josefs: Das Gebirge wird nicht Raum genug für uns haben; dazu gibt es eiserne Wagen bei allen Kanaanitern, die im ebenen Land wohnen, bei denen zu Bet-Schean und seinen Ortschaften und bei denen in der Ebene Jesreel. Josua sprach zum Hause Josef, zu Efraim und Manasse[151]: Du bist ein großes Volk, und weil du so stark bist, sollst du nicht nur ein Los haben, sondern das Gebirge soll dein sein, wo der Wald ist; dort kannst du roden, und er soll dein sein, so weit er reicht; dann wirst du die Kanaaniter vertreiben, obwohl sie eiserne Wagen haben, denn du wirst mächtiger sein als sie.«

Die Meinungen darüber, ob sich die Beschreibung auf die Expansion des Hauses Josef ostwärts nach Transjordanien[152] bezieht oder auf die Siedlungstätigkeit in den bewaldeten Sektoren des efraimitischen Berglandes[153], gehen auseinander. Auf jeden Fall ist das allgemeine Bild, das hier wiedergegeben wird, das der Unfähigkeit, in die kanaanitischen Ebenen einzudringen, und der Notwendigkeit, genügend Siedlungsland in den Bergregionen durch Rodung der Wälder und Kultivierung so gewonnener Felder zu schaffen.

Eine extensive Besiedlung des Berglandes wurde durch die soziale Organisation der Stämme ermöglicht, die sich in Israel trotz der veränderten Bedingungen noch während der Richterzeit gehalten hatte. Die Verteidigung der Bevölkerung und ihrer Lebensweise beruhte nicht wie bei den kanaanitischen Städten auf starken Festungsmauern und schwerer Bewaffnung. Vielmehr handelte es sich um eine Art kollektiver Verteidigung, die auf der Stammes- und Sippenorganisation beruhte. In den zahlreichen Erzählungen aus der Richterzeit gibt es nur ganz wenige Beispiele für die Belagerung einer israelitischen Stadt durch einen Feind. Aber wiederholt hören wir von feindlichem Eindringen in israelitische Gebiete und ihrer Zurückdrängung

150 Fehlt in LXX.

151 Fehlt in LXX.

152 *Budde, K.*, ZAW 7 (1887) 123f; *Burney, C. E.*, Israels Settlement in Canaan, London 1919, 20ff.

153 *Meyer, E.*, Die Israeliten und ihre Nachbarstämme (^{2}1967), 512ff. Es ist möglich, daß Noths Ansicht stimmt, daß es zwei parallele Quellen gab, die in diesem Abschnitt zusammengefaßt wurden (Josua, 106f). Die zweite, die älter ist, bezieht sich auf die bewaldeten Regionen des efraimitischen Berglandes, aber hier in diesem Text geht ihr eine spätere Quelle voran, die mit der Seßhaftwerdung in Transjordanien verbunden ist. Es ist klar, daß »das Land Refaim« ein typischer Begriff für Transjordanien ist (vgl. Gen 14,5; Dtn 2,11.20; Jos 12,4); aber dieser Ausdruck fehlt in LXX.

durch tapfere Krieger, die von der Sippe oder dem Stamm mobilisiert wurden und den Feind in einem günstigen Augenblick angriffen. Die meisten israelitischen Siedlungen waren zu Anfang recht klein, einige bestanden in unbefestigten Dörfern, andere hatten Festungsanlagen, die aber, verglichen mit den mächtigen Mauern kanaanitischer Städte, schwach und provisorisch waren. Diese Situation resultierte – in Verbindung mit einem Stammesbrauch, der den Einsatz ganzer Sippen als Arbeitskräfte verhinderte, wie es zum gemeinsamen Bau von Festungsanlagen nötig gewesen wäre – aus einem Mangel an technischem Wissen während der frühen Phase der Seßhaftwerdung. Verteidigung, die auf der Stammesorganisation beruhte, paßte besser zu einer in den Bergregionen verstreut lebenden Bevölkerung. Selbstverständlich haben auch die schwierigen Zugangswege die Sicherheit der kleinen, unbefestigten Dörfer erhöht.
Die Seßhaftwerdung im Bergland wurde durch den Bau von Zisternen erleichtert. Bei vielen Ausgrabungen wurden verputzte und gekalkte Zisternen in spätbronzezeitlichen Schichten, besonders in den jüngeren, gefunden[154]. Diese Neuerung machte die Bevölkerung von Brunnen unabhängiger, die bis dahin Grundbedingung fester Siedlungen gewesen waren. Nunmehr war es möglich, den jährlichen Wasserverbrauch der Einwohnerschaft durch das in den Zisternen gesammelte Regenwasser zu sichern. Dies war keine israelitische Erfindung. Sie findet sich schon in den kanaanitischen Städten, da deren Einwohner keine Anstrengung gescheut hatten, die Wasserversorgung sicherzustellen. Die neu angekommenen israelitischen Stämme übernahmen diese Erfindung sehr schnell; das half ihnen, die weitverstreuten kleinen Siedlungen unabhängig von der begrenzten Anzahl der Brunnen und Quellen zu errichten.
Die engen Grenzen und die starke Konzentration der israelitischen Bevölkerung bewirkten eine eigentümliche gesellschaftliche Entwicklung. Die archäologischen Forschungen haben gezeigt, daß die Israeliten bei ihrer Einwanderung keine festgeprägte, eigenständige materielle Kultur mitgebracht hatten; sie entlehnten fast alles von den früheren Einwohnern. Das läßt sich bei der Bewaffnung, an Kunstgegenständen und besonders an der Keramik beobachten. Der israelitische Handwerker imitierte das kanaanitische Produkt und schuf anfänglich primitivere Gefäße – jedoch im gleichen Stil. Parallel dazu wurden schnell Gefäße in einem charakteristischen und klar zu unterscheidenden Stil entwickelt, der sich nur bei den israelitischen Stämmen findet. Dies zeigte sich bei der archäologischen Erforschung Galiläas recht deutlich. Wenn wir die Keramik, die in den zahlreichen israelitischen Siedlungen Galiläas[155] gefunden wurde, und die aus der frühesten israelitischen Siedlung in Hazor (Schicht XII) mit der Keramik der kanaanitischen Kultur vergleichen, die ihr vorausgegangen war (besonders Hazor Schicht

154 *Barrois, A.*, Manuel d'archéologie biblique I, Paris 1939, 226; *Albright*, APB 132; *ders.*, SAC 212. Man beachte auch die tiefe Zisterne von Hazor Schicht XIV aus dem 13. Jahrhundert v.Chr.
155 *Aharoni*, Settlement, Fig. 4–5.

XIV–XIII), so fallen die Ähnlichkeiten und Unterschiede ins Auge. Der Kochtopf aus israelitischen Siedlungen gleicht in der Gefäßform genau dem kanaanitischen; nur der Rand ist bei dem israelitischen Topf länger und gerade, während der Rand des kanaanitischen etwas nach außen gestellt ist. Daher ist es leicht möglich, beide voneinander zu unterscheiden. In Hazor Schicht XII bzw. in den israelitischen Siedlungen Galiläas wurde kein einziges kurzes, nach außen gestelltes Randstück gefunden. Gleiches gilt für die Vorratskrüge. Im allgemeinen ist ihre Form eindeutig dem kanaanitischen Pithos nachempfunden, der in Hazor Schicht XIV und XIII zahlreich entdeckt wurde. Trotzdem gibt es Unterschiede in der Fabrikation, in der Form des Randes und in der Ausführung des plastischen Dekors. Typisch für die israelitischen Siedlungen sind die »collared rim«-Krüge, die einen Wulst unterhalb des Halses aufweisen. Übernahme der kanaanitischen Kultur und rasche Herausbildung eigener Formen sind ein Kennzeichen für alle Phasen des israelitischen Stammeslebens. Solch eine Entwicklung läßt sich leicht dadurch erklären, daß die israelitischen Siedlungen in sich geschlossene, unabhängige Einheiten bildeten, deren Einwohner ihre Ländereien bearbeiteten und ihre Dörfer in der Umgebung der mächtigen und hochentwickelten kanaanitischen Stadtstaaten bauten.

Die Einmaligkeit dieser Seßhaftwerdung der israelitischen Stämme brachte die größte Veränderung in der Siedlungsgeographie hervor, die je in der Geschichte dieses Landes stattfinden sollte. In Palästina finden sich sehr verschiedene Geländeformen dicht beieinander. Bis in die israelitische Zeit hinein schwankte die Besiedlungsdichte zwischen den verschiedenen Landesteilen stark. Wie oben erwähnt, stellten viele der Bergregionen Barrieren dar, die die fruchtbaren Täler voneinander trennten. Es überrascht darum nicht, daß dies eine Entwicklung unabhängiger städtischer Siedlungen hervorgebracht und die politische Aufsplitterung des Landes begünstigt hat. Nur eine starke Macht von außerhalb hatte Aussichten, Region nach Region des Landes unter ihre Oberhoheit zu bekommen und somit das Land zu vereinen; sie wurde dabei durch interne Zwistigkeiten der Städte unterstützt. Die früheren Erobererwellen veränderten zwar die Bevölkerungszusammensetzung, da sie sich alle auf die gleichen fruchtbaren Sektoren des Landes richteten, aber erst die israelitische Landnahme führte eine totale Änderung herbei. Nun wurden auch die Bergregionen dicht besiedelt und die meisten der freien Räume, die früher zwischen den verschiedenen Regionen bestanden hatten. Zum ersten Mal in der Geschichte des Landes verlagerte sich das Zentrum der Bevölkerung in das Bergland; und als die israelitischen Stämme an Stärke zugenommen und ihre Oberhoheit über die Ebenen gefestigt hatten, waren auch die Bedingungen geschaffen, die nötig waren, um das Land zu einer großen politischen Einheit zusammenzufassen. Im Zusammenhang dieser bis dahin beispiellosen Seßhaftwerdung wurde auch das ökonomische Potential Palästinas durch Kultivierung großer Gebiete, die nie zuvor bestellt worden waren, gesteigert. Diese Besonderheiten der Siedlungstätigkeit verursachten den Übergang vom Land Kanaan zum Land Israel, nicht nur in politischer Hinsicht, sondern auch in einer völligen Änderung der Siedlungsstruktur. Es ist dieser Faktor, der ein neues Kapitel in der Geschichte Palästinas eröffnen sollte und der das Land zum ersten Mal in den Rang einer mächtigen und einflußreichen Macht im Nahen Osten erhob.

X. Siedlung und Wanderbewegung der Stämme und Sippen

Die Seßhaftwerdung der verschiedenen Stämme in ihren jeweiligen Gebieten war ein vielschichtiger Prozeß, der nicht in jedem Falle von Erfolg gekrönt war. Das in der Bibel überlieferte Bild spiegelt die Ergebnisse dieses Prozesses in seinen späteren Phasen während der Richterzeit wider, als sich das Stämmesystem herauskristallisiert hatte und die meisten Stämme feste Wohnsitze eingenommen hatten. Ergänzende Nachrichten aus bestimmten erzählenden Passagen und den genealogischen Tafeln lassen erkennen, daß einige Umgruppierungen der Stammesgebiete stattgefunden hatten. Diese Änderungen waren doppelter Art: 1. Einige wenige Stämme zogen in andere Gebiete, nachdem sie es beim ersten Anlauf nicht geschafft hatten, von einem Territorium Besitz zu ergreifen. 2. Bestimmte Sippen gingen von einem Stamm zu einem anderen über. Gelegentlich schlossen sich auch Familien aus einer Sippe verschiedenen Stämmen an mit der Folge, daß sich der Sippenname bei mehr als nur einem Stamm wiederfindet.
Die einzige explizite Erwähnung einer Stammeswanderung nach dem Fehlschlag einer Seßhaftwerdung in dem ihnen zugeschriebenen Territorium ist die der Daniten (Ri 17.18). Daraus sollte man nicht schließen, daß es sich hierbei um die letzte Wanderung dieser Art handelte (die von Machir war allem Anschein nach später). Die Geschichte der Daniten wurde überliefert, um ihre Verbindung mit dem bedeutenden Heiligtum hervorzuheben, das Moses Enkel gegründet haben soll[156]. Daher fixiert diese Überlieferung die danitische Wanderung auf einen sehr frühen Zeitpunkt – nicht lange nach der Ankunft Judas, weil Moses Enkel von Betlehem in Juda zum Gebirge Efraim kam (Ri 17,7–8). Es gibt keinen Grund, am Wahrheitsgehalt dieser Überlieferung zu zweifeln. Der Stamm war noch nicht voll seßhaft geworden, sondern lagerte nur vorübergehend in diesem Gebiet und zog dann mit seinen Rindern und seiner Habe weiter. Ihre Versuche, die Schefela-Region um Zora und Eschtaol zu besetzen, stießen auf den zähen Widerstand der dortigen amoritischen Städte (Ri 1,34–35). In dieser Überlieferung findet sich jedoch keine Erwähnung eines Drucks philistäischer Expansion, die zu einem späteren Zeitpunkt in diesem Gebiet ihren Höhepunkt erreichte[157].

156 Der masoretische Text lautet »Manasse« *($m^{n}šh$)* mit *nūn spensa*; die ursprüngliche Lesart »Mose« *(mšh)* ist noch erhalten in einigen MSS von LXX, Vulgata und im Talmud (Baba Batra 109). Vgl. *Burney, C. F.*, The Book of Judges, London ²1920, 434f.
157 Was die vorherrschende Lehrmeinung betrifft, die diese Wanderung mit der Expansion

Die Wanderung muß den Stamm durch das efraimitische Bergland geführt haben, von wo er seinen Weg nach Norden fortsetzte und durch das Jordantal zog. Dann wurde das kanaanitische Lajisch durch einen Überraschungsangriff besiegt. Dies könnte nach dem Fall Hazors – früh im 12. Jahrhundert v.Chr. – geschehen sein, als die kanaanitische Macht im Norden sehr geschwächt war[158].

Man sollte jedoch nicht annehmen, daß der ganze Stamm nach Norden gezogen sei. In der Bibel sind Erinnerungen an einige danitische Sippen erhalten, die im Süden geblieben waren und eventuell in andere Stämme aufgenommen wurden. Die Erzählung über die Wanderung spricht nur von 600 Stammesmitgliedern, die nach Norden gezogen seien (Ri 18,11). Die danitische Sippe Huschim (Gen 46,23; Schuham nach Num 26,42) wird an anderer Stelle Benjamin zugeschrieben (1Chr 8,8). Samson war ein Danite aus Zora (Ri 13,2); die Situation, die in der Erzählung über ihn dargestellt wird, gehört frühestens in den Anfang des 11. Jahrhunderts, weil die Philister bereits Juda beherrschten. Die danitische Wanderung selbst kann man aber sicher nicht so spät datieren (s.o.S. 246f).

Vieles deutet darauf hin, daß ähnliche Bewegungen auch bei anderen Stämmen stattgefunden haben, wenn auch die entsprechenden Überlieferungen verlorengegangen sind, doch legen die genealogischen Tafeln diesen Schluß nahe. Die Tatsache, daß Machir, der Vater Gileads, noch im Deboralied zu den Stämmen des Gebirges Efraim gezählt wird (Ri 5,14), liefert Anhaltspunkte für eine Wanderung manassitischer Sippen nach Gilead. Nach diesem Weggang wurde der westpalästinische Stamm nach Manasse benannt, der namengebender Ahn des Stammes wurde. Auf diese Weise wurde die komplizierte Genealogie Manasses geschaffen, in der Machir der Vater Gileads, d.h. dort als Ortsansässiger gezählt wurde, obwohl auch be-

der Philister verbindet, vgl. die Bibliographie bei *Rowley*, Joseph-Joshua, 84 Anm. 2. Einige Gelehrte möchten den Text von Ri 1,34 dahingehend ändern, daß die »Philister« zu lesen sei anstelle von die »Amoriter«. Vgl. *Schmidtke, F.*, Die Einwanderung Israels in Kanaan, Breslau 1933, 181. Nach *Noth*, Geschichte, 67 Anm. 1, muß der Begriff »Amoriter« in diesem Abschnitt als allgemeine Bezeichnung für die vorisraelitische Bevölkerung verstanden werden, die auch die Philister einschließt.

158 In dieser Hinsicht ist der entscheidende Faktor die Interpretation eines schwierigen Verses des Deboraliedes: »Und warum dient Dan auf fremden Schiffen?« (Ri 5,17a); vgl. die verschiedenen Meinungen, die bei *Rowley*, Joseph-Joshua, 81ff, aufgeführt sind. Dans Verbindung mit der Seefahrt ist schwer zu verstehen – gleich, ob man die südlichen oder die nördlichen Wohnsitze meint. Das ursprüngliche Stammeserbteil erreichte nie die Mittelmeerküste, weil dazwischen die kanaanitischen Schefela-Städte lagen, die sich selbst auch nicht aktiv an der Seefahrt beteiligten. Die Beschreibung des ursprünglichen Stammesterritoriums von Dan kann hier aber nicht herangezogen werden, weil sie eine andere, viel spätere Situation reflektiert (vgl. u.S. 306f). Es erhebt sich die Frage, ob dieser Absatz eine Anspielung auf Dans Abhängigkeit von den Phöniziern ist, eine Abhängigkeit, in der vorher das kanaanitische Lajisch stand (Ri 18,7.28); aber selbst diese Interpretation wäre etwas weit hergeholt. Vielleicht ist der Text fehlerhaft, aber jede Korrektur wäre natürlich hypothetisch. Der Autor neigt dazu, die Wanderung Dans als eine Folge des Falls von Hazor anzusehen, dabei das frühere Datum für die Zerstörung der Stadt voraussetzend.

stimmte Distrikte des Gebirges Efraim noch mit ihm verbunden sind. Das Stadium der Ausbildung dieser Genealogie spiegelt sich noch in bestimmten biblischen Wendungen wider: Machir ist der Erstgeborene Manasses, der Vater Gileads, und die westlichen Sippen, Abiëser, Helek, Asriël, Schechem, Hefer und Schemida, werden »die übrigen Nachkommen des Stammes Manasse« (Jos 17,1–2) genannt, die somit als Brüder Machirs angesehen wurden. Aber schon im folgenden Vers wird eine viel einfachere Abstammungsfolge konstruiert: »Zelofehad, der Sohn Hefers, des Sohnes von Gilead, des Sohnes Machirs, des Sohnes Manasses« (Jos 17,3). Die genealogische Tafel in 1Chr 7,14–17 beschreibt die Abstammung wiederum anders[159]:

»Die Söhne Manasses waren diese: Asriël, den seine aramäische Nebenfrau geboren hatte; auch gebar sie Machir, den Vater Gileads. Und Machir gab Huppim und Schuppim Frauen; und seine Schwester hieß Maacha. Sein anderer Sohn hieß Zelofhad, und Zelofhad hatte nur Töchter. Und Maacha, Machirs Frau, gebar einen Sohn, den nannte sie Peresch. Und sein Bruder hieß Scheresch, und dessen Söhne waren Ulam und Rekem. Ulams Sohn aber war Bedan. Das sind die Söhne Gileads, des Sohnes Machirs, des Sohnes Manasses.«

Nach dieser Genealogie stammten die westlichen Sippen von Manasses Hauptfrau ab, während die transjordanischen die Nachkommenschaft seiner aramäischen Nebenfrau waren. Damit wird die Tatsache ausgedrückt, daß die Bevölkerung in Gilead aus verschiedenen ethnischen Gruppen bestand und einen starken aramäischen Einschlag hatte.

Manches deutet darauf hin, daß bestimmte Sippen des Stammes Issachar Verbindungen zum efraimitischen Bergland hatten. Unter den Richtern, die nach Gideon aufgezählt werden, finden wir »Tola, den Sohn des Pua, des Sohnes Dodos, ein Mann aus Issachar; und er wohnte in Schamir auf dem Gebirge Efraim« (Ri 10,1). Pua ist als eine der bedeutenden Sippen Issachars bekannt (1Chr 7,1; Puva – Gen 46,13; Num 26,23). Zwei andere Sippennamen Issachars erinnern an Ortsnamen im Gebirge Efraim: Schimron – Schemer, der den Berg Samaria verkauft hatte (1Kön 16,24; s.a. das oben erwähnte Schamir); Jaschub (Jaschib in 1Chr 7,1, nach LXX Ιασουβ) – ein Ortsname, der von den Ostraka aus Samaria bekannt ist.

Auch in der Genealogie Aschers gibt es zahlreiche Hinweise, die Verbindungen seiner Sippen mit dem südlichen Gebirge Efraim zeigen (Gen 46,17ff; 1Chr 7,30ff). Drei Sippen des Stammes Ascher sind mit den Grenzgebieten von Benjamin und Efraim verbunden: Jaflet – die Jafletiter (Jos 16,3); Schual und Schilscha – das Land Schual (1Sam 13,17) und das Land Schalischa bzw. das Land Schaalim (1Sam 9,4). Malkiel war der »Vater Birsawits« (1Chr 7,31), d.h. die Sippe wurde in Birsawit ansässig, dessen Schreibung in der LXX (Βερζαιθ) eine Identifizierung mit Βιρζηθω nahe-

159 Der Text ist teilweise fehlerhaft, jedoch ist seine Grundbedeutung klar; vgl. *Rudolph, W.*, Chronikbücher, Tübingen 1955, 68–71.

legt, dem Βαρζηθω des Josephus (Antiq. XII, 11,1), dem heutigen *Ḫirbet Bīʾr Zēt* nördlich von *Bētin*. Zwei Sippen von Ascher werden auch dem Haus Josef zugerechnet, Beria in Efraim und Benjamin (1Chr 7,30; 8,13) und Schemer in Benjamin (1Chr 8,12 LXX). Auch zwischen Sera (1Chr 7,30) und Timnat-Serach, einer Stadt Josuas im Gebirge Efraim (Jos 19,50; 24,30, in Ri 2,9 Timnat-Heres genannt), können Verbindungen bestehen, obwohl es mit unterschiedlichen hebräischen Sibilanten geschrieben wird (vgl. Ri 12,6). Die genannten Namen zeigen also, daß verschiedene Familien und Sippen von Ascher früher im Gebirge Efraim ansässig waren, wo sie dann schließlich in die Stämme Efraim und Benjamin aufgenommen wurden.

Neben den Verbindungen zwischen Machir und Manasse und den bereits erwähnten von Angehörigen Rubens mit Benjamin und Juda (s.o.S. 215f) gibt es weitere Spuren von Beziehungen zwischen den westlichen und den transjordanischen Stämmen. Viele Erzählungen zeigen die besonderen Verbindungen zwischen Benjamin und Jabesch-Gilead (Ri 21,9–14; 1Sam 11,1ff; 31,11–13)[160]. Erhalten ist auch ein Hinweis auf die judäische Sippe Hezron, die mit Machir und Gilead in Verbindung gebracht wird (1Chr 2,21–23).

In der Genealogie Judas haben die südlichen Stämme auffallende Verbindungen mit der Araba und dem Gebirge Seïr. Von den vier kalebitischen Sippen von Hebron (1Chr 2,43) sind zumindest zwei eindeutig südlicher Herkunft: Kora war ein edomitisches Oberhaupt (Gen 36,16) und mit dem Gebiet um Zoar in der nördlichen Araba verbunden[161]. Rekem war ein midianitischer Prinz (Num 31,8; Jos 13,21), aber auch der alte Name der Stadt Petra. Schema hat ebenfalls Verbindungen zu diesem Gebiet. Eine Inschrift Ramses' II. in Amara erwähnt »*š-m-ʿ-t* im Beduinenland« zusammen mit dem Gebirge Seïr[162]. Die Schimeatiter waren eine kenitische Sippe (1Chr 2,55), unter den Angehörigen des Stammes Simeon gab es eine Sippe mit Namen Schimi (1Chr 4,26–27); nach ihr könnte die Negeb-Siedlung Schema benannt sein (Jos 15,26). Auch Kenas findet sich als Name eines edomitischen Anführers (Gen 36,15).

Weiterhin gibt es Hinweise auf Verbindungen zwischen den südlichen Stämmen und den alten hurritischen Familien des Gebirges Seïr. Unter den letztgenannten findet sich die Sippe Schobal (Gen 36,20ff; 1Chr 1,38ff); eine Sippe dieses Namens ließ sich in Kirjat-Jearim nieder; sie steht in Verbindung mit »Hur, dem Erstgeborenen Efratas« (1Chr 2,50b–52). Eine Familie der Schobal-Sippe hieß Menuhot (1Chr 2,52) und schien Beziehungen zu Manahat südwestlich von Jerusalem gehabt zu haben, einer Stadt, die möglicherweise schon in den Amarna-Briefen erwähnt wird (EA 292,30). Das hurritische Element ist besonders unter den Söhnen Jerachmeels stark

160 *Melamed, E. Z.*, Benjamin und Gilead, Tarbiz 5 (1933) 121–125 (hebräisch).

161 *Klein, S.*, Eretz Yehudah, Tel Aviv 1939, 140 (hebräisch); *Maisler (Mazar), B.*, Dinaburg Vol., Jerusalem 1949, 322 (hebräisch).

162 *Mazar, B.*, s.o. Anm. 161, 323 (hebräisch); *Helck*, Beziehungen, 238.

vertreten (1Chr 2,25ff): Onan, Jeter und Oren werden zu den hurritischen Söhnen Seïrs gezählt, die Nachkommen Onans, Scheschan, Achlai, Pelet und Sasa (1Chr 2,31–33), tragen offenbar hurritische Namen[163].
Verbindungen der Keniter, der angesehenen Schmiede, mit Edom und der Araba stehen außer Zweifel[164]. Das kenitische »Haus des Rechab« (1Chr 2,55) wird einerseits mit den Sippen von Kaleb und Kenas verbunden, andererseits mit dem edomitischen Ir-Naḥasch (»Schlangenstadt« [wahrscheinlich aus »Kupferstadt« entstanden]) und Ge-Haraschim (»Tal der Handwerker«; 1Chr 4,12–14)[165]. Auf Beziehungen zwischen den Kenitern und den Amalekitern der südlichen Steppengebiete finden sich ebenfalls einige Hinweise (1Sam 15,6; Ri 1,16 LXX).
Selbst in den Genealogien Judas und Simeons sind Verbindungen zum Gebirge Seïr enthalten. Zera von Juda wird sowohl unter den Angehörigen Simeons (Num 26,13; 1Chr 4,24) als auch den Edomitern (Gen 36,13.17; 1Chr 1,37) aufgeführt. Jedoch verlor die judäische Sippe Zera, die hauptsächlich in den östlichen Gebieten nahe der Wüste Juda[166] gesiedelt zu haben scheint, an Bedeutung – verglichen mit Peres und anderen judäischen Sippen. Sie taucht in der Genealogie Simeons nur an der oben erwähnten Stelle auf und nicht in den Listen von Gen 46 und Ex 6, wo statt dessen Zohar steht. Der Onan von Juda (Gen 38,4–10; 46,12) könnte mit dem jerachmeelitischen (und hurritischen) Onam in Verbindung stehen.
Die genealogischen Tafeln der verschiedenen Stämme haben eine große Bedeutung für unsere Kenntnis der Geographie; sie läßt sich in den folgenden drei Punkten zusammenfassen:
1. In die genealogischen Berichte der verschiedenen Stämme und Sippen sind Hinweise auf Siedlungen eingestreut, vor allem in die Anfangskapitel des ersten Chronikbuches, die anscheinend aus unterschiedlichen Epochen stammen: die Städte Simeons (1Chr 4,28–33); die Ausdehnung Simeons nach Gedor (LXX: Gerar) und zum Gebirge Seïr (1Chr 4,39–43); die Siedlungen Rubens »in (von?) Aroer bis Nebo und Baal-Meon« und seine Ausdehnung nach Osten »bis an den Rand der Wüste diesseits des Euphrat« (1Chr 5,8–10); die Grenzstädte von Efraim und Manasse (1Chr 7,28–29); die Geschichte der Sippe Beria, die mit Gat, Ajalon und Bet-Horon in Verbindung stand (1Chr 7,21–24; 8,13); die Errichtung der Städte Ono und Lod durch benjaminitische Sippen (1Chr 8,12).
2. Im Rahmen der Genealogien finden sich Hinweise auf geographische Namen (auf Städte und Regionen). Die Struktur dieser Genealogien ist Ausdruck der patriarchalischen Sicht, daß alle Mitglieder eines Stammes (auch Städte und Dörfer im jeweiligen Stammeserbteil) Nachkommen eines

163 *Ginsberg-Maisler*, JPOS 14 (1934) 262ff.
164 *Glueck, N.*, PEQ 74 (1940) 22–24; *Forbes, R. J.*, Studies in Ancient Technology VII, Leiden 1963, 130; VIII (1964) 91ff; *Abramski, S.*, EI 3 (1954) 116ff (hebräisch).
165 »Dies sind die Männer Rekas« muß wahrscheinlich nach der LXX-Lesart zu ». . . Rechabs« korrigiert werden.
166 *Meyer, E.*, s.o. Anm. 153, 433ff.

verehrungswürdigen Ahnen seien. Einige dieser Siedlungen können zwar von Stammesmitgliedern gegründet worden sein, so z.B. Anatot, Alemet, Azmawet und Moza, die unter den Söhnen Benjamins genannt werden (1Chr 7,8; 8,36); bei anderen handelt es sich jedoch um alte Siedlungen, die in die israelitische Stämmeordnung aufgenommen wurden, so z.B. Sichem, Hefer und Tirza unter die Sippen von Manasse (Jos 17,2–3).
3. In der Genealogie Judas (1Chr 2–4) werden die Söhne verschiedener Sippen zusammen mit den Namen ihrer jeweiligen Siedlungen genannt, und zwar so, daß ein Sippenangehöriger als Vater des von ihm besiedelten Ortes bezeichnet wird, so z.B. »Laada, der Vater von Marescha« (1Chr 4,21) oder »Eser, der Vater von Hurscha« (1Chr 4,4). Offenbar gehörten diese Abschnitte ursprünglich zu einer in ihrer Form einmaligen Liste, in der die Sippen und Orte nebeneinander aufgeführt wurden (s. Karte 19 [unten S. 286]).
Ein Vergleich der verschiedenen Hinweise ergibt in etwa folgende Rekonstruktion der fraglichen Liste[167]:

1. Chronikbuch[168]

2,3	Die Söhne Judas: (Ger, Onan und) Schela [und Perez].
4,21	Die Söhne Schelas, des Sohnes Judas: Ger, der Vater Lechas; Laada, der Vater Mareschas, und die Familien des Hauses der Leinenweber von Bet-Aschbea;
4,22	und Jokim und die Männer von Koseba und Joas und Saraf, die in Moab regierten
4,23	und nach [Bet]lehem zurückkehrten (wie die alten Berichte sagen). Sie waren Töpfer und wohnten in Netaim und Gedera; sie wohnten dort bei dem König und waren in seinen Diensten.
2,19	[Hezron war der Sohn von Perez, des Sohnes Judas; Hezron] heiratete Efrata, die ihm Hur gebar (s. 1Chr 2,24; 4,4).
2,50	Die Söhne Hurs, des Erstgeborenen der Efrata: Schobal, der Vater Kirjat-Jearims;
2,51.52	Salma, der Vater Betlehems; und Haref, der Vater Bet-Gaders. Schobal, der Vater Kirjat-Jearims, hatte weitere Söhne: Reaja (s. 1Chr 4,2) und die Hälfte der Manachtiter.
2,53	Und die Familien von Kirjat-Jearim: Jitriter, Putiter, Schumatiter und Mischraiter; von diesen stammen die Zoratiter und die Eschtaoliter ab.
4,2	Reaja, der Sohn Schobals, zeugte Jahat, und Jahat zeugte Ahumai und Lahad. Dies waren die Familien der Zoratiter.
2,54	Die Söhne Salmas, [des Vaters von] Betlehem: Netofatiter,

167 Wir folgen hier *Noth, M.*, ZDPV 55 (1932) 97–124; er neigt dazu, diese Liste in das 9. Jahrhundert v.Chr. zu datieren, aber dafür sind die Beweise nicht ausreichend.
168 Berichtigungen des masoretischen Textes werden folgendermaßen gekennzeichnet: () = spätere Hinzufügungen; [] = Ergänzungen; ⟨⟩ = Korrekturen.

Atarot-Bet-Joab und die Hälfte der Manachtiter (die Zoratiter).

2,55 Auch die Familien der Schreiber, die in Jabez wohnten: die Tiratiter, die Schimeatiter und die Suchatiter. Das sind die Keniter, die von Hammat kamen, dem Vater Bet-Rechabs.

4,3 Dies sind die [Söhne Harefs? . . .], des Vaters Etams: Jesreel, Jischma und Jidbasch ⟨und Jehallelels⟩ (s. 1Chr 4,16), des Vaters Gedors, und Eser, der Vater Huschas.

4,16.17 Die Söhne Jehallelels: Sif, Sifa, Tirja und Asarel. Die Söhne Esras (Esers): Jeter, Mered, Efer. ⟨Und Jeter zeugte⟩ Mirjam, Schammai und Jischbach, den Vater Eschtemoas.

4,18 [Mered heiratete zwei Frauen: eine ägyptische (?) und eine judäische], und seine ⟨ägyptische⟩ Frau gebar Jered, den Vater Gedors, Heber, den Vater Sochos, und Jekutiël, den Vater Sanoachs. Dies sind die Söhne der Bitja, der Tochter des Pharao, die Mered heiratete.

4,19 Die Söhne seiner ⟨judäischen⟩ Frau, (der Schwester von) Naham, des Vaters von Keïla: der Garmiter und . . . [der Vater] Eschtemoas, des Maachatiters.

4,4 Dies sind die Söhne Hurs, des Erstgeborenen der Efrata, (des Vaters Betlehems).

2,24 Nach dem Tode Hezrons [ging] Kaleb zu Efrata (und) der Frau Hezrons ⟨seines Vaters⟩, und sie gebar ihm Aschhur, den Vater Tekoas.

4,5–7 Aschhur, der Vater Tekoas, hatte zwei Frauen, Hela und Naara; Naara gebar ihm Ahusam, Hefer, Temni und Ahaschtari. Dies sind die Söhne Naaras. Die Söhne Helas: Zeret, ⟨Sohar⟩ (MT *Qeri*) und Etnan . . .

4,11 Kalub, der Vater ⟨Schuhas⟩, zeugte Mehir, der der Vater Eschtons war. [Und Mehir, der Vater] Eschtons, zeugte . . . [den Vater von] Bet-Rafa, Paseach, und Tehinna, den Vater Ir-Naḥaschs (das sind die Männer von Recha).

2,42 Die Söhne Kalebs, (des Bruders Jerachmeels): Mescha (LXX, Marescha), sein Erstgeborener, der der Vater von Sif war, und ⟨. . .⟩ (die Söhne Mareschas), des Vaters von Hebron.

2,43–45 Und ⟨. . .⟩ [der Vater von] Hebron: Kora, Tappuach, Rekem und Schema: Schema zeugte Raham, den Vater Jorkoams; und Rekem zeugte Schammai. Der Sohn Schammais: Maon; und Maon war der Vater Bet-Zurs . . .

2,49 Sie gebar auch Schaaf, den Vater Madmannas, Schewa, den Vater Machbenas, und ⟨. . .⟩, den Vater Gibeas . . .

2,50 Dies sind die Nachkommen Kalebs.

Obwohl diese Ergänzungen und Umgruppierungen nicht absolut sicher sind, kann die Liste doch eine Vorstellung von der Zusammensetzung der judäischen Bevölkerung geben. Demnach scheint Juda aus vier größeren Untereinheiten bestanden zu haben:

1. Die Söhne Schelas, die in Lecha (Lachisch?), Marescha, Bet-Aschbea, Kozeba (?), Netaim und Gedera siedelten. Von diesen Orten ist nur Marescha in der Schefela mit Sicherheit zu identifizieren, doch wird die Einnahme der Schefela durch Schela aufgrund von Gen 38 nahegelegt.
2. Die Söhne Hurs (aus der Verbindung Hezron – Efrat[a]) lebten in: Kirjat-Jearim, Betlehem, Bet-Gader, Manahat, Zora, Eschtaol, Netofa, Atarot, Jabez, Bet-Rechab, Etam, Gedor, Huscha, Eschtemoa, Socho, Sanoach und Keïla. Diese Städte liegen in der Umgebung Betlehems und in der nordöstlichen Schefela beim Tal von Ela.
3. Die Söhne Kalebs und Efratas lebten in Tekoa, Schuha, Bet-Rafa und Ir-Naḥasch. Von diesen Städten ist nur die Lage von Tekoa bekannt; offenbar ist damit die Region zwischen Betlehem und Hebron gemeint.
4. Die anderen Söhne Kalebs lebten in Sif, Hebron, Jorkam, Bet-Zur, Madmanna, Machbene und Gibea, d.h. im judäischen Bergland südlich von Bet-Zur und Hebron.

XI. Der Stämmebund und seine Grenzbeschreibung

In der Richterzeit konsolidierte sich die Stämmeordnung mehr oder weniger, obwohl einzelne Familien und Sippen ihre Wanderung noch nicht beendet hatten und noch immer fremde Elemente hinzustießen.

Beschreibungen der Stammesgrenzen sind in den geographischen Kapiteln des Josua-Buches erhalten. Um die Stammesgebiete bestimmen zu können, wurden verschiedene Quellen genutzt, die in den Kapiteln 13–19 zusammengestellt wurden. Neben der Liste nicht eroberter Kanaaniterstädte (s.o.S. 244ff) kann man noch zwei weitere Quellen unterscheiden, nämlich Grenzbeschreibungen und Städteverzeichnisse[169]. Allem Anschein nach gehören die Städteverzeichnisse der administrativen Aufteilung von Juda und Israel an; ihr Verwendungszweck ist hier sekundär, doch wurde offensichtlich zwischen diesen Gebieten und den traditionellen Stammesterritorien eine gewisse Verwandtschaft empfunden. Im Unterschied dazu geben die Grenzbeschreibungen die Stammesgebiete an und verzeichnen die genauen Grenzverläufe zwischen den jeweiligen Stämmen. Vermutlich spiegeln sie den israelitischen Stämmebund exakt wider, wie er sich in der späten Richterzeit herausgebildet hatte (s. Karte 18).

Die Grenzbeschreibungen wurden zu einer einzigen Liste zusammengestellt; Teile daraus wurden in die Beschreibungen der verschiedenen Stammesgebiete übernommen (Jos 15,1–12; 16,1–8; 17,7–10; 18,12–20; 19,10–14.25–29.33–34). M. Noth hat gezeigt, daß die ursprüngliche Liste

169 *Alt, A.*, PJ 21 (1925) 100ff = Kl. Schr. II, 276ff; *ders.*, Sellin-Festschrift, Leipzig 1927, 13ff = Kl. Schr. I, 193ff.

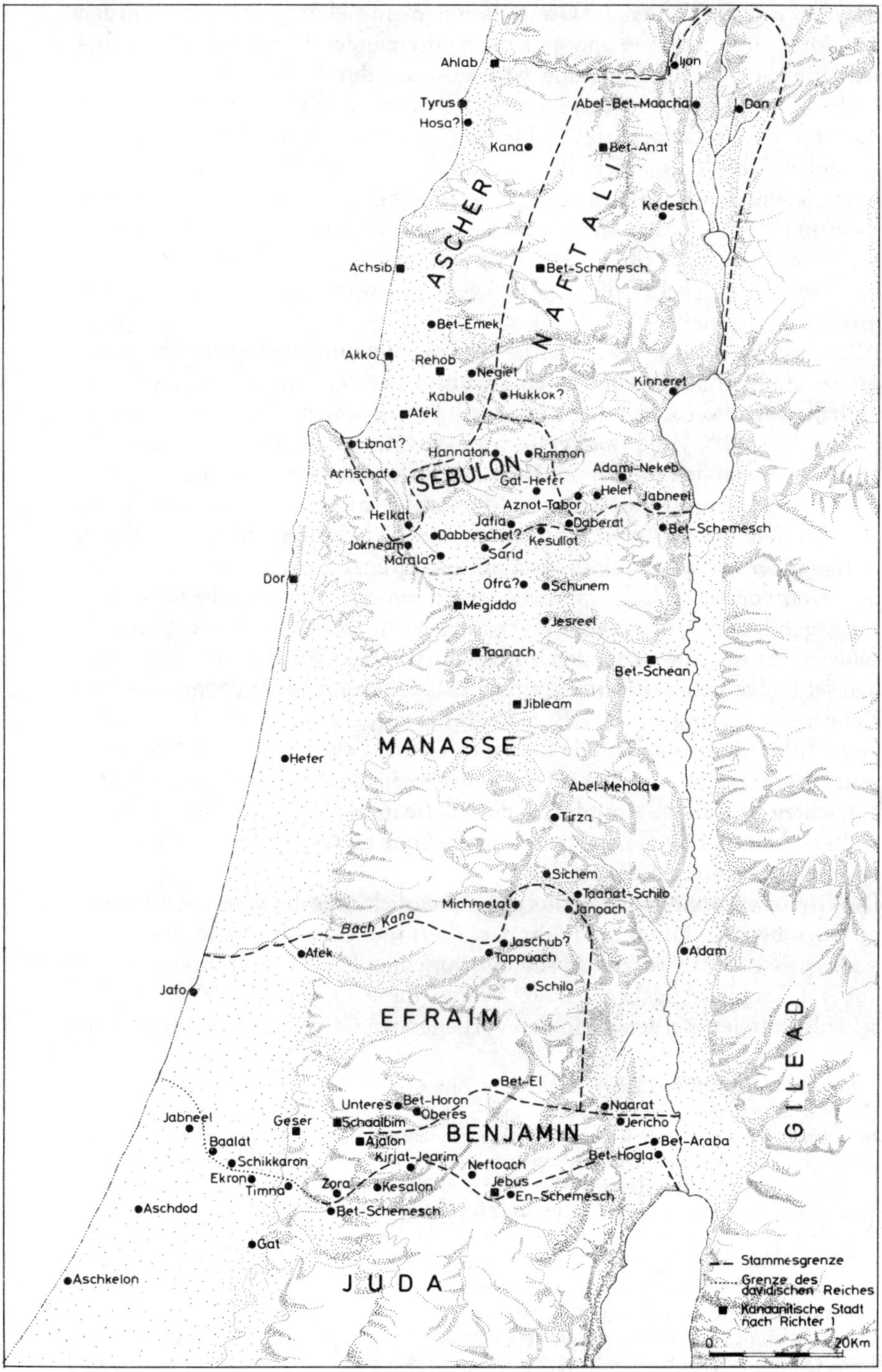
Ahlab
Ijon
Tyrus
Hosa?
Abel-Bet-Maacha
Dan
Kana
Bet-Anat
ASCHER
NAFTALI
Kedesch
Achsib
Bet-Schemesch
Bet-Emek
Akko
Rehob
Negiel
Kinneret
Kabul
Hukkok?
Afek
Libnat?
Hannaton
Rimmon
Achschaf
SEBULON
Adami-Nekeb
Gat-Hefer
Helef
Aznot-Tabor
Jabneel
Helkat
Jafia
Daberat
Bet-Schemesch
Dabbeschet?
Kesullot
Jokneam
Marala?
Sarid
Dor
Ofra?
Schunem
Megiddo
Jesreel
Taanach
Bet-Schean
Jibleam
MANASSE
Hefer
Abel-Mehola
Tirza
Sichem
Taanat-Schilo
Michmetat
Janoach
Bach Kana
Jaschub?
Afek
Tappuach
Adam
Jafo
Schilo
EFRAIM
GILEAD
Bet-El
Unteres Bet-Horon
Oberes
Naarat
Jabneel
Geser
Schaalbim
Jericho
Baalat
Ajalon
BENJAMIN
Bet-Araba
Schikkaron
Kirjat-Jearim
Bet-Hogla
Neftoach
Ekron
Jebus
Zora
Timna
Kesalon
En-Schemesch
Aschdod
Bet-Schemesch
Gat
Aschkelon
JUDA
Stammesgrenze
Grenze des davidischen Reiches
Kanaanitische Stadt nach Richter 1
0
20Km

offenbar nur die Namen der Grenzstationen enthielt[170]; diese Orte wurden der Vorlage entnommen und sprachlich miteinander verbunden. Die Wahrscheinlichkeit dieser Annahme wird gestützt durch einen Vergleich von Doppelüberlieferungen, besonders derjenigen, die die südlichen Grenzen Kanaans und Judas beschreibt; hier sind zwar die meisten Verben unterschiedlich, die Ortsnamen aber praktisch identisch. Vergleiche der Abschnitte, die die gemeinsamen Grenzen zwischen Juda und Benjamin betreffen (und die zwischen Benjamin und Efraim), führen zu den gleichen Schlüssen. Die Reihenfolge der Anordnung ist in diesen beiden Texten jedoch genau umgekehrt, die von Juda geht westwärts und die von Benjamin ostwärts.

Allerdings sind die Verben wichtig, um die Dokumente, die die Stammesgrenzen beschreiben, von denen zu unterscheiden, die die Städtenamen enthalten. Die verbindenden Verben sind etwas ungewöhnlich und zumindest eines (ותאר, »und wendet [sich]«) kommt nur in dieser Liste vor. Offensichtlich handelt es sich um Fachausdrücke, die besonders bei Grenzbeschreibungen verwendet wurden. M. Noth ist nicht zuzustimmen, daß es sich bei den Verzeichnissen, in denen die Städte durch eine Konjunktion miteinander verbunden sind, ebenfalls um Grenzbeschreibungen handelte, und zwar von weiter entfernt lebenden Stämmen, mit denen die Bearbeiter nicht genügend vertraut waren. Er nimmt an, daß es aus diesem Grunde schwieriger war, die passenden Verben einzusetzen. Da aber einige der Verben sehr allgemeine Ausdrücke sind, die keine besonderen topographischen Kenntnisse verlangen, wie z.B. »(sie) führt vorbei an«, »(sie) wendet sich«, »(sie) führt weiter nach«, gibt es keinen Grund, warum sie nicht hätten benutzt werden können[171]. Aber das entscheidende Argument gegen Noths Vorschlag ist, daß die Anordnung der Städte in der Liste, z.B. der Städte Issachars, keine sinnvolle und fortlaufende Linie bildet, wie man sie in echten Grenzbeschreibungen findet[172].

Die Grenzbeschreibungen variieren beträchtlich, was die Menge der Einzelangaben betrifft. Einige sind sehr detailliert und enthalten viele geographische Punkte, die in kurzen Abständen voneinander liegen, während andere äußerst knappe Angaben haben. Waren diese Listen wirklich so unterschiedlich, oder wurden sie in den vorliegenden Grenzbeschreibungen ver-

170 *Noth, M.*, ZDPV 58 (1935) 185–255 = Aufsätze I, 229–280.

171 Die allgemeine Bedeutung dieser Verben ist klar, aber es ist nicht immer möglich, die zwischen ihnen bestehenden feinen Unterschiede herauszuarbeiten. Die Ausdrücke »und führt hinauf« bzw. »und führt hinab« sind topographisch; »und kehrt zurück« wird im allgemeinen gebraucht, wenn die Grenzbeschreibung wieder zu einem Punkt kommt, von dem sie ausgegangen war; »und läuft vorbei an« oder »und berührt« scheint anzudeuten, daß die Grenze in ihrem Verlauf einen bestimmten Punkt berührt; »und wendet sich«, »und biegt ab« zeigt einen Richtungswechsel an; »und führt nach« gibt einen Zielpunkt an, auf den die Grenze zuläuft; »und ihre Ausgänge« faßt gewöhnlich mehrere Grenzabschnitte zusammen und wird prinzipiell nur bei Grenzbeschreibungen gebraucht.

172 Wir können annehmen, daß die verbindenden Verben von dem ersten Kompilator, der dieses Quellenmaterial benutzt hatte, eingefügt worden sind.

kürzt? Die Kürzungen fallen besonders bei den nördlichen Territorien auf, wo die Beschreibungen keinen Grenzverlauf wiederholen, der zwei Stämmen gemeinsam ist, sondern einfach nur gesagt wird, daß die Grenze z.B. Sebulon und Ascher berührt. Außerdem wurden die Städte, die im Städteverzeichnis enthalten sind, bei den Grenzbeschreibungen offenbar ausgespart, als wollte man Wiederholungen vermeiden[173]. Wir können deshalb annehmen, daß alle Grenzbeschreibungen im Grunde recht detailliert waren und in unterschiedlichem Maße für die uns vorliegenden Listen vereinfacht und verkürzt wurden.

Diese Annahme würde die Unterschiede zwischen den verschiedenen Abschnitten, in denen Grenzverläufe beschrieben werden, erklären. Auch würde sie uns der folgenden drei Schwierigkeiten entheben:

1. In Texten, die die gleiche Grenze beschreiben, unterscheiden sich nicht nur die Verben, teilweise finden sich auch weitere geographische Angaben. Die Bezeichnungen »nach Debir vom Tal von Achor« und »Berg Efron« an der Grenze Judas (Jos 15,7.9) fehlen z.B. in der Beschreibung der Grenzen Benjamins (Jos 18,15.17); »der Hang nördlich von Jericho«, »die Wüste von Bet-Awen« und »der Berg, der südlich vom unteren Bet-Horon liegt« stehen nur in der Grenzbeschreibung Benjamins (Jos 18,12–13), fehlen aber in den Grenzbeschreibungen der Söhne des Hauses Josef (Jos 16,1–3). Andererseits wurden die Arkiter und Jafletiter in die letzteren Texte hineingenommen, während sie in der benjaminitischen Liste fehlen. In einer anderen parallelen Beschreibung der Südgrenze von Efraim findet sich das obere Bet-Horon (Jos 16,5), das in keiner anderen Liste steht. Diese Hinzufügungen bzw. Auslassungen können leicht durch die Annahme erklärt werden, daß die Bearbeiter eine detaillierte Liste vor sich hatten, die sie in unterschiedlicher Weise für die verschiedenen Abschnitte kürzten. Daher sollten sämtliche geographische Namen in die Analyse einbezogen und nicht einige als fehlerhaft aus der Betrachtung ausgeschlossen werden.

2. Die detaillierte Beschreibung der benjaminitisch-judäischen Grenze im Umland von Jerusalem erfordert eine sorgfältige Prüfung. Jerusalem stieg erst in der Regierungszeit Davids zu besonderer Bedeutung auf; das wird oft als Anlaß dafür genommen, die fragliche Liste in diese Zeit zu datieren[174]. Aber ist es wirklich wahrscheinlich, daß ein König aus dem Stamm Juda besonders die Städte betonen sollte, die zu Benjamin gehörten? Diese Schwierigkeit wird behoben, wenn man die oben dargelegten Schlußfolgerungen akzeptiert. Die ausführliche Beschreibung der Grenzen Judas muß nicht als außergewöhnlich angesehen werden. Sie ist schlicht und einfach ein gutes Beispiel für eine (fast?) ungekürzte Liste. Wahrscheinlich wurden in ähnlicher Weise sämtliche Grenzen beschrieben, doch ging es den Bearbeitern nicht darum, möglichst jede Einzelheit zu überliefern. Die Genauigkeit der

173 *Alt, A.*, ZAW 4 (1927) 61ff.

174 *Albright, W. F.*, Archaeology and the Religion of Israel, Baltimore 1942, 123f; *Kallai, Z.*, The Northern Boundaries of Judah, Jerusalem 1960, 9ff (hebräisch).

Grenze in der Nähe Jerusalems ist daher kein Argument für die Datierung der Liste, sondern zeigt nur die endgültige Fassung bei der Übernahme in das Josuabuch.

3. Die meisten Grenzbeschreibungen erwähnen Städte, ohne zu sagen, zu welchem Stamm sie gehören. Vermutlich ist nicht die Stadt selbst, sondern ihr Umland gemeint; jedoch sagen die Beschreibungen nicht, auf welcher Seite der Stadt die Grenze nun verläuft. Wir müssen daher annehmen, daß zwar die ursprüngliche Liste exakte topographische Angaben wie Quellen, Hügel und Flüsse enthielt, daß sich aber die Bearbeiter in der Regel mit allgemeinen Hinweisen auf die Siedlungen begnügten und den Rest ausließen. Nur die jeweiligen Bewohner einer Region würden ja die spezifischen topographischen Punkte wiedererkennen können, alle anderen Leser wären nicht an so detaillierten Beschreibungen interessiert. Andererseits ist verständlich, daß der Grenze bei Jerusalem, das in dieser Liste noch Jebus genannt wird, besondere Aufmerksamkeit zukam, da dieses Gebiet den meisten Lesern gut bekannt war[175].

Man wird schwerlich verneinen können, daß der ursprüngliche Text eines so detaillierten geographischen Verzeichnisses eine wirkliche historisch-geographische Funktion wiedergibt. Er hätte kaum einem anderen als dem ihm in der Bibel zugeschriebenen Zweck dienen können, nämlich die Stammesgrenzen im Rahmen des Stämmebundes exakt festzuhalten. Die Verwendung des Namens Jebus anstelle von Jerusalem weist auf eine frühere Entstehungszeit als die Regierungszeit Davids hin. Das Hauptargument dagegen ist, daß es keinen Hinweis aus der Richterzeit gibt, der die Existenz eines großen und effektiven Stämmebundes, dem man diese Listen zuschreiben könnte, belegt. Die Verbindungen zwischen den nördlichen und den südlichen Stämmen waren im Gegenteil ausgesprochen schwach, wie es das Deboralied mit dem Fehlen von Juda und Simeon belegt. Die Tatsache, daß Juda und Simeon noch nicht einmal für ihr Fehlen getadelt wurden – wodurch sie dann wenigstens erwähnt worden wären –, zeigt, daß niemand ihre Teilnahme erwartete; sie scheinen noch nicht Mitglieder des Stämmebundes gewesen zu sein[176].

Diese Argumente können jedoch durch eine genaue Prüfung der in Frage kommenden Quellen widerlegt werden. Es ist der Mühe wert, die wichtig-

175 Hier und da sind solche Landmarken-Angaben in anderen Beschreibungen überliefert, was unsere Annahme bestätigt. ». . . der Berg, der südlich von Unter-Bet-Horon liegt« (Jos 18,13) ist in Jos 16,3 verkürzt zu »Unter-Bet-Horon«. Anstelle von »die Wasser östlich von Jericho« (Jos 16,1) finden wir in Jos 18,12 »der Hang nördlich von Jericho«. Diese Abweichungen können ohne Schwierigkeiten erklärt werden, wenn wir annehmen, daß die ursprüngliche Liste viele topographische Punkte enthielt – in diesem Fall einen Brunnen östlich von Jericho und einen Berg nördlich der Stadt –, die von dem(n) Kompilator(en) nach Belieben zur Angabe verwandt werden konnten. An anderen Grenzpunkten hielt man es wohl für ausreichend genug, nur den Namen der Stadt anzugeben (Jos 16,7).

176 Vgl. bes. *Mowinckel, S.*, Zur Frage nach dokumentarischen Quellen in Josua 13–19, Oslo 1946, 20ff; anhand des Deboraliedes kommt er zu dem Schluß, daß das israelitische Stämmebündnis nur zehn Stämme umfaßte.

sten ausschlaggebenden Faktoren zum Verständnis der Liste und für ihre Datierung einmal zusammenzustellen:

1. Die Grenzbeschreibungen stimmen mit den Stammeserbteilen aus der Richterzeit überein, wie sie in allen uns zur Verfügung stehenden Quellen zum Ausdruck kommen.

2. Sie geben das Land Kanaan in der tatsächlichen historischen Bedeutung dieses Begriffs wieder, wie er in Num 34 bestimmt wird. Die äußeren Grenzen stimmen mit denen des Landes Kanaan überein. Die südlichen judäischen und kanaanitischen Grenzen sind identisch; das Mittelmeer im Westen und der Jordan im Osten werden ebenfalls genannt. Nur im Norden kommen die Grenzen nicht genau zur Deckung, denn die Grenzen von Naftali und Ascher reichen nicht so weit nach Norden wie die Kanaans. Anscheinend wurde aus diesem Grunde die Nordgrenze von Naftali nicht in die Liste aufgenommen und die von Ascher erst in der Regierungszeit Davids endgültig festgelegt (s.u.S. 271f).

Es ist interessant festzustellen, daß die Beschreibungen der transjordanischen Stämme in Jos 13 überhaupt keine Grenzbezeichnungen enthalten[177]. Offenbar hatten die Bearbeiter des Josuabuches tatsächlich nur zwei Typen von Quellenmaterial für dieses Gebiet zur Verfügung, nämlich Städteverzeichnisse und Grenzbeschreibungen, die nach dem Muster »von X nach Y« auf den jeweiligen Endpunkten eines Streckenabschnitts basierten und von dem hier zur Debatte stehenden Verzeichnis völlig verschieden sind. Man beachte die Angaben für Ruben: »Ihr Gebiet: das Land *von* Aroër *an*, das am Ufer des Arnonflusses liegt, und die Stadt mitten im Tal, ferner das Tafelland *bis* Medeba« (Jos 13,16); ebenso die für Gad: »Ihr Gebiet: Jaser und alle Städte in Gilead und das halbe Land der Ammoniter *bis* Aroër, das östlich von Rabba liegt, und *von* Heschbon *bis* Ramat-Mizpe und Betonim und *von* Mahanajim *bis* zum Gebiet von Lo-Dabar« (Jos 13,25–26). Das sind nur Aufzählungen von Gebieten nach den wichtigsten Bevölkerungszentren. Sie als Grenzbeschreibungen zu verstehen, die bestimmte Angaben über Grenzverläufe machen, wäre falsch.

3. Die Grenzbeschreibungen teilen das ganze Land Kanaan so auf, daß zwischen den Stammeserbteilen keine Freiräume bleiben. Selbst Gebiete mit einer fremden Bevölkerung werden in die jeweiligen Stammesbezirke mit eingeschlossen. Dieselbe Sicht kommt auch in der Liste nicht eroberter Kanaaniterstädte in Ri 1 zum Ausdruck (s.o.S. 244ff). Aus eben diesem Grunde sollte man sie nicht als rein hypothetisch bezeichnen, wie A. Alt es tut[178]. Die Stämme standen in Beziehung mit den fremden Städten in ihren jeweiligen Gebieten: Entweder hatten sie sie unterworfen oder fuhren fort, »inmitten der Kanaaniter« zu leben.

177 Anders *Noth, M.*, ZDPV 58 (1935) 230ff = Aufsätze I, 262ff, der einige sehr seltsame Grenzziehungen postuliert, aus denen er dann unwahrscheinliche historische Schlüsse zieht.
178 *Alt, A.*, Sellin-Festschrift, Leipzig 1927, 17ff = Kl. Schr. I, 197ff.

4. Die Grenzverzeichnisse enthalten nicht alle Stämme Westpalästinas. Schon A. Alt hat das Fehlen der drei Stämme Issachar, Dan und Simeon festgestellt[179]. Im Zusammenhang der Beschreibung ihrer drei Stammesgebiete finden wir nur Städteverzeichnisse; auch die Verwendung des Wortes »Grenze« kann diese Tatsache nicht verschleiern[180]. Durch das Fehlen dieser drei Stämme ist trotzdem kein Freiraum entstanden, da ihre Territorien in den Erbteilen benachbarter Stämme eingeschlossen waren; das beruht sicher auf historischen Tatsachen. So ist das ursprüngliche Territorium Dans zwischen Juda, Efraim und Benjamin aufgeteilt. Die Grenze Judas verläuft von Kirjat-Jearim an Kesalon und Bet-Schemesch vorbei, von dort folgt sie dem Tal von Sorek bis zum Mittelmeer. Efraims Grenze verläuft von Bet-Horon über Geser zur Küste (Jos 16,3). Offensichtlich dienten diese beiden Grenzen auch als südliche bzw. nördliche Grenze Benjamins, weil die westliche Grenze dieses Stammes fehlt. Zwischen Bet-Horon und Kirjat-Jearim wird kein Grenzpunkt erwähnt (Jos 18,14). Es scheint so, als sei die westliche Grenze Benjamins weggenommen worden, um Platz für das danitische Erbe zu schaffen[181]. Issachar wird durch die Grenzverzeichnisse offenbar in das Territorium Manasses eingegliedert[182]. Die nördliche Grenze von Manasse fehlt, dafür findet sich die folgende Wendung: »im Norden wird Ascher erreicht und im Osten Issachar« (Jos 17,10). Der Text fährt fort, daß die verschiedenen Städte der Jesreel-Ebene zu Manasse gehörten, obwohl sie »auch in Issachar und Ascher« lagen (Jos 17,11). Manasses Ausweitung in das Gebiet Issachars kommt ebenfalls in der Gideonerzählung Ri 6–8 zum Ausdruck.

Jedoch fehlen in dem hier zur Debatte stehenden Verzeichnis auch die Grenzen Judas. Weder gibt es interne judäische Grenzen – selbst nicht für die Juda angeschlossenen Stämme wie Simeon, Kaleb und Kenas – noch externe. Die südliche, östliche und westliche Grenze Judas ist mit der des Landes Kanaan identisch, die nördliche stimmt mit der Südgrenze Benjamins überein. Der einzige Abschnitt, der sonst nirgendwo, ausgenommen in Verbindung mit dem Erbteil des Stammes Juda, auftaucht, ist der nordwestliche Teil von Kirjat-Jearim bis zum Mittelmeer. Möglicherweise handelt es sich bei diesem Teil in Wirklichkeit um die Fortsetzung der benjamitischen Grenze, die nach dem Eindringen Dans verkürzt wurde. Aber wie wir weiter unten noch sehen werden, ist es wahrscheinlicher, daß die Beschreibung dieses Abschnitts in ihrer detaillierten Form jünger ist als das ursprüngliche Grenzverzeichnis, in dem Abschnitte, die nicht israelitisches Territorium im Westen berührten, nicht im Detail ausgeführt wurden. Auf jeden Fall ist klar, daß wir diesen Abschnitt nicht als Beweis dafür ansehen können, daß Juda in die Grenzbeschreibungen eingeschlossen war. Wenn es sich bei dem

179 *Alt*, s.o. Anm. 178, 13ff = Kl. Schr. I, 193ff.

180 Das hebräische Wort »*gebûl*« (גבול) bedeutet nicht nur »Grenze«, sondern auch »Territorium«.

181 *Noth, M.*, ZDPV 58 (1935) 185ff = Aufsätze I, 229ff.

182 *Alt, A.*, ZAW 4 (1927) 67.

genannten Abschnitt nämlich um eine ursprüngliche Stammesgrenze gehandelt hätte, hätte sie nicht nur als Nordgrenze Judas, sondern auch als Südgrenze des nördlichen Nachbarn dienen müssen.
Eine genauere Analyse des Grenzverzeichnisses zeigt daher, daß sie – abgesehen von den Grenzen Kanaans, die einen allgemeinen Rahmen darstellen – nur sechs Stämme umfaßt: Efraim, Manasse, Benjamin, Sebulon, Ascher und Naftali. Wie wir gesehen haben, führt das Verzeichnis der nicht eroberten Kanaaniterstädte in Ri 1 genau die gleichen Stämme auf; diese Übereinstimmung ist kaum als Zufall zu bezeichnen; sie zeigt, daß das Verzeichnis seinen Ursprung in einem Bündnis der nördlichen Stämme hatte, d.h. in Israel im engeren Sinn des Wortes.
Die Existenz eines solchen Bündnisses, dessen Grenzen und dessen innere Unterteilung in der hier diskutierten Liste überliefert wurden, ist historisch gesehen wahrscheinlich. Mit dem Aufstieg des Königtums erscheinen Israel und Juda als zwei in sich gefestigte Einheiten organisatorisch getrennter Gebilde, die der Vereinigung zu einem Königreich vorausgingen und selbst durch eine zentrale Herrschaft nicht mehr unwirksam gemacht werden konnten. Während der Richterzeit nahmen die Stämme des Gebirges Efraim und Galiläas an gemeinsamen Aktionen teil, doch es gibt keinen Beleg dafür, daß sich in einem der Kriege transjordanische oder südliche Stämme mit ihnen verbanden. Diese Situation datiert bereits von der Schlacht der Debora her. Gideon rief Manasse, Ascher, Sebulon und Naftali (Ri 6,35) zum Kampf auf und sandte Boten in das ganze Gebirge Efraim (Ri 7,24). Es ist sicher kein Zufall, daß die gleichen Stämme genannt werden, die auch im Grenzverzeichnis auftauchen, während Issachar fehlt, obwohl der Kampf in seinem Gebiet stattfand. Diese Situation spiegelt sich ebenfalls in der Episode vom Altarbau der transjordanischen Stämme wider (Jos 22). Diese Stämme lebten außerhalb des Landes Kanaan und bauten einen Altar »an den Grenzen des Landes Kanaan, im Gebiet des Jordan, an der Grenze zur Bevölkerung von Israel« (Jos 22,11). Die darauf folgenden Verhandlungen werden mit den »Israeliten« geführt, die ihr Zentrum in Schilo im Gebirge Efraim hatten und von den Priestern und Anführern der Stämme vertreten wurden. Wahrscheinlich gehörten also die Grenzverzeichnisse zu diesem Stämmeverband, der sich als Erbe des Landes Kanaan betrachtete, dessen Grenzen er bei der Festlegung des eigenen Erbteils übernommen hatte. Dieses Bündnis wußte darum, daß im Süden Juda existierte, und gab deshalb für diese Region zwei Grenzverläufe an: die eigene Südgrenze, identisch mit der Nordgrenze Judas, und die Südgrenze Kanaans. Der Einschluß von Jebus (Jerusalem) in das Gebiet Benjamins stimmt gut zu der Annahme, daß diese Grenze israelitisch und nicht judäisch war. Die Überlieferung, daß diese Grenzbeschreibung schriftlich niedergelegt und dann »vor dem Herrn in Schilo« bestätigt wurde (Jos 18,8), ist deshalb zuverlässig.
Betrachtet man die Verzeichnisse der Stammesgrenzen als authentische Quelle des nordisraelitischen Stämmeverbandes, so hat man eine getreue

Beschreibung dieses Bündnisses und eine Erklärung für seine historische Rolle in der Richterzeit in Händen. In dieser Quelle sind die tatsächlichen Grenzen der nördlichen Stämme festgehalten, wie sie sich in dieser Zeit herauskristallisiert hatten. Allerdings umfaßten die Grenzverzeichnisse das ganze Land Kanaan; daß bestimmte Gebiete der israelitischen Siedlungstätigkeit verschlossen blieben, wurde nicht zugestanden, wenn auch in solchen Gebieten die Grenzen gewöhnlich nur in einer verkürzten und allgemein gehaltenen Weise beschrieben wurden. Wir erfahren lediglich, daß die Grenze sich bis zum Mittelmeer fortsetzte, so z.B. bei den südlichen Grenzen von Efraim und Manasse (Jos 16,3.8). Nur zwei Grenzen eines Gebietes, das noch nicht von israelitischen Stämmen besiedelt war, wurden bemerkenswert genau beschrieben, nämlich die Nordgrenze von Ascher (Jos 19,28–29) und die Nordwestgrenze von Juda (Jos 15,10–12). Beides sind externe Grenzen der israelitischen Stämme: die erste zu Phönizien im Norden und die zweite zu den Philistern im Süden. Bei einem Vergleich der Grenze Aschers mit der Volkszählung durch Joab (2Sam 24,6–7) und der Grenze Judas mit dem Verzeichnis danitischer Städte (Jos 19,43–44) scheint es, als stammten diese Grenzziehungen aus der Regierungszeit Davids. Wahrscheinlich gehörten diese zwei Abschnitte deshalb nicht zu den ursprünglichen Stammesgrenzen[183], sondern zu einer Grenzbeschreibung des davidischen Königreiches. Diese wurde von dem Bearbeiter als ergänzende Quelle benutzt – ähnlich wie die Südgrenze Kanaans zur Beschreibung der Südgrenze Judas diente.

Abgesehen von diesen Abschnitten gibt das Verzeichnis die tatsächlichen Grenzen zwischen den israelitischen Stämmen wieder, wie sie von seiten des nördlichen Bündnisses festgelegt wurden. Die Quelle ist ein Zeugnis dafür, daß das Stämmebündnis eine wirkliche, einflußreiche Institution war, deren Funktionen klar definiert waren. Daneben existierte vielleicht auch ein judäischer Stämmebund, der wahrscheinlich Juda, Simeon, Kaleb, Kenas, Jerachmeel und die Keniter umfaßte und sein Zentrum in Hebron hatte[184]. Das würde auch den Antagonismus erklären, der sich in der Richterzeit zwischen Israel und Juda herausgebildet hatte und den selbst die Reichseinheit unter den frühen Königen nicht überwinden konnte.

Die Grenzen der einzelnen Stämme werden wie folgt angegeben:

183 Der Ausdruck »bis zum Meer«, der nach Kirjat-Jearim sowohl in der Beschreibung der Grenze Judas (Jos 15,10) als auch der Benjamins (Jos 18,15 MT) steht, ist vielleicht ein letzter Rest der alten Grenzbeschreibung dieses Abschnittes, der nur noch die allgemeine Richtung enthält. In zwei Fällen werden sehr ungenaue geographische Begriffe zur Beschreibung der westlichen Grenzabschnitte gebraucht, nämlich: das Karmel-Gebirge (Jos 19,26) und der Bach Kana (Jos 16,8; 17,9). Wir können daher annehmen, daß ähnlich ungenaue Beschreibungen in den hier diskutierten beiden Abschnitten verwandt wurden, vielleicht Misrefot-Majim für die Grenze von »Groß-Sidon« im Norden (vgl. Jos 11,8; 19,28; 2Sam 24,6) und ein anderes Flußbett (das Sorek-Tal?) im Süden.

184 Vgl. *Noth*, Geschichte, 167; zu Bündnissen von sechs Stämmen vgl. ebd., 85ff.

Benjamin (Jos 15,5–11; 18,11–20)
Wie oben erwähnt, wird die Südgrenze sehr detailliert in dem Abschnitt über Judas Erbteil beschrieben, und zwar anhand der folgenden Geländepunkte[185]: »Die Mündung des Jordan«; Bet-Hogla – bei *ʿEn-Ḥağle* (?); »nördlich von Bet-Araba« – bei *ʿĒn el-Ġarabe* (?); »der Stein Bohans, des Sohnes Rubens« – unbekannt; »Debir vom Tal von Achor« – unbekannt; »Gelilot (anstelle von Gilgal, s. Jos 18,17), gegenüber dem Anstieg von Adummim, das an der Südseite des Tales liegt« – sollte bei *Talʿat ed-Damm* südlich vom *Wādi el-Qelṭ* gesucht werden – »das Tal«, auf das hier Bezug genommen wird; »die Wasser von En-Schemesch« – wahrscheinlich *ʿĒn el-Ḥōḍ;* En-Rogel – *Bīʾr Eyūb;* »das Tal des Sohnes Hinnoms südlich des Berghangs[186] der Jebusiter« – die Abhänge südlich von Jerusalem; »der Berggipfel, der westlich vor dem Tal Hinnom liegt am Nordende des Tals von Refaim« – die Berge gegenüber der Altstadt von Jerusalem, ungefähr an der heutigen Jaffa-Straße; »die Quelle von Neftoach« – *Liftā;* »Baala (das ist Kirjat-Jearim)« – *Dēr el-Azhar* in *Abū Ġōš;* Kesalon – *Keslā;* dieser letztgenannte Ort wird identifiziert mit »den nördlichen Abhängen des Gebirges Jearim«, die mit den Gebirgen Seïr und Efron verbunden werden[187] – wahrscheinlich Berggipfel in der bewaldeten Region zwischen Jerusalem und Bet-Schemesch, die zu diesem Zeitpunkt tatsächlich noch unbesiedelt waren; Bet-Schemesch – *Tell er-Rumēle;* Timna – *Tell Baṭāšī*[188]; »der Nordhang des Berges Ekron« – der Abhang nördlich von *Ḫirbet el-Muqannaʿ;* Schikkaron – anscheinend *Tell el-Fūl;* Berg Baala – wahrscheinlich der Bergrücken bei *el-Muġār;* Jabneel – *Yebna.* Die Grenze wendet sich also vom Ufer des Toten Meeres nach Nordwesten, verläuft südlich von Jericho und dem *Wādi el-Qelṭ* und zieht sich am Südrand von Jerusalem hin, wobei die Stadt selbst in benjaminitischem Territorium bleibt, während ihre Felder im Süden Juda zugeschrieben werden. Die Grenze läuft dann weiter an Kirjat-Jearim vorbei, von wo sie über die bewaldeten Hänge des Gebirges Juda nach Bet-Schemesch abfällt und von dort ab dem Sorek-Tal bis zum Mittelmeer folgt.
Im Norden grenzt Benjamin an das »Haus Josef«, diese Grenze ist gleichzeitig die Südgrenze Efraims (Jos 16,1–3.5; 18,11–13). Gehen wir von der Annahme aus, daß diese drei parallelen Abschnitte drei gekürzte Versionen der gleichen Liste sind, so kann man sie folgendermaßen wieder zusammenfügen:

185 Zur Grenze Benjamins vgl. *Kallai, Z.*, The Northern Boundaries of Judah, Jerusalem 1960, 9ff (hebräisch).
186 Die Bedeutung des Wortes »Schulter« als Berghang wurde durch eine Grabinschrift aus Silwan bestätigt, die in den Felshang gegenüber der Ortslage des alten Jerusalem eingemeißelt worden war und folgendermaßen lautet: »(Grab-)kammer am Abhang des Felsen (oder Berges) . . .«. Vgl. *Avigad, N.*, IEJ 5 (1955) 163ff.
187 Der masoretische Text lautet »die Städte des Gebirges Efron«, aber »Städte« (Plural) können nicht einen Grenz*punkt* bezeichnen; das Wort für »Städte« fehlt in LXX.
188 Für diesen Grenzabschnitt vgl. *Aharoni, Y.*, PEQ 90 (1958) 27–31.

Der Jordan bei Jericho, die Wasser von Jericho,
der Abhang nördlich von Jericho, das Bergland westwärts bis Bet-El,
die Steppe von Bet-Awen, Lus,
der Abhang südlich von Lus (das ist Bet-El),
das Land der Arkiter, Atarot-Addar,
das Land der Jafletiter, oberes Bet-Horon,
der Berg, der im Süden des unteren Bet-Horon liegt,
Geser, das Mittelmeer.

Dieser Grenzverlauf ist ziemlich deutlich: vom Jordan zu einer Quelle östlich von Jericho (anscheinend *ʿĒn es-Sulṭān*) und von dort zum Berghang nördlich von Jericho; von da verläuft die Grenze weiter nordwestwärts bis Bet-El und zur Steppe von Bet-Awen *(Tell Miryam?)*[189], folgt dem Gebirge südlich von Bet-El (Lus) und fällt nach Westen ab zum oberen Bet-Horon *(Bēt ʿUr et-Taḥtā)*. Zwischen diesen beiden letztgenannten Städten wird Atarot-Addar (wahrscheinlich *Ḫirbet Raddāne* bei *Ramlā)*[190] erwähnt, zusammen mit dem Land der Arkiter. In dem Abschnitt, der Benjamin betrifft, hört die Beschreibung in Bet-Horon auf, aber der Paralleltext über das Haus Josef enthält noch einen Geländepunkt mehr zwischen diesem Ort und dem Mittelmeer, nämlich Geser.

Efraim und Manasse (Jos 16,1–8; 17,7–9)
Zuerst wird die Südgrenze des Hauses Josef genannt. Der übrige Text bezieht sich auf die Nordgrenze von Efraim, die Efraim von Manasse trennt[191]. Der Ausgangspunkt dieser Grenze ist Michmetat *(Ḫirbet Maḫne el-Fōqā?)* bei Sichem. Von diesem zentralen Bezugspunkt aus wird die Grenze in zwei Abschnitten beschrieben, zunächst das Stück nach Osten und dann das nach Westen. Im Ostabschnitt werden aufgezählt: Taanat-Schilo *(Ḫirbet Ṭānā el-Fōqā)*, Janoach *(Ḫirbet ʿĒn Yānūn)*, Atarot, Naara *(Tell el-Ġisr* bei *ʿĒn ed-Dūq)*, Jericho und der Jordan. Nach Westen verläuft die Grenze über Tappuach *(Šēḫ Abū Zarad)* und den Bach Kana *(Wādi Qāna)*. So beginnt die Grenze zwischen Efraim und Manasse genau südlich von Sichem und fällt nach beiden Richtungen in einer diagonalen Linie ab – südöstlich nach Jericho und nach Westen entlang dem *Wādi Qāna*, das in den Jarkon mündet. Zwischen Jericho und dem Jordan entspricht diese Grenze der Südgrenze des Hauses Josef, d.h. der Nordgrenze Benjamins. Dadurch war das efraimitische Erbteil auf das Bergland begrenzt; die entsprechenden Teile des Jordantals auf der einen und der Scharon-Ebene auf

189 Für diesen Grenzabschnitt vgl. *Kallai, Z.*, EI 2 (1953) 108ff (hebräisch).
190 *Callaway, J. A.* and *R. E. Cooley*, BASOR 201 (1971) 9–19; *Cross, F. M.* and *D. N. Freedman*, BASOR 201 (1971) 19–22; *Aharoni, Y.*, IEJ 21 (1971) 130–135.
191 Für diesen Grenzabschnitt vgl. *Phythian-Adams, W. J.*, PEFQSt 1929, 228ff; *Elliger, K.*, ZDPV 53 (1930) 265ff; *ders.*, PJ 33 (1937) 7ff; *Klein, S.*, ZDPV 57 (1934) 7ff; *Noth, M.*, ZDPV 58 (1935) 201ff = Aufsätze I, 241ff; *Abel, F.-M.*, RB 45 (1936) 103ff; *Wallis, G.*, ZDPV 77 (1961) 38ff.

der anderen Seite wurden Manasse zugerechnet. Die übrigen Grenzen des Hauses Josef werden nur kurz genannt: im Westen das Mittelmeer, im Norden die Grenze Aschers und im Osten die von Issachar.

Sebulon (Jos 19,10–14)
Die Grenzbeschreibung beginnt mit *Sadud (anstelle von Sarid – *Tell Šadūd*) am Südostende des Stammeserbteils und wendet sich von dort nach Westen zum »Bach, der östlich von Jokneam fließt« *(Tell Qēmūn)*, offensichtlich *Wādi Muṣrāra*, das gegenüber von Jokneam in den Kischon mündet. Die zwei Orte dieses Grenzabschnitts, Marala und Dabbeschet, könnten mit *Tell Ṯōra* bzw. *Tell eš-Šammām* identifiziert werden. Die Beschreibung wendet sich dann in nordöstlicher Richtung von Sadud und führt entlang der Berghänge bei Nazaret nach Untergaliläa zum *Sahl Baṭṭōf*. In diesem Grenzabschnitt werden genannt: Kislot-Tabor *(Iksāl)*, Daberat *(Dabūrye)*, Jafia *(Yāfā)*, Gat-Hefer *(Ḫirbet ez-Zerrāʿ)*, Et-Kazin (?) und Rimmon *(Rummāne)*. Von hier wendet sich die Grenze nach Westen und umschließt den westlichen Teil des *Sahl Baṭṭōf*, führt weiter nach Hannaton *(Tell el-Bedēwīye)* und »endet im Tal von Iftahel« (offensichtlich *Wādi el-Mālik*). Auf den bewaldeten Berghängen westlich von Betlehem verläuft die Grenzziehung im Tal von Jiftach-El und dem Wadi gegenüber von Jokneam. Zu beachten ist, daß es sich bei dem genannten Grenzverlauf nicht nur um eine der detailliertesten Beschreibungen einer Stammesgrenze in Galiläa handelt, sondern um die eindeutigste überhaupt.

Ascher (Jos 19,24–29)
Die Grenzbeschreibung dieses Stammes ist die kürzeste; sie wurde mit einem Städteverzeichnis verbunden[192]. Wenn wir letzteres weglassen, bleibt die folgende Beschreibung übrig:
»Ihre Grenze umschließt Helkat . . ., im Westen berührt sie den Karmel und Schihor-Libnat, dann wendet sie sich nach Osten, sie führt bis Bet-Dagon, sie berührt Sebulon und das Tal von Iftahel im Norden . . .; dann setzt sie sich nach Norden fort in Richtung Kabul . . . bis nach Sidon, der großen Stadt; dann wendet sich die Grenze nach Rama bis zu der befestigten Stadt Tyrus; dann wendet sich die Grenze nach Hosa und endet am Meer.«
Somit wird zuerst die südliche Grenze beschrieben, die nachweislich mit Helkat *(Tell el-Qassīs?)*[193] beginnt und mit Schihor-Libnat endet. Die Meinung, daß Schihor-Libnat die Sumpfregion der Flüsse *Nahr ed-Difle* und *Nahr ez-Zerqā* sei[194], ist unrichtig. Zweifellos ist Dor die Stadt in Ascher, die zu Manasse gehört (Jos 17,11), aber man sollte dies nicht als Beweis dafür ansehen, daß die Grenze südlich von Dor verlaufen sei. Dieser Abschnitt gehört zum Verzeichnis der nicht eroberten Kanaaniterstädte (Ri 1,27), das

192 *Alt, A.*, ZAW 4 (1927) 68ff.
193 *Aharoni, Y.*, IEJ 9 (1959) 119f.
194 *Alt*, s.o. Anm. 192, 69; *Noth*, Josua, 117.

– wie wir gesehen haben – Ähnlichkeiten mit den Grenzbeschreibungen hat. Ebenso wie Bet-Schean, Jibleam und weitere Orte zu Manasse im Gebiet Issachars gehörten, zeigt dieser Abschnitt, daß Dor nach der Grenzbeschreibung im Bereich Manasses lag, obwohl es früher unter dem Einfluß Aschers gestanden hatte. Zweifellos verläuft die Grenze also entlang des Karmel, der neben Schihor-Libnat erwähnt wird[195]. Möglicherweise ist mit Schihor-Libnat die Mündung des Kischon gemeint. Dort liegt *Tell Abū Ḥuwām*, und vielleicht handelt es sich bei Libnat um den alten Namen dieser Hafenstadt[196].

Danach folgt die östliche Grenze, die Sebulon und das mit Sebulon verbundene Tal von Jiftach-El *(Wādi el-Mālik?)* berührt (Jos 19,14). Zuerst wird Bet-Dagon genannt, ein Ort irgendwo zwischen Helkat und dem Tal von Jiftach-El, des weiteren Kabul (das heutige Dorf *Kābūl* nordwestlich des *Sahl Baṭṭōf*), doch fehlt der ganze Rest des nördlichen, an Naftali stoßenden (Jos 19,34) Grenzbereichs. Nur der Schluß ist überliefert: »bis nach Sidon, der großen Stadt«, d.h. bis zur Grenze Sidons irgendwo in der Nähe des Flusses Liṭani. Am Ende wird noch der nordwestliche Teil des Grenzverlaufs angegeben. Rama ist unbekannt[197]. Die letzten beiden Orte am westlichen Ende sind »die befestigte Stadt Tyrus« und Hosa. In der LXX finden wir für erstere die Übersetzung »die Quelle der Festung von Tyrus«; im Zusammenhang der Volkszählung durch Joab heißt sie »die Festung von Tyrus« (2Sam 24,7). Vielleicht sollte man sie mit der Küstenstadt gegenüber von Tyrus identifizieren, die in alten, nichtbiblischen Quellen Uzu und in hellenistischen Texten Palaityros genannt wird, dem heutigen *Tell er-Rušēdīye* in der Nähe des wichtigsten Wasserlaufs von Tyrus. Hosa könnte die Wiedergabe von Uzu sein, da es keine andere Ortslage zwischen *Tell er-Rušēdīye* und der Küste gibt[198]. Die auffallende Ähnlichkeit zwischen dieser Grenzbeschreibung und dem Gang der durch Joab vorgenommenen Volkszählung wurde bereits erwähnt.

Naftali (Jos 19,32–34)

Die Beschreibung beginnt mit dem südlichen Abschnitt zwischen dem Berg Tabor und dem Jordan[199]. Hier werden Helef (offenbar *Ḫirbet ʿIrbāda* am

195 Vielleicht könnte es das *r-ḫ-n-t* sein, das in der Liste Ramses' III. zusammen mit Bet-Dagon erscheint, vgl. *Simons*, Handbook, Listen XXVII, 71 und XXIX, 9.

196 *Mazar* hat vorgeschlagen, sie mit dem später so genannten Zalmona zu identifizieren, vgl. BASOR 124 (1951) 21–25.

197 Das Rama Untergaliläas im Tal von Bet-Kerem ist das Rama Naftalis (Jos 19,36) und kann nicht sicher mit dieser Grenzbeschreibung verbunden werden.

198 Es ist möglich, den Text folgendermaßen zu rekonstruieren: »Dann wendet sich die Grenze nach Rama, erreicht die befestigte Stadt Tyrus [das ist] Hosa und endet am Meer.«

199 Gegen die Auffassung *Noths*, der diesen Grenzabschnitt als Nordgrenze Naftalis ansieht; vgl. ZDPV 58 (1935) 225f = Aufsätze I, 258ff; *ders.*, Josua, 120f. Zu dieser Grenze vgl. auch *Alt, A.*, ZAW 4 (1927) 69ff; *ders.*, PJ 23 (1927) 42; *Saarisalo*, Boundary, 96ff; *Press, J.*, BIES 1 (1933–34) 26ff (hebräisch); *Vaux, R. de*, BIES 11 (1944) 33ff (hebräisch); *Aharoni*, Settlement, 77ff.

Fuß des Berges Tabor), die Eiche von Zaanannim, Adami-Nekeb (*Ḫirbet et-Tell* oberhalb von *Ḫirbet ed-Dāmiye*), Jabneel *(Tell en-Nāʿam)* und Lakkum *(Ḫirbet el-Manṣūra?)* genannt. Somit folgt die Grenze dem *Wādi Feǧǧās* – genauer etwas südlich davon, denn es fehlen die eigentlichen Grenzorte zwischen der Eiche von Zaanannim und Lakkum, dafür sind zwei benachbarte Städte eingefügt worden. Danach wird die westliche Grenze beschrieben, beginnend mit Asnot-Tabor (*Ḫirbet Umm Ǧubēl* am Fuß des Berges Tabor); aber dann erfahren wir nur noch, daß sie im Süden Sebulon und im Westen Ascher berührt (die Erwähnung Hukkoks hier ist unverständlich, weil sich die Grenzen von Naftali und Sebulon bereits in der Nähe des Berges Tabor treffen). Zum Schluß wird der Jordan als östliche Grenze genannt[200], während Naftalis Nordgrenze vollständig fehlt.

Aus den Grenzbeschreibungen der Stammeserbteile können Schlußfolgerungen über die Art der Seßhaftwerdung abgeleitet werden. In vielen Grenzbeschreibungen wird deutlich, daß die früheren kanaanitischen Städte als Grenzpunkte dienten. Häufig ist dabei nicht der Rand des Stadtumlandes, sondern die tatsächliche Grenze der städtischen Siedlung selbst gemeint, während das Umland einem anderen Stamm zugeschrieben wird[201]. An der Grenze Judas werden Jerusalem, Baalat (Kirjat-Jearim) und Bet-Schemesch genannt, doch wird betont, daß die Region südlich von Jerusalem zu Juda gehört, während die Stadt selbst im Erbteil Benjamins liegt. Die Grenze zwischen Benjamin und Efraim verläuft bei Bet-El, die Grenze zwischen Efraim und Manasse bei Schechem und Tappuach. Wiederum wird betont, daß Manasse das Umland von Tappuach in Besitz genommen hat, während Efraim die Stadt besitzt (Jos 17,8). Für die Jesreel-Ebene haben wir keine exakten Beschreibungen, aber es ist offensichtlich, daß die kanaanitischen Städte dieser Region die Stämme des Hauses Josef von denen Galiläas trennten. So erscheint Jokneam an Sebulons Südgrenze und die Ebene von Kesullot an der Ostgrenze. Das Tal von Jabneel dient als Südgrenze Naftalis; im Zusammenhang damit finden sich Städte, die früher kanaanitisch waren, so z.B. Adami-Nekeb (Adamim) und Jabneel. Weiter im Westen erscheint Hannaton, eine Stadt an der Nordgrenze Sebulons, die aus den Amarna-Briefen bekannt ist. Der alte Handelsweg *(Darb el-Ḥawarna)* mit den kanaanitischen Siedlungen in Untergaliläa[202] diente offensichtlich als Haupttrennungslinie zwischen den galiläischen Stämmen – Naftali und Ascher im Norden und Issachar und Sebulon im Süden.

Das Genannte läßt Rückschlüsse auf die Art der israelitischen Landnahme zu. Wenn das Vordringen in das Land mit der Eroberung der kanaanitischen Städte begonnen hätte, wären diese Städte Zentren der Stämme geworden und nicht Grenzorte; man beachte z.B. Lajisch, das nach seiner Eroberung

200 Der Beginn dieses Abschnitts ist allem Anschein nach entstellt; die Worte des masoretischen Textes »und in Juda« bleiben im Kontext unverständlich.

201 *Alt, A.*, PJ 35 (1939) 14ff = Kl. Schr. I, 131ff.

202 *Saarisalo*, Boundary, passim.

die Hauptstadt Dans wurde. Tatsächlich liegen die kanaanitischen Städte jedoch an der Peripherie der Stammesdistrikte. Mit anderen Worten: Die Stämme siedelten sich rund um die kanaanitischen Städte an, und erst zu einem späteren Zeitpunkt fiel ihnen die Stadt selbst in die Hände, so z.B. Bet-El, das vom Haus Josef eingenommen wurde, während die benjaminitische Grenze südlich davon verläuft, oder Tappuach, das Efraim zufiel, so daß die Grenze nördlich der Stadt verlief, obwohl das Umland ursprünglich zu Manasse gehörte.

XII. Die Städte Simeons

Zusätzlich zum System der Stammesgrenzen gibt es noch Städtelisten der verschiedenen Stammesgebiete. Das wird durch das Verzeichnis der Städte Simeons bestätigt (Jos 19,1–8; 1Chr 4,28–33), dem einzigen in der Bibel überlieferten Text dieser Art[203]. Wohl sind in der Beschreibung fast jeden Stammesgebietes Städtelisten enthalten, doch stammen diese gewöhnlich aus Bezirkslisten der Königszeit[204]. Ein treffendes Beispiel dafür ist das Verzeichnis der Städte Naftalis, in dem Hazor erwähnt wird (Jos 19,36), obwohl diese Stadt in der Richterzeit nur sporadisch besiedelt war und erst unter Salomo wieder aufgebaut wurde. Der Bearbeiter fand es offensichtlich legitim, das vollständigere und auf dem neuesten Stand befindliche Verzeichnis der Königszeit zu benutzen, zumal es sich ja tatsächlich auch auf das gleiche Stammesgebiet bezieht. Andererseits schien er jedoch für Simeon kein späteres, aus der Königszeit stammendes Verzeichnis zu haben, wahrscheinlich, weil das Gebiet dieses Stammes nicht mehr klar zu umreißen war (Jos 19,1.9).

Archäologische Forschungen bestätigten, daß die Städte Simeons ihre Blütezeit im 13.–12. Jahrhundert v.Chr. erlebt haben und in der Königszeit zerstört wurden. Deshalb heißt es: »Dies waren ihre Städte, bis David regierte« (1Chr 4,31). Diese Feststellung, die unter Gelehrten beträchtliche Verwirrung hervorgerufen hat, kann nun aufgrund der neueren archäologischen Funde verstanden werden[205].

Das Verzeichnis Simeons enthält dreizehn Städte, von denen nur die erste – Beerscheba – mit Sicherheit identifiziert werden kann. Weitere mögliche Identifizierungen sind: Horma mit *Ḫirbet el-Mšāš*[206], ungefähr 13 km östlich von Beerscheba, und Scharuhen, das Albright mit dem südlichen *Tell el-Fārʿa*, ca. 32 km westlich von Beerscheba, identifiziert hat[207]. Ziklag lag offensichtlich an der westlichen Peripherie des Gebietes, also ist die Identifi-

203 *Albright, W. F.*, JPOS 4 (1924) 149ff; *Noth*, Josua, 113–114; *Aharoni, Y.*, IEJ 8 (1958) 26–38; *Talmon, S.*, IEJ 15 (1965) 235–241.

204 Vgl. die Diskussion der jeweiligen Stämme im vorangegangenen Abschnitt.

205 *Aharoni, Y.*, BA 39 (1976) 55ff.

206 *Aharoni, Y.*, ZDPV 91 (1975) 121–130.

207 *Albright, W. F.*, BASOR 33 (1929) 7.

zierung mit *Tell eš-Šerī'a* glaubhaft[208]. Erst kürzlich fanden sich bei Ausgrabungen im Negeb auf hebräischen Ostraka die Namen von drei simeonitischen Städten: Hazar-Susa in einem Text aus Arad[209], die Namen Tolad (= Eltolad, s. 1Chr 4,29) in *Tell es-Seba'*[210] und Ezem in *Tell eš-Šerī'a*[211]. Vermutlich lagen diese alten Siedlungen nicht weit von den archäologischen Stätten, in denen ihre Namen gefunden wurden. Schließlich mag man auch eine Identifizierung von Molada mit *Ḫirbet el-Waṭan*, ca. 10 km östlich von Beerscheba, erwägen, obgleich direkte Übersetzungen eines hebräischen Namens ins Arabische selten sind.

Die meisten Städte Simeons wurden später in den Negeb von Juda eingegliedert, der ein wesentlich größeres Gebiet umfaßte (Jos 15,21–32). Eine der vier Städte, die in dem judäischen Verzeichnis fehlen, ist Scharuhen. An ihrer Stelle finden wir Schilhim (Jos 15,32) oder Schaarajim (1Chr 4,31). Das muß kein Zufall sein; das westlichere Scharuhen lag möglicherweise nicht innerhalb des Territoriums des Königreiches.

Der Aufbau des späteren Verzeichnisses läßt keinen Zweifel daran, daß die Hinzufügungen die verschiedenen Negebgebiete wiedergeben, die ursprünglich nicht zum Gebiet Simeons gehörten, nämlich den Negeb Kalebs, den Negeb der Keniter und den Negeb der Jerachmeeliter. Unter den kalebitischen Sippen finden wir Pelet und Madmanna (1Chr 2,47.49), die zu Bet-Pelet und Madmanna des erweiterten Verzeichnisses in Beziehung gestanden haben müssen. Unter den Zusätzen findet sich auch das ursprünglich kenitische Arad[212] (Ri 1,15). Der Name Kina, der zusammen mit Arad genannt wird und nun auf einem Ostrakon aus Arad belegt ist[213], gibt offensichtlich den Namen der Keniter wieder. Demnach wurden diese nördlichen und östlichen Gebiete dem ursprünglichen simeonitischen Kern in der Königszeit hinzugefügt, um dann den Negeb-Distrikt zu bilden. Die nicht simeonitischen Gebiete wurden unter folgender Überschrift zusammengefaßt: »zusammen mit allen Dörfern, die um diese Städte liegen, bis nach Baalat-Beer, Ramat-Negeb« (Jos 19,8; 1Chr 4,33 hat »bis nach Baal«). Diese Notiz wird jetzt durch die Anspielung auf Ramat-Negeb auf dem gleichen Ostrakon aus Arad, auf dem auch Arad und Kina stehen, deutlich. Der Kontext zeigt, daß Ramat-Negeb der erste Außenposten war, der sich einer edomitischen Kriegsdrohung gegenüber sah; die Kommandanten in Arad bekamen den Befehl, ihre Besatzung zu verstärken[214]. Daher muß Ramat-Negeb wahrscheinlich im Südosten von Arad gesucht und mit *Ḫirbet*

208 *Aharoni, Y.*, Enc.Bib. VI, 764–765 (hebräisch); *Oren, E.*, IEJ 22 (1972) 167–169; *ders.*, IEJ 23 (1973) 251–254; *ders.* und *E. Netzer*, Qadmoniot 6 (1973) 53–56 (hebräisch); *Groll, S.*, ebd., 56–57 (hebräisch).

209 *Aharoni, Y.*, Arad Inscriptions, Jerusalem 1981, Text-Nr. 32: [Hazar]-susa.

210 *Aharoni, Y.*, Beer-sheba I, 71–73.

211 Hadashot Archeologiot 53 (1975) 27.

212 MT hat die Lesart *'dr*, während LXX Αρα (B) oder Εδραι (A) geschrieben hat.

213 *Aharoni, Y.*, Arad Inscriptions, Text-Nr. 24,12.

214 *Aharoni, Y.*, BASOR 197 (1970) 16ff.

Ġazze am Südostrand des Negeb, das die Straße nach Edom beherrscht, identifiziert werden[215]. Damit läge Ramat-Negeb ungefähr an der Grenze zwischen dem kenitischen und dem jerachmeelitischen Negeb, die ursprünglich beide nicht zu Simeon gehörten.

Eine weitere Ergänzung des Verzeichnisses der Städte Simeons besteht nach Jos 19,7 aus En-Rimmon, Eter und Aschan sowie nach 1Chr 4,32 aus Etam, Ajin, Rimmon, Tochen und Aschan. Die Eintragungen von Ajin und Rimmon in 1Chr 4,32 sind wahrscheinlich zu En-Rimmon zusammenzuziehen (vgl. Neh 11,29). Von den Varianten Eter und Tochan ist die erstere vorzuziehen. Eter und Aschan werden zusammen als im südöstlichen Schefela-Distrikt Judas gelegen genannt (Jos 15,42); hiermit ist die Richtung angegeben, in der ihre Lage gesucht werden muß.

En-Rimmon muß wahrscheinlich mit *Tell el-Ḫuwēlife* identifiziert werden, obwohl sich der alte Name im nahe gelegenen *Ḫirbet Umm er-Ramāmīn* erhalten hat[216]. Der ältere Tell liegt am Fuße der judäischen Berge und beherrscht das Tal, das sich nach Norden entlang dem Ostrand der Schefela erstreckt. In demselben Tal liegt auch *Tell Bēt Mirsim*, ca. 10 km nördlich von *Tell el-Ḫuwēlife*. Ungefähr 5 km nördlich von *Tell Bēt Mirsim* liegt der *Tell ʿEtūn*, der nicht weniger eindrucksvoll ist. Dieser Name und das Etam unserer Liste sind einander ähnlich. Offenbar war diese Enklave von Städten, die sich vom Negeb in die südliche Schefela erstreckt, ehemals auch von simeonitischen Sippen besiedelt. Diese Annahme erlaubt die Gleichsetzung von *Tell Bēt Mirsim* mit Aschan, einer der levitischen Städte in Juda zwischen Debir und Bet-Schemesch (1Chr 6,44). Ihre Befestigungen aus der Königszeit und ihre allgemeine Anlage – ähnlich der von Bet-Schemesch – lassen sie als levitische Stadt geeignet erscheinen. Diese nördliche Enklave simeonitischer Städte wurde später in der Königszeit bei einer Teilung Judas nach Schefela- und Negeb-Gebieten aufgeteilt; diese Teilung beruhte mehr auf geographischen als auf Stammesprinzipien.

XIII. Die Taten der Richter

Die verschiedenen Kriege, die im Buch der Richter erwähnt werden, sind lokale und auf bestimmte Regionen begrenzte Aktionen, die gewöhnlich nur einem Stamm zugeschrieben werden. Jedenfalls überschreiten sie normalerweise nicht die Grenzen eines Stammesgebietes. Kriegsberichte aus verschiedenen Regionen ranken sich um die Namen von fünf Richtern. Otniël, der Sohn des Kenas, des Bruders Kalebs, gehört zu Juda; mit ihm bringt die Überlieferung die Eroberung von Debir = Kirjat-Sefer (Jos 15,15–19; Ri 1,11–15) in Zusammenhang. Sein Kampf gegen Kuschan-Rischatajim, den König von Aram(-Naharajim), verbirgt sich, vom Standpunkt der histori-

215 Ebd., 24–25; *Aharoni, Y.*, IEJ 8 (1958) 33–35; *ders.*, IEJ 17 (1967) 3.
216 *Alt, A.*, PJ 29 (1933) 14f.

schen Geographie aus gesehen[217], in mysteriösem Dunkel. Ehud, der Sohn Geras, führte seinen eigenen Stamm Benjamin in einen erfolgreichen Feldzug gegen den König von Moab, der Jericho besetzt hatte[218]. Diese Erzählung zeigt, daß der moabitische König, zumindest für eine gewisse Zeit, die Ansprüche seines Landes auf das Tafelland zwischen Arnon und Heschbon erfolgreich vertreten konnte. Er war offensichtlich nicht damit zufrieden, dieses Land einschließlich der gegenüber Jericho gelegenen Ebenen von Moab kontrollieren zu können, sondern dehnte seine Macht noch in das Jordantal bis nach Jericho aus, wodurch er Druck auf Benjamin ausübte. Wir haben keine Möglichkeit, ein genaues Datum dieser Ereignisse zu ermitteln, auch wissen wir nicht, wie lange und in welchem Ausmaß die Moabiter ihre Herrschaft über das Plateau und die Ebenen von Moab halten konnten. Jedoch erfahren wir, daß die Moabiter über den Jordan zurückgedrängt wurden und daß die Israeliten »vom Gebirge Efraim« (Ri 3,27) – wahrscheinlich Benjamin und Teile von Efraim – an der Schlacht teilnahmen.

Gideons Krieg gegen die Midianiter fand offensichtlich nach der Deboraschlacht statt. Plünderungszüge von Nomaden aus der Steppe – wie die der Midianiter, der Amalekiter und der Leute aus dem Osten (Ri 6,3) – in die Jesreel-Ebene waren nur möglich, nachdem die Städte in dieser Region nach ihrer Niederlage durch Barak erheblich geschwächt waren. Der Sieg Hadads, des Sohnes Redads, über die »Midianiter im Lande Moab« (Gen 36,35) könnte zur gleichen Zeit erfolgt sein[219]. Er war der vierte König Edoms; vier weitere Herrscher regierten nach ihm bis in die Regierungszeit Davids. Jedoch sind exakte chronologische Angaben ausgeschlossen, da die Liste der edomitischen Könige möglicherweise nicht vollständig ist.

Der Kampf Gideons wurde im Zentrum der Jesreel-Ebene ausgetragen (Ri 6,33), zwischen den Quellen von Harod und dem Berg More (Ri 7,1), d.h. im Bereich der israelitischen Jesreel-Ebene. Wenn auch dieses Gebiet zu Issachar gehörte, hob Gideon doch die Truppen der drei anderen galiläischen Stämme – Ascher, Sebulon und Naftali – aus (Ri 6,35). In Wirklichkeit sieht es jedoch so aus, als seien die einzigen Teilnehmer an dieser Schlacht Mitglieder seiner eigenen Sippe, der Abiëser von Manasse, gewesen. Seine Heimatstadt Ofra ist nicht mit Sicherheit identifiziert, aber sie lag wahrscheinlich in der Nähe des Schlachtfeldes. Die Bindungen seiner Sippe an diese Region werden auch durch die Nachricht bezeugt, daß seine Brüder am Tabor erschlagen wurden (Ri 8,18f). Ofra wird gewöhnlich mit *eṭ-Ṭaiyibe* nordöstlich des Berges More gleichgesetzt[220], es handelt sich jedoch wahr-

217 Zu den verschiedenen Vorschlägen vgl. *Unger, M. F.*, Israel and the Arameans of Damascus, London 1957, 40f; *Malamat, A.*, JNES 13 (1954) 231ff.

218 Dieser Ort ist offensichtlich mit der Bezeichnung »Stadt der Palmen« gemeint, auch wenn möglicherweise Zoar am Südrand des Toten Meeres ebenfalls so genannt wurde; vgl. o.S. 213.

219 *Meyer, E.*, s.o. Anm. 153, 355ff; *Malamat, A.*, in: *Mazar, B.*, World History of the Jewish People III, Jerusalem 1971, 153.

220 *Abel*, Géogr. II, 402.

scheinlicher um das Hafarajim des Issachar (Jos 19,19). Daher liegt eine Identifizierung Ofras mit *ᶜAffūle* im Zentrum der Jesreel-Ebene südwestlich vom Berg More durchaus nahe. Dieser Ort scheint dem *ᶜ-p-r* in der Liste Thutmoses' III. (Nr. 53) zu entsprechen; man fand dort einen Tell, der Reste aus der Bronze- und aus der israelitischen Zeit enthält[221]. Diese Ortslage bietet sich auch nach dem Zeugnis des Euseb, der einen Ort Αἰφραιμ, ca. 10 km nördlich von Legio, kennt (Onom. 28,25), für eine Identifizierung an[222]. Die Sippe Abiëser ist auch durch die Ostraka aus Samaria als im Gebirge Efraim lebend bekannt, aber das schließt nicht die Möglichkeit aus, daß Teile der Sippe nordwärts in die Jesreel-Ebene gezogen sind. Der Hinweis auf die auf Kosten Issachars erfolgte manassitische Expansion wurde bereits erwähnt (Jos 17,11); Manasses Gebiet grenzte allem Anschein nach an das Naftalis. Nach Gideons unerwartetem Sieg über das midianitische Heerlager – offensichtlich in der Umgebung von En-Dor nördlich des Berges More (Ps 83,9–10) – schlossen sich ihm die Männer von Naftali, Ascher und »ganz Manasse«, d.h. die anderen manassitischen Sippen vom Gebirge Efraim (Ri 7,23), an. Sie kamen, um an der Verfolgung der Midianiter teilzunehmen, wohl mit dem Gedanken an die Beute. Die Midianiter flohen nach Osten[223] und erlitten eine weitere Niederlage durch die Efraimiten, die die Jordanfurten besetzt hatten (Ri 7,24). Hierin kommt, ebenso wie in der Erzählung über Jefta, Efraims Anspruch auf die Vorrangstellung innerhalb der nördlichen Stämme zum Ausdruck.

Gideon machte nicht am Jordan halt, sondern setzte die Verfolgung der Midianiter »über die Straße derer, die in Zelten wohnen« (Ri 8,11) fort bis nach Karkor *(Qarqar* im *Wādi Sirḥān)*[224]. Auf seinem Zuge wurde er von den Männern aus Sukkot und Penuël unfreundlich behandelt; darum bestrafte er bei seiner Rückkehr die Ältesten von Sukkot recht hart und riß die Burg von Penuël nieder. Die Erwähnung einer Burg in Penuël – sie erinnert an die Burg von Sichem – läßt die Vermutung zu, daß Penuël eine kanaanitische Enklave in der Gad-Gilead-Region war.

Jedoch hören wir in Verbindung mit Sukkot nur von den Ältesten und ihrer Bestrafung. Nichts spricht daher dagegen, daß sie zu den gaditischen Siedlern dieses Gebietes gehörten[225]. Daß die Bewohner dieser Städte mit Miß-

221 *Dothan, M.*, ᶜAtiqot I (1955) 19–70.

222 Nach *Kallai, Z.*, The Tribes of Israel, Jerusalem 1967, 355 Anm. 197 (hebräisch).

223 Die Beschreibung der Flucht ist schwer verständlich, Ri 7,22 könnte vielleicht interpretiert werden: Und das Heer floh nach Bet-Schitta in Richtung auf Zaretan (anstelle von Zereda) und zur Grenze von Abel-Mehola in Richtung auf Tabbat; d.h. nach zwei Orten, die an Jordanfurten lagen, nämlich Bet-Schitta und Abel-Mehola *(Tell el-Ḥilū?)*, um den Jordan zu überqueren und Zaretan *(Tell Umm Ḥammād?)* und Tabbat *(Rās Abū Ṭābāt?)* zu erreichen.

224 *Garstang*, Joshua-Judges, 390.

225 Bei den Ausgrabungen in *Tell Dēr ᶜAllā* (Sukkot?) wurde keine befestigte Stadt, sondern im wesentlichen ein Heiligtum, das von Wohn- und Vorratshäusern umgeben war, gefunden; *Franken, H. J.*, VT 10 (1960) 386–393; VT 11 (1961) 361–372; VT 12 (1962) 378–382; VT 14 (1964) 417–422. Die Blütezeit der Stadt war in der Spätbronzezeit, das Heiligtum wurde schließlich Anfang des 12. Jahrhunderts v.Chr. zerstört, worauf der Fund einer Kartusche vom

trauen auf Gideon und seine Männer sahen, erstaunt nicht, da sie schon genug von den Midianitern erlitten hatten.
Die Richter waren charismatische Führer, die unter dem Einfluß eines inneren Zwangs als Retter des Volkes hervortraten, um einen begrenzten Auftrag auszuführen. Das bedeutete jedoch nicht, daß ihre Führungsrolle mit Erledigung des Auftrages beendet war; sie blieben häufig lebenslang Herrscher (»Richter«) in ihren jeweiligen Stämmen und übten gelegentlich auch die Kontrolle über andere Stämme aus. Unter Gideon wurde Ofra ein Stämmeheiligtum; er ist der einzige uns bekannte Richter, der in seinem Sohn einen Nachfolger hatte; dieser Sohn machte den ersten Versuch, ein israelitisches Königtum zu errichten. Bei diesem zu frühen Wagnis war Abimelech in erster Linie von der Sippe seiner Mutter und den Männern von Sichem abhängig. Hier wurde er zum König gekrönt, nachdem er eine Söldnertruppe mit Geldern aus dem »Haus des Baal-Berit« gekauft und seine Brüder bei Ofra erschlagen hatte. Aus den folgenden Ereignissen wird deutlich, daß die Männer von Sichem hofften, die Vorherrschaft ihrer Stadt über das ganze Gebirge Efraim, wie sie zu Zeiten Lab'ayus bestanden hatte, wiederzuerlangen. Jedoch hatte Abimelech seine eigenen politischen Ziele, und er betrachtete sich – obwohl er mit Hilfe der Sichemiten gekrönt worden war – als israelitischen König. Er richtete seine Residenz nicht in Sichem, sondern in Aruma ein (Ri 9,41; offenbar *Ḫirbet el-ʿOrēme*, auf einer Anhöhe ca. 8 km südöstlich von Sichem gelegen). Die Situation verschlechterte sich schnell, es kam zu einem offenen Streit zwischen ihm und den Einwohnern Sichems, der in eine Belagerung der Stadt durch Abimelech mündete. Er eroberte und zerstörte sie und brannte die Burg, in die sich viele Einwohner zurückgezogen hatten, nieder. In Sichem wurde bei Ausgrabungen ein befestigter Tempel gefunden, vielleicht das »Haus des Baal-Berit«, der auf einer hohen künstlichen Aufschüttung erbaut war (die offensichtlich zu der Benennung »Bet-Millo« [Ri 9,6] geführt hatte).[226]
Neueste Untersuchungen zeigen, daß dieser Tempel und die Stadt in der ersten Hälfte des 12. Jahrhunderts v.Chr. zerstört wurden, doch beruht diese Datierung im wesentlichen auf dem Fehlen philistäischer Keramik – was für einen Ort im Bergland nicht unbedingt ein relevantes Datierungskriterium sein muß.

Ende der 19. Dynastie schließen läßt; *Yoyotte, Jean*, VT 12 (1962) 464–469. Franken bezweifelt aufgrund seiner Ausgrabungen die Gleichsetzung dieses Tells mit Sukkot und neigt dazu, Sukkot auf dem benachbarten *Tell el-Eḫṣaṣ* zu suchen (vgl. *Abel*, Géogr. II, 470). Jedoch ist *Tell Dēr ʿAllā* der größte und auffallendste Tell im Sukkot-Tal, so daß seine Identifizierung mit Sukkot sehr wahrscheinlich bleibt. Die Ältesten aus der Gideon-Erzählung könnten sehr wohl mit einer solchen Art Zentralheiligtum verbunden sein. Wir können sogar die Zerstörung des Heiligtums als Datum der Schlacht Gideons nehmen; das paßt gut zu der Annahme, daß sie in der ersten Hälfte des 12. Jahrhunderts v.Chr. stattgefunden haben muß, und zwar kurz nach der Debora-Schlacht. Jedoch könnte auch die nächste Phase der Besiedlung durch neue seminomadische Siedler in Erwägung gezogen werden.

226 *Sellin, E.*, ZDPV 49 (1926) 229ff; ZDPV 50 (1927) 205ff; ZDPV 51 (1928) 119ff; ZDPV 64 (1941) 1ff; *Wright, G. E.*, BASOR 148 (1957) 11ff; *Bull, R. J.*, BA 23 (1960) 110ff; BASOR 161 (1961) 28ff; *Wright, G. E.*, Shechem, New York 1965, 80ff.

Abimelech fand den Tod bei der Belagerung von Tebez – ebenfalls eine alte kanaanitische Stadt mit einer mächtigen Burg (Ri 9,51). Die allgemein akzeptierte Identifizierung von Tebez mit *Ṭubas*, das ca. 15 km nordöstlich von Sichem liegt[227], ist allerdings zweifelhaft. Es besteht lediglich eine vage Namensähnlichkeit, doch wurde ein geeigneter Tell an der entsprechenden Stelle nicht gefunden. Möglicherweise ist Tebez nur eine falsche Schreibung für Tirza, eine alte Kanaaniterstadt, die mit *Tell el-Fārʿa*, ungefähr 10 km nordöstlich von Sichem, identifiziert wird[228]. Tirza und Sichem waren mächtige Kanaaniterstädte im Gebirge Efraim, die dann dem Stamm Manasse zugerechnet wurden (s.o.S. 219f). Offensichtlich wollte Abimelech die Unterstützung der israelitischen Bevölkerung dadurch gewinnen, daß er die letzten kanaanitischen Zentren des Berglandes vernichtete.

Auseinandersetzungen in Transjordanien kommen in der Erzählung über Jefta aus Gilead zur Sprache. Offensichtlich wurden legendäre Ausschmükkungen in diese Erzählung aufgenommen, so z.B. die Personifizierung seines Vaters Gilead und die Geschichte über seine Tochter. Auch die historische Debatte zwischen Jefta und dem Ammoniterkönig ist kein Bestandteil der ursprünglichen Überlieferung, weil sie in Wirklichkeit eine Auseinandersetzung mit Moab ist. Aber es kann auch nicht verneint werden, daß es eindeutige historische Elemente in der Erzählung gibt. Die israelitischen Truppen versammelten sich in Mizpa (Ri 10,17) – auch Mizpa Gileads genannt (Ri 11,29), das ein Kultzentrum hatte (Ri 11,11). Die Lokalisierung ist nicht sicher, aber wenn man es mit dem Ramat-Mizpe gleichsetzen kann, das zusammen mit Heschbon, Betonim und Mahanajim genannt wird (Jos 13,26), dann ist es in dem Gebiet südlich des Jabbok zu suchen, vielleicht in *Ḫirbet Ǧelʿad*[229]. Die erwähnten Städte (Ri 11,33) – Aroër, Minnit und Abel-Keramim – sind unbekannt, aber es ist wohl das Gebiet westlich von Rabbat-Ammon gemeint. Schließlich ist auch noch Jeftas Residenz unbekannt. Zwar heißt es, daß sein Haus in Mizpa lag (Ri 11,34), doch gibt es Hinweise, daß er in Zafon residierte, wo sich die Efraimiten versammelt hatten (Ri 12,1). Während der hebräische Text behauptet, daß Jefta »in seiner Stadt in Gilead« (Ri 12,7) begraben wurde, liest die LXX »in seiner Stadt Zafon«.

Im Abschnitt über Deboras Krieg wird ausschließlich die Bezeichnung Gilead anstelle von Gad gebraucht. Vielleicht ist das ein Hinweis darauf, daß die beiden Kriege zeitlich nicht weit auseinander lagen. Eine zeitliche Parallele zu der Erzählung über Gideon mag man aus dem besonderen Anspruch der Efraimiten erschließen, auf der Führung des Stämmeverbandes zu bestehen und niemandem das Recht zuzugestehen, in einen Krieg zu ziehen, ohne sie zur Teilnahme aufzufordern. Aber im Gegensatz zu Gideon, der sie

227 *Abel*, Géogr. II, 477.

228 Wie von *Malamat, A.*, in: *Mazar, B.*, World History of the Jewish People III, Jerusalem 1971, 320 Anm. 61, vorgeschlagen.

229 Es gibt keine wie auch immer geartete Grundlage zur Identifizierung mit Ramot-Gilead.

klug mit beruhigenden Worten besänftigte, betrachtete Jefta ihre Handlungen als Einmischung in Angelegenheiten, die sie gar nichts angingen. Er behandelte sie dementsprechend, d.h. er bekämpfte sie und brachte ihnen eine schwere Niederlage bei. Die efraimitische Behauptung: »Ihr seid Flüchtlinge aus Efraim, ihr Gileaditer, denn euer Land liegt inmitten von Efraim und Manasse« (Ri 12,4) ist schwer zu verstehen. Vielleicht betrachteten diese Männer aus dem Haus Josef die Bewohner Gileads als Flüchtlinge vom Gebirge Efraim, die sich noch immer den Befehlen aus dem Herkunftsland unterzuordnen hätten. Die Anekdote über Schibbolet – Sibbolet (Ri 12,6) bezeugt die Existenz von Dialektunterschieden zwischen den verschiedenen Landesteilen.

Die Erzählung über die in Gibea ermordete Frau (Ri 19–21) ist ein Beleg für Auseinandersetzungen und Blutfehden zwischen den Stämmen in jener Zeit, wenn auch die historischen Fakten dieser Geschichte durch die Legende verschleiert sind. Die geographischen Angaben treffen zu, so z.B. die Versammlung der Israeliten in Mizpa und Bet-El und die Versammlung der Benjaminiten in Gibea (in Benjamin). Die Ausgrabungen haben gezeigt, daß die erste Siedlung in Gibea im 12. Jahrhundert v.Chr. zerstört wurde und der Ort dann verlassen blieb bis zur Gründung der Festung durch Saul[230]. Obwohl die Erzählung also einen historischen Kern hat, können weder der genaue Ablauf der Ereignisse noch ein genaues Datum mit Sicherheit ermittelt werden.

Neben diesen berühmten Richtern werden in der Bibel noch fünf »kleine Richter« erwähnt, wenn auch die Überlieferungen ihrer Taten nicht erhalten sind. Es wird nur gesagt, daß sie an bestimmten Orten »richteten«, zuweilen wird ihr großer Wohlstand besonders betont (Ri 10,4; 12,9.14). Es handelt sich um: Tola, den Sohn Puas von Issachar, der im Gebirge Efraim wohnte (Ri 10,1–2), Jaïr, den Gileaditer (Ri 10,3–5; hier erhebt sich allerdings die Frage, ob es sich um eine historische Person aus *Ḥawwōt Yāʿir* oder um die Personifizierung des Stammvaters handelt), Ibzan aus Betlehem (Ri 12,8–10; es ist nicht zu entscheiden, ob er aus Juda oder Sebulon stammt), Elon aus Sebulon (Ri 12,11–12) und Abdon, den Sohn Hillels, aus Piraton im Gebirge Efraim (Ri 12,13–15).

Das Richteramt wird wohl eine ständige Einrichtung der Stämmeorganisation gewesen sein, wenn auch seine Bedeutung in Friedenszeiten wesentlich geringer war als in Kriegszeiten[231]. Die Führung wird in dieser Epoche in einem bestimmten Turnus zwischen den Stämmen gewechselt haben, zumindest innerhalb des nordisraelitischen Stämmeverbandes.

Die Richterzeit wird in der Bibel als eine Zeit der Unsicherheit und ständig wiederkehrender Kriege dargestellt. Die lose organisierten Stämme waren unfähig, sich wirkungsvoll gegen den beständigen Druck von seiten ihrer

230 *Lapp, P. W.*, The Conquest of Palestine in the Light of Archaeology, Concordia Theological Monthly 38 (1967) 291.

231 Vgl. *Aharoni, Y.*, ZDPV 91 (1975) 128–130.

Gegner zur Wehr zu setzen: »Auch die Kinder Israel gingen zu der Zeit von dort auseinander, jeder zu seinem Stamm und zu seinem Geschlecht, und zogen von dort weg, jeder zu seinem Erbteil. Zu der Zeit war kein König in Israel; jeder tat, was ihn recht dünkte« (Ri 21,24–25). Diese Beschreibung ist natürlich eine Polemik aus der Königszeit. Die Richterzeit erscheint heute in einem völlig anderen Licht. Mit der Datierung der Debora-Schlacht in die zweite Hälfte des 13. Jahrhunderts v.Chr. wird deutlich, daß es sich um eine lange Zeitspanne handelte, die zumindest 300 Jahre währte. Neben den großen Schlachten im Norden hören wir nur noch von kleineren Einfällen der Moabiter, Ammoniter und Midianiter, die kaum eine ernste Bedrohung für die israelitischen Siedlungen darstellten. Allgemein ausgedrückt kann man sagen, daß es sich um eine relativ friedliche Zeit intensiver Siedlungstätigkeit handelte, bis die Expansion der Philister die wachsende israelitische Bevölkerung gefährdete.

XIV. Die Philister

Die Philister kamen einige Generationen nach den Israeliten ins Land Kanaan. Sie gehörten zu den »Seevölkern«, die unter dem Druck der dorischen Wanderung auf das griechische Festland von den griechischen Inseln und Kleinasien nach Osten zogen[232]. Einige dieser Seevölker erscheinen schon in der Regierungszeit Ramses' II. und Merenptahs als Söldner in der ägyptischen Armee, die Philister werden jedoch zum ersten Mal in einer Inschrift Ramses' III. erwähnt. Aus dem achten Jahr seiner Regierung haben wir einen genauen Bericht über ihren Einfall nach Syrien und Kanaan und den darauf folgenden Angriff auf Ägypten[233]. Im Gegensatz zum israelitischen Vordringen führten die Seevölker mächtige Eroberungszüge durch, die die Königtümer des Nahen Ostens bis in ihre Grundfesten erschütterten. Nach ägyptischen Quellen fanden diese Eroberungen im achten Regierungsjahr Ramses' III. statt, d.h. ca. 1170 v.Chr., wenn sie auch schon vorher Druck auf den Nahen Osten ausgeübt hatten.
Die ägyptischen Quellen überliefern, daß diese Seevölker gleichzeitig sowohl auf dem Landweg als auch auf dem Seeweg heranrückten. Das Landheer kam mit Wagen, auf denen sie ihre Frauen, Kinder und die ganze Habe mitführten. Es bestand aus fünf verschiedenen Gruppen: *p-r-š-t* (Philister), *ṯ-k-r* (Tscheker?), *š-k-r-š*, *d-n-n* und *w-š-š*. Ramses III. berichtet, daß sie bereits Alasia und das hethitische Königreich verwüstet und Karkemisch

232 Eine umfangreiche Bibliographie über die Philister und ihre Herkunft findet sich bei *Macalister, R. A. S.*, The Philistines, London 1914; *Phytian-Adams, W. J.*, BBSAJ 3 (1923) 20–27; *Hempel, J.*, PJ 23 (1927) 52–92; *Burn, A. R.*, Minoans, Philistines and Greeks B.C. 1400–900, London 1930; *Wainwright, G. A.*, PEFQSt (1931) 203–216; *Eißfeldt, O.*, Philister und Phönizier, Leipzig 1936; *Grant, E.*, JBL 55 (1936) 175–194; *Albright, W. F.*, AJA 54 (1950) 162–176; *Wainwright, G. A.*, VT 6 (1956) 199ff; *Helck*, Beziehungen, 240ff.
233 ANET 262f; ANEP 341.

am Euphrat erreicht hatten, bevor ihr Vorstoß durch seinen Sieg in Amurru zum Stillstand gebracht werden konnte.
Diese Inschriften Ramses' III. scheinen mit dem tatsächlichen Ablauf der Ereignisse sehr gut übereinzustimmen. Das hethitische Königreich war zerstört und sollte sich davon nicht wieder erholen; der Sturm der Seevölker brandete gegen die Küste Syriens und Palästinas und auf Ägypten zu.
Ramses III. scheint viele Anstrengungen unternommen zu haben, um die ägyptische Kontrolle über Kanaan wiederzugewinnen, die während des Verfalls der 19. Dynastie und der darauf folgenden inneren Wirren (ca. 1210–1175 v.Chr.) völlig zusammengebrochen war. Inschriften Ramses' III. aus Bet-Schean zeigen, daß in seiner Regierungszeit dort erneut ein ägyptischer Stützpunkt errichtet und die Tempel wieder aufgebaut worden waren. In Bet-Schean wurden Gräber mit offensichtlich philistäischen »anthropoiden« Särgen gefunden. Vielleicht sind einige davon in diese Zeit zu datieren und gehörten philistäischen Söldnern in ägyptischen Diensten[234].
Eine Städteliste der Amunpriester, die in die Regierungszeit Ramses' III. zu datieren ist, führt neun Städte in Ḥuru auf[235]; diese können sowohl als kultische wie auch als administrative Zentren in dieser Zeit gedient haben, ähnlich wie es später bei den levitischen Städten der Fall war[236]. Unter diesen Städten wird eine Stadt »Stadt in Kanaan« genannt, womit wahrscheinlich Gaza gemeint ist. Drei in Megiddo gefundene Elfenbeintäfelchen tragen den Namen eines Sängers des Gottes Ptah von Aschkelon[237]. Im gleichen Zusammenhang wurde ein Kistchen mit einer Inschrift gefunden, in der auch der Name Ramses' III. vorkommt. So scheint es, daß in seiner Regierungszeit ein Tempel des ägyptischen Gottes Ptah in Aschkelon existierte[238].
Nicht lange nach dem Sieg Ramses' III. finden wir die Philister als Herrscher der südlichen Küstenregion Kanaans wieder. Gaza war eine ihrer Hauptstädte – diese Stadt, die unter den Ägyptern jahrhundertelang die regionale Hauptstadt Kanaans gewesen war. Die Meinung ist weit verbreitet, daß die Philister dort nach der Schlacht angesiedelt wurden, um den Ägyptern als Garnison zu dienen[239]. Diese Annahme basiert auf der Auflistung der Taten Ramses' III. im Papyrus Harris I[240]. In ihm rühmt sich Ramses III., daß er nach seinem Sieg über die »Seevölker« diese in ägyptischen Festungen als Garnisonen, die aus dem Staatshaushalt bezahlt würden, stationiert habe. Das geschah in vielen Orten Oberägyptens, und es konnte daher angenommen werden, daß ähnliches auch in den ägyptischen Zentren in Kanaan veranlaßt wurde.

234 *Vincent, L. H.*, RB 32 (1923) 435ff; *Dothan, Trude*, Antiquity and Survival 2 (1957) 154ff; jedoch vgl. o.S. 238 über die Möglichkeit, ein früheres Datum anzusetzen.
235 ANET 261.
236 *Mazar, B.*, VT 7 (1959) 205; *Malamat, A.*, in: *Mazar, B.*, World History of the Jewish People III, Jerusalem 1971, 36 Anm. 54 (hebräisch).
237 ANET 263.
238 *Alt, A.*, ZDPV 67 (1944) 1ff = Kl. Schr. I, 216ff.
239 *Alt, A.*, ebd.
240 ANET 262.

Heute gibt es jedoch keinen Zweifel mehr daran, daß diese Annahme grundsätzlich falsch ist. In Aschkelon wurde eine Brandschicht zwischen der letzten kanaanitischen Stadt und der auf sie folgenden philistäischen gefunden[241]. In Aschdod gab es sogar eine Zwischenschicht zwischen der Zerstörung der letzten kanaanitischen und der Gründung der philistäischen Stadt[242]. Der entscheidende Faktor ist die philistäische Keramik. Diese einzigartige Ware, die mit der Ankunft der Philister aus der Ägäis auftaucht, gehört nicht zur letzten Phase der mykenischen Keramik (Myk. III B), die bis ca. 1200 v.Chr. in Gebrauch war, sondern eher zur zweiten Phase der submykenischen Keramik (Myk. III C2)[243]. Es gibt daher eine gewisse Zeitspanne zwischen der Schlacht Ramses' III., d.h. dem Beginn des 12. Jahrhunderts v.Chr., und der Seßhaftwerdung der Philister. Ihre Ansiedlung kann nicht vor der Mitte des 12. Jahrhunderts erfolgt sein, als die ägyptische Herrschaft über Kanaan zu Ende ging.

Eine besondere Quelle, die die Situation in Kanaan zu Beginn des 11. Jahrhunderts v.Chr. erhellt, ist die Erzählung von Wen-Amun[244]. Sie hat die Reise eines Ägypters mit Namen Wen-Amun zum Inhalt, eines Amunpriesters aus Karnak, der nach Byblos mit dem Auftrag gesandt worden war, Baumstämme zum Bau einer heiligen Barke zu kaufen. Im ganzen Bericht findet sich keine einzige Erwähnung ägyptischer Herrschaft über Kanaan oder die phönizische Küste. Der Ägypter trifft auf Gleichgültigkeit der lokalen Herrscher, die sich ihm gegenüber in keiner Weise verpflichtet fühlen und die nur bereit sind, ihm ihre Ware gegen Barzahlung zu verkaufen. Die erste Station seiner Reise ist Dor, das nun von den Tschekern *(ṯ-k-r)* beherrscht wird. Hier wird Wen-Amun durch einen seiner eigenen Matrosen seines Geldes beraubt, der damit das Weite sucht. Wen-Amun ersucht den König von Dor, den Dieb zu fangen, aber der Herrscher behauptet, daß das nicht zu seinen Obliegenheiten gehöre. Verärgert über den zaudernden König von Dor setzt er seine Reise fort, und irgendwo – vielleicht in Tyrus – wird es ihm möglich, ein Schiff, das den Tschekern gehört, zu kapern, wodurch er Teile seines Verlustes wettmachen kann. Die Folge ist allerdings, daß ihm elf Boote der Tscheker nach Byblos nachsetzen. Es gelingt ihm, sich ihnen zu entziehen, und er segelt nach Zypern; nach wenigen Zeilen, die seine Ankunft dort beschreiben, bricht der Text ab.

Aus dieser Erzählung erfahren wir nicht nur etwas über die neue politische Situation, die nach dem Zusammenbruch der ägyptischen Herrschaft entstanden war, sondern gewinnen auch noch einige wichtige geopolitische Detailinformationen: 1. Hier findet sich der einzige Hinweis darauf, daß Dor von einer der Seevölkergruppen, die mit den Philistern kamen, nämlich den

241 *Avi-Yonah, M.* und *Y. Eph'al,* EAEHL I, 121–125.

242 *Dothan, M.,* EAEHL I, 108.

243 *Furumark, A.,* The Mycenaean Pottery, Stockholm 1941, 575; *ders.,* The Chronology of Mycenaean Pottery, Stockholm 1941, 115–128; *ders.,* Opuscula archaeologica 3 (1944) 260–265.

244 TGI 41–48.

Tschekern, besetzt worden war. Da es in der Bibel keinen Hinweis dieser Art gibt, ist es wahrscheinlich, daß sie zu den Philistern gerechnet wurden, deren Oberhoheit sie im Laufe der Zeit anerkennen mußten. Die philistäische Macht reichte in der Regierungszeit Sauls bis in die Jesreel-Ebene. 2. Wir erfahren etwas über eine Flotte, die von den Tschekern bemannt wurde; hierbei handelt es sich um den einzigen expliziten Hinweis auf maritime Aktivitäten von Teilen der Seevölker nach ihrer Ankunft an der kanaanitischen Küste. Das läßt Raum für die Annahme, daß die Küstenstädte – Gaza, Aschkelon, Aschdod und Jafo – sich weiterhin am Seehandel beteiligten (s.o.S. 18). Auch erklärt dieser Bericht die besondere Stellung, die Dor zur Zeit des israelitischen Königtums einnahm. Sie wurde eine der zwölf Distrikthauptstädte Salomos und von dessen Schwiegersohn regiert.

Die Philister nahmen die Küstenzone Palästinas vom Jarkon aus südwärts in Besitz. Das kann man nicht nur aus der Bibel ersehen, sondern es wird auch durch die »philistäische« Keramik, die für dieses Gebiet so typisch ist, bezeugt[245]. Diese Ware weist starke Einflüsse typisch spätmykenischer Kultur auf, doch machen sich auch ägyptische und kanaanitische Charakteristika bemerkbar. Die ägäischen Merkmale haben sie zweifellos aus ihrer Heimat mitgebracht; diese vermischten sich aber bald mit lokalen Einflüssen. Die ägyptischen Einflüsse könnten ein gewisses Maß ägyptischer Oberherrschaft während der ersten Phasen philistäischer Seßhaftwerdung widerspiegeln. Die Verbreitung der philistäischen Ware liefert einen wichtigen Anhaltspunkt für die Ausdehnung philistäischer Herrschaft. Natürlich findet sich diese Keramik auch in entfernteren Gebieten, aber die Funde werden doch spärlicher, je weiter wir uns vom philistäischen Machtbereich entfernen.

Die Philister organisierten sich in einer Art Konföderation, bestehend aus fünf Städten, die von »Tyrannen« regiert wurden[246]. Drei dieser Städte lagen nahe der Küste an der *Via Maris:* Gaza, Aschkelon und Aschdod. Die anderen zwei lagen weiter landeinwärts in der Schefela: Gat und Ekron (s. Karte 19).

Mit den drei westlichen Städten kamen alte kanaanitische Zentren unter philistäische Oberhoheit. Gaza und Aschkelon werden in ägyptischen Quellen erwähnt; wir haben schon betont, daß sie wichtige Zentren ägyptischer Herrschaft in Kanaan waren. Aschdod ist aus in Ugarit gefundenen Texten als Hafenstadt bekannt; von dort wurden Wolle, Textilien, Fisch und andere Produkte exportiert (s.o.S. 18). In ägyptischen Quellen wird Aschdod nur noch im »Onomastikon des Amenope« vom Ende des 12. Jahrhunderts v.Chr. aufgeführt. Dieses Dokument, das eine Art Enzyklopädie darstellt, zählt nacheinander die westlichen Philisterstädte und die Seevölker-Grup-

245 Für eine Diskussion der philistäischen Keramik vgl. *Dothan, Trude,* Antiquity and Survival 2 (1957) 151–154; *dies.,* The Philistines and their Material Culture, Jerusalem 1982.
246 Hebräisch: *srn*; die Herkunft dieses Wortes ist anscheinend mit dem griechischen *Tyrannos* zu verbinden.

Karte 19: Die Philisterstädte und die Gebiete ihrer Ausbreitung

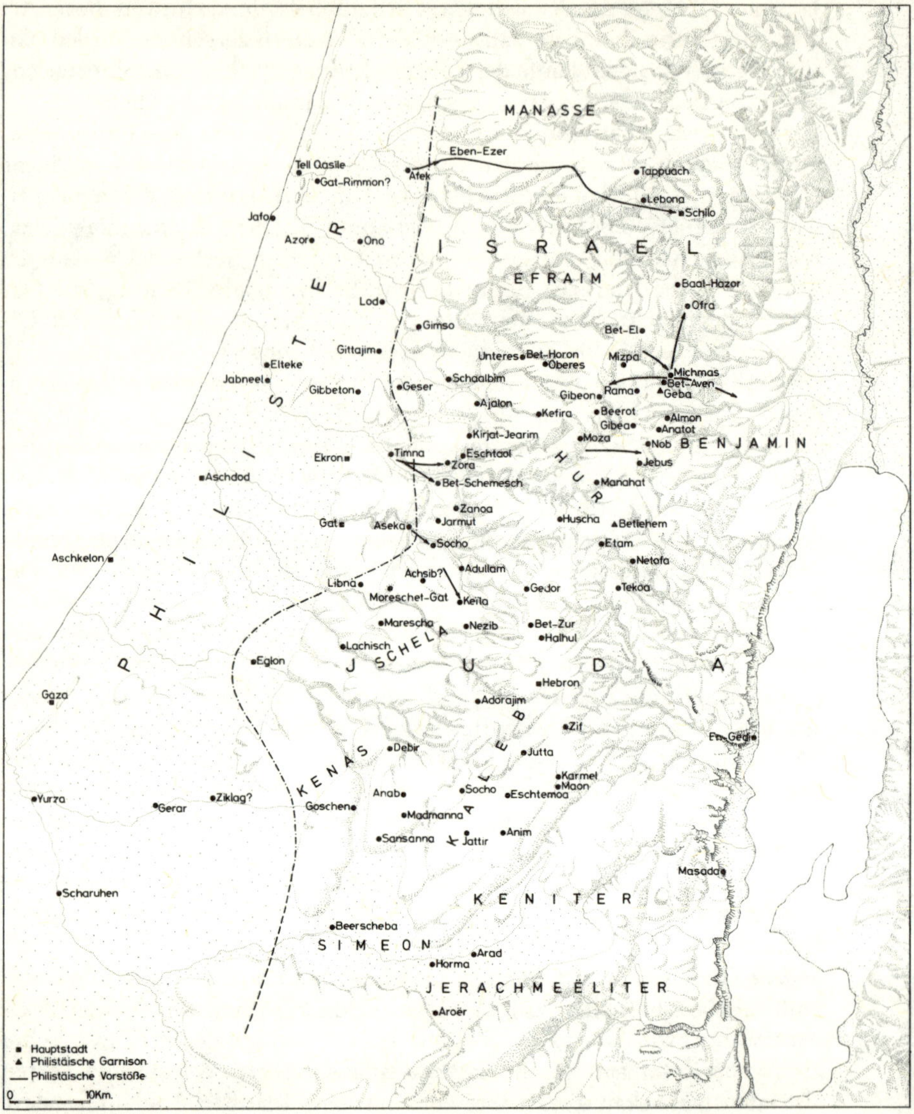

pen auf[247]: Aschkelon, Aschdod, Gaza (262–264); Scherden *(š-r-d-n)*, Tscheker *(ṯ-k-r)*, Philister *(p-r-š-t)* (268–270). Dazwischen finden wir *ỉ-s-r* (265), allem Anschein nach der Stamm Ascher, der ebenfalls in der Küstenregion siedelte, wenn auch weiter nördlich. Die Liste gibt offenbar die tatsächliche Situation am Ende der ägyptischen Herrschaft über Kanaan wieder. Deshalb ist es gut möglich, daß sich die Scherden in einem bestimmten Gebiet niedergelassen haben, wenn wir auch keine weiteren Hinweise darauf besitzen.

Die beiden anderen wichtigsten Städte der Philister lagen landeinwärts am Rande der Schefela. Ekron ist mittlerweile mit ziemlicher Sicherheit als *Ḫirbet el-Muqannaʿ* identifiziert – ungefähr 5 km westlich von *Tell Baṭāšī* (Timna) südlich des *Wādi eṣ-Ṣarār* (Sorek)[248]. Diese Ortslage paßt gut zu der Beschreibung der Nordgrenze Judas, die eine Linie entlang des Sorek-Tales nachzeichnet, von Bet-Schemesch an Timna vorbei zum »Bergabhang nördlich von Ekron« (Jos 15,11), d.h. zum Steilabfall nördlich der Stadt[249]. In *Tell el-Muqannaʿ* wurde eine befestigte Stadt aus der Eisenzeit entdeckt, die ein Gebiet von ungefähr 16 ha umfaßte. Sie war offensichtlich die größte und bedeutendste Stadt dieses Gebietes; dort fand sich auch eine Fülle philistäischer Scherben. Zwar haben bisher noch keine Ausgrabungen an dieser Stelle stattgefunden, jedoch erbrachte eine gründliche Oberflächenforschung keinerlei Anhaltspunkte für eine bronzezeitliche Stadt, mit Ausnahme weniger frühbronzezeitlicher Scherben. Offenbar wurde Ekron deshalb erst von den Philistern gegründet.

Die Lokalisierung Gats wird noch heftig diskutiert. Der Vorschlag, es mit *Tell eš-Šeḫ Aḥmed el-ʿArēnī* bei *ʿArāq el-Menšīye* gleichzusetzen[250], ist nach einer Ausgrabung dieser Ortslage in Zweifel zu ziehen. Es konnte gezeigt werden, daß die eisenzeitliche Stadt nur auf dem hohen Tell errichtet wurde und nicht mehr als ca. 1,5 ha umfaßte[251]. Ein jüngerer Vorschlag, Gat mit dem *Tell en-Naǧīle*[252] zu identifizieren, der ungefähr 12 km weiter südlich liegt, wurde ebenfalls archäologisch widerlegt. Bei der dort durchgeführten intensiven Oberflächenforschung wurden keine philistäischen Scherben gefunden. Ausgrabungen haben mittlerweile gezeigt, daß dort eine bedeutende Stadt aus der Hyksos-Zeit lag, aber nur sehr wenige Funde aus der Spätbronze- oder der Eisenzeit vorhanden sind. *Tell el-Ḥēsi*, ungefähr 6 km nördlich davon am gleichen Wadi gelegen, war in kanaanitischer Zeit ebenfalls eine bedeutende Stadt; aber die eisenzeitliche Siedlung ist auf den kleinen Hügel beschränkt. Das paßt gut zu der allgemeinen Identifizierung mit Eglon, aber gar nicht zu einer Gleichsetzung mit Gat. Ähnliches

247 *Gardiner*, Anc.Eg.On. I, 190ff.
248 *Naveh, J.*, IEJ 8 (1958) 87–100.165–170.
249 *Aharoni, Y.*, PEQ 90 (1958) 27–31.
250 *Albright, W. F.*, AASOR 2–3 (1923) 11ff.
251 *Yeivin, S.*, First Preliminary Report on the Excavations at Tel Gat, Jerusalem 1961, 9f.
252 *Bülow, S.* und *R. A. Mitchel*, IEJ 11 (1961) 101–110.

gilt für den *Tell eš-Šerīʿa*, eine relativ kleine Ortslage, die maximal ungefähr zwei Hektar umfassen dürfte[253].
Da kein entsprechender Tell in dieser südlichen Region mehr übrigbleibt, sollten wir einen früheren Vorschlag wieder aufgreifen, Gat mit *Tell eṣ-Ṣāfī* gleichzusetzen[254]. Das ist eine umfangreiche und auffallende Ortslage mit einer Unterstadt, in der eine Fülle philistäischer Keramik gefunden wurde[255]. Seine Lage an der Stelle, an der das *Wādi es-Sanṭ* (das Tal von Ela) in die westliche Schefela tritt, paßt gut zu der Erzählung von Davids Kampf gegen Goliat, den Gatiter. Ihr Kampf fand weiter östlich zwischen Socho und Aseka statt (1Sam 17,1); danach verfolgten die Israeliten die Philister »bis nach Gat (LXX) und bis an die Tore Ekrons, und die Philister blieben erschlagen liegen auf dem Wege von Schaarajim bis nach Gat und Ekron« (1Sam 17,52). Die anderen biblischen Erwähnungen Gats liefern keine genauen topographischen Angaben, stehen aber auch einer Gleichsetzung mit *Tell eṣ-Ṣāfī* nicht entgegen. Wir können nicht immer sicher sein, ob sich ein bestimmter Absatz auf das Gat der Philister oder irgendein anderes Gat bezieht, wie z.B. auf Gat-Gittajim bei Geser[256]. Wenn das Gat, das von Hasaël, dem König von Aram, erobert worden war, das Gat der Philister ist (2Kön 12,18), dann würde diese Erwähnung eine Identifizierung mit *Tell eṣ-Ṣāfī* stützen, das an einem der wichtigsten Pässe lag, die nach Jerusalem hinaufführten[257].
Die Gleichsetzung von Gimti, in der Amarna-Zeit die Stadt Schuwardatas, mit dem philistäischen Gat liefert eine weitere Bestätigung (s.o. S. 181). Sie hilft auch die eine Schwierigkeit zu erklären, auf die man bei dieser Identifizierung stößt, nämlich die Nähe von *Tell eṣ-Ṣāfī* und *Ḫirbet el-Muqannaʿ* (Ekron), die nur ungefähr 8 km Luftlinie voneinander entfernt liegen. Für die Amarna-Zeit stellten wir die folgenden drei bedeutenden Königsstädte der Schefela fest: Geser, Gat und Lachisch. Die amoritischen Einwohner Gesers und seines Umlandes blieben während der gesamten Richterzeit unabhängig. Das Gebiet von Lachisch jedoch wurde von israelitischen Stämmen erobert, bevor die Philister kamen (s.o.S. 227). Daher konnten die Philister nur in der zentralen Schefela um das kanaanitische Gat herum einen festen Halt gewinnen; in diesem Gebiet entwickelten sie die zwei östlichen Siedlungen, das alte Gat und das von ihnen gegründete Ekron. Die zwei Städte rivalisierten während der ganzen Zeit ihres Bestehens miteinander; so wurde das betreffende Gebiet erst von Gat und später von Ekron beherrscht.
Außer den Namen der fünf größten philistäischen Städte wissen wir nicht

253 Diese Ortslage wurde vorgeschlagen von *Wright, G. E.*, BA 29 (1966) 70–86; *ders.*, HTR 64 (1971) 437–448 = BA 34 (1971) 76–86.
254 *Elliger, K.*, ZDPV 57 (1934) 148–152.
255 *Bliss, F. J.* und *R. A. S. Macalister*, Excavations in Palestine, London 1902, Taf. 44.
256 *Mazar, B.*, IEJ 4 (1954) 227–235.
257 Für eine Zusammenfassung der schriftlichen Quellen zur Identifizierung von Gat vgl. *Rainey, A. F.*, EI 12 (1975) 63–76.

viel mehr über ihre Siedlungen. Offensichtlich kontrollierten die Philister die ganze südliche Küstenregion und zwangen der lokalen kanaanitischen Bevölkerung ihre Herrschaft auf. Die meisten der Kanaaniterstädte existierten weiter, wenn auch unter einer neuen Führung, und Teile ihrer Einwohnerschaft wurden zweifellos im Laufe der Zeit von den Philistern absorbiert. Das Beispiel von Ekron zeigt jedoch, daß die Philister auch neue Siedlungen gründeten. Das war z.B. der Fall in *Tell Qasīle* am Nordufer des Jarkon. Die Ausgrabungen an dieser Stelle haben gezeigt, daß es sich um eine kleine, von den Philistern gegründete Hafenstadt handelte (Schichten XI–XII)[258]. Damit wird auch belegt, daß die philistäische Seßhaftwerdung zumindest bis in dieses Gebiet reichte, doch muß offenbleiben, ob nicht andere Gruppen der Seevölker diese nördlichere Küstenregion besetzt hatten. Afek an den Quellen des Jarkon scheint die nördliche Grenzstadt der Philister geworden zu sein, da sie sich dort in der Regel zur Vorbereitung von Feldzügen nach Norden oder Nordwesten versammelten (1Sam 4,1; 29,1). Ihr Einfluß erreichte auch die östliche Schefela und war in den dortigen israelitischen Siedlungen spürbar. Bet-Schemesch zum Beispiel war am Ende der Richterzeit israelitisch; das belegt deutlich die Erzählung über die Rückkehr der Lade aus Ekron (1Sam 6,9ff). Jedoch wurde bei den Ausgrabungen eine Fülle philistäischer Keramik (in Schicht III) gefunden – ebenso wie in einer philistäischen Stadt.

Der kulturelle Einfluß der Philister war jedoch nur wenige Generationen lang zu spüren. In der Mitte des 11. Jahrhunderts v.Chr. war ihre einzigartige Keramik schon im Schwinden begriffen[259]. Offensichtlich assimilierten sich die Philister im Laufe der Zeit völlig an die kanaanitische Kultur. Ihr Schicksal glich dem vieler Einwanderungswellen, die in das Land kamen, je auf ihre Weise eine Zeitlang eine Vormachtstellung halten konnten, um dann relativ rasch vom Leben Kanaans aufgesogen zu werden, ohne viel zu seiner Färbung beizutragen.

Ungefähr 150 Jahre lang waren die Philister der beherrschende Faktor im Leben Palästinas. Das verdankten sie ihrer ausgezeichneten militärischen Organisation im Rahmen ihres Fünf-Städte-Bundes, ihrer ausgebildeten Kampftechnik und der überlegenen Ausrüstung ihrer Streitkräfte, wie sie auf ägyptischen Reliefs zu sehen ist (s.a. die Beschreibung von Goliats Rüstung in 1Sam 17,4–7). Die Soldaten der Philister trugen hochentwickelte Waffen. Zu dieser Zeit war kein Feind stark genug, ihnen die Oberhoheit streitig zu machen. Die ägyptische Macht war sehr geschwächt und nicht in der Lage, sich in palästinische Angelegenheiten einzumischen. Die kanaanitische Bevölkerung war schwach und geteilt, nachdem ihre bedeutendsten Städte erst von den Israeliten und dann von den Philistern vernichtet worden waren. Die israelitischen ebenso wie die benachbarten aramäischen Stämme befanden sich in einer Übergangsphase von nomadischer zu seß-

258 *Mazar, B.*, IEJ 1 (1950–51) 61ff.
259 Ebd., 128ff.

hafter Lebensweise. So mußten sie sich selbst erst noch in größeren und schlagkräftigeren Gruppen organisieren, die sich mit den Philistern messen konnten.
Rund 100 Jahre lang, bis zur Mitte des 11. Jahrhunderts v.Chr., begnügten sich die Philister mit der Herrschaft über ihr eigenes Siedlungsgebiet; wir hören nichts über größere Versuche, andere Regionen zu unterwerfen. Ihre Kontrolle dürfte sich entlang der ganzen *Via Maris* bis zur Jesreel-Ebene erstreckt haben, wo wir sie während der Regierungszeit Sauls finden; aber wir wissen darüber nichts Genaues. Es scheint jedoch, daß die entscheidenden Kämpfe zwischen den israelitischen Stämmen und den Philistern in einer Zeitspanne von zwei oder drei Generationen stattfanden, und zwar in der zweiten Häfte des 11. Jahrhunderts v.Chr. Es gibt keinen Hinweis darauf, daß die Philister versuchten, vor dieser Zeit ihre Herrschaft auf das Bergland auszudehnen. Die Expansion der Philister begann offensichtlich zu genau der Zeit, als die Israeliten sich fest etabliert hatten und ihre Unabhängigkeit betonten. Wahrscheinlich zu dieser Zeit bemerkten die Philister die Existenz eines ernst zu nehmenden Gegners, der eine Bedrohung für ihre Sicherheit darstellte. Daher versuchten sie, diese neue Macht zu zerschlagen, solange sie sich noch in der Entwicklung befand.
Den Beginn dieses Konfliktes in der Schefela spiegeln die Samson-Erzählungen wider. Samson steht nicht mit der danitischen Wanderung in Verbindung. Obwohl er zum Stamme Dan gehört, zeigt sich in den Erzählungen, daß Zora und dessen Gebiete bereits zu Juda gehörten (1Chr 2,53; 4,2) und der philistäische Druck auf diesen letztgenannten Stamm ausgeübt wurde (Ri 15,9ff). Die Grenze zwischen Juda und den Philistern verlief zu dieser Zeit zwischen dem israelitischen Zora und dem philistäischen Timna *(Tell el-Baṭāšī)*. Zweifellos übte Ekron die Kontrolle über Timna aus, obwohl Ekron nicht in den Erzählungen erwähnt wird. Die Grenze zwischen Ekron und Bet-Schemesch, die auch in dem Abschnitt über den Transport der Lade dargestellt wird, weist auf die gleiche Situation hin.
Der Kampf um die Kontrolle über die Schefela erreichte schließlich seinen Höhepunkt in der Entscheidungsschlacht zwischen den Philistern und den israelitischen Stämmen, die vom Haus Eli angeführt wurden. Diese Schlacht fand zwischen Afek und Eben-Ezer statt (1Sam 4). Sie endete mit einem vollständigen Sieg der Philister; sie zerstörten Schilo, das zeitweilige Zentrum der nordisraelitischen Amphiktyonie. Obwohl die Zerstörung der Stadt in dem genannten Text nicht erwähnt wird, finden sich doch in den Psalmen und den Weissagungen Jeremias Anspielungen darauf (Ps 78,60; Jer 7,12.14; 26,6.9); archäologische Ausgrabungen haben die Zerstörung bestätigt[260]. Die Folge dieser Schlacht war, daß die Philister nicht nur in das Kerngebiet der Israeliten eindrangen, um das Zentrum des Stämmebundes zu zerstören, sondern auch versuchten, die Stämme selbst unter ihre Kontrolle zu bringen. Zu Beginn der Regierungszeit Sauls finden wir eine phili-

260 *Kjaer, H.*, JPOS 10 (1930) 97ff.

stäische Garnison in Geba = Gibeat-Elohim (1Sam 10,5; 13,3); außerdem verhinderten die Philister die Eisenbearbeitung in Israel (1Sam 13,19–22).
Es ist offenkundig, daß die Philister zu dieser Zeit erfolgreich darangingen, das israelitische Bergland zu beherrschen. Jedoch überliefert die Bibel auch eine gegenteilige Darstellung. In dem Bericht über Samuels Sieg bei Mizpa über die Philister wird gesagt: »Auch eroberte Israel die Städte zurück, die die Philister ihnen genommen hatten, von Ekron bis Gat samt ihrem Gebiet; die errettete Israel aus der Hand der Philister, und Israel hatte Frieden mit den Amoritern« (1Sam 7,14). Die Territorien von Gat und besonders Ekron waren offensichtlich auf Kosten der benachbarten israelitischen und amoritischen Schefela-Siedlungen beträchtlich ausgedehnt worden, die sich dann im Widerstand gegen die Philister vereinigten. Es muß eine Zeit ständiger Angriffe und Gegenangriffe gewesen sein; die Zerstörung von Schicht XI in *Tell Qasīle* kann vielleicht dieser Zeit zugeschrieben werden. Wir haben keine festen Angaben, auf die man eine genauere historische Interpretation stützen könnte. Die Situation zu Beginn der Regierungszeit Sauls zeigt jedoch deutlich, daß die Philister schließlich die Oberhand gewannen und gemeinsame Anstrengungen unternahmen, eine dauerhafte Herrschaft über die israelitischen Gebiete zu etablieren[261].
Die philistäische Bedrohung war die große Herausforderung, die Israel zwang, sich der Frage seiner Existenz und seiner weiteren Entwicklung zu stellen. Dies kennzeichnet das Ende der Richterzeit und den Beginn des vereinigten israelitischen Königreichs, das Israel zur beherrschenden Macht in Palästina machte und das Konzept vom »Land Israel« so ausweitete, daß es das gesamte innere Land umfaßte.

261 Es ist möglich, daß diese Kettenreaktion auch Veränderungen in der politischen Organisationsstruktur der Philister hervorgerufen hat; jedoch sind unsere Quellen extrem mager. Ich verdanke Prof. Mazar den Vorschlag, daß Gat zu dieser Zeit zu einer Vormachtstellung über die anderen Philisterstädte gekommen war. Diese Stadt erscheint nun als Hauptfeind Israels, und in Davids Klagelied über Saul und Jonatan werden Gat und der Markt (Hafen) von Aschkelon herausgegriffen als Repräsentanten des Philisterlandes (2Sam 1,20). Auch die Gleichsetzung von Achis mit Abimelek, dem König der Philister (Ps 34,1; vgl. Gen 26,8), sollte man beachten. Dies würde gut zur Lokalisierung von Gat auf dem *Tell eṣ-Ṣāfī* passen und zu dem großen Herrschaftsgebiet, das bis zum Negeb reichte.

Kapitel 3

Das vereinigte Königreich

I. Saul

Der erste israelitische König war Saul, der Sohn des Kisch aus dem Stamme Benjamin. Er gehörte zweifellos einer bedeutenden Familie aus Gibea *(Tell el-Fūl)*[1] in Benjamin an. Dieser Ort beherrschte die Straße von Juda bis zum Gebirge Efraim (s. Ri 19,12ff). Mit Errichtung des Königreichs wurde Gibea die erste Hauptstadt Israels und war von da an als Gibea Sauls bekannt (1Sam 11,4). Sauls Geburtsort könnte Zela gewesen sein, wo er auch bestattet wurde (2Sam 21,14; vgl. Jos 18,28); nach 1Chr 8,29–30 war seine Familie mit Gibeon verbunden.

Der kleine, aber zentral gelegene Stamm Benjamin hatte unter dem starken Druck der Philister zu leiden, die eine Garnison in Geba *(Ğebaᶜ)* im Territorium Benjamins errichtet hatten; dieser Ort ist auch unter dem Namen Gibeat-Elohim bekannt (1Sam 10,5)[2]. Da diese Namen sehr ähnlich sind und die Möglichkeit ihrer Verwechslung durch die Wiedergabe in der LXX noch erhöht wurde, ist die genaue Bestimmung dieses Ortes heftig umstritten[3]. Es scheint aber heute sicher zu sein, daß die in *Tell el-Fūl* gefundene Festung, die nach einer langen Besiedlungslücke gebaut wurde, nicht von Philistern errichtet worden ist[4]. Alle Funde und besonders die Keramik gehören in das bekannte Repertoire des Berglandes und lassen keine Einflüsse aus der Küstenregion erkennen. Eine andere Festung aus ungefähr der gleichen Zeit hat man jetzt in Beerscheba gefunden[5].

Demnach bleiben die Alternativen Geba oder Gibeon. Die erste wird durch die Tatsache gestützt, daß sich an diesem Ort die israelitischen Truppen vor dem Kampf gegen die Philister versammelt hatten.

Sauls erster Feldzug richtete sich nicht gegen die Philister, sondern vielmehr auf die Befreiung Jabesch-Gileads von den Ammonitern. Einige Einwohner dieser Stadt hatten bereits Verbindungen zum Stamme Benjamin

1 *Albright, W. F.*, AASOR 4 (1924); *Sinclair, L. A.*, AASOR 34–35 (1960) 1–52.

2 Gibeat-Elohim wird manchmal mit dem Gibea Benjamins (Sauls) identifiziert, jedoch lesen wir in 1Sam 13,2f eindeutig, daß die philistäische Garnison in Geba stationiert ist, während Jonatan noch im Gibea Benjamins und Saul mit seinen Truppen in Michmas und der Umgebung von Bet-El weilt. Das erklärt auch, warum die Philister ihr Feldlager bei Michmas gegenüber von Geba aufgeschlagen haben, wohin Saul nun zieht.

3 Vgl. *Demsky, A.*, BASOR 202 (1971) 16ff; *ders.*, BASOR 212 (1973) 25ff. Diese sehr bedeutenden Untersuchungen werden eine große Rolle bei der Lösung der Fragen spielen.

4 *Sinclair, L. A.*, EAEHL II, 444–446.

5 *Aharoni, Y.*, IEJ 25 (1975) 169–170, befaßte sich mit der Grabung 1975; weitere Erkenntnisse über diese Festung wurden 1976 gewonnen.

(Ri 21,8ff). Als Saul durch das Bergland marschierte, schlossen sich ihm zweifellos andere Stämme; und von Besek *(Ḫirbet Ibzīq)* führte er einen Überraschungsangriff auf die Belagerer Jabesch-Gileads aus.
Wir wissen nicht, ob diese Aktion den Philistern unbekannt blieb oder ob die philistäische Garnison Saul als ergebenen Vasallen ansah und deshalb nichts gegen seinen Feldzug nach Transjordanien unternahm. Aber nach der Schlacht hat Saul die Truppen, die sich um ihn gesammelt hatten, nicht wieder entlassen. Sein Sohn Jonatan nahm Geba durch einen Überraschungsangriff ein: »Und ganz Israel hörte sagen: Saul hat die Garnison der Philister genommen, und Israel hat sich bei den Philistern in Verruf gebracht. Und alles Volk wurde zusammengerufen, um Saul nach Gilgal zu folgen« (1Sam 13,4). Die Errichtung des Königtums und der Aufstand gegen die Oberhoheit der Philister waren eng miteinander verknüpft.
Die Philister reagierten sofort. Sie zogen heran und schlugen ein Feldlager bei Michmasch auf; von dort führten sie drei Vergeltungsangriffe durch Stoßtrupps nach Norden, Westen und Osten. Offensichtlich hatten sie die Absicht, Entsetzen und Verwirrung unter den israelitischen Stämmen zu verbreiten, damit sich Sauls Truppen vor der Entscheidungsschlacht zerstreuten. Saul handelte schnell; Jonatan unternahm einen wagemutigen Angriff, in dem er das tiefe *Wādi eṣ-Ṣuwēnīt* durchquerte, das Geba *(Ǧebaᶜ)* von Michmasch trennte. Das philistäische Lager wurde überrannt, und die Truppen flohen über Bet-Horon zu ihren Stützpunkten.
Der Kampf gegen die Philister zog sich über die ganze Regierungszeit Sauls hin (1Sam 14,52), bis zu seinem Tode konnte er die Philister aus dem israelitischen Bergland fernhalten. Sauls Taten werden in 1Sam 14,47–48 folgendermaßen zusammengefaßt:

»Als Saul die Königsherrschaft über Israel erlangt hatte, kämpfte er gegen alle seine Feinde ringsumher: gegen die Moabiter, die Ammoniter, die Edomiter, gegen die Könige Zobas und gegen die Philister. Und wo er sich hinwandte, da gewann er den Sieg. Und er vollbrachte tapfere Taten und schlug die Amalekiter und errettete Israel aus der Hand aller, die es ausplünderten.«

Wir kennen keine Einzelheiten über Sauls Kriege in Transjordanien, aber es hat den Anschein, daß er dort die verschiedenen Völker, die dem israelitischen Siedlungsgebiet benachbart waren, angegriffen hat. Er führte einen entscheidenden Schlag gegen die Nomaden der südlichen Steppe und verfolgte sie bis in die Sinai-Halbinsel, bis zur »Stadt der Amalekiter«[6], und »von Hewila bis nach Schur« (1Sam 15,5–7).
Wir wissen nur bruchstückhaft über seine Kämpfe mit den Philistern Bescheid. Der Kampf zwischen David und Goliat fand im Tal von Ela statt, zwischen Socho und Aseka, wo wahrscheinlich die Grenze zwischen Sauls Königreich und dem philistäischen Gat verlief. In den Erzählungen über David

6 Ortsname und Lokalisierung sind unbekannt; das gleiche gilt für Telaïm, wo er seine Truppen zusammenzog (1Sam 15,4); vielleicht ist es das Telem aus Jos 15,24.

wird von einem Zwischenfall berichtet, bei dem die Philister gegen Keïla kämpften und die Dreschplätze beraubten (1Sam 23,1). Dabei scheint es sich um kleinere Grenzscharmützel oder Raubzüge gehandelt zu haben; Davids Truppen versuchten diese Philister zurückzuschlagen, um die Loyalität Judas zu gewinnen.

Aus dem Abschnitt 2Sam 2,8–9, der das Königreich von Sauls Sohn Isch-Boschet (Eschbaal nach 1Chr 8,33; 9,39; aber Jischwi nach 1Sam 14,49) beschreibt, können wir einiges über die Einteilung des Landes und wahrscheinlich auch über die Verwaltung in jener Zeit ersehen:

»Abner aber, der Sohn Ners, der Sauls Feldhauptmann war, nahm Isch-Boschet, Sauls Sohn, und führte ihn nach Mahanajim und machte ihn zum König über Gilead, Ascher, Jesreel, Efraim, Benjamin und über ganz Israel.«

Neben diesen Gebieten, die »ganz Israel« genannt werden, erstreckte sich Sauls Herrschaft auch über Juda, das allerdings nach seinem Tode vom Königreich abfiel und David krönte, der es regieren sollte. Somit umfaßte Sauls Königreich sechs Gebiete: Gilead, Galiläa, den Teil der Jesreel-Ebene, der unter israelitischer Kontrolle war[7], das Gebirge Efraim, Benjamin und Juda (s. Karte 20)[8].

Die Bestimmung von fünf Gebieten des Saulschen Königreiches als »ganz Israel«, d.h. also unter Ausschluß Judas, ist sicher nicht zufällig. Diese Einteilung des Landes spiegelt die Form seiner administrativen Organisation wider, die auf den traditionellen Stammesgebieten basierte. Drei der Bereiche sind nach Stämmen benannt (Ascher, Efraim, Benjamin), doch umfaßte jeder Bereich in Wirklichkeit zwei Stämme. Obwohl Gilead eigentlich ein geographischer Begriff ist, wurde er doch in der Richterzeit als Stammesname und synonym für Gad gebraucht. Die einzige namentlich erwähnte Stadt ist Jesreel, ein israelitisches Zentrum in der Jesreel-Ebene, die noch zu Sauls Zeiten größtenteils kanaanitisch war. Die Stadt wurde Issachar zugeschrieben (Jos 19,18), aber wir haben bereits oben erwähnt, daß dieser Stamm nicht in die Grenzbeschreibungen aufgenommen wurde. In diesem Falle unterscheidet sich die Organisation des Königreiches von der des Stämmebundes. So hat man diesen Distrikt nicht nach einem Stamm, sondern nach der bedeutendsten Stadt benannt, die zweifellos die regionale Hauptstadt war. Eine ähnliche organisatorische Struktur werden wir später auch für die Regierungszeit Salomos feststellen können.

Obwohl die Spaltung zwischen Israel und Juda in der Richterzeit sehr tiefgehend war, scheint selbst Juda Sauls Autorität ohne großen Widerstand akzeptiert zu haben. Die philistäische Bedrohung, die Sauls Aufstieg zur Macht begünstigte, bewirkte auch die Aussetzung der alten Fehden; dieser

7 Im vorigen Kapitel wurde angedeutet, daß Megiddo und wahrscheinlich auch andere Kanaaniterstädte des Tales im 12. Jahrhundert v.Chr. israelitisch geworden waren.

8 *Aharoni, Y.*, The Districts of Israel and Judah, in: The Kingdoms of Israel and Judah, Jerusalem 1961, 114f (hebräisch).

Karte 20: Das Königreich Sauls

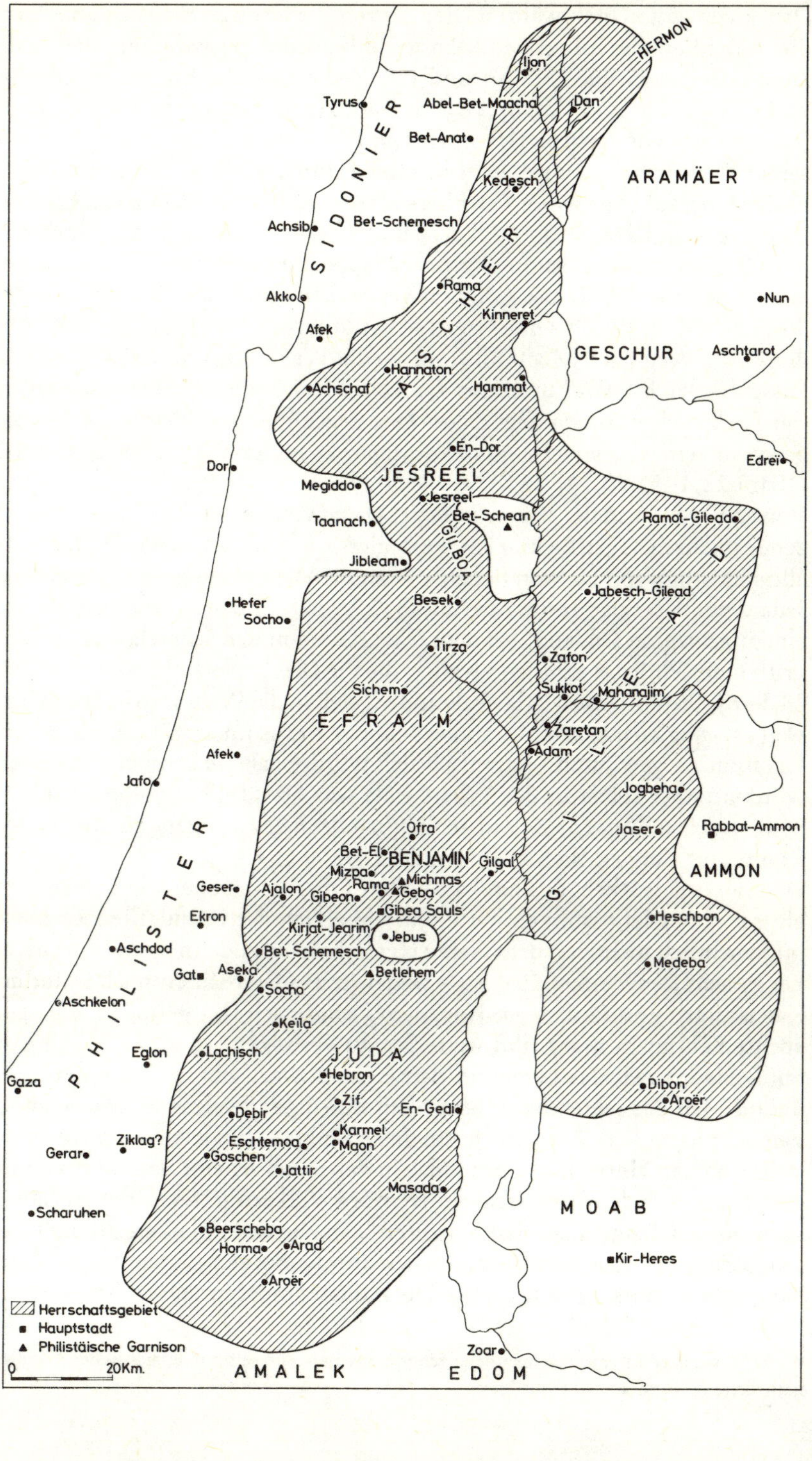

Druck von außen hielt während der ganzen Regierungszeit Sauls an. Überdies hatte Saul die führenden Männer Judas dadurch gewonnen, daß er die Amalekiter zurückgeschlagen und tief in die südliche Steppe abgedrängt hatte. Nach diesem Feldzug errichtete er eine Siegesstele in Karmel, einer Stadt südlich von Hebron (1Sam 15,12). Die Tatsache, daß Saul Juda fest in seiner Gewalt hatte, wird auch bewiesen durch die Berichte über Davids Flucht vor Saul. Auf seiner Flucht ersuchte er Achis, den König von Gat, um Asyl; aber nachdem er dort auf Haß und Argwohn gestoßen war, kehrte er nach Juda zurück und sammelte eine Truppe um sich. Eine Zeitlang konnte er sich in einer Höhle bei Adullam verstecken, aber bald floh er doch von dort nach Moab, wo er seine Eltern sicher unterbrachte (1Sam 22,1–4). Der direkteste Weg nach Moab führt durch die Wüste Juda hinunter durch die Pässe des *Wādi Saiyāl* und über das Tote Meer durch die Furten an der Lisan-Halbinsel. Massada liegt dieser Furt gegenüber und könnte die Festung gewesen sein, die von David als Stützpunkt in der Wüste benutzt wurde (1Sam 22,4–5; 23,14; 24,1)[9].

Von seiner Feste in der Wüste Juda fiel David von Zeit zu Zeit in das angrenzende judäische Territorium ein, besonders nach Sif, Karmel und Maon, die alle südöstlich von Hebron liegen und an die Wüste, die En-Gedi und Massada umgibt, angrenzen (1Sam 23,15; 25,2; 26,1). Auch erfahren wir von einem gewagten Feldzug, bei dem David Keïla in der Schefela vor den Angriffen der Philister schützen wollte, die die Dreschplätze beraubten (1Sam 23,1–6). Er war jedoch bald gezwungen, sich in die Wüste zurückzuziehen, weil es – obgleich er die führenden Männer Keïlas unterstützte, um so ihre Loyalität zu gewinnen – offensichtlich wurde, daß sie ihn Saul ausliefern würden. Aber selbst in der Wüste Juda war David nicht völlig sicher vor Sauls Nachstellungen. Er war schließlich doch gezwungen, zu Achis, dem König von Gat, zu fliehen (1Sam 27,1ff).

Daraus wird deutlich, daß Saul die völlige Oberhoheit über alle Gebiete israelitischer Niederlassungen hatte, einschließlich der in Juda. Jedoch hat er offensichtlich nicht versucht, seine Herrschaft auszudehnen und Fremdvölker in sein Reich einzugliedern – weder in Transjordanien noch unter den Kanaanitern und Philistern. Nachdem David nach Gat geflohen war, versuchte Saul nicht mehr, ihn weiterhin zu verfolgen (1Sam 27,4). Obwohl Sauls Hauptstadt das benjaminitische Gibea war, gibt es keinen Hinweis darauf, daß das jebusitische Jerusalem ihm irgendwelche Schwierigkeiten gemacht hätte; das Vorhandensein dieser Enklave hinderte ihn nicht an der vollständigen Herrschaft über Juda. In der Regel scheint Saul normale Beziehungen mit den benachbarten fremden Völkern unterhalten zu haben, zumindest solange diese den Israeliten keine Schwierigkeiten machten. Zu Sauls Zeit war »das Land Israel« noch auf die Bereiche israelitischer Siedlungen beschränkt (1Sam 13,19). Die Philister müssen sich schließlich wohl

9 In Massada gefundene eisenzeitliche Scherben zeigen, daß selbst in israelitischer Zeit diese natürliche Festung genutzt wurde.

mit dieser Situation abgefunden haben, d.h. zumindest so lange, bis das Gleichgewicht der Kräfte in der Jesreel-Ebene zerbrochen wurde. Als Saul die Herrschaft über den zentralen Teil der Jesreel-Ebene errungen hatte, kam das einer Sperrung der *Via Maris* in diesem Gebiet und somit einer Aktion gegen die Philister gleich.
Der Bericht über diesen Krieg ist infolge der Einschübe der Erzählungen über David wenig zusammenhängend. Aber in groben Umrissen kann man ihn noch nachzeichnen. Die philistäischen Herrscher versammelten ihre Truppen in Afek an den Quellen des Jarkon (1Sam 29,1) zum Marsch in die Jesreel-Ebene (1Sam 29,11). Sauls Truppen »hatten sich an der Quelle bei Jesreel gelagert« (1Sam 29,1); am Vorabend der Schlacht zogen sie sich auf den Berg Gilboa zurück. Die Philister schlugen ihr Lager ihnen gegenüber bei Schunem auf (1Sam 28,4). Der Kampf endete mit dem Sieg der Philister, während Saul und seine drei Söhne bei dem Rückzug auf den Berg Gilboa fielen. Danach sind die Philister wohl wieder in das Bergland eingedrungen; dadurch zwangen sie Abner, Eschbaals neue Hauptstadt in Mahanajim in Transjordanien zu errichten. Dies ist jedoch keineswegs sicher. Zumindest aber ist deutlich, daß das Gleichgewicht der Kräfte sich zeitweise zugunsten der Philister verschoben hatte. Aber nachdem das vereinigte Königreich unter David wieder errichtet worden war, kam eine Zeit, in der Israel das ganze Land beherrschte.

II. Die Feldzüge Davids

Im letzten Jahr oder in den beiden letzten Jahren der Herrschaft Sauls hatte David in Ziklag gewohnt[10], einer der vielen entfernter gelegenen Städte, die dem König von Gat untertan waren (1Sam 27,5–6). Obwohl David dort als Vasall des Königs von Gat regierte, war er doch in der Lage, eine relativ große Unabhängigkeit zu entfalten. Seit dieser Zeit gehörte Ziklag den judäischen Königen und wurde zu den Städten Simeons gezählt (Jos 19,5; 1Sam 27,6). Von hier überfiel David die Nomaden der südlichen Steppe: »Geschuriter, die Girsiter und die Amalekiter; denn diese waren von alters her die Bewohner des Landes bis hin nach Schur und Ägyptenland« (1Sam 27,8). Aber dem biblischen Erzähler zufolge berichtete David dem Achis, daß er in die Gebiete Judas eingefallen sei, d.h. in den Negeb von Juda, den Negeb der Jerachmeeliter und den Negeb der Keniter. Demnach lag Ziklag also an der Negebgrenze. Auch hatte die Stadt selbst ein beachtliches eigenes Territorium; sie war ein kleines Vasallentum im Königtum von Gat. Aus diesem Grunde ist es auch viel wahrscheinlicher, daß die Stadt mit *Tell eš-Šerīʿa* identifiziert werden kann, einem bekannten, wenn auch nicht besonders großen Hügel, der am *Wādi eš-Šerīʿa* östlich von Gerar *(Tell Abū*

10 MT läßt die Lesart »ein Jahr und vier Monate« (1Sam 27,7) zu; nach LXX waren es nur vier Monate.

Hurēre) und nordwestlich von Beerscheba gelegen ist[11]. Wenn Gat wirklich auf dem *Tell eṣ-Ṣāfī* lag, dann ist die Entfernung zwischen beiden Städten doch sehr beträchtlich (ungefähr 38 km). Das würde die große Expansion und die folgende Vorherrschaft Gats zu dieser Zeit belegen; diese Stadt wurde die größte philistäische Hauptstadt in der Schefela, die Ekron ein wenig in den Schatten stellte. Daher rührte auch Davids besonderer Status als Vasall; in dieser Position genoß er große politische Selbständigkeit. Seine Aktivitäten von Ziklag aus zeigen, daß er tatsächlich nicht nur über seine Stadt, sondern auch noch über ein ausgedehntes Umland im Negeb herrschte. Dieses Gebiet entspricht ungefähr der ersten Gruppe simeonitischer Städte (Jos 19,2–6; 1Chr 4,28–31), die den ausdrücklichen Vermerk »bis David regierte« führt (1Chr 4,31). Die Teilung simeonitischer Städte in zwei Gruppen wird so verständlich, und es wird auch klar, wie es dazu kam, daß dieses simeonitische Gebiet in davidischen Quellen »Negeb von Juda« genannt wurde (1Sam 27,10; 30,14; 2Sam 24,7).
Durch diese Aktionen gelang es David, die Loyalität der judäischen Bevölkerung zu gewinnen, obwohl er unter philistäischer Oberhoheit stand. Durch seine Einfälle in die südliche Steppe befreite er die Negeb-Bewohner von der Bedrängnis durch die Nomaden. Nach seinem verheerenden Angriff auf das Lager der Amalekiter, die während seiner Abwesenheit Ziklag geplündert hatten, sandte er – gewitzt wie er war – Teile der Beute als Geschenke an die Ältesten in Juda (1Sam 30,26–31). Unter den Städten, in die diese Geschenke gesandt wurden, befanden sich auch einige Negeb-Siedlungen wie z.B. Betuël (text. em.), Ramat-Negeb, Aroër, Horma, die Städte der Jerachmeeliter und der Keniter und Städte im südlichen judäischen Bergland wie Jattir, Eschtemoa und Hebron. Sie lagen alle in den Regionen, die von den südlichen Stämmen besiedelt worden waren, die sich zum Stämmeverband Juda zusammengeschlossen hatten, nämlich Kaleb, Kenas, Keniter und Jerachmeeliter. David versuchte, diese Stämme, die keine großen Bindungen zum israelitischen Stämmebund und zum Hause Sauls hatten, für sich zu gewinnen.
Seine Bemühungen trugen Früchte. Nach Sauls Tod zog David hinauf nach Hebron und errichtete ein Königreich, das nur Juda umfaßte, während Eschbaal (der verunglimpfte Name lautet Isch-Boschet), der Sohn Sauls, weiterhin über »ganz Israel« von seiner zeitweiligen Hauptstadt Mahanajim in Transjordanien aus regierte (2Sam 2,8–9). So begann David die alten Gegensätze zwischen Israel und Juda wieder zu schüren, um das Königtum schrittweise zu übernehmen. Offenkundig hat David diese Spannungen nicht erst erzeugt, sondern sie waren schon ein altes Vermächtnis aus der Zeit der Landnahme und wurden in der Richterzeit noch durch besondere

11 *Tell el-Ḫuwēlife* liegt viel zu weit östlich; wie *Tell Bēt Mirsim* wurde es als Teil des judäischen Berglandes angesehen. Wenn David von hier seine feindlichen Übergriffe ausgeführt hätte, hätte er durch israelitisch besiedeltes Gebiet ziehen müssen; von *Tell eš-Šerīʿa* hätte er durch die Ebene nach Süden marschieren können, ohne in israelitisches Siedlungsgebiet im Negeb zu kommen.

Umstände verstärkt. David intensivierte sie jedoch und nutzte sie zum ersten Male bewußt zur Errichtung seines Königtums aus. Diese Entwicklung sollte in der Zukunft noch gewichtige Folgen haben.
Während dieser Periode, in der David zur Macht aufstieg, hören wir nichts von einer philistäischen Einmischung. Achis hat ihn wahrscheinlich noch immer als loyalen Vasallen betrachtet, und die Philister haben zweifellos den Bruch zwischen Juda und Israel gern gesehen und alles getan, ihn zu vertiefen.
Nach dem Tode Abners und Eschbaals gab es keinen ernst zu nehmenden Gegner mehr, der sich David hätte in den Weg stellen können, und alle Stämme Israels unterwarfen sich seiner Herrschaft. Eine seiner ersten Taten war die Eroberung des jebusitischen Jerusalem, das er zur neuen Hauptstadt des vereinigten Juda und Israel machte. Die jebusitische Festung Zion wurde von nun an die Stadt Davids und der ausschließliche Besitz seiner Dynastie. Erst als Jerusalem in seinem achten Regierungsjahr[12] Hauptstadt geworden war, wurde seine Herrschaft über ganz Israel und Juda eine vollendete Tatsache – etwas, das während seiner siebenjährigen Regierungszeit in Hebron nicht möglich gewesen war (2Sam 5,5). Auf diese Weise hatte David eine Hauptstadt geschaffen, die neutral gegenüber allen rivalisierenden Stämmen war, denn da er sie erobert hatte, gehörte sie ihm und nicht etwa einem dieser Stämme. Gleichzeitig kündete dieser Schritt eine neue Entwicklung an, die von seinem Königreich eingeschlagen werden sollte: ein Verlassen der Grenzen des israelitischen Gebietes und die Absorption aller bis dahin im Lande noch von Kanaanitern bewohnten Gebiete.
Erst da erkannten die Philister die große Gefahr, die das davidische Königreich darstellte. Aber ihr Eingriff kam bereits zu spät. Zweimal versuchten sie, nach Jerusalem vorzustoßen, und zweimal konnte David ihnen eine schwere Niederlage im Tal von Refaim südwestlich der Stadt zufügen. Die Festung, in der sich David bei der Invasion der Philister aufhielt, war zweifellos die Festung Zion und nicht die aus der Zeit seiner Flucht vor Saul, die weitab in der Wüste lag. Die Erzählung von den drei Helden aus Davids Gefolgschaft, die sich ihren Weg bis zum Brunnen am Tor in Betlehem bahnten, »während David in der Festung war und die Truppe der Philister in Betlehem« (2Sam 23,13–17; 1Chr 11,15–19), könnte in diese Zeit gehören.

12 *Alt, A.*, ZDMG NF 4 (1925) 13ff; *ders.*, Die Staatenbildung der Israeliten in Palästina, Leipzig 1930, 55ff = Kl. Schr. II, 45ff. – Es ist schwer vorstellbar, daß David, nachdem er König von Israel geworden war, eine solch lange Zeit gewartet hätte, bevor er zur Eroberung Jerusalems ansetzte. David könnte die Zählung seiner Regierungsjahre schon einige Zeit, bevor er in Hebron gekrönt worden war, begonnen haben, zumindest ab dem Zeitpunkt, zu dem er als Vasallenkönig über Ziklag und den Negeb von Juda eingesetzt worden war. Mazar hat die Vermutung geäußert, daß David Jerusalem erobert haben könnte, direkt nachdem er in Hebron auch zum König über die nördlichen Stämme gekrönt worden war, daß er aber seine Hauptstadt noch nicht dorthin verlegt hatte, bevor sie als königliche Residenzstadt wiederaufgebaut worden war, was einige Jahre gedauert haben könnte. Eine andere Erklärungsmöglichkeit ist die, daß die Überlieferung einer zweijährigen Regentschaft Eschbaals, des Sohnes Sauls (2Sam 2,10), auf einem Fehler beruht (vgl. 2Sam 3,1).

Wenn das stimmt, bedeutet es, daß es den Philistern zu Anfang gelungen war, die Kontrolle über Betlehem zu gewinnen. Als sie zum zweiten Mal in die Flucht geschlagen wurden, verfolgte David sie entlang der Straße nach Bet-Horon von Gibeon bis Geser (2Sam 5,25; 1Chr 14,16).
In den folgenden Jahren schlug David nacheinander alle seine Gegner und schuf so ein weit ausgedehntes Königreich. Zu dieser Zeit gab es keine starke auswärtige Macht, die sich in die Angelegenheiten des Landes hätte einmischen können. Als sich die israelitischen Stämme zu einem Königreich vereinten, konnte ihr König mit relativer Leichtigkeit die kleinen Bevölkerungsgruppen besiegen, die noch in der Richterzeit die einzelnen Stämme in schwere Bedrängnis gebracht hatten, wie z.B. die noch vorhandenen kanaanitischen Städte, die Philister, die Ammoniter, die Moabiter, die Edomiter und die Nomaden des Negeb. Es gab nur zwei ernst zu nehmende Gegner, die mit ihm um die Vorherrschaft in Syrien und Palästina kämpften: die Aramäer im nördlichen Transjordanien und Syrien sowie die Phönizier an der libanesischen Küste. Die Aramäer, die zu dieser Zeit unter der Herrschaft des Königreichs von Aram-Zoba (Zoba) in der libanesischen *Biqāʿ* standen, wurden von David geschlagen und ihr Territorium seinem Königreich einverleibt.
Davids wichtigste Eroberungen sind uns wahrscheinlich in den gleichlautenden Abschnitten der Psalmen 60 und 108 überliefert[13]:

»Gott hat in seinem Heiligtum geredet:
Ich will frohlocken;
ich will Sichem verteilen
und das Tal Sukkot ausmessen;
Gilead ist mein, mein ist Manasse,
Efraim ist der Schutz meines Hauptes,
Juda ist mein Zepter.
Moab ist mein Waschbecken,
meinen Schuh werfe ich auf Edom,
Philisterland, jauchze mir zu!
Wer wird mich führen in die feste Stadt?
Wer geleitet mich nach Edom?« (Ps 60,8–11; 108,7–10).

Hier werden die Erfolge Davids in chronologischer Reihenfolge und in Übereinstimmung mit anderen Quellen wiedergegeben: zuerst die Errichtung der Herrschaft über Juda und Israel und dann die auswärtigen Eroberungen. Nur eine Berichtigung ist nötig: Edom erscheint zweimal, während Aram fehlt. Die Verwechslung dieser beiden Namen ist ein Fehler, der in den masoretischen Texten öfter vorkommt[14], da ihre Schreibung sowohl in den alten hebräischen als auch in den jüngeren aramäischen Schriften sehr

13 *Aharoni, Y.*, in: Bible and the History of Israel. Studies in Honor of Yaakov Liver, Jerusalem 1972, 13–17.
14 Vgl. die Bemerkungen bei *Ginsberg, H. L.*, in: Alexander Marx Jubilee Volume, New York 1950, 348 Anm. 4 und 356 Anm. 31.

ähnlich ist. Daher sollte richtiggestellt werden, daß bei der ersten Erwähnung Edoms wahrscheinlich Aram gemeint ist, zumal bekannt ist, daß die Eroberung Edoms später erfolgte. Die »feste Stadt« ist höchstwahrscheinlich die auf dem Festland gelegene Stadt bei Tyrus, genannt Usu; von ihrer Eroberung hören wir in der Beschreibung der von Joab durchgeführten Volkszählung (2Sam 24,7; vgl. Jos 19,29). Sowohl die Korrektur von Edom zu Aram als auch die Interpretation der »festen Stadt« als zu Tyrus gehörend werden vom aramäischen Targum gestützt.

Es ist daher offensichtlich, daß David in der Lage war, starken Druck auf Tyrus auszuüben. Die Stadt war nun weitgehend von ihm abhängig, doch er zog es vor, sie großmütig als Partner bei der Entwicklung der wichtigsten Handelsstraßen zu akzeptieren. Von da an richtete Tyrus seine Aktivitäten nach Westen aus und wurde schließlich zur wichtigsten Seemacht im Mittelmeer.

Auch wenn wir keine genaue Kenntnis von Davids Kriegszügen besitzen, so können wir uns doch wenigstens ein allgemeines Bild von ihnen machen. Über die Unterwerfung der Philister ist nur eine kurze Feststellung überliefert: »Danach schlug David die Philister und unterwarf sie, und David nahm מתג האמה aus den Händen der Philister« (2Sam 8,1). In dem entsprechenden Abschnitt in 1Chr 18,1 steht statt מתג האמה »Gat und seine Dörfer«. Es ist aber zweifelhaft, ob die Lesart der Chronik richtiger ist, weil Achis, der König von Gat, noch in der Regierungszeit Salomos ein unabhängiger Herrscher war (1Kön 2,39). Auch könnte sich Davids Unternehmen in diesem Gebiet nicht in der Eroberung von Gat-Gittajim westlich von Geser erschöpft haben. Wenn man die Liste levitischer Städte betrachtet, die man in der Regierungszeit Davids ansetzen muß (s.u.S. 309–313), so kann man vermuten, daß David die nördliche Schefela den Philistern abnahm, d.h. den Teil, der tatsächlich mit dem Land Ekron identisch war. Daher ist es wahrscheinlich, daß die zitierte Stelle 2 Sam 8,1 in allgemeinen Ausdrücken Davids vollständigen Sieg über die Philister beschreiben will. Er nahm ihnen diejenigen Gebiete ab, die nötig waren, um eine Verbindung zwischen Jerusalem, Jafo und der Scharon-Ebene zu schaffen, und sicherte so seine Oberhoheit über dieses Gebiet[15].

Einer der ersten Schritte Davids war die Eroberung der kanaanitischen Städte, die noch in den Ebenen unabhängig existierten. Wir wissen darüber jedoch nichts Bestimmtes, abgesehen von der Tatsache, daß diese Gebiete in salomonischer Zeit israelitisch waren. Die Gebiete, die er aufzählt, umfassen die *Via Maris* in der Scharon und die wichtigsten Städte in der Jesreel-Ebene (1Kön 4,10–12). Aus Joabs Reiseroute während der Volkszählung ersehen wir, daß diese Eroberungen auch die Ebene von Akko bis zur »Festung von Tyrus« einschlossen (s.u.S. 303ff). Die kanaanitischen Gebiete, die schon lange als Teile der Stammesgebiete angesehen worden waren, wurden nun dem israelitischen Königreich tatsächlich angegliedert. So

15 Zum Problem Geser s.u.S. 312f.

wurde von Dan bis Beerscheba ein politischer und territorialer Zusammenhang geschaffen, der auch die Küstenregion von der »Festung von Tyrus« (2Sam 24,7) bis zur Grenze von Ekron (Jos 13,3) einschloß.
Dann wandte sich David nach Transjordanien; dort stieß er auf einen mächtigen Gegner – Aram-Zoba. Nach der Überlieferung kam Hadad-Eser, der König von Aram-Zoba, Ammon zu Hilfe. Aus 1Chr 19,7 erfahren wir, daß das erste Gefecht ihrer beiden Heere bei Medeba stattfand, einer bedeutenden Stadt an der Königsstraße am Nordrand des moabitischen Plateaus. Man kann daher annehmen, daß es sich hierbei um einen Kampf um die Kontrolle dieser wichtigen transjordanischen Route handelte, die Damaskus mit Elat verband[16]. David ging als Sieger aus dem Kampf hervor und hatte somit die Oberherrschaft über die *Via Maris* und über die Königsstraße errungen. Er eroberte Moab, unterjochte es und schlug die aramäische Koalition, die ihm unter Führung des Königs von Aram-Zoba zu Hilfe gekommen war, dreimal nacheinander: bei Medeba, bei Rabbat-Ammon und bei Helam im nördlichen Transjordanien (2Sam 10; 1Chr 19). Nach diesen Siegen eroberte er auch Rabbat-Ammon (2Sam 11; 12; 1Chr 20,1–3), Damaskus und die *Biqāʿ* bis zur Grenze von Hamat (2Sam 8,3ff). Schließlich schlug er noch Edom[17] im Salztal südlich des Toten Meeres; er unterwarf auch dieses Land und stationierte dort Garnisonen (2Sam 8,2.13–14; 1Kön 11,15–16; 1Chr 18,2.12–13).
Unter den Städten der *Biqāʿ* werden einige genannt, von denen David einen großen Tribut in Bronze empfing, nämlich Tebach (LXX), Berotai und Kun (2Sam 8,8; 1Chr 18,8). David erlangte die Herrschaft über Transjordanien und die aramäischen Fürstentümer, die Aram-Zoba untertan waren; in allen diesen Orten stationierte er Garnisonen. Aus unserer Kenntnis der Situation, die in der frühen salomonischen Regierungszeit herrschte, wissen wir, daß seine Herrschaft sich bis nach Tadmor erstreckte, der bedeutenden Oase am Weg nach Mesopotamien, und bis Tifsach am Euphrat (1Kön 5,4). Offensichtlich kontrollierte David die gesamte Königsstraße von Edom bis Damaskus und bis zum Euphrat. Hinweise auf die Entwicklung Ezjon-Gebers und den Handel mit Südarabien (dem Königreich Saba) in der Regierungszeit Salomos (1Kön 9,26–10,22; 2Chr 8,17–9,21) zeigen, daß Israel nun eine bedeutende Macht war und alle diese Straßen beherrschte. Es hielt den Schlüssel zum Handel mit Südarabien in Händen, der seinem Besitzer große Reichtümer erschloß[18].

16 *Mazar, B.*, BA 25 (1962) 102f; aus geographischen Gesichtspunkten ist es wahrscheinlicher, daß die Schlacht von Medeba mit der Eroberung Moabs verbunden war und daß die aramäischen Truppen ihr zur Hilfe kamen.

17 Es ist interessant festzuhalten, daß der Text in 2Sam 8,13 Aram anstelle von Edom überliefert; das kann ein Irrtum sein, aber es ist auch möglich, daß der König von Aram Edom zu Hilfe eilte, wie er auch versucht hatte, Davids Expansion nach Ammon und Moab zu stoppen.

18 Zum Handel mit Südarabien s. *Beek, G. S. van*, JAOS 78 (1958) 141ff; *ders.*, BA 23 (1960) 70ff.

III. Das Königreich auf dem Höhepunkt seiner Ausbreitung

Davids Königreich erstreckte sich von Lebo-Hamat und der libanesischen Grenze im Norden bis zur ägyptischen Grenze im Süden, von der Wüste im Osten bis zum Großen Meer (dem Mittelmeer) im Westen. Im Norden umfaßte es Damaskus und die Sirjon-Region (Anti-Libanon) sowie die bedeutende Handelsstraße bis Tadmor und Tifsach. Während der ersten Hälfte des 10. Jahrhunderts v.Chr. gab es keinen ernst zu nehmenden Gegner für dieses Königreich. Im Norden grenzte es an das späthethitische Hamat und an Tyrus und Sidon, die klugerweise mit David während seiner ganzen Regierungszeit gute Beziehungen unterhielten. Im Süden hatten sich die Philister offenbar ein gewisses Maß an Unabhängigkeit bewahrt, aber ihr Territorium war sehr viel kleiner geworden, und David konnte ihnen seinen Willen aufzwingen. Alle diese Staaten müssen die politische Überlegenheit Davids anerkannt haben, wenn sich auch eine ausdrückliche Bestätigung dafür erst zu Beginn der Regierungszeit Salomos findet (1Kön 5,1–5). Alle diese eroberten Gebiete wurden wahrscheinlich durch eine Art Vasallenvertrag beherrscht. Darauf deuten die Geschenke aus Hamat (2Sam 8,9–10; 1Chr 18,9–10) und Tyrus (2Sam 5,11) hin, die über den Hafen Jafo (2Chr 2,16) zu Davids Hochzeit mit einer Prinzessin aus Geschur gesandt wurden (2Sam 3,3); ein weiterer Hinweis darauf ist die Auslieferung entlaufener Sklaven aus dem philistäischen Gat (1Kön 2,39–40). Zu den Völkern, die David eroberte, gehörten: Edom (anstelle von Aram), Moab, Ammon, das Land der Philister und Amalekiter sowie (Aram-)Zoba (2Sam 8,11–12).

1. Die davidische Volkszählung

Bei der Struktur des Königreiches muß man unterscheiden zwischen den eroberten Regionen in Transjordanien, die von Gouverneuren oder Vasallen regiert wurden – Edom, Moab, Ammon und die verschiedenen aramäischen Staaten –, und dem »Land Israel«, das nunmehr Israel, Juda und die eingegliederten kanaanitischen Territorien umfaßte (s. Karte 21). Der innere Aufbau des Königreiches zeigt sich in der Beschreibung der Volkszählung, die von Joab auf Geheiß Davids durchgeführt wurde (2Sam 24,5–6) und die uns einen Ausschnitt der israelitischen Grenzziehungen aus der Regierungszeit Davids liefert. Die Volkszählung schloß auch alle hewitischen und kanaanitischen Städte ein (2Sam 24,7), die nun als integraler Bestandteil Israels angesehen wurden, nicht aber die Gebiete der auswärtigen Eroberungen.

Die Beschreibung beginnt in Transjordanien an der Südgrenze. Der erste Ort, der erwähnt wird, lag südlich von Aroër am Arnon, der traditionellen Grenze zu Moab. Danach werden drei transjordanische Distrikte aufgezählt: Gad (eine allgemeine Bezeichnung für das südliche Transjordanien einschließlich des Gebietes von Ruben), Jaser und Gilead. Bei der nächsten Station, »das Land Tachtim-Hodschis (תחתים חדשי, 2Sam 24,6)«, handelt

Karte 21: Das Königreich Davids

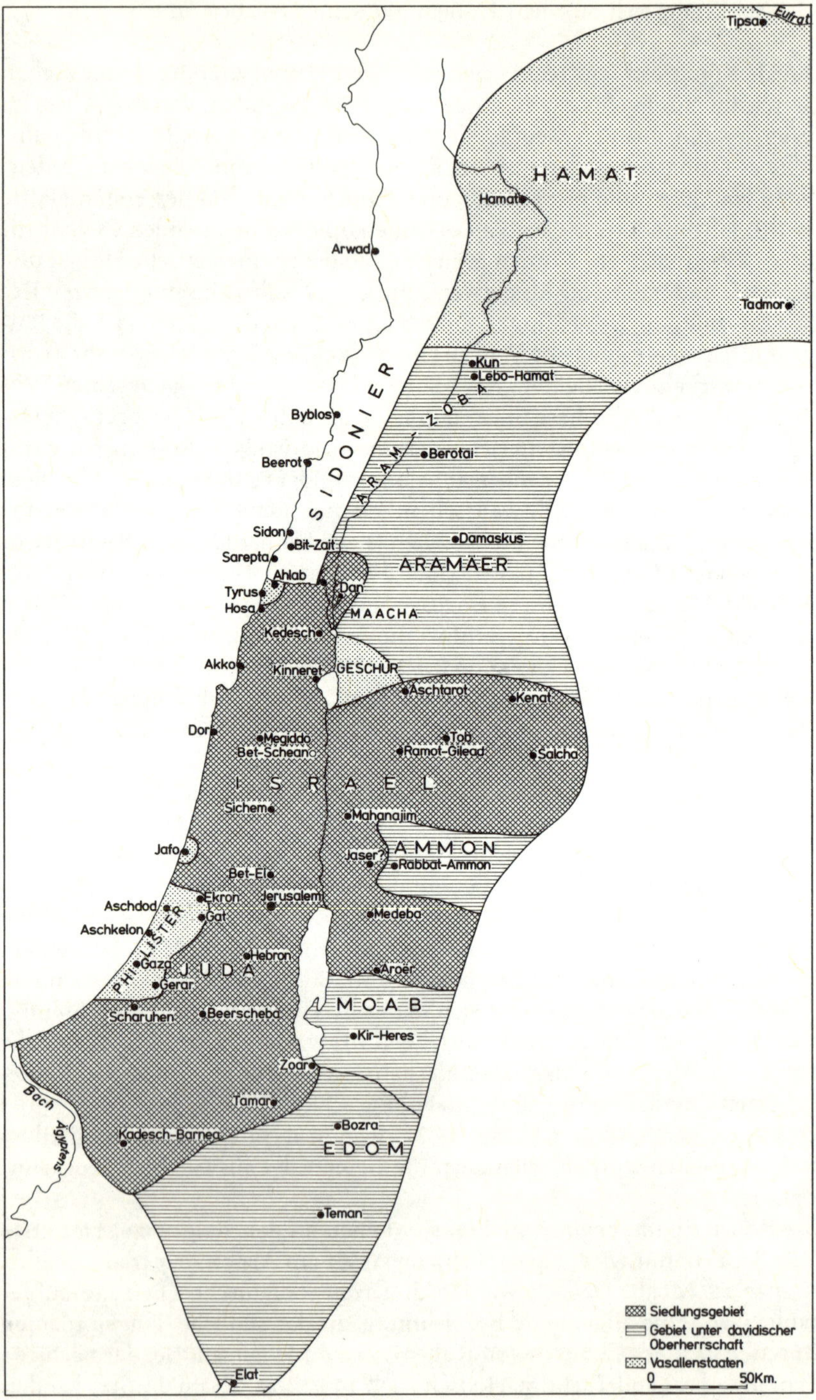

es sich offensichtlich um eine Verfälschung des Textes, denn vom Kontext her müßte man ein Gebiet im nördlichen Transjordanien erwarten[19].
Als nächstes wird Dan erwähnt; daran schließt sich eine kurze Beschreibung der nördlichen Grenze an: »darauf nach Dan, und von Dan wandten sie sich Sidon zu. Dann kamen sie zu der festen Stadt Tyrus« (2Sam 24,6–7). Die Marschroute verlief entlang der sidonischen Grenze und fiel mehr oder weniger mit dem Flußlauf des Liṭani zusammen; dann erreichte sie die Küstenfestung von Tyrus, das Usu der ägyptischen und assyrischen Quellen, das hellenistische Palaityrus *(Tell Rušīdīye)*. Ein Vergleich dieses Abschnittes mit der Grenzbeschreibung des Territoriums von Ascher ist sehr aufschlußreich (Jos 19,28–29).
Zum Schluß wird noch eine Station im Negeb erwähnt, nämlich Beerscheba, das das administrative Zentrum des judäischen Negeb-Distriks dieser Zeit war (vgl. 1Sam 8,2; 27,10).
Da Joabs Volkszählung Juda, Israel und die kanaanitischen Städte umfaßte, kann man vermuten, daß David versuchte, sein Königreich als stabile Einheit nach der Vorstellung von »ganz Israel« (in der umfassenderen Bedeutung dieses Begriffs) neu zu organisieren. Es kann sich kaum um einen Zufall handeln, daß dieser gleiche Begriff im engeren Sinne, nämlich nur zur Bezeichnung der nördlichen Stämme, vor und nach der Regierungszeit Davids gebraucht wurde. Parallel dazu taucht die Konzeption von den zwölf israelitischen Stämmen auf, die sich um Jerusalem und seinen Tempel organisiert hatten – eine Vorstellung, die vor der Königszeit nicht der Wirklichkeit entsprach. Wir können daher annehmen, daß es sich dabei um die Wiederbelebung einer alten Tradition handelte, die die inneren Spannungen des Königreichs überwinden sollte[20]. Wir wissen zwar nichts Genaues darüber, aber wir haben zwei Texte, offensichtlich aus der Regierungszeit Davids, die diese Folgerung stützen – nämlich die Liste der Stammesanführer und die der levitischen Städte.
1Chr 27 enthält die Namen der wichtigsten Beamten – der militärischen, zivilen und Hofbeamten – aus der Regierungszeit Davids. Darunter finden wir die Führer der Heeresabteilungen, die Stammesfürsten, die königlichen Beamten und zum Schluß noch – einzeln aufgeführt – besonders hochrangige Amtsleute. Es gibt keinen Grund, die Vollständigkeit dieser Liste anzuzweifeln; sie zeigt, daß David die interne Verwaltung seines Königreiches auf die traditionellen israelitischen Stämme – sowohl von Juda als auch von Israel – gründete. Zwölf Stammesanführer sind in diese Liste aufgenom-

19 Zweifelhaft ist die Lesart der lukianischen Rezension der LXX: εἰς γῆν Χεττιειμ Καδης, »Kadesch im Land der Hethiter«. Codex Vaticanus hat die Lesart εἰς γῆν Θαβασων, ἥ ἐστιν Αδασαι, d.h. allem Anschein nach »zum Land Baschan, das ist *Hodschi*«. Wir können vielleicht annehmen, daß eine Textentstellung von »das Land unterhalb des Berges Hermon« vorliegt, was im Hebräischen sehr ähnlich geschrieben wird.
20 *Aharoni, Y.*, The Districts of Israel and Judah, in: The Kingdoms of Israel and Judah, Jerusalem 1961, 110ff (hebräisch), gegen Alts Hypothese; vgl. bes. *Alt, A.*, Die Staatenbildung der Israeliten in Palästina, Leipzig 1930 = Kl. Schr. II, 1–65.

men, wenn wir Zadok, den Ältesten des Hauses Aaron, der sicher nicht zu der ursprünglichen Liste gehörte, außer acht lassen. Andererseits fehlen zwei Stämme – Dan und Ascher[21]. Dabei handelt es sich kaum um einen Zufall, denn diese Stämme waren schon in der Richterzeit die schwächsten – Dan aufgrund seiner Wanderung und Ascher aufgrund der Assimilation an die kanaanitische Gesellschaft der Küstenregion. Durch ihren Ausschluß war für einen zweiten Stammesanführer von Manasse in Transjordanien und für einen Anführer des Stammes Levi Platz geschaffen. Dieser Stamm hatte spezielle Aufgaben zu erfüllen, mit denen die levitischen Familien in der Regierungszeit Davids beauftragt worden waren.

2. *Die Städtelisten Simeons und Dans*

Die Städtelisten, die der Endredaktion des Josua-Buches zur Beschreibung der Stammeserbteile zur Verfügung standen, wurden der administrativen Unterteilung des Königreiches entnommen (s.o.S. 88). Die Listen für Simeon und Dan (Jos 19,1–6 und 40–46; 1Chr 4,28–31) stammen allem Anschein nach aus der Regierungszeit Davids. Diese beiden Stämme gehörten nicht zu den Distrikten Judas. Die Listen wurden zur Bestimmung der Territorien solcher Stämme erstellt, die in der traditionellen Grenzbeschreibung nicht aufgeführt waren. Die Städte Simeons umfassen nur einen Teil des späteren Negeb-Distrikts von Juda (Jos 15,21–32), nämlich den Teil mit dem Zentrum Beerscheba, der in der davidischen Zeit »Negeb von Juda« genannt wurde[22]. Aber diese Liste enthält andere Städte, die in Jos 15 nicht erwähnt sind, nämlich Bet-Markabot, Hazar-Susa und Scharuhen. Von diesen dreien ist uns nur eine bekannt – Scharuhen, die von W.F. Albright mit *Tell el-Fārʿa* identifiziert wird[23], einer der bedeutendsten befestigten Städte an der philistäischen Grenze. Die Einbeziehung dieses Ortes in das israelitische Territorium dokumentiert den Höhepunkt der Expansion nach Westen. Die Stadt wurde beim Feldzug des Pharao Schoschenk zerstört, und Ausgrabungen haben gezeigt, daß sie sich von dieser Katastrophe nicht mehr erholt hat[24].

Auch die Analyse der danitischen Städteliste erlaubt den Schluß, daß sie aus der Regierungszeit Davids stammt[25]. Sie schließt die Küstenregion vom Tal Sorek *(Wādi es-Salāmīye)*, d.h. vom Territorium von Ekron und Elteke *(Tell eš-Šallaf)* bis zum Jarkon bei Jafo ein. Diese Region wurde erst in der Regierungszeit Davids erobert, und nach seinem Tode muß sie nach relativ kurzer Zeit wieder selbständig geworden sein. Nach der Teilung des Königreiches hören wir von Gibbeton als Grenzstadt zwischen Israel und den Philistern. Diese Liste und die der levitischen Städte stimmen völlig überein;

21 Vgl. 1Chr 2,2, wo Gad und Ascher am Ende der Stammesliste stehen.
22 *Aharoni, Y.*, IEJ 8 (1958) 26–38.
23 *Albright, W. F.*, BASOR 33 (1929) 7.
24 *Abel*, Géogr. II, 89; *Cross, F. M.* und *G. E. Wright*, JBL 75 (1956) 214.
25 In der Regierungszeit Salomos, so nach B. Mazar, der die Faktoren betont, die diese Liste in die Zeit des vereinigten Königreiches datieren lassen; vgl. *Mazar, B.*, IEJ 10 (1960) 65–77.

die letztgenannte Liste gehört wahrscheinlich in die Regierungszeit Davids (s.u.S. 311). Offensichtlich war der zweite Verwaltungsdistrikt Salomos, der Teile dieses Gebietes umfaßte (1Kön 4,9), etwas kleiner und nahm nur den östlichen Teil ein, da zu dieser Zeit Geser bereits eine Grenzstadt zwischen Israel und den Philistern geworden war – eine Folge der ägyptischen Invasion (s.u.S. 312f).

Die Regierungszeit Davids war gekennzeichnet von einem starken israelitischen Druck auf die benachbarten Regionen. Für die Eroberung der »danitischen Region« finden sich Hinweise in der zeitgleichen Zerstörungsschicht in *Tell Qasīle*[26]. Nur die Einbeziehung Ekrons in die danitische Städteliste (Jos 19,43) ist schwer verständlich. Wahrscheinlich müssen wir hier »Timna von Ekron« lesen (zur Diskussion s.u.S. 321).

Mit diesen leichten Korrekturen stimmt die Liste danitischer Städte mit der Grenze Judas überein, wie sie in Jos 15,10–11 beschrieben wird; sie verlief von Bet-Schemesch nach Timna und dann etwas nördlich von Ekron (»am Nordhang des Berges Ekron«). Ebenso ist die Nordgrenze Aschers (Jos 19,28–29) identisch mit der des Landes Israel zur Regierungszeit Davids, wie aus dem Bericht über die Volkszählung unter Joab deutlich wird (2Sam 24,6–7). Da sich David bei seiner administrativen Gliederung des Landes auf die traditionellen Stammesgrenzen stützte, hat er vermutlich die Grenzbeschreibungen des nördlichen Stämmebundes zugrunde gelegt; diese wurden noch durch Städtelisten von anderen Stämmen ergänzt (von Simeon, Dan, Issachar und denen in Transjordanien)[27].

Das gesamte derzeit verfügbare Beweismaterial deutet darauf hin, daß David den israelitischen Kern seines Königreiches nach dem traditionellen Muster von zwölf Stämmen, das Israel, Juda und die transjordanischen Stämme umfaßte, organisiert hatte. Dieses System hatte keine Grundlage in der Zeit vor dem Aufstieg des Königtums, die durch zwei getrennte Bündnisse in Israel und Juda gekennzeichnet war, wobei den Stämmen in Transjordanien ein besonderer Status zugestanden wurde. David versuchte wahrscheinlich, eine alte Tradition, die in der Zeit vor der Seßhaftwerdung oder zumindest in den frühen Phasen der Seßhaftwerdung angesetzt werden muß, wiederzubeleben. Er muß gehofft haben, auf diese Art die inneren Spannungen zwischen Israel und Juda überwinden zu können. Die Tatsache, daß er Jerusalem zum Zentrum des Königreiches machte und die Lade dorthin überführen ließ, wo er ein Zeltheiligtum hatte errichten lassen, zeigt, daß die Stadt zu einem kultischen Zentrum werden sollte. Es waren nicht Rivalitäten zwischen den verschiedenen Stämmen, sondern der Unterschied zwischen den zwei Stammesbündnissen und ihren jeweiligen Institutionen, die das Königreich gefährdeten. Das vereinigte Königreich betrachtete sich als Erbe der alten Stammesbünde, die sowohl Juda als auch Efraim umfaßt hatten.

26 *Mazar, B.*, IEJ 1 (1950–51) 136ff.

27 Wie schon bemerkt, war Juda ebenfalls nicht in dieser Allianz vertreten, doch wird sein Territorium durch die Grenze Benjamins näher bestimmt.

Karte 22: Die Levitenstädte

Diese Überlieferung wurde im Jerusalemer Tempel gepflegt und bestimmte somit die biblichen Erzählungen.[28] Jedoch konnte sie mit den tatsächlichen Gegebenheiten des Königreiches nicht in Einklang gebracht werden und wurde als administratives System bald ersetzt.

IV. Die levitischen Städte

Es handelt sich hierbei um eine besondere Liste, die Städte aus allen israelitischen Stammesgebieten aufführt, in denen Leviten ansässig waren[29]. Zwei Versionen dieser Liste sind uns mit kleineren Unterschieden erhalten, die erste in Jos 21 und die zweite in 1Chr 6. W.F. Albright hat offensichtlich recht, wenn er behauptet, daß die zwei Versionen ihren Ursprung in einer Liste haben, die achtundvierzig Städte enthielt – vier für jeden Stamm[30]. Wenn wir diese Annahme zugrunde legen, können wir die ursprüngliche Liste so rekonstruieren, wie es die Tabelle auf S. 310f zeigt (vgl. dazu Karte 22).

S. Klein und W.F. Albright haben nachgewiesen, daß der Inhalt der Liste Beweise dafür liefert, daß sie in der Zeit der Reichseinheit entstanden ist. Nur zu dieser Zeit waren alle erwähnten Städte in israelitischem Besitz. Die Städte der Küstenzone, wie z.B. Gibbeton, Elteke, Gat-Rimmon und Geser, waren vorher nicht erobert; Städte wie Gibbeton und Ramot-Gilead lösten sich kurze Zeit später wieder von Israel ab. Wenn man die Liste früher datieren will, muß man unrealistische Bedingungen zugrunde legen[31]. Es gibt jedoch keinen Grund, eine geographische Liste in der Bibel als unrealistisch zu bezeichnen, solange man sie mit der realen Situation einer bestimmten Zeit in Verbindung bringen kann. Das gilt besonders für den hier zu betrachtenden Text, der viele der bekannten Kultzentren nicht enthält und dessen Städte nicht gleichmäßig über das ganze Land verteilt sind. A. Alt hat als erster betont, daß die meisten dieser Städte entweder in Grenzgebieten lagen oder in solchen Gebieten, die früher kanaanitisch waren, während es in Zentral-Juda oder im Gebirge Efraim keine levitischen Städte gab. Die Gebiete, die von dieser Liste abgedeckt werden, wurden größtenteils in der Regierungszeit Davids erobert und haben wahrscheinlich große königliche Bezirke umfaßt, die den Leviten zugewiesen wurden. Das war auch in Benjamin der Fall, wo David zweifellos den Besitz Sauls erbte.

28 Die Aufklärung über die führende Rolle, die der Tempel bei dieser Überlieferung spielte, verdanke ich Prof. Mazar.

29 *Klein, S.*, Mazie Vol., Jerusalem 1934, 81–107 (hebräisch); *Kaufmann, J.*, The Biblical Account of the Conquest of Palestine, Jerusalem 1953, 40–46; *Haran, M.*, Tarbiz 27 (1958) 421–439 (hebräisch); *Albright, W. F.*, L. Ginzberg Vol., New York 1945, 49–73; *Alt, A.*, Festungen und Levitenorte im Lande Juda, 1952 = Kl. Schr. II, 306–315; *Mazar, B.*, VT.S 7 (1960) 193–205.

30 Vgl. Num 35,7.

31 Vgl. *Kaufmann*, s.o. Anm. 29.

Die Liste der levitischen Städte

Josua 21	1 Chronik 6	Vermutete Originalliste und Nummer	
Juda und Simeon	*Juda*	*Juda und Simeon*	
Hebron	Hebron	–[32]	
Libna	Libna	Libna	(1)
Jattir	Jattir	Jattir	(2)
Eschtemoa	Eschtemoa	Eschtemoa	(3)
Holon	Hilen	Holon (Hilen?)	(4)
Debir	Dedir	Debir	(5)
Ajin	Aschan	Ajin (Aschan?)	(6)
Jutta	–	Jutta	(7)
Bet-Schemesch	Bet-Schemesch	Bet-Schemesch	(8)
Benjamin	*Benjamin*	*Benjamin*	
Gibeon	–	Gibeon	(9)
Geba	Geba	Geba	(10)
Anatot	Anatot	Anatot	(11)
Almon	Alemet	Almon, Alemet	(12)
Efraim	*Efraim*	*Efraim*	
Sichem	Sichem	–[32]	
Geser	Geser	Geser	(13)
Kibzajim	–	Kibzajim	(14)
–	Jokmeam	Jokmeam	(15)
Bet-Horon	Bet-Horon	Bet-Horon	(16)
Dan		*Dan*	
Elteke	–	Elteke	(17)
Gibbeton	–	Gibbeton	(18)
Ajjalon	Ajjalon	Ajjalon	(19)
Gat-Rimmon	Gat-Rimmon	Gat-Rimmon	(20)
Manasse	*Manasse*	*Manasse*	
Taanach	Aner[33]	Taanach	(21)
Gat-Rimmon[34]	Bileam	Jibleam	(22)
Golan	Golan	Golan	(23)
Beeschtera	Aschtarot	Aschtarot	(24)
Issachar	*Issachar*	*Issachar*	
Kischion	Kedesch	Kischion	(25)
Daberat	Daberat	Daberat	(26)
Jarmut	Ramot	Jarmut, Ramot	(27)
En-Gannim	Anem	En-Gannim	(28)

32 Ergänzung aus der Liste der Asylstädte.

33 Fehlerhaft für Taanach.

34 Eine Wiederholung dieses Namens aus den Städten Dans.

Ascher	*Ascher*	*Ascher*	
Mischal	Maschal	Mischal	(29)
Abdon	Abdon	Abdon	(30)
Helkat	Hukkok	Helkat	(31)
Rehob	Rehob	Rehob	(32)
Naftali	*Naftali*	*Naftali*	
Kedesch	Kedesch	Kedesch	(33)
Hammot-Dor	Hammon	Hammat	(34)
–	–	Dor (?)	(35)
Kartan	Kirjatajim	Kartan (Kirjatajim)	(36)
Sebulon	*Sebulon*	*Sebulon*	
Jokneam	–	Jokneam	(37)
Karta[35]	Tabor	(Kislot?)-Tabor	(38)
Dimna	Rimmono	Rimmon(a)	(39)
Nahalal	–	Nahalal	(40)
Ruben[36]	*Ruben*	*Ruben*	
Bezer	Bezer	Bezer	(41)
Jahaza	Jahaza	Jahaza	(42)
Kedemot	Kedemot	Kedemot	(43)
Mefaat	Mefaat	Mefaat	(44)
Gad	*Gad*	*Gad*	
Ramot in Gilead	Ramot in Gilead	Ramot-Gilead	(45)
Mahanajim	Mahanajim	Mahanajim	(46)
Heschbon	Heschbon	Heschbon	(47)
Jaser	Jaser	Jaser	(48)

B. Mazar hat die besondere Funktion der levitischen Städte als Kult- und Königszentren im vereinigten Königreich herausgearbeitet. Solch eine Rolle wird durch die Genealogie levitischer Sippen 1Chr 26,29–32 nahegelegt, in der gesagt wird, daß verschiedene Sippen zu verschiedenen Ämtern bestellt worden waren. Offenbar waren die levitischen Städte während der Regierungszeit Davids der königlichen Verwaltung unterstellt, denn er siedelte in diesen Städten levitische Sippen aus Juda an, die loyal zum Königshaus standen (»zu allen Diensten Gottes und des Königs«). Das ist auch der Grund dafür, daß sie nicht gleichmäßig über alle Gebiete des Landes verteilt wurden[37]. Für solch eine Organisation, die auf königlichen Zentren mit kultischen Funktionen beruht, finden sich Parallelen in ägyptischen Quellen[38], besonders in der aus der Regierungszeit Ramses' III. stammenden Liste der Städte, die der Priesterschaft des Amun gehörten[39].
Die Bildung levitischer Städte enstammt der Regierungszeit Davids und ist der Versuch, die innere Verwaltung seines Königreiches auf der Grund-

35 Eine Wiederholung des Kartan von Naftali.
36 Nur in LXX erhalten.
37 *Alt, A.*, Festungen und Levitenorte im Lande Juda, 1952 = Kl. Schr. II, 306–315.
38 *Mazar, B.*, VT.S 7 (1960) 193–205.
39 ANET 260f.

lage des traditionellen Stämmebundes aufzubauen, indem er für jeden Stamm – und das hieß auch für die Leviten – einen Anführer ernannte[40]. In Davids vierzigstem Regierungsjahr lebten Leviten in Jaser (1Chr 26,31), d.h. in der Übergangszeit, als Salomo die Herrschaft übernahm. Es spricht nichts gegen die Annahme, daß sie schon vor dieser Zeit dort lebten. Die levitischen Städte in Ascher sind Mischal, Abdon, Helkat und Rehob. Abdon ist die einzige Stadt, die mit einiger Sicherheit identifiziert ist (*Ḫirbet ʿAbde*, ungefähr 6 km östlich von Achsib). Gleichwohl wird Rehob als eine der kanaanitischen Städte genannt, die Ascher nicht erobert hatte (Ri 1,31). Da diese Liste Städte in der Ebene von Akko und an der phönizischen Küste umfaßt, muß man annehmen, daß zumindest Rehob und wahrscheinlich auch Abdon zu den zwanzig Städten gehörten, die Salomo ungefähr in der Mitte seiner Regierungszeit an Hiram, den König von Tyrus, abtrat (1Kön 9,10–13). Daher muß man für die Entstehung der levitischen Städte einen früheren Zeitpunkt ansetzen, nämlich vor der zweiten Hälfte der Regierungszeit Salomos.

Auf den ersten Blick erscheint die Nennung Gesers in der Liste levitischer Städte unvereinbar mit einem Datum aus der Regierungszeit Davids, weil Salomo diese Stadt von den Ägyptern als Mitgift bekommen hatte, als er eine Tochter des Pharao heiratete (1Kön 9,16). Diese Annahme vereinfacht jedoch zu stark. Man kann sich nur schwer vorstellen, daß Geser, das die Straße nach Jerusalem beherrschte, David erfolgreich hätte Widerstand leisten können, als dieser alle Kanaaniterstädte des Landes erobert hatte und sogar bis zur libanesischen *Biqāʿ* und Damaskus vorgestoßen war. Auch müßte man fragen, warum die Ägypter zu Beginn der salomonischen Herrschaft eine solche Eroberung für Israel hätten ausführen sollen; würden sie es nicht eher als Gegner angesehen haben, den man besser schwächen als stärken sollte? Und steht nicht die Macht, die zu einem Feldzug durch das Philisterland nötig gewesen wäre, damit Geser hätte erobert werden können, im Widerspruch zu der Schwäche der Ägypter in salomonischer Zeit[41]?

Tatsächlich wird in der Bibel nur berichtet, daß ein Pharao Geser erobert und die kanaanitischen Einwohner erschlagen habe. Wir wissen, daß es nicht Davids politischen Grundsätzen entsprach, die Einwohner kanaanitischer Städte zu erschlagen, sondern sie vielmehr seinem Königreich einzuverleiben. Daher spricht nichts gegen die Annahme, daß Geser sich David unterworfen hatte, wie die meisten anderen kanaanitischen Städte auch, und dann gezwungen worden war, eine levitische Siedlung zu akzeptieren. Der pharaonische Feldzug zu Beginn der Regierungszeit Salomos hatte vor allem das Ziel, die ägyptische Oberherrschaft über das Philisterland wiederherzustellen; die Zerstörung war eine deutliche Drohung gegen Israel. Jedoch waren die Ägypter noch nicht stark genug, tiefer in das salomonische Königreich einzudringen. Aus diesem Grunde zogen sie es vor, einen Frie-

40 Gegen die Auffassung von *Mazar, B.*, VT.S 7 (1960) 193–205, der diese Liste in die zweite Hälfte der Regierungszeit Salomos datiert.

41 *Malamat, A.*, JNES 22 (1963) 10–17.

densvertrag mit Israel zu schließen. Mit dieser Vereinbarung, die durch eine königliche Eheschließung noch bekräftigt wurde[42], trat Ägypten Geser ab, das nun eine Grenzstadt des israelitischen Königreiches wurde. So baute kurze Zeit danach Salomo die Stadt wieder auf und befestigte sie, so wie er auch Hazor und Megiddo aufgebaut und befestigt hat (1Kön 9,15), die allerdings keine levitischen Städte wurden. Auch im Itinerar des Feldzugs Schoschenks, den dieser kurz nach Salomos Tod unternahm, zeigt sich, daß Geser die Grenze israelitischer Macht markiert; Geser ist die erste Stadt, die Schoschenk nach seinem Aufbruch von Gaza erwähnt[43].

Das Geflecht levitischer Städte, das den administrativen Zwecken der Krone diente, paßt auch zu Davids politischer Strategie, das Königreich auf der Basis der traditionellen zwölf Stämme zu organisieren. Salomo gab dieses System bei seiner Neugliederung der Verwaltungsbezirke auf. Jedoch erfüllten die levitischen Städte auch in der Regierungszeit Salomos weiterhin ihre Funktion; diese Institution wurde erst mit der Teilung des Königreiches aufgegeben. Da also die levitischen Städte in der Regierungszeit Salomos weiter existierten, und zwar neben dem offiziellen administrativen System, wird deutlich, daß es zwischen beiden keine absolute Übereinstimmung gab. Die levitischen Städte wurden wahrscheinlich in erster Linie – neben der Wahrnehmung ihrer administrativen Funktion – als königliche israelitische Zentren nahe den Grenzen mit der Intention errichtet, durch Verkündung der Jahwe-Verehrung, der nationalen Solidarität und Loyalität gegenüber der davidischen Dynastie in Jerusalem die Macht des Königreiches zu stärken. Es gibt keinen Grund anzunehmen, daß die Stammesführer in diesen Städten residierten. Die Herrscher des späteren israelitischen Königreichs im Norden waren bestimmt nicht an den levitischen Sippen interessiert, deren Sympathien Juda und dem Hause Davids galten. Als Beleg dafür kann man den Abschnitt aus der Regierungszeit Rehabeams zitieren: ». . . Die Leviten verließen ihre Ortschaften und ihre Habe und kamen nach Juda und Jerusalem, denn Jerobeam und seine Söhne hatten sie verstoßen« (2Chr 11,14).

V. Das salomonische Königreich

Unter der Herrschaft Davids und Salomos erlebte das Land Israel eine Blütezeit. Das Königreich beherrschte sowohl die *Via Maris* als auch die Königsstraße; dadurch hatte es die absolute Kontrolle über die wichtigsten Handelsstraßen im Nahen Osten. Archäologische Ausgrabungen belegen einen plötzlichen Anstieg im Lebensstandard und eine Vervollkommnung in der gesamten Produktion. Die Keramikformen erreichen nun einen neuen Standard technischer Perfektion, und Importe aus Phönizien und

42 Es ist unwahrscheinlich, daß Salomo tatsächlich eine Tochter des Pharao heiratete (das wäre gegen die ägyptische Praxis gewesen); er wird vielmehr eine Frau vom Königshof geheiratet haben (vgl. 1Chr 4,18).

43 *Mazar, B.*, VT.S 4 (1957) 57ff.

Karte 23: Die Distrikte Salomos

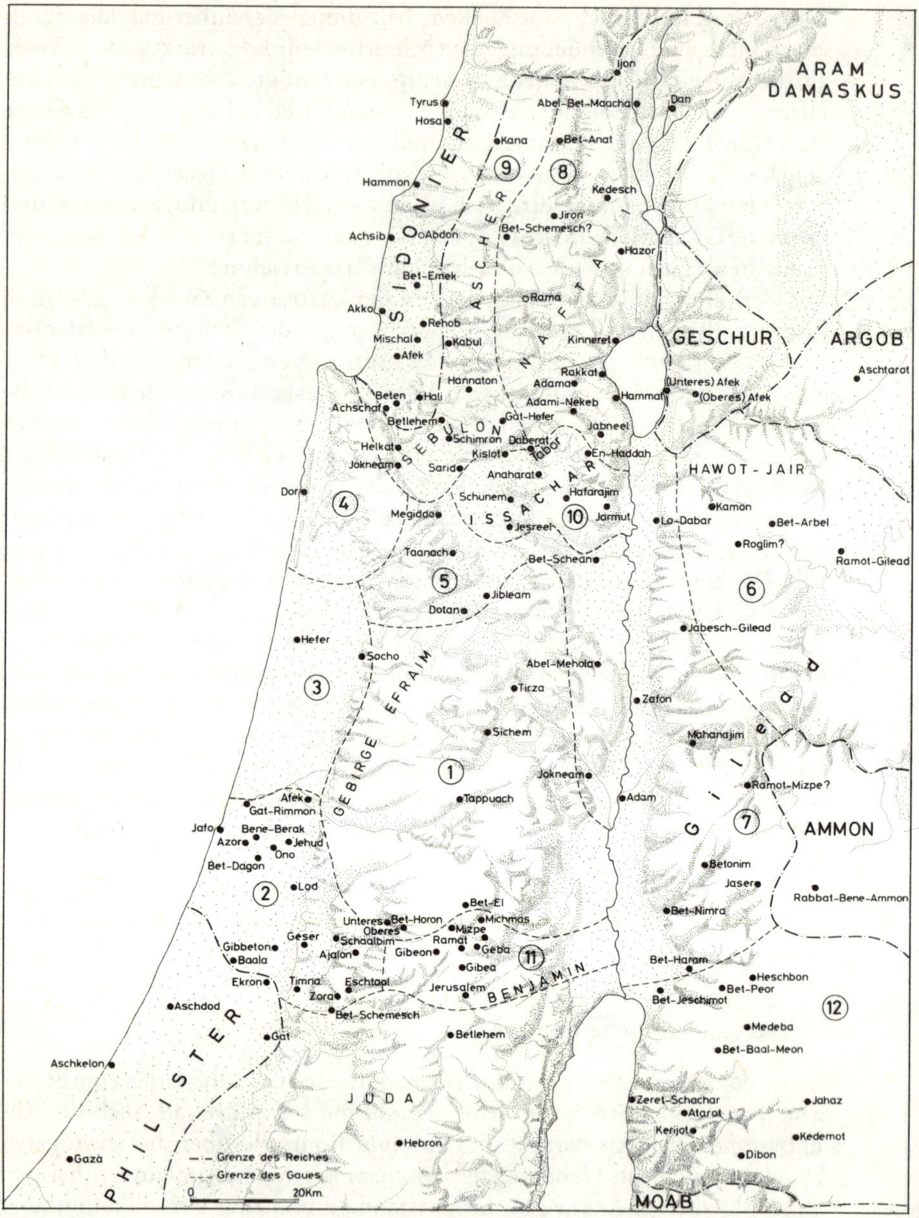

Zypern tauchen wieder auf. Man findet monumentale Bauten und stark verbesserte Befestigungsanlagen, in denen sich ein starker syrischer Einfluß bemerkbar macht. Das typische israelitische Haus nimmt die mehr oder weniger standardisierte Form des »Vierraumhauses« an, mit einer Säulenreihe an einer oder an beiden Seiten des Hofes[44]. Seit Beginn der Regierungszeit Davids findet sich der Gebrauch behauener Steine beim Bau, die Palasteingänge sind mit protoäolischen Kapitellen geschmückt[45]. Kasemattenmauern, die in dieser Zeit errichtet worden waren, wurden in mehreren Städten gefunden, so z.B. in Hazor, Bet-Schemesch und *Tell Bēt Mirsim;* andererseits wurden aber auch einfache, starke Mauern gebaut, so z.B. in Megiddo und *Tell es-Sebaʿ*. In Salomos drei großen befestigten Städten – Hazor, Megiddo und Geser (1Kön 9,15) – gab es eine besondere Art der Toranlage mit vier Mauerzungen an jeder Seite, die zu den besten Konstruktionen ihrer Art in Palästina zählen[46]. Viele Städte, wie z.B. Bet-Schemesch und *Tell Bēt Mirsim,* hatten Vorratshäuser zur Aufbewahrung landwirtschaftlicher Produkte aus ihren jeweiligen Umländern.

Auch im Negeb kann man einen großen Fortschritt feststellen, der auf der Entwicklung der Handelsstraßen beruht. Anstelle der Festungen entlang »des Weges Atarim« (s.o.S. 58f)[47] wurden stark befestigte Städte angelegt, so z.B. in Arad, *Tell el-Milḥ*, *Ḫirbet el-Ġarra* und *Tell es-Sebaʿ*.

Am Golf von Aqaba wurde bei Elat Ezjon-Geber gebaut (1Kön 9,26), wie die Ausgrabungen N. Gluecks in *Tell el-Ḫulēfi* gezeigt haben[48]. Hierbei handelt es sich um eine sehr starke Festung, die von einer Kasemattenmauer umgeben war, die später durch eine einfache, starke Mauer ersetzt wurde[49]. Im Inneren hatte man große Lagerräume errichtet[50], die den Bedürfnissen des Karawanen- und des Seehandels, der über den Golf von Aqaba abgewickelt wurde, gerecht wurden. Mit dieser Schlüsselposition konnte man die Routen nach Südarabien beherrschen. Es ist kein Zufall, daß die Bibel die Reichtümer, die per Schiff über diesen Hafen ins Land kamen (1Kön 10,11.22), und den Handel mit kostbaren Gewürzen und Parfümen aus Saba[51] erwähnt.

44 *Albright, W. F.*, AASOR 21–22 (1943) 49ff.

45 *Albright, W. F.*, The Archaeology of Palestine, 1949, 125ff.

46 *Yadin, Y.*, IEJ 8 (1958) 80–86.

47 *Aharoni, Y., M. Evenari, L. Shanan* und *N. H. Tadmor*, IEJ 10 (1960) 23–36.97–111.

48 *Glueck, N.*, BASOR 71 (1938) 3–17; BASOR 75 (1939) 8–22; BASOR 79 (1940) 2–18; BASOR 80 (1940) 3–10; BASOR 82 (1941) 3–11.

49 *Meshel, Z.*, BIES 25 (1961) 157–159 (hebräisch).

50 *Glueck* hat nun seine frühere Ansicht, daß es sich um eine Kupferschmelzanlage handele, aufgegeben, vgl. BA 28 (1965) 70–87; die Erzverarbeitung wurde in der Nähe der Minen durchgeführt. Die Funde und Grundrisse vom *Tell el-Ḫulēfi* lassen auf die Existenz einer mächtigen Festung und eines Vorratshauses schließen. Genauso wie in Arad werden auch diese Einwohner bestimmte Handwerke, einschließlich der Metallbearbeitung, ausgeübt haben.

51 Man hat angenommen, daß die Kupferminen im *Wādi Muneʿīye* und der unmittelbaren Umgebung hauptsächlich in dieser Zeit ausgebeutet worden seien (vgl. *Rothenberg, B.*, PEQ 94 [1962] 5ff). Jedoch haben jüngere Ausgrabungen von B. Rothenberg ergeben, daß die Minen früher zu datieren sind und daß sie den Edomitern gehörten, vgl. o. S. 211.

In Davids Königreich fanden während seiner späteren Regierungsjahre keine größeren Veränderungen statt. Die einzigen Erschütterungen, die das Reich erlitt, kamen von Revolten im Inneren. Absaloms Aufstand erschütterte die Grundfesten des Königreiches und bildete einen Wendepunkt in der Organisation des davidischen Reiches. Allem Anschein nach konnte Absalom die Sympathien der einflußreichsten Männer sowohl in Juda als auch in Israel dadurch gewinnen, daß er die Stammesinstitutionen, die David abgeschafft hatte, wieder ins Leben rief, wie z.B. die »Ältesten Israels« (2Sam 17,4) und »die Männer Israels« (2Sam 15,13; 17,4)[52]. Offensichtlich hatte David bei seinen Bemühungen, die Organisation des Königreiches zu zentralisieren, versucht, die unabhängigen Institutionen in Juda und Israel abzuschaffen, und Absalom sammelte seine Anhänger, indem er ihnen zugestand, die frühere Unabhängigkeit dieser Institutionen wiederherzustellen. David fand Zuflucht in Mahanajim in Transjordanien, ebenso wie vor ihm Eschbaal. Die transjordanischen Stämme verhielten sich im Hinblick auf die Auseinandersetzungen zwischen Juda und Israel neutral; sie waren daran interessiert, eine starke, zentralisierte Herrschaft zu sehen, da das israelitische Gilead immer als erstes zu leiden hatte, wenn das Königtum schwach war. Die Schilderung von Davids Rückkehr aus Mahanajim nach seinem Sieg gibt uns ein deutliches Beispiel für die Spannungen zwischen Juda und Israel; David war gezwungen, diese Gegebenheiten zu akzeptieren und sich von nun an hauptsächlich auf seine Verwandtschaft in Juda zu stützen (2Sam 19,15.40–43). Er gab seine Versuche, Juda und Israel zu einer Einheit zu verschmelzen, auf und gab sich mit ihrer getrennten inneren Organisation zufrieden, wobei er allerdings Juda bevorzugte.

Das hatte eine sofortige Revolte Schebas, des Sohnes Bichris, aus Benjamin zur Folge. Seine Rebellion trägt den klaren Stempel israelitischen Aufbegehrens gegen die judäische Vorherrschaft; zum ersten Mal hören wir die Losung: »Wir haben keinen Teil an David noch Erbe am Sohn Isais; ein jeder gehe in sein Zelt, Israel!« (2Sam 20,1). Das Ergebnis war: »Da fiel jedermann in Israel von David ab, und sie folgten Scheba, dem Sohn Bichris. Aber die Männer von Juda hingen ihrem König an und geleiteten ihn vom Jordan bis Jerusalem« (2Sam 20,2). Joab unterdrückte die Revolte sofort, indem er das Elitekorps loyaler Truppen nutzte, aber von da an war die innere Teilung zwischen Juda und Israel eine anerkannte Tatsache.

Das Territorium des Königreiches begann unter der Regierung Salomos beachtlich zu schrumpfen. Die Ägypter, die die Feinde Davids unterstützt hatten, wo immer sie konnten, nahmen nun jede Gelegenheit wahr, dem Königreich unter Salomo Schwierigkeiten zu bereiten. Hadad, der Edomiter, der während der Regierungszeit Davids in Ägypten Asyl gefunden hatte, kehrte in der Regierungszeit Salomos nach Edom zurück und hatte offenbar Erfolg dabei, große Teile seines Landes zu einer Revolte anzustacheln (1Kön

52 *Tadmor, H.*, in: *Ben-Sasson, H. H.*, A History of the Jewish People I, Cambridge/Mass. 1976, 99–100.

11,14–22). Allerdings war es Salomo gelungen, seine Herrschaft über die Araba, Ezjon-Geber und Elat aufrechtzuerhalten. Die Eroberung Gesers zu Beginn der Regierungszeit Salomos (1Kön 9,16) zeugt von einem ägyptischen Feldzug in das Philistergebiet, allem Anschein nach unter dem Pharao Siamun[53]. Obwohl dieser Feldzug in einem Friedensvertrag mit Israel endete, der durch eine Heirat zwischen den beiden Königshäusern und die Rückgabe Gesers an Salomo bekräftigt wurde, scheinen doch die Ägypter nach nunmehr fast zwei Jahrhunderten die Vorherrschaft über dieses Gebiet der Philister wiedergewonnen zu haben. Die Eroberung und spätere Übergabe Gesers scheint eine neue Entwicklung anzudeuten, die nicht zugunsten Israels verlief. Das Territorium von Ekron und die Küstenregion bis zum Jarkon gingen Israel verloren; das hatte zur Folge, daß Geser nun eine Grenzstadt des israelitischen Königreiches wurde.

Auch konnte Salomo die Nordgrenze des davidischen Königreiches nicht verteidigen. Damaskus revoltierte, und Rezon, der Sohn Eliadas, errichtete dort ein neues Königreich: Aram-Damaskus. Dieses Königreich trat das Erbe Aram-Zobas in der Führung der aramäischen Staaten an und wurde schließlich die führende Macht in Syrien und Israels stärkster Gegner. Es ist nicht bekannt, ob Salomo zu dieser Zeit auch die Kontrolle über die libanesische *Biqāʿ* verloren hat. Der Hinweis auf den Ausbau der Festungsanlagen in Tadmor (2Chr 8,4) könnte ein Beleg dafür sein, daß Salomo versuchte, einen starken Stützpunkt an der Handelsstraße durch die Wüste zur Euphratregion zu errichten, nachdem Damaskus selbständig geworden war[54].

Die Grenze zu Phönizien änderte sich ungefähr in der Mitte der Regierungszeit Salomos, als dieser gezwungen war, zwanzig galiläische Städte an Hiram, den König von Tyrus, abzutreten (1Kön 9,10–13). Der Grund für diese Gebietsübergabe war allem Anschein nach ein Defizit in der Handelsbilanz mit Tyrus, aber sie deutet auch auf eine allmähliche Veränderung der Macht beider Staaten hin. Tyrus war zweifellos an seinem Hinterland, der Küstenregion, interessiert, die seit Davids Zeiten in israelitischem Besitz war. Die Abtretung dieser Region war für Israel ein bedeutender Gebietsverlust. Seit Joabs Volkszählung wurde dieser Landstrich als israelitisches Gebiet angesehen, im Gegensatz z.B. zu Damaskus oder Edom, die einfach als eroberte Gebiete galten. Das ist sicher auch der Grund dafür, daß 2Chr 8,1–2 und 1Kön 9,12–13 diese Übergabe unterschiedlich erklären; in letzterem Abschnitt wird sogar der Versuch gemacht, den Verlust zu beschönigen. Der Name Kabul bedeutet nicht, daß es ein armes Gebiet war, wie es die biblische Beschreibung andeutet; auch paßte die Bezeichnung »Land Kabul«

53 *Goldwasser, J.*, BIES 14 (1948) 82–84 (hebräisch); *Malamat, A.*, JNES 22 (1963) 10ff.

54 Jedoch steht im Paralleltext 1Kön 9,18 »Tamar in der Wüste im Land«. Salomos Eroberung von »Hamat-Zoba« und die Vorratshäuser, die er in Hamat hat bauen lassen (2Chr 8,3–4), erstaunen, besonders weil Hamat Gegner Aram-Zobas war (2Sam 8,10). »Hamat-Zoba« ist zweifellos eine Textentstellung; vielleicht sollten wir LXX folgen, die die Lesart Βαισωβα, »Be(t)-Zoba«, hat, und den Text so verstehen, daß Salomo als Reaktion auf den Verlust von Damaskus seine Position in der libanesischen *Biqāʿ* und in Tadmor festigte.

nun wirklich nicht auf die phönizische Küste und die Ebene von Akko, wo viele bedeutende Städte lagen. Daher scheint Kabul (ein Dorf dieses Namens liegt ungefähr 15 km südöstlich von Akko) ein neuer Grenzpunkt zwischen Israel und Phönizien geworden zu sein, eine Grenze, die noch in späterer Zeit zwischen dem jüdischen Galiläa und dem hellenistischen Akko existierte (Josephus, Bell III, 3,1; Vita 43). Offenbar traf die volkstümliche Interpretation von »Kabul« nicht auf die ganze Region zu, sondern nur auf den neuen Grenzstreifen, der als solcher für Tyrus sicherlich nicht von großer Bedeutung war[55].

VI. Salomos Verwaltungsdistrikte[56]

Die Liste der salomonischen Distriktgouverneure (1Kön 4,7–19) ist das einzige Zeugnis der administrativen Unterteilung des Landes, das in der Bibel überliefert ist (s. Karte 23). Sie ist daher von besonderer Bedeutung nicht nur für ein Verständnis der Struktur des salomonischen Königreiches, sondern auch für diesen Typus von geographischen Texten, wie er von den biblischen Redaktoren im allgemeinen auch zur Beschreibung anderer Sachverhalte verwendet wurde.

A. Alts grundlegende Analyse dieser Liste[57] ist auch heute noch gültig, trotz aller Versuche, sie zu widerlegen. Wir folgen seinen beiden grundlegenden Prinzipien, die uns beim Verständnis der Liste insgesamt wie auch ihrer Details leiten können:

1. Die salomonischen Distrikte umfassen nur das nördliche Israel, d.h. das Königreich Israel in der eingeschränkten Bedeutung dieses Begriffes. Sie schließen Juda nicht ein, aus diesem Zeugnis kann man deshalb nichts über die dortige Situation in Erfahrung bringen – noch nicht einmal, ob es zu dieser Zeit dort eine ähnliche Unterteilung gab oder nicht. Benjamin gehörte offensichtlich bis zur Teilung des Königreiches zu Israel und ist daher der südlichste Bezirk dieser Liste.

2. Die Liste enthält zwei Distriktstypen, die sich grundlegend voneinander unterscheiden: solche, die tatsächlich eines der alten Stammesterritorien umfassen und gewöhnlich mit ihrem Stammesnamen aufgeführt werden, und solche, die nicht mit Stammesterritorien deckungsgleich sind und daher nach Städten, die in ihnen liegen, benannt sind. Die letztgenannte Distriktsart findet sich hauptsächlich in den Tälern, und die meisten der ge-

55 *Aharoni, Y.*, The Land of Kabul, in: Western Galilee, Haifa 1961, 171–178 (hebräisch). Vielleicht sollten wir die Angaben über das Land von Kabul in derselben Art interpretieren wie die über Geser und annehmen, daß uns nur die letzten Ereignisse überliefert sind, die ein wenig zugunsten Israels ausfallen, d.h. daß die Transaktion damit endete, daß Hiram Kabul Israel ließ, zumal er ja die ganze Akko-Ebene bekommen hatte, und daß Salomo Festungen an der neu vereinbarten Grenze hat errichten lassen, wie das auch sonst seine Praxis war.

56 *Aharoni, Y.*, Tel Aviv 3 (1976) 5–15 Fig. 1.

57 *Alt, A.*, Israels Gaue unter Salomo, in: Alttestamentliche Studien. Rudolf Kittel zum 60. Geburtstag dargebracht, BZAW 13 (1913) 1–19 = Kl. Schr. II, 76–89.

nannten Städte waren früher kanaanitisch und kamen erst zu einem späteren Zeitpunkt in israelitischen Besitz. Diese Distrikte werden zusammen in einem Block genannt (Distrikte II–V) und umfassen die nördliche Schefela, die Scharon-Ebene und die nördlichen Ebenen.
Es gibt keine wie auch immer geartete Grundlage für die verschiedenen Versuche, diese zweite Annahme in Zweifel zu ziehen, indem man die Identifizierung von Hefer in Frage stellt[58]. A. Alt ist zuzustimmen, wenn er sagt, daß von den Städten des dritten Distrikts nur Socho mit Sicherheit identifiziert werden kann, nämlich mit *Ḫirbet er-Rās* bei *eš-Šuwēke*, 3 km nördlich von *Ṭūlkarm*. Über die beiden anderen Städte besitzen wir keine weiteren Angaben, und die Auskunft, daß Hefer ursprünglich eine kanaanitische Stadt war, paßt gut zu A. Alts Annahme, hilft aber bei der Identifizierung nicht weiter. Dasselbe gilt für die Erwähnung Hefers in den genealogischen Listen Manasses (Num 26,32–33; 27,1; Jos 17,2–3). Familien dieses Stammes zogen in die Scharon- und in die Jesreel-Ebene. So nahmen sie die kanaanitischen Städte in Besitz, die dann in die Stammesorganisation integriert wurden. Die genealogische Liste selbst basiert auf historischen Entwicklungen und nicht auf einer festen geographischen Anordnung. Das wird besonders deutlich in den Listen Manasses[59]. Mit der Abwanderung Manasses nach Transjordanien wurde er der »Vater« Gileads. So wurde die genealogische Abfolge »Hefer, der Sohn Gileads, des Sohnes Machirs, des Sohnes Manasses« geschaffen (Num 27,1; Jos 17,3). Wenn wir aufgrund dieser Liste annehmen, daß Hefer im nördlichen Teil des Gebirges Efraim lag, können wir mit der gleichen Logik behaupten, daß es in Transjordanien lag, oder können Gilead ins Gebirge Efraim verpflanzen. Wenn es überhaupt einen Anhaltspunkt für die Lokalisierung Hefers gibt, dann ist es nur seine Nennung im Zusammenhang mit Socho in der salomonischen Distriktsliste. Eine Interpretation dieser Liste auf eine spekulative Identifizierung Hefers zu gründen ist methodologisch unmöglich. Wir bleiben daher bei A. Alts grundlegender Konzeption, die besagt, daß alle die Städte der Distrikte II–V, die identifiziert werden können, in den Ebenen liegen.
Zum Verständnis spezifischer Details müssen wir unser Augenmerk auf eine andere Methode lenken, die in der Bibel angewendet wird und die wir schon bei der Betrachtung aller geographischen Listen und Beschreibungen betont haben: die Methode der Auswahl und Verkürzung. Tatsächlich besitzen wir nur eine vollständige Namensliste der Amtsleute[60]. Diesen Personennamen wurde die kürzest mögliche Beschreibung der jeweiligen Territorien angefügt. Wir sollten daher nicht annehmen, daß dies die vollständige Originalbeschreibung der Distrikte war. Das Original war zweifellos viel ausführlicher; aber der Schreiber hat sich – wie üblich – auf eine Auswahl dessen beschränkt, was nach seiner Ansicht das wichtigste war. Er

58 *Albright, W. F.*, JPOS 5 (1925) 28–31; *ders.*, JPOS 11 (1931) 248–251; *Wright, G. E.*, EI 8 (1967) 61–64; *Kallai, Z.*, The Tribes of Israel, Jerusalem 1967, 43–52 (hebräisch).
59 *Aharoni, Y.*, in: *Aviram, J.*, ed., Eretz Shomron, Jerusalem 1973, 38–46 (hebräisch).
60 *Alt, A.*, Archiv Orientalni 18 (1950) 9–24 = Kl. Schr. III, 198–213.

hatte nur die Absicht, eine allgemeine geographische Orientierung zu ermöglichen.

Das wird vor allem bei den Distrikten deutlich, bei denen nur die Stammesnamen angegeben und von denen manchmal sogar zwei benachbarte Stammesterritorien zu einem Distrikt zusammengefaßt worden sind. Es handelt sich um Efraim und Manasse im Gebirge Efraim, Naftali, Ascher und Sebulon (!), Issachar und Benjamin. Städtelisten, die offensichtlich bei der Bestimmung aller Distrikte zugrunde gelegt wurden, existierten auch für die nach Stämmen benannten Distrikte, aber der Schreiber nahm wohl an, es genüge zu sagen, daß ein bestimmter Distrikt tatsächlich mit dem alten Stammesgebiet identisch sei. Diese Listen wurden vom Redaktor des Josua-Buches zur Beschreibung der verschiedenen Stammesterritorien benutzt. Das haben wir bereits sehr deutlich in der Städteliste Naftalis gesehen: Diese Liste schloß Hazor ein, das erst zu Salomos Zeit wiederaufgebaut worden war. Daher haben wir nun die Aufgabe, diese Listen für eine detaillierte Beschreibung der Distrikte heranzuziehen. Andererseits sind die Städtelisten der nicht nach Stämmen benannten Distrikte bei weitem nicht vollständig. Auch hier ist der Schreiber wie gewöhnlich selektiv vorgegangen, wie wir bei der Analyse der einzelnen Distrikte noch sehen werden.

Nach diesen drei grundlegenden Voraussetzungen bleiben bei der geographischen Analyse jedes Distrikts keine ernsthaften Zweifel, obgleich natürlich nicht alle Einzelheiten gleichermaßen deutlich sind.

1. Der erste Distrikt umfaßt das ganze Gebirge Efraim, Manasse ausgeschlossen. Bezeichnungen wie Efraim oder Manasse wären undeutlich, während der geographische Begriff »Gebirge Efraim« ein klarer Terminus ist.

2. Der zweite Distrikt wird durch die Namen von drei oder vier Städten bestimmt, von denen allerdings nur zwei mit Sicherheit lokalisiert werden können: Bet-Schemesch und Schaalbim *(Selbīṭ)* im Ajalon-Tal. Bet-Schemesch war in davidischer Zeit eine der levitischen Städte Judas, aber sie war eine Grenzstadt, deren Zugehörigkeit zu einem bestimmten Stamm offensichtlich zweifelhaft war. Ihre Nennung in der israelitischen Distriktsliste kann daher kaum überraschen[61].

Im Falle von Elon-Bet-Hanan können wir nicht überprüfen, ob es sich um eine Anspielung auf Ajjalon in der Nähe Schaalbims handelt oder ob hier eine andere Stadt gemeint ist, die nach einer in ihr lebenden berühmten Familie (Bet-Hanan, »Haus« des Hanan) benannt wurde. Makaz ist völlig unbekannt.

Da nur zwei von vier Städten identifiziert werden können, handelt es sich bei der Annahme, daß dieser Distrikt nur die östliche Schefela umfaßte und daß eine Lücke zwischen diesem und dem dritten Distrikt klaffte, um eine bloße Vermutung[62]. Sie wird durch die detaillierte Städteliste, die zur Be-

61 *Tsafrir, Y.*, EI 12 (1975) 44–45 (hebräisch).
62 *Mazar, B.*, IEJ 10 (1960) 67–69.

schreibung Dans benutzt wurde, widerlegt (Jos 19,41–46). Wie wir noch sehen werden, kann diese letztgenannte Liste nur aus der salomonischen Distriktsliste abgeleitet werden[63].

Tatsächlich gehen die Meinungen über den Ursprung dieser Liste scharf auseinander. Die extremste Auffassung ist die, daß die Städteliste Dans nur eine literarische Erfindung ohne irgendeinen realistischen Hintergrund sei, die mit Hilfe der Grenzbeschreibungen und unter Hinzufügung der levitischen Städte zusammengestellt wurde[64]. Heute muß diese Sichtweise eindeutig zurückgewiesen werden, zumal es kein einziges Beispiel dieser Art in der Bibel gibt. Neben den zwei möglichen Quellen, die auch nur auszugsweise zitiert werden, ist keine Quelle bekannt, die das Hinterland von Jafo beschreibt, das aber in der hier zur Diskussion stehenden Liste auftaucht. Aber die Tatsache, daß nur in dieser Liste das Hinterland von Jafo erwähnt wird, kann als ausreichender Hinweis dafür gelten, daß diese Liste ihren Ursprung einer realen Situation zu verdanken hat, einer Situation, die nur in salomonischer Zeit bestanden hat.

B. Mazar[65] hat gezeigt, daß die danitische Städteliste nur auf dem Hintergrund des vereinigten Königreiches entstehen konnte; dagegen können wir uns der Einschränkung ihrer Gültigkeit auf die Regierungszeit Davids nicht anschließen. Die Küstenzone zwischen Jabneel und dem Jarkon wurde nicht vor der Regierungszeit Davids israelitisch, und dazu mußte David Druck auf die »Grenzen Jafos« ausüben. Über den Hafen Jafo wurde später das Bauholz für die salomonischen Bauten geliefert (2Chr 2,15).

Die Eroberung dieses Gebietes findet eine Parallele in der Zeit Josias; belegt wird sie durch seine Festung in *Meṣad Ḥašavyāhū*, die zwischen Jabneel und Aschdod erbaut worden war[66]. Andererseits wurde zumindest ein Teil dieses Gebietes kurze Zeit nach Salomos Tod philistäisch, wie aus dem Konflikt um Gibbeton deutlich wird (1Kön 15,27; 16,15).

Einige Unklarheiten bestehen aber weiter, so über die Stadt Ekron (Jos 19,43). Es gibt keinen Hinweis darauf, daß die Stadt erobert worden ist; die Besitzergreifung von Teilen des Umlandes genügt nicht, ihre Aufzählung in einer Verwaltungsliste von Städten, die in das israelitische Königreich eingegliedert waren, zu erklären. Vor Ekron wird in dieser Liste Timna (Timnata) genannt, so daß die Vermutung naheliegt, daß im ursprünglichen Text vielleicht »Timnat-Ekron« stand. Wenn eine Stadt einen ziemlich weitverbreiteten Namen hat, ist es durchaus nicht ungewöhnlich, einen zweiten Namen zur Klarstellung hinzuzufügen. So kann ein Ortsname präziser bestimmt werden durch Hinzufügung des Namens der Region oder der Bevölkerung, wie z.B. Ramot-Gilead, Kadesch-Barnea, Kedesch-Naftali oder Betlehem-Juda. In dieser Liste finden wir auch Gat-Rimmon, das auf diese Weise näher bestimmt worden war, damit man es

63 *Wright, G. E.*, EI 8 (1967) 64–65.
64 *Cross, F. M.* und *G. E. Wright*, JBL 75 (1956) 209–211.
65 *Mazar, B.*, IEJ 10 (1960) 71.
66 *Naveh, J.*, EAEHL III, 862–863.

von anderen Orten mit Namen Gat unterscheiden konnte, wie z.B. dem biblischen Gat der Philister und Gat-Hefer und dem nichtbiblischen Gat-Ascher und Gat-Padalla. Timna ist ebenfalls ein häufig vorkommender Ortsname; daher wird Josuas Stadt Timnat-Serach (oder Timnat-Heres) genannt, um sie genauer zu bestimmen (Jos 19,50; 24,30; Ri 2,9). Auch in Juda gab es mindestens zwei Orte mit Namen Timna, der eine südöstlich von Hebron gelegen (Jos 15,57) und der andere nahe dem Tal von Ela in *Ḫirbet Tibne*[67], ungefähr 16 km entfernt von dem Timna unserer Liste auf dem *Tell el-Baṭāšī*[68]. Darüber hinaus erfahren wir in der Erzählung über Samson, daß Timna bis zur Regierungszeit Davids eine philistäische Stadt im Territorium von Ekron war (Ri 14,1ff); auch die Geschichte über die Lade, die aus dem Land Ekron in israelitisches Gebiet bei Bet-Schemesch, das nicht weit von Timna lag (1Sam 6,9ff), zurückgesandt wurde, bestätigt diese Annahme. Wenn man dieses Timna von den anderen Orten dieses Namens unterscheiden wollte, wäre daher die geeignetste Definition »Timna der Philister« oder, noch genauer, »Timna von Ekron«, d.h. Timnat-Ekron, gewesen.

So bestimmt die Liste Jos 19,40–48, die von den biblischen Redaktoren zur Beschreibung des danitischen Territoriums benutzt wurde, den zweiten Distrikt Salomos genauer. Er umfaßte das Gebiet zwischen dem Sorek- und dem Ajalon-Tal – das wird auch aus der verkürzten Version dieser Liste deutlich –, und schloß Bet (= Ir)-Schemesch und Schaalbim ein. Sowohl Ajalon als auch eine unbekannte Stadt Elon werden erwähnt. Anschließend (Jos 19,44) wird das westliche Gebiet zwischen Jabne (Elteke, Gibbeton und Baala; Jabne wird nicht erwähnt) und dem Fluß Jarkon beschrieben. Dann werden die Städte im Hinterland Jafos (Jos 19,45) aufgezählt (Jehud [LXX Azor], Bene-Berak und Gat-Rimmon). Die gleiche Region (Bet-Dagon, Jafo, Bene-Berak, Azor) erscheint später in einer Sanherib-Inschrift als Gebiet von Aschkelon[69]. Das Ende »mit dem Territorium gegenüber von Jafo« (Jos 19,46), das die Stadt und den Hafen aus dem Zuständigkeitsbereich dieses Distrikts ausschließt, ist besonders aufschlußreich. David war an guten Beziehungen mit den Seefahrern von Jafo bzw. an deren Diensten interessiert und darum sorgsam darauf bedacht, der Stadt keinen Schaden zuzufügen. Ähnlich verhielt er sich gegenüber Tyrus (s.o.S. 303).

3. Wie bereits oben erwähnt, kann von drei Städten des dritten Distrikts nur Socho im Zentrum der Scharon-Ebene identifiziert werden. Dieser Distrikt erstreckte sich daher vom Jarkon bis zu den Grenzen des vierten Distrikts, der auch nicht exakt bestimmt werden kann.

4. Der vierte Distrikt wird lediglich durch die Nennung der bedeutenden Hafenstadt Dor gekennzeichnet. Die Bezeichnung Nafat erscheint nur im

67 *Avi-Yonah, M.*, Historical Geography of Palestine from the End of the Babylonian Exile up to the Arab Conquest, Jerusalem 1962, 113; *ders.*, The Holy Land, Grand Rapids 1966, 53f.
68 *Aharoni, Y.*, PEQ 90 (1958) 28f.
69 ANET 287.

Zusammenhang mit dieser Stadt. Man hat vorgeschlagen, diesen Namen aus der Sprache einer der Seevölkergruppen abzuleiten (von den Tschekern); im archaischen Griechisch würde das verwandte Wort »bewaldetes Land« bedeuten – eine semantische Parallele zu Scharon[70]. Nafot-Dor würde dann »Dor der Scharon« heißen und wäre somit ähnlich gebildet worden wie »Afek der Scharon« in Jos 12,18 nach der Lesart der LXX.

5. Dieser Distrikt umfaßt die nördlichen Ebenen mit den ehemals kanaanitischen Städten Taanach, Megiddo und Bet-Schean. Der Redaktor liefert uns noch zusätzliche Angaben, um die folgenden zwei Sachverhalte klarzustellen:

a) Die Hauptstadt Issachars, Jesreel mit ihrem Umland, lag nicht in dem fünften Distrikt. Die Liste muß folglich lauten: »und ganz Bet-Schean unterhalb von Jesreel«[71].

b) Dieser Distrikt umfaßte auch Teile des Jordantales von Bet-Schean: »und von Bet-Schean bis Abel-Mehola bis jenseits von Jokmeam, das neben Zaretan liegt«[72]. Abel-Mehola ist nun mit ziemlicher Sicherheit mit *Tell Abū Ṣūṣ* am Jordanufer 15 km südlich von Bet-Schean identifiziert worden[73]. Jokmeam war eine der levitischen Städte Efraims (1Chr 6,68) und lag deshalb wahrscheinlich in der Nähe der Efraim-Manasse-Grenze; es kann eventuell mit *Tell el-Mezār* gleichgesetzt werden[74]. Ihre Lokalisierung wurde durch die Verbindung mit Zaretan genauer erläutert (wahrscheinlich *Tell Umm Ḥammād*)[75], der wohlbekannten Stadt in der Nähe der Furt über den Jordan bei Adam – Angaben, die auch in Jos 3,16 zur Bestimmung eines weniger bekannten Ortes in dieser Region dienen. Dieser große Distrikt umschloß also den südlichen Teil der Jesreel-Ebene, die Ebene von Bet-Schean und das westliche Jordantal bis zum *Wādi Fārʿa*. Die Annahme, daß der Distrikt auch Teile des östlichen Jordantales umfaßte, entbehrt dagegen jeglicher Grundlage[76].

6. Die Beschreibung des sechsten Distrikts wird durch eine ungewöhnliche literarische Angabe ergänzt: »sechzig große Städte mit Mauern und bronzenen Toren«. Hier handelt es sich offensichtlich um eine erklärende Bemerkung des Kompilators, die aus der traditionellen Beschreibung der biblischen Städte Baschans entlehnt worden ist. So umfaßte dieser Distrikt die Stadt Ramot-Gilead, die mit *Tell er-Rāmīṯ* im nördlichen Gilead identifiziert worden ist[77], die Dörfer Jaïrs im nördlichen Gilead und die Region von Argob in Baschan, offensichtlich die reiche, fruchtbare Region nördlich des Flusses Yarmuk.

70 *Ben-Dov, M.*, Tel Aviv 3 (1976) 70ff.
71 *Aharoni, Y.*, in: The Beth Shean Valley, Jerusalem 1962, 36–38.
72 *Aharoni, Y.*, in: *Malamat, A.*, ed., The Kingdom of Israel and Judah, Jerusalem 1961, 111 Anm. 8, gegen *Albright, W. F.*, JPOS 5 (1925) 32ff.
73 *Zori, N.*, BIES 31 (1967) 132–135 (hebräisch).
74 *Mazar, B.*, VT.S 7 (1960) 198.
75 *Mazar, B.*, EI 3 (1954) 26 (hebräisch).
76 *Wright, G. E.*, EI 8 (1967) 66.
77 *Lapp, P.*, RB 70 (1963) 406–411.

7. Für diesen Distrikt überliefert der Schreiber nur eine Stadt, Mahanajim, heute der westliche *Tell eḏ-Ḏahab*, nördlich des Jabbok. Dies war offensichtlich die bedeutendste Stadt, die uns als zeitweilige Hauptstadt Israels zu Zeiten Eschbaals, des Sohnes Sauls (2Sam 2,8), und auch während Absaloms Aufstand (2Sam 17,24) bekannt ist. Der Distrikt hat sich also sowohl nördlich als auch südlich dieser Stadt erstreckt, aber um Einzelheiten zu erfahren, müssen wir den letzten, zwölften Distrikt und die Städteliste der transjordanischen Stämme näher betrachten.

Wenn wir die literarische Ergänzung bei der Beschreibung des sechsten Distrikts als solche anerkennen und bei der Betrachtung des Textes ausklammern, bleibt für die Beschreibung des zwölften Distrikts nur noch folgende Bemerkung: »Dieses Land Sihons, des Königs der Amoriter, und Ogs, des Königs von Baschan«. Diese Bemerkung ist offensichtlich irreführend, da Baschan schon in den sechsten Distrikt eingeschlossen ist. Wir können daher annehmen, daß die Liste, die dem Schreiber vorlag, nur Heschbon enthielt und alles andere seine literarischen Erklärungen sind. Mit anderen Worten: Für den südlichen Distrikt Transjordaniens hatte er wahrscheinlich nur den Namen einer zentralen Stadt, nämlich Heschbon am nördlichen Rand des moabitischen Tafellandes. Der Ausdruck »im Lande Gilead« ist nicht besonders aufschlußreich; es handelt sich lediglich um einen allgemeinen Ausdruck für das israelitische Transjordanien in dieser Zeit. Die Interpretation als »Land Gad« in der LXX ist nicht möglich. Heschbon ist eine Stadt Rubens (Num 32,37; Jos 13,17), und Mahanajim ist eine Stadt Gads (Jos 13,26).

Um Einzelheiten zu erfahren, müssen wir wieder auf die Städtelisten zurückgreifen, in diesem Falle auf die von Ruben (Jos 13,15–23) und von Gad (Jos 13,24–28). Nach ihnen umfaßte das Gebiet Rubens das Territorium zwischen dem Arnon und Heschbon einschließlich des ganzen Tafellandes bis (anstelle von »bei«) Medeba. Das Gebiet Gads erstreckte sich von der Grenze des Territoriums von Heschbon bis in die Umgebung von Mahanajim und umfaßte auch Jaser. Das ganze östliche Jordantal wird Gad zugeschrieben, von Bet-Haram und Bet-Nimra bis zum Sukkot-Tal, »vom Jordan bis an das südliche Ende des Sees Gennesaret, jenseits des Jordan im Osten« (Jos 13,27).

Somit ist die geographische Unterteilung der drei transjordanischen Distrikte deutlich: Der südlichste erstreckte sich über die Hochebene vom Arnon bis Heschbon; der mittlere von Jaser bis Mahanajim, einschließlich des östlichen Jordantales; und der nördliche von Ramot-Gilead bis zum Gebiet von Argob in Baschan.

8. Naftali nahm das östliche Galiläa ein vom Tabor im Süden über Obergaliläa bis zum Fluß Liṭani im Norden und dem nördlichen Jordantal einschließlich der Westküste des Sees Gennesaret und der Gegend von Hazor. Für die Westgrenze nördlich des Berges Tabor stehen uns keine Angaben zur Verfügung[78].

9. Dieser Distrikt umfaßte den Rest des Gebietes von Ascher, nachdem

fast die ganze Ebene von Akko an Tyrus abgetreten worden war (1Kön 9,12–13), und ferner das Stammesgebiet Sebulons; Bealot ist wahrscheinlich eine Entstellung des Wortes Sebulon[79]. Der Distrikt erstreckte sich vom nordwestlichen Rand der Küstenebene und umfaßte das westliche Galiläa, das an Naftali grenzte. Seine Westgrenze verlief am Ostrande der Ebene von Akko vom Berg Karmel und Bet-Emek *(Tell Mīmās)* im Süden bis nach Kabul und Abdon im Norden – so lautete das falsch geschriebene Ebron ursprünglich[80].

10. Der Distrikt von Issachar (Jos 18,17–23) umfaßte den zentralen Teil der Jesreel-Ebene mit der Stadt Jesreel. Er erstreckte sich ostwärts bis zum Jordan zwischen Bet-Schean und dem See Gennesaret, nordwärts bis zum Jabneeltal und westwärts bis zum Berg Tabor[81].

11. Der Benjamin-Distrikt (Jos 18,12–27) umfaßte das Gebiet nördlich von Jerusalem[82]. Jebus wird zwar auch in der benjaminitischen Städteliste erwähnt (Jos 19,27 nach LXX), aber hierbei handelt es sich um eine archaische Anspielung, die offenbar der Liste nicht eroberter Kanaaniterstädte entnommen ist (Ri 1,21) und gewöhnlich an das Ende der meisten Stammesbeschreibungen angehängt wird. Im Osten umfaßte der Distrikt Jericho und im Norden den Berg Bet-El mit Bet-El selbst, Zemarajim, Ofra und das nördliche Geba *(Ḫirbet et-Tell)*[83].

Die benjaminitische Städteliste ist in zwei Gruppen unterteilt; der Grund dafür ist offenkundig. Die Grenze zwischen Juda und Israel verlief nach der Teilung des Königreiches zwischen Mizpa und Zemarain-Bet-El[84]. Der größte Teil des israelitischen Benjamin-Distrikts wurde nun Teil Judas (Jos 18,26–28), während nur der nördliche Abschnitt weiterhin zu Israel gehörte (Jos 18,21–25). Wahrscheinlich benutzte der Schreiber eine neuere Liste der Distrikte Judas und entnahm nur die fehlenden benjaminitischen Städte aus der salomonischen Distriktliste.

12. Bei der Analyse des siebten Distriks haben wir uns bereits mit diesem letzten Distrikt im südlichen Transjordanien befaßt.

Eine eingehende Prüfung der verschiedenen Distrikte zeigt, daß man sich gar nicht erst bemüht hatte, die Gebiete der Distrikte und ihre jeweilige wirtschaftliche Kraft einander anzugleichen[85]. Versuche, das Gegenteil zu beweisen, lassen entweder die geographische Analyse der Liste außer acht

78 *Kallai, Z.*, s.o. Anm. 58, 191.203.

79 *Alt, A.*, BZAW 13 (1913) 14 = Kl. Schr. II, 84f; *Wright, G. E.*, EI 8 (1967) 59 Fig. 1 und Anm. 8.

80 *Ewing, W.*, in: *Hastings, J.*, ed., Dictionary of the Bible I, New York 1901, 637; *Aharoni, Y.*, Enc.Bib. VI, 24 (hebräisch).

81 *Aharoni, Y.*, in: The Beth Shean Valley, 31–44 (hebräisch); *Kallai, Z.*, s.o. Anm. 58, 355–360.

82 *Kallai, Z.*, s.o. Anm. 58, 107–116.

83 *Maisler (Mazar), B.*, BIES 8 (1941) 35–37 (hebräisch).

84 *Aharoni, Y.*, VT 9 (1959) 232–234.

85 Gegen *Wright, G. E.*, EI 8 (1967) 59.

oder stellen die Distriktgrenzen verzerrt dar, um die Hypothese zu bestätigen; und selbst dann wird keine wirkliche Ausgewogenheit erreicht. Neben großen und reichen Distrikten wie dem Gebirge Efraim, den nördlichen Ebenen und dem nördlichen Transjordanien finden wir auch kleine und wirtschaftlich schwache Distrikte wie Benjamin, Issachar und Dor. Der Versuch, diese Distrikte als wirtschaftlich gleichwertig zu betrachten, steht in krassem Gegensatz zur Analyse der Liste.

Trotzdem lesen wir zu Beginn der Liste: »Salomo hatte zwölf Amtleute über ganz Israel, die den König und sein Haus versorgten, und zwar ein jeder im Jahr einen Monat lang« (1Kön 4,7). Die zentralen Funktionen dieser Amtleute waren offensichtlich die Steuereintreibung und die Rekrutierung von Arbeitskräften entsprechend den für jede Familie festgesetzten Verpflichtungen[86].

War es Salomos Absicht, die verschiedenen Stämme zu bestrafen bzw. zu belohnen, indem er ihnen trotz ihrer unterschiedlichen ökonomischen Leistungsfähigkeit die gleichen jährlichen Steuern auferlegte? Das ist allem Anschein nach wohl nicht der Fall gewesen. Die vorliegende Liste basiert auf einer administrativen Realität, die homogene geographische Distrikte geschaffen und gleichzeitig versucht hatte, die traditionelle Stammeseinheit soweit wie möglich unangetastet zu lassen. Wo immer es möglich war, wurde die Stammeseinheit bewahrt. Diese Entscheidung wurde offensichtlich von den Stammesmitgliedern begrüßt, die darin eine gewisse Rücksichtnahme auf ihre Eigenarten sahen, selbst im Rahmen der Monarchie. Die tiefwurzelnde Existenz von Familien- bzw. Sippenstrukturen wird in den Ostraka aus Samaria belegt. Offensichtlich wurde kein Versuch unternommen, die Stammesgrenzen zu ändern, um ökonomisch gleichgewichtige Einheiten zu schaffen.

Diese Analyse bestätigt, daß man die Einleitung der salomonischen Distriktsliste nicht als einen Beleg für die gesamten Steuern, die nun jedem einzelnen Distrikt auferlegt wurden, ansehen kann. Die Einleitung handelt nur von jährlichen Abgaben an den Königshof. Diese stellten lediglich einen bestimmten Teil der gesamten Lasten dar, die den jeweiligen Distrikten auferlegt wurden; bei der Festlegung der Gesamtlasten wurden wahrscheinlich Größe, Anzahl und wirtschaftliche Leistungsfähigkeit der Siedlungen eines jeden Distrikts berücksichtigt. Die monatliche Abgabe diente mehr oder weniger dazu, das zentrale Heiligtum während eines Monats im Jahr zu beliefern[87]. Dabei handelt es sich um eine sehr weit zurückreichende Tradition im Alten Orient; wir finden sie schon in sumerischer Zeit bei der dritten Dynastie von Ur im ausgehenden 3. Jahrtausend v.Chr.[88]. Auch dort machte das Aufkommen für das zentrale Heiligtum in einem Monat des Jahres nicht die ganze Steuerlast aus, die jedem Distrikt auferlegt wurde. Im

86 *Rainey, A. F.*, IEJ 20 (1970) 191–202; *Vaux, R. de*, Ancient Israel, New York 1961, 135.141f.

87 *Noth, M.*, Das System der zwölf Stämme Israels, Stuttgart 1930.

88 *Hallo, W. W.*, JCS 14 (1960) 88–96.

Gegensatz zu der Auffassung vieler Gelehrter gibt es keinen Grund, daran zu zweifeln, daß unser vorliegender biblischer Text in der Regierungszeit Salomos entstanden ist. Einer solchen zeitlichen Bestimmung steht nichts entgegen, und es scheint sogar gerechtfertigt, ein noch genaueres Datum anzunehmen, etwa in der zweiten Hälfte seiner Regierungszeit. Das wird aus der Liste der Amtleute deutlich. Zwei von ihnen sind Schwiegersöhne des Königs (1Kön 4,11.15), und das wäre wohl kaum zu einem früheren Zeitpunkt möglich gewesen. Auch durch das Fehlen der in der Ebene von Akko gelegenen Städte wird diese Datierung nahegelegt, da sie ungefähr in der Mitte der Regierungszeit Salomos an Tyrus abgetreten worden waren (1Kön 9,10).

Die detaillierte Analyse dieser wichtigen Quelle gibt uns in erster Linie eine klare Beschreibung des Territoriums von Israel. Dieses umfaßte auch die nördliche Schefela mit dem Sorek-Tal und Jabneel, schloß aber die Stadt Jafo aus. Durch die Rückgabe Gesers an Salomo (1Kön 9,16–17) erfahren wir, daß dieses Gebiet, durch das die ägyptische Armee bei der Einnahme Gesers zweifellos ziehen mußte, ebenfalls zu Israel gehörte. Im Norden umfaßte Israel ganz Galiläa, schloß allerdings die Ebene von Akko aus. Im Osten gehörte ganz Transjordanien von Baschan bis zum Arnon dazu, ausgenommen natürlich das Territorium von Ammon, ein begrenztes Gebiet um die Hauptstadt Rabba. Die Einteilung in Distrikte beruhte in erster Linie auf administrativen und geographischen Gesichtspunkten. Gewöhnlich wurde die Teilung zwischen Bergland und Ebene beibehalten, ähnlich der geographischen Gliederung des Landes, die auch das Gliederungsprinzip für die späteren judäischen Distrikte bildete. Jedoch ist dieses Prinzip in drei Fällen durchbrochen worden: 1. Das Jordantal wurde mit Zentral-Gilead verbunden, und Mahanajim am Jabbok war das Verbindungsglied. Man hielt es offensichtlich für unklug, diese schmale, längliche Region des Jordantales als einen separaten Distrikt bestehen zu lassen; man muß aber feststellen, daß das Tal selbst nicht geteilt wurde. 2. Im Naftali-Distrikt wurde das nördliche Jordantal dem östlichen Galiläa hinzugefügt. 3. Im Benjamin-Distrikt wurde das Gebiet von Jericho dem zentralen Bergland angeschlossen. In den beiden letzten Fällen wurde offensichtlich aus Rücksicht auf die historischen Verbindungen zwischen diesen Regionen im Rahmen der jeweiligen Stammesgebiete so verfahren.

In die traditionellen Stammesgebiete wurde kaum eingegriffen. Wo immer es möglich war, wurde die Stammeseinheit bewahrt[89], und nur, wenn administrative Zwänge es geboten, wurde dieses Prinzip aufgegeben. Der einzelne Stamm gefährdete das vereinigte Königreich nicht. Die wirkliche Gefährdung ging von dem tiefgreifenden Gegensatz zwischen Israel und Juda aus. Die Liste der salomonischen Distrikte beweist, daß sich Salomo den gegebenen Umständen gebeugt hat; dabei folgte er offensichtlich dem Beispiel seines Vaters.

89 Gegen *Albright, W. F.*, Archaeology and the Religion of Israel, Baltimore 1953, 140.

Das ist selbstverständlich die auffälligste Schlußfolgerung, die man aus der Analyse dieses Textes ziehen kann. Hiermit wurde die Spaltung zwischen Juda und Israel offiziell in der Verwaltung des Königreiches anerkannt. Das war einer der größten Fehler sowohl Davids als auch Salomos und ein Faktor, der für den schnellen Zerfall des vereinigten Königreiches entscheidend war.

Kapitel 4

Die Königreiche Israel und Juda

Nach dem Tode Salomos zerfiel das Königreich in seine zwei Bestandteile, Juda und Israel. Jerobeam, der Sohn Nebats aus Zereda im Gebirge Efraim, hatte rebelliert, als Salomo noch am Leben war. Er war dann allerdings gezwungen, nach Ägypten zu fliehen, wo er bei dem Pharao Schoschenk, dem Begründer der 22. Dynastie Ägyptens (1Kön 11,26–40), Asyl fand. Als Salomo gestorben war, ging sein Sohn Rehabeam nach Sichem. Er erwartete, daß dort seine Herrschaft von »ganz Israel« anerkannt werden würde, nachdem er bereits als Herrscher über Juda eingesetzt worden war. Die Stammesanführer machten ihre Zustimmung allerdings von Bedingungen abhängig: »Dein Vater hat unser Joch zu hart gemacht. Mache du nun den harten Dienst und das schwere Joch leichter, das er uns auferlegt hat. So wollen wir dir untertan sein« (1Kön 12,4). Als er sich weigerte, ihrer Forderung nachzugeben, erhoben sie sich gegen ihn und krönten Jerobeam zum König über Israel.

I. Das Haus Jerobeams und Baschas[1] (ca. 928–882 v.Chr.)

Das Königreich Israel umfaßte alle nördlichen Stämme: das Haus Josef, die Stämme Galiläas und die Transjordaniens. Die südlichen Stämme – Juda, Simeon und auch Benjamin – bildeten das Königreich Juda. Diese Teilung hatte den Zweck, den stammesgeographischen Einheiten, die schon vor dem Aufstieg des vereinigten Königreiches existiert hatten und während der Regierungszeit Salomos ihre jeweilige Identität als Verwaltungseinheiten erhalten konnten, die Form einer Monarchie zu geben. Die einzige Veränderung betraf den Stamm Benjamin, der sich nun Juda wegen seiner Verbindung mit Jerusalem zugehörig fühlte (1Kön 12,21). Die ostjordanischen Gebiete wurden integraler Bestandteil des nördlichen Königreiches. Wiederholt wird darauf hingewiesen, daß die israelitischen Könige »Gibbeton, das den Philistern gehörte« (1Kön 15,27; 16,15–17) – wohl *Tell Melāt* westlich von Geser – belagerten. Diese Hinweise zeigen, daß zu jener Zeit die Grenzen Israels, des Philisterlandes und Judas in dieser Region aufeinanderstießen. Der nun folgende Bürgerkrieg schwächte beide Königrei-

1 Da es nur in Israel mehrere Dynastienwechsel gegeben hat (im Unterschied zu Juda, wo das Haus David fest etabliert war), haben wir die Namen der israelitischen Könige genommen, um die Periodenunterteilung zu benennen; diese Dynastien lassen sich auch den Hauptphasen der Geschichte Judas zuordnen.

che und war der Grund dafür, daß sie ihre Oberhoheit über die Gebiete, die von David erobert worden waren, wieder verloren. Wir besitzen keine sicheren Angaben über die Kontrolle Transjordaniens; dort betrachtete sich das nördliche Königreich als Erbe der Oberhoheit über Ammon und Moab; auch erfahren wir nichts über die judäische Herrschaft über Edom, aber zumindest konnten Teile Edoms ihre Unabhängigkeit schon während der Regierungszeit Salomos zurückgewinnen. Nach dem Text der Mescha-Stele zu urteilen, konnte anscheinend auch Moab seine Unabhängigkeit von Juda und Israel wiedererlangen; es wurde allerdings zu einem späteren Zeitpunkt durch Omri wieder unterworfen. Offensichtlich hatten beide Königreiche, die aus dem vereinigten Königreich hervorgegangen waren, nicht die Macht, die nötig gewesen wäre, um die eroberten Territorien zu halten.
Erst nach einer Auseinandersetzung, die mehrere Generationen dauerte, wurde die Grenze zwischen diesen beiden Königtümern festgelegt[2]. Bei diesem Konflikt ging es hauptsächlich um das Territorium Benjamins, das von beiden Seiten beansprucht wurde. Zuerst verlief die Grenze südlich von Bet-El, wo ein königliches Heiligtum errichtet wurde, ähnlich wie das, das man in Dan im Norden gebaut hatte. Im Osten verlief die Grenze südlich von Jericho (vgl. 1Kön 16,34), also ungefähr entsprechend der traditionellen Grenze zwischen Juda und Benjamin. Im Westen gehörte Ajalon zur judäischen Seite (2Chr 11,10; 28,18). Daher entsprach der Grenzverlauf hier höchstwahrscheinlich ungefähr dem der ursprünglichen Grenze zwischen Benjamin und Efraim.
Während der Regierungszeiten Rehabeams und Jerobeams gab es ständig Krieg um die umstrittenen Teile Benjamins (1Kön 14,30). Gegen Ende der Regierungszeit Jerobeams gewann Abija, der Sohn Rehabeams, die Oberhand: »Und Abija verfolgte Jerobeam und nahm ihm Städte ab, Bet-El mit allen seinen Ortschaften und Jeschana mit allen seinen Ortschaften und Efrain (Ofra) mit allen seinen Ortschaften« (2Chr 13,19). So eignete sich also Abija das Bergland um Bet-El an, ein Gebiet, das nach den Beschreibungen der Stammesgrenzen Efraim gehörte, obwohl die Stadt auch in der Städteliste Benjamins genannt wird (Jos 18,21–24). Jedoch verlagerte sich in der Regierungszeit Baschas, des Königs von Israel, das Gleichgewicht der Macht wieder. Er war stärker als Asa, der König von Juda, und er gewann nicht nur den Bet-El-Distrikt zurück, sondern drang noch weiter nach Süden vor; dort befestigte er Rama in Benjamin, eine Stadt, die nur 9 km von Jerusalem entfernt liegt (1Kön 15,16ff). In der Stunde seiner Not wandte sich Asa an Ben-Hadad, den König von Aram-Damaskus, der freudig die Gelegenheit ergriff, nach Israel einzumarschieren, während es im Kampf mit Juda stand. Dadurch konnte Asa das benjaminitische Gebiet wieder für Juda zurückgewinnen, während Bet-El mit seinem Umland israelitisch blieb. Asa befestigte Geba in Benjamin (nicht Gibea in Benjamin)[3] und Miz-

2 Zur Änderung der Grenzziehungen vgl. *Kallai, Z.*, The Northern Boundaries of Judah, Jerusalem 1960 (hebräisch).

pa. Beide Orte lagen an den Hauptstraßen nach Jerusalem und beherrschten die Grenze; in Mizpa *(Tell en-Naṣbe)* wurde eine massive, dicke Stadtmauer freigelegt, die mit vorspringenden Türmen versehen war und die allem Anschein nach zu Asas Befestigungsbauten gehörte[4]. Von nun an blieb die Grenze zwischen Juda und Israel in dieser Region zwischen Mizpa und Bet-El bestehen. Auch als sich die Beziehungen zwischen den beiden Königreichen während der Herrschaft der Omriden verbesserten, wurden keine weiteren Versuche unternommen, diesen Grenzverlauf zu ändern. Er blieb unverändert bis zum Ende des nördlichen Königreiches bestehen und wurde dann die Grenze der assyrischen Provinz Samaria. Die Städte Benjamins sind dieser Grenzziehung entsprechend in zwei geographische Einheiten aufgeteilt, die offensichtlich verschiedene benjaminitische Distrikte während der Reichsteilung widerspiegeln (Jos 18,21–24.25–28)[5].

Nur in der Regierungszeit Josias wurde dieser Grenzverlauf noch einmal geändert. In dieser Zeit wurde er auf Kosten der assyrischen Provinz Samaria nach Norden verlagert, Bet-El wurde Juda angeschlossen (2Kön 23,4)[6], und sein Kampf gegen den Pharao Necho bei Megiddo (2Kön 23,29–30; 2Chr 35,20–24) war erst nach der vollständigen Annexion Samarias möglich. Wahrscheinlich beherrschte Josia sogar die ganze Megiddo-Provinz, d.h. Galiläa. Jedoch ist es auch möglich, daß Josia die internen Grenzen zwischen Juda und Samaria durch die Eingliederung der Bet-El-Region in Juda änderte. Das wird durch die Tatsache, daß Bet-El in der nachexilischen Zeit Teil Judas war, nahegelegt; man muß daher annehmen, daß die Perser die Dinge einfach so ließen, wie sie sie vorgefunden hatten[7].

Jerobeam gründete seine erste Hauptstadt in Sichem, das die alte Hauptstadt des »Gebirge Efraim«-Distrikts war. Er errichtete auch die beiden königlichen Heiligtümer, die Konkurrenten für Jerusalem werden sollten, eines in Bet-El, an seiner südlichen Landesgrenze, und das andere in Dan, im nördlichsten Teil seines Königreiches. Die Entdeckung eines solchen königlichen Heiligtums in Arad, das offenbar in der Regierungszeit Salomos erbaut worden war, belegt, daß die Errichtung kleinerer Tempel an den Grenzen des Landes eine verbreitete Praxis war, die dazu dienen sollte, die Souveränität des Königs in diesen Regionen zu repräsentieren. Kurze Zeit später verließ Jerobeam Sichem »und baute Penuël« (1Kön 12,25). Diese Handlung deutet auf eine Zeit des Notstandes hin – geradeso, wie sie zur

3 Vgl. 2Chr 16,6; Geba beherrscht den Paß am *Wādi eṣ-Ṣuwēnīṭ* (vgl. o. S. 293), eine Beschreibung eines Feldzuges entlang dieser Route ist in Jes 10,28ff überliefert. Die Annahme, daß Asa das Gibea Benjamins *(Tell el-Fūl)* als eine zweite Festung an der Hauptstraße nach Jerusalem erbaut habe, ist nicht haltbar, besonders nicht nach den neueren Ausgrabungen, vgl. *Sinclair, L. A.*, AASOR 34–35 (1960) 7ff.

4 *McCown, C. C.*, Tell en-Naṣbeh I, Berkeley 1947, 202.

5 *Aharoni, Y.*, VT 9 (1959) 232ff.

6 Zu der besonderen Grenzbeschreibung Judas in seiner Zeit, »von Geba bis Berscheba« (2Kön 23,8), vgl. u. S. 416f.

7 Vgl. *Alt, A.*, PJ 21 (1925) 108ff = Kl. Schr. II, 281ff. *Kallai, Z.*, The Northern Boundaries of Judah, Jerusalem 1960, 74f (hebräisch).

Regierungszeit Eschbaals, des Sohnes Sauls, oder zur Zeit Davids während Absaloms Rebellion bestanden hatte; damals hatten beide ihre provisorische Hauptstadt nach Mahanajim bei Penuël verlagert. Jerobeam tat diesen Schritt wahrscheinlich in den Anfangsjahren seiner Regierungszeit; vielleicht wollte er dem starken Druck entgehen, den Rehabeam vor der Invasion des Pharao Schoschenk ausgeübt hatte.

II. Der Feldzug des Pharao Schoschenk

Der Feldzug, den Schoschenk gegen Palästina unternahm, fand im fünften Jahr der Regierung Rehabeams, des Sohnes Salomos (ca. 924 v.Chr.), statt. Die Bibel liefert nur einen kurzen Hinweis, der besagt, daß Schoschenk, der König von Ägypten, gegen Jerusalem hinaufgezogen sei und die Schätze des Tempels und das Königshaus geplündert habe (1Kön 14,25–28). Das zweite Chronikbuch überliefert die gleichen Nachrichten (2Chr 12,1–12), fügt aber hinzu, daß Schoschenk die befestigten Städte Judas eingenommen habe und bis Jerusalem gekommen sei; diese Stadt habe er aber nicht erobert, vielmehr habe er sich mit einem hohen Tribut zufriedengegeben.
Die Inschrift Schoschenks, die eine lange topographische Liste enthält und im Amuntempel in Karnak erhalten ist, bestätigt nicht nur die kurzen biblischen Hinweise, sondern liefert uns noch viele andere Einzelheiten über diesen Feldzug[8]. Aus dem ägyptischen Text wird deutlich, daß das Hauptziel des Feldzuges nicht Jerusalem und die Städte Judas waren, sondern vielmehr das Königreich Israel einerseits und der Negeb von Juda andererseits (s. Karte 24).
Vom Aufbau und Inhalt her kann man Schoschenks Inschrift in drei Abschnitte einteilen: 1. Nrn. 1–65, Städte in Zentralpalästina (von diesen werden die Nrn. 1–10 gewöhnlich »Nördliche Länder« genannt). 2. Nrn. 66–150, Siedlungen im Negeb. 3. Die dritte Gruppe enthielt ungefähr dreißig Namen, von denen nur die letzten fünf erhalten sind; hier handelt es sich um Städte in der südlichen Küstenzone.

1. *Die Städte in Zentralpalästina*

Wenn man die ersten Zeilen dieser Inschrift in Bustrophedon-Reihung liest, ergeben die Namen eine logische geographische Abfolge. Mit anderen Worten: Entgegen der normalen Praxis bei ägyptischen Inschriften muß man jede zweite Zeile entgegengesetzt lesen, d.h. zum Rücken der Figuren anstatt zum Gesicht hin. Wenn wir beim Lesen dieser Inschrift so vorgehen

8 Chicago Epigraphic Survey, Reliefs and Inscriptions at Karnak III. The Bubastite Portal, Chicago 1954; *Simons*, Handbook 89ff.178ff; *Noth, M.*, ZDPV 61 (1938) 277–304 = Aufsätze II, 73–93. Eine neuere Diskussion und Bibliographie findet sich bei *Kitchen, K.*, The Third Intermediate Period in Egypt, Warminster 1973, 432–447.

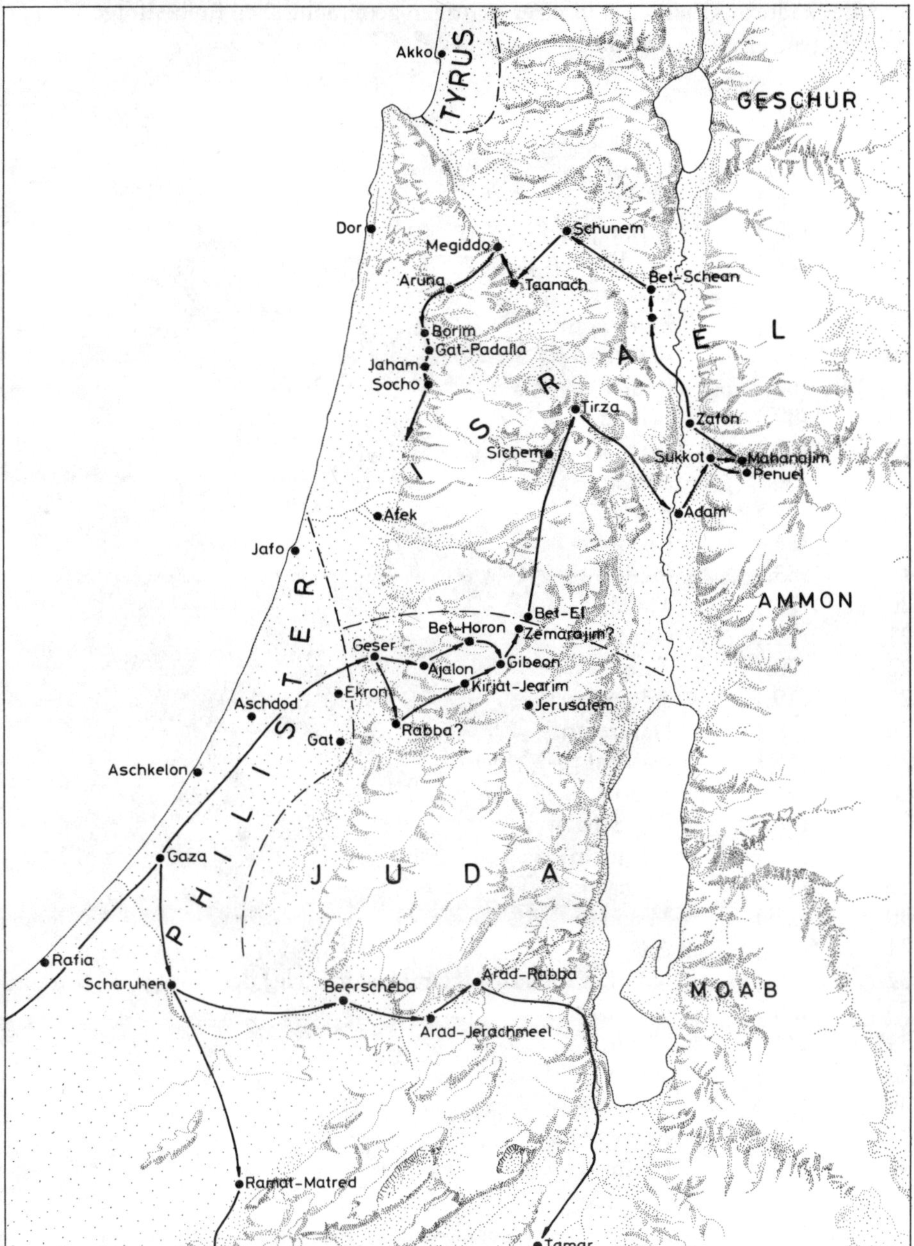

Akko
TYRUS
GESCHUR
Dor
Schunem
Megiddo
Aruna
Taanach
Bet-Schean
Borim
Gat-Padalla
Jaham
Socho
I S R A E L
Tirza
Zafon
Sichem
Sukkot
Mahanajim
Penuel
Afek
Adam
Jafo
AMMON
Bet-El
Bet-Horon
Zemarajim?
Geser
Ajalon
Gibeon
Kirjat-Jearim
Aschdod
Ekron
Jerusalem
Rabba?
Gat
Aschkelon
PHILISTER
Gaza
J U D A
Rafia
Scharuhen
Beerscheba
Arad-Rabba
MOAB
Arad-Jerachmeel
Ramat-Matred
Tamar
EDOM
Grenze
0
20Km.
Kadesch-Barnea
Nach Ezjon-Geber

und die Städte aus Zeile fünf in ihrer richtigen geographischen Reihenfolge hinzufügen, erhalten wir die folgende Liste[9]:

1	(11.)	Gaza
2	(12.)	Geser
3	(13.)	Rubute
4	(26.)	Ajalon
5	(25.)	Kirjatajim
6	(24.)	Bet-Horon
7	(23.)	Gibeon
8	(57.)	Zemarajim
9	(64.)	[Go]fna?
10–13	(60.–63.)	fehlen
14	(59.)	[Ti]rza?
15	(58.)	Migdal
16	(56.)	Adam
17	(55.)	Sukkot
18	(54.)	Kedesch
19	(53.)	Penuël
20	(22.)	Mahanajim
21	(21.)	*š-w-t*
22	(20.)	Zafon
23	(19.)	Adorajim
24	(18.)	Hafarajim
25	(65.)	Das Tal *(p-ꜣ-ʿ-m-q)*
26	(17.)	Rehob
27	(16.)	Bet-Schean
28	(15.)	Schunem
29	(14.)	Taanach
30	(27.)	Megiddo
31	(28.)	Adar
32	(29.)	Jad-Hammelech (»Hand [oder Stele] des Königs«)
33	(30.)	fehlt
34	(31.)	Ḥonim
35	(32.)	ʿAruna
36	(33.)	Borim
37	(34.)	Gat-Padalla
38	(35.)	Jaḥam *(y-ḥ-m)*

9 *Mazar, B.*, VT.S 4 (1957) 57–66. Bei einem Aufenthalt in Chicago 1954 konnte Mazar die Teilnehmer des Epigraphic Survey zu den verschiedenen Lesungen befragen. Wir folgen hier Mazars Anordnung der Liste mit Ausnahme von Zeile 5. Da Übereinstimmung darüber herrscht, daß diese Städte nicht in ihrer ursprünglichen Anordnung stehen, scheint es uns wahrscheinlicher, daß Schoschenk von Zemarajim nach Tirza zog und nach Adam über das *Wādi Fārʿa* hinabstieg, als daß er erst zum Sukkot-Tal gezogen und von dort nach Tirza zurückgekehrt sei.

39	(36.)	Bet-Olam (oder Bet-Arim?)
40	(37.)	*k-q-r-w*
41	(38.)	Socho
42	(39.)	Bet-Tappuach

Diese Aufzählung der Städte liefert uns eine sinnvolle und fortlaufende Route, so daß wir den Marschweg des Heeres rekonstruieren können. Die erste Stadt ist Gaza, der einzige Ort im Gebiet der Philister, der in dieser Liste erwähnt wird. Gaza als die alte Hauptstadt Kanaans und des Philistergebietes steht offensichtlich für die Eroberung der ganzen philistäischen Region, in der den Ägyptern anscheinend kein Widerstand entgegengesetzt wurde, nachdem sie ihre Oberherrschaft in den Anfangsjahren der salomonischen Regierungszeit wieder etabliert hatten (s.o.S. 312f). Die zweite Stadt dieser Liste ist Geser, eine der bedeutendsten befestigten Städte Salomos an der Grenze zum Philistergebiet. Von hier stieg Schoschenk über Ajalon und Bet-Horon (das auch von Salomo befestigt worden war) nach Gibeon hinauf, das nordwestlich von Jerusalem liegt. Somit kam Schoschenk in das Bergland, indem er den alten, wohlbekannten »Aufstieg von Bet-Horon« auf dem nördlichen Weg nach Jerusalem benutzte. Diese Straße verlief ungefähr parallel zu der neuen Grenze zwischen den Königreichen von Israel und Juda. Gibeon war eine der berühmten judäischen Städte nördlich von Jerusalem, und nach der Liste der Festungen Rehabeams lag auch Ajalon auf judäischem Gebiet (2Chr 11,10).
Wir haben keine Angaben über den politischen Status von Bet-Horon und Geser in dieser Zeit. Sie wurden beide dem Haus Josef zugeschrieben – nach der traditionellen Grenzbeschreibung –, aber man kann sich nur schwer vorstellen, daß Schoschenks Marschroute abwechselnd mal auf israelitischem und mal auf judäischem Territorium verlief. Alle diese Städte waren zu dieser Zeit wahrscheinlich judäisch. Offenbar war Geser zu einem späteren Zeitpunkt Teil Judas; während der Regierungszeit Ahabs lag Gimso, nördlich von Geser gelegen, in Juda (2Chr 28,18). Zur Zeit Hiskias gehörte Geser zu Juda – die königlichen judäischen Siegelabdrücke, die dort gefunden wurden, belegen dies[10]. Die Ausgrabungen zeigen, daß Geser ungefähr zur Zeit von Schoschenks Feldzug zerstört wurde. Dies hatte einen Zerfall seiner Größe zur Folge, von dem es sich nur sehr langsam erholte. Der Satz »und er nahm die festen Städte ein, die in Juda waren, und kam bis vor Jerusalem« (2Chr 12,4) bezieht sich sehr wahrscheinlich auf diesen Teil des Feldzuges von Geser nach Gibeon.
Zwischen Geser und Ajalon wird eine Stadt mit Namen *r-b-t* erwähnt, die

10 Zur Datierung der königlichen Siegelabdrücke vgl. *Aharoni, Y.*, Excavations at Ramat Raḥel, Seasons 1959 and 1960, Rom 1962, 51ff. Es ist möglich, daß nach der Zerstörung der Stadt durch Schoschenk das Territorium von Geser zeitweise zum Königreich Israel gehörte; das wird durch die Kriege der israelitischen Könige gegen die Philister und gegen Gibbeton nahegelegt; vgl. auch *Kallai, Z.*, The Northern Boundaries of Judah, Jerusalem 1960, 55–56 (hebräisch).

auch in der Liste Thutmoses' III. (Nr. 105) neben Geser aufgeführt wird und in den Amarna-Briefen als Rubute auftaucht – im Zusammenhang mit Streitigkeiten zwischen den Königen von Geser und Jerusalem (EA 289,29). Die Liste judäischer Städte führt einen Ort namens Rabba (Jos 15,60) auf, zusammen mit Kirjat-Baal = Kirjat-Jearim.
Wenn die Lesart Kirjatajim (Nr. 5 [25]) richtig ist[11], dann müßte diese Stadt, die zwischen Ajalon und Bet-Horon genannt wird, eigentlich Kirjat-Jearim sein. Dann kann man vermuten, daß Schoschenks Armee alle befestigten Städte an den Hauptstraßen nach Jerusalem zwischen Geser und Gibeon eingenommen hat. Es ist sicher kein Zufall, daß wir Hinweise dafür finden, daß diese Städte in den Regierungszeiten Davids und Salomos befestigt worden sind: Ajalon und Bet-Horon werden in der Liste levitischer Städte genannt, Geser, Bet-Horon und Baalat (Kirjat-Jearim?) unter den Festungen Salomos.
Die in der Bibel beschriebenen Verhandlungen mit Rehabeam haben sehr wahrscheinlich in Gibeon stattgefunden; nachdem der Pharao den hohen Tribut von Jerusalem erhalten hatte, wandte sich seine Armee nach Norden in Richtung auf das Königreich Israel. Bei Zemarajim, das man im Umland von *Ramallāh* und *el-Bīre* an der judäischen Grenze suchen muß (2Chr 13,4; Jos 18,22), fiel Schoschenk in das israelitische Königtum über die Hauptgebirgsstraße ein (vgl. Ri 21,19). An dieser Stelle scheint sich in der Liste eine Lücke zu befinden, die durch die Namen aus Zeile fünf gefüllt werden kann. Die nächste eroberte Stadt könnte Gofna gewesen sein, ungefähr 6 km nördlich von *Ramallāh*, das uns sonst nur noch aus späteren Quellen bekannt ist[12]. Wenn die Ergänzung zu »Tirza« richtig ist, dann können wir daraus den Schluß ziehen, daß Schoschenk in das Herz des efraimitischen Berglandes vordrang. Sichem könnte einer der in diesem Abschnitt fehlenden Namen sein. Tirza wurde vielleicht schon in der Regierungszeit Jerobeams die Hauptstadt Israels (1Kön 14,17) – spätestens aber zur Zeit Baschas (1Kön 15,21ff). Daher hat es vermutlich nicht allzusehr unter Schoschenks Angriff gelitten.
Von Tirza wandten sich die Ägypter ostwärts zum Jordantal. Der erste Ort, der erwähnt wird, ist Adama (Adam), das die Jordanfurten südlich des Jabbok beherrschte. Danach kamen sie nach Sukkot und zogen weiter nach Osten über das Jabboktal nach Penuël und Mahanajim. Diese Marschroute kann man im Lichte der oben erwähnten Tatsache erklären, nämlich daß Jerobeam seine Hauptstadt nach Penuël verlegt hatte. Daher hat Schoschenk alle bedeutenden Städte Israels erobert, um Jerobeam zu besiegen.
Von Mahanajim kehrte Schoschenk zur Ebene von Sukkot zurück, wo er

11 Diese Lesart wurde von Grdesloff und Mazar als eine Korrektur von *q-d-t-m* vorgeschlagen; sie beruht auf der Annahme, daß der Steinmetz, der diese Inschrift gemeißelt hatte, mit einer hieratisch geschriebenen Vorlage arbeitete. In hieroglyphischer Schreibweise ist das *r* (ein Mund) klar zu unterscheiden von dem *d* (eine Hand), aber in hieratischer Schreibweise sind die beiden Zeichen sehr ähnlich.
12 *Abel*, Géogr. II, 339.

sich entlang der Ostseite des Jordantals nach Norden wandte – nach Zafon und dem Tal von Bet-Schean. Die nächsten zwei Städte, Adorajim und Hafarajim, sind unbekannt. Der Hinweis auf »die Ebene« *(p-ꜣ-ʿ-m-q)* spielt wahrscheinlich auf die Ebene von Bet-Schean an; das wird durch die Erwähnung Rehobs und Bet-Scheans nahegelegt. Von dort wandte sich Schoschenk westwärts in die Jesreel-Ebene, wo er Schunem, Taanach und Megiddo eroberte. Die Tatsache, daß Jesreel in dieser Liste fehlt, ist bemerkenswert; der Aufstieg der Stadt erfolgte scheinbar erst später unter der Herrschaft Omris. In Megiddo wurde ein Fragment einer Stele Schoschenks gefunden[13]; es bestätigt, daß Schoschenk diese Stadt erobert hat. Damit wird gleichzeitig nahegelegt, daß dieser wichtige Ort zumindest eine Zeitlang unter ägyptischer Herrschaft stand. Ausgrabungen führten zu dem Ergebnis, daß das Megiddo Salomos (Schicht IVB) mit seinem großen Stadttor und seinen kunstvollen Bauten zu dieser Zeit zerstört wurde[14].
Von Megiddo zog Schoschenk über das *Wādi ʿAra* in die Scharon-Ebene, und von Borim *(Ḫirbet Būrīn)* folgte er der *Via Maris* nach Süden. Dabei eroberte er noch eine Reihe von Städten, die wir aus anderen ägyptischen Quellen kennen: Gat-Padalla, Jaḥam *(y-ḥ-m)* und Socho. Danach ist der Text weggebrochen.

2. *Die Negeb-Siedlungen*
Die Liste der Negeb-Städte, die zweite Gruppe, bildet den größten Abschnitt der Schoschenk-Liste. Sie umfaßt 85 Namen, aber da es zumindest vierzehn zusammengesetzte Namen gibt, die je zwei »Kartuschen« beanspruchen, bleiben noch ca. siebzig Ortsnamen übrig. Diese Liste ist von besonderer Bedeutung, da sie unter allen unseren Quellen – sowohl den biblischen als auch den ägyptischen – die einzige detaillierte Liste von Städtenamen des Negeb ist. Obgleich bis heute nur ein kleiner Teil dieser Städte identifiziert worden ist, muß man zweifellos nicht nur die identifizierbaren, sondern auch die anderen Städte im Negeb lokalisieren, weil der Ausdruck »Negeb« ein Element bei einigen der zusammengesetzten Namen darstellt.
Die folgenden Namen kann man mit einiger Sicherheit bestimmen: Jurṣa (133) und Scharuhen (offenbar 125, *š-ḥ-r-m*) im westlichen Negeb und vielleicht auch noch *f-t-y-š*, das dem späteren Fotis *(Ḫirbet Fuṭēs)*[15] ähnelt; Arad im östlichen Negeb, Ezem, das als eine Stadt Simeons bekannt ist, und vielleicht (Ezjon-)Geber[16] am Golf von Aqaba. Diese Namen belegen, daß Schoschenk in das Kernland des Negeb eingedrungen war, und zwar von West nach Ost, von den südlichen Städten Simeons zu dem am weitesten entfernten Punkt, der noch unter judäischer Herrschaft stand, nämlich Ezjon-Geber. Es ist überraschend, wie wenige Parallelen es zu biblischen Li-

13 *Lamon, R. S.* und *G. M. Shipton*, Megiddo I, Chicago 1939, 60f.
14 *Wright, G. E.*, BA 13 (1950) 39ff; *Yadin, Y.*, BA 23 (1960) 62ff.
15 *Tell el-ʿUṣēfer*, auf dem eisenzeitliche Funde gemacht wurden, wäre eine mögliche Ortslage zur Lokalisation dieser alten Stadt.
16 Der Text lautet: *š-b-r-t/n g-b-r*, d.h. »das *Schibbolet* (Ähre?), das Geber gehört«.

sten von Städten im Negeb gibt. Das läßt sich wahrscheinlich durch die Tatsache erklären, daß die biblischen Listen sich meistens auf Städte im nördlichen Negeb beziehen, während Schoschenk seine Aktivitäten auf den südlichen Negeb konzentrierte, für den sich faktisch keine anderen schriftlichen Quellen finden.

Andererseits sind in der Bibel Parallelen zu Sippennamen von südlichen Stämmen überliefert, besonders in 1Chr 2 und 4. Zwei von den drei Namen, die das beigefügte Element »Negeb« *(pꜣn-g-b)* haben, ähneln biblischen Sippennamen, nämlich: *pꜣ n-g-b ʿ-ꜣ-n-t* (84–85), offenbar der Negeb der Ezniten, einer Sippe, aus der einer der Helden Davids hervorgegangen ist – Adino, der Ezniter (2Sam 23,8 nach MT und gestützt durch LXX; RSV folgt Luther, und die meisten modernen Kommentatoren ziehen den parallelen Ausdruck aus 1Chr 11,11 »er nahm seinen Speer auf« vor); *pꜣ n-g-b ʾ-š-ḥ-t* (92–93), d.h. »der Negeb der Schuchatiter«, ist ähnlich gebildet wie der Sippenname Schucha (1Chr 4,11)[17]. Mehrere in der Bibel im Zusammenhang mit Davids Regierung erwähnte Regionen aus dem Negeb, die nach ethnischen Gruppen benannt sind, sind wie einige der Namen von Schoschenks Negeb-Liste gebildet: der Negeb von Juda, von Kaleb, der Jerachmeeliter, der Keniter und der Kreter (1Sam 27,10; 30,14; s.o.S. 298).

Wendet man diese Methode an, so kann man folgende Sippen identifizieren: Jahallel (*ʾ-r-h-r-r*, 70; 1Chr 4,16); Tappuach (82; 1Chr 2,43); Hanan (94); Tilon (101; vgl. Bet-Hanan und Tilon, 1Chr 4,20); Jerocham (112, 139; vgl. Jerachmeel, 1Chr 2,9); Pelet (*p-r-t-m*, 121; 1Chr 2,33); Onan (140; vgl. Onam, 1Chr 2,26); Maacha (145; vgl. die Frau Kalebs, 1Chr 2,48).

Neun Ortsnamen dieser Liste sind mit dem Element *pꜣ ḥ-q-r*, »die Festung«, gebildet: *pꜣ ḥ-q-r f-t-y-š* (68–69), *pꜣ ḥ-q-r ʾ-b-r-m* (71–72), *pꜣ ḥ-q-r n-ꜣ-d-t* (77–78), *pꜣ ḥ-q-r š-n-t* (oder *š-n-m*, 87–88), *pꜣ ḥ-q-r ḥ-n-n* (94–95), *pꜣ ḥ-q-r ꜣ-l-g-d* (96–97), *pꜣ ḥ-q-r t-r-n* (101–102) und *ḥ-q-r-m ꜣ-r-d r-b-t ꜣ-r-d n b-t y-r-ḥ-m* (107–112). Diese letztere Form könnte man folgendermaßen übersetzen: »(Die) Festungen (von) Groß-Arad (und vom) Arad des Hauses Jerocham«. Die Interpretation von *ḥ-q-r* als »Festung«, von der semitischen Wurzel חגר »mit einem Gürtel umgeben, befestigen«, wird durch die Form חגרא in der Mischna gestützt, die sich auf die südlichen Grenzbefestigungen aus der römischen Zeit, den *Limes Palaestinae*, bezieht[18].

Von diesen Festungen kann nur »Groß-Arad« mit *Tell ʿArād* identifiziert werden und das »Arad des Hauses Jerocham« (der Jerachmeeliter?) mit *Tell el-Milḥ*, dem Ort des kanaanitischen Arad. In den größeren Negeb-Siedlungen, die während des vereinigten Königreiches erbaut worden waren, existierte ein besonderes System der Befestigung mit Erdrampen und Glacis. Vielleicht spiegelt sich diese Bauweise in dem Ausdruck **ḥagar* wider[19].

17 Oder vielleicht die Suchatiter (1Chr 2,55).

18 *Noth, M.*, ZDPV 61 (1938) 294–300 = Aufsätze II,86–90; *Mazar, B.*, VT.S 4 (1957) 64; *ders.*, Epstein Vol., Jerusalem 1950, 316–319.

19 *Aharoni, Y.*, BA 39 (1976) 55ff, bes. 68–69; *ders.* und *R. Amiran*, Archaeology 17 (1964) 43–53; *ders.*, IEJ 14 (1964) 131–147.

Zwei von diesen Siedlungen waren Arad und *Tell el-Milḥ*, die wir mit den Festungen *(ḥ-q-r-m)* von »Groß-Arad« und dem »Arad des Hauses Jerocham« gleichsetzen können. Eine weitere sehr bedeutende Rampen- und Glacis-Befestigung wurde in *Tell es-Sebaʿ* gefunden. Diese königliche Zitadelle ist vermutlich das *pꜣ ḥ-q-r ꜣ-b-r-m* (Nr. 71–72), d.h. »Festung Abra(ha)ms«[20]; diese Annahme beruht auf den mit diesem Ort verbundenen alten Traditionen. Als Beispiele für ähnliche Zitadellen mit besonderen Namen können vielleicht die Stadt Davids in Jerusalem und Mamre bei Hebron gelten.

Bei allen dreien dieser stark befestigten eisenzeitlichen Siedlungen wurden auch römische Festungen entdeckt[21]. Der *Limes Palaestinae* verlief demnach ungefähr im gleichen Gebiet, sein früher Name ist offenbar in dem späteren talmudischen Ausdruck *ḥagrāʾ* überliefert[22].

Wir haben bereits festgestellt, daß von der dritten und letzten Gruppe nur die letzten fünf Namen erhalten geblieben sind. Zwei von ihnen können identifiziert werden: Rafia und Laban, beides Städte an der südlichen Küste nördlich des Baches von Ägypten. In assyrischen Quellen[23] wird Laban auch mit diesem Bach in Zusammenhang gebracht; es lag anscheinend südlich von Rafia, vielleicht auf dem *Tell Abū Selēme* bei *Šeḫ Zuwēyid*[24]. Da zumindest einige der Städte in der südlichen Schefela etwa zu dieser Zeit zerstört worden sind – dies wird durch die Ausgrabungen z.B. von Lachisch Schicht V und *Tell Bēt Mirsim* Schicht B nahegelegt –, umfaßte der fehlende Abschnitt möglicherweise die Städte in der Schefela von Juda.

Aus der Schoschenk-Liste kann man die Ziele seines Feldzuges und seine Eroberungen rekonstruieren. Dadurch können wir die Erkentnisse, die wir aus der Bibel gewonnen haben, ergänzen. Der Feldzug richtete sich sowohl gegen Juda als auch gegen Israel und hatte zum Ziel, die ägyptische Oberherrschaft über das Philistergebiet dadurch zu festigen, daß Ägypten die Kontrolle über die wichtigsten Handelsstraßen, die durch Palästina liefen, wiedergewann. Zuerst zog Schoschenk über Bet-Horon hinauf nach Jerusalem; aber nachdem er von Rehabeam hohen Tribut empfangen hatte, wandte er sich nach Norden und fiel in das Königreich Israel ein. Nach der Eroberung von Tirza und Penuël, Jerobeams neuer Hauptstadt, zog er entlang des Jordantals nach Norden, bis er Bet-Schean erreichte. Von dort wandte er sich westwärts in die Ebene Jesreel und marschierte über Megiddo durch die Scharon-Ebene zurück. Dann folgte er der *Via Maris* nach Süden. Dieser Teil des Feldzuges galt dem Ziel, die Kontrolle über die *Via Maris*

20 *Aharoni, Y.*, BA 35 (1972) 114–115.
21 *Aharoni, Y.*, IEJ 17 (1967) 1–17.
22 *Noth, M.*, s.o. Anm. 18.
23 ANET 286; *Alt, A.*, ZDPV 67 (1945) 29ff = Kl. Schr. II, 226ff.
24 Dort wurden Ausgrabungen von Sir Flinders Petrie vorgenommen, die unter dem Titel *Anthedon* publiziert sind. Es wurden Funde von der Spätbronzezeit bis zur frühen römischen Zeit gemacht.

durch Schwächung der beiden Königreiche Israel und Juda zurückzugewinnen.
Zur gleichen Zeit marschierten Schoschenks Truppen tief in die Ausläufer des judäischen Negeb und erreichten offenbar auch Ezjon-Geber. Der internationale Handel mit Südarabien über Elat und den Negeb, der in der Regierungszeit Salomos einen starken Aufschwung erlebt hatte, war dem Pharao zweifellos ein Dorn im Auge. Die Negeb-Invasion diente in erster Linie dazu, diese Handelsverbindungen zu unterbrechen. Offensichtlich wurde dieses Ziel zumindest zeitweise erreicht, und der letzte Rest der Kontrolle von Edom wurde Juda entrissen. Die Ausgrabungen in Ezjon-Geber belegen, daß die salomonische Festung zerstört worden war und daß im 9. Jahrhundert v.Chr., offensichtlich in der Regierungszeit von Asa oder Josafat, eine neue Festung errichtet wurde[25].

III. Rehabeams Festungen

Rehabeams Liste der Festungen, die in 2Chr 11,5–12 überliefert ist, muß man wahrscheinlich in die Zeit nach dem Feldzug Schoschenks datieren, obwohl sich in der Bibel keine Zeitangabe findet und der Absatz in dem Text vor dem Bericht über den Feldzug Schoschenks steht. Rehabeams Liste umfaßt fünfzehn Städte, die an den wichtigsten strategischen Punkten Judas lagen (s. Karte 25). Hebron, Bet-Zur und Betlehem befanden sich an der Hauptstraße, die über den Rücken des Gebirges Juda führte. Etam, Tekoa und Sif kontrollierten die Zugänge von der Wüste Juda aus, und Adorajim, Adullam und Socho schützten die verschiedenen Straßen, die in die Schefela und in das Philistergebiet führten. Eine fortlaufende Linie von Festungen wurde entlang der westlichen Grenze zum Philisterland errichtet: Lachisch, Marescha und Gat im Süden, Aseka, Zora und Ajalon im Norden[26]. Von diesen Städten kann nur Gat nicht eindeutig identifiziert werden. Man kann kaum der weithin akzeptierten Auffassung folgen, daß das Gat der Philister gemeint ist, weil diese Stadt – wo immer wir sie suchen, sei es auf dem *Tell eṣ-Ṣāfī* oder woanders – westlich von Rehabeams Festungslinie in der Schefela liegt. Ebenso wissen wir, daß Gat in der Regierungszeit Salomos noch eine philistäische Stadt war (1Kön 2,39). Auch findet sich keinerlei Hinweis darauf, daß die Stadt erobert wurde, vielmehr stehen die Worte des Propheten Amos über die Zerstörung des philistäischen Gat (Am 6,2) im Widerspruch zu der Annahme, daß diese Stadt schon im 10. Jahrhundert eine israelitische Festung war. Andererseits erstaunt es, daß *Tell el-Ǧudēde* in der Liste Rehabeams fehlt, da es sich hierbei um einen stattlichen Hügel han-

25 *Glueck, N.*, The Other Side of the Jordan, New Haven 1945, 99ff.
26 Zur Struktur dieser Liste vgl. *Beyer, G.*, ZDPV 54 (1931) 113–134; *Alt, A.*, Festungen und Levitenorte im Lande Juda, 1952 = Kl. Schr. II, 306–315; *Kallai, Z.*, EI 10 (1971) 245–254.

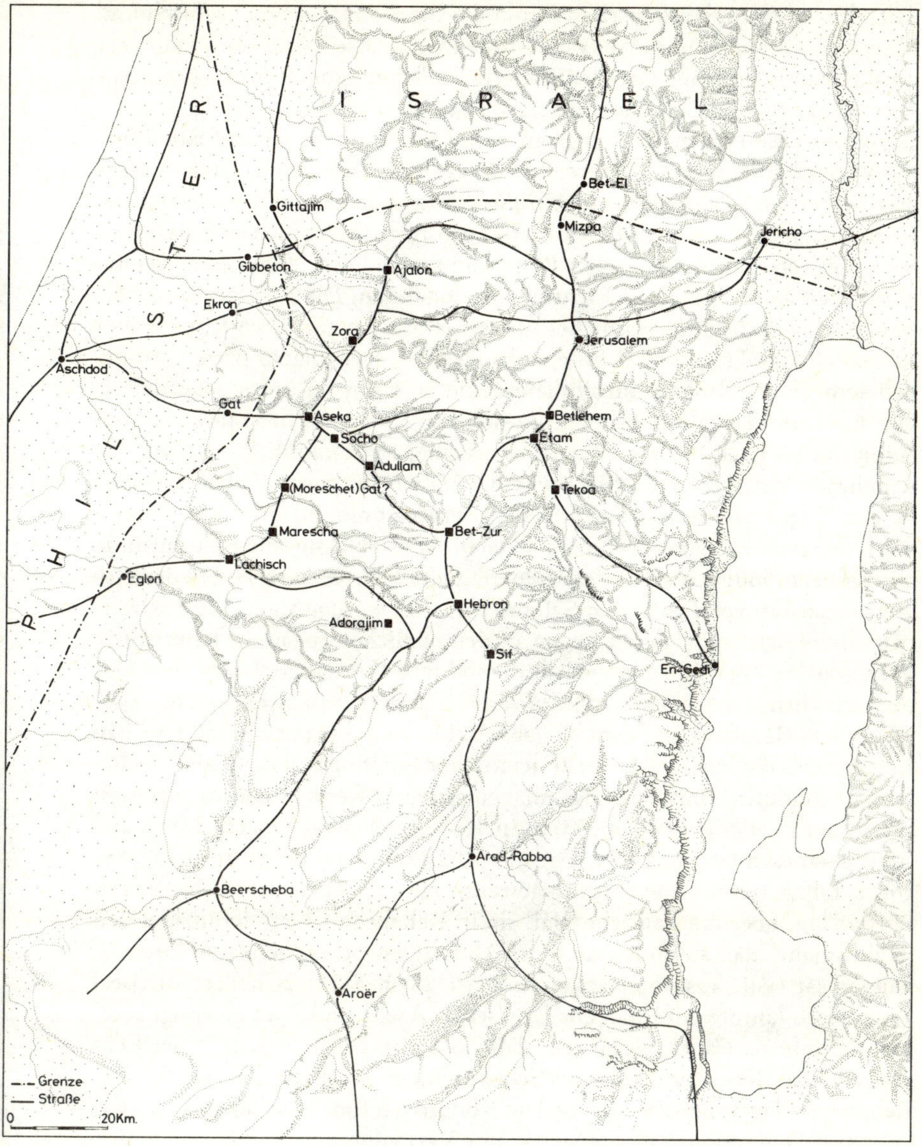
ISRAEL
PHILISTER
Bet-El
Mizpa
Jericho
Gittajim
Gibbeton
Ajalon
Ekron
Zora
Jerusalem
Aschdod
Gat
Aseka
Betlehem
Socho
Etam
Adullam
Tekoa
(Moreschet)Gat?
Marescha
Bet-Zur
Lachisch
Eglon
Hebron
Adorajim
Sif
En-Gedi
Arad-Rabba
Beerscheba
Aroër
Grenze
Straße
0
20Km.

delt, der an einem strategischen Punkt der Straßen zwischen Lachisch und Marescha im Süden und Aseka im Norden lag. Diese Stätte kann man vermutlich mit Moreschet-Gat identifizieren[27]; daher handelt es sich bei dieser sehr wahrscheinlich um das hier zur Diskussion stehende Gat[28].
So bildeten die Festungen Rehabeams eine logische und fortlaufende Linie zur Verteidigung seines Königreiches im Westen, Süden und Osten; außerdem waren an den wichtigsten Straßenknotenpunkten einige zusätzliche Festungen gebaut worden. Es gab keine Festungen im Norden an der Grenze zu Israel, offensichtlich wegen Rehabeams ständigen Versuchen, seinen Herrschaftsbereich in diese Richtung auszudehnen. Die Schefela-Verteidigungslinie wurde ein beachtliches Stück nach Osten zurückverlegt – wahrscheinlich eine Folge von Schoschenks Feldzug. Der Pharao hatte vermutlich seine Einflußsphäre im Philistergebiet auf Kosten Judas ausgedehnt. Die südliche Verteidigungslinie, die sich von Lachisch über Marescha und Adorajim bis nach Hebron und Sif erstreckte, ist erstaunlich. Müssen wir annehmen, daß infolge von Schoschenks Feldzug die ganze südliche Schefela, der Negeb und selbst die südlichen Bergregionen bis hin nach Hebron zeitweise Juda entrissen waren? Vielleicht ist es zulässig, die Festungslinie zu ergänzen, indem man die levitischen Städte in Juda, die schon in den Regierungszeiten von David und Salomo befestigt worden waren, hinzurechnet; die meisten von ihnen liegen in den südlichen judäischen Bergen[29]. Wenn das richtig wäre, dann würde die südliche Verteidigungslinie von Debir nach Jattir, Eschtemoa und Jutta verlaufen, d.h. entlang der Grenze zwischen dem Bergland und dem Negeb. Ajalon ist die einzige Stadt der Liste Rehabeams, die auch in der Liste levitischer Städte genannt wird[30]; wahrscheinlich mußten ihre Festungsanlagen erneuert werden, nachdem sie von Schoschenk zerstört worden waren. In der Schefela waren Debir, Libna und Bet-Schemesch Levitenstädte. Die Identifizierung von Libna ist nicht gesichert; Libna könnte eine Festung gewesen sein, die etwas westlich von *Tell Bornāṭ* lag, aber die Tatsache, daß sie in Rehabeams Liste fehlt, legt den Schluß nahe, daß sie Juda durch die Aktivitäten Schoschenks verlorengegangen ist (vgl. aus einer späteren Zeit: 2Kön 8,22; 2Chr 21,10). Bet-Schemesch könnte ein Bindeglied zwischen Aseka und Zora gewesen sein; man könnte aber auch vermuten, daß Zora nun befestigt wurde, weil das benachbarte Bet-Schemesch von Schoschenk zerstört worden war.
Rehabeams Festungskette diente dem Königreich Juda zumindest über zwei oder drei Generationen als eine wirksame Verteidigungslinie; später dehnte das Land seine Grenzen – vor allem in südlicher Richtung – wieder aus. Im

27 *Abel*, Géogr. II, 392.

28 Der ursprüngliche Text könnte gelautet haben: »Adullam, Moreschet-Gat, Marescha . . .«, wovon »Moreschet« vielleicht wegen der Ähnlichkeit mit »Marescha« ausgefallen ist.

29 Zur Beziehung dieser zwei Listen zueinander vgl. *Alt, A.*, Festungen und Levitenorte im Lande Juda, 1952 = Kl.Schr. II, 306–315.

30 Hebron gehörte allem Anschein nach nicht zur ursprünglichen Liste der levitischen Städte, vgl. o.S. 310.

zweiten Chronikbuch wird von zwei Invasionen während der ersten Hälfte des 9. Jahrhunderts v.Chr. erzählt; sie wurden von dieser Festungslinie aus zurückgeschlagen, aber über den historischen Hintergrund wissen wir nicht viel: 1. die Invasion Zeras, des Äthiopiers, der bei Marescha geschlagen und von Asa (ca. 908–868 v.Chr.) bis nach Gerar verfolgt wurde (2Chr 14,8–14)[31]; 2. die Invasion der Moabiter, Ammoniter und ihrer Verbündeten von jenseits des Toten Meeres über En-Gedi bis in das Kerngebiet Judas während der Regierungszeit Josafats (ca. 867–852 v.Chr.), die bei Tekoa gestoppt wurde (2Chr 20,1–28). Diese letztgenannte Invasion war tollkühn und gefährlich, aber die genauen geographischen Angaben lassen keinen Zweifel daran, daß die Erzählung in 2Chr 20 einen realen historischen Hintergrund hat. En-Gedi ist die bedeutendste Oase in der Wüste Juda, und die Festungen, die aus der Zeit des judäischen Königreiches stammen und entlang der Straße nach En-Gedi und im *Wādi Saiyāl* entdeckt wurden, deuten darauf hin, daß hier ein Handelsweg von beachtlicher Bedeutung verlief; hierbei handelte es sich um die kürzeste Route von Juda nach Moab. Einige der Festungen, die diesen Weg schützten, z.B. die in *Šakarat en-Naǧǧar*[32], wurden wahrscheinlich nach dieser Invasion erbaut.

Die Erzählung beginnt in der ersten Versen damit, daß der Feind »von Aram, von jenseits des Meeres« kam (2Chr 20,2). Gewöhnlich korrigiert man hier Aram zu Edom. Die Lesart »Aram« ist aber offenbar richtig; sie verweist auf Aram-Damaskus, das während des 9. Jahrhunderts v.Chr. der gefährlichste Feind Israels und Judas wurde und seinen Einflußbereich auch auf die Königsstraße in Transjordanien ausdehnte[33]. Es könnte daher der Fall sein, daß Aram-Damaskus dieses Gebiet bis zur Wiedereroberung von Moab durch die Omriden beherrschte, die wahrscheinlich einige Zeit nach diesem Angriff auf Juda erfolgte[34].

Die aramäische Oberhoheit über Transjordanien und bestimmte Gebiete im Norden wurde offensichtlich durch einen Feldzug Ben-Hadads I. begründet, der den Streit zwischen Israel und Juda ausnutzte und ca. 885 v.Chr. in das Königreich Israel einfiel. Die Bibel beschreibt die Eroberung von Teilen Galiläas (»das Land Naftalis«)[35] und der Region um den See Gennesaret (1Kön 15,17–22). Nur drei Grenzstädte werden in diesem Text genannt: Ijon, Dan und Abel-Bet-Maacha[36]. Jedoch haben die Ausgrabungen in Hazor belegt, daß diese Stadt ebenfalls in jener Zeit zerstört und ihre salomonische Festungsmauer niedergerissen wurde[37]. Als Folge dieses Feldzuges gingen

31 Einige Gelehrte sind der Auffassung, daß es sich bei Zera um Osorkon I. (ca. 914–874 v.Chr.), den Nachfolger Schoschenks, handelt – eine Annahme, die durch die Überlieferung gestützt wird, daß in seinem Heer Äthiopier und Libyer dienten (2Chr 16,8).

32 *Aharoni, Y.*, BIES 22 (1958) 30–32 (hebräisch).

33 *Mazar, B.*, BA 25 (1962) 98ff.

34 Vgl. u.S. 344ff.

35 Nach 2Chr 16,4 »und alle Vorratsstädte Naftalis«.

36 Nach 2Chr 16,4 »Abel-Majim«.

37 *Yadin, Y.*, et al., Hazor I, Jerusalem 1958, 10.22f; *Yadin, Y.*, et al., Hazor II, Jerusalem 1959, 4f.

wahrscheinlich die letzten Gebiete israelitischen Einflusses in Transjordanien verloren. Wahrscheinlich wird auch in 1Chr 2,23 auf die Ergebnisse des Feldzuges von Ben-Hadad angespielt: »Aber die Geschuriter und Aramäer nahmen ihnen Ḥawwōt-Jaïr, dazu Kenat und seine Ortschaften, sechzig Städte«.
Das Königreich Israel wurde durch die Verkleinerung seines Territoriums im Norden erheblich geschwächt. Offenbar erlitt die israelitische Dynastie des Bascha ihren Zusammenbruch infolge dieser Katastrophe, denn Bascha starb kurze Zeit später und sein Sohn Ela wurde ermordet, nachdem er nur wenige Tage regiert hatte.

IV. Die Dynastie Omri (ca. 878–842 v.Chr.)

Die Errichtung der Dynastie Omri brachte wichtige Änderungen in Israels Politik gegenüber Juda und den anderen benachbarten Königtümern. Eine der ersten Taten Omris war die Verlegung seiner Hauptstadt von Tirza, das kurz zuvor zerstört worden war. Tirza könnte besondere Verbindungen zum Hause Baschas gehabt haben, außerdem war seine Lage an dem östlichen Ausläufer des Gebirges Efraim ungünstig, um die Regierungsgeschäfte erfolgreich führen zu können. Jedoch wählte Omri keine der früheren städtischen Zentren des Gebirges Efraim wie z.B. Sichem. Statt dessen gründete er eine neue Hauptstadt in Samaria, ungefähr 11 km nordwestlich von Sichem, in strategisch günstiger Lage; von dort konnten die westlichen Zugänge ins Bergland kontrolliert werden. Das erinnert an Davids Entschluß, als er einen Ort wie Jerusalem zu seiner neuen Hauptstadt erwählte, der – strenggenommen – Besitz des Königshauses war und keine Verbindung zu älteren Stammestraditionen hatte. Der von Omri gewählte Ort war offenbar der Besitz eines Mannes namens Schemer, der mit der Schimron-Sippe des Stammes Issachar verwandt gewesen sein könnte (s.o.S. 255)[38]. Omri selbst könnte vom Stamm Issachar abstammen, wie sein unmittelbarer Vorgänger auf dem Thron (1Kön 15,27); das würde die Wahl Jesreels, der früheren Hauptstadt Issachars, als zweiter Hauptstadt der neuen Dynastie erklären. An diesem zuletzt genannten Ort befand sich der königliche Winterpalast, während der Sommerpalast in Samaria lag (Am 3,15). Mit Samaria hatte Omri wegen der ausgezeichneten strategischen Lage der Stadt auf einem hohen, isoliert stehenden Hügel im Gebirge Efraim eine gute Wahl getroffen. Samaria wurde der Hauptrivale Jerusalems, und der Name wurde bald auf die ganze Region übertragen; dadurch wurde der frühere Ausdruck »Gebirge Efraim« ersetzt.
Der Hauptfeind, der das Königreich Israel bedrohte, war Aram. Daher hat

38 Im Gegensatz zur Meinung des Ausgräbers scheint es wahrscheinlich zu sein, daß es Funde aus dem 10. und vielleicht auch dem 11. Jahrhundert v.Chr. gibt; vgl. *Albright, W. F.*, BASOR 150 (1958) 22f; *Aharoni, Y.* und *Ruth Amiran*, IEJ 8 (1958) 178ff; *Wright, G. E.*, BASOR 155 (1959) 20ff.

Omri klugerweise den Auseinandersetzungen mit Juda ein Ende bereitet und das Bündnis mit seinem südlichen Nachbarn gefestigt, indem er seine Tochter (oder Enkelin)[39] Atalja mit Joram, dem Sohn Josafats, des Königs von Juda, verheiratete. Ebenso begründete er ein starkes Bündnis mit Tyrus, das durch eine Hochzeit seines Sohnes Ahab mit Isebel, der Tochter Etbaals, des Königs der Sidonier, gefestigt wurde. So trat Omri auch bei seiner Außenpolitik in die Fußstapfen Davids und Salomos. Tyrus war zu dieser Zeit die stärkste Seemacht des Mittelmeers[40]. Seine Kolonien erstreckten sich bis nach Spanien und Afrika; sein reicher und ausgedehnter Handel mit Israel und anderen Ländern ist in Ezechiels Klage Ez 27 treffend dargestellt. Die Waren, die Israel an Tyrus lieferte, waren hauptsächlich landwirtschaftliche Produkte wie Getreide, Früchte und Gewürze (Ez 27,17), während Tyrus an Israel Holz und hervorragend gearbeitete Produkte des Kunsthandwerks lieferte. Das Bündnis mit Israel und Juda eröffnete Tyrus den Handelsweg nach Arabien. Die Bindungen dieser Länder aneinander wurden zweifellos durch den aramäischen Druck auf beide Seiten verstärkt.

Diese kluge Politik Omris stärkte sowohl Israel als auch Juda. Sie ermöglichte beiden Ländern wirtschaftliches Wachstum und die Ausweitung ihrer Grenzen. Große, blühende Städte, die aus dieser Zeit stammen, wurden nicht nur in Samaria, sondern auch in Megiddo und Hazor gefunden. In Hazor (Schicht VIII) war die Stadt doppelt so groß wie vorher und durch eine starke Mauer ähnlich der von Megiddo befestigt: Auf der höchsten Erhebung des Tells war ein prächtiger Palast gebaut worden, und im Zentrum hatte man ein Lagerhaus errichtet. Aus der Inschrift der Mescha-Stele können wir ersehen, daß fast ganz Transjordanien einschließlich Moabs zurückerobert wurde[41]. Juda stellte seine Oberhoheit über Edom wieder her, wo ein Statthalter des Königs eingesetzt wurde (1Kön 22,48); unter Josafat wurde ein Versuch unternommen, die Handelsschiffahrt von Ezjon-Geber aus zu erneuern (1Kön 22,49–50; 2Chr 20,36–37). Die aus dieser Zeit stammenden Festungsanlagen, die in Ezjon-Geber gefunden wurden, zeigen, das die Festung von einer starken Mauer mit einem Zweikammertor umgeben war[42]. Einige der »Festungs- und Vorratsstädte«, die von Josafat erbaut worden waren, lagen im Negeb (2Chr 17,12). Die Stadt auf dem *Tell es-Seba*ᶜ wurde wieder aufgebaut und in der Mitte des 9. Jahrhunderts v.Chr. mit einer neuen Kasemattenmauer (Schicht III) befestigt[43].

39 *Katzenstein, H.J.*, IEJ 5 (1955) 194–197.

40 *Albright, W.F.*, Leland Vol., Menasha 1942, 11ff; *Wright, G.E.*, ed., The Bible and the Ancient Near East, New York 1961, 328ff.

41 ANET 320f; vgl. u.S. 348ff.

42 *Meshel, Z.*, BIES 25 (1961) 157–159 (hebräisch); *Glueck, N.*, BA 28 (1965) 70–87; *ders.*, in: *Thomas, D.W.*, Archaeology and Old Testament Studies (1967) 428–453; *ders.*, Rivers in the Desert, 1968, 158–168; *Gold, V.R.*, in: *Pfeiffer, C.F.*, ed., The Biblical World, Grand Rapids 1966, 233–237.

43 *Aharoni, Y.* und *M. Aharoni*, BASOR 224 (1977) 73ff.

V. Die Kriege mit Aram und Assyrien

Während der Regierungszeit Ahabs, des Zeitgenossen Josafats, erreichte das Königreich Israel eine beachtliche Macht und Ausdehnung. Sein Hauptgegner war Ben-Hadad, der König von Damaskus, der die Existenz Israels eine Zeitlang bedrohte. Ben-Hadad war der Titel der aramäischen Könige und kein Personenname. Das wird durch eine Inschrift Salmanassers, in der der gleiche König Hadadezer genannt wird, eindeutig belegt. Die in der Bibel beschriebenen Schlachten haben wahrscheinlich gegen Ende der Regierungszeit Ahabs stattgefunden, wenn uns auch keine präzisen chronologischen Angaben darüber zur Verfügung stehen. Einmal belagerte Ben-Hadad sogar Samaria, aber als es ihm nicht gelang, die Stadt zu erobern, endete sein Rückzug in einer völligen Niederlage (1Kön 20,1–21).

Im folgenden Jahr trafen die Armeen von Israel und Aram bei Afek wieder aufeinander; diesen Ort kann man wahrscheinlich mit der eisenzeitlichen Siedlung von *Ḫirbet el-ʿĀšeq* am Ostufer des Sees Gennesaret identifizieren[44], während der alte Name im ebenfalls östlich des Sees Gennesaret gelegenen *Fīq* erhalten ist[45]. Diesmal wurde Ben-Hadad der entscheidende Schlag zugefügt und er selbst in Afek gefangengenommen. Ahab ließ ihn frei, forderte aber, daß Ben-Hadad sich ihm unterwerfen müsse, und erlegte ihm schwere Bedingungen auf: »Und Ben-Hadad sprach zu ihm: Die Städte, die mein Vater deinem Vater genommen hat, will ich dir zurückgeben; und mache du dir Märkte in Damaskus, wie mein Vater in Samaria getan hat« (1Kön 20,34). Die Städte, auf die hier Bezug genommen wird, lagen zweifellos in dem umkämpften Gebiet Transjordaniens, im nördlichen Gilead, in Baschan und dem Ramot-Gilead-Distrikt, der nun an Israel zurückgegeben wurde und das Privileg erhielt, in Damaskus ein Handelsmonopol zu errichten.

Bei der Belagerung Samarias gab es zweiunddreißig Könige, die von Ben-Hadad abhängig und mit ihm gezogen waren; die Bibel bringt die erwähnte militärische Katastrophe in Zusammenhang mit einer Neugestaltung des aramäischen Königreichs: »Setze die Könige alle ab und setze Statthalter an ihre Stelle« (1Kön 20,24). Von da an waren wahrscheinlich die verschiedenen aramäischen Königreiche zu einem Staat unter der Führung von Damaskus vereinigt worden, eine Entwicklung, die sich nicht nur in einer stär-

44 *Mazar, B., A. Biran, M. Dothan* und *I. Dunayevsky*, IEJ 14 (1964) 1–49.

45 In der von *B. Mazar, A. Biran* und *M. Dothan* auf der *Ḫirbet el-ʿĀšeq* (En-Gev) am Ostufer des Sees Gennesaret durchgeführten Grabung wurde eine große befestigte Stadt entdeckt, die vom 10. bis 8. Jahrhundert v.Chr. bestand. Diese Stadt ging Hippos (Susita) voran, die auf ihr erbaut wurde; sie war allem Anschein nach eine geschuritisch-aramäische Festung, die die Ostküste des Sees Gennesaret beherrschte. Dieser Tell liegt ungefähr 5,5 km von *Fīq* entfernt, und es ist schwer vorstellbar, daß zwei befestigte Städte zur selben Zeit so dicht beeinander existierten. Wenn die Schlacht im Yarmuktal stattgefunden hat, dann ist zur Lokalisierung des biblischen Afek *Ḫirbet el-ʿĀšeq* geeigneter als jede andere Ortslage. Vielleicht war es ein »Unter-Afek«, zu dem ein »Ober-Afek« gehörte – eine in biblischer Zeit häufiger vorkommende Ortsbenennung, vgl. z.B. Ober- und Unter-Bet-Horon.

keren aramäischen Armee, sondern in allen Bereichen der materiellen und geistigen Kultur der Aramäer bemerkbar machte[46]. Dieser Einigungsprozeß spiegelt sich offensichtlich in den Inschriften Salmanassers III. wider.
Diese tiefgreifenden organisatorischen Umstrukturierungen ereigneten sich im Schatten der assyrischen Bedrohung, die am Horizont aufgetaucht war. Das Bündnis zwischen Ahab und Ben-Hadad, das von prophetischen Kreisen abgelehnt wurde, war vermutlich aus dem gleichen Grunde geschlossen worden. Im Jahre 858 v.Chr. gelangte Salmanasser III. in Assyrien an die Macht; mit seiner Regierung beginnt die große Zeit assyrischer Expansion. In seinem ersten Regierungsjahr unternahm er einen Eroberungsfeldzug nach Westen: Er überquerte den Euphrat und den Orontes und erreichte das Amanus-Gebirge und sogar das Mittelmeer[47]. Aus seinem sechsten Regierungsjahr (853 v.Chr.) überliefern seine Chroniken einen schweren Kampf gegen eine Koalition von Königen, die ihm bei Qarqar am Orontes entgegentrat. An der Spitze dieser Allianz von zwölf Königen stand Hadadezer (Adad-idri) von Damaskus. Ihm standen sowohl Irḫuleni, der König von Hamat, als auch »Ahab, der Israelit« *(A-ḫa-ab-bu ^{mat} Sir-ʾi-la-a-a)* zur Seite. Andere Truppenverbände wurden von den verschiedenen Königen Syriens und Phöniziens gestellt; auch aus Ägypten, Arabien und von Bascha, dem Sohn Rehobs aus Ammon, kamen Truppen zur Unterstützung[48].
Ahab stand zusammen mit den Königen von Damaskus und Hamat an der Spitze dieser mächtigen Streitmacht und stellte – nach der Inschrift Salmanassers III. – mehr als die Hälfte der Streitwagen bei diesem Kampf (2000 von 3940). Die Zahl von 2000 ist jedoch viel zu hoch. Das assyrische Reich besaß auf dem Höhepunkt seiner Macht nur ungefähr 2000 Streitwagen[49]! Daher spricht mehr dafür, daß Ahab nur zwanzig Streitwagen hatte, und das würde auch besser zu den weiteren Bemerkungen in dieser Inschrift passen. Es ist überraschend, daß Josafat, der König von Juda und Ahabs enger Verbündeter, nicht in der Inschrift Salmanassers III. erwähnt wird; vielleicht sind seine Truppen bei denen Ahabs mitgezählt worden. Auch erfahren wir aus dieser Inschrift, daß sich Ammon noch seine Unabhängigkeit, die es anscheinend erreicht hatte, als sich das vereinigte Königreich teilte, erhalten hat.
Obgleich sich Salmanasser eines Sieges rühmte, konnte das Bündnis sein Ziel, zumindest zeitweise, scheinbar doch erreichen. Der assyrische Vorstoß wurde abgeblockt, erst in seinem zehnten Regierungsjahr (849 v.Chr.)

46 *Mazar, B.*, BA 25 (1962) 109ff.
47 ANET 277f.
48 ANET 278f = TGI 50.
49 *Naʿaman, N.*, Tel Aviv 3 (1976) 97–102, zeigt sowohl die logistische Unmöglichkeit einer solch großen israelitischen Streitwagenmacht als auch die allgemeine Unglaubwürdigkeit des provinziellen Schreibers, der den hier zur Diskussion stehenden Text entworfen hatte. Er kommt auf ein israelitisches Heer von 200 Streitwagen, aber auch das scheint noch viel zu hoch.

zog Salmanasser III. wieder nach Syrien. Die Schlacht bei Qarqar fand ungefähr zwei Jahre vor Ahabs Tod statt; obwohl sie in der Bibel nicht erwähnt wird, findet sich doch ein deutlicher Hinweis auf ein Bündnis zwischen Israel und Aram in Zeiten der Gefahr: »Es vergingen drei Jahre, daß kein Krieg war zwischen den Aramäern und Israel« (1Kön 22,1). Aber als die assyrische Gefahr schwächer wurde, brachen die alten Fehden wieder aus. Im dritten Jahr zogen Ahab und Josafat zusammen gegen Ben-Hadad aus, um Ramot-Gilead für Israel zurückzuerobern. Entweder hatte Ben-Hadad die Versprechen, die er nach seiner Niederlage bei Afek gegeben hatte, nicht erfüllt oder aber die Vereinbarung gebrochen und das umstrittene Gebiet in einem günstigen Augenblick wieder erobert. Dieses Mal erreichte der israelitische Feldzug sein Ziel nicht; Ahab wurde auf dem Schlachtfeld getötet.

VI. Die Kriege Meschas von Moab

Die Kriege mit Aram gegen Ende der Regierungszeit Ahabs und der darauf folgende Verlust transjordanischer Gebiete veranlaßten Moab zur Rebellion. Über die Befreiung dieses Landes von israelitischer Oberhoheit finden sich Zeugnisse in der Bibel (2Kön 1,1; 3,4–27), auch die Inschrift der Stele Meschas, des Königs von Moab, gibt darüber Auskunft[50].

Die Mescha-Stele, die 1868 in Dibon gefunden wurde, ist die einzige Siegesstele von einem König aus israelitischer Zeit. Außer ihren historischen Angaben enthält sie zahlreiche topographische Details über das Tafelland nördlich des Arnon, der häufig umstrittenen Region zwischen Moab und Israel (s. Karte 26). Die Steleninschrift besagt, daß die Revolte in der Regierungszeit Ahabs ausgebrochen war. Mescha und sein Vater, Kemosch-Jatti[51], regierten in Dibon im südlichen Teil des Landes, doch war Moab Israel während der Regierungszeit Omris und »der halben Regierungszeit seines Sohnes« untertan. Demnach konnte Moab wohl, nachdem es nach dem Tode Salomos seine Unabhängigkeit wiedererlangt hatte, auch die Herrschaft über die südlichen Teile des Tafellandes ungefähr bis zum *Wādi el-Wālā* gewinnen. Etwas weiter nördlich in Atarot war die Bevölkerung israelitisch, während sie in Kerijot (vgl. Jer 48,24) moabitisch war (Zeilen 10–13). Als das Königreich Israel unter Omri seine Stärke wiedergewonnen hatte,

50 Zur Mescha-Stele und den Feldzügen vgl. ANET 320f = TGI 51–53; *Noth, M.*, ZAW 60 (1944) 42ff; *Zyl, A. H. van*, The Moabites, Leiden 1960, 139ff.161ff; *Mazar, B.*, Enc.Bib. IV,921–926 (hebräisch); *Liver, J.*, PEQ 99 (1967) 14–31; *Miller, M.*, PEQ 106 (1974) 9–18.

51 Das ist offensichtlich der volle Name von Meschas Vater (so nach einem kürzlich entdeckten Fragment einer anderen Stele aus Kerak; vgl. *Reed, W. L.* und *F. V. Winnet*, BASOR 172, 1963, 1–9). Die oben übernommene Vokalisation ist die von *Ginzberg, H. L.*, ebd., als Variante für *Kemoš-yattin* vorgeschlagene »(es ist) Kemosch, (der) gibt«. Reed und Winnet glauben, daß die Stele Meschas Vater zuzuschreiben sei, aber die große Ähnlichkeit mit der Inschrift von Dibon macht es wahrscheinlich, daß Mescha auch diese neu gefundene Stele hat anfertigen lassen. Wenn das richtig ist, könnte man die erste Zeile folgendermaßen ergänzen: »[Ich bin Mescha, der Sohn Ke]mosch-Jattis, des Königs von Moab, der [Diboniter].« Vgl. *Freedman, D. N.*, BASOR 175 (1964) 50f.

Karte 26: Moab nach dem Text der Mescha-Stele

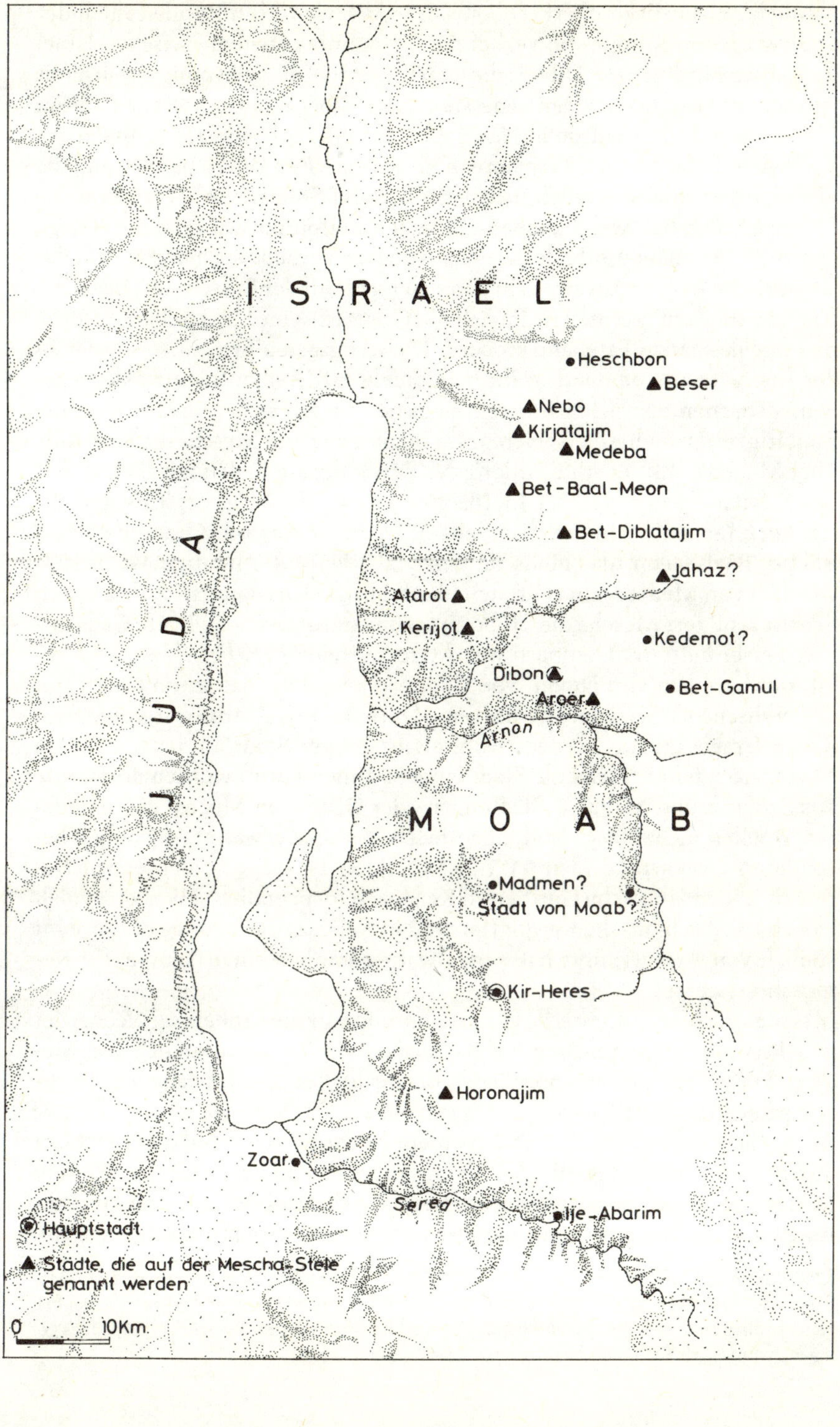

wurde Moab zurückerobert; Dibon war jedoch weiterhin Residenzstadt der unterworfenen Könige. So verlief die Grenzlinie offenbar zwischen Israel und Moab nördlich von Dibon; die israelitischen Könige begnügten sich mit jährlichen Tributzahlungen, wie sie in der Bibel erwähnt werden (2Kön 3,4). Dieser Tribut wurde in Naturalien gezahlt, d.h. in Erzeugnissen der Viehwirtschaft, dem für Transjordanien so typischen Wirtschaftszweig; die »Herden des Landes« werden auch in der Mescha-Stele (Zeile 31) erwähnt.

Offensichtlich hat Mescha einen günstigen Zeitpunkt während der Kriege gegen die Aramäer am Ende der Regierungszeit Ahabs ausgenutzt, um das israelitische Joch abzuwerfen. Er gab sich nicht mit der Befreiung Moabs zufrieden, sondern konnte erfolgreich die Grenzen seiner Herrschaft ausdehnen und das ganze Tafelland erobern. Die wichtigsten Ereignisse werden in der Inschrift anscheinend in ihrer tatsächlichen Reihenfolge wiedergegeben. Zwischen den Schlachtbeschreibungen finden sich Angaben über die Bautätigkeiten in diesen Gebieten. Zu Beginn gewann Mescha die Kontrolle über Medeba, d.h. er stieß entlang der Königsstraße in den nördlichen Teil des Tafellandes vor (vgl. Jos 13,16 »von Aroër . . . das ganze Tafelland *bis hin nach* [anstelle von ›bei‹] Medeba«). In dieser Region gründete er zwei Städte, Baal-Meon (das biblische Bet-Baal-Meon, das heutige *Mā'īn* südwestlich von Medeba) und Kirjaten (das biblische Kirjatajim)[52]. Als zweiten Schritt schildert Mescha die Eroberung von Atarot, wo »die Leute Gads immer gelebt hatten«. Demnach war Atarot, offenbar *Ḫirbet el-ʿAṭṭārūs*, 13 km nordwestlich von Dibon, von Gaditern besiedelt; das stimmt auch mit der biblischen Überlieferung überein (Num 32,34). Atarot war von einem König Israels erbaut worden, wohl als befestigte Stadt an der Grenze zu Moab; nachdem Mescha die Stadt eingenommen hatte, wurden dort Leute aus Scharon und Maḥarit, Siedlungen oder Distrikten Moabs, die in anderen Quellen nicht belegt sind, angesiedelt. Mescha erwähnt auch einen besonderen Gegenstand (den אראל דודה, »Altar Davids« ?), den er vor Kemosch, die moabitische Gottheit in Kerijot, schleppen ließ. Hierbei handelt es sich um das biblische Kerijot (Jer 48,24; Am 2,2; das heutige *el-Qurēyāt* südlich von Atarot); dort hatte man wahrscheinlich einen Tempel für Kemosch errichtet.

Meschas nächste militärische Unternehmung war die Eroberung Nebos, der israelitischen Stadt am Berg Nebo *(Ǧebel en-Nebā)* nordwestlich von Medeba. Diese Stadt, die am nördlichen Rande des Tafellandes nahe bei Heschbon gelegen war (vgl. »Aroër bis nach Nebo«, 1Chr 5,8), war die nördlichste Stadt, die Mescha einnahm. Nach einem Nachtmarsch eroberte er den Ort durch einen Sturmangriff, der »vom Anbruch der Dämmerung bis zum Mittag« dauerte, und vernichtete dessen 7000 Einwohner. Aus der Feststellung , daß er »von diesen die [Gerätschaften?] Jahwes nahm und sie vor Ke-

52 Eine andere Lokalisierung wäre *Ḫirbet el-Qurēye*, ungefähr 10 km nordwestlich von Medeba – vgl. *Kuschke, A.*, ZDPV 77 (1961) 24ff; ZDPV 78 (1962) 139f; aber dieser Ort scheint zu weit nördlich zu liegen. *Qaryat el-Meḫaiyeṭ*, ungefähr 5 km westnordwestlich von Medeba gelegen, würde sich für eine Lokalisierung besser eignen.

mosch niederlegte« (Zeilen 17–18), ersehen wir, daß sich in Nebo eine israelitische Kultstätte befunden hat, die von Mescha zerstört wurde.
Meschas letzte militärische Aktion auf dem moabitischen Plateau war die Eroberung von Jahaz (Jahaza), der bekannten befestigten Stadt am Rande der Steppe *(Ḫirbet el-Mudēyine?)*. In diesem Zusammenhang erfahren wir, daß »der König von Israel Jahaz erbaut hatte, und er lebte dort, als er gegen mich kämpfte« (Zeilen 18–19). Ahab muß einen Vergeltungsfeldzug gegen Mescha geführt haben, der zumindest teilweise erfolgreich war und die Befestigung von Jahaz zur Folge hatte. Dieser letztgenannte Ort war als levitische Stadt bekannt, als königliches Verwaltungszentrum in dieser Region während der Regierungszeit Davids (Jos 21,36; 1Chr 6,63).
Weiter berichtet Mescha über die königlichen Baumaßnahmen, die er sowohl in den neu eroberten Territorien als auch in der Umgebung Dibons durchführen ließ. In Dibon ließ er das Qarḥoh (die königliche Zitadelle?), die Mauer des Waldes (vgl. das »Haus des Waldes« genannte Zeughaus in Jerusalem, Jes 22,8), die Mauer des Ofel (vgl. Ofel in Jerusalem, 2Chr 27,3), Tore, Türme und den Königspalast bauen. Er legte besonderen Nachdruck auf das (die) Wasserreservoir(e), Zisternen und ähnliche Installationen (vielleicht Tunnel?), die angelegt wurden – zum Teil von israelitischen Gefangenen –, um die Wasserversorgung zu sichern. Danach erwähnt er den Wiederaufbau Aroërs und des Teils der Königsstraße, der bei Aroër über den Arnon führt (»Ich baute die Fernstraße über den Arnon«, Zeile 26; vgl. Jer 48,19). Die anderen Städte ließ er etwas weiter nördlich auf dem moabitischen Plateau erbauen: Bet-Bamot (anscheinend das biblische Bamot-Baal, vgl. Num 22,41; Jos 13,17); Bezer, die Stadt der Zuflucht »in der Wüste auf dem Plateau« (Jos 20,8; das heutige *Umm el-ʿAmed*); Medeba; Bet-Diblaten (das biblische Almon Diblatajim, Num 33,46–47) und Bet-Baal-Meon (das bereits oben erwähnt wurde). Der Schluß der Inschrift ist weggebrochen; aber es ist genug erhalten, um zu erkennen, daß Mescha hinabgezogen war, um gegen Ḥauronan, das biblische Horonajim, zu kämpfen. Dieser letzte Teil berichtet wahrscheinlich über den Feldzug gegen Israel, der in der Bibel beschrieben ist.
Nach dem biblischen Bericht erhob sich der König von Moab, als Ahab gestorben war (2Kön 1,1; 3,5). Ein Vergleich mit der Inschrift der Mescha-Stele deutet darauf hin, daß der besagte Bibelabschnitt sich nicht auf den Beginn der Kämpfe, der in die Regierungszeit Ahabs zurückreicht, bezieht, sondern vielmehr auf die letzten Phasen. Vermutlich flackerten die Kämpfe, die wohl teilweise von Ahab unterdrückt werden konnten, erneut auf; dies wird in der Steleninschrift im Hinblick auf Jahaz angedeutet. Zumindest zwei oder drei Jahre sind dann wohl seit dem Tode Ahabs und der Organisierung des israelitischen Feldzuges gegen Moab vergangen. Der König von Israel (Joram) zog zusammen mit dem König von Juda (Josafat) und dem König von Edom – offensichtlich einem königlichen Beauftragten, der in Edom als Vasall Judas regierte (vgl. 1Kön 22,47) – zum Angriff gegen Mescha[53].

53 Das war zu der Zeit, in der Joram Mitregent seines Vaters Josafat war, ca. 850 v.Chr.

Sie nahmen den »Weg durch die Wüste von Edom« (2Kön 3,8), d.h. die Straße, die von Arad zum Südende des Toten Meeres hinabführte (s.o.S. 59). Diesen Weg wählten sie vermutlich, um die mächtigen Festungen, die Mescha an der Nordgrenze seines Königreiches hatte bauen lassen, zu umgehen. Die bedeutende Straße, die von Zoar nach Moab hinaufführte, wird »Straße nach Horonajim« (Jes 15,5) oder »Aufstieg bei Horonajim« (Jer 48,5) genannt; man kann daher annehmen, daß der israelitische Feldzug entlang dieser Route durchgeführt wurde und daß der Schlußabschnitt von Meschas Steleninschrift von diesem Ereignis berichtet. Der biblischen Überlieferung zufolge kämpften die Israeliten zu Anfang erfolgreich gegen die moabitischen Truppen und nahmen viele Städte ein; die Belagerung von Kir-Heres (Kir von Moab, Jes 15,1; *el-Kerak*) schlug jedoch fehl, und so wurde der Rückzug offenbar zu einer völligen Niederlage.

Die prahlerischen Worte Meschas waren nicht unbegründet, denn Moab schüttelte nicht nur das israelitische Joch ab, sondern darüber hinaus wurde von da an das ganze Tafelland moabitisch. In den Prophezeiungen Jesajas (15–16) und Jeremias (48) finden sich viele Hinweise auf Städte, die auch in der Steleninschrift Meschas als zu Moab gehörig auftauchen. Sogar Heschbon, Eleale, Sibma und Jaser gehörten nach diesen Prophezeiungen zu Moab; daraus kann man erkennen, daß sich das Königreich noch weiter nach Norden erstreckte, d.h. die Expansion von Meschas Grenzen so weit ging, daß er seine Herrschaft auf das südliche Gilead ausdehnen konnte.

Kurze Zeit nach Meschas Revolte fiel auch Edom von Juda ab. Joram, der König von Juda, versuchte diese Rebellion zu unterdrücken – aber ohne Erfolg. Die Schlacht gegen Edom fand in der Gegend von Zoar *(eṣ-Ṣāfī)* südlich des Toten Meeres statt, in dem Gebiet also, durch das die Könige von Israel und Juda – begleitet von edomitischen Truppen – marschiert waren, als sie hinaufzogen, um gegen Moab zu kämpfen (2Kön 8,20–22; 2Chr 21,8–10). Die Revolte Libnas, das ebenfalls seine Unabhängigkeit von Juda gewann, wird in diesem Abschnitt beiläufig erwähnt. Offensichtlich gab es zum Nachteil Judas zur gleichen Zeit auch Veränderungen an der Grenze zum Philisterland.

VII. Das Haus Jehu und die letzten Tage des israelitischen Königreiches

Der Aufstieg des Hauses Jehu in Israel beendete die Außenpolitik Omris und Ahabs. Israels Beziehungen zu Tyrus und Juda verschlechterten sich nach der Ermordung Isebels und Ahasjas; das Kräftegleichgewicht zwischen Israel und Damaskus verlagerte sich allmählich zugunsten von Damaskus. Hazaël war in Damaskus schon einige Zeit früher an die Macht gekommen; er war in der Lage, den assyrischen Angriffen standzuhalten. Salmanasser III. rühmt sich in seinen Inschriften, daß er in seinem 18. Regierungsjahr (841 v.Chr.) Damaskus belagert und die es umgebenden Gärten verwüstet habe; jedoch konnte er die Stadt selbst nicht erobern[54].

54 ANET 280 = TGI 50f.

Im Verlaufe dieses Feldzugs marschierte die assyrische Armee zum ersten Mal durch israelitisches Territorium. Von Damaskus zog Salmanasser III. nach Süden bis zum Gebirge Hauran, dabei zerstörte er zahlreiche Städte, d.h. wahrscheinlich Städte auf aramäischem Gebiet im nördlichen Transjordanien, also Städte Baschans. Bei diesem Feldzug handelte es sich offensichtlich um den auch von Hosea erwähnten: »wie Schalman im Krieg Bet-Arbeel zerstörte« (Hos 10,14). Von dort marschierte Salmanasser III. zu einem Gebirge mit Namen *Ba'li-ra'si* an der Küste; dort ließ er eine Stele aufstellen und erhielt Tribut von Tyrus und Israel. Allgemein wird angenommen, daß es sich hier um einen Hinweis auf den *Nahr el-Kelb*, den Lykos hellenistischer Quellen, handelt – ungefähr 10 km nördlich von Beirut –, weil dort mehrere ägyptische und assyrische Siegesstelen entdeckt wurden. Man kann sich jedoch nur schwer vorstellen, daß die assyrische Armee die phönizische Küste von Baschan aus auf irgendeiner anderen Route als der, die durch die Jesreel-Ebene führte, erreicht haben könnte. Daher vermutet man seit langem, daß *Ba'li-ra'si* das Karmel-Vorgebirge ist[55]. Diese Annahme wird erhärtet durch eine andere, neuentdeckte Annalenfassung, die weitere Details über den Feldzug enthält, mit dem wir uns hier befassen[56].

»Bis zum Berg *Ba'li-ra'si*, der dem Meer (und) Tyrus gegenüber (liegt), zog ich. Ein Denkmal meiner Königsherrschaft ließ ich darin aufstellen. Die Abgabe des *Ba-'-li-ma-*AN-*zēr* (des Fürsten) von Tyrus und des Jehu, des Sohnes Omris, empfing ich. Bei meiner Rückkehr stieg ich zum Libanon-Gebirge hinauf. Ein Denkmal meiner Königsherrschaft ließ ich neben dem Denkmal Tiglatpilesers, des großen Königs, der mir voranging, aufstellen.«

Diese Beschreibung läßt keinen Zweifel mehr daran, daß *Ba'li-ra'si* das Karmelgebirge ist, das hier als »Baal des Vorgebirges« bezeichnet wird und damals an der Grenze zwischen Israel und Tyrus lag[57]. Von hier wandte sich Salmanasser III. nach Norden und zog entlang der phönizischen Küste bis zur Mündung des *Nahr el-Kelb* in das Libanon-Gebirge, wo er ein weiteres Relief anfertigen ließ. Auf dem Weg zum Karmelgebirge durchquerte er israelitisches Territorium; diesem Feldzug kann man vielleicht die Zerstörung der Schicht VIII von Hazor zuschreiben. Auf dem Karmel-Gebirge erhielt er den Tribut von Tyrus und Israel – als König von Israel wird »Jehu, der Sohn Omris« genannt, nach der Dynastie, die an der Macht war, als er zum ersten Male mit dem Königreich Israel zusammenstieß[58].
Während der restlichen Regierungsjahre Salmanassers III. und der gesamten Regierungszeit Šamši-Adads V. war Assyrien von anderen politischen

55 *Olmstead, A.T.*, History of Assyria, New York 1923, 139.

56 *Safar, F.*, Sumer 7 (1951) 11ff; *Michel, E.*, Die Welt des Orients 2 (1954) 39.

57 *Aharoni, Y.*, Mount Carmel as Border, in: Archäologie und Altes Testament, Tübingen 1970, 1–7.

58 *Kyle McCarter, P.*, BASOR 216 (1974) 5–7, versucht diese Synchronisation zu widerlegen, sein eigener Vorschlag hat aber so viele linguistische, soziologische und chronologische Unstimmigkeiten, daß er kaum beachtenswert ist.

Problemen in Anspruch genommen; fast vierzig Jahre lang war der assyrische Druck auf Syrien und Palästina nur schwach. In dem darauf folgenden unvermeidlichen Konflikt zwischen Aram und Israel waren es die Aramäer, die die Oberhand behielten. In den späteren Regierungsjahren Jehus und in denen seines Sohnes Joahas erlitt Israel einen beispiellosen Niedergang, sein Territorium wurde so stark verkleinert, daß es nur noch das Gebirge Efraim umfaßte. Zur Zeit von Jehus Revolte kämpften noch die Könige von Israel und Juda gegen die Aramäer im Gebiet von Ramot-Gilead, die Stadt Ramot-Gilead selbst war offensichtlich in israelitischem Besitz (2Kön 8,28ff). Zu Zeiten Jehus »fing der Herr an, Stücke von Israel abzutrennen; denn Hasaël schlug sie im ganzen Gebiet Israels vom Jordan gegen der Sonne Aufgang, das ganze Land Gilead, die Gaditer, Rubeniter und Manassiter, von Aroër an, das am Arnon liegt, Gilead und Basan« (2Kön 10,32–33; vgl. Am 1,3). Demnach hatte also Hasaël die Herrschaft über das ganze israelitische Transjordanien gewonnen; in seinem Bestreben, die Königsstraße und den Handel mit Südarabien zu kontrollieren, sicherte er wahrscheinlich auch seine Vorherrschaft über Moab und Edom. Diesen Schluß kann man aus der Inschrift Adad-niraris ziehen, die von dessen Feldzug gegen Syrien und Palästina handelt und in der er Tributzahlungen von Israel (dem Hause Omri!), Edom und Damaskus erwähnt[59]. Offensichtlich wurden diese drei Fürstentümer von der in Damaskus herrschenden Dynastie kontrolliert und gezwungen, zusammen mit ihren Herrschern Tribut zu zahlen. Während seines eigenen Feldzuges vom Jahre 815–814 zog Hasaël bis nach Gat (Gat der Philister oder Gat-Gittajim?)[60] und wurde nur durch die hohen Tributzahlungen, die er von Joas, dem König Judas, erhielt, vom Einmarsch nach Juda abgebracht (2Kön 12,18–19). Schicht VII in Hazor wurde offensichtlich zu dieser Zeit zerstört; fast ganz Galiläa und die wichtigen Täler wurden nun von den Aramäern beherrscht. Nach einer Ergänzung der LXX zu 2Kön 13,22 nahm Hasaël das gesamte philistäische Gebiet vom Mittelmeer bis Afek ein. Aram-Damaskus hatte nun den Gipfel seiner Macht erreicht, während die Königtümer Israel und Juda auf kleine Territorien beschränkt waren. Die israelitische Streitwagenmacht umfaßte nur noch fünfzig Pferde und zehn Streitwagen (2Kön 13,7).

Gegen Ende des neunten Jahrhunderts wurden Israel und Juda durch das Wiedererstarken Assyriens, das erneut starken Druck auf Damaskus ausübte, vom aramäischen Joch befreit: »Der Herr gab Israel einen Retter, der sie aus der Gewalt der Aramäer befreite, daß die Kinder Israels in ihren Häusern wohnen konnten, wie zuvor« (2Kön 13,5). Dieser Retter Israels war Adad-nirari III., König von Assyrien, der die expansionistische Politik Salmanassers III. wiederaufnahm. Im Jahre 806 v.Chr. führte er eine harte Strafexpedition gegen Damaskus durch, brach die Macht der Stadt und er-

59 ANET 281f = TGI 53f; *Mazar, B.*, BA 25 (1962) 114.
60 *Mazar, B.*, IEJ 4 (1954) 227–235; vielleicht spielt Am 6,2 auf diese Zerstörung an.

legte ihr einen hohen Tribut auf[61]. Obwohl auch Tribut von Israel, Edom und den Philistern[62] verlangt wurde, wurden diesen Königreichen zumindest doch einige Erleichterungen von dem schweren assyrischen Joch gewährt. Sie hatten insofern Glück, als Adad-niraris Angriffe eine Zeitlang eingestellt wurden, d.h. zumindest bis in die letzten Tage seiner Regierungszeit.

Eine chronologische Synchronisierung ist nun durch das Auftauchen von ^{I}*Ia-⟨ú⟩-ʿa-su* ^{KUR}*Sa-me-ri-na-a*, »Joas, der Samarianer«, in einer neuentdeckten Stele aus *Tell Rimaḫ* in Nordmesopotamien möglich. Dort wird erwähnt, daß Joas an Adad-nirari III. Tribut zahlte[63]. Dabei scheint es sich aber eher um eine Anspielung auf die Ereignisse im Jahre 796 v.Chr. als auf die aus dem Jahre 806/805 v.Chr. zu handeln. In der Regierungszeit seines Nachfolgers war Assyrien wieder mit internen Schwierigkeiten und durch die kriegerischen Auseinandersetzungen mit seinem nördlichen Nachbarn Urartu in Anspruch genommen. Dies war die letzte Atempause, die Assyrien den Königreichen in Syrien und Palästina gestattete; während der ersten Hälfte des 8. Jahrhunderts v.Chr. erfreuten sich Israel und Juda einer letzten Blütezeit.

Aus den Inschriften Zakirs, des Königs von Hamat, erfahren wir, daß die Macht von Damaskus in dem verzweifelten Kampf gegen seinen nördlichen Nachbarn, Hamat, völlig zerfiel[64]. »Joas aber gewann die Städte zurück aus der Hand Ben-Hadads, des Sohnes Hasaëls, die jener im Kampf seinem Vater Joahas genommen hatte. Dreimal schlug ihn Joas und gewann so die Städte Israels zurück« (2Kön 13,25). Wieder wurde die Entscheidungsschlacht in der Gegend von Afek *(Ḫirbet el-ʿĀšeq)* ausgetragen (2Kön 13,17), die offenbar mit der Zerstörung der Stadt endete[65]. In seiner Regierungszeit und der seines Sohnes Jerobeam II. wurde die Macht von Aram-Damaskus gebrochen, und obgleich wir keine Einzelheiten von den verschiedenen Schlachten kennen, wird doch aus dem Text deutlich, daß in der Regierungszeit Jerobeams die Grenzen des israelitischen Königtums nach Norden und Osten ausgeweitet wurden, bis sie fast die gleichen Gebiete umfaßten wie in der Regierungszeit Davids. Amos spricht von zwei entscheidenden israelitischen Siegen im nördlichen Transjordanien, dem ersten bei Lo-Debar *(Umm ed-Dabar?)* und dem zweiten bei Karnajim, das Aschtarot als Hauptstadt Baschans abgelöst hatte (Am 6,13). Jerobeam »stellte das

61 ANET 281f; man beachte, daß kürzlich gemachte Entdeckungen belegen, daß Adad-nirari III. keinen Feldzug im Philisterland durchgeführt hat; *Tadmor, H.*, IEJ 19 (1969) 46–48.

62 Die Nimrud-Tafel, ANET 281; *Wiseman, D. J.*, in: *Thomas, D. W.*, ed., Documents from Old Testament Times, Edinburg 1958, 51–52, übersetzt diesen Abschnitt richtig mit Philisterland und nicht »Palästina«, was für diese Zeit völlig unpassend wäre.

63 *Page, S.*, Iraq 30 (1968) 139–153; *Millard, A. R.* und *H. Tadmor*, Iraq 35 (1973) 57–64; *Tadmor, H.*, ebd., 141–150. Die Schreibung des israelitischen Königsnamens ist offensichtlich fehlerhaft; vgl. *Astour, M. C.*, IBD Supplement, Nashville 1976, 479; vgl. *Malamat, A.*, BASOR 204 (1971) 37–39.

64 ANET 501f.

65 Vgl. IEJ 11 (1961) 193.

Gebiet Israels wieder her von Lebo-Hamat bis zum Meer der Araba« (2Kön 14,25)[66], d.h. er beherrschte das Gebiet, das früher zu Aram-Damaskus gehört hatte: von Lebo *(Lebwe)* in der libanesischen *Biqāᶜ* an der Grenze zum Königreich Hamat bis zum Toten Meer im Süden. Auch über Damaskus selbst übte er die Oberherrschaft aus (2Kön 14,28); und wenn das *Wādi ᶜAraba* mit dem »Weidenbach« (*ᶜărabîm*, Jes 15,7) identisch ist, dann hat er wahrscheinlich auch Moab unterworfen. Das würde bedeuten, daß er die gesamte Königsstraße in Transjordanien von der Grenze von Edom bis zu der von Hamat beherrschte (s. Karte 27).
Auch Juda nahm diese Gelegenheit wahr, um die Grenzen seines Machtbereichs noch einmal nach Süden und Westen auszudehnen. Amazja, der König von Juda, schlug die Edomiter im Salztal, dem Schlachtfeld südlich vom Toten Meer, und erlangte die Herrschaft über Sela und das nördliche Edom (2Kön 14,7). Diese Gebiete wurden offensichtlich mit der Hilfe des Königs von Israel erobert, die dieser wahrscheinlich mit dem Ziel gewährte, auch den südlichen Teil der Königsstraße zu beherrschen. Diese vereinten Anstrengungen endeten jedoch in einem heftigen Streit zwischen Juda und Israel (2Kön 14,7–14; 2Chr 25,5–24). Amazja, der König von Juda, und Joas, der König von Israel, prallten mit ihren Heeren bei Bet-Schemesch in Juda aufeinander. Nach einem entscheidenden Sieg für Israel wurde Bet-Schemesch erobert und Amazja gefangengenommen; das israelitische Heer zog hinauf gegen das nunmehr verteidigungslose Jerusalem, plünderte es und riß Teile seiner Stadtmauer ein.
Diese Niederlage hatte aber keine ernsthaften oder lang andauernden Folgen für Juda. Usia (Asarja), der Sohn Amazjas, führte mit großem Erfolg die Politik seines Vaters weiter und erweiterte die Grenzen Judas auf ihre bis dahin größte Ausdehnung. Wir wissen nicht, bis zu welchem Ausmaß er die Eroberung Edoms durch Amazja nutzen konnte, aber er baute Elat als befestigte Hafenstadt und Stützpunkt an der bedeutenden Handelsstraße nach Südarabien wieder auf (2Kön 14,22; 2Chr 26,2). Das ist zweifellos ein Hinweis auf die Wiederbefestigung Ezjon-Gebers *(Tell el-Ḫulēfi)* bei Elat; dort wurde bei Ausgrabungen ein Siegel gefunden, das die Inschrift trug »Jotam (gehörig)«; damit könnte Jotam, der Sohn Usias, gemeint sein, der schon zu Lebzeiten seines Vaters regierte, da dieser krank war (2Kön 15,5; 2Chr 26,21)[67]. Durch die Eroberung von Gat[68], Jabneel und Aschdod verkleinerte Usia das philistäische Territorium auf ein bisher nicht dagewesenes Minimum. Er erbaute nicht nur neue Städte in diesen Gebieten, sondern schlug

66 Vgl. Am 6,14 »von Lebo-Hamat zum Bach der Araba«.

67 *Glueck, N.*, BASOR 79 (1940) 13f; *Avigad, N.*, BASOR 163 (1961) 18–22.

68 Nach Auffassung von *Mazar, B.*, IEJ 4 (1954) 227–235, handelt es sich um Gat-Gittajim *(Rās Abū Ḥumīd)*; aber das hängt zum großen Teil von der Identifizierung des Gat der Philister ab. Judäische Königssiegelabdrücke, die in *Tell eṣ-Ṣāfī* gefunden wurden, zeigen, daß dieser Ort gegen Ende des 8. Jahrhunderts v.Chr. innerhalb der Grenzen Judas lag; dieser Umstand muß dann mit berücksichtigt werden, wenn das Gat der Philister mit diesem Ort identifiziert wird; vgl. *Rainey, A. F.*, EI 12 (1975) 73.

Karte 27: Israel und Juda in den Tagen Jerobeams und Usias

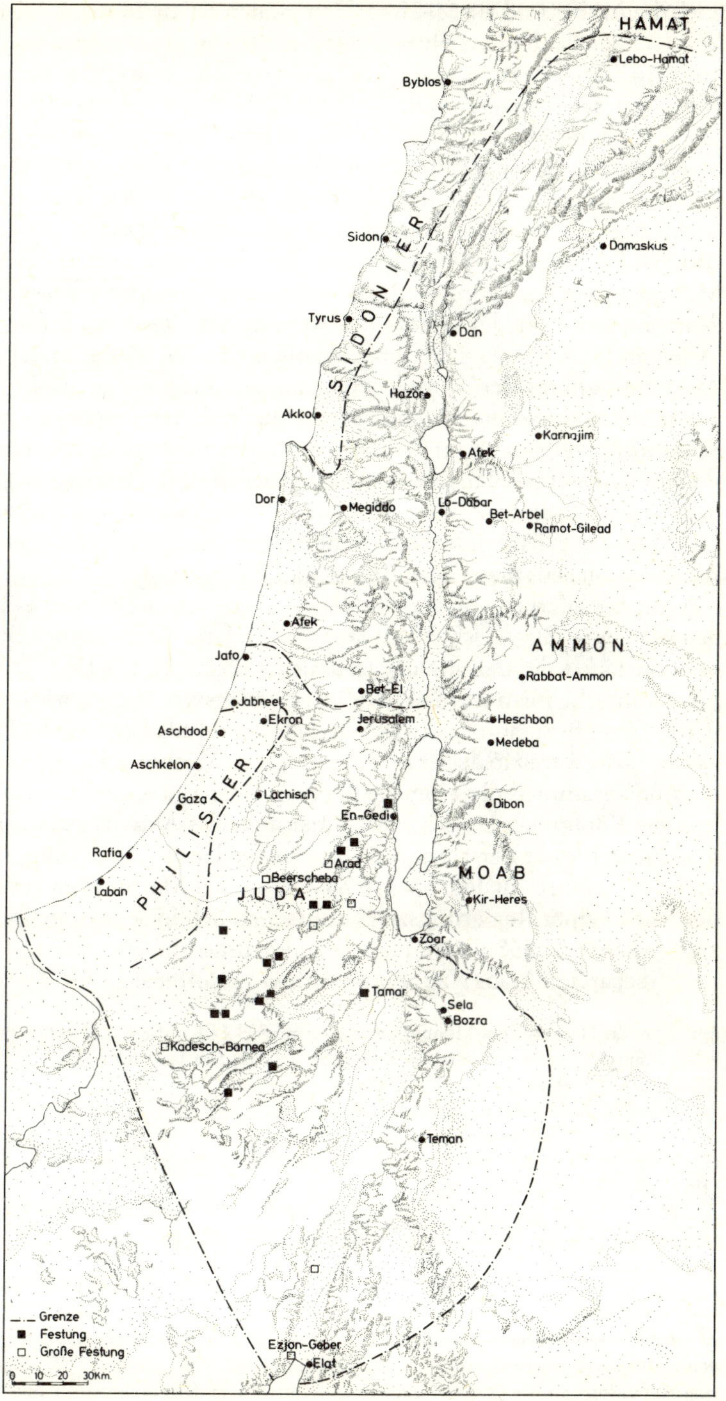

auch die Araber und die Mëuniter[69] im Süden (2Chr 26,6–7). Während der großen Expansion in das Negebgebiet wurden viele Festungen und Siedlungen errichtet, die Entwicklung der Landwirtschaft selbst in semi-ariden Gebieten wurde vorangetrieben. Der Ausbau der Grenzgebiete, des Negeb, der Wüste und der Handelswege, die durch diese verliefen, erreichte offenbar eine neue, nie zuvor gekannte Höhe (2Chr 26,10; s. Karte 27). Offensichtlich war diese Zeit dadurch gekennzeichnet, daß an den Grenzen und den wichtigsten Verkehrswegen große, von Kasemattenmauern umgebene Festungen mit acht Türmen – je einem an jeder Ecke und in der Mitte der Mauern – errichtet wurden. Bis heute wurden Festungen dieser Art in Kadesch-Barnea[70] (an der Grenze des Negeb, am »Weg nach Schur«), in *Tell ʿArād*, in *Ḫirbet Ġazze*[71] (8 km südöstlich von *Tell ʿArād*, in der Nähe des Ausgangspunktes der »Straße von Edom«) und an der Straße zwischen Aseka und *Tell el-Ǧudēde* entdeckt[72]. Die in diesen Festungen gefundene Keramik deutet darauf hin, daß die Festungen nicht vor dem 8. Jahrhundert v.Chr. errichtet wurden; die Festung auf dem Tell von Aseka ist wahrscheinlich ebenfalls in dieser Zeit erbaut worden[73]. Darüber hinaus könnte der nördliche Teil der Wüste Juda die Gründung verschiedener Siedlungen in dieser Zeit erlebt haben; diese Vermutung wird durch einige *lmlk*-Krughenkel belegt, die bei kürzlich vorgenommenen Ausgrabungen im *Buqēʿa*-Tal gefunden wurden[74]. Zur gleichen Zeit vergrößerte Usia die judäischen Streitkräfte und verstärkte die Befestigung Jerusalems (2Chr 26,11–15).

Sehr wahrscheinlich wurden in der Regierungszeit Jerobeams II. und Usias wieder gute Beziehungen zwischen Israel und Juda hergestellt. Die beiden Königreiche waren in dieser Zeit die stärksten Mächte in Palästina und Syrien, und zusammen regierten sie über ein Gebiet, das ungefähr so groß war wie das Königreich Davids. Usias mannigfache Aktivitäten stärkten Juda und führten es in der zweiten Hälfte seiner langen Regierungszeit (zweiundfünfzig Jahre) zu dem höchsten Gipfel seiner Macht. Wenn auch Usia in der Mitte seiner Regierungszeit (wahrscheinlich in seinem neunundzwanzigsten Jahr, ca. 758 v.Chr.) leprakrank wurde und gezwungen war, in einem »separaten Haus« zu wohnen, hielt er offensichtlich die Zügel der

69 Über die Herkunft der Mëuniter und eine mögliche Identifizierung mit einem der arabischen Stämme, der in hellenistischen Quellen als Μιναιοι bekannt ist, vgl. *Winnet, F. V.*, BASOR 73 (1939) 3ff; *Noth, M.*, ZDPV 67 (1944) 48ff.

70 *Woolley, C. L.* und *T. E. Lawrence*, PEF An. 3 (1914) 64ff.

71 *Aharoni, Y.*, IEJ 8 (1958) 33–35.

72 In *Ḫirbet Rasm eḍ-Ḍabʿ* (Kartenkoordinaten 1433 1172); vgl. *Rahmani, L. Y.*, Yediot 28 (1964) 209–214 (hebräisch).

73 *Macalister, R. A. S.* and *F. J. Bliss*, Excavations in Palestine, London 1902, 12ff. Die Festung dieses Typs, der bei den Ausgrabungen von Arad gefunden wurde (vgl. o.S. 338), wurde gegen Ende des 8. Jahrhunderts v.Chr. erbaut und bestand bis zum Ende des judäischen Königreiches. Die früheren Festungen dieses Ortes waren nach einem völlig anderen Grundriß angelegt.

74 Jedoch stammte die Keramik, die in diesen kleinen befestigten Siedlungen *in situ* gefunden worden war, überwiegend aus dem 7. Jahrhundert v.Chr.; *Stager, L. E.*, Ancient Irrigation Agriculture in the Buqêʿah Valley, unveröff. Ph.D. Diss., Harvard University 1972.

Macht auch während der ganzen Regentschaft seines Sohnes Jotam (ca. 758–742 v.Chr.) und wohl sogar noch in den ersten Regierungsjahren seines Enkels Ahas (bis ca. 735 v.Chr.) weiterhin in Händen.
Nach dem Tod Jerobeams II. und der Ermordung Sacharjas (ca. 748 v.Chr.) erlebte das Königreich Israel einen Niedergang während der Regierungszeiten verschiedener Könige, die einander in rascher Folge absetzten[75]. Das ist wahrscheinlich die Zeit, in der es Juda gelang, die Kontrolle über Teile des von Israel beherrschten Gebietes in Transjordanien zu gewinnen, wie es durch Jotams Sieg über die Ammoniter und den hohen Tribut, den diese ihm drei Jahre lang zahlten, angezeigt wird (2Chr 27,5). Andererseits ist die Annahme, Usias Überlegenheit sei auch durch die Tatsache erwiesen, daß er eine Koalition westlicher Staaten anführte, die im Jahre 738 v.Chr. Tiglatpileser III. Widerstand leistete, nun widerlegt worden[76].

VIII. Die Distrikte Judas

Heutzutage ist der ursprüngliche Vorschlag A. Alts[77], daß die Städteliste, die der Redaktor des Josua-Buches benutzt hat, um in Jos 15,21–62 das Stammeserbteil Judas darzustellen, auf Verwaltungsunterlagen beruht, die im judäischen Königreich in Gebrauch waren, faktisch unumstritten. Die Kontroversen beschränken sich in der Regel auf Einzelheiten, die den Aufbau einzelner Distrikte betreffen, und auf die Datierung der Liste.
Die Liste wird durch zweckdienliche Zwischenüberschriften in Abschnitte unterteilt, die der Standard-Unterteilung Judas in vier geographische Zonen entsprechen: Negeb (ein Distrikt), Schefela (drei Distrikte), Bergland (sieben Distrikte einschließlich Benjamin) und Wüste (ein Distrikt)[78]. Eine

75 Von der Ermordung Sacharjas im Jahre 748 v.Chr. bis zur Eroberung Samarias 722/721 v.Chr. regierten in Israel die folgenden fünf Könige: Schallum, Menahem, Pekachja, Pekach und Hosea.

76 *Naʿaman, N.*, BASOR 214 (1974) 25–39; von dem hier zur Diskussion stehenden Text konnte gezeigt werden, daß er in die Regierungszeit Hiskias gehört und sich auf Sanheribs Feldzug vom Jahre 701 v.Chr. bezieht.

77 *Alt, A.*, PJ 21 (1925) 100–116 = Kl. Schr. II, 276–288; *Cross, F. M.* und *G. E. Wright*, JBL 75 (1956) 202–226; *Kallai-Kleinmann, Z.*, VT 8 (1958) 134–160; *Aharoni, Y.*, VT 9 (1959) 225–240.

78 *Yadin, Y.*, BASOR 163 (1961) 6–12, ist der Auffassung, daß diese geographische Unterteilung zusammenhängt mit der militärischen Organisation, die nicht immer mit der normalen administrativen Unterteilung des Königreiches übereinstimmt. Das ist schwer vorstellbar, zumal wir nicht annehmen können, daß zu dieser Zeit zivile und militärische Verwaltung getrennt waren, da sie doch so eng miteinander verflochten waren. Auch ist es schwer, militärische Gründe dafür zu finden, daß man einen Distrikt hatte, der das ganze Bergland von Juda und Benjamin umfaßte, und einen weiteren für die dünn besiedelte Wüste Juda, zumal in letzterem nie größeren Gefahren begegnet werden mußte. Seine Hauptstadt Sif (nach Yadin) ist eine Stadt im Bergland, nicht weit von Hebron gelegen, das ebenfalls Hauptstadt eines Distrikts war. Man sollte annehmen, daß eine administrativ-regionale Unterteilung nach klar umgrenzten geographischen Gebieten vorgenommen wurde, und selbstverständlich konnte auch jedes Gebiet noch einmal unterteilt sein.

numerische Zusammenfassung ist jeder Städtegruppe beigefügt. Im hebräischen Text finden sich zehn solcher Gruppen, doch überliefert die LXX noch eine elfte Gruppe (Jos 15,59b), die im MT verlorengegangen ist. Betlehem war in dieser letztgenannten Gruppe. Wenn wir die benjaminitischen Städte hinzufügen, die zum Königtum Juda gehörten, erhalten wir eine Liste von zwölf Gruppen, der traditionellen Zahl bei der Stammes- und Verwaltungsorganisation, die sich auch in der salomonischen Distriktsliste widerspiegelt (1Kön 4,7). Daher läßt die Struktur dieser Liste keinen Zweifel daran, daß der Ursprung dieser Quelle in der Distriktsunterteilung des judäischen Königreiches liegt.

Die Meinungen gehen hauptsächlich im Hinblick auf den allgemeinen Aufbau dieser Liste auseinander, die die Ausdehnung Judas festschreibt. A. Alts Grundannahme bestand darin, daß alle Städtelisten innerhalb der Beschreibungen der südlichen Stämme einer Quelle entnommen sind, die er von einer zweiten Liste galiläischer Städte unterscheidet. In den Beschreibungen der Territorien von Efraim und Manasse sind keine Städtelisten überliefert, und A. Alt nahm an, daß den Redaktoren des Josua-Buches keine Liste vom zentralen Teil des Landes zur Verfügung stand. Er schloß daher, daß die Städte von Dan und Benjamin in dem Dokument, das den Süden abdeckte, erwähnt wurden. Für die nördlichen Städte nahm er an, daß sie einem Dokument der assyrischen Provinz Megiddo entnommen wurden, aber dieser Vorschlag ist zweifelhaft.

Als weiteren Beleg für seine Ansicht, daß die danitische und die benjaminitische Liste mit einer den Süden abdeckenden Quelle in Zusammenhang gebracht werden müssen, führte A. Alt das zweifache Auftauchen einiger Städte an: Eschtaol und Zora im nördlichen Schefela-Distrikt Judas (Jos 15,33) und in der danitischen Städteliste (Jos 19,41); Kirjat-Jearim im nördlichen Bergland-Distrikt (Jos 15,60) und in einem der benjaminitischen Distrikte (Jos 18,27 LXX); Bet-Araba in der judäischen Wüste (Jos 15,61) und in der anderen benjaminitischen Gruppe (Jos 18,22). Nach A. Alts Auffassung verfuhr der Redaktor recht sorglos, als er die Städte auf die verschiedenen Stammesterritorien aufteilte, indem er einige Siedlungen in mehr als einem Stamm vorkommen ließ. Die doppelt vorkommenden Namen dienten A. Alt auch als Leitfaden bei der Rekonstruktion der ursprünglichen Listen. Er setzte die zwei benjaminitischen Distrikte in Verbindung zu den jeweiligen judäischen Distrikten, und zwar die Wüstenregion wegen Bet-Araba und das nördliche Bergland wegen Kirjat-Jearim. Andererseits beließ er die Städte Dans als gesonderten Distrikt, den vierten in der Schefela, obgleich Eschtaol und Zora zweimal vorkommen. Der Grund für dieses inkonsequente Vorgehen ist offensichtlich. A. Alt sah die Notwendigkeit, auf zwölf Distrikte zu kommen, und er erreichte diese Zahl, indem er Dan hinzufügte. Er begründete diese angenommene Lage am Nordrande der Schefela mit einem Hinweis auf Jos 15,45–47; diese Verse stehen zwischen der Erwähnung des Schefela- und des Bergland-Distrikts: »Ekron mit seinen Ortschaften und Gehöften. Von Ekron nach dem Meere zu alles, was nach der Seite von Aschdod und seinen Gehöften liegt: Aschdod mit seinen Ortschaften und Gehöften, Gaza mit seinen Ortschaften und Gehöften bis an den Bach Ägyptens, und die Grenze ist das Große Meer und sein Gestade.« Hierbei handelt es sich jedoch wieder um ein Beispiel von A. Alts Widersprüchlichkeit; der besagte Abschnitt unterscheidet sich von den regulären Städtelisten in der Form, z.B. schließt er eine ausgedehnte geographische Beschreibung ein, hat aber nicht die gewöhnliche Zwischensumme wie die anderen Abschnitte. Darüber hinaus ist die Einbeziehung von Ekron, Aschdod und Gaza in eine Distriktsliste Judas unrealistisch. Ohne die Frage der Herkunft dieses Absatzes näher behandeln zu wollen, kann man doch mit Sicherheit feststellen, daß er nicht Teil der hier diskutierten ursprünglichen Verwaltungsliste war.

Ausgehend von der allgemeinen Konzeption der Liste setzte A. Alt ihr Entstehungsdatum in der Regierungszeit Josias an. Nur zur Zeit dieses Königs dehnte sich Juda nach Westen und Norden aus. Zwar beherrschte Josia ein viel größeres Gebiet, aber die judäische topographische Liste in Jos 15 befaßt sich anscheinend mit dem traditionellen Territorium Judas und seiner Untergliederung. Es gibt gute Gründe für die Annahme, daß Bet-El und die die Stadt umgebende Bergregion unter Josia dem judäischen Territorium hinzugefügt wurden. Dies war ein altes Ziel judäischer Könige, und tatsächlich gehörte in der nachexilischen Zeit eben dieser Distrikt nicht zu Samaria, sondern zur judäischen Provinz (Esr 2,28; Neh 7,32). Wir haben heute einen Beweis dafür, daß der nördliche Teil des Philisterlandes von Josia annektiert worden war, das hebräische Ostrakon von *Meṣad Ḥašavyāhū*, einem zwischen Jabneel und Aschdod an der Küste gelegenen Ort. Dieser Text spiegelt die judäische Herrschaft in diesem Gebiet gegen Ende des 7. Jahrhunderts v.Chr. wider[79].

A. Alts Interpretation erweckte den Eindruck, daß sie wohl fundiert sei, und wurde daher weithin akzeptiert. Jedoch leidet sie unter einigen Schwächen, die A. Alt zu Widersprüchen in der Methode und in seinen Schlußfolgerungen führten. Seine Annahme, daß der Redaktor des Josuabuches wohl recht sorglos verfahren sei, überzeugt ganz und gar nicht. Die Nennung derselben Städte in verschiedenen Listen muß als Hinweis auf unterschiedliche Herkunft verstanden werden und nicht *vice versa*. Gerade hier zeigt sich A. Alts Widersprüchlichkeit, denn er erklärt das Vorhandensein von zweimal genannten Städten in unterschiedlicher Weise, um sie mit seinen Vorstellungen in Einklang zu bringen.

Überdies fehlt seiner grundlegenden Annahme, es habe nur zwei Originaldokumente – eine galiläische und eine südliche Liste – gegeben, die Überzeugungskraft. Alle Städtelisten der nördlichen Stämme passen sehr gut in den Rahmen der salomonischen Distrikte, einschließlich der Listen danitischer Städte und der Städte im nördlichen Benjamin. Dieses Dokument muß dem Redaktor aus den königlichen Archiven von Jerusalem zur Verfü-

79 *Naveh, J.*, IEJ 10 (1960) 129–139; IEJ 14 (1964) 158–159.

gung gestanden haben; bei den Städten Judas konnte er sich auf eine aktuellere Liste stützen. Nun muß natürlich noch die Frage geklärt werden, warum die Städte Efraims und Manasses fehlen. Obwohl wir die Auswahlkriterien, nach denen der Redaktor sein Material ausgewertet hat, nicht immer verstehen, mag es für diesen Fall eine einleuchtende Erklärung geben. Seit der Teilung des Königreiches war die Spannung zwischen Jerusalem und Samaria weiter angewachsen, und der judäische Redaktor hatte an der Beschreibung Samarias wenig Interesse. Seine Einstellung zeigt sich auch in der Darstellung der Stammesgrenzen. Er hat uns nur die Grenzbeschreibung zwischen Efraim und Manasse mitgeteilt, während die restlichen Grenzbeschreibungen Manasses fehlen. Der einfachste Grund dafür, daß die efraimitischen und manassitischen Städte fehlen, ist wohl der, daß der Redaktor sie nicht aufnehmen wollte. Alle uns zur Verfügung stehenden Städtelisten, einschließlich der Simeons, stammen sehr wahrscheinlich von den zwei bedeutendsten Dokumenten ab, der salomonischen Distriktsliste und der Verwaltungsuntergliederung Judas.
F. M. Cross und G. E. Wright waren die ersten, die die Hypothese A. Alts in Frage stellten. Ihr Haupteinwand war, daß es keinen zwingenden Grund gäbe, die danitische Liste der Liste Judas anzufügen[80]. Sie konnten jedoch keinen besseren Vorschlag anbieten und zogen sich auf die Annahme zurück, daß der danitische Text eine rein literarische Komposition sei – eine Ansicht, die jeder Grundlage entbehrt. Aber da sie A. Alts grundlegender Analyse zustimmten, fehlte ihnen nun der danitische Distrikt, um die zwölf für Juda angenommenen Distrikte zu ermitteln. Deshalb faßten sie den südlichen benjaminitischen Distrikt und den Kirjat-Jearim-Distrikt von Juda mit der Begründung zu einem Distrikt zusammen, daß zwei Städte nicht genügten, um einen eigenen Distrikt zu bilden. Ferner beließen sie den ganzen nördlichen Distrikt Benjamins als zwölften Distrikt Judas, obgleich Bet-Araba zweimal auftaucht. Wegen der Verbindung der Jericho-Region mit dem Bergland um Bet-El steht ein solcher Distrikt im Widerspruch zu dem allgemeinen Tenor des Dokuments.
Eine solche Hypothese schafft aber noch größere Schwierigkeiten. Die so postulierten Grenzen Judas hätten das Bergland bei Bet-El ein-, aber die nördliche Schefela ausgeschlossen. Es gibt nur eine kurze Zeitspanne, in der es eine solche Grenzziehung gegeben haben könnte: die kurze Regierungszeit Abijas nach seinen Eroberungen (2Chr 13,19) und der Beginn der Regierungszeit Asas. F. M. Cross und G. E. Wright schlagen allerdings nicht diese Zeit für die Datierung der Liste vor; sie behaupten, daß die gleiche geographische Situation bis in die Regierungszeit Josafats andauerte, dem eine administrative Neugliederung zugeschrieben wurde: »Er legte Kriegsvolk in alle festen Städte Judas und setzte Amtleute ein im Lande Juda und in den Städten Efraims, die sein Vater Asa erobert hatte« (2Chr 17,2). Cross und Wright behaupten, daß diese Städte Efraims zu den Eroberungen Abijas ge-

80 *Cross, F. M.* und *G. E. Wright*, JBL 75 (1956) 209–211.

hörten, wobei sie die wohlbekannten dazwischen liegenden Ereignisse außer acht lassen. Bascha hat nicht nur das Bergland von Bet-El zurückerobert, sondern auch die Grenze von Benjamin auf eine Linie südlich von Rama vorverlegt. Nur mit Hilfe eines Ablenkungsangriffs durch Ben-Hadad gelang es Asa, Baschas Vorstoß zurückzuschlagen und Teile von Benjamin – bis nach Mizpa und Geba – zurückzuerobern (1Kön 15,17–22). Dies sind die Städte, die Asa einnahm, und es ist offenkundig, daß die Region um Bet-El in der Regierungszeit Josafats kein Bestandteil von Juda war (vgl. Am 7,10ff)[81].

Zumindest in diesem Punkt ist Z. Kallais Ansicht richtiger: Er setzt die benjaminitische Städteliste in der Regierungszeit Abijas an und vermutet, daß eine weitere, dritte Gruppe benjaminitischer Städte fehle[82]. Andererseits datiert er die Städte Judas in die Regierungszeit Hiskias, weil Bet-Schemesch, das von den Philistern in der Regierungszeit des Ahas erobert wurde, fehlt (2Chr 28,18). Aber zwei der in dieser Zeit eroberten Städte tauchen auch in der judäischen Liste auf, nämlich Socho und Gederot (Jos 15,35.41). Unter Hiskia veränderte sich die geopolitische Situation grundlegend; sieht man den starken Druck, den Hiskia auf Ekron ausgeübt hat, als gegeben an, so kann man unmöglich annehmen, daß Bet-Schemesch in philistäischer Hand geblieben sei. Aber Z. Kallais Hypothese leidet an einer viel grundlegenderen Schwäche. Wenn er die Städtelisten Benjamins von denen Judas trennt, dann bleiben ihm noch zwei (nach seiner Auffassung drei) für Benjamin und elf für Juda, deren Ursprung er nicht erklären kann. Die grundlegende Annahme A. Alts, daß die Städtelisten aus einer inneren Untergliederung des Reiches abgeleitet seien, ist bisher nicht widerlegt worden, und deshalb muß man diese Untergliederung bei jedem neuen Vorschlag berücksichtigen.

Auch muß man das zweimalige Auftauchen von Städten in verschiedenen Listen als Beweis dafür ansehen, daß diese Listen aus unterschiedlichen Quellen gewonnen wurden. Daher können die Abschnitte, in denen eine Stadt zweimal genannt wird, nicht zur judäischen Liste gehören. Das trifft auf die Stammesliste von Dan und auf die des nördlichen Benjamin zu. Es ist ebenfalls sehr unwahrscheinlich, daß die Übereinstimmung zwischen der Teilung Benjamins und der Grenze, die fast während der ganzen Königszeit Juda von Israel trennte, rein zufällig ist.

Es hat jedoch wohl nur den Anschein, daß Kirjat-Jearim zweimal erwähnt wird. »Kirjat-Baal (das ist Kirjat-Jearim)« (Jos 15,60) erscheint unter den Städten Judas im Kontrast zu »Gibeat (dem Berg von) Kirjat-(Jearim)« (Jos 18,28). Der Unterschied ist kaum zufällig zu nennen. Gibea (»der Berg«) bei Kirjat-Jearim ist uns aus den Erzählungen über die Rückkehr der Lade bekannt (1Sam 7,1; 2Sam 6,3–4). Dieses Gibea lag offensichtlich bei Kirjat-Jearim, »einer Stadt, die zum Stamme Juda gehörte« (Jos 18,14), und wird

81 *Aharoni, Y.*, VT 9 (1959) 232–234.
82 *Kallai, Z.*, The Tribes of Israel, Jerusalem 1967, 107–116; *Kallai-Kleinmann, Z.*, VT 8 (1958) 134–160.

auch unter den Städten Benjamins erwähnt. Das bedeutet, daß hier keine wirkliche Doppelnennung von Namen zwischen Benjamin und Juda in bezug auf Kirjat-Jearim vorliegt. Aber dies schließt die Möglichkeit nicht aus, daß die zwei Namengruppen zu einem Distrikt zusammengefaßt werden könnten, wenn es auch keinen wirklichen Anhalt dafür gibt. Die zwei Distrikte sind von der Größe her sehr unterschiedlich. Die Annahme, daß der Kirjat-Jearim-Distrikt nur zwei Städte hatte[83], ist ebenfalls nicht notwendig, denn es ist auch möglich, daß weitere Städte im Laufe der Überlieferung verlorengegangen sind (was bei einem anderen Vers der Fall war, Jos 15,59) oder daß sie absichtlich vom Redaktor ausgelassen wurden. Wie wir sehen werden, umfaßt der Distrikt noch einige weitere Städte, die uns aus dieser Region bekannt sind, wie z.B. Ajalon.

Wenn wir eine Liste, die aus den elf Distrikten Judas und dem südlichen Distrikt von Benjamin besteht, zugrunde legen, so haben wir ein geographisches Bild, das gut zu den bekannten Grenzen des judäischen Königreiches in den meisten Perioden paßt. Es gibt daher keine Beweise aus dem Aufbau der Quelle selbst, die uns helfen könnten, ihr Entstehungsdatum zu bestimmen.

Wenn man diesen Text datieren will, muß man sich auf archäologische Daten und historische Überlegungen, die bestimmte Städte betreffen, stützen. Bedauerlicherweise sind die zur Verfügung stehenden Angaben recht mager und beziehen sich auch nur auf zwei Städte: Bet-Kerem und Bet-Schemesch. F. M. Cross und G. E. Wright versuchten ebenfalls, die archäologischen Forschungen in der *Buqēʿa* der Judäischen Wüste zur Identifizierung einiger der entdeckten Ortslagen mit Städten aus Textstellen über den Wüsten-Distrikt zu nutzen[84]. Aber nicht nur ihre Identifizierungen sind zweifelhaft, sondern auch ihre Datierung in das 9. Jahrhundert ist höchst fraglich, denn ein Datum aus dem 8. Jahrhundert v.Chr. ist genausogut möglich. Wegen der Ergebnisse seiner Ausgrabungen in *Tell el-Ǧurn* in En-Gedi, wo die eisenzeitliche Siedlung im 7. Jahrhundert v.Chr. beginnt[85], hat B. Mazar für die judäische topographische Liste ein Datum in der Regierungszeit Josias vorgeschlagen. Jedoch ist solch ein spätes Datum nur für *Tell el-Ǧurn* relevant; die Bestattungen in der Gegend von En-Gedi zeigen recht deutlich, daß es eine frühere eisenzeitliche Siedlung in der En-Gedi-Oase gegeben hat.

Die Identifizierung von Bet-Kerem mit *Ḫirbet eṣ-Ṣāliḥ* bei Ramat Raḥel kann aufgrund der archäologischen Ausgrabungen als sehr wahrscheinlich gelten[86]. Bet-Kerem erscheint als Karem im Betlehem-Distrikt von Juda,

83 Jedoch kann die Existenz eines Distrikts mit zwei Städten in diesem Text dagegen sprechen, daß der Text eine literarische Erfindung ist; ein Autor hätte sicher eine so eigentümliche Sache nicht erfunden.

84 *Cross, F. M.* und *G. E. Wright*, JBL 75 (1956) 223–224.

85 *Mazar, B.*, in: *Thomas, D. W.*, ed., Archaeology and Old Testament Study, Oxford 1967, 222–230.

86 *Aharoni, Y.*, in: *Thomas, D. W.*, ed., s.o. Anm. 85, 171–184.

wie es die LXX in Jos 15,59b überliefert. Die früheste dort gefundene Keramik (verglichen mit den stratigraphischen Ausgrabungen von Arad)[87] stammt aus dem 8. Jahrhundert v.Chr. Deshalb kann die Einbeziehung eines im 8. Jahrhundert v.Chr. gegründeten Ortes in die judäische Städteliste als *terminus a quo* bei der Datierung der Liste dienen.

In Bet-Schemesch wurden für die Königszeit drei Schichten unterschieden (IIa, IIb und IIc), die sich über den Zeitraum vom 10. bis zum 8. Jahrhundert v.Chr. erstreckten. Die Annahme, daß zwischen den Schichten IIa und IIb eine wesentliche Lücke bestünde[88], entbehrt jeder Grundlage. Das 9. Jahrhundert ist in der Keramik nicht schwächer vertreten als die beiden anderen Jahrhunderte; die drei Schichten gehören jeweils ungefähr in das 10., 9. und 8. Jahrhundert v.Chr. Rein vom archäologischen Standpunkt her gibt es keine Erklärung für das Fehlen von Bet-Schemesch in der judäischen Städteliste bis zum Ende des 8. Jahrhunderts v.Chr.

Hier kann eine historische Erwägung weiterhelfen. Wir wissen von einem größeren Ereignis, das mit Bet-Schemesch in Verbindung steht, dem Zusammenstoß der Heere von Joas und Amazja, der in der Nähe dieser Stadt stattfand (2Kön 14,11–13). Amazja wurde gefangengenommen, und Joas zog hinauf nach Jerusalem und zerstörte Teile der Stadtmauer. Es wäre völlig entgegen der allgemeinen Regel, wenn Bet-Schemesch im Zuge dieses Kampfes nicht geplündert und in Brand gesteckt worden wäre (wenn nicht aus einem anderen Grunde, so aus dem, die siegreichen Truppen zu belohnen). Schicht IIb ist die letzte befestigte Stadt, und Schicht IIc ist nur noch ein unbefestigtes Dorf, das offensichtlich erst einige Zeit nach der letzten Zerstörung erbaut worden war. Wenn es in Bet-Schemesch wirklich eine Besiedlungslücke gab, wäre die kurze Regierungszeit Amazjas und der Beginn der Regierungszeit Usias die einleuchtendste Zeit dafür. Dies würde ein Datum nahelegen, das ungefähr dem Zeitpunkt entspricht, der durch die Gründung Bet-Kerems angezeigt wird.

Usia war einer der aktiven Herrscher, der das Königreich und die Armee neu organisierte (2Chr 26,11–14); die Annahme, daß die judäischen topographischen Dokumente sich seiner neu organisierten Verwaltung verdanken, ist deshalb recht einleuchtend. Das bedeutet nicht, daß die ursprüngliche Provinzeinteilung Judas während seiner Regierungszeit durchgesetzt wurde. Unzweifelhaft hatte Josafat im ganzen Lande Beamte (2Chr 17,2)[89], die er offensichtlich ernannt hatte, nachdem sich die Beziehungen zwischen Juda und Israel stabilisiert hatten. Es muß von Zeit zu Zeit wohl nötig gewesen sein, nach der Gründung oder Aufgabe von Städten (besonders während der Regierungszeit dynamischer Herrscher, wie es Usia war) die Distriktslisten auf einen aktuellen Stand zu bringen. Der Redaktor des Josua-Buches

87 *Aharoni, Y.* und *M.*, BASOR 224 (1977) 73ff.

88 *Cross, F. M.* und *G. E. Wright*, JBL 75 (1956) 216.226.

89 Der erste, der diese administrative Organisation, die sich in Jos spiegelt, der Regierungszeit Josafats zugeschrieben hat, war *Mazar, B.*, Enc.Bib. I, 718; III,566 (hebräisch); ihm folgten *Cross, F. M.* und *G. E. Wright*, JBL 75 (1956) 216.226.

benutzte die neueste Liste, die ihm zur Verfügung stand. Wie wir weiter unten noch sehen werden, wurde dieses System der Einteilung in Distrikte in der Regierungszeit Hiskias aufgegeben und so modernisiert, daß es von da an nur noch vier Distrikte gab; das setzt voraus, daß das System von zwölf Distrikten zeitlich früher angesetzt werden muß.

Die Liste kann anhand ihrer Einteilung in Distrikte wie folgt analysiert werden (wir haben die meisten Distrikte mit dem Namen der jeweils vermuteten Hauptstadt, die nicht immer am Anfang der Städte ihrer Gruppe steht, benannt; s. Karte 28):

Karte 28: Die Distrikte Judas

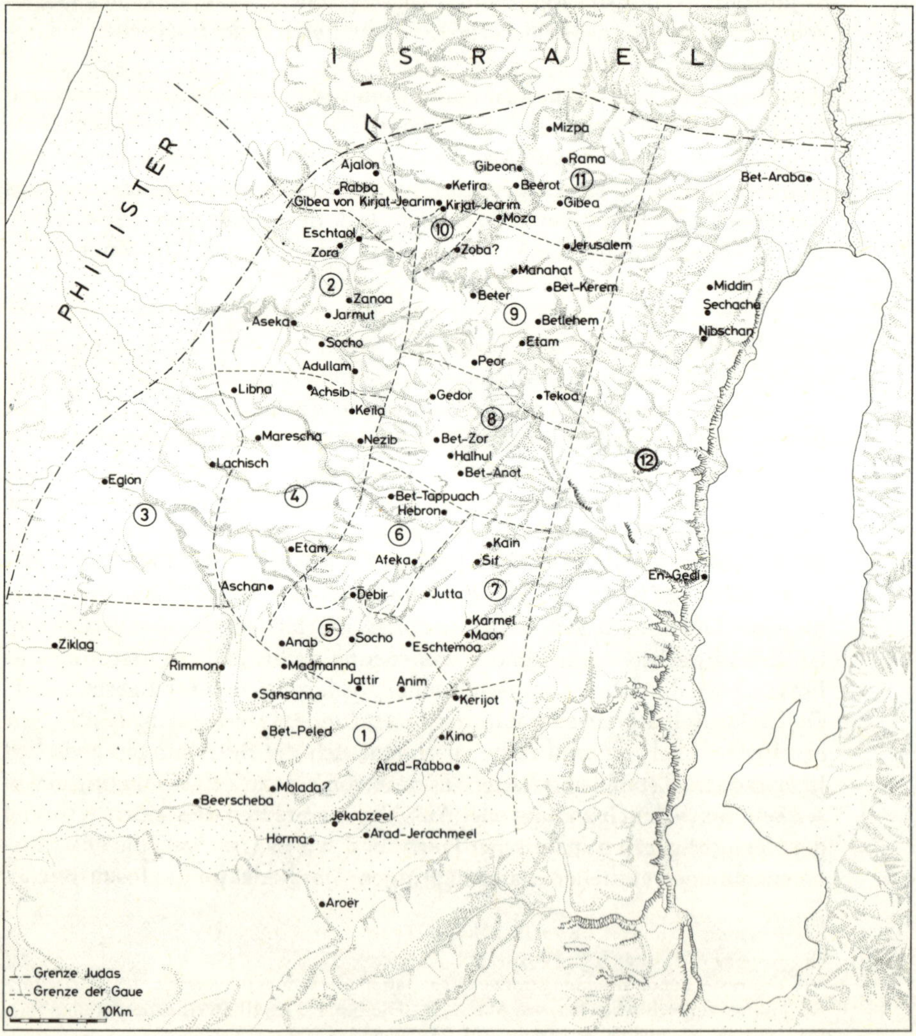

Der Negeb

1. *Der Negeb-Distrikt:* Es wird nur ein Distrikt für den Negeb genannt, in dem allerdings dreißig Städte liegen[90]. Dieser große Verwaltungsbezirk umfaßte die verschiedenen Regionen des Negeb, die noch in der Regierungszeit Davids nach den jeweils dort ansässigen wichtigsten Sippen benannt worden waren, wie z.B. der Negeb von Juda, der Negeb von Kaleb, der Negeb der Jerachmeeliter und der Negeb der Keniter (s.o.S. 338). Die Städte verteilten sich in diesem Verwaltungsdistrikt auf ein Gebiet zwischen Ziklag *(Tell eš-Šerīʿa)* im Westen und Arad (anstelle von Eder) im Osten und Aroër (Adada) ungefähr 17 km südöstlich von Beerscheba. Es ist fraglich, ob Kedesch (Jos 15,23) Kadesch-Barnea ist, weil diese Liste die südlichen Festungen anscheinend nicht enthält. Die Hauptstadt dieses ausgedehnten Distrikts war offensichtlich Beerscheba. Jedoch lag seine größte und besonders eindrucksvoll befestigte Stadt im Zentrum des alluvialen Beckens in *Ḫirbet el-Ġarra*, das alle benachbarten Siedlungen an Größe und Macht übertraf; es erbte wahrscheinlich den Namen des benachbarten Horma[91]. Im Norden erstreckte sich der Negeb-Distrikt bis zu den Ausläufern des judäischen Berglandes; hier können wir Madmanna *(Ḫirbet Tātrēt)*[92] und Sansanna *(Ḫirbet eš-Šamsānīyāt)* identifizieren.

Die Schefela

2. *Der Socho-Distrikt:* Dieser – nördlichste – Distrikt der Schefela umfaßte dreizehn bis fünfzehn Städte und erstreckte sich vom Sorek-Tal bis südlich des Tals von Ela. Wir haben Socho als seine mutmaßliche Hauptstadt gewählt, weil es ungefähr in der Mitte dieses Gebietes liegt (Aseka z.B. liegt zu nahe an der Grenze zum Philistergebiet). Sochos besondere Rolle in der Verwaltung zeigt sich deutlich in den dort gefundenen Abdrücken königlicher Siegel aus der Zeit Hiskias (s.u.S. 404ff). Der Socho-Distrikt erstreckte sich nach Norden bis Eschtaol und Zora. Weiterhin kann man die folgenden Städte identifizieren: Sanoach *(Ḫirbet Zanūʿ)*, Jarmut *(Ḫirbet el-Yarmūk)*, Adullam *(eš-Šēḫ Maḏkūr)* und Aseka *(Tell Zakarīye)*.

3. *Der Lachisch-Distrikt:* Die südliche Schefela, die in der Ost-West-Ausdehnung größer als die nördliche ist, war in zwei parallele Distrikte unterteilt. Der Lachisch-Distrikt ist der westlichere, an der philistäischen Grenze gelegene. Von seinen sechzehn Städten kann man nur Lachisch *(Tell ed-Duwēr)* und Eglon *(Tell el-Ḥesi)* identifizieren, die sehr nahe an der Westgrenze gelegen haben müssen. Im Süden grenzte dieser Distrikt an den Negeb, die nördliche Grenzbestimmung hängt davon ab, welches Gebiet man für den vierten Distrikt festlegt.

90 Die in Ziffern gegebene Zwischensumme ist neunundzwanzig; aber es ist schwer feststellbar, ob einige der Namen sich nur auf eine oder auf mehrere Städte beziehen, z.B. »Keriot-Hezron (das ist Hazor)« in Vers 25.

91 *Aharoni, Y.*, ZDPV 91 (1975) 121–130; *ders.*, BA 39 (1976) 66–73.

92 *Kochavi, M.*, Judaea, Samaria and the Golan, Archaeological Survey 1967–1968, Jerusalem 1972, 80–81 (hebräisch); *Rainey, A. F.*, IBD Supplement, 561.

4. *Der Marescha-Distrikt:* Dieser Distrikt, der neun Städte umfaßte, lag in der östlichen Schefela zwischen Nezib *(Ḫirbet Bēt Neṣīb)* und Keïla *(Ḫirbet Qīla)* im Osten und Marescha *(Tell Sandaḥanne)* im Südwesten. Die Lokalisierung von Libna *(Tell Bornāṭ?)* würde die Bestimmung der Westgrenze ermöglichen. Dieser vierte Distrikt umfaßt zwei Städte, die auch unter den Siedlungen Simeons genannt werden, nämlich Eter und Aschan (Jos 15,42, vgl. 19,7). Wie wir gesehen haben, ist es gerechtfertigt, diese Orte am Rande der südöstlichen Schefela in dem Tal, das sich von *Tell el-Ḫuwēlife* (En-Rimmon) nach *Tell ʿĒṭūn* (Etam) erstreckt, zu lokalisieren. Wie oben schon gesagt, wird durch die Nennung Aschans in der simeonitischen Enklave und auch in der Liste levitischer Städte nahegelegt, die Siedlung mit *Tell Bēt Mirsim* zu identifizieren – einer Ortslage, die im 10. Jahrhundert v.Chr. wieder bebaut und befestigt worden war. Dies liefert uns die Südostgrenze dieses Distrikts, die zwischen *Tell Bēt Mirsim* und *Tell el-Ḫuwēlife* an den Negeb grenzt.

Das Bergland

5. *Der Eschtemoa-Distrikt:* Dieser ist der erste und auch der südlichste Distrikt im Bergland; er umfaßt elf Städte. Die Ausdehnung dieses Distrikts, die bis heute durch die falsche Identifizierung von Debir mit *Tell Bēt Mirsim* verzerrt dargestellt wird, ist mittlerweile durch die sehr einleuchtende Identifizierung von Debir mit *Ḫirbet er-Rabūḍ*, ungefähr 12 km südwestlich von Hebron gelegen, geklärt worden. *Tell Bēt Mirsim* lag nicht im Bergland, und seine Einbeziehung in den Eschtemoa-Distrikt verletzte die geographischen Prinzipien, nach denen die ganze Liste aufgebaut ist. Alle identifizierten Ortslagen in dem »Trog«, der das Bergland von der Schefela trennt (Adullam, Keïla, Nezib), gehören zur Schefela und auf keinen Fall zu den Bergland-Distrikten. Alle Angaben deuten darauf hin, daß Debir eine bedeutende kanaanitische und israelitische Stadt im Bergland südlich von Hebron war. Der lang gesuchte Ort wurde in *Ḫirbet er-Rabūḍ* gefunden, einem großen Tell von ungefähr 6 ha mit Resten von Befestigungen aus der Spätbronze- und der Eisenzeit. Die Lage dieses Ortes unter den bereits identifizierten Städten im gleichen südlichen Bergland-Distrikt rechtfertigt seine Gleichsetzung mit Debir[93]. Unter den verbleibenden Städten dieses Distrikts kann man folgende Identifizierungen vornehmen: Jattir *(Ḫirbet ʿAttīr*, Socho *(Ḫirbet es-Šuwēke)*, Anab *(Ḫirbet ʿAnāb el-Kebīr)*[94] und Anim *(Ḫirbet Ġuwēn eṭ-Taḥtā)*. In der unmittelbaren Nachbarschaft gibt es zwei Ortslagen, die *Ḫirbet Ġuwēn eṭ-Taḥtā* und *Ḫirbet Ġuwēn el-Fōqa* genannt werden. Eisenzeitliche Keramik wurde an beiden Orten gefunden. Inzwischen konnte man mit Hilfe eines der Arad-Ostraka (Nr. 25) klären, daß die beiden benachbarten Siedlungen zur gleichen Zeit existierten und die Namen Unter-Anim *(ʿnm tḥtnm)* und Ober-Anim *(ʿnm ʿlynm)* trugen. Offen-

93 *Kochavi, M.*, Tel Aviv 1 (1974) 2–33.

94 *Kochavi, M.*, Judaea, Samaria and the Golan, Archaeological Survey 1967–68, Jerusalem 1972, 21.76.78 (hebräisch); *Rainey, A. F.*, IDB Supplement, 25.

sichtlich sind in unserer Liste beide unter den Namen Anim zusammengefaßt worden.

6. *Der Hebron-Distrikt:* Seine Hauptstadt, Hebron, war die frühere Hauptstadt Judas. Der Distrikt umfaßte neun Städte, einschließlich Bet-Tappuach *(Taffūḥ)* und Duma *(Ḫirbet ed-Dōme)*.

7. *Der Sif-Distrikt:* Die zehn Städte dieses Distrikts waren östlich von Hebron in einem Gebiet konzentriert, das an die Wüste Juda grenzt. Die folgenden Identifizierungen sind möglich: Maon *(Ḫirbet Maʿīn)*, Karmel *(Ḫirbet el-Kirmil)*, Jutta *(Yaṭṭa)* und vielleicht Kajin *(en-Nebī Yaqīn)*. Man kann annehmen, daß die Hauptstadt Sif *(Tell Sīf)* war, eine der Festungsstädte Rehabeams. Die Tatsache, daß diese Stadt auch in den königlichen Siegelabdrücken vorkommt, läßt erkennen, daß Sif – wie auch Hebron und Socho – ein administratives Zentrum war.

8. *Der Bet-Zur-Distrikt:* Dieser Distrikt liegt nördlich der beiden zuletzt genannten Distrikte; von seinen sechs Städten kann man die folgenden identifizieren: Halhul *(Ḥalḥūl)*, Gedor *(Ḫirbet Ǧedūr)* und Bet-Anot *(Ḫirbet Bēt ʿĒnūn)* – alle im Umland von Bet-Zur *(Ḫirbet eṭ-Ṭubēqa)* gelegen.

9. *Der Betlehem-Distrikt:* Nur die LXX überliefert diesen Distrikt (Jos 15,59b). Der Vers lautet:

Tekoa (Θεκω) und Efrata – das ist Betlehem – (Εφραθα, αὕτη ἐστὶν Βηθλεεμ) und Pegor (Φαγωρ), Etam (Αιταμ), Kolon (?, Κουλον), Tatam (?, Ταταμ), Schoresch (?, B – Σωρης oder A – Εωβης = Zoba), Karem (Καρεμ), Gallim (Γαλλιμ), Bet-Ter (Βαιθηρ) und Manahat (Μανοχω): das sind elf Städte mit ihren Gehöften.

Deshalb kann man diesen Distrikt in der Gegend um Betlehem zwischen Bet-Zur und Jerusalem lokalisieren. Die folgenden Städte können identifiziert werden: Tekoa *(Ḫirbet Teqūʿ)*, Pegor *(Ḫirbet Fāġūr)*, Etam *(Ḫirbet el-Ḫōḫ)*, Bet-Ter *(Ḫirbet el-Yehūd)* und Manahat *(el-Māliḥa)*. Wenn Zoba die richtige Leart ist – vorausgesetzt, daß Σωβης der ursprüngliche griechische Text war –, dann kann dies ein Hinweis auf den Geburtsort einer der Helden Davids sein (2Sam 23,36), der mit dem modernen *Ṣābā* gleichgesetzt werden kann. Karem (Bet-Kerem) ist offenbar der Tell bei Ramat Raḥel *(Ḫirbet Ṣāliḥ)*.

10. *Der Kirjat-Jearim-Distrikt:* Hier weist die Liste nur zwei Städte auf, nämlich »Kirjat-Baal (das ist Kirjat-Jearim) und Rabba«. Da sich dieser Distrikt nördlich von Eschtaol und Zora erstreckte und das Ajalon-Tal eingeschlossen haben könnte – an dessen Rand finden wir eine Ortslage *(Ḫirbet Ḥamīde)*, die unserer Ansicht nach mit Rabba/Rubute identifiziert werden kann[95] –, ist es wahrscheinlich, daß der Distrikt noch einige weitere Orte wie z.B. Ajalon und Gimso umfaßte. Ersterer wurde von Rehabeam befestigt (2Chr 11,10), und von beiden wird gesagt, daß sie Ahas gehörten (2Chr 28,18).

95 Auf der Grundlage ägyptischer Quellen; *Aharoni, Y.*, VT 19 (1969) 137–145.

Das würde bedeuten, daß der Distrikt – zwischen den Bergland-Distrikten aufgezählt – doch teilweise in der Schefela lag. Folgt man dieser Interpretation, würde dieser Distrikt die geographischen Prinzipien, auf denen die ganze Liste beruht, verletzen[96]. Jedoch ist – bei den gegebenen Identifizierungen von Kirjat-Baal (= Kirjat-Jearim) und Rabba – diese Schlußfolgerung unausweichlich. Der hier zugrundeliegende Faktor ist scheinbar das Bestreben, die Zugänge nach Jerusalem in einem Distrikt zusammenzufassen, wie es auch bei der Einteilung der Distrikte unter Salomo der Fall war. Diese Zugänge waren immer von ausschlaggebender Bedeutung – sowohl vom militärischen als auch vom politischen und ökonomischen Standpunkt aus gesehen.

11. *Der Benjamin-Distrikt:* Hiermit ist die südliche Gruppe benjaminitischer Städte gemeint, die in Jos 18,25–28 überliefert ist und vielleicht vierzehn Städte umfaßte. Der Originaltext könnte folgendermaßen gelautet haben: »Die Stadt der Jebusiter (das ist Jerusalem), Gibea . . . und Gibeat-Kirjat-Jearim, vierzehn Städte mit ihren Gehöften« (Jos 18,28). Z. Kallai hat festgestellt, daß einige östliche benjaminitische Städte fehlen, aber es ist kein Grund zu der Annahme vorhanden, daß eine dritte Gruppe fehlt bzw. verlorengegangen ist. Die Zwischensumme deutet jedoch darauf hin, daß die Liste unvollständig ist, vielleicht wegen der Namensähnlichkeit von Gibea und Gibeat. Der Distrikt umschließt die meisten bedeutenden benjaminitischen Städte wie z.B. Gibeon *(el-Ǧīb)*, Rama *(er-Rām)*, Beerot *(Ḫirbet el-Burǧ* bei *ʿĒn-Nebī Samwīl* und *Ḫirbet el Biʾār)*, Mizpa *(Tell en-Naṣbe)*, Kefira *(Ḫirbet Kefīre)*, Moza *(Qalōnyā?)* und das Gibea von Kirjat-Jearim. Der Zwischensumme zufolge sollte zumindest eine weitere Stadt zu dieser Gruppe gehören, z.B. Geba oder Michmasch (zu Geba in Jos 18,24 vgl. u.S. 416f).

12. *Der Wüsten-Distrikt:* Die letzten sechs Städte dieser Liste sind in diesem Distrikt gelegen, von Bet-Araba im Norden bis En-Gedi im Süden. Sechacha kann man vielleicht mit *Ḫirbet Qumrān* nahe der Küste des Toten Meeres identifizieren, da es in der Kupferrolle erwähnt wird[97]. Man hat vorgeschlagen, Middin, Sechacha und Nibschan mit den drei Ortslagen, die in der *Buqēʿa*-Region gefunden wurden, zu identifizieren, nämlich mit *Ḫirbet Abū Ṭabaq*, *Ḫirbet es-Samrā* und *Ḫirbet el-Maqārī*[98]. Jedoch sind noch weitere Kandidaten für Identifizierungen entlang der Küste zwischen *ʿĒn Fešḫa* und En-Gedi gefunden worden[99]. Mittlerweile muß man all die verschiedenen Vorschläge, Städte in diesem Distrikt mit irgendeiner der be-

96 Aus diesem Grund ist die Identifizierung von Rabba/Rubute mit *Ḫirbet Ḥamīde* zweifelhaft; die Berge Judas hören abrupt am *Bāb el-Wād* auf, während der Berg bei *Ḫirbet Ḥamīde* in der Schefela liegt.

97 *Allegro, J. M.*, The Treasure of the Copper Scroll, London 1960, 32ff.68–74.144ff. 172.186; *Kallai, Z.*, The Tribes of Israel, Jerusalem 1967, 333 (hebräisch); *ders.*, Enc.Bib. V, 1044–1045.

98 *Cross, F. M.* und *J. T. Milik*, BASOR 142 (1956) 5–17.

99 *Bar-Adon, P.*, RB 77 (1970) 398–400.

kannten alten Ortslagen in dieser Region gleichzusetzen, in Zweifel ziehen. Daher liegt die genaue topographische Bestimmung dieses Distriktes noch im dunklen.

IX. Die Ostraka von Samaria

Wichtige topographische Angaben über das Gebirge Efraim aus der Zeit der Dynastie Jehus lassen sich aus einer Sammlung einzigartiger Inschriften, die bei den Ausgrabungen in Samaria ans Licht kamen, gewinnen[100]. In einem Lagerhaus der Zitadelle von Samaria wurden dreiundsechzig Ostraka gefunden, die Inschriften über die Verteilung von Wein und Öl tragen. Die Texte weisen Daten, Orts- und Sippennamen, Personennamen und manchmal die Artikelbezeichnung auf, wie z.B. ein Krug[101] alten Weines oder feinen Öls.
Die Inschriften kann man aufgrund ihrer unterschiedlichen Formulierungen in zwei Kategorien unterteilen: Eine Formulierung wird in Texten gebraucht, die aus den Jahren 9 und 10 stammen; die andere stammt aus dem Jahr 15[102]. Wir bringen hier Beispiele aus den beiden Kategorien:

100 *Reisner-Fisher,* Harvard Excavations at Samaria I, Cambridge/Mass. 1924, 227ff; *Diringer, D.,* Le iscrizioni antico-ebraiche Palestinesi, Florenz 1934. Zur Frage der Datierung, des Verwendungszwecks und der Lokalisierung der in den Texten erwähnten Orte vgl. *Abel, F. M.,* RB NS 8 (1911) 290ff; *Albright, W. F.,* JPOS 5 (1925) 38ff; *ders.,* JPOS 11 (1931) 241ff; *Maisler (Mazar), B.,* JPOS 14 (1934) 96ff; *ders.,* JPOS 21 (1948) 117–133; *Noth, M.,* ZDPV 50 (1927) 219ff = Aufsätze I, 157–182; *Birnbaum, S. A.,* PEQ 74 (1942) 107f; *Yadin, Y.,* Scripta Hierosolymitana 8 (1960) 1–17; *ders.,* IEJ 12 (1962) 64–66; *Cross, F. M.,* BASOR 163 (1961) 12ff; *Rainey, A. F.,* IEJ 12 (1962) 62f; *Aharoni, Y.,* IEJ 12 (1962) 67–69; *Rainey, A. F.,* PEQ 99 (1967) 32–51; *ders.,* PEQ 102 (1970) 45–51; *Cross, F. M.,* AUSS 13 (1975) 7–10. Die jüngste detaillierte Studie findet sich bei *Kaufman, I. T.,* The Samaria Ostraca. A Study in Ancient Hebrew Palaeography, Th. D. Diss. Harvard Divinity School, Cambridge/Mass. 1966. Durch Infrarot-Fotografie gelang es Kaufman, den Text auf zwei bisher unpublizierten Scherben zu lesen; dadurch konnte er dem Corpus zwei neue hinzufügen, nämlich die Nrn. 3892 und 3893.

101 Das hebräische Wort, das hier gebraucht wurde *(nbl),* kann eine Lederflasche meinen, ist aber auch in der Bibel eine geläufige Bezeichnung für einen Tonkrug; vgl. *Kelso, J. L.,* BASOR.S 5–6 (1948) 25f.

102 *Yadin* schlug vor, das Zeichen ᄀΛ als »9« zu lesen, weil das Zeichen ᄀ dem Zeichen für »4« auf den Schekelgewichten ähnele. Jedoch wäre die Darstellung der Zahl 9 durch eine Kombination der Zahlen 4 und 5 völlig singulär; darüber hinaus kann dann nicht die Zahl auf dem Ostrakon Nr. 63 erklärt werden. Noth hat gezeigt, daß dieses Zeichen die Ziffer 15 (Λ = 10, ᄀ = 5) in ägyptischer hieratischer Schrift darstellt. Inzwischen wurde aus den Arad-Ostraka klar, daß die israelitische Verwaltung in der Tat die hieratisch geschriebenen Zahlen der Ägypter verwandte. Die hieratischen Zeichen für 5, 10, 20 und 30, die mit diesen Werten in offiziellen hebräischen Dokumenten verwandt wurden, stehen auf den Gewichten für andere Einheiten, die dem Wert von jeweils 4, 8, 16 und 24 Schekel entsprochen haben.

TAFEL A

Ostrakon-Nr.	Datum	Ort	Empfänger	Lieferung
4–6	im neunten Jahr	aus *Kozo (מקצה)	an *Gaddiyau (לגדיו)	Krug alten Weins
9–10	im neunten Jahr	aus *Jazit (מיצת)	an *Aḥinoam (לאחנעם)	Krug alten Weins
12	im neunten Jahr	aus *Siftan (משפתן)	an *Baalzemer (לבעלזמר)	Krug alten Weins
16	im zehnten Jahr	aus Sefer (מספר)[103]	an *Gaddiyau	Krug Feinöl
18	im zehnten Jahr	aus Ḥazerot (מחצרת)	an *Gaddiyau	Krug Feinöl

TAFEL B

Ostrakon-Nr.	Datum	Sippe	Empfänger	Absender	Ort
22–23	im Jahr 15	von Ḥelek (מחלק)	an *Asa (Sohn des) Aḥimelek (לאשא אחמלך)	Ḥeleṣ (חלץ)	aus Ḥazerot
24	im Jahr 15	von Ḥelek	an *Asa (Sohn des) Aḥimelek	Rafa (Sohn des) *Anmes (רפא · ענמש)	aus Ḥazerot
28	im Jahr 15	von Abieser (מאבעזר)	an *Asa (Sohn des) Aḥimelek	Baala (בעלא)	aus *Elmatan (מאלמתן)
29	im Jahr 15	von Schemida (משמידע)	an *Asa (Sohn des) Aḥimelek	Kedar (קדר)	aus *Sefer
30	im Jahr 15	von Schemida	an Ḥeleṣ (Sohn des) Gaddiyau	Gera (Sohn des) *Ḥanniab (גרא · חנאב)	?

Auf einigen wenigen Ostraka weicht der Text von diesem Muster ab. Auf den Nrn. 1 und 2 finden sich mehrere Personennamen, denen Zahlen nachgestellt sind. Nr. 1 lautet folgendermaßen:

In dem zehnten Jahr. Von Porajim an Schamaryau einen Krug alten Weines.

Pega (Sohn des) Elischa	2
Uzza (Sohn des) Kabesch (?)	1
Eliba	1
Baala (Sohn des) Elischa	2
Yedayau	1

Auf zwei Ostraka aus dem zehnten Jahr (Nrn. 3 und 13) werden auch Sippen (Schemida bzw. Abieser) erwähnt, die sonst nur in den Texten aus dem Jahr 15 auftauchen. Die Angaben aus allen diesen Texten sind in der folgenden Tabelle schematisch geordnet (biblische Namen werden in der biblischen Schreibweise wiedergegeben; nichtbiblische Namen und solche, die nur leicht von den bekannten biblischen Formen abweichen, werden mit * gekennzeichnet).

103 Diese Lesart anstelle des früher akzeptierten *sq* wurde unabhängig voneinander vorgeschlagen von *Michaud, H.*, Sur la pierre et l'argile, Neuchatel 1958, 58, und von *Cross, F. M.*, BASOR 163 (1961) 12–14.

Nr.	Jahr	Ort	Sippe	Empfänger	Absender	Lieferung
1.	10	aus *Porajim (מפארים)		an *Schamaryau (לשמריו)	*Rega (Sohn des) Elischa (רגע · אלישע)	2 Krüge alten [Weins]
					Uzza (Sohn des) *Kabesch (?) (עזא · קבש)	1
					*Eliba (אלבא)	1
					*Baala (Sohn des) Elischa	2
					*Yedayau	1
2.	10	aus *Azza (מאזה)		an *Gaddiyau	*Abibaal (אבבעל)	2
					Aḥaz (אחז)	2
					Scheba (שבע)	1
					Meribaal (מרבעל)	1
3.	10		von Schemida	an [. . .]a (ל. . .א)		Krug [al]ten Weins
4.	9	aus *Kozo		an *Gaddiyau		Krug [alten Weins]
5.	9	aus *Kozo		an [*Gaddi]yau		Krug alten Weins
6.	9	aus *Kozo		an *Gaddiyau		Krug alten Weins
7.	?	?		an *Gaddi[yau]		[Krug a]lten [Weins]
8.	9	aus Geb[a] (מגב[ע])		[an Ahino]am		Krug [al]ten [Weins]
9.	9	aus *Jazit		an Ahinoam		[K]rug alten Wei[ns]
10.	9	aus *Jazit		an Ahinoam		Krug alten Weins
11.				[an Ahi]noam		[K]rug Wein
12.	9	aus *Siftan (משפתן)		an *Baalzemer		Krug alten Weins
13.	10	von Abieser		an *Schamaryau		Krug alten Weins
		von *Tetel (?מתתל)		an *As[a?]		[?]
14.	9	aus A[sn]ot-*Par'an (מא[זנ]ת פראן)		an *Schamaryau		Krug alten Weins
15.		aus Ḥazerot		an [. . .]		Krug [. . .]
16.	10	aus Sefer		an *Gaddiyau		Krug Feinöl
17.	10	aus *Azza		an *Gaddiyau		Krug Feinöl
18.	10	aus Ḥazerot		an *Gaddiyau		Krug Feinöl
19.	10	aus Jazit		an Ahinoam		Krug Feinöl

20.	10	aus *Kerem-Hate[l] ([מכרם הת[ל)				[Krug] Feinöl
21.	10	von *Tetel (?)		an *Schamaryau		Krug Feinöl
22.	15	aus Ḥazerot	von Ḥelek	an *Asa (Sohn des) Aḥimelek	Ḥeleṣ	
23.	15	aus Ḥazerot	von Ḥelek	an *Asa (Sohn des) Aḥimelek	Ḥeleṣ	
24.	15	aus [Ḥa]zerot	[von Ḥe]lek	an *As[a] (Sohn des) Aḥime[lek]	Rafa (Sohn des) *Anmes	
25.		aus Ḥazerot	von Ḥele[k]	[an *Asa (Sohn des) A]ḥimele[k]	Ahazai	
26.		aus Ḥa[zerot]	[von Ḥele]k	an *Asa (Sohn des) [Aḥimelek]	[Ḥele]ṣ (Sohn des) H[. ? .]n	
27.	15	Baal-Meon (בעלמעני)	von Ḥelek	an *Asa (Sohn des) Aḥimelek	*Baala (der) Baalmeoniter	
28.	15	aus *Elmatan	von Ebieser	an *Asa (Sohn des) Aḥimelek	*Baala	
29.	15	aus Sefer	von Sche[mida]	[an] *Asa (Sohn des) Aḥimelek	Kedar	
30.	15		von Schemida	an Ḥeleṣ (Sohn des) *Gaddiyau	Gera (Sohn des) *Hanniab	
31.	15		von Schemida	an Ḥeleṣ (Sohn des) *Afṣeḥ (לחלץ אפצח)	*Baala (Sohn des) Zeker (בעלא זכר)	
32.	15		von Sche⟨m⟩ida	an Ḥeleṣ	*Aḥima (אחמא)	
33.	[1]5		von Schemi[da]	[an Ḥe]leṣ (Sohn des) *Gaddiyau	. . . ? (מנת . . .)	
34.	15		von [Schem]i[da]	[an Ḥeleṣ (Sohn des) *Ga]ddiyau	. . . ? (. . . צ)	
35.	15		von Sche[mida]	an Ḥeleṣ (Sohn des) *Gaddiyau		
36.			[von] Schemid[a]		[Ge]ra	[a]lter Wein
37.	15		von Schemida	an *Aḥima	*Asa (Sohn des) *Baalzeker (אשא בעלזכר)	
38.	15		von Schemida	an *Aḥima	*Ullah (Sohn des) Ela (עלה אלא)	
39.	15		von Schemida	[an] *Aḥima	[*As]a (Sohn des) [Baalzeker?]	
40.			[von] Schemida	an ? (. . . לע)		
41.					. ? . scha (Sohn des) *Egliyau (שע עגליו . . .)	
42.	15	aus *Asc(h)eret (מעשרת)	von ⟨A⟩srie[l] ([משרא[ל)	an *Yedayau (לידעיו)	*Meronyau (Sohn des) Gaddiya[u]	
43.	(h ?)			[an] Ḥannan . . . (. . . חנג)	El . . . (. . . אל)	
44.	15		von Sichem (משכם)	(הפ · ר . . .)	(ה . . .)	Wein
45.	15	aus *Jaz[it]	von Ḥogla	an Ḥanan (Sohn des) Ba[ar]a	[*Meron]yau (Sohn des) Natan ([מרנ]יו נתן)	

Nr.	Jahr	Ort	Sippe	Empfänger	Absender	Lieferung
46.	15			an Ḥanan (Sohn des) Ba[ara] ([לחנן ב[ערא)	(. . . א)	
47.		aus *Jazit	[von] Ḥogla (מחגלה)	an Ḥanan (Sohn des) Baara	? (. . . מ)	
48.	15	aus *Jaschub (מישב)	von ⟨A⟩srie[l]	an *Yedayau (Sohn des) Aḥimelek	Joschua (ישע)	
49.			[von Schemid]a	an Ḥe[leṣ (Sohn des) *Gaddiyau]	? (מזי כסר)	
50.	15		von Noa (מנעה)	an Gomer (לגמר)	*Obadyau an *Uriyau (עבדיו לאריו)	
51.	10				Aḥa der Judäe[r] (אחא היהד[י])	
52.	15				*Abiyau	
53.	10	*Kerem-Hatel				Wein in einem Feinölkrug
54.	10	*Kerem-Hatel				Wein Krug Feinöls
55.	10	*Kerem-Yeḥo-eli (כרם יחועלי)				Krug Feinöls
56.	15	aus *Hat[el]		an Nimsch[i] ([לנמש[י)?	(דל . . . עד)	
57.			Schem⟨i⟩da	Abda ?	(יו. . . נא . . . ין)	
58.	15	*Kerem-Hatel		an *Bedeyau (לבדיו)		
59.						Krug F[ein]öls
60.		*Kerem-Yeḥo-el[i]				
61.	15	*Kerem-Hatel				
62.			Schemid[a]			Wein
63.	17	(?)	von Schemid[a]			
3892.	10	*Kerem-Hatel				Wein in einem Krug für Feinöl
3893.	(10)	*Kere[m-Hatel]				Wein [in einem Krug für Fein]öl

Die Ostraka umfassen somit sechzehn Ortsnamen und sieben Namen, die als Sippen aus der Stammesgenealogie Manasses bekannt sind (Num 26,30–33; Jos 17,2–3; 1Chr 7,14–19), nämlich Schemida, Abieser, Ḥelek, [A]sriel[104], Sichem, Ḥogla und Noa. Für das Verständnis und die topographische Interpretation dieser Inschriften ist das Nebeneinander von Orts- und Sippennamen und deren Verbindung mit den verschiedenen Personennamen von grundlegender Bedeutung:

1. Verteilung der Ortsnamen auf die Sippennamen:

Abieser	– Tetel, Elmatan
Schemida	– Sefer
Ḥelek	– Ḥazerot, Baal-Meon
Ḥogla	– Jazit
[A]sriel	– As(ch)eret, Jaschub

2. Personen, die aus verschiedenen Orten Lieferungen bekamen:

Schamaryau	– Porajim, Tetel, A[sn]not-Par'an (Abieser)
Gaddiyau	– Azzah, Kozo, Sefer, Ḥazerot (Schemida, Ḥelek)
Ahinoam	– Geba, Jasit (Ḥogla)
As(ch)a (Sohn des) Aḥimelek	– Ḥazerot, Baal-Meon, Elmatan, Sefer (Abieser, Schemida, Ḥelek)
Yedeyau (Sohn des) Aḥimelek	– As(ch)eret, Jaschub ([A]sriel)

Es besteht kaum Zweifel daran, daß diese Männer, deren Namen in Verbindung mit der Präposition »an« (ל) standen, die Empfänger der Lieferungen waren. Sie könnten Steuereinnehmer, Regierungsbeamte für ein bestimmtes Gebiet, hochrangige Höflinge oder Minister gewesen sein, denen Erträge aus bestimmten Orten aufgrund ihres Amtes oder Ranges zugeteilt worden waren. Diese Interpretation, die sich auf Vergleiche mit Texten aus Ugarit gründet, wurde von A. F. Rainey vorgeschlagen[105].
Neuere Ausführungen von F. M. Cross[106] lassen es ratsam erscheinen, ausführlicher darzustellen, warum die Annahme, daß Grund und Boden übereignet wurden, die einzig zufriedenstellende Erklärung ist. Zuerst einmal müssen wir die Frage nach der Art der Texte klären. Sie können kaum »Steuerquittungen« sein, wie F. M. Cross annimmt; solche Quittungen wären nicht in einem Lagerhaus aufbewahrt worden, außerdem findet sich kein Beweis dafür, daß solche Belege jemals an die Steuerzahler ausgegeben wurden. Jedoch gibt es zahlreiche Hinweise, besonders bei den in Keilschrift schreibenden Völkern, daß eine Art Notiz»zettel« gebraucht worden ist (auf kleinen Tonklumpen in Mesopotamien, die später zur

104 Diese Lesart, zuerst von *W. F. Albright* vorgetragen, wird jetzt wieder von *F. M. Cross* anstelle der Lesart *srq* vorgeschlagen.
105 *Rainey, A. F.*, IEJ 12 (1962) 62–63.
106 *Cross, F. M.*, AUSS 13 (1975) 7–10.

»Buchführung« zusammengeschrieben wurden). Eine solche Funktion hatten offensichtlich auch die samarischen Ostraka. Das würde auch erklären, warum sie abgelegt wurden. Die endgültige Buchführung ist dann sehr wahrscheinlich auf Papyrus geschrieben worden.

Jedoch gibt es mehrere Punkte, in denen wir F. M. Cross ohne weiteres zustimmen können. Er schreibt, daß einige Männer, deren Namen ein *Lamed* vorangestellt worden ist (»L-Mann«), wiederholt in den Texten auftauchen und Lieferungen aus mehr als einem Ort bekommen. Daher können sie kaum Steuereinnehmer gewesen sein, da ein Überlappen der Verantwortungsbereiche ein Chaos in der Verwaltung bedeutet hätte.

Weiterhin hat F. M. Cross festgestellt, daß die Männer, deren Namen keine Präposition vorangestellt wurde, viel sorgfältiger bezeichnet sind, oft mit Vatersnamen und Herkunftsort. Diese Personen tauchen immer mit demselben »L-Mann« auf. Aber einige dieser »Nicht-L-Männer« können an denselben »L-Mann« liefern, so z.B. im Text Nr. 1. Diese Faktoren passen erstaunlich gut zu der Interpretation, daß Grund und Boden übereignet wurde.

Wir stimmen mit F. M. Cross auch darin überein, daß die kleinen Lieferungen – ein oder zwei Krüge mit Wein oder Öl – nicht die ganze Produktion eines Landgutes sein können. Andererseits können wir ihm in den folgenden Punkten nicht zustimmen: Rationen, die den Vornehmen und/oder Funktionären für ihren persönlichen Gebrauch in der Hauptstadt zugesandt wurden, müssen nicht unbedingt größer gewesen sein. Es ist nicht bekannt, ob die »L-Männer« ständig in Samaria wohnten oder ob sie dort nur für eine bestimmte Zeit anwesend sein mußten. Selbst wenn sie ihren Wohnsitz in der Hauptstadt hatten, können sich die Lieferungen ja auch nur auf bestimmte Anlässe beschränkt haben. Das Hauptlagerhaus eines Landbesitzers stand gewöhnlich auf seinem eigenen Landgut; es war in der Stadt Samaria auch gar kein Platz, *alle* Produkte, die den einzelnen dort lebenden Bürgern gehörten, aufzubewahren. Ferner gibt es keinen Grund für die Vermutung, daß jede Lieferung an die Empfänger direkt anstatt über die königlichen Lagerhäuser geliefert wurde, zumal wenn diese Empfänger »an des Königs Tafel« aßen (vgl. 2Sam 9,10.13)[107].

I. T. Kaufmann hat einen Hinweis Y. Yadins aufgegriffen und darauf hingewiesen, daß die Texte der Nrn. 20, 53, 54, 55, 61 (und vielleicht 63), 3892 und 3893 weder einen »L-Mann« noch einen »Nicht-L-Mann« kennen. Diese Texte wurden als Argument gegen die Theorie der Grund- und Bodenübereignung angeführt. Sie sind jedoch noch viel eher ein Argument dafür, daß man die Texte nicht als »Steuer-Quittungen« erklären kann. Es

107 Vgl. auch UT 1098, wo Lieferungen aus verschiedenen Orten verzeichnet sind, die dann im »Hauptbuch« der Palastverwaltung von Ugarit festgehalten wurden. Neben den regulären Lieferungen an die Krone sind auch einige Lieferungen an spezielle Empfänger notiert. Das zeigt, daß solche Lieferungen auch über die königlichen Vorratshäuser abgewickelt worden sein können. *Rainey, A. F.*, PEQ 99 (1967) 36–38; *ders.*, in: Proceedings of the International Conference on Semitic Studies held in Jerusalem, 19.–23. Juli 1965, Jerusalem 1969, 205–211.

handelt sich ganz einfach um Notizen über Lieferungen der königlichen Weingärten[108]. Alle diese Ostraka belegen Lieferungen aus *Kerem-Hatel, mit Ausnahme des Textes Nr. 55, der sich mit einer Lieferung aus *Kerem-Yeḥo-eli befaßt; Text Nr. 60, der ebenfalls aus dem letztgenannten Ort stammt, gehört wahrscheinlich in die gleiche Kategorie. Da der Empfänger der Königshof war, bestand kein Anlaß, diese Tatsache besonders zu registrieren. Somit liegt hier kein Widerspruch vor, wenn man die restlichen Ostraka als Grund- und Bodenübereignungen interpretiert.

Die »L-Männer« waren sehr wahrscheinlich Empfänger von Wein und Öl aus ihren eigenen Besitzungen. Für diese Annahme sprechen folgende Gründe: Landbesitzungen konnten auf die verschiedensten Arten erworben werden. Der Hauptteil der Besitztümer war gewöhnlich das vom Vater Ererbte; andere Flurstücke (und selbst ganze Städte) können einer Person vom König übereignet worden sein. Dieses System liegt 1Sam 8,14–15 zugrunde[109]. Die Grundstücke, Felder, Obstgärten usw., die der Krone für solche Verleihungen zur Verfügung standen, können von Verrätern[110] oder anderen Übeltätern konfisziert worden oder auch Landgüter gewesen sein, deren Besitzer durch Schulden oder Krankheit in ausweglose finanzielle Schwierigkeiten gekommen waren[111].

Aus davidischer Zeit ist der Fall Meribaal (Meriboschet) ein gutes Beispiel dafür, wie ein in der Hauptstadt lebender Grundbesitzer die Erträge seines väterlichen Erbteils oder seines übereigneten Landes nutzen konnte[112]. Das »Haus Saul«, der Familienbesitz in Benjamin, wurde Meribaal von David zugewiesen (2Sam 9,7), aber der Empfänger selbst saß an des Königs Tafel. Das bedeutete jedoch nicht, daß er auf des Königs Kosten verpflegt wurde; Ziba, der Haushofmeister für Sauls Besitzungen, bekam den ausdrücklichen Auftrag: »Bring die Ernte ein, damit deines Herrn Sohn Brot zu essen hat« (2Sam 9,10). Eine Eintragung, die in den königlichen Lagerhäusern von Jerusalem kurz notiert worden wäre, hätte dann das Regierungsjahr Davids beinhaltet sowie die Formulierungen »aus Gibea«, »an Meribaal« *(l-mrbʿl)*, die Lieferung, und »Ziba, Haushofmeister *(nʿr)* Sauls«, würde als »Nicht-L-Mann« erscheinen.

Daher paßt aus soziologischer Sicht die Landübereignungs-Interpretation zu allen Angaben. Eine in der Hauptstadt Dienst tuende Person würde Lieferungen aus ihrem Familienbesitz erhalten und könnte weitere aus anderen Landgütern, die sie von der Krone übereignet bekommen hatte, empfangen. Hochrangige Beamte und Adelige waren auch in der Lage, sich den Besitz

108 Zumindest im Hinblick auf diese Eintragungen ist *M. Noths* Interpretation richtig; *Noth, M.*, ZDPV 50 (1927) 219ff = Aufsätze I, 164ff.

109 Zuerst von *Mendelsohn, I.*, BASOR 143 (1956) 17–22, festgestellt; obwohl er einige wenige der akkadischen Abschnitte, die hier zur Diskussion stehen, falsch verstanden hat, waren seine Beobachtungen doch brillant.

110 Das war auch der angebliche Grund, Nabot den Weinberg wegzunehmen, 1Kön 21,10.13.

111 Witwen und Waisen waren eine besonders leichte Beute, vgl. 2Kön 4,1ff.

112 Vgl. *Rainey, A. F.*, PEQ 99 (1967) 39.

unterdrückter Bürger auf illegale Weise anzueignen; ein solches Verhalten ist besonders für das 8. Jahrhundert v. Chr. belegt, in dem die auf den samarischen Ostraka festgehaltenen Lieferungen durchgeführt wurden (vgl. Am 2,6–7; 5,10–12; 8,4–6; Mich 2,1–2.9; Jes 3,13–15; 5,8).

Schließlich können wir auch noch ein grammatikalisches Argument anführen. Es ist einfach unvorstellbar, daß ein hebräischer Schreiber den *Absender* oder *Schenkenden* einer Lieferung mit der Präposition לְ bezeichnet haben könnte. Wenn auch die Verbindung לְ + Personenname Besitz anzeigen kann[113], soll dadurch nicht der Absender benannt werden. Die Präposition לְ kann in der Verbindung mit מִן kaum etwas anderes als »an« bedeutet haben in Abhebung von »von/aus«. Daß im alten Hebräisch לְ den Empfänger angibt, sowohl in direkter wie indirekter Rede, ist sicher[114]. Wenn ein Absender oder Schenkender gemeint war, benutzte der Schreiber die zusammengesetzte Präposition *mêʿœt*[115] oder setzte den Namen im Genitiv hinter die Nennung der Lieferung[116]. Dieser letztgenannten Praxis ist es zu verdanken, daß die Haushofmeister in den samarischen Ostraka als »Nicht-L-Männer« auftauchen.

Auf den Ostraka unterscheiden sich die Personennamen der Jahre 9 und 10 von denen des Jahres 15, doch die Beziehung der verschiedenen Orte zu bestimmten Personen hat sich offenbar nicht verändert. Unter den Orten, deren Lieferungen im zehnten Jahr an Gaddiyau gingen, werden Ḥazerot und Sefer erwähnt; im fünfzehnten Jahr sind die Lieferungen aus diesen beiden Orten wiederum für ein und denselben Empfänger bestimmt: Asa (Sohn des) Aḥimelek. Daraus können wir schließen, daß Asa (der Sohn des) Aḥimelek Gaddiyaus Position übernommen hatte. Von der Kombination der Ortsnamen her ist es wahrscheinlich, daß beide Personen Lieferungen aus mindestens sechs Orten bekommen haben (Azzah, Kozo, Sefer, Ḥazerot, Baal-Meon und Elmatan), die sich auf die Territorien dreier Sippen verteilten (Ḥelek, Abieser und Schemida).

Bei den Versuchen, diese Texte zu erklären und ihr Datum zu bestimmen, mußte man vor allem zwei Probleme lösen:

1. Zwischen den Sippen und den Empfängern bestehen keine wechselseitigen Beziehungen. Die Lieferungen einer Sippe gehen an verschiedene Personen, und eine Person erhält Lieferungen von verschiedenen Sippen. Wenn die Sippenterritorien in dieser Zeit tatsächlich als Verwaltungseinheiten dienten und wenn die Lieferungen Steuern waren, erhebt sich die Frage, warum die Besteuerung nicht in Übereinstimmung mit diesen Einheiten vorgenommen wurde. Aus diesem Grunde hat M. Noth – auf der Grundlage ägyptischer Analogien – die Vermutung geäußert, daß auf den Ostraka Lieferungen vermerkt sind, die von den königlichen Weinbergen

113 *Rainey, A. F.*, IEJ 16 (1966) 187–190.
114 *Rainey, A. F.*, PEQ 102 (1970) 45–51.
115 Ex 29,28; Num 7,84; 18,28; Dtn 18,3; auch die Arad-Texte 5,2; 6,2; 9,2 in: *Aharoni, Y.*, Arad Inscriptions, Jerusalem 1981.
116 Num 7,17.23.29.

gesandt wurden. Unter den geographischen Namen werden nur wenige Weinberge genannt (Kerem-Hatel, Kerem-Yeḥo-eli), aber genau diese Texte enthalten keine Hinweise auf Sippen. Darüber hinaus erhebt sich die Frage, warum sich die Form der Inschriften aus dem neunten und zehnten Jahr einerseits von der aus dem fünfzehnten Jahr andererseits unterscheidet und außerdem die Sippennamen fast ausschließlich in der letzteren Gruppe vorkommen. M. Noth kommt zu dem Schluß, daß diese Änderung in der Form der Inschriften einen Hinweis auf eine Verwaltungsreform bietet; er nimmt an, daß sie im zehnten Jahr durchgeführt wurde, da in den Texten Nr. 3 und 13 Sippennamen vorkommen. Jedoch stellt sich dann die Frage, warum überhaupt Sippennamen erwähnt wurden, wenn sie für die hier zur Debatte stehenden Wein- und Öllieferungen keine Bedeutung hatten.

2. Alle Personennamen auf den Ostraka aus dem neunten und zehnten Jahr unterscheiden sich von denen des Jahres 15, auch wenn einige der Ortsnamen in beiden Gruppen vorkommen[117]. Wenn es sich hier um königliche Beamte, Steuereinnehmer, Landbesitzer oder dergleichen handelt, dann muß man erklären, wie es dazu kommen konnte, daß alle innerhalb einer Zeitspanne von fünf Jahren abgelöst wurden.

Eine Lösung für dieses letztgenannte Problem könnte uns bei der Datierung der Ostraka helfen. Alle Gelehrten, die sich mit diesem Problem beschäftigt haben, gehen von der Annahme aus, daß die Ostraka in die Regierungszeit eines einzigen Königs gehören, der also mindestens fünfzehn oder siebzehn Jahre regiert hat[118]. Paläographische und archäologische Erwägungen schränken die Auswahl der Könige auf diejenigen ein, die während der zweiten Hälfte des neunten oder der ersten Hälfte des achten Jahrhunderts v.Chr. herrschten[119]. Daher kommen nur die folgenden drei Könige in Betracht: Jehu, Joahas[120] oder Jerobeam II. Jedoch können die oben aufgeführten Probleme gelöst werden, wenn wir annehmen, daß die Ostraka aus den Regierungszeiten zweier verschiedener Könige stammen – daß die der Jahre 9 und 10 aus der Regierungszeit des einen Königs und die des Jahres 15 (sowie des einen aus dem Jahre 17) aus der des anderen Königs stammen –

117 *'ḥm'* auf dem Ostrakon Nr. 3 aus dem Jahr 10 ist schlicht eine Restaurierung, die auf den Nrn. 37–39 beruht; in Wirklichkeit ist nur der letzte Buchstabe erhalten.

118 Nach Yadins System waren es nur zehn Jahre; deshalb schlägt er Menahem vor.

119 Man sollte bedenken, daß keine einzige kursive Inschrift aus dieser Zeit vorliegt; daher ist es schwierig, nur aufgrund paläographischer Erwägungen zu einem exakten Datum zu kommen. Die Ausgräber geben an, daß die Ostraka in mehreren Räumen des Gebäudes gefunden wurden, »im untersten Siedlungsschutt« (*Reisner-Fisher*, Harvard Excavations at Samaria I, Cambridge/Mass. 1924, 227), zusammen mit einem Alabastergefäß, das den Namen Osorkon (II.) aufwies. An anderer Stelle (S. 62) behaupten sie: »Dieser Boden war 10 bis 40 cm dick und bestand aus feinem, schwarzem Schutt, so wie er bei Stampflehmböden eben zustande kommt; er läßt vielleicht auf eine beträchtliche Benutzungszeit schließen.« Nach den Untersuchungen von *Crowfoot* und *Kenyon*, Samaria-Sebaste III, 469, gehören die meisten Ostraka in die Periode IV, die – nach ihrer Auffassung – in die erste Hälfte des 8. Jahrhunderts v.Chr. zu datieren ist.

120 Es ist zweifelhaft, ob Joahas siebzehn Jahre regiert hat; vgl. *Aharoni, Y.*, Tarbiz 21 (1950) 92f (hebräisch).

höchstwahrscheinlich seines Sohnes. Legt man diese Annahme zugrunde, so muß man eine Generation zwischen den beiden Ostraka-Gruppen ansetzen; das würde die Unterschiede in den Personennamen erklären und weniger Schwierigkeiten bei der Deutung des Wechsels in den Formulierungen bereiten. Darüber hinaus kann man bestimmte paläographische Unterschiede zwischen den zwei Textgruppen feststellen[121].
Diese Lösung erlaubt es, die Ostraka mit größerer Sicherheit zu datieren. Wenn es richtig ist, daß wir es hier mit zwei aufeinanderfolgenden Königen zu tun haben, von denen der zweite mindestens siebzehn Jahre regiert hat, dann sind die wahrscheinlichsten Kandidaten Joas, der fünfzehn oder sechzehn Jahre (ca. 800–785 v.Chr.) regierte, und Jerobeam II., sein Sohn (ca. 785–749 v.Chr.). In der Bibel ist ein ausdrücklicher Hinweis auf eine Volkszählung der israelitischen Bevölkerung überliefert, die unter Jerobeam II. durchgeführt wurde (1Chr 5,17); vielleicht erklärt das die Erwähnung der Sippennamen auf den Ostraka seiner Regierungszeit. Bei den Sippennamen handelt es sich nicht um Verwaltungsdistrikte, sondern um Sippenterritorien, die bei der Volkszählung in verschiedenen Teilen des Gebirges Efraim registriert wurden. Alle diese Lieferungen stammen selbstverständlich aus dem gleichen Verwaltungsbezirk, nämlich dem Gebirge Efraim (vgl. 1Kön 4,8), und die verschiedenen Orte sind auf die Beamten aufgeteilt, wobei dahingestellt sei, ob es sich um Steuereinnehmer oder anders legitimierte Empfänger handelt. Auf den Ostraka der Jahre 9 und 10 wird der Ortsname zuerst genannt (nach dem Datum), ein Hinweis darauf, daß die Registrierung nach geographischen Gesichtspunkten erfolgte. Nach der Volkszählung in der Regierungszeit Jerobeams II. wurden die Steuerlasten auf die Sippen verteilt, so daß diese auf den späteren Ostraka zuerst genannt werden. Trotzdem wurden die Orte selbst nicht auf die verschiedenen Verwaltungsdistrikte neu verteilt. Andererseits werden Lieferungen aus den königlichen Weinbergen Kerem-Hatel und Kerem-Yeḥo-eli aufgeführt, ohne daß eine Sippe genannt wird. Selbstverständlich entstanden die Sippen nicht erst in der Regierungszeit Jerobeams II., und deshalb überrascht es nicht, daß wir gelegentlich einen Hinweis auf sie in den Ostraka des Jahres 10 (Nrn. 3 und 13) finden. Die Formulierung, die in diesen Fällen gebraucht wurde, unterscheidet sich jedoch von der des Jahres 15. In beiden Texten erscheinen zwei Personennamen in Verbindung mit der Präposition לְ (»an«). Daher ist hier nicht beabsichtigt, eine bestimmte Lieferung einer

121 Da keine Fotografien der Ostraka publiziert sind, ist es schwierig, zu gesicherten paläographischen Ergebnissen zu kommen. Trotzdem möchten wir wenigstens bei einem Buchstaben auf einen Unterschied hinweisen. *F. M. Cross* hat bereits gezeigt, daß auf den Ostraka von Samaria zwei verschiedene Typen von *qof* vorkommen. »Das eine ist im oberen Teil rund und im Uhrzeigersinn gezeichnet . . . Das andere *qof* wird aus zwei halbkreisartigen Strichen gebildet, ähnlich dem *ajin* . . . Ostraka Nrn. 4, 5, 6 haben Typ eins; 22–24 und 26–27 den zweiten Typ« (BASOR 165 [1962] 41). Der erste, ältere Typ befindet sich auf den Ostraka der Jahre 9 und 10, während der zweite auf denen des Jahres 15 vorkommt. Das wäre offensichtlich eine erstaunliche paläographische Entwicklung, wenn sie in der kurzen Zeit von nur fünf Jahren vonstatten gegangen wäre.

bestimmten Sippe zu beurkunden, wie es auf den Ostraka des Jahres 15 der Fall ist; es könnte sich hier eher um ein Beispiel handeln für eine Lieferung eines Kruges alten Weins von der Sippe Abieser und eine Lieferung aus dem Ort Tetel (Nr. 13), außerdem um eine weitere Lieferung der Sippe Schemida zusammen mit irgendeinem anderen Ort (Nr. 3). Auch wenn wir diese Eintragungen nicht mit absoluter Sicherheit interpretieren können, so ist doch deutlich, daß die Formulierung ganz anders lautet als bei der Aufzählung von Sippen- und Ortsnamen in den Texten aus dem fünfzehnten Jahr.

Wenn diese Erklärung der samarischen Ostraka richtig ist, dann sind sie ein Hinweis auf die in der Regierungszeit Jerobeams II. durchgeführte Volkszählung, die veranstaltet worden war, um die Steuereintreibungen aufgrund einer gleichmäßigeren Belastung zu beschleunigen. Sie veranschaulichen auch die exakte, gut organisierte Verwaltung sowohl in seiner als auch in der Regierungszeit seines Vaters Joas. Am interessantesten ist die Tatsache, daß alle Sippennamen der Ostraka in der Bibel als Söhne Manasses auftauchen – ein aufschlußreicher Beleg dafür, daß die alte Sippenunterteilung selbst noch so spät in der Königszeit existiert hat. Das zeigt wiederum, daß die agrarische Sozialstruktur weiterhin vorherrschend war. Alle auf den Ostraka erwähnten Orte liegen im nördlichen Teil des Gebirges Efraim, dem alten Territorium Manasses, das, mit Samaria als Hauptstadt, im Königreich ein Verwaltungsdistrikt geworden sein könnte.

Karte 29: Das Gebirge Efraim im Lichte der samarischen Ostraka

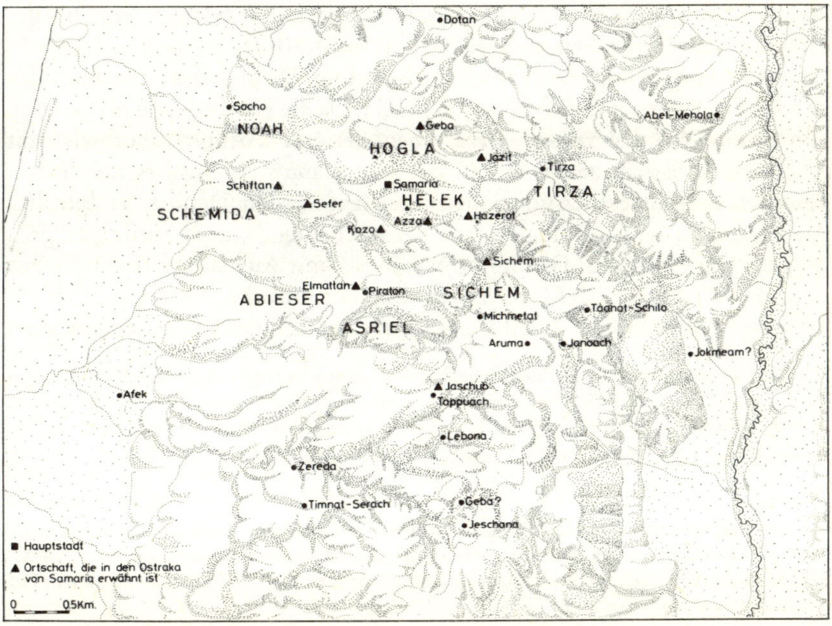

Die geographischen Namen auf den samarischen Ostraka stellen eine höchst willkommene Ergänzung unserer dürftigen Kenntnisse dieser Region dar. Weil zusätzliche Quellen über diesen nördlichen Teil des Gebirges Efraim so rar sind, basieren die meisten Identifizierungen auf der Erhaltung des alten Ortsnamens. Für die folgenden Orte wurden akzeptable Gleichsetzungen vorgeschlagen (vgl. Karte 29):

Azzah	–	*Zawātā*, 5 km südöstlich von Samaria;
Elmatan	–	*Immātīn*, 10 km südlich von Samaria;
Geba	–	*Ǧebaᶜ*, 6 km nördlich von Samaria;
Ḥazerot	–	*ᶜAṣīre eš-Šemālīye*, 8 km südöstlich von Samaria;
Jazit	–	*Yāṣīd*, 9 km ostnordöstlich von Samaria;
Jaschub	–	*Yāsūf*, ungefähr 20 km südlich von Samaria[122];
Sefer	–	*Sefārīn*, 8 km westlich von Samaria;
Kozo	–	*Ḫirbet Qūṣīn*, 4 km südlich von Samaria;
Sichem	–	*Tell Balāṭa*, 11 km südöstlich von Samaria;
Siftan	–	*Šūfe*, 10 km westlich von Samaria.

Nach diesen Lokalisierungen kann man die Lage der manassitischen Sippenterritorien im Gebirge Efraim bestimmen: Asriel im Süden (Jaschub); Abieser im Südwesten (Elmatan, Tetel); Ḥelek im Osten (Ḥazerot und vielleicht Azza); Sichem im Südosten; Schemida im Südwesten (Sefer und das benachbarte Kozo); Ḥogla im Nordosten (Jazit und anscheinend auch Geba). Fünf dieser Sippennamen stimmen mit den Söhnen Manasses, wie sie in den Genealogien überliefert werden, überein, und alle liegen im Bergland. Nur einer der sechs Söhne Manasses fehlt, nämlich Hefer, ein Ort, der offensichtlich in der Scharon lag (vgl. 1Kön 4,10).
Zwei der Sippen sind nach der Überlieferung Töchter des Zelofhad, des Sohnes des Hefer, nämlich Noa und Ḥogla. Da die Ḥogla-Sippe nordöstlich von Sichem lokalisiert und Tirza (ebenfalls eine Tochter Zelofhads) mit *Tell el-Fārᶜa* östlich davon identifiziert wird, muß Noa wahrscheinlich in dem Gebiet nordwestlich von Samaria gesucht werden. Demnach folgte ihre Anordnung in der Genealogie Manasses anscheinend einer bestimmten geographischen Ordnung: Die Söhne Manasses (mit Ausnahme Hefers) leben in dem zentralen Teil des Gebirges Efraim, der südlichen Hälfte des Erbteils Manasses, während die Töchter im nördlichen Teil des Gebirges Efraim zu

122 Die allgemein akzeptierte Identifizierung für Jaschub ist *Ḫirbet Kafr Sibb* bei *Šuwēke* in der Scharon-Ebene, ca. 17 km nordwestlich von Samaria. Aber dies wäre der einzige Ort außerhalb des Gebirges Efraim, und seine Identifizierung beruht auf der Lesart *srq*, Jaschubs Sippen-Distrikt. Liest man hingegen ⟨A⟩sriel, so liegt die Identifizierung mit *Yāsūf* im Bergland in der Nähe von Tappuach näher. Dieser Ort wird in der jüdischen Midrasch-Literatur und in der samaritanischen Chronik Yasub genannt; vgl. *Klein, S.*, ZDPV 57 (1934) 7ff. Es ist möglich, daß »die Einwohner von En-Tappuach an der Grenze zu Manasse« in Jos 17,7 als »Jaschub und En-Tappuach« zu lesen ist, ein Vorschlag, der durch LXX gestützt wird; vgl. *Abel, F.-M.*, RB 45 (1936) 103ff. Jaschub hieß auch eine Sippe Issachars, die Verbindungen zu diesem Ort gehabt haben könnte (vgl. o.S. 255).

finden sind. Diese Anordnung wurde wahrscheinlich durch historische Umstände während der Seßhaftwerdung verursacht und spiegelt eine graduelle Nordwärts-Bewegung, vom Herzen des Berglandes aus, wider.
Aus den samarischen Ostraka erhalten wir eine beachtliche Zahl von geographischen Namen alter Siedlungen im zentralen Teil des Gebirges Efraim, die nicht in der Bibel oder in anderen Quellen überliefert sind. Bis zu einem gewissen Grad zeigen sie die Unvollständigkeit der biblischen Städtelisten für das Gebirge Efraim und liefern Aufschlüsse über die Dichte der agrarischen Bevölkerung in der Region Samaria zur Zeit des israelitischen Königreichs.

X. Die Feldzüge Tiglatpilesers III. und der Zusammenbruch Israels

Der Tod Jerobeams II. und die Ermordung seines Sohnes Sacharja etwa im Jahre 748 v.Chr. setzte der Dynastie Jehus, die Israel ungefähr ein Jahrhundert lang regiert hatte, ein Ende. Für das Königreich Israel begann nun eine Periode des Verfalls, die in der Regierungszeit Tiglatpilesers III., des Königs von Assyrien (745–727 v.Chr.), katastrophale Ausmaße erreichte[123].
Dieser Herrscher erneuerte die expansionistischen Bestrebungen Assyriens und wurde der Begründer des großen assyrischen Reiches, das schließlich alle kleinen Königreiche Syriens und Palästinas aufgesogen hat. Nicht zufriedengestellt mit den Plünderungszügen und dem Tribut, den er den verschiedenen Königtümern abgepreßt hatte, begann er, ihre Territorien seinem Reich nacheinander einzuverleiben, indem er sie zu Provinzen machte. An die Spitze dieser Provinzen setzte er assyrische Gouverneure und siedelte gleichzeitig den größten Teil der Oberschicht in andere Regionen um, wobei er sie durch Deportierte aus anderen Regionen ersetzte.
Sein erster Zusammenprall mit den Staaten im Westen führte zur Etablierung der assyrischen Hegemonie. Die Inschrift Tiglatpilesers III. gibt keinen Aufschluß über die Gründe für diesen Krieg. Nach dem assyrischen Sieg gewann er jedoch die Oberherrschaft über Nordsyrien bis zum Libanon- und Amanus-Gebirge und machte das Königreich Hamat zu einer assyrischen Provinz[124]. Die Liste der Herrscher, die daraufhin Tribut an Assyrien zahlten, umfaßt die Könige von Byblos, Tyrus, Damaskus (Rezin), Samaria (Menahem) und selbst die Königin von Arabien[125]. Menahem trieb die verlangte Summe ein, indem er den Landbesitzern seines Königreiches sehr hohe Steuern auferlegte (2Kön 15,19–20). Die Assyrer sicherten sich die Oberherrschaft über die phönizische Küste; das geht aus der Korrespon-

123 Vgl. *Tadmor, H.*, Introductory Remarks to a New Edition of the Annals of Tiglath-Pileser III. Proceedings of the Israel Academy of Sciences and Humanities II, No. 9, Jerusalem 1967.
124 ANET 282f.
125 ANET 282.

denz Qurdi-aššur-lamurs[126] hervor, der den Sidoniern verbot, Bauholz an Ägypten oder an die Philister zu verkaufen.
Kurz danach veränderte sich die Situation in Palästina völlig. Usia starb ungefähr im Jahre 735 v.Chr., und sein Enkel Ahas wurde Herrscher über Juda. Im gleichen Jahr wurde Pekachja, der Sohn Menahems und König von Israel, von Pekach, dem Sohn Remaljas, ermordet. Pekach verdankte seinen Aufstieg zur Macht offenbar einer Welle der Empörung, die von der völligen Unterwerfung unter Assyrien herrührte; mit seinem Aufstieg wurde ein neues Bündnis gegen Assyrien gegründet, das von Pekach und Rezin, dem König von Damaskus, angeführt wurde. Nur in diesem Zusammenhang können wir ihren vereinten Feldzug gegen Juda verstehen, der mit der Absicht durchgeführt wurde, den davidischen König zu beseitigen und ihn durch den Sohn Tabeels zu ersetzen (Jes 7,5ff). Dieser Mann war offensichtlich der Sprößling einer berühmten Familie, die sich enger Beziehungen zu Juda und vielleicht sogar zu dem dortigen Königshaus erfreute[127]. Diese Familie scheint den zentralen Teil Gileads beherrscht zu haben, ihre Vormachtstellung reichte vielleicht sogar in die Regierungszeiten Usias und Jotams (1Chr 5,17; 2Chr 26,8) zurück. In einem anderen Brief, der bei den Ausgrabungen Nimruds gefunden wurde, berichtet der gleiche assyrische Gouverneur, Qurdi-aššur-lamur, daß durch einen Boten ein Brief von Ajanur, dem Tabeeliter (*^{Id}Aia-nu-ri ^{KUR}Ṭa-ab-i-la-aia*), überbracht worden sei. Dieser Brief enthielt Nachrichten über Leute des Landes Geder (*^{KUR}Gi-di-ra-aia*), die feindliche Übergriffe gegen die Bevölkerung einer moabitischen Stadt durchgeführt hatten[128]. Dieses Geder ist sehr wahrscheinlich das Γαδαρα/Γαδωρα/Gedor, die Hauptstadt des Peraea-Distrikts in der Zeit des Zweiten Tempels[129], das heutige *Tell ʿĒn Ğedūr* bei *es-Salṭ* in Zentral-Gilead. Die Tabeel-Familie war wahrscheinlich Vorfahre der berühmten Tobiaden, die Zentral-Gilead in nachexilischer Zeit beherrschten. Tobia, der ammonitische Knecht (Neh 2,19), stammte vermutlich aus derselben Familie; das könnte auch auf den Tobijahu der Lachisch-Briefe zutreffen, der den Titel »Diener des Königs« trug[130]. Zweifellos übten sie gegen Ende des 7. Jahrhunderts beträchtlichen Einfluß auf das judäische Königshaus aus. Der Sohn Tabeels, den Rezin und Pekach auf den Thron in Jerusalem zu setzen beabsichtigten, war wahrscheinlich von Tiglatpileser III. ins Exil nach Assyrien geschickt worden, und die »Söhne Pahat-Moabs«

126 *Saggs, H. W. F.*, Iraq 17 (1955) Nr. XII, 127ff und Nr. XIII, 130f. Obwohl Saggs diese Briefe in die Regierungszeit Tiglatpilesers III. datiert, will *Katzenstein, H. J.*, The History of Tyre, Jerusalem 1973, 232–238, sie in die Anfangsphase der Regierungszeit Sargons II. setzen; da der gleiche Statthalter sich auch mit Angelegenheiten Transjordaniens befaßt zu haben scheint, ist es unwahrscheinlich, daß er sein Hauptquartier in Ṣimirra (dem Ṣumur der Spätbronzezeit) hatte, wie es von Katzenstein vorgeschlagen wird.

127 Zur Geschichte der Tabeeliten/Tobiaden in der Zeit des Ersten und Zweiten Tempels vgl. *Mazar, B.*, IEJ 7 (1957) 137–145.229–238.

128 *Saggs, H. W. F.*, Iraq 17 (1955) 131–132, Text Nr. XIV (ND 2773).

129 *Josephus*, Bell. IV,7.3 (413); *Ptolm.* V,14.4; Mischna Araḫin 9,6.

130 Lachisch-Brief 3,9; TGI 74.

(Esr 2,6; 8,4; Neh 7,11), die aus dem Exil zurückkehrten, könnten die Nachkommen seiner und anderer angesehener Familien aus dem transjordanischen Gebiet gewesen sein.

Das Haus des Tabeel/Tobia war nicht die einzige judäische Familie, die in der Königszeit in Gilead Bedeutung gewann. Beera, der Fürst der Rubeniten, der von Tiglatpileser III. ins Exil geschickt worden war (1Chr 5,6), muß ebenfalls einer solch angesehenen Familie angehört haben, die Verbindungen zu Juda unterhalten hatte. Seine Familie nahm wahrscheinlich eine Führungsrolle im Tafelland Moabs ein, die derjenigen der Tabeeliten/Tobiaden in Gilead vergleichbar war.

Ahas hat es offensichtlich abgelehnt, der von Rezin und Pekach vorgeschlagenen Koalition beizutreten. Daher waren die Könige Israels und Arams bestrebt, einen König ihrer Wahl in Jerusalem zu etablieren, der ihre anti-assyrischen Pläne unterstützen würde. Die anderen Nachbarstaaten Judas nahmen diese Gelegenheit wahr, ihre Unabhängigkeit wiederzuerlangen. Die judäische Macht über Edom wurde gebrochen, offenbar mit der Hilfe Rezins, des Königs von Aram; Elat wurde wieder einmal in edomitische Hand übergeben (2Kön 16,6; 2Chr 28,17). Die Ausgrabungen in Ezjon-Geber belegen, daß der Ort in dieser Zeit eine edomitische Besatzung erlebte. Auch die Philister nahmen diesen Zeitpunkt wahr, ihren eigenen Herrschaftsbereich in die Schefela und in den Negeb auszudehnen; besonders nachteilig für Juda war die Eroberung einer Anzahl von Städten, die die Pässe nach Jerusalem kontrollierten: Gimso und Ajalon im Norden, Timna und Bet-Schemesch im Sorek-Tal, Socho und wohl auch Gederot im Tal von Ela (2Chr 28,18). Die Veränderungen, die im Hinblick auf die politische und territoriale Position der Königreiche in Palästina und Syrien zu dieser Zeit stattfanden, sind erstaunlich: Drei oder vier Jahre, nachdem Usia die Oberherrschaft über diese Königreiche erlangt hatte, war das Gebiet Judas erheblich verkleinert worden.

In dieser Zeit großer Schwierigkeiten wandte sich Ahas um Hilfe an Assyrien – gegen den Rat Jesajas, der erkannte, daß die assyrische Gefahr ungleich größer war als die internen Streitigkeiten der levantinischen Staaten. Er begriff, daß die Expansion Assyriens die Existenz dieser kleinen Königreiche insgesamt gefährdete.

Tiglatpilesers III. Feldzug kam unverzüglich und wirkungsvoll; zweifellos wäre er auch ohne die besondere Aufforderung Judas unternommen worden (vgl. Karte 30). Sein erster Feldzug nach Palästina im Jahre 734 v.Chr. richtete sich gegen die Philister[131]. Die assyrische Armee stieß entlang der levantinischen Küste nach Süden vor, erreichte Gaza und marschierte weiter bis zum Bach Ägyptens *(Wādi el-ʿArīš)*, der traditionellen Grenze zwischen Palästina und Ägypten. Obwohl Tiglatpileser III. in der Scharon israelitisches Territorium durchquerte, traf sein Feldzug Israel doch nicht sonder-

131 *Wiseman, D. J.*, Iraq 13 (1951) 21ff; *Alt, A.*, Tiglath-Pilesers III. erster Feldzug nach Palästina (1951) = Kl. Schr. II, 150–162; *Tadmor, H.*, BA 29 (1966) 86ff.

Karte 30: Die Feldzüge Tiglatpilesers III.

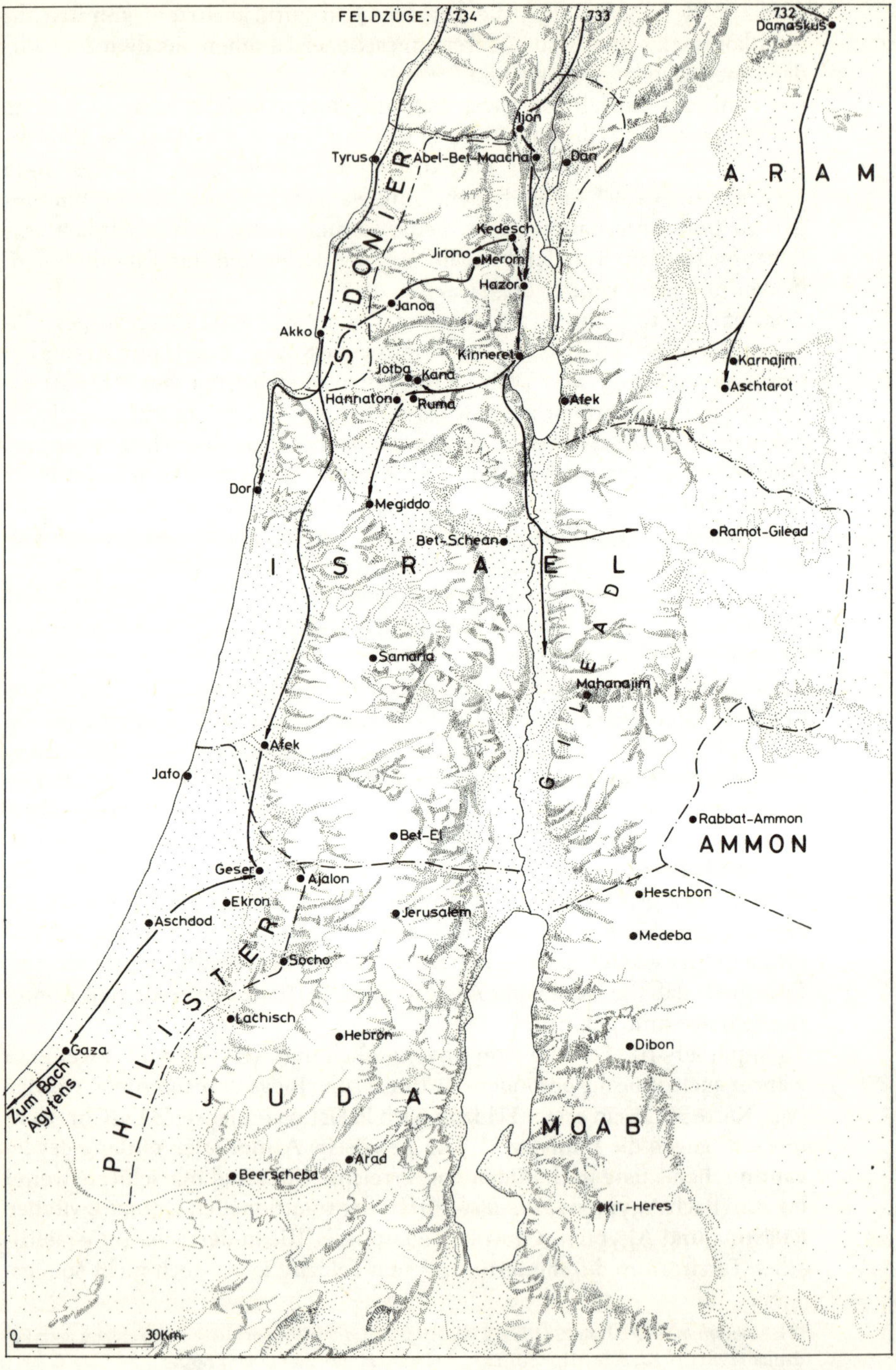

lich stark; die schicksalhaften Schläge gegen Israel und Damaskus wurden in den zwei folgenden Jahren (733–732 v.Chr.) geführt.

Über die Feldzüge Tiglatpilesers III. in den Jahren 733–732 v.Chr.[132] finden sich nur ein kurzer Abschnitt in der Bibel und wenige Hinweise aus seinen eigenen Inschriften[133]. Nach der biblischen Überlieferung »nahm Tiglatpileser Ijjon, Abel-Bet-Maacha, Janoach, Kedesch, Hazor, Gilead und von Galiläa das ganze Land Naftali ein; und er führte die Menschen gefangen hinweg nach Assyrien« (2Kön 15,29). Bei diesem Feldzug marschierte Tiglatpileser III. nach Süden durch die libanesische *Biqāʿ*, fiel in das Territorium von Naftali ein und durchbrach die Kette der befestigten Städte am Nordende des Jordantals (Ijjon, Abel-Bet-Maacha und Hazor). Das verschaffte ihm die Möglichkeit, ganz Galiläa zu erobern, einschließlich Kedeschs, Janoachs und Gileads, d.h. des israelitischen Transjordanien.

Weitere Einzelheiten über diesen Feldzug kann man aus den Inschriften Tiglatpilesers III. erfahren[134]. Ein fragmentarischer Text liefert eine Zusammenstellung seiner Feldzüge, in dem er verschiedene eroberte Städte in Nordsyrien und an der phönizischen Küste aufzählt. Als nächstes berichtet er von der Eroberung Gal'azas (Gileads) und Abil⟨ma⟩akkas (Abel-[Bet]-Maacha) im Grenzgebiet zum »Land des Hauses Omri« (Israel) und Bet-Hazaël (Aram-Damaskus)[135], über die assyrische Gouverneure eingesetzt wurden. Dann wird die Einnahme Gazas erwähnt. Danach erfahren wir, daß die Männer von Bet Omri gegen ihren König Pekach *(Pa-qa-ḫa)* rebellierten, den Tiglatpileser III. durch Hosea *(A-ú-si-'a)* ersetzte; als Folge davon wurde auch den Israeliten hoher Tribut abverlangt. Weiterhin werden hohe Zahlungen aufgeführt, die von verschiedenen Ländern Arabiens an Assyrien geleistet wurden.

Die Strategie Tiglatpilesers III. bestand offenbar darin, erst einmal Aram von seinen südlichen Verbündeten zu isolieren, bevor er die volle Macht Assyriens gegen Damaskus selbst richtete. Daher kann man seine drei Feldzüge höchstwahrscheinlich folgendermaßen rekonstruieren:

Jahr 734 – ein Feldzug gegen die Philister, die Eroberung Gazas und der Vorstoß bis zum Bach Ägyptens, um jeden Versuch einer Einmischung von seiten Ägyptens zu verhindern.

Jahr 733 – Feldzug gegen Israel, Eroberung Galiläas, Gileads und der Küstenregion, die zu assyrischen Provinzen gemacht wurden.

Jahr 732 – die Eroberung von Damaskus und Aram, Wegführung eines Teils der Bevölkerung in die Gefangenschaft (2Kön 16,9) und Umwandlung dieses Königreichs in eine assyrische Pro-

132 Es gibt einige Zweifel im Hinblick auf die verschiedenen Ereignisse während der beiden Jahre.

133 Zu diesem Feldzug vgl. besonders *Maisler (Mazar), B.*, BIES I (1933–34) 1–6 (hebräisch); *Aharoni*, Settlement, 129–132; *Tadmor, H.*, IEJ 12 (1962) 114–122; *Vogt, E.*, Biblica 45 (1964) 348–354.

134 ANET 283f; *Tadmor*, s.o. Anm. 133.

135 Diese Lesart ist nun aufgrund einer neuen Inschrift gesichert; vgl. *Wiseman, D. J.*, Iraq 18 (1956) 117ff.

vinz. Zu diesem Feldzug gehört zweifellos das Relief, das die Armee Tiglatpilesers III. bei der Wegführung der Bewohner aus Aschtarot in die Gefangenschaft zeigt[136].

Weitere Einzelheiten über die Eroberungen Tiglatpilesers III. in Palästina sind in einem anderen Abschnitt überliefert[137]:

»Bei meinen früheren Feldzügen hatte ich alle diese Städte von [. . . als . . .]. ihre [. . .] hatte ich als Beute genommen. Nur die Stadt Samaria ließ ich [und Pekach (?)], ihren König, [. . . wie einen] Nebel [. . .]. Die Provinzen des Landes Bet-[Omri (?) nahm ich] (?). [. . . Gefangene] der Stadt [. . .] barā ([ ]-*ba-ra-a*), 625 Gefangene der Stadt [. . ., . . . Gefangene der Stadt] Hannaton (*Ḫi-na-tu-na*), 650 Gefangene der Stadt Kana *(Qa-na)*, [. . . Gefangene der Stadt Jo]tba ([*Ia*]-*aṭ-bi-te)*, 650 Gefangene der Stadt Ir[runa (?), alle diese] Menschen mit ihrer Habe [nahm ich als Beute . . .]. Die Stadt Ruma *(A-ru-mā)* und die Stadt Merom *(Ma-ru-um)* . . .«

Alle Städte dieses Abschnitts, die einigermaßen sicher identifiziert werden können, liegen in Galiläa: Merom *(Tell el-Ḫirbe?)* und Jiron (Ir[runa], das heutige *Yārūn*) in Obergaliläa, Hannaton *(Tell el-Bedēwīye)*, Kana *(Ḫirbet Qānā)* und Jotba *(Ḫirbet Ǧefāt* über dem *Sahl Baṭṭōf* gelegen) in Untergaliläa. Demnach war der assyrische Eroberer in das Kernland israelitischer Besiedlung eingedrungen, sowohl in Obergaliläa (vgl. Kedesch und Janoach, die der biblischen Überlieferung zufolge in dieser Region gelegen sind) als auch in Untergaliläa. Ein beträchtlicher Teil der Bevölkerung dieser Gebiete wurde ebenfalls ins Exil geführt.
Die Gebiete, die vom israelitischen Königreich abgetrennt worden waren, wurden in drei Provinzen gegliedert, die in den assyrischen Quellen nach ihren jeweiligen Hauptstädten benannt wurden[138]: Megiddo (Magiddu), das Galiläa und die nördlichen Ebenen einschloß; Dor (Du'ru), das die Scharon-Ebene bis zur philistäischen Grenze umfaßte; Gilead (Gal'aza)[139], das dem israelitischen Transjordanien entsprach. Diese Ereignisse bilden zweifellos den Hintergrund für Jesajas Prophezeiung: »Hat er in früherer Zeit in Schmach gebracht das Land Sebulon und das Land Naftali, so wird er hernach zu Ehren bringen den Weg am Meer, das Land jenseits des Jordan, das Galiläa der Heiden« (Jes 8,23). Hier handelt es sich zweifellos um eine Anspielung auf Tiglatpilesers III. Feldzüge und die drei assyrischen Provinzen, die daraufhin errichtet worden waren: »der Weg am Meer« (Dor), »das Land jenseits des Jordan« (Gilead) und das »Galiläa der Heiden« (Megiddo; vgl. Karte 31).

136 ANEP 336. Das Relief, das die Eroberung von Gazri darstellt (ANEP 369), ist wahrscheinlich mit dem Feldzug vom Jahr 734 oder 733 zu verbinden; es gibt keinen Grund, die Identifizierung mit Geser in Palästina zu bezweifeln.
137 ANET 283 (Übersetzung aus dem Englischen).
138 *Forrer, E.*, Die Provinzeinteilung des assyrischen Reiches, Leipzig 1920, 52ff; *Alt, A.*, ZDPV 52 (1929) 220–242 = Kl. Schr. II, 188–205.
139 Der Name der Hauptstadt ist nicht sicher. Anscheinend ist (Ramot-)Gilead gemeint (vgl. Hos 6,8). Jedoch kommt auch eine Stadt mit Namen Hammat, die in assyrischen Listen erscheint, in Betracht; sie ist als *Tell ʿAmmatā* nördlich von *Tell Dēr ʿAllā* identifiziert; vgl. *Alt, A.*, s.o. Anm. 138, 241 = Kl. Schr. II, 204; *Obed, B.*, JNES 29 (1970) 177–186.

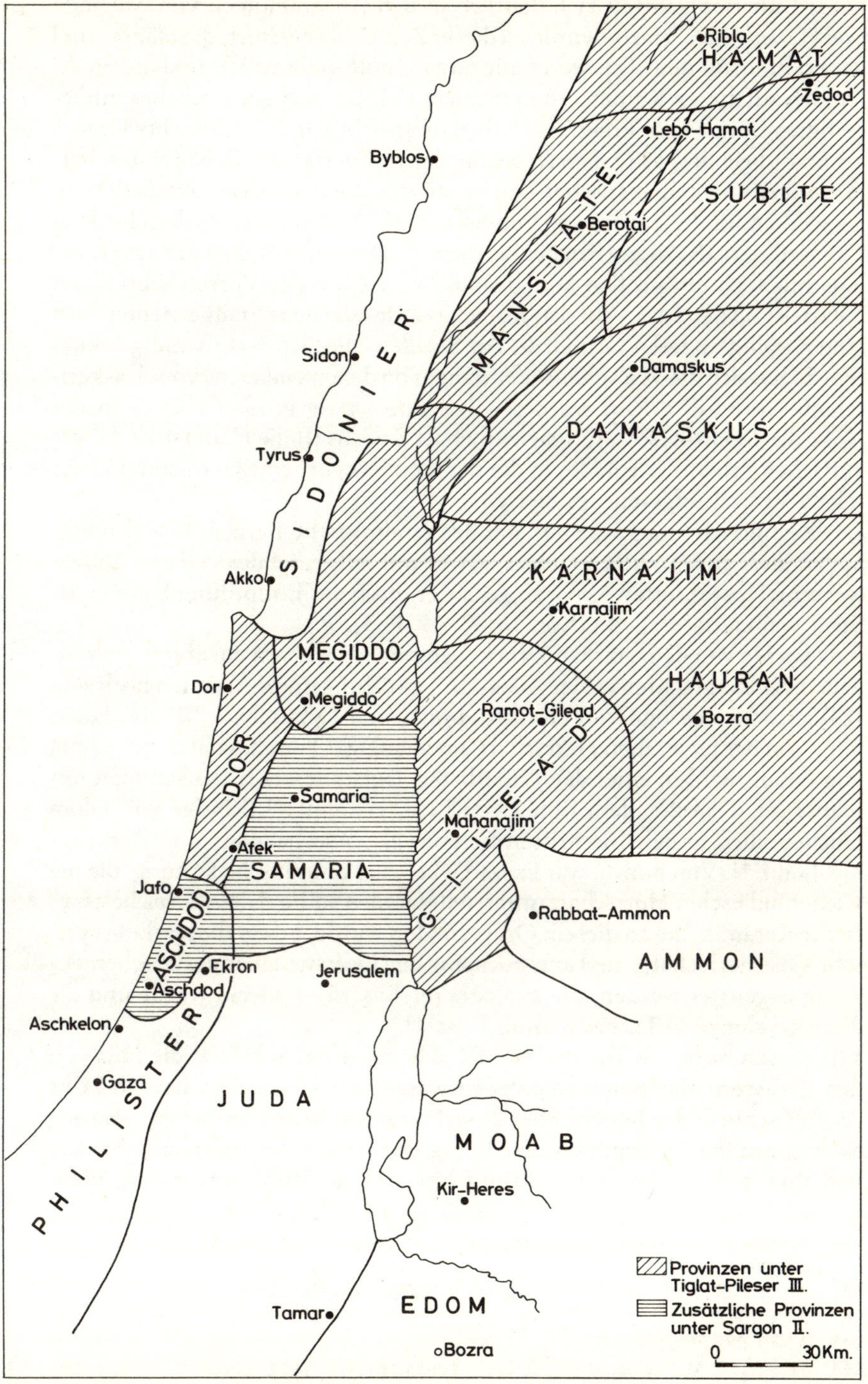
Ribla
HAMAT
Zedod
Lebo-Hamat
Byblos
SUBITE
MANSUATE
Berotai
SIDONIER
Sidon
Damaskus
DAMASKUS
Tyrus
KARNAJIM
Akko
Karnajim
MEGIDDO
HAURAN
Dor
Megiddo
Ramot-Gilead
Bozra
DOR
GILEAD
Samaria
Mahanajim
Afek
SAMARIA
Jafo
Rabbat-Ammon
ASCHDOD
AMMON
Ekron
Jerusalem
Aschdod
Aschkelon
PHILISTER
Gaza
JUDA
MOAB
Kir-Heres
Provinzen unter Tiglat-Pileser III.
Zusätzliche Provinzen unter Sargon II.
Tamar
EDOM
Bozra
0
30 Km.

Diese Situation spiegelt sich deutlich in den Ausgrabungen von Megiddo und Hazor wider. Hazor wurde zu dieser Zeit völlig zerstört, die Häuser und die Festung auf dem Tell waren niedergebrannt (Schicht V), und die Stadt, die sich auf diesen Ruinen erhob (Schicht IV), war nur ein ärmliches, unbefestigtes Dorf. Diese Ereignisse haben offensichtlich die Geschichte Hazors als Stadt beendet; kurz danach wurde der Ort verlassen, in babylonischer, persischer und hellenistischer Zeit existierten dort nur kleine Zitadellen. In Megiddo muß die Zerstörung von Schicht IV A offensichtlich dem Feldzug Tiglatpilesers III. zugeschrieben werden[140]. Die ganze Stadt wurde zerstört, einschließlich der großen königlichen Bauten wie der Vorratshäuser, des Palastes und der Tore. Auf den Ruinen wurde eine neue Stadt errichtet nach einem völlig anderen Grundriß. An Straßen, die sich rechtwinklig kreuzten, zogen sich die Wohnhäuser entlang, von denen einige in typisch assyrischem Grundriß erbaut wurden – besonders zwei große Gebäude in der Nähe des Stadttores[141]. Offensichtlich ist Schicht III die Hauptstadt der assyrischen Provinz Megiddo, in der der Gouverneur, eine Garnison und der lokale Verwaltungsstab residierten.

Das Königreich Israel war nun auf das efraimitische Bergland beschränkt. Selbst diesem begrenzten Gebiet war es nur aufgrund der völligen Unterwerfung Hoseas unter Assyrien gestattet, nach der Ermordung Pekachs als Staat weiterzubestehen (2Kön 15,30; 17,1–3).

Juda wurde von dem starken Druck, den seine Nachbarn ausübten, befreit, aber offenbar brachten weder Ahas' Unterwerfung unter Assyrien noch sein Hilfeersuchen besondere Vergünstigungen von Tiglatpileser III. ein. Edom blieb von der judäischen Herrschaft unabhängig. Qauschmalaku, der König von Edom, wird in einer der Tributlisten Tiglatpilesers III. zusammen mit Joahas *(Ia-ú-ḫa-zi)*, dem König von Juda, erwähnt[142]. Könige von Edom tauchen auch in den Inschriften Sargons II., Asarhaddons und Assurbanipals auf[143]. Von nun an war Ezjon-Geber eine edomitische Festung, die nie wieder judäischer Herrschaft unterstellt werden sollte. Die zahlreiche assyrische Keramik, die an diesem Ort gefunden wurde, belegt die starke assyrische Oberherrschaft; sie kann auch aus der Existenz einer assyrischen Festung abgeleitet werden, die in Bozra *(el-Buṣērā)* entdeckt wurde und die der »Residenz« in Lachisch ähnlich ist[144].

Wir wissen nicht, ob Tiglatpileser III. die Städte der Schefela, die Juda von den Philistern abgenommen worden waren, zurückgegeben hat. In 2Chr 28,18ff schließt der Bericht über diese Ereignisse folgendermaßen: »So zog auch gegen ihn Tiglatpileser, der König von Assur; der bedrängte ihn und half ihm nicht«. Das deutet darauf hin, daß der assyrische König Judas

140 *Kenyon, K. M.*, Archaeology in the Holy Land, London 1960, 282.286; *Aharoni, Y.*, IEJ 11 (1961) 90.

141 *Amiran, R. B. K.* und *I. Dunayevsky*, BASOR 149 (1958) 25ff.

142 ANET 282.

143 ANET 287.291.294.

144 *Bennet, C. M.*, Levant 4 (1972) 1–11; Levant 5 (1973) 1–24; Levant 6 (1974) 1–15.

Grenzen nicht erweiterte. Dennoch gerieten zumindest einige dieser Städte wieder unter judäische Herrschaft: Socho war in der Regierungszeit Hiskias judäisch – das wird durch den königlichen Siegelabdruck mit seinem Namen belegt (s.u.S. 404ff) –, und Aseka, das westlich von Socho liegt, wird als judäische Stadt in einer Inschrift aus der Regierungszeit Sargons II. genannt[145].

Die sechzehn Distrikte von Aram-Damaskus wurden zu vier oder fünf assyrischen Provinzen zusammengefaßt, nämlich zu den Provinzen Damaskus, Karnajim, Hauran, Zoba (Ṣubite) und vielleicht noch Manṣuate[146]. So wurden die Grundlagen für die assyrische Provinzeinteilung Syriens und Palästinas gelegt, die sich in der Zeit der assyrischen Oberherrschaft nur leicht veränderte und an die Weltreiche Babylonien und Persien vererbt wurde. Ezechiel erwähnt in seiner Beschreibung der Landesgrenzen einige dieser Provinzen: Hamat, Damaskus, Hauran und Gilead (Ez 47,17–18). Nur Samaria (Gebirge Efraim), Juda, die philistäischen Städte und die Königreiche des südlichen Transjordanien blieben während der Regierungszeit Tiglatpilesers III. bestehen – allerdings als Vasallenkönigtümer. In seinen Tributlisten erwähnt er u.a. die Könige von Ammon, Moab, Edom und Gaza[147]. Mit der assyrischen Oberherrschaft über Damaskus und Transjordanien und ihrer Kontrolle der Königsstraße standen ihnen die Wege nach Arabien offen; von nun an werden besondere Geschenke aus diesen Königreichen regelmäßig in den assyrischen Inschriften erwähnt.

Der Umwandlungsprozeß der verschiedenen Königreiche Palästinas und Syriens zu assyrischen Provinzen und die Deportation von Teilen ihrer Bevölkerung wurden im wesentlichen in der Regierungszeit der Nachfolger Tiglatpilesers III. beendet. Hosea rebellierte gegen die assyrische Macht, als Tiglatpileser starb, und im Jahre 724 v.Chr. zog Salmanasser V. gegen Samaria. Hosea unterwarf sich. Samaria wurde nach einer Belagerung von drei Jahren im Winter 722/721 erobert, und Sargon II., der inzwischen den assyrischen Thron bestiegen hatte, wandelte das Königreich Israel zu einer assyrischen Provinz um, die Samerina genannt wurde. Er ließ viele Einwohner Samarias in verschiedene Städte Mediens und Nordmesopotamiens ins Exil bringen (2Kön 17,6)[148]. Im Laufe der Zeit ersetzten die Assyrer diese Bürger mit Deportierten, die aus Babylon und Umgebung sowie aus Hamat in Syrien kamen und der lokalen Bevölkerung ihren Stempel aufdrückten (2Kön 17,24ff). Offenbar umfaßte die neue Provinz Samaria auch die frühere Provinz Dor, da Afek in der nördlichen Scharon in der Regierungszeit Asarhaddons zur Provinz Samaria gehörte[149]. Dor wird zwar in einer Liste assyrischer Städte genannt, die sich hauptsächlich aus den Pro-

145 *Tadmor, H.*, JCS 12 (1958) 80.

146 Zu den Provinzen vgl. ANET 283; *Forrer, E.*, Die Provinzeinteilung des assyrischen Reiches, Leipzig 1920, 52ff.

147 ANET 282.

148 ANET 284; *Tadmor, H.*, JCS 12 (1958) 22–41.77–101.

149 ANET 292.

vinzhauptstädten zusammensetzt, aber ein Gouverneur von Dor findet sich in den assyrischen Eponymenlisten nicht, obwohl die Namen der Gouverneure von Samaria und Megiddo vorhanden sind. Demnach ist die Aussage Asarhaddons in diesem Punkt vermutlich zutreffend. Die Gründung einer Provinz entlang der Küste (»der Weg am Meer«, Jes 8,23) war nur so lange sinnvoll, wie sich die assyrische Kontrolle nur über dieses Gebiet erstreckte. Aber als Samaria den Provinzen hinzugefügt wurde, erneuerten die Assyrer wahrscheinlich die administrativen Bindungen zwischen der Scharon-Ebene und dem Gebirge Efraim. Nafat-Dor hat wohl als eine Untereinheit der Verwaltung dieser Provinz weiterbestanden; das würde die Tatsache erklären, daß es in der Liste assyrischer Städte erwähnt wird.
Sargon II. stieß weiter nach Süden vor bis nach Rafia, eroberte Gaza, schlug Ägypten, das den rebellierenden Königreichen zu Hilfe geeilt war, und erhielt Tribut von den Ägyptern und den Arabern. Als er in dieser Region war, unterwarf er den Prinzen einer Stadt, die Laban hieß. Diese Stadt ist auch schon in der Liste Schoschenks zusammen mit Rafia aufgeführt[150]; man kann sie offenbar mit *Tell Abū Selēme* bei *Šēḫ Zuwēyid* identifizieren, einem von W. M. Flinders Petrie ausgegrabenen Tell[151]. Eine weitere Rebellion, an der auch Samaria wieder beteiligt war, brach im Jahre 720 v.Chr. aus. Sargon II. zerstörte Hamat und machte es zu einer assyrischen Provinz. Er zog wieder bis Gaza und Rafia, die er beide zerstörte und deren Bevölkerung er ins Exil schickte[152]. In den Jahren 713 und 712 v.Chr. zog das assyrische Heer wiederum nach Palästina, um eine neue Rebellion zu unterdrükken. Diesmal wurde der Aufstand von Aschdod angeführt, das die Unterstützung Schabatekas, des Begründers der 25. (= äthiopischen) Dynastie Ägyptens, hatte (Jes 18; 20)[153]. Nach der Sargon-Inschrift nahmen auch Juda, Edom und Moab an der Revolte teil; aber sie gaben offensichtlich gerade noch zur rechten Zeit auf. Der assyrische Schlag war im wesentlichen gegen Aschdod gerichtet, das danach in eine assyrische Provinz umgewandelt wurde. Im Jahre 712 v.Chr. wurden Gat[154], Gibbeton und Ekron[155] erobert, ebenso Aschdod und seine Hafenstadt, Aschdod-Yam (Asdudimmu). Trotz aller militärischen Aktivitäten nahm der Handelsverkehr zu, und Hiskia gelang es, daran teilzuhaben. Sargons Eroberung der südlichen Küstenregion öffnete die Handelsroute nach Ägypten: »Ich reorganisierte diese Städte (und) siedelte darin Leute an aus den [Regionen] des Ostens, die

150 ANET 286; *Simons*, Handbook, 186 Nr. 3bis.
151 *Flinders Petrie, W. M.*, Anthedon, London 1937.
152 ANET 285.
153 ANET 286f.
154 Nach Auffassung *Mazars, B.*, IEJ 4 (1954) 227–235, Gat-Gittajim *(Rās Abū Ḥumīd)*, aber im Hinblick auf die vorgeschlagene Identifizierung für das Gat der Philister mit *Tell eṣ-Ṣāfī* (vgl. o.S. 288) ist es wahrscheinlich, daß diese letztgenannte Stadt hier gemeint ist. Es sollte beachtet werden, daß bei den Ausgrabungen in *Tell eṣ-Ṣāfī* Fragmente einer assyrischen Stele gefunden wurden; vgl. *Bliss, F. J.* und *R. A. S. Macalister*, Excavations in Palestine, London 1902, 41.
155 *Tadmor, H.*, JCS 12 (1958) 83.

ich selbst erobert hatte. Ich setzte einen meiner Offiziere über sie ein und erklärte sie zu assyrischen Staatsangehörigen, und sie zogen die Gurte (meines Jochs). Der König von Äthiopien, der in [einem fernen Land lebt], in einer unerreichbaren Region, die Straße [dorthin ist . . .], dessen Vorfahren nie – seit fernen Tagen bis heute – Boten gesandt hatten, um sich nach dem Wohlergehen meiner königlichen Vorfahren zu erkundigen, sogar in der Ferne hörte er von der Macht Aššurs, Nabus und Marduks.« »Von Pir'u, dem König von Muṣru, Samsi, der Königin von Arabien, It'amra, dem Sabäer – dies sind die Könige von der Meeresküste und aus der Wüste – erhielt ich als Geschenke Goldstaub, Edelsteine, Elfenbein, Ebenholzsamen, alle Arten aromatischer Kräuter, Pferde (und) Kamele.«[156]

156 ANET 286b bzw. a (Übersetzung aus dem Englischen).

Kapitel 5

Das Königreich Juda

Die letzte Phase in der Geschichte des judäischen Königreiches war gekennzeichnet durch einen ständigen Kampf um das staatliche Überleben angesichts der assyrischen und später der babylonischen Expansionsbestrebungen, zu denen periodische Versuche Ägyptens kamen, die kleinen palästinischen Staaten von den nördlichen Reichen abzutrennen und auf die eigene Seite zu bringen.

I. Sanheribs Feldzug

Beim Tod Sargons II. und der Thronbesteigung Sanheribs im Jahre 705 v.Chr. brachen im ganzen assyrischen Reich Rebellionen aus. In Palästina führte Hiskia, der König von Juda, den Aufstand an. Die Ankunft von Boten Merodach-Baladans, des Königs von Babylon (2Kön 20,12–19), in Jerusalem stand offensichtlich mit dieser Revolte, die wie gewöhnlich auch von Ägypten unterstützt wurde, in Zusammenhang (Jes 30,1–5; 31,1–3). Von den philistäischen Städten war es Aschkelon, das nun den Aufstand schürte, die Einwohnerschaft Ekrons schloß sich den Rebellen an, nachdem sie ihren König, Padi, abgesetzt und ihn Hiskia in Fesseln ausgeliefert hatten[1]. Offensichtlich hoffte Hiskia sein Königreich wieder so einflußreich zu machen, wie es unter Usia gewesen war. Er versuchte sogar, seinen Einfluß auf die assyrischen Provinzen, die nun das frühere Königreich Israel umfaßten, auszudehnen; seine kultischen Reformen dienten wahrscheinlich diesem Ziel (2Chr 30,1–12).
Offenbar hat Hiskia das Risiko, das er damit auf sich nahm, sehr wohl verstanden. Das wird durch seine höchst sorgfältigen Vorbereitungen für die in der Folge zu erwartende Auseinandersetzung bezeugt. Sein berühmtestes Projekt war der Bau des Schiloach-Tunnels in Jerusalem, der gegraben wurde, um die Wasser der Gihon-Quelle so umzuleiten, daß sie innerhalb der Stadtmauern zugänglich wurden (2Kön 20,20; 2Chr 32,30). Die Stadtmauer Jerusalems wurde in aller Eile verstärkt; dabei benutzte man Steine von Gebäuden, die in der Nähe der Mauern lagen (Jes 22,8–11). Die Ställe, die er erbauen ließ (2Chr 32,28), deuten zweifellos auf eine Verstärkung der Streitwagentruppen hin. Wir erfahren auch, daß Vorratshäuser »für den Ertrag an Getreide, Wein und Öl« gebaut wurden (ebd.). Die Errichtung dieser neuen Vorratsstädte spiegelt vermutlich eine Reorganisierung seines

1 ANET 287.

Steuereinziehungssystems wider. Darüber hinaus muß man die Volkszählung, die in der Regierungszeit Hiskias stattfand und die selbst große Teile des Negeb einschloß (1Chr 4,38ff), in diese Zeit datieren. Sicherlich wurde sie deshalb durchgeführt, um die Effektivität bei Truppenaushebungen und Steuereintreibungen zu erhöhen. Hiskia weitete auch die Grenzen Judas auf Kosten der philistäischen Städte aus. Er hat offensichtlich besonderen Druck auf die Städte ausgeübt, die es abgelehnt hatten, sich an dem Aufstand zu beteiligen, wie z.B. auf Gaza (2Kön 18,8). Sein Vorstoß in den westlichen Negeb bis in das Umland von Gerar (nach LXX; MT hat die Lesart Gedor) hängt wahrscheinlich mit diesen Feindseligkeiten gegenüber Gaza zusammen. Auch die Invasion in das Gebirge Seïr, die im gleichen Abschnitt geschildert wird (1Chr 4,42–43), kann man als einen Versuch interpretieren, zur gleichen Zeit auch die Vorherrschaft Judas über Edom zurückzugewinnen[2].

Sanherib unternahm seinen Feldzug nach Palästina im Jahre 701 v.Chr., nachdem er zuvor die verschiedenen Aufstände in Mesopotamien und im Osten niedergeschlagen hatte. Über diesen Feldzug sind uns viele Einzelheiten überliefert, sowohl in der Bibel (2Kön 18,13–19,35; Jes 36,1–37,36; 2Chr 32,9–21) als auch in assyrischen Inschriften[3] (vgl. Karte 32). Zwischen den biblischen Quellen und den assyrischen Annalen bestehen einige offenkundige Diskrepanzen, die aber durch eine genauere Analyse aufgelöst werden können. Neben kleineren Unterschieden wie z.B. in der Höhe des Tributs – 300 Schekel in der Bibel (2Kön 18,14) und 800 Talente in den Annalen –, besteht die Hauptdivergenz in der zeitlichen Bestimmung der ägyptischen Intervention. Sanheribs Text läßt den Zusammenstoß mit Ägypten sehr früh erfolgen, nämlich direkt nach dem Bericht über die Eroberung Jafos. Der biblische Bericht hingegen läßt Taharka (Tirhaksch) erst nach dem Fall Lachischs erscheinen; Jerusalem wird bereits belagert und die Eroberung der Schefela dauert an:

»Und als der Rabschake zurückkam, fand er den König von Assyrien gegen Libna kämpfen, denn er hatte gehört, daß er von Lachisch abgezogen war. Der König von Assyrien hatte nämlich gehört über Taharka, den König von Äthiopien: ›Siehe, er ist ausgezogen, gegen dich zu kämpfen‹« (2Kön 19,8–9).

Der Vergleich beider Berichte zeigt, daß die biblische Überlieferung die historisch genauere ist.

Die Sanherib-Annalen sind eher eine Zusammenfassung als ein chronologischer Bericht. So ist beispielsweise einleuchtend, daß Sanherib Ṣidqia, den König von Aschkelon, nicht ins Exil schicken konnte, bevor er im Philisterland angekommen war. Aber über Ṣidqias Widerspenstigkeit wird in den Annalen sehr früh berichtet, unmittelbar nach der Unterwerfung der Herrscher von Amurru. Die Annalen heben hervor, daß diese anderen Herrscher

2 *Maisler (Mazar), B.*, EI 2 (1953) 171 (hebräisch).
3 ANET 287f.

Karte 32: Die Distrikte Hiskias und der Feldzug Sanheribs

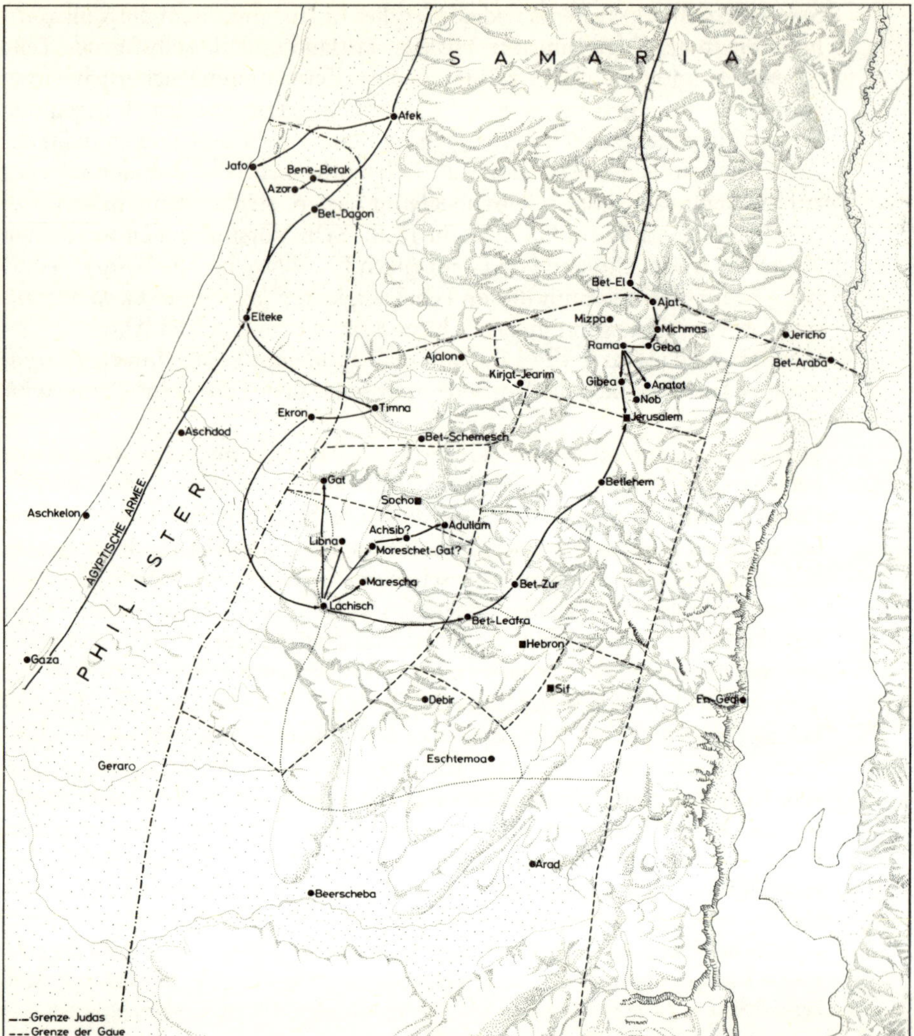

sich beeilten, Tribut zu zahlen, um eine Katastrophe zu vermeiden, während Ṣidqia das nicht tat. Als nächstes berichtet der Text, wie Sanheribs Armee weiterzog, um Jafo und sein unmittelbares Hinterland zu erobern, ein Territorium, das Ṣidqia untertan war. Weiterhin erfolgte die Rückkehr Padis auf seinen Thron wohl kaum direkt nach der Eroberung von Ekron; vielmehr kann das erst geschehen sein, nachdem Hiskia sich entschieden hatte, den Eroberer zu versöhnen. Somit überliefert uns die biblische Chronologie eine logische zeitliche Folge der Ereignisse, an die die Annalen angeglichen werden können.

Nach den Annalen Sanheribs stieß die assyrische Armee entlang der phönizischen Küste nach Süden vor. Er führt eine Reihe von Städten – von Sidon bis Akko – auf, von denen gesagt wird, daß sie alle befestigte Städte des Königs von Sidon waren: Groß-Sidon, Klein-Sidon, Bet-Zait (Bēt-Zitti), Sarefat (Ṣariptu), Mahalab (Maḫalliba; vgl. Jos 19,29; Ri 1,31), Usu (die Vorstadt von Tyrus auf dem Festland, das klassische Palaityrus), Achsib und Akko.

In diesem Zusammenhang erwähnt Sanherib den Tribut, der ihm von den Königen von Amurru zum Zeichen ihrer Unterwerfung gesandt worden war, z.B. von den Herrschern von Sidon, Arwad, Byblos, Aschdod[4], Ammon (Bīt-Ammana), Moab und Edom[5].

Danach beschreibt Sanherib die Eroberung von Bet-Dagon, Jafo, Bene-Berak und Azor, von Städten also, die Ṣidqia, dem König von Aschkelon, gehörten. Es ist fraglich, ob wir aus diesem Abschnitt folgern können, daß Jafo und die Städte in seiner Umgebung zu anderen Zeiten zu Aschkelon gehörten, weil Sanherib selbst die Kette der Ereignisse erklärt, die zur Expansion Aschkelons und Judas geführt hatten. Die Einwohner Ekrons hatten gegen ihren König Padi rebelliert, der loyal zu Assyrien stand. Dann hatten sie ihn Hiskia, dem anerkannten Führer der antiassyrischen Koalition, ausgeliefert. Man sollte natürlich erwarten, daß die rebellischen Königtümer versuchten, die Herrschaft über möglichst viele Gebiete der Staaten, die loyal zu Assyrien standen, an sich zu reißen. Juda übte starken Druck auf Ekron im Norden und Gaza im Süden aus; darum ist es wahrscheinlich, daß auch Aschkelon verschiedene Distrikte, die zu Aschdod und zu Ekron gehört hatten, annektierte.

Von Jafo zog die assyrische Armee weiter nach Süden gegen Elteke (*Tell eš-Šallāf*, 3 km nördlich von Jabneel)[6], Timna *(Tell el-Baṭāšī)* und Ekron *(Ḫirbet el-Muqannaʿ)* und bestrafte die letztgenannte Stadt besonders hart

4 Aschdod war nur kurzfristig eine assyrische Provinz unter Sargon II.; zu der Tatsache, daß dort wieder ein lokaler König an die Macht kam, vgl. *Alt, A.*, ZDPV 67 (1945) 138ff = Kl. Schr. II, 234ff.

5 Vielleicht war es dieser Verrat, d.h. das Verlassen des Bündnisses mit Juda und der Wechsel auf die assyrische Seite, der auf einem Ostrakon aus Arad Schicht VIII als »das große« Verbrechen, das von Edom begangen worden sei, bezeichnet wird (*Aharoni, Y.*, Arad Inscriptions, Jerusalem 1981, Nr. 40, 15).

6 *Mazar, B.*, IEJ 10 (1960) 72ff.

für ihren Aufstand. Anschließend konnte die volle Stärke des assyrischen Heeres gegen Juda gerichtet werden, das nun isoliert war.
Bedauerlicherweise überliefert uns Sanherib nur eine sehr allgemein gehaltene Beschreibung seines Angriffs auf Juda:

»Hiskia von Juda jedoch, der sich meinem Joch nicht unterworfen hatte – 46 seiner festen ummauerten Städte, sowie die zahllosen kleinen Städte in ihrem Umkreis, belagerte und eroberte ich durch das Anlegen von Belagerungsdämmen, Einsatz von Sturmwiddern, Infanteriekampf, Untergrabungen, Breschen und Sturmleitern (?). 200150 Leute, große und kleine, männlich und weiblich, Pferde, Maultiere, Esel, Kamele, Rinder und Kleinvieh ohne Zahl führte ich aus ihnen heraus und rechnete sie zur Beute. Ihn selbst schloß ich gleich einem Käfigvogel in seiner Residenz Jerusalem ein.«[7]

Die von Sanherib eroberten judäischen Städte wurden den Königen von Aschdod, Ekron und Gaza unterstellt. Obwohl das judäische Territorium dadurch erheblich kleiner geworden war, wurde die Summe des jährlichen Tributs erhöht. Der Text überliefert die Summe von 30 Talenten Gold, 800 Talenten Silber und weitere wertvolle Güter[8].
Vor kurzem wurde nachgewiesen, daß ein anderer Text, von dem man früher angenommen hatte, daß er einem der vorausgegangenen Herrscher zugeschrieben werden müsse, in Wirklichkeit die Taten Sanheribs während seines Feldzuges wiedergibt[9]. Der Text besteht aus zwei Fragmenten; das eine wurde ursprünglich als Teil der Tiglatpileser-Annalen veröffentlicht[10] und das andere als ein Bericht Sargons II. gedeutet[11]. Der sich daraus ergebende Abschnitt lautet folgendermaßen:

(1) ». . .

(2) . . .

(3) [. . . Anschar (= Aššur), mein Gott ermutig]te mich und gegen das Land Ju[da zog ich. Im] Verlauf meines Feldzuges [erhielt ich] den Tribut der Kö[nige des Philisterlandes (,)] . . .

(4) [. . . mit der Hil]fe? Anschars, meines Herrn, die Provinz [Hisk]ias von Juda wie[. . .

(5) [. . .] die Stadt Aseka, seine Festung, die zwischen meiner [Gre]nze und dem Land Jud[a . . .

(6) [Wie das Nest eines Adlers ?] auf dem Berggrat gelegen, wie spitze Eisen?-Dolche ohne Zahl hoch zum Himmel reichen [. . .

(7) [seine Mauern] waren fest und wie die höchsten Berge, ein bloßer Anblick, als ob vom Himmel [sein Kopf? erscheint . . .

(8) [über gestampfte (Erd)-Ra]mpen wurden mächtige Sturmböcke herangebracht, unter dem Angriff von Fußtruppen, durch Tun[nel, Breschen . . .

7 TGI 68f.

8 Nach 2Kön 18,14 »dreihundert Talente Silber und dreißig Talente Gold«.

9 *Na'aman, N.*, BASOR 214 (1974) 25–39.

10 K 6505. *Smith, G.*, The Cuneiform Inscriptions of Western Asia III, London 1870, Taf. 9 Nr. 2; *Rost, P.*, Die Keilschrifttexte Tiglat-Pilesers III., Leipzig 1893, 18–20, Zeilen 103–119.

11 *Winckler, H.*, Altorientalische Forschungen II (1898) 570–574; *Tadmor, H.*, JCS 12 (1958) 80–84.

(9) [. . .] sie hatten gesehen [das Herannahen meiner Rei]terei und sie hatten den Kriegsruf der mächtigen Truppen des Gottes Anschar gehört und [ihre Her]zen erzitterten [. . .
(10) [die Stadt Aseka belagerte ich], ich nahm sie ein, ich ließ die Beute wegbringen, ich ließ sie niederreißen, ich zerstörte sie [ich brannte sie mit Feuer nieder . . .
(11) [die Stadt Gat?] eine Königs[stadt] der Philister, die H[isk]ia eingenommen und für seine Zwecke befestigt [. . .
(12) [. . .] wie ein Baum [der auf dem Berggrat steht? . . .
(13) [. . .] umgeben von großen [Tür]men und außerordentlich schwer [sein Aufstieg? . . .
(14) [. . .] Palast wie ein Berg war verschlossen vor ihnen und hoch ist [seine Spitze? . . .
(15) [. . .] es war dunkel und die Sonne schien nicht wieder auf es, seine Wasser lagen in Dunkelheit und [sein?] Überfluß [. . .
(16) [. . .] sein [Einga]ng wurde mit Äxten zerschlagen und ein Graben wurde um es ausgehoben [. . .
(17) [. . . Krieger] erfahren im Kampf, veranlaßte er hineinzugehen, ihre Waffen band er (ihnen auf) um [zum Kampf aufzufordern . . .
(18) [. . .] ich brachte alle Krieger von Amurru dazu, Erde herbeizutragen [. . .
(19) [. . .] gegen sie. Beim siebten Male seine [. . .] die Größe wie einen Topf [aus Ton ? zerschlug ich ? . . .
(20) [. . . Rinder und Scha]fe ließ ich hinaustreiben [und als] Beu[te zählen . . .
(21) . . .«[12]

Die Assyrer haben scheinbar eine systematische Taktik angewandt und die wichtigsten Inlandsstädte des Philisterlandes von Juda isoliert, bevor sie sie angriffen. Timna war eingenommen und somit das Sorek-Tal blockiert worden; für die rebellierenden Ekroniter bestand so keine Aussicht mehr, von Hiskia Hilfe zu bekommen. Als die Assyrer weiter nach Süden vorstießen, wurde das Tal von Ela durch die Eroberung Asekas blockiert. Dies ermöglichte nun die Eroberung einer bedeutenden Philisterstadt, die Hiskia zuvor seinem Reich einverleibt hatte. Naʿaman begründet seinen Vorschlag, daß diese letztgenannte Stadt, deren Namen nicht überliefert ist, nur Gat sein könne, das auf dem *Tell eṣ-Ṣāfī* gelegen sei, mit sehr einleuchtenden Argumenten[13].
Naʿaman hat auch festgehalten, daß bei den Ausgrabungen von *Tell eṣ-Ṣāfī* Krughenkel gefunden wurden, die den *lmlk*-Siegelabdruck aufweisen. Diese stammen aus der Regierungszeit Hiskias und stärken die Argumente dafür, daß man die bedeutende Philisterstadt dieses Textes mit Gat identifizieren kann; oder anders ausgedrückt: diese Inschrift stützt die Identifizierung von Gat mit *Tell eṣ-Ṣāfī*[14].
Außer den Annalen wurden in Ninive Reliefs aus der Regierungszeit Sanheribs gefunden, die die Eroberung Lachischs darstellen. Man kann die doppelten Stadtmauern und die stark befestigten Tore dieser Stadt deutlich

12 *Naʿaman, N.*, s.o. Anm. 9, 26–28 (Übersetzung aus dem Englischen).
13 Ebd., 34–35. So können wir die Schwierigkeiten lösen, die Naʿaman gesehen hat, weil Aseka vor der Philisterstadt erwähnt wird. (Diese Überlegungen gehen auf *A. F. Rainey* zurück.)
14 *Rainey, A. F.*, EI 12 (1975) 73–75.

erkennen. Ein Sturmbock wird über eine Belagerungsrampe zum Angriff auf ein Stadttor herangebracht[15].

Die allgemeine Reihenfolge der Ereignisse kann man aus den biblischen Quellen gewinnen (2Kön 18–19; Jes 36–37; 2Chr 32,9–28). Sanheribs wichtigster Schritt war die Eroberung Lachischs, der bedeutendsten Stadt in der Schefela. Von hier aus führte er Verhandlungen mit Hiskia, in deren Verlauf er von letzterem hohen Tribut erhielt. Nach der Einnahme Lachischs ging er an die weitere Eroberung der Schefela. Michas Klage über die Zerstörung von Städten in der Schefela bezieht sich offensichtlich auf diese Phase des Feldzuges. In diesem Zusammenhang nennt der Prophet die folgenden Städte: Gat *(Tell eṣ-Ṣāfī)*, Bet-Leafra *(eṭ-Ṭaiyibe)*, Schafir, Zaanan, Bet-Ezel, Marot (diese vier letztgenannten Orte sind bis heute nicht identifiziert), Lachisch, Moreschet-Gat *(Tell Ǧudēde)*, Achsib *(Tell el-Bēḍā)*, Marescha und Adullam (Mich 1,10–15)[16]. Während Sanherib mit der Belagerung Libnas beschäftigt war, hörte er, daß die Ägypter im Anmarsch seien. Offensichtlich war es ihnen gelungen, in das Philistergebiet einzudringen, indem sie auf der Küstenstraße marschierten; ihre Absicht war es, die assyrischen Nachschublinien aus dem Norden zu unterbrechen. Sanherib trat ihnen in der Ebene von Elteke entgegen und rühmte sich eines überwältigenden Sieges. Jedoch sprechen die biblischen Quellen in diesem Zusammenhang von der Errettung Jerusalems. Daher ist es gut möglich, daß die assyrische Version die tatsächlich erlittene Niederlage verschleiert.

Ein weiterer Abschnitt (Jes 10,28–32) wird oft dem Feldzug Tiglatpilesers III. zugeschrieben. Man findet jedoch in anderen Quellen keine Bestätigung dafür, daß ein assyrisches Heer jemals aus dieser Richtung gegen Jerusalem marschiert ist. Trotzdem bestand die Möglichkeit – da ja Samaria nun eine assyrische Provinz war –, daß die Assyrer diese Route gezogen sind, um Hiskias Hauptstadt zu erobern. In diesem Text wird eine Armee geschildert, die aus dem Norden gegen Jerusalem durch die Provinz Samaria zieht und auf ihrem Weg durch den Distrikt von Benjamin eine Reihe von Städten einnimmt[17]. Dieser Angriff begann an der östlichen Abzweigung des Hauptdurchgangsweges durch das Bergland, offensichtlich um Mizpa *(Tell en-Naṣbe)* zu umgehen, das stark befestigt war; die Assyrer griffen zuerst Aja *(Ḫirbet Ḥayyān)* und Mischmasch *(Muḫmās)* an. Danach überquerten sie den Steilpaß des *Wādi eṣ-Ṣuwēnit* (vgl. 1Sam 14,4ff) und kamen nach Geba *(Ǧebaʿ)*. Von hier wandten sie sich nach Rama *(er-Rām)*, und von dort folgten sie dem Hauptweg nach dem Gibea Sauls *(Tell el-Fūl)*. Zum Schluß werden noch mehrere Orte nördlich oder nordöstlich von Jerusalem aufgeführt (einschließlich Gallim, Lajescha, Madmena und Gebim), von denen nur Anatot *(Rās el-Ḫarrūbe* bei *ʿAnāta)* und Nob *(el-ʿIsāwīye?)* identifiziert

15 ANEP 129–132; *Barnett, R. D.*, IEJ 8 (1958) 165–170.
16 Vgl. *Elliger, K.*, ZDPV 57 (1934) 81–152.
17 Vgl. *Donner, H.*, ZDPV 84 (1968) 46–54.

werden können. Sanheribs Angabe von sechsundvierzig eroberten Städten mit ihren umliegenden Ortschaften ist glaubhaft; sie umfaßt zweifellos die meisten der Schefela-Städte Judas[18] und einige weitere im Bergland, vielleicht hauptsächlich in Benjamin.

Jerusalem selbst wurde nicht erobert. Sanherib gab sich wohl mit dem hohen Tribut, den er eingetrieben hatte, zufrieden; aber anscheinend gab es noch andere Gründe für seine plötzliche Rückkehr nach Assyrien, zumal die Errettung Jerusalems einen solch tiefen Eindruck auf die zeitgenössischen Schreiber gemacht hat. Aus assyrischen Quellen wissen wir, daß Sanherib im Jahre 681 v.Chr. ermordet wurde, aber über die dazwischen liegende Zeitspanne von zwanzig Jahren schweigen die Quellen[19].

Trotz der Errettung Jerusalems hatten doch die Schefela und wahrscheinlich fast das ganze Königreich schwer gelitten. Das wurde durch archäologische Ausgrabungen ausreichend belegt. Alle untersuchten Ortslagen zeigten schwere Zerstörungen durch Feuer: Lachisch (Schicht III), der Schlüsselort für die Erstellung chronologischer Sequenzen für judäische Keramik und paläographische Typologien; *Tell Bēt Mirsim* (Schicht A2); Bet-Schemesch (Schicht IIc), Beerscheba (Schicht II) und Arad (Schicht VIII). Einige von ihnen wurden nie wieder als befestigte Städte aufgebaut, wie z.B. Beerscheba und Bet-Schemesch. Andere erlebten nur einen partiellen Aufbau in weniger beeindruckenden Ausmaßen, wie z.B. Lachisch (Schicht II) und *Tell Bēt Mirsim* (Schicht A3). Arad, das weiter im Osten und somit entfernter von der Grenze mit den Philistern gelegen war, scheint sehr viel schneller wiederaufgebaut worden zu sein. Dies spiegelt die Situation, die in Sanheribs Annalen beschrieben wird, wider: ihnen zufolge hatte er Hiskia die westlichen Territorien abgenommen und den Philistern gegeben[20].

Heute kann man die »Zwei-Feldzüge-Theorie«, die lange Zeit als Lösung für die anscheinend vorhandenen Diskrepanzen in den Quellen über Sanheribs Feldzug so beliebt war, selbst mit den schwächsten Argumenten nicht mehr stützen[21]. Die assyrischen Berichte, obwohl zugegebenermaßen spärlich, stellen einen zweiten Feldzug Sanheribs nach Westen in Frage. Folgt man der biblischen Abfolge der Ereignisse, wie wir es oben getan haben, können die wichtigsten Probleme geklärt werden. Selbst die ägyptischen Texte, die oft von W. F. Albright und anderen zitiert wurden, um die Interpretation von zwei Feldzügen zu stützen, sind in der Regel von Ägyptologen als zu der von W. F. Albright ermittelten Bedeutung in Widerspruch ste-

18 Die Schefela-Distrikte umfaßten nach Jos 15,33–44 neununddreißig Städte.

19 Es gibt nur unzureichende Belege zur Unterstützung der Auffassung, daß es zwei Feldzüge Sanheribs gegeben habe. Dieser Vorschlag sollte erklären, warum trotz der wunderbaren Errettung Jerusalems Tribut gezahlt worden war; vgl. *Hallo, W. W.*, BA 23 (1960) 57–59.

20 Vgl. *Alt, A.*, PJ 25 (1929) 80–88 = Kl. Schr. II, 242–249, wo sich eine sehr weitgehende Hypothese findet.

21 Eine Zusammenfassung mit ausführlicher Bibliographie über die »Zwei-Feldzüge-Theorie« findet sich bei *Bright, J.*, A History of Israel, Philadelphia ²1972, 296–308.

hend angesehen worden[22]. Zweifellos schließen die Kawa-Inschriften, wenn sie der richtigen syntaktischen Analyse unterzogen werden, eine gemeinsame Regentschaft von Taharka und Schabataka aus, während sie allerdings bestätigen, daß der Erstgenannte tatsächlich in der Lage war, im Jahre 701 v.Chr. an der Spitze eines ägyptischen Heeres auszuziehen[23].

II. Die Siegelabdrücke und ihre geographisch-administrative Bedeutung

Königliche Siegelabdrücke, die auf Vorratskrüge gestempelt sind, wurden in großer Zahl auf verschiedenen judäischen Tulul gefunden; sie geben Hinweise auf eine neue administrative Unterteilung des judäischen Königreiches während der Regierungszeit Hiskias[24]. In der Mitte dieser Abdrücke steht eines der folgenden Symbole: entweder ein vierflügeliger Skarabäus oder eine geflügelte Sonnenscheibe[25]. Diese beiden unterschiedlichen Bildsymbole werden von Inschriften, die nach einem einheitlichen Muster gebildet wurden, begleitet: Über der Figur steht der Ausdruck »dem König« (למלך), und darunter ist einer der folgenden vier Ortsnamen geschrieben: Hebron, Socho, Sif oder *mmšt*. Über die Bedeutung dieser Siegelabdrücke wurden verschiedene Auffassungen geäußert. Einige Gelehrte haben angenommen, daß diese Krüge ein Standardmaß darstellten, das zur Steuereintreibung benutzt wurde, und daß sie in königlichen Töpfereien in den vier erwähnten Städten hergestellt wurden. Andere vertraten die Ansicht, daß

22 *Kitchen, K. A.*, JANES 5 (1973) 225–233; *ders.*, The Third Intermediate Period in Egypt, Warminster 1973, 154–161. Bedauerlicherweise ist Kitchen's Beherrschung ägyptischer historischer Quellen nicht von einer ähnlichen Beherrschung der biblischen Topographie begleitet; seine Karten in letztgenanntem Werk (S. 384) sind nicht brauchbar. Er setzt zwei ägyptische Interventionen an, eine Lösung, die sehr schwierig, wenn nicht gar unmöglich ist.

23 In der Tat marschierte er in gewissem Sinne an der Spitze seines Heeres, als er von Nubien kam, um in Ägypten zu seinem Bruder zu stoßen; Übersetzung und Diskussion der relevanten Kawa-Abschnitte finden sich bei *Rainey, A. F.*, Tel Aviv 3 (1976) 38–41.

24 *Sayce, A. H.*, PEFQSt (1893) 240–242; *Albright, W. F.*, JPOS 5 (1925) 45–54; *ders.*, AASOR 21–22 (1943) 74–75; *Watzinger, C.*, Denkmäler Palästinas I, Leipzig 1933, 116–117; *Diringer, D.*, Le iscrizioni antico-ebraiche Palestinesi, Florenz 1934, 145–157; *ders.*, PEQ 75 (1941) 91–101; *ders.*, BA 12 (1949) 70–86; *ders.*, in: *Tufnell, O.*, Lachish III, London 1953, 342–347; *Sukenik, E. L.*, Qedem 1 (1942) 32–36 (hebräisch); *Ginzberg, H. L.*, BASOR 109 (1948) 20–22; *Wright, G. E.*, BA 12 (1949) 91–92; *Moscati, S.*, L'epigrafia ebraica antica, 1935–1950, Rom 1951, 83–99; *Pritchard, J. B.*, Hebrew Inscriptions and Stamps from Gibeon, Philadelphia 1959, 18–26; *Lapp, P. W.*, BASOR 158 (1960) 11–22; *Yadin, Y.*, BASOR 163 (1961) 6–12; *Aharoni, Y.*, Excavations at Ramat Raḥel. Seasons 1959 and 1960, Rom 1962, 51–56; *Rainey, A. F.*, BASOR 179 (1965) 34–36; *ders.*, IEJ 16 (1966) 187–190; *Welten, P.*, Die Königs-Stempel, Wiesbaden 1969; *Cross, F. M.*, EI 9 (1969) 24ff; *Lance, H. D.*, HTR 64 (1971) 316–332; *Tushingham, A. D.*, BASOR 200 (1970) 71–78; *ders.*, BASOR 201 (1971) 23–35; *Ussishkin, D.*, BASOR 223 (1976) 1–13.

25 Diese Interpretation scheint wahrscheinlich zu sein, verglichen mit ähnlichen Symbolen bei Assyrern und Hethitern. Vgl. *Watzinger*, s.o. Anm. 24; *Lapp*, s.o. Anm. 24, 12. Es gibt sicher keine Grundlage für die vorgeschlagene Ableitung eines der Symbole von den königlichen Insignien des nördlichen Israel; gegen *Tushingham, A. D.*, s.o. Anm. 24.

diese vier Orte königliche Besitzungen waren, deren Produkte in diesen Krügen aufbewahrt wurden. Schließlich wurde vorgeschlagen, daß diese vier geographischen Namen administrative Zentren oder Vorratsstädte für Steuern, die in Naturalien bezahlt wurden, repräsentieren. Die Siegelabdrücke können jedoch nur richtig interpretiert werden, wenn man ihre Entstehungszeit kennt, die jetzt durch archäologische Funde an mehreren Orten auf die Jahre, die dem Feldzug Sanheribs unmittelbar vorausgegangen waren, festgelegt werden kann.

Datierung der Siegelabdrücke

Die folgenden Daten dienen dazu, die Entstehungszeit der königlichen Siegelabdrücke zu bestimmen:

1. *Bet-Kerem.* Siegelabdrücke beider Arten wurden im Schutt unter dem Boden der Festung Bet-Kerem gefunden[26]. Diese Zitadelle, die man wahrscheinlich in *Ḫirbet eṣ-Ṣāliḥ* lokalisieren kann, bestand bis zur Zerstörung des Ersten Tempels und war offensichtlich zur Regierungszeit Jojakims (Jer 22,13–19) errichtet worden[27]. Die Fundstätte zeigt deutlich, daß die königlichen Siegel in Gebrauch waren, bevor diese Anlage erbaut wurde; es ist sehr unwahrscheinlich, daß sie bis zum Zusammenbruch des judäischen Königreiches weiter benutzt wurden.

2. *Lachisch.* 310 Siegelabdrücke stammen aus Lachisch, die meisten von ihnen tragen das Skarabäus-Symbol. Fast alle diese Siegel wurden in Räumen der Schicht III gefunden zusammen mit unzähligen Scherben und mit Henkeln dieser Krüge. Abdrücke mit dem Sonnenscheiben-Symbol sind – relativ gesehen – geringer; in den britischen Ausgrabungen wurden sie an Stellen gefunden, über deren Schichtung keine näheren Angaben gemacht werden konnten[28]. Bei den neueren Grabungen dort sind jedoch einige unzerstörte Gefäße entdeckt worden, die den Sonnenscheiben-Siegelabdruck tragen und eindeutig in Schicht III gehören[29].

Nicht alle Gelehrten stimmen der Ansicht zu, daß die Zerstörung der Schicht III auf den Feldzug Sanheribs im Jahre 701 v.Chr. zurückgeht; einige sind der Auffassung, daß sie von dem ersten Feldzug Nebukadnezars im Jahre 597 v.Chr. herrührt[30]. Tatsächlich gibt es aber keinen Grund, die

26 *Aharoni, Y.*, s.o. Anm. 24, 20.40f.51.

27 *Aharoni, Y.*, ebd., 59f.

28 *Tufnell, Olga*, Lachish III, London 1953, 340.

29 *Ussishkin, D.*, s.o. Anm. 24, 1ff. Das Vorhandensein von Abdrücken privater Siegel auf den Henkeln eben der Krüge, die das Sonnenscheibensymbol tragen, zeigt, daß alle Henkel mit Abdrücken privater Siegel aus dem gleichen administrativen Bezirk kommen. Die Formulierungen auf den königlichen und den privaten Siegelabdrücken repräsentieren zwei unterschiedliche semantische Bereiche. Ersteres designiert die Waren als königlichen Besitz, der wahrscheinlich als Steuern eingesammelt worden war; letzteres besagt nur, daß das Siegel der Person gehört, deren Name darauf steht; die *lamed*-Präposition in beiden Fällen besagt nicht, daß der König oder die Privatperson Schenkender oder Absender sei. *Rainey, A. F.*, BASOR 179 (1965) 34–36; *ders.*, IEJ 16 (1966) 187–190.

30 *Buchanan, B. W.*, AJA 58 (1954) 335–339; *Wright, G. E.*, VT 5 (1955) 97–105.

erste Datierung zu bezweifeln[31]. Die Ähnlichkeit der Scherben von Schicht III und II beweist nicht, daß die Schichten notwendigerweise chronologisch eng zusammengehören. Andere Ausgrabungen haben deutlich gezeigt, daß in der judäischen Keramik zwischen dem Ende des 8. und dem Beginn des 6. Jahrhunderts v.Chr. nur wenige Änderungen stattgefunden haben[32]. Andererseits jedoch gibt es zwischen diesen beiden Schichten bestimmte Unterschiede, die man nur schwer erklären kann, wenn man annimmt, daß beide Schichten nur durch eine Zeitspanne von zehn oder elf Jahren voneinander getrennt sind. Ferner hat man darauf hingewiesen, daß Sanheribs Reliefs, die die Belagerung Lachischs darstellen, eine erstaunliche Ähnlichkeit mit der Anlage der Stadt haben, die in Schicht III existierte[33]. Außerdem gilt der für archäologische Ausgrabungen allgemein anerkannte Grundsatz, daß jede Schicht hauptsächlich Gefäße aus den letzten Jahren ihres Bestehens als Siedlung aufweist, besonders wenn sie durch Feuer zerstört wurde. Da fast jeder Raum von Schicht III Krugfragmente und Siegelabdrücke des Skarabäus-Typs enthielt und auch einige des Sonnenscheiben-Typs, kann man sich der Schlußfolgerung nicht entziehen, daß diese Siegel bis zur Zerstörung dieser Schicht in Gebrauch waren. Daher belegen die Funde von Lachisch, daß sowohl die Skarabäus- als auch die Sonnenscheiben-Siegel benutzt wurden, bis die Stadt von Sanherib im Jahre 701 v.Chr. zerstört wurde.

3. *Paläographische Belege.* Die Buchstaben auf den Siegelabdrücken ähneln in der Form denen der Siloah-Inschrift aus der Regierungszeit Hiskias[34]. Versuche, paläographische Unterschiede zwischen den zwei Siegeltypen festzustellen, halten einer näheren Untersuchung nicht stand[35]. Weiteres paläographisches Material wurde bei den Ausgrabungen des großen Wassersystems von Gibeon entdeckt, wo königliche Siegelabdrücke – hauptsächlich mit Sonnenscheiben-Symbolen – zusammen mit anderen Inschriften gefunden wurden[36]. In diesen Texten erscheint das *'Alef* in einer speziellen Form, die auch aus einer Grabinschrift der *Silwān*-Siedlung bekannt ist und aus dem Jahre 700 v.Chr. stammt[37]. Man kann auch noch den neueren Beleg eines vor kurzem gefundenen Siegels anführen, das die folgende Inschrift trägt: »Jehozara (gehörend), dem Sohn Ḥilqiyahus (Hilkias), Diener des Hiskia.«[38] Paläographisch zeigt es Verbindungen zu anderen privaten Siegeln, zu den *lmlk*-Inschriften und auch zu den Schiloach-

31 Die Ausgrabungen haben gezeigt, daß die einzige Schicht, die man mit Sanheribs Feldzug zusammenbringen kann, Schicht III ist; *Ussishkin, D.*, Tel Aviv 5 (1978) 1–97.

32 *Aharoni, Y.* und *M. Aharoni*, BASOR 224 (1977) 73ff.

33 *Barnett, R. D.*, IEJ 8 (1958) 161–164.

34 *Diringer, D.*, BA 13 (1949) 85f.

35 *Lapp, P. W.*, BASOR 158 (1960) 19–21.

36 *Pritchard, J. B.*, Hebrew Inscriptions and Stamps from Gibeon, Philadelphia 1959, 18.

37 *Avigad, N.*, IEJ 9 (1959) 132.

38 *Hestrin, R.* und *M. Dayagi*, IEJ 24 (1974) 27–29.

und *Silwān*-Inschriften[39]. Solche Siegel nennen den Titel des Besitzers (und nicht seinen Vater; man beachte, wie viele Siegel Rangangaben, aber keine Patronyme aufweisen!). Somit handelt es sich hier um ein datierbares Beispiel von Siegelpaläographie.

So sind die paläographischen Zeugnisse ebenfalls mit einem bestimmten Zeitpunkt in der Regierungszeit Hiskias vereinbar; dies hilft uns jedoch bei dem Versuch, eine weitere zeitliche Präzisierung zu erhalten, nicht weiter.

4. *Die Zahl der Siegel.* Um die Zeitspanne zu ermitteln, in der diese Symbole in offiziellem Gebrauch waren, sollte großes Gewicht auf die Zahl der Siegel gelegt werden, die für die verschiedenen Siegelabdrücke tatsächlich verwendet wurden. Obwohl bisher kein einziges Siegel dieser Art gefunden wurde, kann man doch in der Regel von den Abdrücken her bestimmen, ob eine bestimmte Gruppe von einem oder von mehreren Siegeln herrührt. Ein Vergleich der Siegelabdrücke hat die überraschende Tatsache ergeben, daß all die vielen bisher gefundenen Exemplare von nur einundzwanzig bis vierundzwanzig Siegeln stammen[40].

Alle diese Siegelabdrücke können einer der drei allgemein akzeptierten Kategorien, die durch das Bildsymbol definiert sind, zugeordnet werden (Typ I – Skarabäus, realistisch; Typ II – Skarabäus, stilisiert; Typ III – Sonnenscheibe). Nach dieser Klassifizierung verteilt sich die Zahl der Siegel, von denen die Abdrücke stammen, wie folgt:

Typ	*Hebron*	*Sif*	*Socho*	*mmšt*
I	2	1	–	1
II	2	1	1	1
III	4	1–3	3	4

Diese Verteilung bekräftigt die Schlußfolgerung, daß die fraglichen Siegel nur während einer sehr kurzen Zeitspanne in Gebrauch waren. Bei allen Abdrücken aus Sif, Socho und *mmšt* der Typen I und II wurde für jeden Typ jeweils ein Siegel benutzt, während die Abdrücke derselben Typen aus Hebron von nur zwei verschiedenen Siegeln gestempelt wurden. Da diese Krüge in großen Stückzahlen hergestellt wurden (in Lachisch wurden allein 260 Siegelabdrücke des Skarabäus-Typs gefunden!), kann man sich nur schwer vorstellen, daß die alten Töpfer über viele Jahre hinweg nur ein einziges Siegel benutzt haben. Deshalb ist die Schlußfolgerung zwingend, daß die Skarabäus-Symbole nur wenige Jahre in Gebrauch waren. Die Abdrücke mit dem Sonnenscheiben-Symbol wurden von drei oder vier Siegeln pro Stadt gemacht; das zeigt vermutlich an, daß sie über einen längeren Zeitraum in Gebrauch waren – wenn auch kaum mehr als zwanzig oder dreißig Jahre.

39 Vgl. die Beobachtungen von *Millard, A. R.* in: *Bartlett, J. R.*, PEQ 108 (1976) 61 Anm. 18.

40 *Lapp, P. W.*, BASOR 158 (1960) 11–22; *Aharoni, Y.*, Excavations at Ramat Raḥel. Seasons 1959 and 1960, Rom 1962, 51–56.

Wenn wir auch schon – bei den archäologischen Funden von Lachisch – festgestellt haben, daß beide Siegeltypen bis zum Jahre 701 v.Chr. benutzt wurden, dann können wir auch annehmen – auf der Basis einer durchschnittlichen Zahl von Siegeln –, daß diese Abdrücke erst wenige Jahre vorher offiziell eingeführt worden waren. Mit anderen Worten: Sie waren im wesentlichen nur eine kurze Zeit vor Sanheribs Feldzug in Gebrauch.

5. *Verteilung der Typen der Siegelabdrücke auf Orte.* Der Prozentsatz der Siegelabdrücke der verschiedenen Typen variiert beträchtlich zwischen den einzelnen archäologischen Fundorten. Diese Unterschiede können erklärt werden, wenn man chronologische und historische Erwägungen heranzieht. Von den 310 in Lachisch gefundenen Abdrücken tragen 265, d.h. 85 %, das Skarabäus-Symbol (und davon wiederum die meisten Typ II), während nur 45 das Sonnenscheiben-Symbol zeigen. Dieses Bild steht in scharfem Kontrast zu dem der Orte im Bergland, wo das Sonnenscheiben-Symbol bei den Abdrücken vorherrscht, z.B. 82 % in *Tell en-Naṣbe* (Mizpa), 85 % in Gibeon und 88 % in Ramat Raḥel. Die große Anzahl der Sonnenscheiben-Symbole bei den Abdrücken in den Orten des Berglandes läßt sich mit Hilfe der Tatsache erklären, daß sie länger in Gebrauch waren. Aber wie können wir den umgekehrten Sachverhalt in Lachisch deuten, bei dem es sich kaum um einen Zufall handeln kann, wenn man sich die große Zahl der dort gefundenen Siegelabdrücke vor Augen führt? Die kleine Zahl der Abdrücke mit dem Sonnenscheiben-Symbol, die in Lachisch gefunden wurde, kann man erklären, wenn man annimmt, daß Hiskia den Gebrauch des Sonnenscheiben-Symbols kurz vor Sanheribs Invasion einführte. Die große Zerstörung, die Lachisch durch Sanherib erlitt, könnte zu der relativ kleinen Anzahl der Abdrücke des späteren Siegels geführt haben. Es scheint jetzt sicher zu sein, daß das Symbol in der Regierungszeit Hiskias geändert wurde – aber man kann nicht ausschließen, daß die Krüge noch einige Zeit nach seiner Regierungszeit benutzt wurden.

6. *Geographische Verteilung.* Krughenkel mit diesen Abdrücken sind nur in judäischen Orten gefunden worden; kein einziger ist außerhalb des judäischen Territoriums aufgetaucht, z.B. in einer der nördlichen israelitischen Städte. Die Verbreitung nach Norden reicht bis *Tell en-Naṣbe* (Mizpa), nach Osten bis Jericho, nach Süden bis *Ḫirbet el-Garra* und Arad im Negeb, wo Abdrücke der Skarabäus-Symbole gefunden wurden[41], und nach Westen bis Geser und *Tell eṣ-Ṣāfī.* Solch eine Verteilung, die auf das Gebiet des judäischen Königreiches begrenzt ist, stimmt mit der Verwendung der Siegel während einer nur kurzen Zeitspanne überein, während man sie nur schwer erklären könnte, wenn sie über einen längeren Zeitraum benutzt worden wären, etwa während der Regierungszeit Josias, der auch über ein viel größeres Königreich herrschte. Bei den umfangreichen Ausgrabungen von Megiddo oder auch Bet-El wurde nicht ein einziger solcher Siegelabdruck gefunden, obwohl Josias Einflußsphäre zweifellos diese Städte ein-

41 *Aharoni, Y.,* IEJ 8 (1958) 36 Taf. 16D.

schloß (2Kön 23,29; 2Chr 35,22). Ein sehr viel größerer Krug wurde in dem durch Brand zerstörten Stadttor von Beerscheba gefunden, der den Abdruck des Skarabäus-Symbols aufweist; die Zerstörung Beerschebas wird ebenfalls auf Sanherib zurückgeführt.

Der Verwendungszweck

Die Bestimmung eines Zeitraumes, aus dem diese Siegelabdrücke stammen, hat entscheidende Bedeutung für die Interpretation ihres Verwendungszwecks. Wenn die Annahme zutrifft, daß sie kurze Zeit vor Sanheribs Feldzug in Gebrauch kamen, dann müssen sie von Hiskias Aktivitäten zur Reorganisierung und Stärkung Judas angesichts des drohenden Krieges gegen Assyrien zeugen; wahrscheinlich sollte durch ihre Verwendung größere Effektivität bei der Einziehung von Steuern in Form von Naturalien erzielt werden. Das bedeutet, daß die vier geographischen Namen, die auf den Siegelabdrücken stehen, die neuen administrativen Zentren angeben, in denen die Steuern zusammengebracht werden sollten, in biblischer Terminologie: die Vorratsstädte. Die Neugestaltung des Systems der Steuereinziehung und die Zusammenführung der Abgaben in vier großen Vorratsstädten war eine der wichtigsten Taten Hiskias in den Jahren vor der assyrischen Invasion – eine Tat, die auch in der Bibel Erwähnung findet (2Chr 32,27–29).
Um die Errichtung dieser vier neuen Vorratsstädte zu verstehen, müssen wir mit der administrativen Unterteilung Judas beginnen, die vor Hiskias Reformen bestand und die offenbar in die Regierungszeit Josafats zurückreicht (s.o.S. 359–371). Territoriale Unterteilungen werden gewöhnlich nicht ohne Kenntnis der geographischen Situation vorgenommen, außerdem basiert jede derartige Neugliederung auf dem ihr vorausgegangenen Zustand. Wenn wir die drei identifizierbaren geographischen Namen der Königssiegel mit den zwölf früheren Distrikten vergleichen, wird die Beziehung zwischen ihnen offenkundig[42]. Drei der früheren Distrikte werden um eine solche Hauptvorratsstadt zusammengefaßt (vgl. Karten 28 und 32): Socho – die drei Schefela-Distrikte (II, III, IV); Sif – der Negeb-Distrikt und die zwei südlichsten Distrikte des judäischen Berglandes (I, V, VII); Hebron – die drei zentralen Bergland-Distrikte (VI, VIII, IX). Mit Ausnahme von Hebron, das früher die Hauptstadt Judas war, lagen die anderen Vorratsstädte nicht im Zentrum ihrer Distrikte; aber alle drei waren sehr bedeutende Städte, die schon unter Rehabeam befestigt worden waren (2Chr 11,7–10), und sie lagen an Straßen, die nach Jerusalem führten. Diese Faktoren erklären die Wahl gerade dieser Städte
Die drei verbleibenden Distrikte, nämlich die von Jerusalem, Benjamin und der Wüste, sind demnach wohl dem geheimnisvollen *mmšt* zugeordnet worden. Im Hinblick auf die anderen ausgewählten Städte war Jerusalem selbst wahrscheinlich die Steuersammelstelle für die drei letztgenannten

42 *Aharoni, Y.*, Excavations at Ramat Raḥel. Seasons 1959 and 1960, Rom 1962, 51–56 Fig. 32.

Distrikte, die alle an Jerusalem angrenzten. Da eine Stadt namens *mmšt* aus anderen Quellen nicht bekannt ist, ist der Schluß beinahe unausweichlich, daß es sich hier nur um Jerusalem in seiner Rolle als Vorratsstadt der nördlichen Distrikte handeln kann. Es könnte als unpassend empfunden worden sein, den Namen Jerusalems wie den anderer Provinzstädte auf königlichen Siegeln erscheinen zu lassen; daher diente *mmšt* eventuell als Bezeichnung für die Stadt in ihrer administrativen Funktion. H. L. Ginsberg hatte bereits vorgeschlagen, daß *mmšt* einfach eine Kurzform des hebräischen Wortes für »Regierung« sei[43]. Zur Stützung seines Vorschlages kann man auf den biblischen Gebrauch des Wortes für »Regierung« (ממשלה-ממשלת) während der Regierungszeit Hiskias verweisen, so in der Erzählung über den Besuch babylonischer Gesandter in Jerusalem. Der Text beschreibt Hiskias Stolz, als er ihnen seinen Reichtum vorführt, und schließt mit folgenden Worten: »Es war nichts in seinem Hause und in *seiner* ganzen *Regierung* (ממשלתו), was ihnen Hiskia nicht gezeigt hätte« (2Kön 20,13; Jes 39,2). Da sich dieser Text mit den Reichtümern des Königs in Jerusalem befaßt, wird offenbar ein Unterschied gemacht zwischen den Schätzen im Palast und denen »in seiner Regierung«, d.h. in den Vorratshäusern der Provinzverwaltungen. Der Besuch dieser Abgesandten Merodach-Baladans stand im Zusammenhang mit den Kriegsvorbereitungen, und so hat Hiskia ihnen wahrscheinlich eines der zu diesem Zweck erbauten Vorratshäuser gezeigt.

Die Zentralisierung der königlichen Verwaltung um vier Hauptvorratsstädte anstelle der differenzierten Unterteilung in zwölf Distrikte, die nur ein Überrest der altehrwürdigen Tradition war, ist für einen kleinen Staat wie Juda vermutlich sehr viel zweckmäßiger gewesen. Ähnlich faßten die Assyrer die verschiedenen eroberten Königtümer zu größeren Einheiten unter einem ihrer Provinzgouverneure zusammen. In Israel schufen sie drei oder vier Provinzen anstelle von vorher zwölf Distrikten und in Aram vier oder fünf anstelle von sechzehn[44].

Die Situation kann wie folgt zusammengefaßt werden: Die königlichen Siegel, deren Abdrücke gefunden wurden, wurden von Hiskia wenige Jahre vor Sanheribs Invasion eingeführt, um die Neugliederung der Verwaltung seines Königreiches um vier Vorratsstädte herum zu erleichtern. Zuerst wurde das Siegel mit dem Skarabäus-Symbol auf die Vorratskrüge gestempelt, aber kurz vor 701 v.Chr. wurde das Siegel durch eines mit dem Sonnenscheiben-Symbol ersetzt, zu dem außerdem häufig auch noch das Siegel eines Beamten gestempelt wurde. Die neue Distrikteinteilung blieb offenbar während der folgenden Regentschaften bis zum Ende des judäischen Königreiches bestehen. Das wird vermutlich auch durch den Text auf dem Ostrakon aus Arad, das in das Ende des 7. Jahrhunderts v.Chr. zurückreicht, bestätigt. In diesem Text werden Lieferungen von Naturalsteuern aus verschiedenen Orten registriert:

43 *Ginsberg, H. L.*, BASOR 109 (1948) 20f.
44 ANET 283.

»[Aus . . .] *ḥqt* (ein ägyptisches Maß) 10 Gerste (Symbol); [aus] Anim dem Unteren *ḥqt* 30 Gerste; aus dem Oberen *ḥqt* 60 (Gerste); aus Maon *ḥqt* 10 (Gerste)«[45].

Hier werden die Namen dreier Orte überliefert, die leicht lokalisiert werden können. Unter- und Ober-Anim sind *Ḫirbet Ġuwēn eṭ-Ṭaḥtā* und *el-Fōqā*, ungefähr 11 km nördlich von Arad und etwa 1 km voneinander entfernt gelegen. An beiden Ortslagen wurde eisenzeitliche Keramik an der Oberfläche gefunden[46]. Auch Eusebius berichtet von zwei Orten in diesem Gebiet, die er 'Αναια nennt; der eine war eine jüdische Siedlung und der andere eine christliche (Onom. 26,9.13). Der neue Text aus Arad belegt, daß die beiden benachbarten Städte Ober- und Unter-Anim genannt wurden (vgl. Ober- und Unter-Bet-Horon und die Oberen und Unteren Quellen bei Debir; Jos 15,19). Maon ist *Ḫirbet Maʿīn*, etwas weniger als 11 km nordöstlich von Anim und ungefähr 16 km von Arad gelegen.
Von besonderem Interesse ist hier die Tatsache, daß drei Orte im Bergland an eine Festung (Arad) im Negeb Zahlungen leisteten. Die drei Orte liegen nicht im gleichen Distrikt des Berglandes: Anim liegt im südlichen Bergland-Distrikt (Jos 15,50) und Maon im südöstlichen (Jos 15,55)[47], d.h. im Distrikt von Sif. Arad (in dem Text zu Eder entstellt) liegt im Negeb (Jos 15,21). Diese drei Distrikte wurden offensichtlich während Hiskias Reform zusammengefaßt, um den südlichen Distrikt zu bilden; dieser Vorgang spiegelt sich in den Abdrücken der Königssiegel.
Man hat jedoch anscheinend spätestens kurz nach 701 v.Chr. die Verwendung der Siegel mit geographischen Namen aufgegeben. Das Rosettenmuster ist vermutlich statt dessen als neues Symbol genehmigt worden. Siegelabdrücke mit Rosetten wurden auf Krughenkeln angebracht, die den oben beschriebenen mit den geflügelten Symbolen ähnlich waren. Eine beträchtliche Anzahl dieser Rosettensiegel wurde in Bet-Kerem gefunden, und zwar auf oder über dem Boden der Festung; demnach sind sie offenbar in den späteren Jahren des Bestehens dieser Festung in Gebrauch gewesen. Sie dienten anscheinend in dieser Zeit als judäische Königssymbole, wie das auch im hethitischen Kleinasien der Fall gewesen war[48].
Man muß wohl annehmen, daß diese Krüge zur Aufbewahrung der in Naturalien geleisteten Steuern in den vier Hauptvorratsstädten dienten. Die Verteilung der Krüge über die Städte Judas erfolgte offensichtlich, nachdem man sie nicht mehr zu ihrem ursprünglichen Zweck benutzte. Entweder verwandte die Regierung sie nun, um Vorräte an die Garnisonen und lokalen Verwaltungszentren zu liefern, oder sie waren schließlich in Privatbesitz gelangt[49].

45 *Aharoni, Y.*, Arad Inscriptions, Jerusalem 1981, 52–53.

46 *Kochavi, M.*, Judaea, Samaria and the Golan, Archaeological Survey 1967–1968, Jerusalem 1972, 81–82, Nrn. 248.250.

47 Diese Distrikte waren nach den lokalen Wadi-Systemen organisiert und durch Wasserscheiden getrennt; *Kochavi, M.*, Tel Aviv 1 (1974) 26–33, besonders Fig. 12 auf S. 29.

48 *Albright, W. F.*, BASOR 80 (1940) 21 Anm. 51.

49 Die Kreise, die auf viele Krughenkel, die königliche Siegelabdrücke tragen, geritzt sind, lassen sich wahrscheinlich mit diesem Phänomen verbinden. Im Gegensatz zu den Abdrücken,

III. Die letzten Könige Judas

Der Feldzug Sanheribs stabilisierte die politische Lage in Palästina eine beachtliche Zeit lang. Während der letzten Tage Hiskias und während der ganzen langen Regierungszeit Manasses finden sich keine Hinweise auf irgendwelche Veränderungen. Juda blieb eines der Königreiche in Palästina, aber es stand in völliger Abhängigkeit von Assyrien. Dieses assyrische Reich erreichte den Gipfel seiner Macht und Ausdehnung unter Asarhaddon (681–669 v.Chr.) und Aššurbanipal (668–633 v.Chr.). Asarhaddon verwirklichte den alten Traum Assyriens von der Eroberung Ägyptens. Offenbar war er nur an der phönizischen Küste gezwungen, einen Aufstand niederzuschlagen, der von Tyrus und Sidon angeführt worden war; beide Städte eroberte er und bestrafte sie hart[50]. Während seiner Regierungszeit war es in Palästina offensichtlich ruhig; er erwähnt den Namen Manasses *(Me-na-si-i)*, des Königs von Juda *(Ia-ú-di)*, in einer Liste, in der die hohen Tribute aufgeführt sind, die er von den Königen von Tyrus, Edom, Moab, Gaza, Aschkelon, Ekron, Byblos, Arwad, Samsimuruna, Bet-Ammon und Aschdod erhielt[51]. Im Süden eroberte er Arza-Arzani beim Bach Ägyptens und deportierte dessen König. Arza ist offenbar das Jurṣa ägyptischer Quellen, das versuchsweise mit *Tell Ǧemme* (s.o.S. 165) identifiziert wurde; zu dieser Zeit kontrollierten offensichtlich ihre Herrscher den westlichen Negeb. An jener Stelle wurde ein assyrischer Palast gefunden[52]. Asarhaddon führte auch Krieg gegen die Araber und zog hohen Tribut von ihnen ein.
Bei seinem zehnten Feldzug eroberte Asarhaddon im Jahre 671 v.Chr. Ägypten[53]. Er berichtet, daß er auf dem Weg dorthin Tyrus, Afek im Lande Samaria[54] und Rafia, das in der Nähe des Bachs von Ägypten gelegen ist, eroberte. Dann legte er den schwierigen Weg nach Ägypten zurück. Sein Sohn Aššurbanipal (668–633 v.Chr.) durchquerte auf seinen Feldzügen nach Ägypten ebenfalls Palästina; er traf offensichtlich nur in Phönizien auf Widerstand, denn er erwähnt die Unterwerfung von Tyrus und Arwad[55]. In seinem neunten Regierungsjahr führte er einen Feldzug gegen die Araber, bei dem er durch Transjordanien zog. In diesem Zusammenhang erwähnt er Edom, Bet-Ammon, Moab und die Distrikte Hauran und Zoba[56]. Auf dem

die in den Ton gestempelt wurden, bevor der Krug im Töpferofen gebrannt wurde, sind diese Kreise mit einem speziellen Gerät zu einer späteren Zeit eingeritzt worden. Sie könnten bedeutet haben, daß dieses Gefäß nun offiziell »abgeschrieben« und für private Zwecke verfügbar war.

50 ANET 290f.

51 ANET 291 = TGI 70; die gleiche Liste ist auch in einem Text erhalten, der in die Regierungszeit Aššurbanipals datiert wird, ANET 294.

52 *Beek, G. van*, IEJ 22 (1972) 245–246; IEJ 24 (1974) 138–139.274–275.

53 ANET 292f.

54 Was die Schlußfolgerungen über die assyrischen Provinzen betrifft, die davon abgeleitet werden, daß Afek zu Samaria gehört, vgl. o.S. 393.

55 ANET 295f.

56 ANET 297f.

Rückweg mußte er die Phönizier bekämpfen; er berichtet von der Eroberung Ušus (Usus) und Akkos[57].
Die Regierungszeit Aššurbanipals bildete einen letzten Höhepunkt assyrischer Macht. Das große Reich fiel nach seinem Tode (633 v.Chr.) rasch auseinander. Ägypten war abgefallen, als Aššurbanipal noch herrschte; Psammetich I. hatte ungefähr im Jahre 655 v.Chr. die 26. Dynastie Ägyptens begründet. Im Jahre 626 v.Chr. gewann Babylonien unter Nabopolassar, dem Begründer des neubabylonischen (= chaldäischen) Reiches, seine Unabhängigkeit. Von da an wurde Assyrien von Babylonien und Medien empfindlich bedrängt; sein rascher Niedergang war die Folge. Assur fiel 614 v.Chr. und Ninive wurde zwei Jahre später erobert (612 v.Chr.). Ein letzter Versuch Aššur-uballits II., mit den Überresten der assyrischen Armee Haran zurückzuerobern, schlug im Jahre 609 v.Chr. fehl. Danach begann Babylonien, die verbliebenen Reste des assyrischen Reiches zu annektieren und umzugestalten.
Die vierundzwanzig Jahre zwischen dem Tod Aššurbanipals und der Zerstörung der letzten Reste der assyrischen Armee bei Haran fielen mit der Periode eines letzten Wiederaufstiegs Judas zusammen. Josia (640–609 v.Chr.), der den Thron im Alter von acht Jahren bestiegen hatte, versuchte, als er erwachsen geworden war, Judas Herrschaft über ganz Palästina auszudehnen; das gelang ihm auch weitgehend (s. Karte 33).
Judas Expansion war eng mit dem Zerfall assyrischer Macht verbunden. Die Tatsache, daß Juda das assyrische Joch hatte abschütteln können, hatte tiefgreifende religiöse Wirkungen, deren Etappen von der biblischen Überlieferung sehr genau dargestellt werden[58]. Josia begann seine Aktivitäten in seinem achten Regierungsjahr (2Chr 34,3), das mit dem Todesjahr Aššurbanipals zusammenfiel (633 v.Chr.). Zu diesem Zeitpunkt wurden offensichtlich die ersten Schritte unternommen, die assyrische Oberhoheit nicht mehr anzuerkennen und die mit dieser Fremdherrschaft verbundenen Kulte zu beseitigen. Der zweite Schritt erfolgte in seinem zwölften Regierungsjahr (629 v.Chr.), offenbar nach dem Tod Aššuretel-ilanis, des Sohnes Aššurbanipals, dem sein Bruder Sinšariškun auf dem assyrischen Thron folgte. Von der rituellen Säuberung, die Josia in diesem Jahr durchführen ließ, waren nicht nur Juda und Jerusalem betroffen, sondern auch die »Städte Manasses, Efraims und Simeons und bis hin nach Naftali . . . im ganzen Land Israel« (2Chr 34,6–7). Da die Tatsache, daß Josia die Oberherrschaft über alle diese Gebiete hatte, über jeden Zweifel erhaben ist, gibt es auch keinen Grund, die chronologische Berichterstattung darüber im Buch der Chronik in Frage zu stellen[59]. Josia hatte die Erneuerung der davidischen Herrschaft über ganz Israel zum Ziel, und zweifellos hat er die erstbeste Ge-

57 ANET 300; vgl. *Katzenstein, H. J.*, The History of Tyre, Jerusalem 1973, 293–294.
58 *Cross, F. M.* und *D. N. Freedman*, JNES 12 (1953) 56–58; *Tadmor, H.*, JNES 15 (1956) 226–260.
59 Eine andere Ansicht vertritt *Rudolph, W.*, Chronikbücher, Tübingen 1955, 320.

Karte 33: Das Königreich Josias

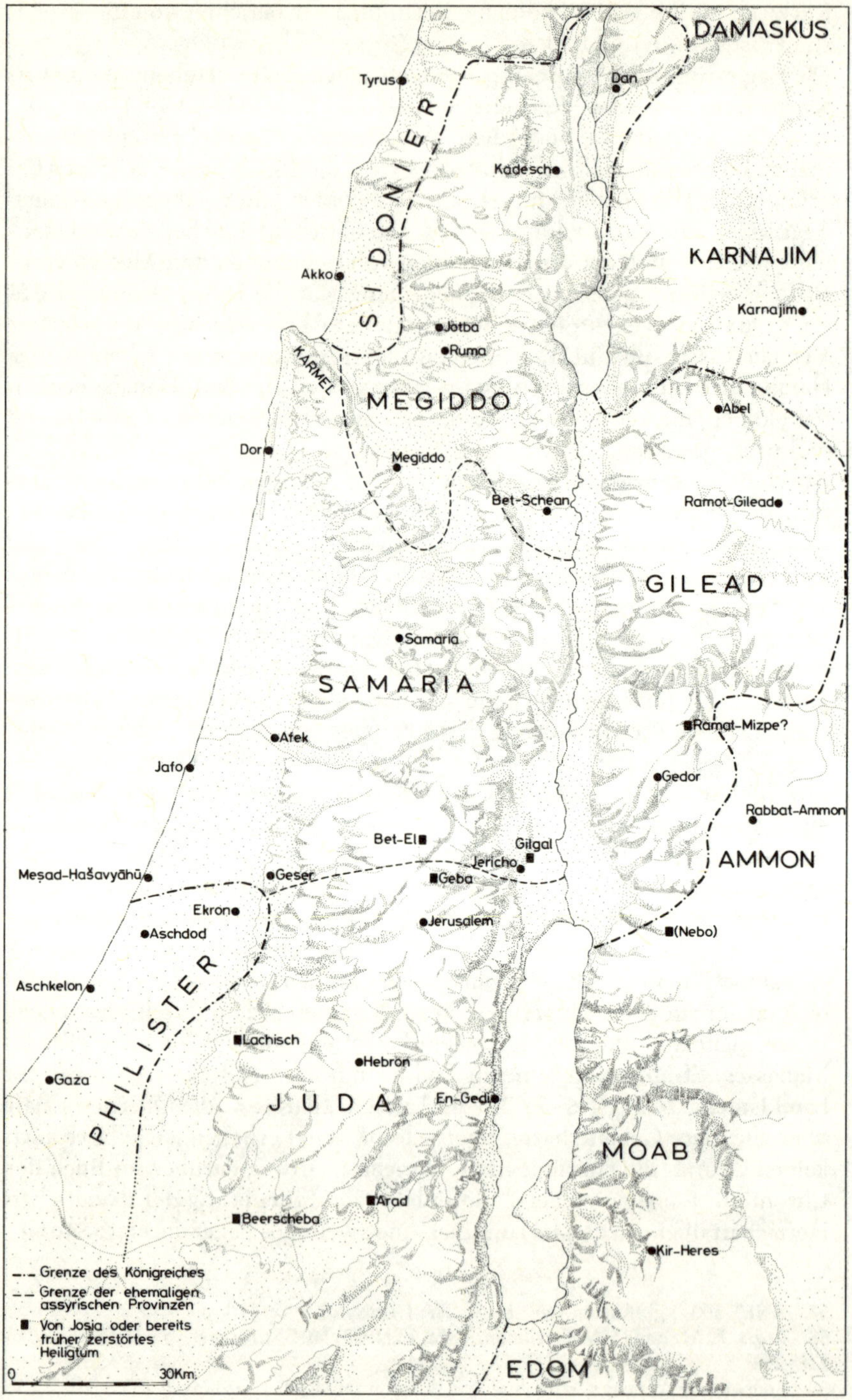

legenheit, die sich ihm bot, wahrgenommen, um seine Pläne in die Tat umzusetzen.

Über die Größe des josianischen Königreiches sind nur wenige Einzelheiten überliefert. Es findet sich ein Hinweis, daß Josia über Bet-El herrschte (2Kön 23,4.15), das früher an der Grenze des israelitischen Königreiches lag und später, nach der Gründung der Provinz, an der Grenze zu Samaria (2Kön 17,28). Ferner ist deutlich, daß er seine Herrschaft auf Megiddo ausdehnte (2Kön 23,29; 2Chr 35,22); offensichtlich hat er es fertiggebracht, die große Festung von Schicht II in Megiddo zu erbauen, die über dem früheren Palast der Schicht III errichtet wurde[60]. Das in *Meṣad Ḥašavyāhū* an der Küste ungefähr 1,5 km südlich von *Mīnet Rūbīn* gefundene Ostrakon zeigt, daß diese Festung während der Regierungszeit Josias in judäischer Hand war[61]. Aus all dem kann man schließen, daß Josia die Provinzen von Samaria und Megiddo seinem Königreich einverleibte und ein bestimmtes Gebiet im nördlichen Teil des Philisterlandes zum Nachteil Ekrons und Aschdods ebenfalls annektieren konnte. Die Verbindungen mit den verschiedenen Teilen seines Königreiches wurden durch Heiraten mit einflußreichen Familien aus den Grenzdistrikten verstärkt. Die Mutter von Josias Söhnen Joahas und Zedekia stammte aus Libna, einer Stadt an der Grenze zum Philistergebiet *(Tell Bornāṭ?)*, die in der Regierungszeit Jorams gegen Juda rebelliert hatte (2Kön 8,22). Die Mutter Jojakims, eines anderen Sohnes Josias, stammte aus Ruma, offensichtlich *Ḫirbet er-Rūme* im *Sahl Baṭṭōf*, das in den Annalen Tiglatpilesers III. Aruma genannt wird[62]. Eine der Frauen Manasses war aus Jotba (2Kön 21,19), dem Jotapata der römischen Zeit *(Ḫirbet Ğefāt)*[63], auf einem Berg über dem *Sahl Baṭṭōf* gelegen, das auch in dem Tiglatpileser-Text auftaucht *([Ia]-aṭ-bi-te)*[64]. Dies zeigt, daß nicht die gesamte israelitische Bevölkerung von Tiglatpileser III. deportiert worden war; offensichtlich erholte sie sich recht schnell von den erlittenen Deportationen.

Für eine Antwort auf die Frage, welchen Erfolg Josia tatsächlich bei der Wiedervereinigung der assyrischen Provinzen hatte, die aus dem israelitischen Territorium gebildet worden waren, gibt es ein beachtenswertes Belegstück. Es ist das Fragment eines Ostrakons aus Arad, das Reste von drei Zeilen umfaßt:

Ich wurde König in [. . .]
machte militärische Vorbereitungen und [. . .]
der König von Ägypten nach [. . .][65].

60 *Avi-Yonah, M.* und *S. Yeivin*, The Antiquities of Israel, Tel Aviv 1955, 313 (hebräisch); *Malamat, A.*, JANES 5 (1973) 267–279.

61 *Naveh, J.*, IEJ 10 (1960) 129–139.

62 ANET 283.

63 *Albright, W. F.*, JBL 58 (1939) 184f.

64 Vgl. o.S. 390.

65 *Aharoni, Y.*, Arad Inscriptions, Jerusalem 1981, Nr. 88. Zum Ausdruck *mlk b* vgl. Gen 36,31–32; 2Sam 3,21; 1Kön 11,37; 14,20; 1Chr 1,43; 16,31.

Obgleich der überlieferte Text unzusammenhängend ist, kann man seine Hauptaussage wohl doch verstehen. Der König von Juda unterrichtet den Kommandanten in Arad von seiner eigenen Machtübernahme; er fordert eilige militärische Vorbereitungen – offensichtlich in einer Sache, die mit dem König von Ägypten zu tun hat. Der passendste Zusammenhang für eine solche Botschaft ist das Jahr 609 v.Chr., in das die Thronbesteigung Joahas nach dem Tod seines Vaters Josia fällt (2Kön 23,30–33; 2Chr 36,1–3). Er saß offensichtlich nur so lange auf dem Thron, wie der Pharao Necho bei Karkemisch in Anspruch genommen war. So konnte sich Joahas des Erbes seines Vaters nur kurze Zeit erfreuen. Bedauerlicherweise ist nur der erste Buchstabe von dem Wort, das den Ort oder das Gebiet der Herrschaft bezeichnet, in unserem neuen Ostrakon erhalten. Aber die einzige einleuchtende Ergänzung des Textes ist *k*[*l*] für hebräisches *kôl*, »ganz«, das dann die Lesart: »im g[anzen Land]« oder »in dem g[anzen Land Israel]« (vgl. 2Chr 34,6–7)[66] ergeben würde. Das würde den Eindruck verstärken, daß es Josia gelungen war, seinen Herrschaftsbereich in einem solchen Ausmaß auszudehnen, das die Bezeichnung »das ganze (Land) Israel« gerechtfertigt erscheinen ließ. Zumindest legt sich nahe, daß er die Herrschaft über das ganze Land, einschließlich Gileads, gewonnen hatte.

Wir besitzen fast gar keine Kenntnisse von der inneren Organisation und Verwaltung von Josias Königreich. Aus der Tatsache, daß Bet-El in der nachexilischen Zeit Teil Judas war (Esr 2,28; Neh 7,32), können wir schließen, daß dieser Wechsel während der Regierungszeit Josias erfolgte, weil die Babylonier und Perser wahrscheinlich die Grenzen zwischen Juda und Samaria so beibehielten, wie sie sie vorfanden[67]. Das würde bedeuten, daß Josia das System, in dem Juda, Samaria und Megiddo und vielleicht auch Gilead administrative Einheiten waren, anerkannte; jedoch dehnte er das Territorium von Juda auf Kosten Samarias aus. Das neu annektierte Gebiet war immer umstritten gewesen; es war schon einmal, während der Regierungszeit Abias, in judäische Hand gefallen (2Chr 13,19). Nun konnte Josia den administrativen Wechsel im Rahmen seines erweiterten Königreiches vollziehen.

Über die religiösen Reformen Josias wird gesagt, daß er »die Höhen unrein machte, auf denen die Priester Brandopfer dargebracht hatten, von Geba bis Beerscheba« (2Kön 23,8). Einige Gelehrte haben in diesem Abschnitt eine Grenzangabe von Josias Königreich zu einem bestimmten Zeitpunkt seiner

66 Nichts spricht für die Interpretation *Y. Yadins*, daß der Text eine Bekanntmachung Aššur-uballits sei, daß er »in Ka[rkemisch]« herrsche; *Yadin, Y.*, IEJ 26 (1976) 9–14. Vor allem war ja Aššur-uballit bereits König in Haran geworden; vgl. ANET 305 und *Grayson, A. K.*, Assyrian and Babylonian Chronicles, Locust Valley 1975, 94–95, Zeilen 49.60–61. Außerdem würde kein assyrischer König eine solche Formulierung gebraucht haben, wie sie auf dem Arad-Ostrakon steht, um zu sagen, daß er sein Hauptquartier in der provisorischen Hauptstadt Karkemisch eingerichtet habe.

67 Vgl. *Alt, A.*, PJ 21 (1925) 108ff = Kl. Schr. II, 281ff; *Kallai, Z.*, The Northern Boundaries of Juda, Jerusalem 1960, 74f (hebräisch). Vgl. o.S. 331.

Herrschaft gesehen[68], aber tatsächlich ist es nur eine Grenzbestimmung des ursprünglichen Königreiches Juda. Seine Absicht gegenüber Juda bestand darin, die Gottesdienste auf den Höhen abzuschaffen und ihre Priester nach Jerusalem zu bringen. Die Priester des nördlichen Königreiches jedoch ließ er erschlagen und die Altäre unrein machen, indem er menschliche Knochen auf ihnen verbrennen ließ (2Kön 23,15–20). Das Geba, das in 2Kön 23,8 neben Beerscheba genannt wird, ist zweifellos das gleiche wie das in 1Kön 15,22 – nämlich das des heutigen *Tell Ǧebaʿ*. Es gibt keinen Grund, nach einem anderen Geba weiter nördlich zu suchen[69]. Genauso wie Beerscheba nicht direkt an der Südgrenze liegt, dürfen wir nicht erwarten, daß Geba direkt an der Nordgrenze liegt. Es handelte sich um königliche Zentren, die die Grenzregionen an den beiden äußersten Enden des Landes beherrschten[70].

Diese letzte Zeit judäischer Stärke war nur kurz. Sie dauerte nur so lange, wie das assyrische Reich in seinem Todeskampf lag; dadurch war in Palästina ein politisches Vakuum entstanden, das Josia nach besten Kräften ausnutzte. Mit dem endgültigen Fall Assyriens begann der Kampf zwischen Babylonien und Ägypten um die Vorherrschaft über Syrien und Palästina. Während dieses Kampfes wurde Juda schließlich vernichtet.

Wenige Jahre vor dem endgültigen Zusammenbruch Assyriens ergriff Ägypten Partei für Assyrien, um den babylonischen Aufstieg aufzuhalten und die Herrschaft über die Levante wiederzugewinnen. Bereits 616 v.Chr. erschien eine ägyptische Armee in Mesopotamien; dazu muß sie durch Palästina gezogen sein. Im Jahre 609 v.Chr. marschierte Pharao Necho II. (609–593 v.Chr.) wieder nach Karkemisch, um Aššur-uballit bei dem Versuch, Haran zu erobern, beizustehen. Josia wollte Necho in der Gegend von Megiddo, am strategisch günstigsten Paß der *Via Maris*, aufhalten; offensichtlich hoffte er, den Durchzug der Ägypter zu verhindern (2Kön 23,29–30; 2Chr 35,20–24). Wir wissen nicht, ob Josia im Bündnis mit Babylon handelte; sein Hauptziel bestand zweifellos darin, Palästina nicht unter ägyptische Oberhoheit geraten zu lassen. Sein Versuch schlug fehl. Josia fiel in der Schlacht, die in der Ebene bei Megiddo stattfand. Sein Tod kennzeichnet das Ende von Judas kurzer Zeit der Unabhängigkeit. Die Niederlage bei Haran hinderte die Ägypter nicht, in den nächsten vier Jahren die Herrschaft über Palästina und Syrien auszuüben. Reste einer Stele Nechos wurden in Sidon gefunden[71].

Obgleich sich Joahas, der Sohn Josias, der ägyptischen Macht unterwarf und

68 *Mazar, B.*, Enc.Bib. II, 412 (hebräisch).

69 Mazar setzt das zur Debatte stehende Geba mit dem Γηβα des Eusebius, Onom. 74.2, gleich, das auf *et-Tell* zu lokalisieren ist. *Avi-Yonah, M.*, The Holy Land, Grand Rapids ²1977, 154.156 und Karte 14 auf S. 152.

70 Es ist offensichtlich, daß 2Kön 23,8 sich nicht auf den schönen Quaderstein-Altar, der in *Tell es-Sebaʿ* gefunden wurde, beziehen kann, da der Altar in der Regierungszeit Hiskias abgebaut worden war. Vgl. *Herzog, Z.*, *A. F. Rainey* und *Sh. Moshkovitz*, BASOR 225 (1977) 49ff.

71 *Griffith, F. Ll.*, PSBA 16 (1894) 91.

nach Ribla bei Hamat zog, um vor dem aus dem Euphratgebiet zurückkehrenden Necho zu erscheinen, stellte der Pharao seine Macht unter Beweis, indem er Jojakim an Joahas' Stelle als König über Juda einsetzte (2Kön 23,33–35). Judas Grenzen zu dieser Zeit sind uns nicht überliefert; es ist jedoch möglich, daß Necho das Territorium auf etwa die Größe begrenzte, die es vor der Expansion unter Josia hatte. Bet-El und die die Stadt umgebenden Hügel hat man Juda wohl gelassen, denn in nachexilischer Zeit gehörte es zur Provinz Juda. Gleichzeitig trieb Necho einen hohen Tribut von Juda ein[72], der von Jojakim auf alle freien Bürger Judas umgelegt wurde. Jojakim, der den Ernst der Lage nicht erkannt hatte, verschwendete die erschöpften Ressourcen seines Königreiches und ließ einen neuen Palast erbauen; für dieses Vorhaben verwendete er Zwangsarbeiter aus Juda (Jer 22,13–19)[73].

In Jojakims viertem Regierungsjahr (605 v.Chr.) schlug Nebukadnezar die ägyptische Armee bei Karkemisch am Euphrat schwer (Jer 46,2), ein weiteres Mal besiegte er sie beim Hamat[74]. Im Jahre 604 v.Chr. hatte Nebukadnezar die Oberhoheit über fast die ganze Levante gewonnen. Offenbar wurde Aschkelon in diesem Jahr eingenommen und viele seiner Einwohner nach Babylonien deportiert[75]. Ein in Ägypten gefundener aramäischer Papyrus berichtet wahrscheinlich von diesen Ereignissen. Der Schreiber, vielleicht der König von Aschkelon (oder Aschdod oder Gaza)[76], bittet die Ägypter um Hilfe gegen die babylonische Armee, die bereits Afek erreicht hatte; er schreibt nicht – zumindest nicht in dem erhaltenen Teil des Textes –, daß die Babylonier Afek eingenommen hätten.

Im Jahre 603 v.Chr. eroberte das Heer Nebukadnezars eine andere levantinische Stadt, offensichtlich erst nach großen Anstrengungen. Der Name dieser Stadt ist nicht überliefert, überhaupt ist der ganze Absatz des Textes

72 Es ist möglich, daß das Arad-Ostrakon Nr. 34, das Waren in hieratischer Schrift auflistet, Teil eines Lagerbestandsverzeichnisses von Arad war, das aufgenommen wurde, nachdem Pharao Necho die ägyptische Kontrolle über Juda erreicht hatte. *Aharoni, Y.*, Arad Inscriptions, s.o. Anm. 65, 64–66.

73 Anscheinend ist dies der in *Ḫirbet eṣ-Ṣalīḥ* gefundene Palast, dessen alter Name Bet-Kerem war; vgl. *Aharoni, Y.*, BA 24 (1961) 118; *ders.*, Excavations at Ramat Raḥel, Seasons 1959 and 1960, Rom 1962, 59f.

74 Zu den Kriegen in dieser Zeit bis zur Zerstörung Jerusalems vgl. *Wiseman, D. J.*, Chronicles of Chaldean Kings 625–556, London 1956, 66–73; *Albright, W. F.*, BASOR 143 (1956) 28–33; *Freedman, D. N.*, BA 19 (1956) 50–60; *Hyatt, J. P.*, JBL 75 (1956) 277–284; *Vogt, E.*, VT.S 4 (1956) 67–96; *Malamat, A.*, IEJ 6 (1956) 246–256; *ders.*, IEJ 18 (1968) 137–156; *ders.*, VT.S 28 (1975) 123–145; *Rainey, A. F.*, in: Lachish V,45–60; ANET 563f; *Grayson, A. K.*, s.o. Anm. 66, 99–102.

75 Der Name der in diesem Jahr eroberten Stadt wird folgendermaßen geschrieben: ^{uru}x-x-(x)-*il-lu-nu*; *Grayson*, s.o. Anm. 66, 100, Zeile 18 und Kommentar. *Wiseman* hatte gelesen: ^{uru}*Iš*(?)-*qi*(?)-*il-lu-nu*, s.o. Anm. 74, 28.85. Die logische Annahme scheint zu sein, daß Aschkelon Ziel des Feldzuges war.

76 *Dupont-Sommer, A.*, Semitica 1 (1948) 43–68; *Ginsberg, H. L.*, BASOR 111 (1948) 24–27; *Bright, J.*, BA 12 (1949) 46–52; *Malamat, A.*, BIES 15 (1950) 33–39 (hebräisch); *ders.*, IEJ 18 (1968) 142–143; *Horn, S. H.*, AUSS 6 (1968) 29–45; *Fitzmeyer, J. A.*, Biblica 46 (1965) 44.

sehr zerstört. Jedoch ist es wohl nur folgerichtig, wenn man annimmt, daß es sich um Gaza handelte[77]. Im folgenden Jahr demonstrierten Nebukadnezars Truppen ihre Stärke und sammelten kampflos den Tribut ein. Jojakim war bereits 604 v.Chr. unterworfen worden und zahlte Tribut – drei Jahre lang (2Kön 24,1). Jedoch erlitt Nebukadnezar, als er im Jahre 601 v.Chr. gegen die Ägypter kämpfte, schwere Verluste. Das muß Jojakim ermutigt haben, seine Tributzahlungen einzustellen. Als er dabei war, sein militärisches Potential wieder zu verstärken, wurden »Banden der Chaldäer, der Edomiter[78], der Moabiter und der Ammoniter« gegen Juda gesandt (2Kön 24,2). Die Zerstörung der kleinen judäischen Außenposten wie En-Gedi und Arad geht wohl auf das Konto dieser Störaktionen, aber der biblische Text zeigt auch deutlich, daß bis dahin kein größerer Feldzug gegen Juda geführt worden war. Erst im Jahre 598–597 v.Chr. unternahm der babylonische König schließlich einen Vergeltungsfeldzug gegen Juda. Bevor das Heer Jerusalem erreicht hatte, war König Jojakim gestorben (vielleicht auch ermordet worden?, vgl. Jer 22,18–19), und sein Sohn Jojachin folgte ihm auf dem Thron. Jojachin ergab sich und wurde nach Babylonien deportiert – zusammen mit vielen Einwohnern Jerusalems, vor allem Angehörigen der Königsfamilie, der Familien von Hofbeamten, höheren Schichten und Handwerkern (2Kön 24,12–16). Die babylonischen und die biblischen Texte lassen die Annahme nicht zu, daß zu dieser Zeit ein größerer Feldzug gegen andere große Städte Judas, wie z.B. Lachisch, geführt wurde[79]. Jojachins Unterwerfung rettete Juda noch einmal vor der völligen Vernichtung; Nebukadnezar ernannte Jojakims Bruder Zedekia zum König. Judas Territorium wurde offensichtlich verkleinert; wahrscheinlich wurden ihm der ganze Negeb und Teile der Schefela abgenommen (Jer 13,19; vgl. die Diskussion »der anderen Städte«, wie sie in Neh 11 aufgezählt sind; s.u.S. 424). Die Edomiter nahmen vermutlich diese Gelegenheit wahr, einige Städte im Negeb einzunehmen. Hinweise auf eine edomitische Bedrohung von Ramot-Negeb zu ungefähr dieser Zeit liefert ein Ostrakon aus Arad[80]. Truppen aus Kina (vielleicht *Ḫirbet Ṭaiyīb*, ca. 5 km nordnordöstlich von Arad)[81] und Arad sollten eiligst nach Ramot-Negeb kommen, »daß Edom nicht dorthin komme«. Ramot-Negeb ist offensichtlich die judäische Fe-

77 Der Vorschlag von *Shea, W. H.*, BASOR 223 (1976) 61–63, daß Afek im Jahre 603 v.Chr. das Ziel von Nebukadnezars Feldzug gewesen sei, muß aus zwei Gründen verworfen werden: 1. Wie wir den Asarhaddon-Inschriften entnehmen können, war Afek im 7. Jahrhundert v.Chr. kein unabhängiger Staat mehr, und so gibt es kaum einen Grund, warum sich die Stadt an einem Widerstand gegen die Babylonier hätte beteiligen sollen. 2. Nebukadnezar kam von Jahr zu Jahr etwas weiter nach Süden; es scheint daher unwahrscheinlich, daß er Aschkelon im Jahre 604 erobert, Afek aber erst 603 v.Chr. erobert haben soll.

78 *Ginsberg, H. L.*, Alexander Marx Jubilee Volume, New York 1950, 356 Anm. 1; *Lindsey, J.*, PEQ 108 (1976) 24.

79 *Rainey, A. F.*, in: Lachish V,45–60. Die beiden letzten Absätze wurden von A. F. Rainey ergänzt.

80 *Aharoni, Y.*, Arad Inscriptions, s.o. Anm. 65, Nr. 24; *ders.*, BASOR 197 (1970) 16–28.

81 *Aharoni, Y.*, Arad Inscriptions, s.o. Anm. 65, 48.

stung, die der edomitischen Grenze am nächsten lag; eine Identifizierung mit *Ḫirbet Ġazze*, ca. 9 km südöstlich von Arad, liegt nahe[82]. Die Verteidigung von Ramot-Negeb, die in diesem Text gefordert wird, kann sich natürlich auch auf die Ereignisse des Jahres 594 v.Chr. beziehen, dem vierten Regierungsjahr des Königs Zedekia (vgl. Jer 51,59). Man könnte aber auch vermuten, daß die Jahresangabe auf einem Krug aus Arad, »in dem dritten (Jahr)«, ein Hinweis darauf ist, daß Arad ungefähr zu dieser Zeit fiel[83]. Der Verlust dieser wichtigen judäischen Territorien und die harte babylonische Unterdrückung fachten die Flammen der Revolution in Juda wieder an, und gegen Ende des Jahres 589 v.Chr. brach schließlich eine Revolte aus – gleichzeitig mit anderen palästinischen Staaten und mit Unterstützung der Ägypter. Babylonische Gegenmaßnahmen ließen nicht lange auf sich warten, Juda sah sich plötzlich isoliert der babylonischen Macht gegenüberstehen. Tyrus und Ammon haben vermutlich einigen Widerstand geleistet; dieser konnte aber schnell gebrochen werden, und ihre Einwohner wurden schwer bestraft (Ez 21,18–32; Jer 40,13–41,15). Edom nahm offenbar diese Gelegenheit wahr, sich an Juda zu rächen (Obd 10–14; Klgl 4,21–22; Ps 137,7).

Die babylonische Armee nahm nacheinander die Städte Judas ein und belagerte Jerusalem (2Kön 25,1; Jer 52,4). Auf diesen Feldzug wird in Jer 34,7 nur kurz hingewiesen: ». . . als das Heer des Königs von Babel schon Jerusalem und alle Städte Judas belagerte, die übriggeblieben waren, nämlich Lachisch und Aseka; denn diese waren noch übriggeblieben von den festen Städten Judas«. Diese Erwähnung von Belagerungsmaßnahmen gegen die letzten zwei Festungen in Juda, Lachisch und Aseka, erhält eine überraschende Bestätigung durch einen der Lachisch-Briefe. Einundzwanzig Ostraka wurden in einem der Wachräume, die in das Stadttor von Lachisch eingebaut waren, über den verkohlten Resten der letzten Zerstörungsschicht gefunden. Aus Brief Nr. 4 stammt der folgende Abschnitt: »Und (mein Herr) soll wissen, daß wir auf die Signale von Lachisch achten, entsprechend allen Anweisungen, die mein Herr gibt, denn wir sehen nicht (die Zeichen von) Aseka.«[84] Darüber hinaus haben Ausgrabungen in den verschiedenen judäischen Städten gezeigt, daß sie alle zu dieser Zeit völlig zerstört wurden, mit Ausnahme einiger Städte in Benjamin, vor allem Mizpa, wo sich das lokale Hauptquartier für den von Babylonien ernannten Gouverneur befand (2Kön 25,23).

Jerusalem selbst wurde im Sommer 587 v.Chr. eingenommen. Zedekia, der versucht hatte, ins Ostjordanland zu entkommen, wurde bei Jericho gefangengenommen und in Ribla vor Nebukadnezar gebracht. In dem Monat, der der Einnahme folgte, brannten die Babylonier die Stadt bis auf die Grundmauern nieder, rissen die Stadtmauer ein und deportierten den Rest der Be-

82 Ebd., 149f.
83 Ebd., Nr. 20.
84 *Torczyner, H.*, The Lachish Letters (Lachish I), London 1938, 79; TGI 77.

völkerung; sie ließen nur »einige der Ärmsten des Landes als Weingärtner und Ackerleute« zurück, die in den Dörfern blieben (2Kön 25,1–21; Jer 52,4–27).
Zweiundzwanzig Jahre nach dem Tod Josias waren die letzten Spuren judäisch-israelitischer Unabhängigkeit beseitigt, und Juda wurde dem babylonischen Provinzsystem hinzugefügt.

IV. Exil und Restauration

Diese letzte Phase der alttestamentlichen Geschichte handelt nicht mehr von einem judäischen Königreich, sondern von einer judäischen Provinz. Obgleich es in Palästina keine unabhängigen politischen Gebilde mehr gab, gelang es doch einigen Gruppen, ihre Identität aus der vergangenen Zeit in die neue hinüberzuretten. Es ist dieser Kampf der überlebenden Judäer, die wir nun als Juden bezeichnen können, der die Grundlagen für das Judentum in späterer Zeit legte. Um den kulturellen Prozeß, der hier wirksam war, zu verstehen, muß man sich die geopolitischen Faktoren vor Augen führen, die dabei mitspielten.

1. Das babylonische Königreich

Für die Zeit der babylonischen Herrschaft von der Zerstörung Jerusalems im Jahre 597 v.Chr. bis zum Fall des babylonischen Reiches 539 v.Chr. ist unser Wissen über Palästina sehr gering. Im allgemeinen nahmen die Babylonier anscheinend keine Änderung der Provinzeinteilung, die sie von Assyrien geerbt hatten, vor. Ezechiel zählt in seiner Beschreibung des verheißenen Landes (Ez 47–48; vgl. o.S. 73ff) die Provinzen Hamat, Damaskus, Hauran und Gilead auf, die uns schon aus assyrischer Zeit bekannt sind. Nach dem Fall des judäischen Königreiches wurden ganz Syrien und Palästina in Provinzen unterteilt, mit Ausnahme einiger weniger phönizischer Städte (Tyrus, Byblos und Arwad). Es ist zweifelhaft, ob man annehmen kann, daß einige Philisterstädte bis zu einem gewissen Grad unabhängig waren – diese Annahme basiert auf der Tatsache, daß die Könige von Gaza und Aschdod in einem Dokument von Nebukadnezars Hof genannt werden, doch auch Jojachin, der König von Juda, wird in einem ähnlichen Dokument aus Babylon erwähnt[85]. Das Schicksal der südlichen transjordanischen Königreiche bleibt unbekannt. Zur Zeit der Zerstörung Judas erfreuten sich die Königreiche Moab, Ammon und Edom noch einer gewissen Unabhängigkeit. Flüchtlinge aus Juda fanden hier Zuflucht (Jer 40,11). Die Mörder Gedaljas, des Sohnes Ahikams, waren von Baalis, dem König der Ammoniter, geschickt worden und flüchteten nach dem Mord nach Ammon (Jer 40,14; 41,10.15). Nach Josephus (Antiq. X, 9, 7) setzte Nebukadnezar den Königreichen in Ammon und Moab bei seinem Feldzug nach Syrien im dreiund-

85 ANET 308 = TGI 78f.

zwanzigsten Regierungsjahr (582 v.Chr.) ein Ende. Bei diesem Feldzug ließ er auch weitere Deportationen aus Juda durchführen (Jer 52,30). Nebukadnezars Inschrift beim *Nahr el-Kelb*, die von einem Feldzug in das Libanongebiet berichtet[86], bezieht sich wahrscheinlich auf eben diesen Feldzug. Das Königreich Edom brach offensichtlich unter dem Druck der Nabatäer, die in die südlichen Regionen Transjordaniens eingedrungen waren, zusammen. Viele Edomiter aus dem Gebirge Seïr wanderten in das südliche Bergland Judas aus, das nur dünn besiedelt war. Als die Juden aus dem Exil zurückkehrten, trafen sie auf eine starke edomitische Bevölkerung, die in der Region südlich von Hebron seßhaft war; in hellenistischer Zeit wurde dieses Gebiet denn auch als Idumaea bezeichnet[87].

Im Jahre 585 v.Chr. belagerte Nebukadnezar Tyrus (Ez 26–28), aber die Stadt, d.h. die Festung auf der der Küste vorgelagerten Insel, konnte der Belagerung dreizehn Jahre lang standhalten; dabei wurde sie sowohl von ihrer Flotte als auch durch die Entschlossenheit ihrer Bürger unterstützt. Nebukadnezar war gezwungen, ihr – innerhalb gewisser Grenzen – Unabhängigkeit zuzugestehen (Ez 29,17–20)[88]. Im Jahre 568 v.Chr. fiel Nebukadnezar in Ägypten ein[89] und beendete so die ägyptischen Einmischungen im palästinischen Raum. Es findet sich kein weiterer Hinweis auf zusätzliche Feldzüge Nebukadnezars oder seiner Nachfolger nach Syrien oder Palästina, mit Ausnahme eines Feldzugs Nabonids nach Syrien im Jahre 553 v.Chr.[90], über den keine genauen Angaben zur Verfügung stehen. Offenbar gab es bis zum Ende der babylonischen Oberherrschaft keine gravierenden Veränderungen in Syrien und Palästina, denn viele der kleinen Staaten in diesem Gebiet waren durch die vielen Kriege und Deportationen niedergeworfen und verarmt.

Juda wurde wahrscheinlich der samarischen Provinz angegliedert; allerdings gibt es dafür keine eindeutigen Beweise. Nach der Zerstörung Jerusalems ernannten die Babylonier Gedalja, den Sohn Ahikams, zum Gouverneur über Juda und errichteten dessen Hauptquartier in Mizpa *(Tell en-Naṣbe;* 2Kön 25,22–26; Jer 40–41). Gedalja stammte aus einer sehr angesehenen Familie Jerusalems; ein in Lachisch gefundener Siegelabdruck belegt, daß er den hohen Rang eines »(Haushofmeisters) über das (Königs)haus« einnahm[91], zweifellos während der Regierungszeit Zedekias. Wir wissen nichts über seine Machtbefugnisse als Gouverneur, aber man muß wohl annehmen, daß er dem babylonischen Gouverneur von Samaria unterstellt war. Auch ist nicht geklärt, warum er seine Residenz in Mizpa hatte – vielleicht weil sie die Samaria nächstgelegene größere Stadt war[92],

86 ANET 307.
87 *Abel,* Géogr. II, 135.
88 Vgl. *Josephus,* Contra Apionem I, § 156.
89 ANET 308.
90 ANET 305.
91 *Moscati, S.,* L'epigrafia ebraica antica, 1935–1950, Rom 1951, 61.
92 Auf die besondere Situation Mizpas bei der Provinzeinteilung der fünften Satrapie spielt wohl auch Neh 3,7 an; jedoch ist dieser Vers schwierig zu interpretieren. Vgl. *Rudolph, W.,*

oder einfach deshalb, weil alle anderen größeren Städte Judas in Schutt und Asche lagen. Kurze Zeit später wurden Gedalja und die ganze dortige babylonische Garnison ermordet; danach haben die Babylonier wahrscheinlich dem letzten kleinen Rest staatlicher Unabhängigkeit in Juda ein Ende bereitet.

Die totale Zerstörung, die Juda erlitten hatte, bedingte für längere Zeit ein Bevölkerungsvakuum. Die Babylonier brachten keine Deportierten aus anderen Ländern dorthin; das ermöglichte in der persischen Zeit Teilen der deportierten Judäer die Rückkehr, ohne daß sie auf eine fremde Bevölkerung trafen. Das arme Landvolk nahm sofort die zerstörten Siedlungen und die angrenzenden Felder in Besitz (Jer 40,10). Dem Zorn, der sich darüber unter der im babylonischen Exil verbleibenden Oberschicht breitmachte, wurde mit heftigen Worten Ausdruck verliehen (Ez 33,21–27):

»Und es begab sich im elften Jahr unserer Gefangenschaft am fünften Tag des zehnten Monats, da kam zu mir ein Entronnener von Jerusalem und sprach: Die Stadt ist genommen. Und die Hand des Herrn war über mich gekommen am Abend, bevor der Entronnene kam, und er tat mir meinen Mund auf, als jener am Morgen zu mir kam. Und mein Mund wurde aufgetan, so daß ich nicht mehr stumm sein mußte. Und des Herrn Wort geschah zu mir: Du Menschenkind, die Bewohner jener Trümmer im Lande Israels sprechen: Abraham war ein einzelner Mann und nahm dies Land in Besitz; wir aber sind viele, so gehört uns das Land erst recht. Darum sprich zu ihnen: So spricht Gott der Herr: Ihr habt das Fleisch mit dem Blut gegessen und eure Augen zu den Götzen aufgehoben und Blut vergossen – und dann wollt ihr das Land besitzen? Ihr verlaßt euch auf euer Schwert und übt Greuel, und einer schändet die Frau des andern – und dann wollt ihr das Land besitzen? So sprich zu ihnen: So spricht Gott der Herr: So wahr ich lebe, sollen alle, die in den Trümmern wohnen, durchs Schwert fallen, und die auf freiem Felde sind, will ich den Tieren zum Fraß geben, und die in den Festungen und Höhlen sind, sollen an der Pest sterben.«

Überraschenderweise waren anscheinend einige dicht bevölkerte judäische Siedlungen in der Lage, sich in den Grenzregionen Judäas, im Negeb, in der Schefela und im Distrikt Benjamin zu behaupten; das kann aus der Städteliste, die den »Rest Israels« umfaßt und die in Neh 11,25–35 überliefert ist, abgeleitet werden.

Die Einteilung judäischer Städte in dieser Liste stimmt nicht mit der abschließenden Zusammenfassung »von Beerscheba bis zum Hinnom-Tal« überein, weil mit Ausnahme von Kirjat-Arba keine Siedlungen im judäischen Bergland erwähnt werden. Dafür aber enthält der Abschnitt eine lange Liste von Städten im Negeb und in der Schefela, die außerhalb der Grenzen des nachexilischen Juda lagen. Aus dem Negeb werden folgende Städte aufgeführt: Dibon (Dimona?; vgl. Jos 15,22), Jekabzeel, Jeschua *(Tell es-Saʿwe?)*, Molada *(Ḫurēbet el-Waṭen)*, Bet-Pelet *(Tell es-Saqāṭi?)*, Hazar-Schual, Beerscheba *(Tell es-Sebaʿ)*, Ziklag *(Tell eš-Šerīʿa?)*, Mekona und En-Rimmon *(Tell el-Ḫuwēlife)*. All dies sind Städte im Negeb-Distrikt

Esra und Nehemia, Tübingen 1949, 116; *Kallai, Z.*, The Northern Boundaries of Juda, Jerusalem 1960, 89–90 (hebräisch).

Judas (Jos 15,21–32). Ihnen sind einige Städte der nördlichen Schefela hinzugefügt: Zora, Jarmut *(Ḫirbet Yarmūk)*, Sanoach *(Ḫirbet Zanūʿ)*, Adullam *(Tell eš-Šēḫ Madkūr)* und Aseka *(Tell ez-Zakarīye)*, alle aus dem nördlichen Schefela-Distrikt Judas (Jos 15,33–36). Lachisch ist die einzige Stadt der südlichen Schefela, die erwähnt wird.
Da alle diese Siedlungen außerhalb der Grenzen des nachexilischen Juda lagen, sind offenbar Teile der ortsansässigen judäischen Bevölkerung in babylonischer Zeit der Deportation entgangen und im Lande verblieben[93]. Der Negeb-Distrikt wurde wahrscheinlich schon 597 v.Chr. von Juda abgetrennt (vgl. Jer 13,19). Auf jeden Fall ist es unwahrscheinlich, daß die gesamte Bevölkerung sowohl aus den Grenzgebieten als auch aus dem Bergland Judas deportiert wurde.
Auch die benjaminitischen Städte in der fraglichen Liste lassen sich in zwei unterschiedliche Gruppen einteilen. Neun Städte liegen zwischen Jerusalem und Bet-El in den zentralen und östlichen Teilen des benjaminitischen Erbteils, nämlich Geba *(Ǧebaʿ)*, Michmas *(Muḫmās)*, Aja *(Ḫirbet Ḥayyān)*, Bet-El *(Bētīn)*, Anatot *(Rās el-Ḫarrūbe* bei *ʿAnāta)*, Nob *(el-ʿIsāwīye?)*, Ananja (Betanien; *el-ʿAzarīye?)*, Hazor (Baal-Hazor, *Tell ʿAṣur* nördlich von Bet-El?) und Rama *(er-Rām)*. Diese Region ist wohl auch etwas früher als Jerusalem erobert worden, so daß die Babylonier keine Massendeportationen von dort durchgeführt haben. Dies könnte auch erklären, warum Mizpa zum Hauptquartier Gedaljas gemacht worden war. Sechs Städte aus der nördlichen Schefela wurden noch hinzugenommen, nämlich Gittajim *(Rās Abū Ḥumēd)*, Hadid *(el-Ḥadīṯā)*, Zebojim, Neballat *(Bēt Nebālā)*, Lod und Ono *(Ḫirbet Kafr ʿAna)*. Dies bedeutet offensichtlich, daß es in diesem Gebiet ebenfalls eine judäische Bevölkerung gab, der es gelungen war, den Zusammenbruch Jerusalems zu überleben.
Gruppen von Israeliten konnten sich zweifellos auch in anderen Teilen des Landes halten, besonders in Galiläa und Gilead, wo die Assyrer keine Deportierten aus anderen Teilen des assyrischen Reiches angesiedelt hatten. Die große Zahl der Juden in diesen Gebieten zur Zeit der Makkabäer entstand sicher nicht über Nacht, doch finden sich seit der babylonischen Zeit keine Hinweise mehr auf ihre Anwesenheit.

2. *Die Zeit der persischen Herrschaft*

Babylon fiel im Jahre 539 v.Chr. an Kyros, den König der Perser, der das größte Reich in der Geschichte des alten Orients errichtete. Es reichte vom iranischen Hochland bis an die Grenze nach Ägypten, das dann von Kambyses, dem Sohn und Nachfolger des Kyros, im Jahre 525 v.Chr. auch noch erobert und annektiert wurde. Über Kämpfe, die während ihrer Regierungszeit in Palästina stattgefunden haben könnten, wird nichts berichtet; Syrien und Palästina fielen mit der Eroberung Babylons wahrscheinlich automatisch an Kyros. Palästina blieb unter persischer Herrschaft, bis es von Alex-

93 *Malamat, A.*, JNES 9 (1950) 226f.

ander dem Großen im Jahre 332 v.Chr. erobert wurde. Für diese zweihundert Jahre persischer Oberherrschaft sind uns nur wenige, spärliche Quellen überliefert. In der Regel haben die persischen Machthaber offensichtlich die administrative Untergliederung in den jeweiligen Teilen ihres Reiches so gelassen, wie sie sie vorgefunden haben, d.h. wie sie in der assyrischen und babylonischen Zeit etabliert worden war. Jedoch praktizierten sie in ihrem ganzen Reich ein gewisses Maß an Freizügigkeit im Hinblick auf religiöse und ethnische Autonomie. Das Reich wurde in Satrapien unterteilt, und jede wurde von einem persischen Statthalter (Satrapen, dem biblischen *Aḥašdarpan*, Dan 3,2–3.27; 6,2–7) verwaltet. Diese großen Satrapien wurden in kleinere Einheiten unterteilt, die in der Bibel Provinzen (מדינה) genannt werden und die jeweils einem Gouverneur unterstanden[94]. Im Rahmen des persischen Verwaltungssystems wurde den vielen Provinzen ein beträchtliches Maß an Selbständigkeit gewährt; viele Gouverneure waren Nachkommen des lokalen Adels.

Palästina gehörte zur Satrapie »Jenseits des Flusses«; damit war die Region westlich des Euphrat gemeint[95]. Dies war ein allgemeiner geographischer Begriff, der Syrien, Phönizien und Palästina umfaßte und der in assyrischer Zeit geprägt worden war. Aus der Regierungszeit des Kyros erfahren wir nur von einem Gouverneur, der für »Babylonien und das Land jenseits des Flusses« zuständig war, d.h. wahrscheinlich für alle Gebiete, die vorher zum neubabylonischen Reich gehört hatten.

Nach Herodot[96] erfolgte zu Beginn der Regierungszeit Darius' I. (522–486 v.Chr.) eine Neugliederung des persischen Reiches, durch die zwanzig Satrapien geschaffen wurden. Jedoch erfahren wir, daß es auch in seiner Regierungszeit nur einen Satrapen für »Babylonien und das Land jenseits des Flusses« gab und daß Tathai, der Gouverneur für »Jenseits des Flusses«, ihm unterstellt war[97]. Darius hat wahrscheinlich das Land »Jenseits des Flusses« zu einer Provinz innerhalb einer größeren Satrapie gemacht; die administrative Einteilung, die sich in Herodots Liste widerspiegelt, stammt offenbar erst aus der Zeit dieses Geschichtsschreibers (ca. 450 v.Chr.)[98]. Babylon verlor seinen Provinzstatus nach der Rebellion vom Jahre 482 v.Chr.; die Abtrennung von »Jenseits des Flusses« von Mesopotamien erfolgte wahrscheinlich zu dieser Zeit[99].

Nach der Beschreibung bei Herodot war »Jenseits des Flusses« identisch mit der fünften Satrapie, die sich von Poseidion in Kilikien (dem heutigen *Bassiṭ*

94 Vgl. »an des Königs Satrapen und an die Gouverneure in allen Provinzen« (Est 3,12); »an des Königs Satrapen und an die Gouverneure der Provinz jenseits des Flusses« (Esr 8,36).

95 *Rainey, A. F.*, AJBA 1 (1969) 51–78.

96 Historien III, 86.

97 *Olmstead, A. T.*, JNES 3 (1944) 46; dieser Name kommt in Keilschrifttexten als Tattanu vor.

98 *Leuze, O.*, Die Satrapieeinteilung in Syrien und im Zweistromlande von 520–320, Halle/Saale 1935, 237–242; *Olmstead, A. T.*, History of the Persian Empire, Chicago 1948, 236ff.243.293.

99 *Olmstead, A. T.*, ebd., 112.115.

in Nordsyrien) bis zur Grenze von Ägypten erstreckte; dabei war das arabische Territorium südlich von Gaza, das steuerfrei war, nicht eingeschlossen. Phönizien, Syrien, Palästina (Παλαιστινη) und Zypern gehörten jedoch dazu. Hierbei handelt es sich um den frühesten Beleg für den Gebrauch des Namens Palästina als allgemeiner Bezeichnung für das ganze Land; zuvor wurde er nur für das Philisterland, das philistäische Territorium im engeren Sinne, gebraucht. Die griechischen und hellenistischen Schreiber kamen zuerst mit dem Küstengebiet Syriens und Palästinas in Berührung; daher übertrugen sie den Namen, auf den sie dort zum ersten Male trafen, später auf das ganze Land.

Wir wissen nur sehr wenig über irgendwelche historischen Ereignisse in der Satrapie »Jenseits des Flusses« während der persischen Zeit. Aus den verschiedenen Berichten über Feldzüge nach Ägypten erfahren wir aber, wie das persische Heer durch Palästina gezogen ist – allerdings meistens nur indirekt. Obwohl das Heer bei seinen Feldzügen kaum in das Bergland eingedrungen sein dürfte, legt es sich doch nahe, verschiedene Ereignisse in Juda, die uns aus der Bibel bekannt sind, mit diesen Feldzügen in Verbindung zu sehen.

Kambyses durchquerte Palästina im Jahre 525 v.Chr. auf seinem Feldzug nach Ägypten; nach Strabo XVI, 758 ließ er seine Truppen sich bei Akko sammeln. Als er die Wüste durchquerte, wurde er von dem arabischen König (wahrscheinlich von Kedar; vgl. u. S. 429) unterstützt; dieser sorgte für den Wasservorrat, den er mit Kamelen herantransportieren ließ. Im Gegenzug wurde der Küstenstreifen zwischen Gaza und Ienysos (?) an der ägyptischen Grenze, der unter arabischer Kontrolle stand, von Steuerabgaben befreit[100].

Die Spannungen zwischen Juda und seinen Nachbarn, die sich an dem Wiederaufbau des Tempels in Jerusalem entzündeten (Esr 4,1–5; 5,3–17; Hag 1), stehen wahrscheinlich im Zusammenhang mit einer Serie von Aufständen in Babylonien und anderen Teilen des persischen Reiches (522–520 v.Chr.), die den Aufstieg Darius' I. zur Macht begleiteten. Die günstige Entscheidung der persischen Machthaber und der darauf folgende Wiederaufbau des Tempels deuten darauf hin, daß Juda sich nicht an diesen Aufständen beteiligte. Darius I. durchquerte im Winter 519/518 v.Chr. Palästina auf seinem Feldzug nach Ägypten[101]. Das Schicksal Serubabels ist unbekannt, Mutmaßungen über eine von ihm angeführte Rebellion und seine Exekution entbehren jeder Grundlage[102].

Ägypten rebellierte nach dem Tod Darius' I. (486 v.Chr.) wiederum; im Zusammenhang damit wurden neue Anschuldigungen gegen die Einwohner Judas und Jerusalems erhoben (Esr 4,6). Dies war offensichtlich eine Zeit großer Wirren in Palästina[103]; jedoch ist darüber nur wenig bekannt. Nach-

100 *Herodot*, Historien III, 4–9.

101 *Parker, R. A.*, AJSL 58 (1941) 373–377; *Cameron, C. G.*, JNES 2 (1943) 307–313.

102 *Olmstead, A. T.*, History of the Persian Empire, Chicago 1948, 142.

dem Xerxes I. Palästina durchquert hatte und Ägypten im Jahre 483 v.Chr. erneut unterworfen war, hatten die persischen Machthaber die Situation wieder unter Kontrolle. Bei der Invasion Griechenlands wurde die persische Armee durch eine phönizische Flotte wirksam unterstützt[104].

Die Mission Esras, die wahrscheinlich im Jahre 458 v.Chr.[105] erfolgte, stand vielleicht mit der von einem athenischen Flottenkontingent[106] unterstützten Rebellion Ägyptens im Jahre 459 v.Chr. in Zusammenhang. Megabyzus, dem Satrapen von »Jenseits des Flusses«, gelang es, die Rebellion mit Hilfe einer phönizischen Flotte zu unterdrücken (456–454 v.Chr.), aber später – im Jahre 448 v.Chr. – rebellierte er selbst. Diese Konflikte hinterließen offenbar auch in Jerusalem ihre Spuren (Esr 4,23; Neh 1,3). Sie wurden aufgefangen durch die Ernennung Nehemias zum Gouverneur der jüdischen Provinz im Jahre 445 v.Chr.

Nach dem Tod Darius' II. im Jahre 404 v.Chr. revoltierte Ägypten nochmals. Dieses Mal hatte die Revolte Erfolg, und Ägypten wurde für sechzig Jahre unabhängig. Der Kampf gegen seinen Bruder, der die Thronbesteigung Artaxerxes' II. Memnon begleitete, brachte zum ersten Mal ein großes griechisches Söldnerheer nach Nordsyrien. Verschiedene Funde ägyptischer Gegenstände weisen sogar auf einen gewissen ägyptischen Einfluß im palästinischen Küstengebiet hin. In Geser wurden eine Steinplatte und ein Skaraboid mit dem Namen Nepherites gefunden, der im Jahre 398 v.Chr. die 29. Dynastie begründete[107]. Inschriften mit dem Namen Achoris (393–380 v.Chr.) wurden im Eschmunezer-Tempel nördlich von Sidon[108] und in Akko[109] gefunden. Achoris konnte erfolgreich eine neue persische Invasion mit Hilfe des Königs von Zypern zurückschlagen, der nach Phönizien eindrang und Tyrus einnahm. Zypern wurde in den Jahren 381–379 v.Chr. zurückerobert; jedoch scheiterte ein erneuter Angriff auf Ägypten im Jahre 373 v.Chr.[110]. Das persische Heer und die Flotte sammelten sich wiederum bei Akko.

Die »Revolte der Satrapen« (ca. 368–360 v.Chr.), die das persische Reich in seinen Grundfesten erschütterte, wurde von den phönizischen Städten Arwad, Sidon und Tyrus unterstützt. Pharao Tachos (Teos) marschierte 359 v.Chr. in Palästina mit Unterstützung von 10000 griechischen Söldnern

103 *Morgenstern, J.*, HUCA 27 (1956) 101–179; HUCA 28 (1957) 15–47; HUCA 31 (1960) 1–29; *Wright, G. E.*, Shechem, New York 1965, 167–169.

104 *Herodot*, Historien VII, 89. VIII, 67.

105 Obwohl die meisten Gelehrten ein späteres Datum in der Regierungszeit Artaxerxes' II. vorziehen (vgl. *Bright, J.*, A History of Israel, Philadelphia ²1972, 392–403), hat nun *F. M. Cross* überzeugend nachgewiesen, daß die überlieferte Anordnung der Ereignisse richtig ist, JBL 94 (1975) 5–18.

106 *Bury, J. B.*, A History of Greece, London 1955, 354f.357f.

107 *Macalister, R. A. S.*, The Excavations of Gezer II, London 1912, 313 Fig. 452; *Rowe, A.*, A Catalogue of Egyptian Scarabs, Kairo 1936, 230–231.

108 *Landau, W. F. von*, MVaG 5 (1904) 342–347.

109 *Rowe, A.*, s.o. Anm. 107, 295f.

110 *Isaeus*, Nicostrat. 7.

ein; doch zwangen ihn Unruhen, sich Ochus (Artaxerxes III.) bei Sidon auszuliefern.
Im Jahre 351 v.Chr. unternahm Artaxerxes III. eine weitere Invasion nach Ägypten, die ebenfalls keinen Erfolg hatte; ihr folgte eine größere Revolte in Phönizien. Nach anfänglichen Erfolgen wurde sie von Artaxerxes III. persönlich niedergeschlagen, Sidon wurde eingenommen und zerstört (345 v.Chr.)[111].
Erst im Jahre 343 v.Chr. gelang es schließlich Artaxerxes, Ägypten zu erobern und die persische Oberherrschaft in den angrenzenden Gebieten zu stabilisieren, doch ging mit seiner Ermordung im Jahre 338 v.Chr. das persische Reich rasch seinem Untergang entgegen.
Unsere Kenntnisse über die Provinzorganisation in Palästina stammen überwiegend aus der Bibel. Wahrscheinlich ließen die Perser die interne politische Struktur im wesentlichen so, wie sie sie von den Babyloniern und Assyrern geerbt hatten. In Palästina läßt sich eine Veränderung zugunsten Judas feststellen. Kyros reagierte in seinem ersten Regierungsjahr als Großkönig positiv auf die Bitten der im babylonischen Exil befindlichen Judäer und erlaubte ihnen die Rückkehr ins Land Juda. Das königliche Dekret erklärte sowohl die politische als auch die religiöse Autonomie Judas; ferner wurden Vorkehrungen für den Wiederaufbau des Tempels getroffen (Esr 1,2–4; 6,3–5). Der neuernannte Gouverneur von Juda war Scheschbazar (Esr 5,14), der auch den lokalen Titel »Fürst von Juda« trug (Esr 1,8). Man kann ihn offensichtlich mit Schenazzar, einem Sohn Jechonjas, identifizieren (1Chr 3,17–18). Er wurde in seiner Position als Gouverneur von seinem Neffen Serubabel, dem Sohn Schealtiëls, gefolgt (Esr 3,2; Neh 12,1; Hag 1,4)[112]. Somit ist deutlich, daß Juda der Status einer Provinz unter einem judäischen Gouverneur zugesprochen wurde; zumindest die ersten Gouverneure waren Abkömmlinge der königlichen Familie.
Aus verschiedenen historischen Quellen kennen wir auch die Namen einiger weiterer Gouverneure, die Juda im 5. und 4. Jahrhundert v.Chr. regierten. Die meisten, wenn nicht gar alle, waren Juden, wenn sie auch nicht mehr mit der davidischen Dynastie verwandt waren.
In der Bibel lesen wir von dem Gouverneur Nehemia (Neh 5,14; ca. 445–425 v.Chr.). Die Papyri von Elefantine enthalten Hinweise auf einen judäischen Gouverneur namens Bagohi, der wegen seines typisch persischen Namens (Bagoas in griechischen Quellen) gewöhnlich für einen Perser gehalten wurde. Jedoch gab es unter den Rückkehrern aus dem Exil eine Familie namens Bigvai (der Name enthält das gleiche iranische Element *baga* »gut«; Esr 2,2; Neh 7,7), so daß der oben erwähnte Gouverneur ebensogut jüdischer Abstammung gewesen sein kann. Die Namen zweier weiterer Herrscher kennen wir von Siegelabdrücken, die in Bet-Kerem gefunden wurden, nämlich Jehoezer *(yhwʿzr)* und Ahzai *(ʾḥzy)*, der den Titel Gouver-

111 *Olmstead, A. T.*, History of the Persian Empire, Chicago 1948, 436f.
112 Nach 1Chr 3,19 war er der Sohn Pedajas, eines Bruders Schealtiëls.

neur *(pḥw')* trägt[113]. Eine Münze, von der mehrere Prägungen in Bet-Zur und *Tell Ğemme* gefunden wurden, trägt die Inschrift »Hiskia, der Gouverneur *(hpḥh)* von Juda«[114]; damit ist offensichtlich Hiskia, ein Hoherpriester aus der frühhellenistischen Zeit, der bei Josephus (Contra Apionem I, § 187–189) erwähnt wird, gemeint. Offenbar hatten die drei letztgenannten – Jehoezer, Ahzai und Hiskia – das Amt des Gouverneurs und das des Hohenpriesters zur gleichen Zeit inne, da ja die Priesterschaft nun das bedeutendste Amt im Staate war. Dies deutet wohl darauf hin, daß Juda die ganze persische Zeit hindurch eine autonome Provinz blieb, die gewöhnlich (und vielleicht immer) von jüdischen Gouverneuren regiert wurde, die ursprünglich aus dem Hause Davids stammten und später aus Priesterfamilien.

Die Bibel erwähnt auch benachbarte Provinzen Judas (Neh 2,19; 4,1–8), deren Gouverneure Gegner Nehemias waren: Sanballat von Samaria, Tobia, der Ammoniter, Geschem, der Araber, und die Aschdoditer (der Name des Gouverneurs von Aschdod wird in der Bibel nicht genannt). Die Nachkommen Sanballats, die seine Position erbten, sind aus den vor wenigen Jahren gefundenen Samaria-Papyri bekannt[115]. Tobia war der Sohn einer einflußreichen jüdischen Familie, die gute Beziehungen zu Jerusalem hatte. Seine Hauptstadt war Tyrus *(Ṣor)* in Gilead, die offenbar »Tyrus des Hauses Tobia« genannt wurde. Er war wahrscheinlich der von den Persern ernannte Gouverneur von Ammon, das der Provinz Gilead angeschlossen worden war[116]. Geschem war zweifellos der Gouverneur des arabischen Distrikts, den Herodot als südlichen Teil seiner fünften Satrapie aufzählte (s.o. S. 425). Aufgrund der Tatsache, daß sein Name auf einer Silberschale aus einem Tempel in *Tell el-Masḫuṭa* in der östlichen Deltaregion entdeckt wurde, wissen wir, daß er König von Kedar war[117]. Der Einfluß dieses arabischen Königreichs war demnach in der östlichen Deltaregion spürbar, in der

113 *Aharoni, Y.*, Excavations at Ramat Raḥel, Seasons 1959 and 1960, Rom 1962, 56–59. Die von F. M. Cross vorgeschlagene Lesart *'ḥzy* scheint besser zu sein als meine Lesart *'ḥyw*, vorausgesetzt, daß ein aramäisches *yod* gebraucht worden war. Cross schlägt auch folgende Lesart vor: *pḥr'*, d.h. der Töpfer; jedoch ist es unwahrscheinlich, daß ein Töpfer seinen Namen mit dem *lamed*-Präfix (d.h. Eigentum des) auf die Krüge gestempelt hätte, und so scheint doch die Lesart *pḥw'* vorzuziehen zu sein. Inzwischen wurde die Lesart *pḥw'* erhärtet durch Funde von Urkunden aus der persischen Zeit; *Avigad, N.*, Qedem 4 (1976) 6–7.

114 *Sellers, C. R.*, The Citadel of Beth-Zur, Philadelphia 1933, 73–74; *Sukenik, E. L.*, JPOS 14 (1934) 178ff; *ders.*, JPOS 15 (1935) 341ff; *Rahmani, L. Y.*, IEJ 21 (1971) 158ff.

115 *Cross, F. M.*, BA 26 (1963) 120f.

116 *Mazar, B.*, IEJ 7 (1957) 137–145.229–238.

117 *Cross, F. M.*, BA 18 (1955) 46f; *Rabinowitz, I.*, JNES 15 (1956) 2. Die Inschrift lautet: »Das, was Qainū bar Geschem, der König von Qedar, Han-'Ilat gegeben hat.« Zum Königreich Kedar vgl. *Albright, W. F.*, »Dedan«, in: Geschichte und Altes Testament, Tübingen 1953, 4.6; vgl. *Dumbrell, W. J.*, BASOR 203 (1971) 33ff. Jedoch gibt es keinen Grund dafür, die persische Residenz und den (sogenannten Sonnen-)Schrein in Lachisch als Beweis für kedaritische Besiedlung anzusehen, wie es Dumbrell, ebd., 43, tut. Dieser Tempel ist weder ein Sonnentempel noch aus persischer Zeit; darüber hinaus hatte Lachisch eine jüdische Bevölkerung (Neh 11,30).

man den Arabern spätestens in der Regierungszeit Darius' I.[118] die Gründung von Kolonien gestattet hatte. Herodot behauptet, daß sich auch die Küstenzone südlich von Gaza in seinem Besitz befand. Der bemerkenswert hohe Anteil attischer Keramik, der in *Tell el-Ḫulēfi* (Ezjon-Geber) gefunden wurde, belegt einen ausgedehnten Handel mit dem Westen, der in den Händen Geschems lag[119]. Sein Reich umfaßte wahrscheinlich auch Edom, wo die Nabatäer gerade begannen, Siedlungen zu gründen, und vielleicht auch das südliche judäische Bergland, das jetzt von den Edomitern besetzt war. Die Bergregion südlich von Hebron gehörte nicht zur Provinz Juda; in hellenistischen Quellen wird sie Idumaea genannt. Da sich Geschem, der Araber, in die Angelegenheiten Judas einmischte, ebenso wie die Gouverneure von Samaria, Ammon und Aschdod, kann man vermuten, daß Idumaea, das an Juda angrenzte, in Geschems Machtbereich lag[120]. Wenn das stimmt, dann liegt hierin ein Hinweis darauf, daß vier Provinzen an Juda grenzten: Samaria im Norden, Ammon-Gilead im Osten, Arabia-Idumaea im Süden und Aschdod im Westen. Im Gegensatz zu dem vorangegangenen Zeitraum sind die Provinzen Ammon und Arabia neu; jedoch lassen die Feldzüge, die die Assyrer und Babylonier in diese Gebiete unternahmen, vermuten, daß diese Provinzen entweder in assyrischer oder in babylonischer Zeit geschaffen wurden. Im Norden hat wohl die Provinz Megiddo weiterbestanden, wenn wir auch nicht sicher sein können, daß Megiddo weiterhin Provinzhauptstadt war, da die persische Schicht I die letzte in der Geschichte der Stadt darstellt. A. Alts Annahme, daß die Hauptstadt dieser Provinz nach Akko verlegt wurde, entbehrt jedoch jeder Grundlage[121]. Die verschiedenen Hafenstädte der palästinischen Küste wurden von den Persern den südlichen phönizischen Städten Tyrus und Sidon unterstellt. Für die phönizischen Seefahrer waren diese Häfen unentbehrlich als Stationen, in denen sie bei Nacht oder bei Sturm Zuflucht suchen konnten. Die persische Regierung war außerordentlich daran interessiert, die phönizische Seefahrt als Konkurrenz zur griechischen auszuweiten. Die Inschrift Eschmunezers berichtet, daß er vom persischen König (»dem Herrn der Könige«) die Territorien von »Dor und Jafo, den mächtigen Ländern Dagons, die in der Scharon-Ebene liegen«, zugewiesen bekommen habe[122]. Eine wichtige Quelle für die Küstenregion in persischer Zeit ist ein griechischer Bericht, der die palästinische Küste im 4. Jahrhundert v.Chr. beschreibt, obwohl sie dem griechischen Seefahrer Skylax, der im 5. Jahrhundert lebte, zugeschrieben wird (Pseudo-Skylax). Nach Tyrus zählt er die folgenden Städte auf:

118 *Rabinowitz, I.*, s.o. Anm. 117, 6ff. Das biblische Land Goschen ist in Gen 45,10 LXX zu »Land Geschems, des Arabers« geworden.
119 *Glueck, N.*, Rivers in the Desert, New York 1959, 172.
120 *Alt, A.*, PJ 27 (1931) 66ff = Kl. Schr. II, 338ff.
121 *Alt, A.*, PJ 33 (1937) 65ff = Kl. Schr. II, 374ff.
122 ANET 505.

»Die Stadt [Achsib?] und ein Fluß; die Stadt Akko; außerhalb der Bucht [Schikmona oder Haifa?], eine Stadt der Tyrer; . . . ein Berg mit einem Zeustempel (auf dem Karmelgebirge); Adarot (korrigierte Lesart von Arados, vielleicht *ʿAṯlīṯ?*), eine Stadt der Sidonier; Dor, Stadt der Sidonier; die Stadt [Krokodilonpolis?] und ein Fluß . . . den Tyrern; [Jafo, Stadt der Sidonier]; Aschkelon, Stadt der Tyrer und Palast des Königs«[123].

Demnach war von den Städten südlich von Akko immer die eine eine Kolonie von Tyros und die nächste eine Kolonie von Sidon: Haifa, Krokodilonpolis (?) und Aschkelon waren tyrisch, Adarot *(ʿAṯlīṯ?)*, Dor und Jafo sidonisch. An der späteren Ortslage von Caesarea wurde eine Festung erbaut, die »Turm des Straton« genannt wurde. Sie wurde offensichtlich im 4. Jahrhundert v.Chr. von Straton *(ʿAbd-ʿAštart)*, dem König von Sidon, gegründet und sollte als weiterer sidonischer Anlaufpunkt zwischen Dor und Jafo dienen. Es gab auch phönizische Kolonien im Landesinneren, z.B. in Sichem und Marescha. Der südlichste Hafen in Palästina war Gaza, der immer als bedeutender Umschlagplatz für den Handel mit Ägypten und als Exporthafen für die Güter aus Arabien gedient hat. In der obersten (= persischen) Schicht in Ezjon-Geber wurde eine Fülle attischer Scherben gefunden, die den ausgedehnten Handel bezeugt, der sich in dieser Zeit zwischen Südarabien und dem Westen entwickelt hatte und teilweise über die Negeb-Routen von Gaza zum Golf von Aqaba abgewickelt wurde.

Das Territorium Judas wurde durch die Abtrennung des südlichen judäischen Berglandes erheblich verkleinert. Die Grenze verlief zwischen Bet-Zur und Hebron, dessen Umland edomitisch geworden war. Andererseits stimmte die nördliche Grenze mit dem Grenzverlauf in der vorexilischen Zeit nördlich von Mizpa und Bet-El überein und schloß im Osten noch Jericho ein. Im Westen umfaßte die judäische Provinz noch Teile der Schefela bis hin nach Keïla im Süden. Lod, Hadid und Ono in der nördlichen Schefela werden in der Liste der aus dem Exil Zurückkehrenden aufgeführt (Esr 2,33; Neh 7,37), aber es ist fraglich, ob diese Region während der persischen Zeit tatsächlich ein Teil Judas war[124]. Wir haben oben schon erwähnt, daß auch in den verschiedenen Negeb-Siedlungen Juden lebten; ihre Bevölkerung wurde offensichtlich nicht von den Babyloniern deportiert, doch sah man diese Siedlungen sicher nicht als Teil der judäischen Provinz an. Über die Grenzen jüdischer Siedlungen in persischer Zeit kann man auch aus der Verbreitung der Vorratskrüge, die Siegelabdrücke mit der Inschrift »Juda« (mit verschiedenen Schreibvarianten) und »Jerusalem« tragen, einige Erkenntnisse gewinnen. Bis heute wurden Abdrücke in Jerusalem, Bet-Kerem, Betanien, Jericho, En-Gedi, Mizpa, Aseka und Geser gefunden. Offenbar lag Geser zuerst einmal außerhalb der judäischen Provinz, und aus den Keilschrift-Tontafeln, die dort gefunden wurden, kann man ableiten, daß gegen Ende der Königszeit die Bevölkerung dort im wesentlichen assyrisch war[125].

123 *Müller, C.*, Geographi graeci minores I, 78ff; *Galling, K.*, ZDPV 61 (1938) 66–87 = Studien zur Geschichte Israels im persischen Zeitalter, Tübingen 1964, 185–209.
124 *Avi-Yonah, M.*, The Holy Land, Grand Rapids ²1977, 28–31.
125 *Galling, K.*, PJ 31 (1935) 75–93.

In persischer Zeit ist das jüdische Element dann wohl wieder vorherrschend gewesen (s. Karte 34).
Viele der judäischen Siedlungen dieser Zeit kennen wir aus der Liste der »Leute aus der Provinz, die heraufzogen aus der Gefangenschaft« (Esr 2,1–35; Neh 7,6–38). Die Mehrzahl liegt in der früheren benjaminitischen Region nördlich von Jerusalem: Nob (anstelle von Nebo), Anatot, (Bet-) Asmawet, Rama, Geba, Michmas, Ai (anscheinend Aja; *Ḫirbet Ḥayyān*), Bet-El und die vier gibeonitischen Städte Gibeon, Kefira, Kirjat-Jearim und Beerot. Es werden nur zwei Städte genannt, die südlich von Jerusalem gelegen waren, nämlich Betlehem und Netofa, und ferner im Osten noch Jericho. Die nordwestliche Schefela ist durch Lod, Hadid und Ono vertreten.
Weitere Ortsnamen tauchen in der Liste der Städte auf, die sich unter Nehemia am Wiederaufbau der Stadtmauern Jerusalems beteiligt hatten (Neh 3): Mizpa im Norden, Bet-Kerem, Bet-Zur und Tekoa im Süden, Sanoach und Keïla im Westen. Es ist interessant, daß diese Liste nur zwei Siedlungen enthält, die auch in der Liste der Rückkehrer vorkommen, nämlich Gibeon und Jericho. Neben Jerusalem werden vier Städte als Distrikthauptstädte genannt, nämlich Mizpa, Bet-Kerem, Bet-Zur und Keïla. Das würde bedeuten, daß die Liste der Bauleute den Verwaltungszentren Judas entsprechend aufgestellt wurde. Zumindest einige dieser Verwaltungszentren sind in Städten errichtet worden, die der Zerstörung durch Babylonien entgangen waren; Mizpa ist ein solcher Fall, denn dieser Ort diente schon als Sitz der babylonischen Verwaltung unter Gedalja. Andere wurden in isolierten Festungen, die mit keiner Stadt in Verbindung standen, eingerichtet, so z.B. in der persischen Festung von Bet-Kerem[126].
So können wir aus dieser Liste etwas über die Verwaltungsorganisation in der judäischen Provinz zur persischen Zeit ableiten. Die Distrikthauptstädte belegen, daß diese Untergliederung das ältere System der vier Distrikte (Jerusalem ausgeschlossen), das zur Regierungszeit Hiskias eingeführt worden war, beibehalten hat. Jedoch sind diese vier neuen Distrikte dem verkleinerten Territorium Judas angepaßt worden: Keïla in der Schefela (anstelle von Socho), Mizpa im Norden (anstelle von *mmšt* – Jerusalem), Bet-Kerem und Bet-Zur, die das südliche Bergland vertreten (sie lösen Hebron und Sif ab). Mit Ausnahme von Bet-Kerem, das die Betlehem-Region einschloß, war jeder Distrikt in zwei Unterdistrikte geteilt; die Tatsache, daß unsere Liste zwei Unterdistriktsbeauftragte für Keïla, Bet-Zur und Jerusalem und zwei Beamte aus Mizpa enthält, legt diesen Schluß nahe. Die vier anderen Städte, die in der Liste genannt werden, dienten möglicherweise auch als Verwaltungszentren von Distriktsbeauftragten, nämlich Sanoach in der Schefela bei Keïla, Tekoa im Südosten mit Bet-Zur, Gibeon nordwestlich von Jerusalem und Jericho im Jordantal, das zweifellos die östlichen Unterdistrikte

126 *Aharoni, Y.*, Excavations at Ramat Raḥel, Seasons 1959 and 1960, Rom 1962, 49ff; andere Beispiele außerhalb der judäischen Provinz sind die persischen Festungen in Lachisch und Hazor, die zu einer Zeit erbaut worden waren, als es keine Städte mehr auf diesen Ortslagen gab.

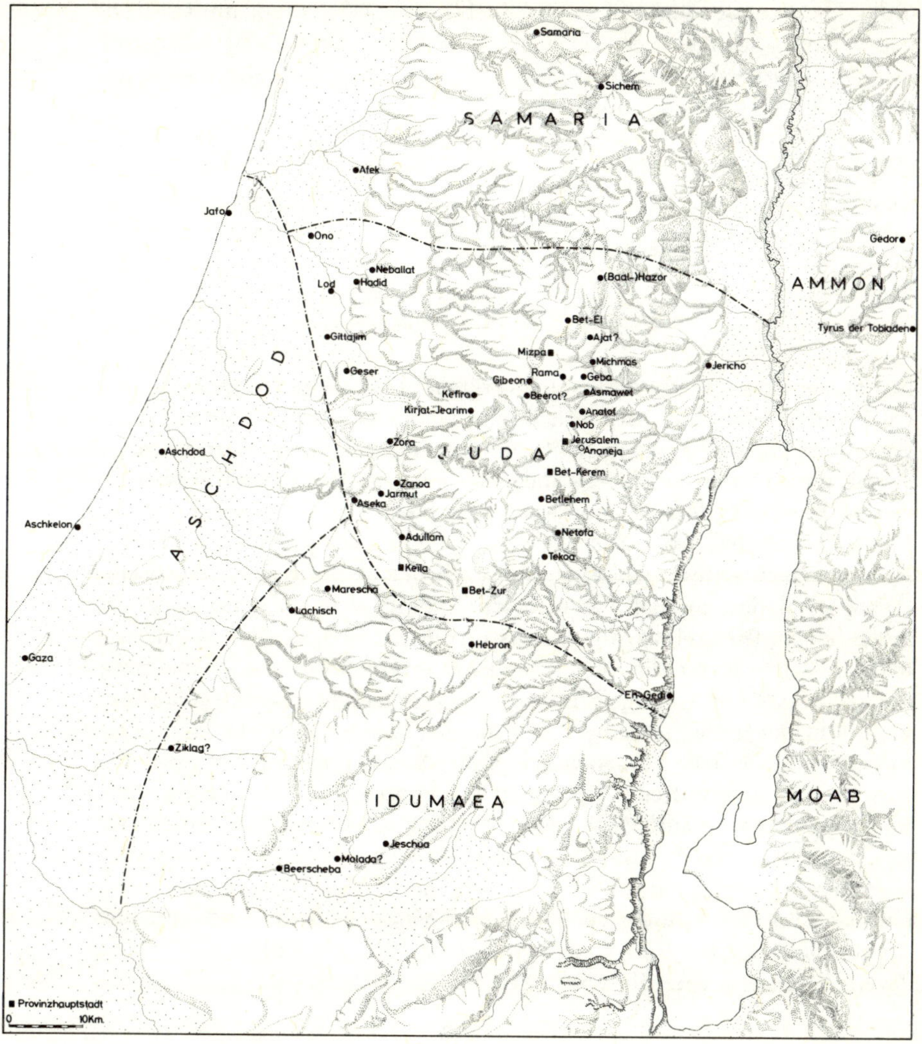
Samaria
Sichem
SAMARIA
Afek
Jafo
Ono
Gedor
Neballat
Lod
Hadid
(Baal-)Hazor
AMMON
Bet-El
Tyrus der Tobiaden
Gittajim
Ajat?
Mizpa
Michmas
Jericho
Geser
Rama
Geba
Gibeon
Kefira
Beerot?
Asmawet
Kirjat-Jearim
Anatot
Nob
Jerusalem
Zora
Ananeja
Aschdod
JUDA
Bet-Kerem
Zanoa
Jarmut
Aseka
Betlehem
ASCHDOD
Aschkelon
Netofa
Adullam
Tekoa
Keila
Marescha
Bet-Zur
Lachisch
Hebron
Gaza
En-Gedi
Ziklag?
IDUMAEA
MOAB
Jeschua
Molada?
Beerscheba
Provinzhauptstadt
0
10Km.

unter dem Beamten von Mizpa einschließlich der Wüste Juda umfaßte. Die neun Städte, die in der Liste der Bauleute erwähnt werden, waren demnach Verwaltungszentren der judäischen Provinz. Diese Verwaltungsstruktur stellt sich somit folgendermaßen dar:

Distrikte	*Unterdistrikte*
Keïla	(1) Sanoach, (2) Keïla
Bet-Zur	(3) Bet-Zur, (4) Tekoa
Bet-Kerem	(5) Bet-Kerem
Jerusalem	(6) Jerusalem, (7) Gibeon
Mizpa	(8) Mizpa, (9) Jericho

Das Gebiet Judas war relativ stark verkleinert worden; die judäische Bevölkerung entwickelte sich nur langsam, weil es einerseits Einmischungen von außen gab und andererseits Spannungen in den Gemeinden zwischen denen, die im Lande geblieben, und denen, die aus dem Exil zurückgekehrt waren. Es stehen derzeit keine weiteren Angaben über Entwicklungen in Juda während des letzten Teils der persischen Zeit zur Verfügung, aber das Auftauchen einer fest etablierten jüdischen Bevölkerung in hellenistischer Zeit deutet darauf hin, daß die Entwicklung stetig, wenn auch nur allmählich verlaufen ist. Die drei wichtigsten Kräfte, die sich zu dieser Zeit in Palästina konsolidierten, waren die Küstenstädte mit ihrer gemischten Bevölkerung, die Samaritaner im Gebirge Efraim, die aus der israelitischen Bevölkerung, vermischt mit fremden Siedlern, die von den Assyrern aus Hamat und Babylon herbeigebracht worden waren, bestand, und Juda, das – obgleich territorial stark beschnitten – sich enger Beziehungen zu einer großen jüdischen Bevölkerung außerhalb seiner Grenzen erfreute. Dazu kamen zwei Regionen, in denen die israelitische Bevölkerung von Deportationen mehr oder weniger unberührt geblieben war, nämlich Gilead (Peräa) und Galiläa. Dies sind die drei »Länder der Juden« der Mischna: Juda, Transjordanien und Galiläa (Schebiit 9,2), in denen Zentren jüdischer Kultur zur Zeit des Zweiten Tempels eine Blütezeit erlebten.

Anhang 1

Chronologische Übersicht

Datum	*Palästina*	*Ägypten*	
8000	Neolithikum	Fayum A	
3600	Chalkolithikum	Badarium/Amratium	
3150	Frühbronzezeit I	Gerzeum	
2950	Frühbronzezeit II	I.–II. Dynastie	(2950–2640)
2600	Frühbronzezeit III	III.–V. Dynastie	(2640–2325)
2300	Frühbronzezeit IV	VI. Dynastie	(2325–2155)
2150	Mittelbronzezeit I	1. Zwischenzeit	(2134–1991)
2000	Mittelbronzezeit II A	XII. Dynastie	(1991–1785)
1750	Mittelbronzezeit II B	2. Zwischenzeit	(1785–1650)
		XV. Dynastie	(1650–1540)
1550	Spätbronzezeit I	XVIII. Dynastie	(1552–1295)
1400	Spätbronzezeit II A		
1300	Spätbronzezeit II B	XIX. Dynastie	(1295–1188)
1200	Eisenzeit I	XX. Dynastie	(1186–1070)
1000	Eisenzeit II A	XXI. Dynastie	(1070– 945)
900	Eisenzeit II B	XXII. Dynastie	(945– 722)
700	Eisenzeit II C	XXV. Dynastie	(712– 664)
587	Eisenzeit III		
	Persische Epoche		
332	Hellenistische Epoche		

Anhang 2

Die Könige von Israel und Juda

1025 Saul
1006 David
968 Salomo

Juda		*Israel*	
928	Rehabeam	928	Jerobeam I.
911	Abijam		
908	Asa	907	Nadab
		903	Bascha
		883	Ela
		882	Simri
		882	Omri
867	Joschafat	871	Ahab
851	Joram	851	Ahasja
843	Ahasja	850	Joram
842	Atalja	842	Jehu
836	Joas	814	Joahas
799	Amazja	800	Joas
786	Usia	785	Jerobeam II.
758	(Jotam)	749	Secharja
		745	Schallum
742	Ahas	745	Menahem
		737	Pekachja
		735	Pekach
726	Hiskia	731	Hosea
		722	Eroberung Samarias
697	Manasse		
642	Amon		
640	Josia		
609	Joahas		
608	Jojakim		
598	Jojachin		
597	Zedekia		
587	Eroberung Jerusalems		

Anhang 3

Verzeichnis der Lokalisierungen

Alter Name	*Moderner arabischer Name*	*Karten-koordinaten*	*Kartennummern*
Abdon	*Ḫ. ʿAbde*	165 272	16, 22–23
Abel (Damaskus)	*Sūq Wādi Baradā*	254 337	9
– (Galiläa)	*ʿĒn Ibl*	188 279	9
– (Gilead)	*T. Ābel*	231 231	33
Abel-Bet-Maacha, Abel	*T. Ābel el-Qamḥ*	204 296	8, 9, 16, 18, 20, 23, 30
Abel-Keramim	*Nāʿūr*	228 142	15
Abel-Mehola	*T. Abū Ṣūṣ*	203 197	18, 23, 29
Abel-Schittim	*T. el-Ḥammām*	214 138	14, 15
Achlab	siehe: Ahalab		
Achschaf	*Ḫ. el-Harbaǧ?*	158 240	8–9, 11–12, 15–16, 18, 20, 23
Achsib (Ascher)	*ez-Zīb*	159 272	5, 15–18, 20, 23
– (Juda)	*Ḫ. T. el-Bēḏā*	145 116	19, 26, 32
Adada (Negeb)	siehe: Aroër		
Adam	*ed-Dāmiye*	201 167	4, 15, 18, 20, 23, 24
Adama, Schemesch-Adam	*Qarn Ḥaṭṭīn*	193 245	16, 23
Adami-Nekeb	*Ḫ. et-Tell (ed-Dāmiye)*	193 239	9, 12, 18, 23
Adorajim	*Dūra*	152 101	19, 25
Adullam	*eš-Šēḫ Madkūr*	150 117	15, 19, 25–26, 32, 34
Aduru	*ed-Dūra*	212 266	12
Afek (Libanon)	*Afqā*	231 382	3, 17
– (Ascher)	*T. Kerdāne*	160 250	15–18, 20, 23
– (Transjordanien)	*Ḫ. el-ʿĀšeq*	210 243	23, 30
– (Scharon)	*Rās el-ʿĒn*	143 168	4–6, 8, 11, 15, 18–20, 23–24, 28–34
Ahalab	*Ḫ. el-Maḫālib*	172 303	17–18, 21
Ai	*Ḫ. et-Tell*	174 147	5–6, 15
Aja	*Ḫ. Ḥayyān?*	175 145	32, 34
Ajalon	*Yālo*	152 138	11, 15, 17–20, 22–26, 30, 32
Ajin	*Ḫ. ʿAyyūn*	212 235	3
Akko	*T. el-Fuḫḫār*	158 258	2–4, 6, 8–9, 11–12, 15–18, 20–21, 23–24, 28, 30–31, 33
Alemet	siehe: Almon		
Almon	*Ḫ. ʿAlmīt*	176 136	19, 22
Almon-Diblatajema, Bet-Diblatajim	*Ḫ. Delēlet eš-Šarqīye*	228 116	14
Anab	*Ḫ. ʿAnāb eṣ-Ṣaġīr*	145 091	19, 26
Anaharat	*T. el-Muḫarḫaš?*	194 228	9–10, 23

Alter Name	*Moderner arabischer Name*	*Karten-koordinaten*	*Kartennummern*
Ananja	*el-Azarīye*	174 131	34
Anatot	*Rās el-Ḫarrūbe*	174 135	19, 22, 32, 34
Anim	*Ḫ. Ġuwēn eṭ-Taḥtā*	156 084	19, 26
Apum	siehe: Damaskus		8
Arad (kanaan. Stadt)	*T. el-Milḥ*	152 069	13–15, 19–20, 24, 26
– (israelitische Zitadelle)	*T. ʿArād*	162 076	5, 24, 26, 28, 30, 32–33
Ardat	*Ardāt*	237 424	11
Aroër (Ruben)	*ʿArāʿir*	228 097	15, 20–21, 23, 27
– (Negeb)	*Ḫ. ʿArʿara*	148 062	15, 19–20, 25–26
ʿArqat (Arkat)	*T. ʿArqā*	250 436	8, 11
Aruma (Efraim)	*Ḫ. el-ʿOrēme*	180 172	29
Aruma (Galiläa)	siehe: Ruma		
ʿAruna	*Ḫ. ʿĀra*	157 212	9, 16, 24
Arwad	*Rawāḍ*	229 473	1, 11, 21
Aschdod	*Esdūd*	117 129	5, 15, 17–21, 23–25, 28, 30–34
Aschkelon	*ʿAsqalān*	107 118	5–6, 8, 11, 15, 17
Aseka	*Ḫ. T. Zakarīye*	144 123	5, 19–20, 25–26, 34
Asmawet	*Ḥezme*	175 138	34
Asnot-Tabor	*Ḫ. el-Ǧubēl*	186 237	18
Asor	*Yāzūr*	131 159	5, 19, 32
Atarot (Ruben)	*Ḫ. el-ʿAṭṭārūs*	213 109	23, 27
Azmon	*ʿĒn Muwēliḥ?*	085 010	3
Azza (Samaria)	*Zawātā*	171 183	29
Baala	siehe: Kirjat-Jearim		
Baalat (Dan)	*El-Muġār?*	129 138	18, 23
Baal-Hazor	*T. ʿAṣūr*	177 153	19, 34
Batruna	*Baṭrūn*	212 409	11
Beeroth (Phön.)	*Beirūt*	195 367	11, 12, 21
– (Benjamin)	*Ḫ. el-Burǧ*	167 137	19, 26, 34
Beerscheba	*T. es-Sebaʿ*	134 072	2–5, 17, 19–22, 25–26, 28, 30, 32–34
Bene Berak	*El-Ḫēriyā (Ibn Ibrāq)*	133 160	23, 32
Berotai	*Berētān*	157 372	9, 21, 31
Besek	*Ḫ. Ibzīq*	187 197	20
Beten	*Ḫ. Abṭūn*	160 241	23
Bet-Anat	*Ṣafed el-Baṭṭīḫ*	190 289	12, 15–18, 20, 23
Bet-Anot	*Ḫ. Bēt ʿĒnūn*	162 107	26
Bet-Araba	*ʿĒn el-Ġarābe*	197 139	18, 23, 26, 32
Bet-Arbeel	*Irbīd*	229 218	28
Bet-Asmawet	siehe: Asmawet		
Bet-Awen	*T. Maryam?*	175 141	19
Bet-Baal-Meon	*Māʿīn*	219 120	14, 23, 27
Bet-Dagon	*Bēt Deǧen*	134 156	32
Bet-Diblatajim	siehe: Almon-Diblatajema		

Alter Name	*Moderner arabischer Name*	*Karten-koordinaten*	*Kartennummern*
Bet-Eglajim	*T. el-ʿAǧūl*	093 097	7
Bet-El	*Bētīn*	172 148	5, 15, 18, 21–22, 23–26, 28, 30, 32–36
Bet-Emek	*T. Mīmās*	164 263	18, 23
Bet-Gamul	*Ḫ. el-Ǧumēl*	235 099	27
Bet-Gan (Gina)	*Ǧenīn*	178 207	11
Bet-Haram (Bet-Haran)	*T. Iktanū*	214 136	8, 23
Bet-Hogla	*ʿĒn Ḥaǧle*	197 136	18
Bet-Horon, Oberes	*Bēt ʿŪr el-Fōqā*	160 143	18–19, 23
Bet-Horon, Unteres	*Bēt ʿŪr eṭ-Ṭaḥta*	158 144	18–19, 22–24
Bet-Jerach	*Ḫ. el-Kerak*	204 235	5, 6
Bet-Jeschimot	*T. el-ʿAzēme*	208 132	14–15, 23
Bet-Kerem	*Ḫ. eṣ-Ṣāliḥ*	170 127	26, 34
Bet-Leafra	*eṭ-Ṭaiyibe?*	153 107	32
Betlehem (Sebulon)	*Bēt Laḥm*	168 238	23
– (Juda)	*Bēt Laḥm*	169 123	11, 15, 19–20, 23, 25–26, 32, 34
Bet-Nimra	*T. el-Blēbīl*	210 146	23
Betonim	*Ḫ. Baṭne*	217 154	23
Bet-Schean	*T. el-Ḥoṣn*	197 212	3, 5, 11–12, 15–18, 20–21, 23–24, 30, 33
Bet-Schemesch	*T. er-Ruwēsi*	181 271	8–9, 15–18, 20, 23
– (Issachar)	*Ḫ. Šēḫ eš-Šamsāwī*	199 232	18, 23
– (Juda)	*T. er-Rumēle*	147 128	5, 15, 18–20, 22–23, 32
Bet-Tappuach	*Taffūḥ*	154 105	26
Bet-Ter	*Ḫ. el-Yehūd*	162 263	26
Bet-Zet	*Zēta*	188 323	21
Bet-Zur	*Ḫ. eṭ-Ṭubēqa*	159 110	5, 19, 25–26, 32, 34
Bezer	*Umm el-ʿAmed?*	235 132	22, 27
Borim	*Ḫ. Burīn*	153 203	24
Bozra (Basan), Buṣruna	*Boṣrā eski Šām*	289 214	8, 9, 11, 31
Bozra (Edom)	*El-Buṣērā*	208 016	4, 14, 21, 28, 31
Buṣruna	siehe: Bozra (Basan)		
Byblos, Gebal	*Ǧebēl*	210 391	1–2, 8, 11–12, 17, 21, 28, 31
Conna	*Rās Baʿalbek*	283 406	21
Dabbeschet	*T. eš-Šammām?*	164 230	18
Daberat	*Dabūrye*	185 233	18, 22
Damaskus	*eš-Šam (Dimašq)*	272 324	1–4, 7–9, 11–12, 17, 21, 28, 30–31
Dan, Lajisch	*T. el-Qāḍī*	211 294	2–3, 7, 15–18, 20–23, 28, 30, 33

Alter Name	*Moderner arabischer Name*	*Karten-koordinaten*	*Kartennummern*
Debir	*Ḫ. er-Rābūḍ*	151 093	15, 19, 20, 22, 26, 32
Dibon	*Ḏībān*	224 101	5, 14–15, 20, 23, 27–28, 30
Di-Sahab	*Ḏahab?*	104 769	13
Dor	*Ḫ. el-Burǧ*	142 224	2, 4, 15–18, 20–21, 23–24, 28, 30–31, 33
Dotan	*T. Dōṯān*	172 202	5–6, 23, 29
Duma (Juda)	*Ḫ. ed-Dōme*	148 093	26
Edreï (Baschan)	*Derʿā*	253 224	3, 15, 20
Eglon	*T. el-Ḫēsi*	124 106	8, 11, 15, 19–20, 25–26
Ekron	*Ḫ. el-Muqannaʿ*	136 131	15, 17–21, 23–25, 28, 30–33
Elale	*el-ʿĀl*	228 136	14
Elat	*ʿAqaba*	150 882	1, 4, 13, 14, 21, 28
Elmatan	*Immātīn*	165 177	29
El-Paran	siehe: Elat		
Elteke	*T. eš-Šallāf?*	128 144	19, 22–23, 32
En-Dor	*Ḫ. eṣ-Ṣafṣafe*	187 227	20
En-Gannim	*Ḫ. Bēt Ǧann?*	196 235	22
En-Gedi	*ʿĒn Ǧīdi (T. el-Ǧurn)*	187 097	4–5, 19–20, 25–26, 28, 32–34
En-Hadda	*el-Ḥadeṯa*	196 232	23
En-Rimmon	*Ḫ. el-Ḫuwēlife*	137 087	
En-Schemesch	*ʿĒn el-Ḥōḍ*	175 131	18
Eschtaol	*Išwaʿ*	151 132	19, 26
Eschtemoa	*es-Semīta*	156 089	15, 16, 22, 26, 32
Etam	*Ḫ. el-Ḫōḫ*	166 121	19, 25, 26
Eter	*Ḫ. el-ʿAṭār*	138 113	26
Ezjon-Geber	*T. el-Ḫulēfi*	147 884	5, 13, 24, 28
Gat (Ascher)	*Ǧett*	172 264	9
– (Scharon)	*Ǧett*	154 200	16
– (Philistäa)	*T. eṣ-Ṣāfī*	135 123	9, 11, 15, 17–21, 23–25, 32
Gat-Hefer	*Ḫ. ez-Zerrāʿ*	180 238	18
Gat-Padalla	siehe: Gat (Scharon)		
Gat-Rimmon	*T. el-Ǧerīše*	132 166	11, 19, 22–23
Gaza	*Ġazze*	099 101	1–4, 9–12, 15, 17, 19–21, 23–24, 28, 30–34
Geba (Samaria)	*Ǧebaʿ*	171 192	29
Geba (Nord-Benjamin)	*Ḫ. et-Tell?*	174 158	26, 29
Geba (Benjamin)	*Ǧebaʿ*	175 140	19–20, 22–23, 32–34
Geba-Somen	*T. el-ʿAmr*	159 237	9–10
Gebal	siehe: Byblos		
Gedor (Gilead)	*T. ʿĒn Ǧedūr*	220 160	33–34
– (Juda)	*Ḫ. Ǧedūr*	158 115	19, 26
Gerar	*T. Abū Hurēre*	112 087	9, 15, 19, 21, 32
Geser	*T. Ǧeser (Abū Šūše)*	142 140	5–6, 9, 11, 15, 17–20, 22–24, 30, 33, 34

Alter Name	*Moderner arabischer Name*	*Karten-koordinaten*	*Kartennummern*
Gibbeton	*T. Melāt*	137 140	9, 19, 22–23, 25
Gibea (Benjamin)	*T. el-Fūl*	172 136	19–20, 23, 26, 32
Gibea (Kirjat-Jearim)	*Abū Ġōš?*	160 134	26
Gibeon	*El-Ğīb*	167 139	5, 15, 19–20, 22–24, 26, 34
Gilgal	*Ḫ. el-Mefğir*	193 143	15–20, 33
Gimso	*Ğimzū*	145 148	19
Gina	siehe: Bet Gan		11
Gittajim	*Rās Abū Ḥumēd*	140 145	19, 25, 34
Golan	*Saḥm el-Ğōlān*	238 243	22
Hadaru	*Ḫ. Ḥaḍer*	292 336	9
Hadid	*el-Ḥadīṯā*	145 152	34
Hafarajim	*eṭ-Ṭaiyibe*	192 223	23
Halhul	*Ḥalḥūl*	160 109	19, 26
Hali	*Ḫ. Rās ʿĀlī*	164 241	23
Ham	*Ḥām*	226 213	7, 15
Hamat	*Ḥamā*	312 503	1, 21
Hammat	*Ḥammām Ṭabarīye*	201 241	12, 20, 22, 23
Hammat (Bet Schean)	*T. el-Ḥamme*	197 197	12
Hammon (Ascher)	*Umm el-ʿAwāmīd*	164 281	23
Hannaton	*T. el-Bedēwīye*	174 243	16, 18, 20, 23, 30
Harnem	*Hermel*	281 423	12
Ḫašabu	*T. Ḥašbe*	249 382	9–11
Haserot	*ʿĒn Ḫaḍrā*	096 814	13
Hazar-Addar	*ʿĒn Qudēs?*	100 999	3
Hazar-Enan	*Qaryatēn*	360 402	3
Ḥazerot (Samaria)	*ʿAṣīre eš-Šemālīye*	175 184	29
– (Sinai)		096 814	13
Hazezon-Tamar	siehe: Tamar		
Ḫasi	*T. Ḥizzīn*	255 377	9, 11
Hazor	*T. el-Qedaḥ*	203 269	1, 3–5, 8–12, 15–16, 23, 28, 30
Hebron	*el-Ḫalīl*	160 103	7, 15, 17, 19–23, 25–26, 30, 32–34
Hefer	*el-Ifšār*	141 197	15, 18, 20, 23
Helef	*H. ʿIrbāda*	189 236	18
Helket	*T. el-Qassīs?*	160 232	9, 18, 22
Heschbon	*Ḥesbān*	226 134	14–15, 20, 22–23, 27–28, 30
Ḫinianabi, ʿEni-ʿanabi	siehe: Kirjat-Anab		11
Ḫinnatuna	siehe: Hannaton		
Hor, Berg (Libanon)	*Rās Šakkā?*	213 402	3, 17
Hor (Negeb)	*ʿAmāret Ḫurāše?*	104 117	13–14
Horma	*Ḫ. el-Mšāš*	146 069	8, 13–15, 19–20, 26

Alter Name	*Moderner arabischer Name*	*Karten-koordinaten*	*Kartennummern*
Horonajim	*el-ʿĪrāq?*	211 055	27
Hosa	siehe: Usu?		18, 21
Hukkok	*Ḫ. el-Ǧumēǧime?*	175 252	18
Huscha	*Ḥūsān?*	162 124	19
Ije-Abarim	*el-Mudēyine?*	223 041	14, 27
Ijon	*T. ed-Dibbīn*	205 308	8–9, 15, 18, 20–21, 23, 30
Jabesch-Gilead	*T. el-Maqlūb*	214 201	15, 20, 23
Jabneel	*T. en-Naʿām*	198 235	18, 23
– (Juda)	*Yebnā*	126 141	18–19, 28
Jafia (Japu)	*Yāfā*	176 232	16, 18
Jafo	*Yaffa*	126 162	2–5, 9, 11–12, 15, 17–21, 23–24, 28, 30–34
Jaham	*Ḫ. Yemmā*	153 197	9–10, 24
Jahaz (Jahza)	*Ḫ. el-Nudēyine?*	236 110	14, 22–23, 27
Janoach (Gal.)	*Yānūḥ*	173 265	30
– (Efr.)	*Ḫ. Yānūn*	184 173	18, 20
Japu	siehe: Jafia		
Jarmut (Iss.)	siehe: Remet		
– (Juda)	*Ḫ. el-Yarmūk*	147 124	6, 11, 15, 19, 26, 34
Jaschub	*Yāsūf*	172 168	18, 29
Jaser	*Ḫ. eṣ-Ṣār*	228 150	14–15, 20–23
Jattir	*Yaʿtir*	181 284	9
Jattir (Juda)	*Ḫ. ʿAttīr*	151 084	19–20, 22, 26
Jazit	*Yasid*	176 189	29
Jebus	siehe: Jerusalem		
Jehud	*el-Yehūdīye*	139 159	23
Jenoam	*el-ʿAbēdiye*	202 232	9, 11–12
Jericho	*T. es-Sulṭān*	192 142	5–7, 14–15, 18, 25–26, 32–34
Jerusalem	*el-Quds*	172 131	2–5, 7–8, 11, 21–26, 28, 30–34
Jeschana	*Burǧ el-Isāne*	174 156	29
Jeschua	*T. es-Saʿwe?*	149 076	26, 34
Jesreel	*Zerʿīn*	181 218	15–16, 18, 20, 23
Jibleam	*Ḫ. Belʿame*	177 205	9, 15–18, 20, 22–23
Jiron	*Yārūn*	189 276	23, 30
Jogboha	*el-Ǧubēha*	231 159	15, 20, 23
Jokmeam	*T. el-Mazār?*	195 171	22–23, 29
Jokneam	*T. Qēmūn*	160 230	9, 15–16, 18, 22–23
Jokteel	siehe: Sela		
Joppe	siehe: Jafo		
Jotba	*Ḫ. Ǧefāt*	176 248	30, 33
Jotbata	*Ṭāba?*	139 878	13
Jutta	*Yaṭṭa*	158 095	19, 22, 26
Kabul	*Kābūl*	170 252	15–16, 18, 23
Kadesch	*T. Nebī Mend*	291 444	3, 9–12
Kadesch-Barnea	*ʿĒn el-Qudērāt*	096 006	1, 3–5, 7, 13–14, 17, 21, 24, 28

Alter Name	*Moderner arabischer Name*	*Karten-koordinaten*	*Kartennummern*
Madmen	*Ḫ. Dimne*	217 077	27
Manahat	*El-Māliḥa*	167 128	11, 19, 26
Maon	*Ḫ. Maʿīn*	163 090	19–20, 26
Marala	*T. Ṯōra?*	166 228	18
Marescha	*T. Sandahanne*	140 111	5, 19, 25–26, 32, 34
Medeba	*Mādebā*	225 124	15, 20–21, 23, 27–28, 30
Mefaat	*T. Ǧāwa?*	239 140	22–23
Megiddo	*T. el-Mutesellim*	167 221	1, 3–12, 15–18, 20–21, 23–24, 28, 30–31, 33
Me-Neftoach	*Liftā*	168 133	18
Merom	*T. el-Ḫirbe*	190 275	9, 15–16, 30
Michmas	*Muḫmās*	176 142	19–20, 23, 32, 34
Michmetat	*Ḫ. Maḫne el-Fōqā*	175 176	18, 29
Middin	*Ḫ. Abū Ṭabaq?*	188 127	26
Migdal (Scharon)	*T. eḏ-Ḏurūr*	147 203	9
Migdal-Gad	*Ḫ. el-Meǧdele*	140 105	26
Migdal-Yen	siehe: Migdal (Scharon)		10
Mischal	*T. Kēsān?*	164 253	8–9, 22–23
Mizpa	*T. en-Naṣbe*	170 143	19–20, 23, 25–26, 32, 34
Moab	*Ḫ. el-Medēyine*	232 076	21
Molada	*Ḫurēbet el-Waṭen?*	142 074	26, 34
Moreschet-Gat	*T. el-Ǧudēde*	141 115	19, 25, 32
Mota	*Imṯān*	301 265	9
Moza	*Qalōnyā*	165 134	19, 26
Muḫḫazi	*T. Abū Sulṭān?*	125 147	9
Naarat	*T. el-Ǧisr*	190 144	18
Nave	*Nawā*	248 255	20
Neballat	*Bēt Nebālā*	140 154	34
Nebo	*Ḫ. ʿAyyun Mūsā?*	220 131	14, 27, 33
Negiël	*Ḫ. Yaʿnīn*	171 255	18
Netofa	*Ḫ. Bedd Fālūḥ?*	171 119	19, 34
Nezib	*Ḫ. Bēt Neṣīb*	151 110	19, 26
Nibschan	*Ḫ. el-Maqārī?*	186 123	26
Nob	*el-ʿĪsāwīye?*	173 134	19, 32, 34
Nobach	siehe: Kenat		
Ofra, *ʿpr*	*el-ʿAffūle*	177 223	9, 18
– (Benjamin)	*eṭ-Ṭaiyibe*	178 151	19–20, 23, 26
Ono	*Kafr ʿĀna*	137 159	9, 19, 34
Paran	*Fārān*	018 792	13
Pegor	*Ḫ. Fāġūr*	163 119	26
Peḥel, Pella	*Ḫ. Faḥil*	207 206	5, 8–9, 11–12, 16
Penuel	*T. eḏ-Ḏahab eš-Šarqī*	215 176	15, 24
Piraton	*Ferʿata*	165 177	29
Punan	*Fēnān*	197 004	14
Qanu	siehe: Kerat		
Qaṭna	*el-Mišrēfe*	323 471	1, 16

Alter Name	*Moderner arabischer Name*	*Karten-koordinaten*	*Kartennummern*
Rabba (Ammon)	siehe: Rabbat		
Rabba (Ammon)	siehe: Rabbat Ammon		
– , Rubute (Juda)	*Ḫ. Ḥamīde*	149 137	24, 26
Rabbat-Ammon	*ʿAmmān*	238 151	1, 4–5, 14–15, 17, 20–21, 23, 28, 30–31, 33
Rafia	*T. Refaḥ*	077 079	12, 24, 28
Rafon	*er-Rāfe*	258 255	9
Rakkat, Kartan (?)	*Ḫ. el-Qunēṭrīye*	199 245	23
Rama (Naftali)	*Ḫ. Zetūn er-Rāme (Ḫ. Ǧūl)*	187 259	16, 20, 23
– (Benjamin)	*er-Rāme*	172 140	19, 20, 23, 26, 32, 34
Ramat-Mizpe	*Ḫ. Ǧelʿad?*	223 169	23, 33
Ramot (Issachar)	siehe: Remet		
Ramot-Gilead	*T. er-Rāmīt*	244 210	15, 17, 20–23, 28, 30–31, 33
Ramot-Negeb	*Ḫ. Ġazza*	165 068	
Rehob (Gal.)	*T. el-Balāṭ?*	177 180	9, 16
Rehob (Ascher)	*T. el-Bir el-Ġarbī?*	166 256	15–18, 22–23
Rehob (Bet-Schean)	*T. eṣ-Ṣarem*	197 207	6, 8, 10, 12, 16, 24
Rekem (Edom)	*Umm el-Biyāra?*	192 971	14
Remet	*Kōkab el-Hawā?*	199 222	15–16, 22–23
Ribla	*Rable*	296 427	31
Rimmon (Zeb.)	*Rummāne*	179 243	18–22
Roglim	*Bersīnyā?*	223 215	23
Rubute	siehe: Rabba (Juda)		9, 10–11
Ruma	*Ḫ. er-Rūme*	177 243	30, 33
Šabtuna	siehe: Ribla		9
Salcha	*Ṣalḫād*	311 212	3, 17, 21
Salmona	*eṣ-Ṣalmāne*	188 021	14
Salzstadt	*Ḫ. Qumrān?*	193 127	26
Samaria	*Sebasṭīye*	168 187	5, 28–31, 33, 34
Šamḫuna	siehe: Schimron	140 0	11
Sansanna	*Ḫ. eš-Šamsānīyat*	140 083	19, 26
Sarepta	*Ṣarafand*	176 316	12, 21
Sarid	*T. Šadūd*	172 229	18
Schaalbim	*Selbīṭ*	148 141	15, 17–19, 23
Scharuhen	*T. el-Fārʿa*	100 076	9, 19–21, 24
Schemesch-Adam	siehe: Adama		
Schifton	*Šūfe?*	157 186	29
Schikkaron	*T. el-Fūl*	132 136	18
Schilo	*H. Sēlūn*	177 162	5, 15, 17–19
Schimron, Simʿon, Šamḫuna	*Ḫ. Sēmūniye*	170 234	15–16, 23
Schunem	*Sōlem*	181 223	9, 11, 16, 18, 23–24
Sefer	*Ṣaffārīn*	160 185	29
Sela	*es-Silʿ*	205 020	3, 14, 27

Alter Name	*Moderner arabischer Name*	*Karten-koordinaten*	*Kartennummern*
Sichem	*T. Balāṭa*	176 179	4–6, 8, 11–12, 15, 17, 18 20–24, 29, 34
Sidon	*Ṣēda*	184 329	1–3, 11–12, 17, 21, 28, 31
Sif	*T. Zīf*	162 098	19, 20, 25, 28, 32
Sifron	*Ḥawwārīn*	347 407	3
Šimʿōn	siehe: Schimron		
Socho (Scharon)	*Šuwēket er-Řās*	153 194	9–10, 15, 20, 23–24, 29
Socho (Schefela)	*Ḫ. ʿAbbād*	147 121	19–20, 25–26, 30, 32
– (Juda)	*Ḫ. es-Šuwēke*	150 090	19, 26
Sukkot	*T. Dēr ʿAllā*	208 178	15, 20, 23–24
Ṣumur	*T. Kazel*	242 459	1, 3, 9, 11–12, 17
Sykaminon	*T. es-Samak*	146 247	
Taanach	*Taʿanek*	171 214	5, 9–11, 15–16, 18, 20, 22–24
Taanat-Schilo	*Ḫ. Ṭaʿnā el-Fōqā*	185 175	18, 29
Tafnit	*Tibnīn*	188 288	9
Tamar	*ʿĒn Ḥoṣb*	173 024	3–4, 7, 14, 17, 21, 24, 28, 31
Tappuach (Efraim)	*Šēḫ Abū Zarad*	172 168	15, 18–19, 23, 29
Tekoa	*Ḫ. Teqūʿ*	170 115	19, 25–26, 34
Teman	*Ṭawīlān*	197 971	14, 21, 28
Timna	*T. el-Baṭāšī*	141 132	18–19, 23, 32
Timnat-Serach	*Ḫ. Tibne*	160 157	29
Tirza	*T. el-Fārʿa*	182 188	15, 18, 20, 23–24, 29
Tob	*eṭ-Ṭaiyibe*	266 218	9, 21
Tofel	*eṭ-Ṭafīle*	208 027	14
Tyrus	*eṣ-Ṣūr*	168 297	1–6, 8–9, 11–12, 15–18, 20–23
Tyrus v. Tobia	*ʿArāq el-Emīr*	222 148	34
Ullaza	*El-Mīna*	240 430	8, 11–12
Uzu	*T. Rašīdīye*	170 293	11–12
Yoqeret	*Iqrīt*	176 275	9
Zafon	*T. es-Saʿīdīye*	204 186	11, 15, 20, 23–24
Zaretan	*T. Umm Ḥamād*	205 172	8, 20, 23
Zedad	*Sadād*	330 420	3, 31
Zefat (Scharon)	*H. Sitt Lēla*	150 215	9
Zemar	*T. Kazel?*	242 453	1, 3, 9, 11–12, 17
Zemarajim	*Rās eṭ-Ṭāḥūne*	170 147	24, 26
Zereda	*Dēr Ġassāne*	159 161	23, 29
Zeret-Schahar	*ez-Zāra?*	203 111	23
Ziklag	*T. eš-Šarīʿa*	119 088	19, 20, 26, 34
Ziphron	*Ḥawwārīn*	347 407	3
Zoar	*eṣ-Ṣāfī*	194 049	3, 7, 11, 14, 20–21, 27–28
Zoba	*Ṣābā*	162 132	26
Zora	*Ṣarʿa*	148 131	11, 18–19, 25–26, 34

Anhang 4

Verzeichnis der Karten

Abkürzungen

AAAS	Annales archéologiques arabes syriens
AASOR	Annual of the American Schools of Oriental Research
Abel, Géogr.	F.-M. Abel, Géographie de la Palestine, I–II, Paris 1933–38
Aharoni, Settlement	Y. Aharoni, The Settlement of the Israelite Tribes in Upper Galilee, Jerusalem 1947 (hebr.)
AJA	American Journal of Archaeology
AJBA	Australian Journal of Biblical Archaeology
AJSL	American Journal of Semitic Languages and Literatures
Alt, Kl. Schr.	A. Alt, Kleine Schriften zur Geschichte des Volkes Israel, I–III, München 1953–59
ANEP	J. B. Pritchard, ed., The Ancient Near East in Pictures Relating to the Old Testament, Princeton 1954
ANET	J. B. Pritchard, ed., Ancient Near Eastern Texts Relating to the Old Testament, Princeton ^{2}1955 (^{3}1969 = ANETS)
AOAT	Alter Orient und Altes Testament
AUSS	Andrews University Seminary Studies
Avi-Yonah, Historical Geography	M. Avi-Yonah, Historical Geography of Palestine, Jerusalem ^{3}1962 (hebr.)
BA	Biblical Archaeologist
BASOR	Bulletin of the American Schools of Oriental Research
BBSAJ	Bulletin of the British School of Archaeology in Jerusalem
BIES	Bulletin of the Israel Exploration Society (hebr.)
BJPES	Bulletin of the Jewish Palestine Exploration Society (hebr.)
Breasted, AR	J. H. Breasted, Ancient Records of Egypt I–IV, Chicago 1906–1907
Bright, History	J. Bright, A History of Israel, Philadelphia ^{2}1973
BZAW	Beihefte zur Zeitschrift für die alttestamentliche Wissenschaft
CAD	Assyrian Dictionary of the Oriental Institute of the University of Chicago
CAH	The Cambridge Ancient History
EA	El-Amarna-Tafeln nach J. A. Knudtson und A. F. Rainey 1915 und 1970
EAEHL	Encyclopaedia of Archaeological Excavations in the Holy Land I–IV, Jerusalem 1975–1978
Ed. Meyer, Die Isr. u. i. Nachb.	Ed. Meyer, Die Israeliten und ihre Nachbarstämme, Halle/S. 1906
EI	Eretz-Israel
Enc. Bib.	Encyclopaedia Biblica I–VII, Jerusalem 1955–76 (hebr.)
Galling, BRL	K. Galling, Biblisches Reallexikon, Tübingen ^{2}1977
Gardiner, Anc. Eg. On.	A. H. Gardiner, Ancient Egyptian Onomastica I–II, Oxford 1947
Gardiner, LEM	A. H. Gardiner, Late Egyptian Miscellanies, Bruxelles 1937
Garstang, Joshua-Judges	J. Garstang, Joshua-Judges, London 1931
Hazor I–III/IV	Y. Yadin et al., eds., Hazor I–III/IV, 1958–1961

Helck, Beziehungen	W. Helck, Die Beziehungen Aegyptens zu Vorderasien im 3. und 2. Jahrtausend v.Chr., Wiesbaden ^{2}1971
HUCA	Hebrew Union College Annual
IDB	G. A. Buttrick, ed., The Interpreter's Dictionary of the Bible I–IV, Nashville 1962
IDB Suppl.	K. Crim et al., eds., The Interpreter's Dictionary of the Bible, Supplementary Volume, Nashville 1976
IEJ	Israel Exploration Journal
IOS	Israel Oriental Studies
JANES	Journal of the Ancient Near Eastern Society of Columbia University
JAOS	Journal of the American Oriental Society
JARCE	Journal of the American Research Center in Egypt
JBL	Journal of Biblical Literature
JCS	Journal of Cuneiform Studies
JEA	Journal of Egyptian Archaeology
JNES	Journal of Near Eastern Studies
JOS	Journal of Oriental Studies
JPOS	Journal of the Palestine Oriental Society
KUB	Keilschrifturkunden aus Boghazköi
Luckenbill, AR	D. D. Luckenbill, Ancient Records of Assyria and Babylonia I–II, Chicago 1926–1927
Maisler, Untersuchungen	B. Maisler (Mazar), Untersuchungen zur alten Geschichte und Ethnographie Syriens und Palästinas, Gießen 1929
Maisler, History	B. Maisler (Mazar), A History of Palestine I, Tel Aviv 1934 (hebr.)
MVÄG	Mitteilungen der Vorderasiatisch-Ägyptischen Gesellschaft
NF	Neue Folge (New Series)
Noth, Aufsätze	M. Noth, Aufsätze zur biblischen Landes- und Altertumskunde I–II, Neukirchen-Vluyn 1971
Noth, Geschichte	M. Noth, Geschichte Israels, Göttingen ^{3}1956
Noth, Josua	M. Noth, Das Buch Josua, Tübingen ^{2}1953
OLZ	Orientalistische Literaturzeitung
OTS	Oudtestamentische studien
PEF An.	Palestine Exploration Fund Annual
PEF QS	Palestine Exploration Fund, Quarterly Statement
PEQ	Palestine Exploration Quarterly
PJ	Palästina-Jahrbuch
QDAP	The Quarterly of the Department of Antiquities in Palestine
RA	Revue d'Assyriologie et d'Archéologie Orientale
RB	Revue biblique
RLA	Reallexikon der Assyriologie (und der Vorderasiatischen Archäologie)
Rowley, Joseph-Joshua	H. H. Rowley, From Joseph to Joshua, London 1950
Saarisalo, Boundary	A. Saarisalo, The Boundary between Issachar and Naphtali, Helsinki 1927
SAC	Studi di antichità christiana
Simons, Handbook	J. Simons, Handbook for the Study of Egyptian Topographical Lists Relating to Western Asia, Leiden 1937

SS	Studi semitici
TGI	K. Galling (Hg.), Textbuch zur Geschichte Israels, Tübingen ²1968
UF	Ugaritforschungen
VT	Vetus Testamentum
VT.S	Vetus Testamentum Supplements
Wreszinski, Atlas II	W. Wreszinski, Atlas zur altägyptischen Kulturgeschichte II, Leipzig 1935
ZA	Zeitschrift für Assyriologie und verwandte Gebiete
ZÄS	Zeitschrift für ägyptische Sprache und Altertumskunde
ZAW	Zeitschrift für die alttestamentliche Wissenschaft
ZDMG	Zeitschrift der deutschen morgenländischen Gesellschaft
ZDPV	Zeitschrift des deutschen Palästina-Vereins

Register

Register der Bibelstellen

Richter

Register der geographischen Namen

Abkürzungen

Ğ. = Ğebel
Ḫ. = Ḫirbet
Ḥ. = Ḥorbat
N. = Naḥal / Nahr
T. = Tell / Tēl
W. = Wādi

Transkriptionen folgen weitgehend BHH IV und Ökumenisches Verzeichnis der biblischen Eigennamen nach den Loccumer Richtlinien, Stuttgart ²1981